Guttentagsche Sammlung
Nr. 32. Preußischer Gesetze. Nr. 32.
Textausgaben mit Anmerkungen.

Die Städteordnung

für die

sechs östlichen Provinzen der Preußischen Monarchie

vom 30. Mai 1853

nebst ihren gesetzlichen Ergänzungen

erläutert von

Dr. Walter Ledermann.

Zweite, vermehrte und verbesserte Auflage

bearbeitet von

Dr. Walter Ledermann und **Dr. Ludwig Brühl**
Stadtrat in Berlin Magistratsrat in Berlin.

Berlin 1913.
J. Guttentag, Verlagsbuchhandlung,
G. m. b. H.

Vorrede zur ersten Auflage.

Das Ziel des Verfassers war, einen Kommentar zur Städteordnung zu schaffen, der einerseits **vollständig**, d. h. geeignet ist, dem Praktiker bei Lösung möglichst aller einschlägigen Rechtsfragen Rat und Hilfe zu gewähren oder doch den Weg zu solcher zu weisen; andererseits sollte durch Beschränkung des Stoffes auf das Notwendige und durch knappe Fassung des Gebotenen dem Kommentar ein mäßiger Umfang und damit diejenige Wohlfeilheit gesichert werden, die seine Anschaffung und Benutzung nicht bloß den Königlichen Behörden und größeren Städten, sondern auch den kleineren Kommunen sowie zahlreichen Beamten ermöglicht. Daß für eine derartige Ausgabe der Städteordnung Raum und Bedürfnis vorhanden ist, wird kein Kundiger bestreiten. Der größere Teil der vorhandenen Ausgaben ist veraltet, ein Teil übrigens auch in bezug auf die Erläuterungen so sparsam ausgestattet, daß der Zweck dieses Buches, Ratgeber in Zweifelsfällen und bei der Entscheidung von Rechtsfragen zu sein, von ihnen nicht erfüllt wird. Wieder eine Anzahl anderer Ausgaben findet sich in Sammelwerken (Brauchitsch, Koch, Illing), so daß ihre Benutzung nur denjenigen möglich ist, denen diese umfangreichen und teuern Werke zur Verfügung stehen. Der einzige, nicht veraltete, wissenschaftliche und vollständige Spezialkommentar zur Städteordnung, die treffliche dritte Ausgabe von Oertel (Liegnitz 1900), die nur in bezug auf das Gebiet des Gesetzes über die Wählerabteilungen vom 30. 6. 00 antiquiert ist, ist durch eine Überlastung mit teilweise entbehrlichem Stoffe überaus umfangreich geworden und hat damit seine frühere Übersichtlichkeit zum Teil eingebüßt. Der Verfasser ist deshalb bestrebt gewesen, alles nicht unmittelbar in den Rahmen des Städteverfassungs- und Verwaltungsrechts Gehörige aus seinem Kommentar auszuscheiden. Entsprechend einer von Mundt (s. PVBl. 21 S. 367) gelegentlich der Kritik des Oertelschen Buches gegebenen Anregung hat der Verfasser sich entschlossen, das gesamte Gemeindesteuerrecht in der vorliegenden Arbeit unberücksichtigt zu lassen. Wie das Beispiel des sonst so trefflichen Oertelschen Buches beweist, ist jede unvollständige Darstellung dieses Gebiets für den Praktiker schlechthin unbrauchbar. Im Rahmen eines Städteordnung-Kommentars das Kommunalabgabengesetz vollständig zu erläutern — was wiederum ohne weitgehende Heranziehung der Staatssteuergesetze untunlich ist —, erschien um so weniger erforderlich, als die vorzüglichen Ausgaben dieses Gesetzes von Noell, Schaff und Adickes das Bedürfnis der Praxis vollkommen decken. Zur Bequemlichkeit derjenigen Leser, welche bei Benutzung der Städteordnung sich gleichzeitig über den Wortlaut des Kommunalabgabengesetzes orientieren wollen, ist ein einfacher Abdruck dieses Gesetzes in den Anhang des Buches aufgenommen.

Mit besonderer Aufmerksamkeit hat der Verfasser die neueste Judikatur und Literatur berücksichtigt. Die Entscheidungen des OVG. und der Inhalt des PrVBl. sind bis zu den jüngst erschienenen Bänden und Nummern herangezogen; aus der jüngeren und jüngsten Literatur sind namentlich die zahlreichen größeren und kleineren Jebensschen Schriften und Aufsätze, ihrer Bedeutung entsprechend, eingehend gewürdigt worden.

Einer besonderen Erwähnung bedarf die Behandlung des Textes der Städteordnung. Der Verfasser hält es für unwissenschaftlich, statt des gesetzlich festgelegten Textes der Städteordnung eine Sammlung oder Zusammenarbeitung der verschiedensten Gesetze zu geben, wie solche vielfach von Kommentatoren der Städteordnung — häufig noch dazu in recht willkürlicher, zum Teil auch fehlerhafter Neuredaktion — als Text der Städteordnung veröffentlicht worden sind. Abgesehen von den Fällen, in denen neuere Gesetze die Städteordnung unmittelbar in ihrem Texte verändert haben (Beispiele bieten §§ 14, 25 StO.), hat der Kommentator kein Recht, seinerseits den Text der Städteordnung nach dem neuen Recht umzuredigieren und dadurch dem Leser die selbständige Prüfung der Frage zu erschweren, ob ein bestimmter Satz der Städteordnung noch gilt oder ob er antiquiert ist. Es ist Sache des Autors, durch möglichst klare wissenschaftliche Darstellung und systematische Anordnung des Stoffes diejenigen Schwierigkeiten zu beseitigen oder doch zu mildern, die dem Leser bei der ersten Orientierung aus der Nebeneinanderstellung der antiquierten Bestimmungen der Städteordnung und der neuen geltenden Gesetze entstehen mögen. Demzufolge ist im vorliegenden Buche der ursprüngliche Text der Städteordnung wiedergegeben. Da, wo dieser durch spätere Gesetze unmittelbar verändert ist, ist die Änderung oder Einschiebung durch gesperrten Druck hervorgehoben; die nach Ansicht des Verfassers obsoleten Bestimmungen der Städteordnung sind in lateinischem Druck gesetzt. Die Abänderungsgesetze sind da, wo sie so umfangreich waren oder so erhebliche Erläuterungen bedurften, daß ihre Aufnahme in die Anmerkungen untunlich war, hinter dem Texte des zugehörigen Paragraphen der Städteordnung in *lateinischem Schrägdruck* wiedergegeben.

Der Verfasser weiß, daß sein Buch von Mängeln nicht frei sein wird. Mögen diese mit Rücksicht auf den Umfang und die Schwierigkeit der zu bewältigenden Materie wohlwollende Entschuldigung finden!

Berlin, 1902.

Vorrede zur zweiten Auflage.

Bei der Neubearbeitung des Kommentars sind Gesetzgebung, Literatur und Rechtsprechung seit dem Jahre 1902 in möglichst erschöpfender Weise berücksichtigt und verwertet worden. Um trotz der dadurch erforderlich gewordenen Zusätze und Umarbeitungen den äußeren Umfang des Buches nicht wesentlich zu vergrößern, ist besonderer Wert auf Kürze und Prägnanz des Ausdrucks gelegt worden. Aus dem gleichen Grunde ist von dem Wiederabdruck der Geschäftsordnung der Stadtverordneten zu Berlin vom 8. 12. 94, ferner des Kommunalabgabengesetzes und der Verordnung betr. die Heranziehung der Staatsdiener zu den Gemeindeauflagen vom 23. 9. 67 Abstand genommen. Besondere Sorgfalt ist dem Sachregister zugewendet.

Die Verfasser hoffen, daß auch die Neuauflage eine wohlwollende Aufnahme finden möge.

Berlin, Ende Dezember 1912.

Abkürzungen.

a. A. = anderer Ansicht.
AG. = Ausführungsgesetz.
AGO. = Allgemeine Gerichtsordnung.
ALR. = Allgemeines Landrecht.
Ann. = v. Kamptz' Annalen.
AusfAnw. = Ausführungsanweisung.
Bd. = Band.
BGB. = Bürgerliches Gesetzbuch.
BGBl. = Bundes-Gesetzblatt.
Brauchitsch = Preußische Verwaltungsgesetze, Berlin.
BzAussch. = Bezirksausschuß.
EG. = Einführungsgesetz.
EStG. = Einkommensteuergesetz.
G. = Gesetz.
GBO. = Reichsgrundbuchordnung.
GemO. = Gemeindeordnung.
GewO. = Gewerbeordnung.
GS. = Preußische Gesetzsammlung.
GVG. = Gerichtsverfassungsgesetz.
HGB. = Handelsgesetzbuch.
Hübner = Die Städteordnung, Berlin 1859.
Jebens = Die Stadtverordneten, Berlin, 2. Auflage.
Jebens = Verwaltungsrechtliche Aufsätze, Berlin 1899.
JMBl. = Justizministerialblatt.
JMR. = Justizministerialreskript.
Johow = Jahrbücher der Entscheidungen des Kammergerichts.
KAG. = Kommunalabgabengesetz.
KabO. = Kabinettsorder.
Kappelmann = Städteordnung, Berlin, Heymann.
Kautz-Appelius = Preußisches Kommunalbeamtenrecht, 2. Auflage.
KBG. = Kommunalbeamtengesetz.
KG. = Kammergericht.
KO. = Konkursordnung.
KrAussch. = Kreisausschuß.
KrO. = Kreisordnung.
Leidig = Preußisches Stadtrecht, Berlin 1891.
LGO. = Landgemeindeordnung.

LVG. = Landesverwaltungsgesetz vom 30. 7. 1883.
Marc. = Marcinowski-Hoffmann, Städteordnung, 3. Aufl., Berlin 1890.
MBl. = Ministerialblatt für die innere Verwaltung.
ME. = Ministerialerlaß.
Möller = Preußisches Stadtrecht, Breslau 1864.
MR. = Ministerialreskript.
Noell-Freund = Kommunalabgabengesetz, 7. Aufl., 1910.
Oertel = Städteordnung, 5. Aufl.
OTr. = Obertribunal.
OVG. = Entscheidungen des Oberverwaltungsgerichts.
Preuß = Das städtische Amtsrecht in Preußen.
PrO. = Provinzialordnung.
PVBl. = Preußisches Verwaltungsblatt.
RG. = Reichsgericht.
RGBl. = Reichsgesetzblatt.
RGSt. = Entscheidungen des Reichsgerichts in Strafsachen.
RGZ. = Entscheidungen des Reichsgerichts in Zivilsachen.
RVO. = Reichsversicherungsordnung.
S. = Seite.
Schön = Recht der Kommunalverbände, Leipzig 1897.
StGB. = Strafgesetzbuch.
StO. = Städteordnung (ohne Zusatz oder mit Zusatz ö. P. = StO. für die östlichen Provinzen vom 30. 5. 1853; sonstige Zusätze: H. = Hannover, H.-N. = Hessen-Nassau, Rh. = Rheinprovinz, S.-H. = Schleswig-Holstein, W. = Westfalen).
StPO. = Strafprozeßordnung.
V. = Verordnung.
VU. = Verfassungsurkunde für den Preußischen Staat.
VUG. = Gesetz betr. die Unterhaltung der öffentlichen Volksschulen vom 28. 7. 1906.
ZPO. = Zivilprozeßordnung.
ZustGes. = Zuständigkeitsgesetz vom 1. 8. 1883.

Inhalt.

Titel VII.

Von dem Gemeindehaushalte.

Titel VIII.

Von der Einrichtung der städtischen Verfassung ohne kollegialischen Gemeindevorstand für Städte, welche nicht mehr als 2500 Einwohner haben.

Titel IX.

Von der Verpflichtung zur Annahme von Stellen und von dem Ausscheiden aus denselben wegen Verlustes des Bürgerrechts.

Titel X.

Von der Oberaufsicht über die Stadtverwaltung.

Titel XI.

Ausführungs- und Übergangsbestimmungen.

Historische Einleitung.

Die Städteordnung für die östlichen Provinzen der Preußischen Monarchie ist, obwohl die älteste der gegenwärtig geltenden preußischen Städteordnungen, doch verhältnismäßig jugendlichen Alters. Im Jahre 1903 hatte sie eine fünfzigjährige Geltungszeit hinter sich. Freilich muß, wer den Inhalt der Städteordnung aus ihrem Werdegange verstehen will, fast ein halbes Jahrhundert weiter zurückblicken in der Geschichte des preußischen Staats- und Verwaltungsrechts. Denn nicht die Mitte, sondern der Anfang des 19. Jahrhunderts, die Zeit der Wiedergeburt des preußischen Staats, ist in Wahrheit auch die Geburtsstunde des modernen, auf dem Grundsatze der „Selbstverwaltung"*) aufgebauten preußischen Städterechts.

Wohl blühte schon im Mittelalter deutsches Städtewesen und deutsches Stadtrecht. Aber zwischen dieser früheren Periode hoher Blüte und dem Beginne jener neuen Entwicklungszeit, die mit dem Jahre 1808 anhebt, herrschte, zumal für die preußischen Städte, eine jahrhundertelange Zeit völligen politischen und rechtlichen Darniederliegens. Hatte schon die Veränderung der großen Handels- und Verkehrswege infolge der Entdeckung der Neuen Welt am Ausgange des Mittelalters die Entwicklung der deutschen Städte ungünstig beeinflußt, so schlug die Verwüstung Deutschlands in den Religionskriegen des Reformationszeitalters und besonders der Dreißigjährige Krieg den Städten noch schwerere Wunden. Und als nach dem Westphälischen Frieden das deutsche Fürstentum, allen voran das brandenburgische Kurfürstentum, allmählich zu erstarken und sich zu kräftigen begann, fehlte es den in ihrem Einwohner- und Vermögensstande geschwächten, durch eine oligarchische Verwaltungsform vielfach finanzieller Mißwirtschaft ausgesetzten Städten an der erforderlichen Kraft, ihre Eigenart, ihr Recht und ihre

*) Wegen dieses Begriffs vgl. Anm. 3 zu § 9.

Selbständigkeit gegenüber der starken Territorialgewalt der Landesfürsten zu bewahren. Zumal in Brandenburg-Preußen, dessen mächtiges Aufsteigen nur durch die Konzentration aller staatlichen Macht, durch sein alle Glieder und Stände des Staates kräftig zusammenfassendes absolutistisches Fürstentum ermöglicht wurde, sanken die Städte, obschon die Landesfürsten sich mit Erfolg bemühten, ihre zerrüttete Finanzwirtschaft zu ordnen und ihre Verwaltung von der Herrschaft der eingesessenen Ratsfamilien und dem eingerissenen Nepotismus zu befreien, politisch und rechtlich zu einfachen Verwaltungsbezirken des Staats herab. Nur noch als solche, nicht als wirtschaftlich-selbständige, organisch von der Staatsverwaltung geschiedene, unabhängige Gemeinwesen erscheinen die preußischen Städte in der zweiten Hälfte des 18. Jahrhunderts. Und dementsprechend wies auch das Städterecht des ALR. (II, 8 §§ 1—178), welches ja keine Neuordnung, sondern nur eine Kodifikation des geltenden Rechts sein wollte, den Städten lediglich die Stellung staatlicher Verwaltungsbezirke an. Charakteristisch für diese Rechtsstellung ist der Mangel jeglicher Trennung zwischen örtlicher Staats- und Gemeindeverwaltung. Zu gleicher Zeit waren die Magistrate Gemeindeverwaltungsbehörde, Orts- und Polizeiobrigkeit; aber sie übten alle diese Funktionen kraft der staatlichen Delegation, nicht etwa als selbständige Willensorgane des Gemeinwesens aus. Die neben dem Magistrat tätigen Repräsentanten waren nicht, wie die Stadtverordneten späterer Zeit, freigewählte Vertreter der gesamten Bürgerschaft, sondern vom Stadtvorstande je nach den Statuten selbständig oder nach einer Vorschlagsliste ernannte Personen, die zu gewissen Beschlüssen über das Gemeindevermögen noch einer besonderen schriftlichen — privatrechtlichen Vollmacht der Zünfte und der sonstigen städtischen Korporationen bedurften.

Eine Änderung dieses Zustandes brachten erst die unglücklichen Kriegsereignisse und der Zusammenbruch des Preußischen Staats im Jahre 1806. Die unabweisbare Notwendigkeit, zur Hebung des Landes alle vorhandenen Volkskräfte freizumachen und auszunutzen, führte zu den Reformen der Steinschen Gesetzgebungsperiode, als deren wesentliches, heute noch in ungeminderter Bedeutung fortwirkendes Glied die Städteordnung vom 19. November 1808 erscheint. Durch Heranziehung der Bürger zur Verwaltung der Gemeindeangelegenheiten sollte — das war der Grundgedanke dieser Reform — das Interesse der Untertanen an der Erledigung der allgemeinen öffentlichen Aufgaben gestärkt, ihr Gemeinsinn geweckt werden; und indem gleichzeitig damit die Durchführung der gesamten staatlichen Aufgaben auf breitere Schultern, auf den ganzen Bürgerstand, gelegt wurde, sollte die wirtschaftliche Hebung des geschwächten und zerrissenen Staats erleichtert und beschleunigt werden. Demzufolge stellte die Städteordnung von 1808 als wesentlichste Neuerung neben den als Ortsobrigkeit und ausführendes Organ beibehaltenen, aus Gemeindewahlen hervorgehenden Magistrat zum ersten Male das Institut der Stadtverordnetenversammlung, als das allein beschließende, von der Bürgerschaft freigewählte städtische Willensorgan. Gleichzeitig wurden die Befugnisse der staatlichen Aufsichtsbehörde zum ersten Male abgegrenzt und damit in Wahrheit das geschaffen, was noch heute die Grundlage unseres Stadtrechts ist, die organische Selbständigkeit der städtischen Kommune gegenüber dem Staat, „die Selbstverwaltung".

Erwiesen sich diese Grundgedanken des Werks in der Folge als höchst segensreich für die preußischen Städte, so fehlte es doch auch nicht an Stimmen, die den übergroßen Einfluß der Stadtverordnetenversammlungen auf die Stadtverwaltung, wie ihn das geschilderte gesetzliche Verhältnis zwischen Magistrat und Stadtverordnetenversammlung mit sich brachte, für unzweckmäßig und schädlich hielten. Diesen Bedenken verdankt die revidierte Städteordnung vom 17. März 1831 ihre Entstehung. Die wesentlichste Neuerung dieser Städteordnung bestand darin, daß sie den Magistrat, der bisher nur ausführendes Organ gewesen war, zur Mitbeschlußfassung in gewissen Gemeindeangelegenheiten zuließ, ihn also zum Willensorgan der Stadtgemeinde erhob; daneben wurden die Voraussetzungen für den Erwerb des Bürgerrechts geändert und die Aufsichtsgewalt des Staats dadurch erweitert, daß für eine Reihe von Gemeindebeschlüssen das Erfordernis staatlicher Genehmigung statuiert wurde. Indessen blieb die Bedeutung der Städteordnung von 1831 für die Städte der altpreußischen Provinzen eine sehr beschränkte. Während nämlich diese Städteordnung gesetzliche Geltung nur in einer Anzahl von Städten der Rheinprovinz, Westfalen und Brandenburg erhielt, blieb es den übrigen Städten der altpreußischen Provinzen überlassen, die revidierte Städteordnung anzunehmen. Nur eine verschwindende Anzahl solcher Städte, in denen die Städteordnung von 1808 galt, machte von dieser Möglichkeit Gebrauch.

Eine neue Ära der Gesetzgebung auf dem Gebiete des Städterechts wurde durch die Verfassung vom 5. Dezember 1848 und demnächst die Verfassung vom 31. Januar 1850 eingeleitet. Beide Verfassungen enthielten — im Art. 104 bzw. 105 — Grundsätze über die Selbständigkeit der Gemeindeverwaltungen und die Wahl der Gemeindevertretungen, Grundsätze, die erst in der Folge durch das Gesetz vom 24. Mai 1853 aus der Verfassung entfernt und durch einen allgemeinen Hinweis auf die zukünftigen besonderen Gesetze ersetzt wurden. Entsprechend jenen Grundsätzen der Verfassung wurde zunächst die alle Arten von Gemeinden — Stadt- und Landgemeinden – umfassende Gemeindeordnung vom 11. März 1850 ausgearbeitet, welche als wesentlichste Unterschiede von der revidierten Städteordnung folgende Grundsätze aufwies: die Gemeinde war nicht mehr die Bürger-, sondern die Einwohner-Gemeinde; als Organe fungierten der regelmäßig kollegialisch geordnete Gemeindevorstand und der von den wahlfähigen Einwohnern nach dem Dreiklassenwahlsystem gewählte Gemeinderat. Der Gemeinderat war im wesentlichen allein zur Beschlußfassung berufen; der Gemeindevorstand (gleich dem Magistrat der Städteordnung von 1808) regelmäßig nur ausführendes Organ. Die staatliche Aufsicht führten Selbstverwaltungsbeschlußbehörden, der Kreisausschuß und der Bezirksrat. Indessen hat diese Gemeindeordnung niemals praktische Geltung erlangt. Schon durch Erlaß vom 19. Juni 1852 wurde ihre Einführung aufgeschoben und, nachdem durch das oben erwähnte Gesetz vom 24. Mai 1853 die Verfassung geändert war, erfolgte durch ein weiteres Gesetz von demselben Tage die Aufhebung der Gemeindeordnung und demnächst der Erlaß einer Anzahl Städte- und Gemeindeordnungen, darunter zuerst der Erlaß der Städteordnung für die östlichen Provinzen vom 30. Mai 1853. Aus der Gemeindeordnung von 1850 hat unsere Städteordnung das Prinzip der Einwohnergemeinde und das Dreiklassenwahlsystem übernommen, abgewichen ist sie von ihr durch das Prinzip der Koordinierung der beiden städtischen Körperschaften in bezug auf die Beschlußfassung in Gemeindeangelegenheiten sowie in der Wiederherstellung des unmittelbaren Aufsichtsrechts der Staatsbehörden. Im übrigen sind ganze Teile der Gemeindeordnung wörtlich in die Städteordnung übernommen worden. Die Motive zur Gemeindeordnung bilden deshalb auch heute noch wertvolles Auslegungsmaterial für die Städteordnung.*) Im wesentlichen sind die in den übrigen preußischen Landesteilen geltenden Städteordnungen der Städteordnung für die östlichen Provinzen nachgebildet. Zurzeit gelten in Preußen außer unserer Städteordnung vom 30. Mai 1853:

a) das Gesetz betreffend die Verfassung der Städte in Neu-Vorpommern und Rügen vom 31. Mai 1853 (GS. 291);
b) die Städteordnung für Westfalen vom 19. März 1856 (GS. 237);
c) die Städteordnung für die Rheinprovinz vom 15. Mai 1856 (GS. 406);
d) das Gemeindeverfassungsgesetz für Frankfurt a. M. vom 25. März 1867 (GS. 401);
e) das Gesetz betreffend die Verfassung und Verwaltung der Städte und Flecken in der Provinz Schleswig-Holstein vom 14. April 1869 (GS. 589);
f) die Städteordnung für Hessen-Nassau vom 4. August 1897 (GS. 254);
g) die Hohenzollernsche Gemeindeordnung (zugleich Städteordnung für Sigmaringen und Hechingen) vom 2. Juli 1900 (GS. 189);
h) außerdem in der Provinz Hannover die dort in Geltung belassene revidierte Städteordnung vom 24. Juni 1858 (Hannov. GS. 141).

---

*) Die Materialien zur Städteordnung sind enthalten:

1. In den Verhandlungen der I. Kammer 1852/53 S. 157 bis 217, 235—240, 942—966, 1023—1025; in den Drucksachen der I. Kammer 1852/53 Nrn. 15, 62, 82, 84, 86, 89, 95, 100, 333, 342, 343, 401, 402;
2. in den Verhandlungen der II. Kammer 1852/53 S. 815 bis 973, 1005, 1317—1325; in den Drucksachen der II. Kammer 1852/53 Nrn. 95, 204, 240—242, 244, 246, 247, 249, 252 bis 255, 257, 258, 261, 262, 264, 266, 271, 304, 320, 348.

Von den Materialien zur Gemeindeordnung sind die wichtigsten: Drucksachen der I. Kammer 1849/50 Nrn. 145, 364, 395, 405, 422; Drucksachen der II. Kammer 1849/50 Nrn. 403, 487, 495, 528, 541.

Die Materialien zur Gemeindeordnung sind übersichtlich zusammengestellt in „v. Rönne, Die Gemeindeordnung, Brandenburg 1850“.

Seit dem Erlasse der Städteordnung hat es an Versuchen einer Neuregelung für alle Städte der Preußischen Monarchie nicht gefehlt. Sowohl im Jahre 1861 als auch im Jahre 1876 wurden entsprechende Gesetzentwürfe beraten. Aber das Werk der Neukodifikation scheiterte an dem Widerspruch zwischen Regierung und Volksvertretung hinsichtlich der grundsätzlichen Regelung des Wahlrechts für die Stadtverordnetenversammlung und des Bestätigungsrechts hinsichtlich der Magistratsmitglieder. So ist bis heute die Städteordnung vom 30. Mai 1853 in Kraft geblieben; freilich keineswegs in ihrer ursprünglichen Gestalt: Durch das Landesverwaltungsgesetz vom 30. Juli 1883, das Zuständigkeitsgesetz vom 1. August 1883, die Steuergesetzgebung der neunziger Jahre des 19. Jahrhunderts, insbesondere das Einkommensteuergesetz vom 24. Juni 1891 und das Kommunalabgabengesetz vom 24. Juli 1893, durch die Landgemeindeordnung vom 3. Juli 1891, ferner durch das Kommunalbeamtengesetz vom 30. Juli 1899 und das Gesetz betreffend die Bildung der Wählerabteilungen bei den Gemeindewahlen vom 30. Juni 1900 sind die Bestimmungen der Städteordnung so mannigfach aufgehoben und abgeändert, sind ihre Prinzipien so vielfach durchbrochen worden, daß, betrachtet man die Städteordnung in ihrer *geltenden* Gestalt, kaum noch ein anderes preußisches Gesetz gefunden werden kann, das ein ähnlich geflicktes und gestückeltes Aussehen aufweist. Vom Standpunkte der Theorie und der Praxis könnte demnach eine gesetzliche Neuredaktion der Städteordnung oder noch besser, eine neue umfassende Gesetzgebung auf dem Gebiete des Stadtrechts nur mit Freuden begrüßt werden, — vorausgesetzt freilich, daß eine solche künftige Gesetzgebung den großen Gedanken des modernen preußischen Stadtrechts, das Prinzip der „Selbstverwaltung", zu erhalten und im Sinne des Rechtsstaats durch geeignete, völlige Unabhängigkeit der Entscheidung gewährleistende Rechtskontrollen auszubauen bereit ist.

Städteordnung*) für die sechs**) östlichen Provinzen der Preußischen Monarchie.

Vom 30. Mai 1853.

Wir Friedrich Wilhelm, von Gottes Gnaden, König von Preußen 2c.

verordnen, unter Zustimmung beider Kammern, was folgt:

§ 1.

Die gegenwärtige Städteordnung soll in den bisher auf dem Provinziallandtage, im Stande der Städte[1] vertretenen Städten

---

*) „Städteordnung" d. i. das Gesetz, das die Verfassung und Verwaltung der Städte regelt. Neben der Städteordnung kommen als geschriebene Quellen des Stadtrechts in Betracht: Aus älterer Zeit die Titel II, 6 und 8 ALR., die StO. v. 19. 11. 1808 und die StO. v. 17. 3. 1831, die GemO. v. 11. 3. 1850; aus neuerer Zeit hauptsächlich die sogenannten Organisationsgesetze, also das LVG. v. 30. 7. 1883, das ZustGes. v. 1. 8. 1883, insbesondere Titel IV des ZustGes.; das Kommunalabgabengesetz v. 14. 7. 1893; das KBG. v. 30. 7. 1899; das Gesetz betreffend die Bildung der Wählerabteilungen v. 30. 6. 00, das Zweckverbandsgesetz v. 19. 7. 11 (GS. 115), für Berlin und seine Vororte das Zweckverbandsgesetz für Groß-Berlin vom gleichen Tage (GS. 123), sowie die gesamte Gesetzgebung betreffend das Gewerberecht und die Arbeiterversicherung (außerdem die zu allen diesen Gesetzen ergangenen Ausführungsverordnungen und Erlasse, soweit sie auf gesetzlicher Ermächtigung beruhen). Das BGB. hat grundsätzlich, wie das ganze öffentliche Recht, so auch das Stadtrecht unberührt gelassen (Art. 55 EG. z. BGB., Ausnahme z. B. § 89 BGB.; s. auch Anm. 1 zu § 9). Nächst den Gesetzen kommen an Rechtsquellen für das Stadtrecht in Betracht: Als geschriebenes Recht das Ortsrecht (Ortsstatutarisches Recht; § 11 StO.) der einzelnen Stadtgemeinden und ferner das ungeschriebene, sog. Gewohnheitsrecht, und zwar wesentlich in der Form des örtlichen Gewohnheitsrechts (Observanz).

Was das Verhältnis der StO. zu anderen Gesetzen anbetrifft, so gilt auch im Stadtrecht der Satz, daß neuere Gesetze ältere widersprechende Gesetze aufheben. Bezüglich des Verhältnisses zum ortsstatutarischen Recht der Provinzen Preußen, Brandenburg, Pommern, Schlesien, Posen und Sachsen zur Anwendung kommen, desgleichen in den im Stande der Städte nicht vertretenen Ortschaften dieser Provinzen, in welchen bisher eine der beiden Städteordnungen vom 19. November 1808 und vom 17. März 1831 gegolten hat.[2]

In Ansehung derjenigen im Stande der Städte auf den Provinziallandtagen nicht vertretenen Ortschaften (Flecken),[3] wo bisher weder eine dieser Städteordnungen gegolten, noch die ländliche Gemeindeverfassung bestanden hat, bleibt die nähere Festsetzung ihrer Gemeindeverhältnisse mit Berücksichtigung der Vorschriften im Titel VIII der gegenwärtigen Städteordnung der Bestimmung des Königs nach Anhörung des Provinziallandtages vorbehalten.[4]

Wegen der Städte in Neuvorpommern und Rügen ergeht ein besonderes Gesetz.[5]

(autonomen Gemeinderecht) s. § 11 d. StO. und das dort Gesagte. Bezüglich des Verhältnisses der StO. zum Gewohnheitsrecht muß zunächst beachtet werden, daß auf dieses Verhältnis, da es sich um ein Rechtsgebiet handelt, das auch nach Inkrafttreten des BGB. der Landesgesetzgebung überlassen geblieben ist, die Bestimmungen des ALR. über die Geltung des Gewohnheitsrechts Platz greifen (§§ 1, 3, 4, 60, 85 Einl. z. ALR., § VII PublPat. v. 5. 2. 1794). Danach ist die Rechtslage die folgende: Der ursprüngliche Grundsatz des ALR., daß das gemeine Gewohnheitsrecht keinerlei gesetzliche Kraft haben, das partikuläre Gewohnheitsrecht nur insoweit Geltung besitzen sollte, als es in die Provinzialgesetzbücher Aufnahme gefunden habe, ist infolge der (außer in Ost- und Westpreußen) unterlassenen Kodifikation der Provinzialrechte durchbrochen. Es gelten vielmehr folgende Grundsätze: 1. Die zur Zeit der Publikation des ALR. vorhandenen provinziellen (partikulären) Gewohnheiten und Observanzen sind da, wo keine Kodifikation der Provinzialrechte stattgefunden hat, aufrechterhalten, nicht bloß praeter legem, sondern auch contra legem. 2. Soweit ausdrücklich im Gesetze auf Gewohnheitsrecht verwiesen ist, ist die Neubildung von Gewohnheitsrecht und Observanz auch contra legem zulässig. 3. Wo die Gesetze unentschieden oder Lücken vorhanden sind, kann sich neues partikuläres oder örtliches Gewohnheitsrecht (Observanz) nur praeter legem (nicht aber contra legem) bilden. Voraussetzungen der Bildung von Observanzen sind: Langjährige Übung (bestimmte Zeit ist nicht erfordert; wohl aber mehrere sich aneinander reihende gleichförmige Handlungen) und Rechtsüberzeugung des Handelnden oder Duldenden von seinem Anspruch oder seiner Verpflichtung.

**) Seit Teilung Preußens in Ost- und Westpreußen — G. v. 19. 3. 1877, GS. 107 — „sieben“.

1. a) „Stand der Städte" nur noch für die Provinz Posen von Bedeutung; nach der PrO. v. 29. 6. 1875 (GS. 1881 S. 233) §§ 9 und 10 sind die Standesvertretungen auf den Provinziallandtagen aufgehoben, letztere bestehen jetzt aus Abgeordneten, welche von den einzelnen Stadt- und Landkreisen gewählt werden. Ein genaues Verzeichnis derjenigen Städte, in denen die StO. eingeführt ist, enthält Hübner S. 435 und aus neuerer Zeit Halbey, Bd. I S. 414.

b) Städte im Sinne dieser StO. sind jetzt:

α) alle Ortschaften, die zur Zeit des Erlasses dieser StO. den Voraussetzungen des Abs. 1 entsprachen und inzwischen nicht etwa die Eigenschaft von Landgemeinden erlangt haben;

β) alle Ortschaften, denen gemäß § 1 Abs. 2 LGO. die Annahme der StO. auf Antrag nach Anhörung des Kreis- und Provinziallandtages durch Königliche Verordnung gestattet worden ist (s. auch AusfAnw. II zur LGO. v. 28. 12. 1891).

2. Diese Voraussetzung ist erfüllt, wenn einem Ort vom König eine dieser Städteordnungen verliehen war, gleichgültig, ob die wirkliche Einführung vor dem Inkrafttreten der StO. v. 30. 5. 1853 erfolgt war oder nicht (OVG. im PVBl. 28 S. 804).

3. Flecken sind solche Ortschaften, die weder den Voraussetzungen des § 1 Abs. 1 entsprechen, noch eine ländliche Gemeindeverfassung haben. Auf diese Flecken kommt der Titel IV des ZustGes. zur Anwendung, mag ihre Verfassung gemäß § 1 Abs. 2 StO. geregelt sein oder nicht (OVG. 13 S. 182). Vgl. auch § 16 KVG. v. 30. 7. 1899.

4. Entsteht Streit über die Eigenschaft eines Ortes als Stadt- oder Landgemeinde, so findet das Verwaltungsstreitverfahren beim Bezirksausschusse statt (vgl. Oertel Anm. 5 zu § 1, Brauchitsch III Anm. 20 zu § 2 StO.; OVG. 12 S. 178, 181).

5. G. v. 31. 5. 1853 (GS. 291).

Titel I.

Von den Grundlagen der städtischen Verfassung.

§ 2.

Den städtischen Gemeindebezirk (Stadtbezirk) bilden alle[1,2] diejenigen Grundstücke, welche demselben bisher angehört haben.[3,4,5]

Grundstücke, welche bisher noch keinem Gemeinde- oder selbständigen Gutsbezirke[6] angehört haben,[7] können nach Vernehmung der Beteiligten[8] und nach Anhörung des Kreistages unter Genehmigung des Ministers des Innern[9] mit dem Stadtbezirk vereinigt werden.

Eine Vereinigung eines ländlichen Gemeinde- oder eines selbständigen Gutsbezirks mit einer Stadtgemeinde kann nur unter

Zustimmung der Vertretungen der beteiligten Gemeinden, sowie des beteiligten Gutsbesitzers nach Anhörung des Kreistages mit Genehmigung des Königs erfolgen.[10]

Die Abtrennung einzelner Grundstücke von einem Stadtbezirk und deren Vereinigung mit einem angrenzenden Gemeinde- oder selbständigen Gutsbezirk, sowie die Abtrennung einzelner bisher zu einer andern Gemeinde oder zu einem selbständigen Gute gehörender Grundstücke und deren Vereinigung mit einem angrenzenden Stadtbezirk kann nach Anhörung des Kreistages mit Genehmigung des Ministers des Innern vorgenommen werden, wenn außer den Vertretungen der beteiligten Gemeinden und den beteiligten Gutsbesitzern auch die Eigenthümer jener Grundstücke darin einwilligen. In Ermangelung der Einwilligung aller Beteiligten kann eine Veränderung dieser Art in den Gemeinde- oder Gutsbezirken nur in dem Falle, wenn dieselbe im öffentlichen Interesse als notwendiges Bedürfnis sich ergibt, und alsdann nur mit Genehmigung des Königs nach Vernehmung der Beteiligten und nach Anhörung des Kreistages stattfinden.[11]

In allen vorstehenden Fällen ist der Beschluß des Kreistages vor Einholung der höheren Genehmigung den Beteiligten nachrichtlich mitzuteilen.[12]

Wo und soweit in Folge einer derartigen Veränderung eine Auseinandersetzung zwischen den Beteiligten sich als notwendig ergibt, ist solche im Verwaltungswege zu bewirken.[13]

Wird hierbei eine Übereinkunft der Beteiligten vermittelt, so genügt die Genehmigung der Regierung; im Falle des Widerspruches entscheidet der Minister des Innern.

Privatrechtliche Verhältnisse[14] dürfen durch dergleichen Veränderungen niemals gestört werden.

Eine jede solche Veränderung ist durch das Amtsblatt bekannt zu machen.[15] Veränderungen, welche bei Gelegenheit einer Gemeinheitsteilung vorkommen, unterliegen diesen Bestimmungen nicht.[16]

Hierzu ZG. §§ 8 und 9 und LGO. §§ 2—4:

ZG.: *§ 8.*[17] *Der Bezirksausschuß beschließt, soweit die Beschlußfassung nach den Gemeindeverfassungsgesetzen der Aufsichtsbehörde*[18] *zusteht,*[19] *über die Veränderung der Grenzen der Stadtbezirke.*[20]

3*

Der Bezirksausschuß beschließt[21] *über die in Folge einer Veränderung der Grenzen der Stadtbezirke notwendig werdende Auseinandersetzung zwischen den beteiligten Gemeinden, vorbehaltlich der den letzteren gegen einander zustehenden Klage im Verwaltungsstreitverfahren.*[22]

§ 9.[23] *Streitigkeiten über die bestehenden Grenzen der Stadtbezirke unterliegen der Entscheidung im Verwaltungsstreitverfahren.*[24]

Über die Festsetzung streitiger Grenzen beschließt vorläufig, sofern es das öffentliche Interesse erheischt,[25] *der Bezirksausschuß.*[26] *Bei dem Beschlusse behält es bis zur rechtskräftigen Entscheidung im Verwaltungsstreitverfahren sein Bewenden.*[27,28]

***LGO.** § 2. Die zur Zeit des Inkrafttretens dieses Gesetzes*[29] *vorhandenen Landgemeinden und Gutsbezirke bleiben in ihrer bisherigen Begrenzung unter den nachfolgenden Maßgaben bestehen:*

1. *Grundstücke, welche noch keinem Gemeinde- oder Gutsbezirke angehören,*[30] *sind, sofern nicht ihre Eingemeindung in einen Stadtbezirk geeignet erscheint,*[31] *nach Vernehmung der Beteiligten*[32] *durch Beschluß des Kreisausschusses*[33] *mit einer Landgemeinde oder einem Gutsbezirke zu vereinigen. Aus solchen Grundstücken kann, soweit dies nach ihrem Umfange und ihrer Leistungsfähigkeit angezeigt erscheint, mit Königlicher Genehmigung ein besonderer Gemeinde- oder Gutsbezirk gebildet werden.*[34]
2. *Landgemeinden und Gutsbezirke, welche ihre öffentlich-rechtlichen Verpflichtungen zu erfüllen außer Stande sind, können durch Königliche Anordnung aufgelöst werden. Die Regelung der kommunalen Verhältnisse der Grundstücke derselben erfolgt nach Maßgabe der Vorschriften in No. 1.*[35–37]
3. *Landgemeinden und Gutsbezirke können mit anderen Gemeinde-*[38] *oder Gutsbezirken nach Anhörung der beteiligten*[39] *Gemeinden und Gutsbesitzer sowie des Kreisausschusses mit Königlicher Genehmigung vereinigt werden, wenn die Beteiligten*[39] *hiermit einverstanden sind. Wenn ein Einverständnis der Beteiligten nicht zu erzielen ist, so ist die Zustimmung derselben, sofern das öffentliche Interesse dies erheischt,*[40] *im Beschlußverfahren durch den Kreisausschuß*[41] *zu ersetzen. Gegen den auf Beschwerde ergehenden Beschluß des Bezirksausschusses steht den Beteiligten und nach Maßgabe des § 123*

des Gesetzes über die allgemeine Landesverwaltung vom 30. Juli 1883 (Gesetz-Samml. S. 195) dem Vorsitzenden des Bezirksausschusses die weitere Beschwerde an den Provinzialrat zu. Erachtet der Oberpräsident das öffentliche Interesse durch den Beschluß des Provinzialrats für gefährdet, so steht demselben in der gleichen Weise (§ 123 a. a. O.) die Beschwerde an das Staatsministerium offen. Der mit Gründen zu versehende Beschluß des Staatsministeriums ist dem Oberpräsidenten behufs Zustellung an die Beteiligten zuzufertigen. Unter den gleichen Voraussetzungen und in der gleichen Weise können Gutsbezirke in Landgemeinden und Landgemeinden in Gutsbezirke durch Königlichen Erlaß umgewandelt werden.

Wird eine leistungsunfähige Gemeinde einem leistungsfähigen Gutsbezirk zugelegt, so bleibt letzterer als solcher bestehen, sofern der Gutsbesitzer dies beantragt.

4. *Die Abtrennung einzelner Teile von einem Gemeinde- oder Gutsbezirke und deren Vereinigung mit einem anderen Gemeinde- oder Gutsbezirke kann, wenn die beteiligten Gemeinden und Gutsbesitzer sowie die Besitzer der betreffenden Grundstücke einwilligen, oder wenn beim Widerspruche Beteiligter das öffentliche Interesse es erheischt, durch Beschluß des Kreisausschusses*[42] *erfolgen. Gegen den auf Beschwerde ergehenden Beschluß des Bezirksausschusses steht den Beteiligten und dem Vorsitzenden des Bezirksausschusses die weitere Beschwerde an den Provinzialrat, und gegen den Beschluß des Provinzialrats dem Oberpräsidenten die fernere Beschwerde an das Staatsministerium nach Maßgabe der No. 3 offen. Soll aus den abgetrennten Grundstücken ein neuer Gemeinde- oder Gutsbezirk gebildet werden, so ist die Königliche Genehmigung erforderlich.*

5. *Ein öffentliches Interesse im Sinne der No. 3 und 4 ist nur*[43] *dann als vorliegend anzusehen,*

   a) *wenn Landgemeinden oder Gutsbezirke ihre öffentlich-rechtlichen Verpflichtungen zu erfüllen außer Stande sind.*[44]

   Bei Beurteilung dieser Frage sind Zuwendungen, welche Gemeinden und Gutsbezirken vom Staate oder größeren Kommunalverbänden zustehen, nicht als bestimmend zu erachten.[45]

b) wenn die Zersplitterung eines Gutsbezirks oder die Bildung von Kolonien in einem Gutsbezirke die Abtrennung einzelner Teile desselben oder dessen Umwandlung in eine Landgemeinde oder dessen Zuschlagung zu einer oder mehreren Landgemeinden notwendig macht,[46]

c) wenn in Folge örtlich verbundener Lage mehrerer Landgemeinden oder von Gutsbezirken oder Teilen derselben mit Landgemeinden[47] *ein erheblicher Widerstreit der kommunalen Interessen*[48] *entstanden ist, dessen Ausgleichung auch durch Bildung von Verbänden im Sinne der §§ 128ff. nicht zu erreichen ist.*[49]

6. *Die vorstehenden Bestimmungen finden in den Fällen, in welchen es sich um die Vereinigung einer Landgemeinde oder eines Gutsbezirks mit einer Stadtgemeinde, um die Abtrennung einzelner Teile von einem Stadtbezirke und deren Vereinigung mit einem Landgemeinde- oder Gutsbezirke, sowie um die Abtrennung einzelner Teile von einem Landgemeinde- oder Gutsbezirke und deren Vereinigung mit einem Stadtbezirke handelt, sinngemäße Anwendung mit der Maßgabe, daß an die Stelle der Beschlußfassung des Kreisausschusses nach erfordertem Gutachten des Kreistages die Beschlußfassung des Bezirksausschusses*[50] *tritt.*

7. *In den vorstehend bezeichneten, der Königlichen Genehmigung unterliegenden Fällen ist vor deren Erwirkung der Beschluß des Kreisausschusses, des Bezirksausschusses oder des Provinzialrats, sowie das Gutachten des Kreistages den Beteiligten mitzuteilen.*[51]

8. *Jede Bezirksveränderung ist durch das Regierungsamtsblatt zu veröffentlichen.*[52]

§ 3.[53, 54] *Über die in Folge einer Veränderung der Grenzen der Landgemeinden und Gutsbezirke notwendig werdende Auseinandersetzung zwischen den Beteiligten*[55] *beschließt der Kreisausschuß, soweit aber hierbei Stadtgemeinden in Betracht kommen, der Bezirksausschuß,*[56] *vorbehaltlich der den Beteiligten gegeneinander zustehenden Klage im Verwaltungsstreitverfahren bei diesen Behörden.*[57]

Bei dieser Auseinandersetzung sind erforderlichenfalls[58] *Bestimmungen zur Ausgleichung der öffentlich-rechtlichen Interessen der Beteiligten zu treffen. Insbesondere können einzelne Beteiligte im Verhältnis zu anderen Beteiligten, welche für gewisse kommunale Zwecke bereits vor der Vereinigung für sich allein Fürsorge getroffen haben, oder solche Beteiligte, welche vorwiegend Lasten in die neue Gemeinschaft bringen, zu Vorausleistungen verpflichtet werden. Auch kann, wenn eine Gemeinde oder der Besitzer eines Gutsbezirks durch die Abtrennung von Grundstücken eine Erleichterung in öffentlich-rechtlichen Verpflichtungen erfährt, der Gemeinde, welcher oder dem Gutsbezirke, welchem jene Grundstücke einverleibt werden, ferner der neuen Gemeinde oder dem neuen Gutsbezirk, welche aus letzteren gebildet werden, eine Beihilfe zu den ihnen durch die Bezirksveränderung erwachsenden Ausgaben bis zur Höhe des der anderen Gemeinde oder dem Gutsbesitzer dadurch entstehenden Vorteils zugebilligt werden.*[59] *Im Falle der Vereinigung von Gemeinden geht das Vermögen derselben auf die neu gebildete Gemeinde über.*[60]

§ 4.[61] *Streitigkeiten über die bestehenden Grenzen der Gemeinde- und Gutsbezirke, sowie über die Eigenschaft einer Ortschaft als Landgemeinde, oder eines Gutes als selbständigen Gutsbezirks unterliegen der Entscheidung des Kreisausschusses, soweit hierbei Stadtgemeinden in Betracht kommen, des Bezirksausschusses.*

Diese Behörden beschließen vorläufig über die im ersten Absatze bezeichneten Angelegenheiten, sofern das öffentliche Interesse es erheischt. Bei dem Beschlusse behält es bis zur rechtskräftigen Entscheidung im Verwaltungsstreitverfahren sein Bewenden.

Vorbemerkung:

Die durch den Druck als obsolet hervorgehobenen Bestimmungen dieses Paragraphen sind abgeändert durch §§ 8 und 9 ZustGes. und §§ 2—4 LGO. (im Text hinter dem § 2 StO. vollständig abgedruckt).

In systematischer Darstellung stellt sich der gegenwärtige Rechtszustand hinsichtlich der einzelnen Fälle der Veränderung der Stadtbezirke folgendermaßen dar:

I. Eingemeindung sog. kommunalfreier Grundstücke. (StO. § 2 Abs. 2; ZustGes. § 8, 9 [nicht LGO. § 2 Nr. 6]; LVG. §§ 121, 51 [für Berlin auch § 43]). Die Eingemeindung in den Stadtbezirk erfolgt nach Vernehmung der Beteiligten und Anhörung des Kreistages durch Beschluß des Bezirksausschusses.

II. Eingemeindung einer ganzen ländlichen Gemeinde oder eines selbständigen Gutsbezirkes (StO. § 2 Abs. 3; LGO. § 2 Ziff. 3, 5, 6, 7, 8, § 3; LVG. §§ 121, 123, 126, 51 [für Berlin auch § 43]). Die Eingemeindung erfolgt nach Anhörung der beteiligten Gemeinden und Gutsbesitzer mit Königlicher Genehmigung, wenn die Beteiligten hiermit einverstanden sind oder nachdem die versagte Zustimmung der Beteiligten beim Vorliegen eines öffentlichen Interesses durch Beschluß des Bezirksausschusses ersetzt ist.

III. Eingemeindung einzelner Teile einer Landgemeinde oder eines selbständigen Gutsbezirkes beziehungsweise Abtrennung einzelner Teile eines Stadtbezirks behufs Vereinigung mit einer Landgemeinde oder einem selbständigen Gutsbezirke (StO. § 2 Abs. 4; LGO. § 2 Ziff. 4, 5, 6, 7, 8, § 3; LVG. §§ 121, 123, 126, 51 [für Berlin noch § 43]). Diese sog. Umgemeindung erfolgt bei Zustimmung der Beteiligten nach erfordertem Gutachten des Kreistages durch Beschluß des Bezirksausschusses; die Einwilligung der Beteiligten ist nicht notwendig beim Vorliegen eines öffentlichen Interesses. Königliche Genehmigung ist nur erforderlich, wenn aus den abgetrennten Grundstücken ein neuer Gemeinde- oder Gutsbezirk gebildet werden soll.

IV. Über die Vereinigung mehrerer Stadtgemeinden zu einer Stadtgemeinde trifft § 2 StO. keine Bestimmung. Sind Stadtkreise beteiligt, so ist zur Eingemeindung ein Gesetz erforderlich (§ 3 KrO.). Sonst erachtet die Praxis Königliche Verordnung für ausreichend.

V. Außerdem kann ohne Veränderung des Stadtbezirks die Verbindung einer Stadtgemeinde mit Landgemeinden und Gutsbezirken erfolgen:

a) nach Maßgabe des Zweckverbandsgesetzes v. 19. 7. 11 (GS. 115). Eine Besonderheit gilt für die Stadtkreise Berlin, Charlottenburg, Berlin-Schöneberg, Neukölln, Berlin-Wilmersdorf, Berlin-Lichtenberg und Spandau, die kraft Gesetzes mit den Landkreisen Teltow und Niederbarnim zu einem Zweckverbande zur Erfüllung bestimmter kommunaler Aufgaben vereinigt sind (§ 1 des Zweckverbandsgesetzes für Groß Berlin v. 19. 7. 11, GS. 123).

Reicht eine Verbindung in Form eines Zweckverbandes zur Beseitigung der vorhandenen Übelstände aus, so kann das Vorhandensein eines öffentlichen Interesses, welches die Eingemeindung erfordert, nicht angenommen werden (§ 2 Ziff. 5c LGO.);

b) nach § 49a KrO. und § 6 ZustGes. (Verbindung zu einem Polizeibezirke). Diese Bestimmung bezieht sich nur auf nicht kreisfreie Städte. Bei kreisfreien Städten ist zu solcher Verbindung ein Gesetz erforderlich, wie dies für Berlin und seine Vororte geschehen ist (vgl. Anm. 3 zu § 62).

1. „Alle“ Grundstücke, mögen sie in der eigentlichen Stadt, in der Vorstadt (über diesen Begriff vgl. OVG. 1 S. 265: „zusammenhängende Etablissements, welche vor der Stadt auf städtischem Gebiete gelegen sind“) oder in der städtischen Feldmark (Gesamtbezirk, den die eigentliche Stadt mit den in ihrer Umgebung liegenden, ihr politisch zugehörigen unbebauten Gärten, Feldern und Wiesen bildet) liegen; anders früher § 88 II 8 ALR. u. §§ 3, 4 StO. v. 19. 11. 1808. — Auch die Grundstücke, welche res extra commercium sind, wie öffentliche Plätze, Kirchhöfe, öffentliche Wasser-

flächen oder Landstraßen, gehören, wenn nicht besondere Gründe im Einzelfalle dem entgegenstehen, zum Stadtbezirk. Liegen Wasserstraßen oder Landstraßen zwischen zwei Städten oder Gemeinden, so muß angenommen werden, daß die Mittellinie die Grenze der Gemeindebezirke bildet (MBl. 1868 S. 244; OVG. 6 S. 93). Die Aufführung eines Grundstücks im Grundsteuerkataster ist noch kein Beweis für die kommunale Zugehörigkeit des Grundstücks (OVG. 30 S. 128; PVBl. 25 S. 762).

2. Die Gesamtheit der den Stadtbezirk bildenden Grundstücke kann nach der geographischen Lage oder der historischen Entwicklung in verschiedene Ortschaften zerfallen (vgl. §§ 14, 15 StO.). — Als besondere Ortschaft erscheint häufig auch die rechtlich einen Teil des Stadtbezirks bildende Kolonie, d. h. eine mit besonderem Namen versehene Mehrheit von Ansiedelungen, die nach einem einheitlichen Plane auf der städtischen Feldmark in einiger Entfernung von der eigentlichen Stadt angelegt sind. Über die Anlegung neuer Ansiedelungen handelt das G. v. 10. 8. 04 (GS. 227).

3. Es hat also die StO. die damaligen Grenzen der Stadtbezirke nicht geändert. Über die Fälle, in denen dennoch infolge Sistierung der Einführung der GemO. v. 11. 3. 1850 durch den Erlaß v. 19. 6. 1852 über die Grenzen des Stadtbezirks Zweifel entstehen können, und über die Notwendigkeit, bei Prüfung dieses Zweifels auf das alte Recht (ALR. II. 8; StO. von 1808, StO. von 1831) zurückzugehen, vgl. Möller S. 57.

Entscheidend ist der rechtliche, nicht der tatsächliche Zustand zur Zeit des Inkrafttretens der StO.

4. Selbständige Landgüter (d. h. Güter, die einen selbständigen Gutsbezirk bilden; Anm. 6) gehören deshalb, weil eine Stadtgemeinde ihre Eigentümerin ist (Kämmereigüter), noch nicht zum Stadtbezirke; ebensowenig selbständige Landgemeinden, in denen die Stadt solche Rechte ausübt, die Ausfluß der ursprünglich bestandenen Gutsherrlichkeit sind, wie das Patronat über Kirche oder Schule (sog. Kämmereidörfer).

5. Streitigkeiten über die Grenzen des Stadtbezirks sind unter Ausschluß des Rechtswegs im Verwaltungsstreitverfahren zu entscheiden. Zuständig ist in erster Instanz der Bezirksausschuß, in zweiter das OVG. (in Berlin in erster und letzter Instanz das OVG.). Erforderlichenfalles kann der Bezirksausschuß — in Berlin der Oberpräsident — durch Beschluß vorläufige Festsetzungen treffen (§ 9 ZustGes., oben abgedruckt). Wird in einem Prozesse über das privatrechtliche Eigentum an einem Grundstück inzidenter auch über die kommunale Zugehörigkeit des Grundstücks vom ordentlichen Richter rechtskräftig entschieden, so schafft das Urteil nur zwischen den Prozeßparteien selbst Recht, ohne die bestehende, durch die zuständigen Behörden festgestellte Kommunalangehörigkeit des Grundstücks zu ändern oder ihrer zukünftigen Feststellung im Verwaltungsstreitverfahren vorzugreifen (vgl. Anm. 28 und OVG. 33 S. 146).

6. LGO. § 122; selbständiger Gutsbezirk ist (nach der historischen Entwicklung) die Gesamtheit der der Gutsherrschaft gehörenden Besitzungen (Dominium) im Gegensatz zu der Gesamtheit der Besitzungen der früheren Gutsuntertanen (Landgemeindebezirk). Veränderung des privat-

rechtlichen Eigentums an seinen einzelnen Teilen verändert den Umfang des Gutsbezirkes nicht; hierzu ist immer staatlicher Hoheitsakt notwendig (OVG. 1 S. 147, 7 S. 182, 203ff.; PVBl. 22 S. 323).

7. Sog. kommunalfreie Grundstücke. Ob ein Grundstück als kommunalfrei anzusehen ist, ist nach §§ 9, 26 ZustGes., § 4 LGO. zu entscheiden. Die Tendenz auch schon der älteren Gesetzgebung ist auf Beseitigung dieser kommunalfreien Grundstücke durch Aufnahme in die Stadt- oder Landgemeinden oder Gutsbezirke oder durch Erhebung zu Gemeinde- oder Gutsbezirken gerichtet (§ 8 G. über die Armenpflege v. 31. 12. 1842 [GS. 1843 S. 8]; § 1 G. über die Landgemeindeverfassung v. 14. 4. 1856 [GS. 359]; § 4 G. über den UW. v. 6. 6. 1870 [BGBl. 360)]; LGO. § 2, Ausf.-Anw. II zur LGO. unter 1; PVBl. 24 S. 381).

8. „Beteiligte“ sind die Eigentümer der kommunalfreien Grundstücke sowie der Kommunalbehörden der Stadt, in die das Grundstück einverleibt werden soll. Bloß angrenzende Gemeinden sind nicht Beteiligte, ebenso nicht die Eigentümer einzelner bereits zu der einverleibenden Stadt gehörender Grundstücke, auch wenn sie an der beabsichtigten Einverleibung besonders interessiert sind (MBl. 1893 S. 109). Für den Fall des Wechsels des Eigentums der einzuverleibenden Grundstücke s. OVG. 46 S. 147.

9. An Stelle der Genehmigung des Ministers ist gemäß § 8 Abs. 1 ZustGes. (Ziff. 6 des § 2 LGO. bezieht sich nicht auf diesen Fall) der Beschluß des Bezirksausschusses getreten [in Berlin des Oberpräsidenten § 43 LVG.]. Gegen diesen Beschluß findet binnen 14 Tagen das Rechtsmittel der Beschwerde an den Provinzialrat [in Berlin an den Minister des Innern] statt (§§ 121, 43 Abs. 1, 51 LVG.).

10. Abgeändert durch § 2 Ziff. 3, 5, 6, 7, 8 LGO.; vgl. Vorbem. ad. II und die Anm. 38ff.

11. Abgeändert durch § 2 Ziff. 4, 5, 6, 7, 8 LGO.; vgl. Vorbem. ad. III und die Anm. 42ff.

12. Abgeändert durch § 2 Ziff. 7 LGO. (oben abgedruckt).

13. Siehe § 3 LGO. (oben abgedruckt) und Anm. 53ff.

14. D. h. Privat-Rechtsverhältnisse Dritter, nicht etwa die vermögensrechtlichen Verhältnisse der durch die Veränderung betroffenen Gemeinden, die durch die Auseinandersetzung (§ 3 LGO.) empfindlich berührt werden können. Unberührt bleiben auch die an die Privatrechte, z. B. das Grundeigentum, geknüpften Rechte, z. B. Wahl- und Präsentationsrechte (Wahlrecht zum Herrenhaus, kirchliches Patronat usw.). Ob die Ortsgesetze und Polizeiverordnungen der einverleibenden Stadt ohne weiteres auch für die ein- oder umgemeindeten Gebietsteile in Geltung treten, ist bestritten. Das OVG. bejaht die Frage in konstanter Praxis (OVG. 6 S. 218; 37 S. 405; 48 S. 21). Anderer Ansicht das Kammer- und Reichsgericht; danach sollen die für die umgemeindeten Gebietsteile in Geltung gewesenen Polizeiverordnungen ihre Geltung weiterbehalten, bis sie aufgehoben werden (Johow 20 C 57; 27 C 49; 34 C 3 [wo die einschlägige Literatur und Praxis angegeben]; 35 C 17 und RGZ. 28 S. 304).

Die Veränderung der Gemeindegrenzen zieht da, wo sie vorher mit den Grenzen der Amtsbezirke, Kreise, Regierungsbezirke, Provinzen, Gesamtarmenverbände zusammenfielen, auch die Veränderung dieser Bezirke und Verbände von selbst nach sich (§ 49 KrO.; § 3 Abs. 3 KrO.; § 4 PrO.; wegen der Regierungsbezirke vgl. MBl. 1879 S. 3; Gesamtarmenverbände s. OVG. 16 S. 235). — Der Bezirk der städtischen Feuersozietät wird durch Veränderung des Bezirks der Stadtgemeinde nicht verändert (RGZ. 28 S. 300). — Wegen der Wirkung der Eingemeindung auf die Rechtsstellung der Gemeindebeamten vgl. Vorbem. zu § 56[6].

15. Die Unterlassung der Bekanntmachung zieht die Unwirksamkeit der gefaßten Veränderungsbeschlüsse nicht nach sich (OVG. im PVBl. 11 S. 369). Für den Zeitpunkt der Eingemeindung ist weder der Tag des Erlasses des Bezirksausschuß-Beschlusses, noch der Tag der Rechtskraft desselben, noch der Tag der Veröffentlichung (§ 2 Abs. 8 StO.) entscheidend. Maßgebend ist vielmehr, wenn in dem Beschlusse kein Termin angegeben ist, die tatsächlich vollzogene Eingemeindung, d. h. die Übernahme der Gemeindehoheit über das Grundstück bzw. die Anweisung der zuständigen Aufsichtsbehörde, die Gemeindehoheit über das Grundstück zu übernehmen (OVG. 33 S. 162).

Handelt es sich nicht um einen Beschluß der Behörden, sondern einen Königlichen Erlaß, so soll nach MBl. 93 S. 235 die Wirksamkeit eines solchen mangels einer besonderen Bestimmung vom Zeitpunkt der Mitteilung des Erlasses an die Beteiligten rechnen.

Abgesehen von der vorgeschriebenen Bekanntmachung im Amtsblatt (vgl. auch § 2[8] LGO.), die kostenfrei erfolgt (MBl. 1883 S. 143), soll, falls es sich um Änderung solcher Grenzen handelt, die zugleich Grenzen von Amtsgerichtsbezirken sind, den zuständigen Landgerichtspräsidenten eine besondere Benachrichtigung zugehen (MBl. 1889 S. 127).

16. Siehe GemTeilO. v. 1. 6. 1821 §§ 147 (GS. 53). Danach haben die Separationen, Ablösungen usw. ipso jure Veränderungen der Gemeinde- und Gutsbezirksgrenzen zur Folge, insofern die in solchem Verfahren zur Abfindung gegebenen Ländereien an die Stelle des dafür abgetretenen Grundstücks treten, mithin dem Kommunalverband dieses Grundstücks ohne weiteres angehören (s. OVG. 3 S. 69; 6 S. 89; anders Halbey, Gem.-Verf. I S. 432). Ein diese Rechtsfolge ausschließendes Privatabkommen bedarf zu seiner Wirksamkeit der Zustimmung der beteiligten Gemeinden und der Erfüllung des Erfordernisses des § 2 Ziff. 4 und 6 LGO. (Kreis- bzw. Bezirksausschußbeschluß).

17. Dieser Paragraph ist ergänzt und abgeändert in Abs. 1 durch § 2, in Abs. 2 durch § 3 der LGO. Er ist nicht abgeändert, sondern in Abs. 1 noch gültig für den Fall der Eingemeindung sog. kommunalfreier Grundstücke in Städte.

18. Erster oder höherer Instanz, z. B. StO. § 2 Abs. 2, wo Genehmigung des Ministers erfordert war.

19. Soweit dazu nach den GemVG. Gesetz erforderlich, ist es hierbei verblieben, vgl. Vorbem. oben unter IV. — Auch das Erfordernis der notwendigen Anhörung des Kreistages wurde hierdurch nicht berührt. Nur die Zuständigkeit der beschließenden Behörde sollte durch diese Bestimmung neu geregelt werden.

20. Gegen den Beschluß aus Abs. 1 ist Beschwerde an den Provinzialrat (in Berlin, wo für den Bezirksausschuß der Oberpräsident zuständig, an den Minister des Innern) gegeben. Weitere Beschwerde ist den **Beteiligten** gemäß § 121 LVG. nicht gegeben. Wohl aber besteht gemäß § 123 LVG. die Möglichkeit der Anfechtung des Beschwerdebeschlusses für den **Vorsitzenden** der Beschwerdebeschlußbehörde durch Einlegung weiterer Beschwerde, für den Regierungspräsidenten bzw. Oberpräsidenten außerdem gemäß § 126 LVG. durch Anstellung der Klage beim OVG. Dies gilt für das Beschwerdeverfahren nicht bloß in den Fällen des § 2 Abs. 2 StO. in Verbindung mit § 8 Abs. 1 ZustGes., sondern bei **allen** Eingemeindungsbeschlüssen (vgl. OVG. 22 S. 84), in den Fällen der Nr. 3 und 4 des § 2 LGO. mit der Maßgabe, daß dort der Beschwerde-Instanzenzug auch für die „Beteiligten" nicht mit der einmaligen Beschwerde beendet ist, sondern ihnen weitere Beschwerde an den Provinzialrat, außerdem dem Oberpräsidenten noch die fernere Beschwerde an das Staatsministerium offensteht. — Darüber, welche verschiedenen Fälle der Grenzveränderungen vorliegen können und wie in diesen zu verfahren ist s. Vorbem. zu § 2 StO. sowie die Anm. zu § 2 LGO.

21. Der Beschluß des Bezirksausschusses ist Vorbedingung für Einleitung des Verwaltungsstreitverfahrens. In Berlin beschließt an Stelle des Bezirksausschusses der Oberpräsident (§ 43 LVG.). Das Rechtsmittel der Beschwerde ist gegen diesen Beschluß gemäß § 50 LVG. nicht gegeben.

22. LVG. §§ 61 ff. In erster Instanz ist der Bezirksausschuß, in zweiter OVG. zuständig (in Berlin in erster und letzter Instanz OVG.; ZustGes. § 21); im übrigen siehe jetzt § 3 LGO. — Die Frist zur Anstellung der Klage ist die zweiwöchige (§ 21 Abs. 1, § 2 ZustGes.; OVG. in PVBl. 11, 223). — Daß derartige Auseinandersetzungen privatrechtliche Verhältnisse Dritter nicht berühren dürfen, bestimmt StO. § 2 vorletzter Absatz.

23. § 9 ZustGes. ist jetzt abgelöst durch § 4 LGO. Materielle Änderungen hat letzterer für den Bereich des § 9 ZustGes. nicht gebracht.

24. LVG. §§ 61 ff. Zuständig in erster Instanz Bezirksausschuß; in zweiter OVG. (für Berlin in erster und letzter Instanz OVG.; ZustGes. § 21); s. auch Anm. 4 zu § 1 StO.

25. Falls die Beteiligten selbst nicht den Antrag stellen, auf Antrag des zur Wahrung des öffentlichen Interesses bestellten Kommissars, der auch die Einleitung des Verwaltungsstreitverfahrens beantragen kann (§ 74 LVG.). Ob ein öffentliches Interesse den Erlaß einer vorläufigen Entscheidung erheischt, hat der Bezirksausschuß bei Erlaß des Beschlusses zu prüfen.

26. In Berlin der Oberpräsident § 43 Abs. 3 LVG.

27. Der Beschluß ist nicht notwendige Voraussetzung für die Einleitung des Verwaltungsstreitverfahrens, sondern lediglich fakultatives Interimistikum, das vor und im Laufe des Streitverfahrens erlassen werden kann. Auch braucht, falls ein Beschluß gemäß § 4 LGO. erlassen wird, nicht eine bestimmte Frist bei Einleitung des Streitverfahrens innegehalten zu werden. Beschwerde gegen den Beschluß ist gemäß § 50 Abs. 2 LVG. nicht gegeben.

28. Über die Bedeutung eines solchen Beschlusses für die Regelung der Rechtsverhältnisse in der Zwischenzeit vgl. OVG. 20 S. 168. Über ihre

Bedeutung für die Vergangenheit und gegenüber etwaigen schon gefällten zivilrichterlichen Entscheidungen OVG. 33 S. 146; Anm. 5 oben.

29. D. i. 1. April 1892.

30. Sog. kommunalfreie Grundstücke; s. oben Vorbem. zu § 2 StO. unter I sowie Anm. 7.

31. Danach und nach § 2 Nr. 6 LGO. ist für die Eingemeindung kommunalfreier Grundstücke in Städte § 2 StO. in Verbindung mit § 8 ZustGes. aufrechterhalten.

32. Siehe Anm. 8 oben.

33. Wegen der Rechtsmittel gegen solche Beschlüsse vgl. LVG. §§ 121, 123, 126 OVG. 22 S. 84.

34. Vgl. hierzu AusfAnw. II zur LGO. unter 1.

35. Über das Verhältnis dieser Bestimmung zum früheren Recht s. Brauchitsch Bd. III. 18. Aufl. Anm. 9, 10 zur LGO. § 2 (S. 166 ff.).

36. In den Fällen der Nr. 2 bedarf es weder der Anhörung der Beteiligten noch des Vorhandenseins der sonstigen Voraussetzungen der Nr. 3.

37. Vgl. AusfAnw. II zur LGO. unter Nr. 2.

38. Auch mit Stadtgemeinden; in diesen Fällen kommt außerdem Nr. 6 dieses Paragraphen in Betracht.

39. Siehe Anm. 8 oben.

40. Siehe Nr. 5 des § 2 LGO.

41. Wenn Stadtgemeinden beteiligt sind, Bezirksausschuß (Nr. 6 § 2 LGO.); in Berlin Oberpräsident (§ 43 LVG.). Wegen des Instanzenzuges vgl. Anm. 21 u. OVG. 22 S. 84. — Nr. 3 des § 2 LGO. in Verbindung mit Nr. 5 und 6 ebenda ist an Stelle des Abs. 3 § 2 StO. getreten; s. AusfAnw. II zur LGO. unter Nr. 2.

42. Sind Stadtgemeinden beteiligt, Bezirksausschuß (Nr. 6 § 2 LGO.), in Berlin Oberpräsident (§ 43 LVG.), s. im übrigen Anm. 41. Nr. 4 in Verbindung mit Nr. 5 und 6 ist an Stelle des § 2 Abs. 4 StO. getreten; s. AusfAnw. II zur LGO. unter Nr. 3.

43. Andere Tatsachen als die in dieser Nr. 5 aufgeführten, insbesondere Gesichtspunkte politischer Art, dürfen also zur Begründung eines öffentlichen Interesses nicht herangezogen werden, s. Drucksachen des Abgeordnetenhauses 1890/1891, KomProt. der XII. Kom. 12. Sitzung S. 12, 13. — Sind die Beteiligten mit der Veränderung der Gemeindebezirke einverstanden, so kann diese erfolgen, nicht nur wenn das öffentliche Interesse sie unbedingt erheischt, sondern auch wenn sie nur zweckmäßig erscheint.

44. In diesen Fällen bieten sich also zwei Wege: Auflösung der betreffenden Landgemeinde oder des Gutsbezirkes gemäß Nr. 2 (ev. auch ohne Zustimmung der Beteiligten) mittels Königlicher Verordnung; oder Vereinigung der betreffenden Landgemeinde oder des Gutsbezirkes mit einer anderen Gemeinde gemäß Nr. 3 unter Zustimmung der Beteiligten bzw. Ergänzung dieser Zustimmung im Beschlußverfahren. Darüber, wann der eine oder der andere Weg zu verfolgen sein wird, vgl. AusfAnw. II zur LGO. unter 2 zu Nr. 5a.

45. Vgl. hierzu AusfAnw. II zur LGO. unter 2 zu § 2 Nr. 5a Abs. 2.

46. Vgl. hierzu AusfAnw. II zur LGO. unter 2 zu § 2 Nr. 5b.

47. Sog. „Gemengelage". An sich ist diese kein ausreichender Grund zur Beseitigung selbständiger Gemeinden oder Gutsbezirke. Hinzukommen muß positiv der erhebliche Widerstreit kommunaler Interessen, negativ die Unmöglichkeit der Beseitigung der Übelstände durch Bildung von Zweckverbänden. Der Fall von „Gemengelage" zweier Gutsbezirke miteinander ist nicht vorgesehen.

48. Wann dies der Fall ist, ist quaestio facti, über die von den Selbstverwaltungsbeschlußkörpern zu entscheiden ist.

49. Jetzt des Zweckverbandsgesetzes v. 19. 7. 11 (GS. 115); vgl. insbesondere § 25.

50. In Berlin des Oberpräsidenten (§ 43 LVG.). Rechtsmittel s. Anm. 21. — Durch Nr. 6 in Verbindung mit Nr. 3, 4, 5 des § 2 LGO. sind demnach StO. § 2 Abs. 3, 4 in Verbindung mit ZustGes. § 8 Abs. 1 aufgehoben; dagegen ist StO. § 2 Abs. 2 in Verbindung mit ZustGes. § 8 Abs. 1 aufrechterhalten; s. oben Anm. 31.

51. Entspricht dem Abs. 5 § 2 StO. — Auch der etwa auf Beschwerde des Oberpräsidenten ergangene Beschluß des Staatsministeriums ist, obwohl hier nicht ausdrücklich erwähnt, mitzuteilen; vgl. Nr. 3 und die Worte „nach Maßgabe der Nr. 3" in Nr. 4 dieses Paragraphen.

52. Siehe Abs. 9 § 2 StO. und Anm. 15 oben.

53. Vorbem. zu § 3 LGO.: An sich zieht die Veränderung der Gemeindebezirke Ansprüche der beteiligten Gemeinden gegeneinander auf Schadloshaltung (etwa wegen Verminderung oder Erhöhung sei es der Steuerkraft, sei es der öffentlichen Bedürfnisse) nicht nach sich (OVG. 2 S. 3, 12, 14; 53 S. 67). Die abgetretenen Teile treten ohne weiteres in den Verband der einverleibenden Kommune ein und teilen deren Rechte und Lasten. Ausgenommen hiervon ist die öffentliche Armenlast. Bei Aufteilung eines Armenverbandes und Zuteilung der einzelnen Teile an verschiedene Kommunen oder bei Abtrennung einzelner Teile eines Armenverbandes und Zuteilung an einen anderen haften bis zur bewirkten Auseinandersetzung die beteiligten Verbände Dritten gegenüber für die Armenlast gemeinschaftlich (s. Wohlers-Krech, Reichsges. über den Unterstützungswohnsitz 11. Aufl. S. 139; OVG. 13 S. 200; 33 S. 132; 41 S. 179 u. PVBl. 26 S. 563). Aber auch abgesehen von dieser Ausnahme kann es notwendig werden, daß die betroffenen Kommunen sich wegen einer durch die Bezirksveränderung entstandenen Rechten- und Pflichtengemeinsamkeit auseinandersetzen und daß diese Auseinandersetzung im Wege der Ausgleichung der öffentlichen Interessen der Beteiligten erfolgt. Vorausgesetzt ist dabei, daß diese Ausgleichungsnotwendigkeit nicht schon durch die Bezirksveränderung als solche, sondern durch besondere Umstände herbeigeführt ist (OVG. 33 S. 151; 46 S. 147). Für diese Fälle, nicht aber zur Entscheidung etwa streitig gewordener rechtlicher Folgen der Bezirksveränderung, ist das Verfahren gemäß § 3 LGO. geschaffen.

Vgl. auch die Verf. v. 4. 4. 10 betr. Vorschriften für die Handhabung von Eingemeindungen (MBl. 1910 S. 78).

54. Vor Erlaß der LGO. bestand kein Anspruch auf Auseinandersetzung aus Anlaß der Bezirksveränderung. Durch § 3 LGO. ist auch für die an einer vor dem Inkrafttreten der LGO. (1. 4. 1893) erfolgten Bezirksveränderung Beteiligten formell die Möglichkeit gegeben, Ansprüche auf Ausgleichung öffentlich-rechtlicher Interessen im Auseinandersetzungsverfahren zu erheben. Materiell beantwortet sich die Frage des Vorhandenseins solcher Ansprüche nach dem zur Zeit der Bezirksveränderung geltenden älteren Recht (OVG. 26 S. 93; PVBl. 25 S. 148).

55. Siehe Anm. 8 oben und OVG. 32 S. 85; PVBl. 27 S. 231.

56. Wenn Berlin in Betracht kommt, der Oberpräsident. § 43 LVG.

57. Im allgemeinen ist bei Städten in 1. Instanz Bezirksausschuß, in 2. Instanz (Berufung; zweiwöchige Frist) OVG. zuständig (§§ 83, 85 LVG.); in Berlin in erster und letzter Instanz OVG. (§ 21 Abs. 1 ZustGes.). Die Klage im Verwaltungsstreitverfahren (auf Aufhebung des Bezirksausschußbeschlusses) muß binnen einer Frist von 2 Wochen angestellt werden (OVG. im PVBl. 11 S. 223).

58. Siehe Anm. 53; AusfAnw. II zur LGO. unter 4.

59. Dies ist die gesetzliche Grenze, innerhalb welcher die Verwaltungsgerichte nach billigem Ermessen frei zu bestimmen haben. — Wegen der etwaigen Präzipualleistungen vgl. OVG. 33 S. 151.

60. Das Auseinandersetzungs- und Ausgleichungsverfahren ist stets eine Folge der Bezirksveränderung, kann also dieser nur nachfolgen (OVG. 42 S. 1ff.); vorher behufs Herbeiführung des Einverständnisses der Beteiligten geführte Ausgleichsverhandlungen und Abmachungen fallen nicht unter § 3 LGO.

Das Auseinandersetzungsverfahren kann mit dem Umgemeindungsverfahren nicht verbunden werden; auch ist es unzulässig, den Auseinandersetzungsbeschluß mit dem Umgemeindungsbeschlusse zu verbinden, da die Auseinandersetzung eine bereits rechtskräftige Umgemeindung zur Voraussetzung hat. Ist ein Auseinandersetzungsbeschluß unzulässigerweise ergangen, bevor er ergehen durfte, so ist die Klage im Verwaltungsstreitverfahren auf Beseitigung des Beschlusses zulässig (OVG. 42 S. 1ff.).

In dem Streitverfahren über die Auseinandersetzung kann die Zulässigkeit der Bezirksveränderung nicht geprüft werden (PVBl. 29 S. 602).

61. § 4 LGO. ist an Stelle der nur für Städte geltenden Spezialbestimmung des § 9 ZustGes. getreten; vgl. zur Erläuterung die Anmerkungen 23—29.

§ 3.

Alle Einwohner[1] des Stadtbezirks, mit Ausnahme der servisberechtigten Militärpersonen des aktiven Dienststandes,[2,3] gehören zur Stadtgemeinde.

Als Einwohner werden diejenigen betrachtet, welche in dem Stadtbezirk nach den Bestimmungen der Gesetze ihren Wohnsitz haben.[4–7]

1. Demnach beruht die StO. im Gegensatz zum älteren Recht auf dem Prinzip der Einwohnergemeinde. Die frühere Scheidung der Einwohnerschaft in „Bürger“ und „Schutzverwandte“ ist weggefallen. Der Begriff

„Bürger" in der Bedeutung „Gemeindemitglied" ist kein gesetzlicher mehr. In ganz verändertem Sinne bezeichnet die StO. im § 5 mit „Bürgerrecht" das aktive und passive Wahlrecht zur Gemeindevertretung und zu unbesoldeten städtischen Ämtern.

2. Nicht des Soldatenstandes, sondern des aktiven Dienststandes, daher denn (mit den unten bezeichneten Ausnahmen) auch die Militärbeamten nicht zu den Einwohnern gehören. Darüber, wer zum aktiven Heere gehört, verhält sich § 38 des RMilG. v. 2. 5. 1874 (RGBl. 45).

„§ 38. Zum aktiven Heere gehören:

A. Die Militärpersonen des Friedensstandes, und zwar

1. die Offiziere, Ärzte und Militärbeamten des Friedensstandes vom Tage ihrer Anstellung bis zum Zeitpunkte ihrer Entlassung aus dem Dienste;
2. die Kapitulanten vom Beginn bis zum Ablauf oder bis zur Aufhebung der abgeschlossenen Kapitulation;
3. die Freiwilligen und die ausgehobenen Rekruten von dem Tage, mit welchem ihre Verpflegung durch die Militärverwaltung beginnt, Einjährig-Freiwillige von dem Zeitpunkte ihrer definitiven Einstellung in einen Truppenteil an, sämtlich bis zum Ablauf des Tages ihrer Entlassung aus dem aktiven Dienste.

B. 1. Die aus dem Beurlaubtenstande (V. Abschnitt) zum Dienst einberufenen Offiziere, Ärzte, Militärbeamten und Mannschaften von dem Tage, zu welchem sie einberufen sind, bis zum Ablauf des Tages der Wiederentlassung;

2. alle in Kriegszeiten zum Heeresdienst aufgebotenen oder freiwillig eingetretenen Offiziere, Ärzte, Militärbeamten und Mannschaften, welche zu keiner der vorgenannten Kategorien gehören, von dem Tage, zu welchem sie einberufen sind, bzw. vom Zeitpunkte des freiwilligen Eintritts an, bis zum Ablauf des Tages der Entlassung.

C. Die Zivilbeamten der Militärverwaltung, vom Tage ihrer Anstellung bis zum Zeitpunkte ihrer Entlassung aus dem Dienste."

Eine Militärperson muß aber, um von der Gemeindemitgliedschaft ausgeschlossen zu sein, nicht nur zum aktiven Heere gehören, sondern außerdem servisberechtigt sein. Hierüber vgl. Allerhöchsten Erlaß v. 17. 7. 1862 (GS. 224); Servistarif Anlage B zum Bund.G. v. 25. 6. 1868 (BGBl. 523); Instruktion v. 31. 12. 1868, Allerhöchsten Erlaß v. 31. 12. 1868 (BGBl. 1869 S. 1), sowie folgende Abänderungsgesetze: RG. v. 3. 8. 1878 (RGBl. 243); RG. v. 28. 5. 1887 (RGBl. 159); RG. v. 26. 7. 1897 (RGBl. 619); RG. v. 6. 7. 04 (RGBl. 272); RG. v. 17. 5. 06 (RGBl. 473); ferner Beilage II zum RG. v. 22. 3. 01 (RGBl. 39).

Nicht servisberechtigt sind insbesondere und gehören daher zu den Einwohnern der Stadtgemeinde:

a) Beamte der Militärlazarett- und Garnisonverwaltung (diese haben nur insofern eine Ausnahmestellung, als sie die Privilegien der Staatsbeamten in Ansehung der Gemeindelasten besitzen und zur Übernahme von Gemeindeämtern der Genehmigung der Dienstvorgesetzten bedürfen; § 47 RMilG. v. 2. 5. 1874);

b) die Mitglieder der Gendarmerie, obwohl letztere Militärpersonen im Sinne des § 42 KAG. sind (OVG. 17 S. 197 und PVBl. 25 S. 195; 27 S. 125).

Dagegen sind servisberechtigt und gehören demnach nicht zu den Einwohnern:

a) Einjährig-Freiwillige (OVG. 44 S. 84; 48 S. 63);
b) Inhaber von Zivilversorgungsscheinen, welche zur Probedienstleistung bei Zivilbehörden kommandiert sind (OVG. 18 S. 109);
c) Feldjäger (Erk. des OVG. v. 13. 6. 1890. II 537; s. Illing, Handbuch II S. 760);
d) Angehörige fremder Kontingente, die zu einem preußischen Truppenteil oder Institute kommandiert sind (OVG. 19 S. 37).

Die servisberechtigten Militärpersonen werden weder dadurch zu Einwohnern der Stadt, daß sie daselbst bei Eintritt in das Militärverhältnis ihren eigenen oder abgeleiteten Wohnsitz hatten (MBl. 1852 S. 8), noch dadurch, daß sie daselbst Grundbesitz haben oder ein Gewerbe betreiben (anders ausdrücklich StO. f. H.-N. § 3).

Bei denjenigen Angehörigen des aktiven Heeres, die ihm nur vorübergehend angehören (§ 38 RMilG. unter B 1 u. 2), ruhen die Rechte und Pflichten, welche aus der Gemeindezugehörigkeit erwachsen, nur für die Dauer ihrer Einberufung zum Heere.

Die zur Disposition gestellten Offiziere gehören zu den Einwohnern der Stadt und genießen gemäß § 9 G. v. 29. 6. 1886 auch das Steuerprivileg aus § 10e G. v. 11. 7. 1822 nicht mehr.

Die Offiziere des Beurlaubtenstandes gehören während ihrer militärischen Dienstleistungen zwar zum aktiven Heere und auch zu den servisberechtigten Militärpersonen, aber nicht zu den Militärpersonen des aktiven Dienststandes (OVG. 48 S. 63).

3. Die Mitglieder des Königlichen Hauses sowie des Fürstlichen Hauses Hohenzollern sind, soweit sie nicht aktive servisberechtigte Militärpersonen sind, als Einwohner der Gemeinde, in welcher sie wohnen, anzusehen (vgl. Schön S. 84, Leidig S. 45 Anm. 2, Jebens im PVBl. 22 S. 39; anders unter Bezugnahme auf MR. v. 30. 5. 1850 Oertel S. 31, Marc. Anm. 24 zu § 3). Bezüglich ihrer Befreiung von Gemeindeabgaben s. KAG. § 40.

4. Die StO. enthält keine Definition des **Begriffes des Wohnsitzes**. Wenn in dem Bundesgesetz wegen Beseitigung der Doppelbesteuerung v. 13. 5. 1870 (BGBl. 119), neueste Fassung G. v. 22. 3. 09 (RGBl. 332), LGO. § 7, StO. f. H.-N. § 3 Wohnsitz als der Ort definiert ist, an welchem jemand eine Wohnung unter Umständen inne hat, die auf die Absicht dauernder Beibehaltung einer solchen schließen lassen, so erstreckt sich dieser Begriff des Wohnsitzes ausschließlich auf den Wirkungskreis dieser Spezialgesetze (vgl. Jebens, Aufsätze S. 321 ff.). Für die StO. dagegen ist der zivilrechtliche Begriff des Wohnsitzes maßgebend. Es enthalten nun aber weder das ALR. noch die ZPO. noch auch das BGB. eine Definition. § 7 BGB. verhält sich lediglich über Erwerb und Verlust des Wohnsitzes, ebenso §§ 9ff. AGO. I. 2, deren Bestimmungen, obwohl sie formell nicht mehr gültig sind, doch materiell hinsichtlich der Frage, wann auf eine Absicht dauernder Niederlassung geschlossen werden muß, von Bedeutung sind. Vgl. auch OVG. 10 S. 1; 13 S. 121; 15 S. 41 u. 57; 47 S. 41; PVBl. 8 S. 19; 9 S. 325; 15 S. 483; 34 S. 168; RGZ. 15 S. 367; 19 S. 23; 30 S. 349. Danach ist der Wohnsitz richtig zu definieren als „derjenige Ort, an welchem man sich niederläßt in der Absicht, ihn zum Mittelpunkt seiner gesamten Lebensverhältnisse zu machen". Die Möglichkeit eines doppelten Wohnsitzes ergeben § 15 AGO. I. 2, § 50 KAG.; § 7 BGB.

5. Erworben wird der Wohnsitz dadurch, daß sich jemand an einem Orte ständig niederläßt (§ 7 BGB.). Es ist danach zweierlei erforderlich: a) der Wille des den Wohnsitz Begründenden, sich an dem Orte dauernd niederzulassen; b) die diesem Willen entsprechende Tat. — Zu a): Dies Erfordernis hat zur Folge, daß nur willensfähige, d. h. großjährige, nichtbevormundete und freie Personen den Wohnsitz begründen können (§ 8 BGB.). Regelmäßig teilt die Ehefrau den Wohnsitz des Mannes (§ 10 BGB.), eheliche Kinder den des Vaters, uneheliche den der Mutter; Kinder behalten den überkommenen Wohnsitz, bis sie ihn aufgeben (§ 11 BGB.); Militärpersonen haben den Wohnsitz am Garnisonorte (§ 9 BGB.); Sträflinge haben ihren Wohnsitz nicht ohne weiteres am Strafvollzugsorte. — Zu b): Welche Tatsachen als eine Betätigung des Willens, einen Wohnsitz zu begründen, anzusehen sind, ist quaestio facti: Anhaltspunkte bieten die §§ 9ff. AGO. I. 2 (vgl. RGZ. 30 S. 349). Danach gilt als solche Betätigung: α) Übernahme eines Amts im Stadtbezirke, welches die dauernde Anwesenheit daselbst erheischt bei gleichzeitigem dauernden Aufenthalt am Amtssitze (der gesetzliche Wohnsitz der Beamten am Amtssitze — § 8 G. v. 11. 7. 1822 — existiert nicht mehr). β) Das Treiben von Handel und Gewerbe im Bezirke einer Stadt, γ) Anschaffung alles dessen, was zu einer eingerichteten Wirtschaft gehört, an einem Orte, δ) Übernahme einer Pacht, mit welcher der dauernde Aufenthalt auf dem Pachtgrundstück verbunden ist. Als Betätigung des Willens kann auch die ausdrückliche Erklärung dem Magistrat oder der Polizei gegenüber, im Bezirke Wohnung zu nehmen (Meldung), in Betracht kommen. Setzt sich diese Meldung mit den Tatsachen in Widerspruch, so reicht sie zur Begründung des Wohnsitzes nicht aus. Wann ein wirkliches Innehaben einer Wohnung vorliegt, ist ebenfalls quaestio facti (s. RGZ. 30 S. 345). Der Besitz eines bloßen Absteigequartieres oder eines Möbelaufbewahrungsraumes kann nicht als Innehaben einer Wohnung angesehen werden.

6. Aufgehoben wird der Wohnsitz, wenn die Niederlassung mit dem Willen aufgehoben wird, sie aufzugeben (§ 7 BGB.). Hierbei können sowohl ausdrückliche Erklärungen wie konkludente Handlungen in Betracht kommen. Zeitweilige Entfernung, bloßer Weggang ohne Absicht, den Wohnsitz aufzugeben, genügen zur Aufgabe des Wohnsitzes nicht. Andererseits kann der Wohnsitz an einem Ort trotz der Erklärung, ihn dort behalten zu wollen, und trotz des Besitzes von Wohnräumen daselbst verloren gehen, wenn der Mittelpunkt der gesamten Lebenshaltung sich anderswo befindet

(OVG. 47 S. 41). Das Aufgeben seines Wohnsitzes steht jedermann frei. Die Vorschrift der §§ 182, 183 ALR. II. 6, wonach die Aufgabe des Wohnsitzes der Gemeindebehörde anzuzeigen ist, ist insofern noch von Bedeutung, als gemäß § 60 KAG. der Zeitpunkt des Erlöschens der Steuerpflicht in der bisherigen Wohnsitzgemeinde von dieser Anzeige abhängig gemacht ist.

7. Eingreifen der Gemeinde in bezug auf den Erwerb des Wohnsitzes (Abweisungsrecht): Jedem deutschen Reichsangehörigen steht das Recht zu, sich seinen Wohnsitz frei zu wählen. (§ 1 BG. über die Freizügigkeit v. 1. 11. 1867, BGBl. 55.) Abgesehen von den Beschränkungen, welchen gemäß § 3 G. v. 1. 11. 1867 und § 2 Ziff. 2 des G. v. 31. 12. 1842 bestrafte Personen unterliegen, ist die Gemeinde nur dann befugt, neu Anziehende abzuweisen, wenn sie nachweist, daß der Abzuweisende nicht ausreichende Kräfte besitzt, um sich und seinen nicht arbeitsfähigen Angehörigen den notdürftigen Lebensunterhalt zu verschaffen und daß er solchen sich weder aus eigenen Mitteln verschaffen kann noch von einem dazu verpflichteten Verwandten erhält. Die Besorgnis vor künftiger Verarmung berechtigt die Gemeinde nicht zur Abweisung (§ 4 G. v. 1. 11. 1867). Die Fortsetzung des Aufenthalts kann die Gemeinde versagen, wenn nach dem Anzuge, aber vor Erwerbung des Unterstützungswohnsitzes (§§ 9—21 G. über den UW. v. 6. 6. 1870 in der Fassung der Novellen v. 12. 3. 1894 und v. 30. 5. 08) sich die Notwendigkeit einer öffentlichen Unterstützung offenbart und die Gemeinde nachweist, daß die Unterstützung aus anderen Gründen als nur vorübergehender Arbeitsunfähigkeit notwendig geworden ist (§ 5 l. c.). Die etwaige zwangsweise Ausführung der Abweisung liegt in den Händen der Polizei, bei welcher die Gemeinde den Antrag zu stellen hat. Die polizeiliche Ausweisungsverfügung ist wie jede Polizeiverfügung gemäß § 127 LVG. anfechtbar.

Werden Ausländer, die an sich einen Wohnsitz im Stadtbezirk erwerben können, ausgewiesen, so findet ein Verwaltungsstreitverfahren nicht statt.

Zur Erhebung von Abgaben von den Anziehenden wegen des Anzugs ist die Gemeinde nicht befugt (§ 8 G. über die Freizügigkeit). Wegen Heranziehung neu Anziehender zu den Gemeindeabgaben s. jetzt § 33 KAG. letzten Absatz.

§ 4.

Alle Einwohner[1] des Stadtbezirks sind zur Mitbenutzung der öffentlichen Gemeindeanstalten[2] der Stadt berechtigt[3,4] und zur Teilnahme an den städtischen Gemeindelasten nach den Vorschriften dieses Gesetzes[5] verpflichtet.[6]

Die Bestimmungen besonderer Stiftungen, welche mit dergleichen städtischen Gemeindeanstalten verbunden sind, sowie die hinsichtlich solcher Anstalten auf besonderen Titeln beruhenden Privatrechte, werden hierdurch nicht berührt.

Wer, ohne in dem Stadtbezirke zu wohnen, daselbst Grundbesitz hat, oder ein stehendes Gewerbe betreibt, ist dennoch verpflichtet, an denjenigen Lasten teilzunehmen, welche auf den Grundbesitz, oder das Gewerbe, oder auf das aus jenen Quellen fließende Einkommen gelegt sind. Dieselbe Verpflichtung haben juristische Personen, welche in dem Stadtbezirke Grundeigentum besitzen oder ein stehendes Gewerbe betreiben.

Wo städtische Gemeinde-Abgaben durch Zuschläge zur Klassen- oder klassifizierten Einkommensteuer erhoben werden, müssen alle diejenigen, welche im Stadtbezirk sich aufhalten, um dort ihren Unterhalt zu erwerben, sobald sie daselbst eine dieser Steuern zu entrichten haben, auch die gedachten Zuschläge zahlen. Wo eine Kommunalsteuer anderer Art eingeführt ist, sind dergleichen Personen bei einem Aufenthalt von mehr als drei Monaten im Stadtbezirk vom Ablauf des dritten Monats an zu jener Steuer beizutragen verpflichtet. Zu den auf den Grundbesitz oder auf das stehende Gewerbe gelegten Lasten sind auch die in § 3 erwähnten Militärpersonen verpflichtet, wenn sie im Stadtbezirk mit Grundeigentum angesessen sind, oder ein stehendes Gewerbe betreiben. Von anderen direkten Gemeindeabgaben und Lasten sind dieselben, mit Ausnahme der Militärärzte rücksichtlich ihres Einkommens aus einer Zivilpraxis, frei; von Verbrauchssteuern bleiben nur die Militär-Speise-Einrichtungen und ähnliche Anstalten in dem bisherigen Umfange befreit.

Inwieweit zu den Gemeinde-Abgaben und Lasten auch Waldungen herangezogen werden können, ist nach den besonderen Verhältnissen derselben zu den Gemeinden zu bemessen. Der Provinziallandtag hat darüber nähere Bestimmungen zu treffen, welche der Genehmigung des Königs bedürfen.

Bis zum Erlaß solcher Bestimmungen können Waldbesitzer zu den Gemeindeabgaben und Lasten in höherem Maße als seither nicht herangezogen werden.

Die im § 2 des Gesetzes vom 24. Februar 1850 (Ges.-Samml. S. 62) bezeichneten ertragsunfähigen oder zu einem öffentlichen Dienste oder Gebrauche bestimmten Grundstücke sind nach Maßgabe der Kabinetsorder vom 8. Juni 1834 (Ges.-Samml. S. 87), die Dienstgrundstücke der Geistlichen, Kirchendiener und Elementarschullehrer aber überhaupt von den Gemeindeauflagen befreit.

Zeitweilige Befreiungen von Gemeindeabgaben und Leistungen für neu bebaute Grundstücke sind zulässig.

Alle sonstige, nicht persönliche Befreiungen können von den Stadtgemeinden abgelöst werden, und hören auf, wenn die Entschädigung festgestellt und gezahlt ist; bis dahin bestehen dieselben in ihrem bisherigen Umfange fort, erstrecken sich jedoch nur auf den gewöhnlichen Zustand, nicht auf außerordentliche Leistungen.

Die Befreiung und der Anspruch auf Entschädigung erlöschen, wenn sie in Städten, wo die Gemeindeordnung vom 11. März 1850 bereits eingeführt ist, nicht binnen Jahresfrist nach deren Einführung bei dem Gemeindevorstand (Magistrat) angemeldet sind, und in den anderen Städten nicht binnen Jahresfrist nach Einführung der gegenwärtigen Städteordnung bei demselben angemeldet worden. Die Entschädigung wird zum zwanzigfachen Betrage des Jahreswertes der Befreiung nach dem Durchschnitt der letzten zehn Jahre vor der Verkündigung dieser Städteordnung geleistet.

Steht ein anderer Entschädigungs-Maßstab durch speziellen Rechtstitel fest, so hat es hierbei sein Bewenden. Der Entschädigungsbetrag wird durch Schiedsrichter, mit Ausschluß der ordentlichen Rechtsmittel, festgestellt; von diesen wird der eine von dem Besitzer des bisher befreiten Grundstücks, der andere von der Gemeindevertretung ernannt. Der Obmann ist, wenn sich die Schiedsrichter über dessen Ernennung nicht verständigen können, von der Aufsichtsbehörde zu ernennen.

Die Geistlichen, Kirchendiener und Elementarschullehrer bleiben von den direkten persönlichen Gemeinde-Abgaben hinsichtlich ihres Diensteinkommens insoweit befreit, als ihnen diese Befreiung zur Zeit der Verkündigung der Gemeinde-Ordnung vom 11. März 1850 zustand. Geistliche und Schullehrer bleiben von allen persönlichen Gemeindediensten, soweit dieselben nicht auf ihnen gehörigen Grundstücken lasten, befreit; Kirchendiener insoweit, als ihnen diese Befreiung zur Zeit der Verkündigung der Gemeindeordnung vom 11. März 1850 zustand.

Alle übrige persönliche Befreiungen sind ohne Entschädigung aufgehoben.

Wegen der Besteuerung des Diensteinkommens der Beamten sind die Vorschriften des Gesetzes vom 11. Juli 1822 (Gesetz-Sammlung S. 184) und der Kabinetsorder vom 14. Mai 1832 (Gesetz-Sammlung S. 145) anzuwenden.

Durch die in diesen Gesetzen bestimmten Geldbeiträge sind die Beamten zugleich von persönlichen Diensten frei. Sind sie jedoch Besitzer von Grundstücken, oder betreiben sie ein stehendes Gewerbe, so müssen sie die mit diesem Grundbesitz resp. Gewerbe verbundenen persönlichen Dienste entweder selbst, oder für den Fall der Verhinderung durch Stellvertreter leisten.

Vorbemerkung:

Der § 4 StO. regelt das Recht zur Benutzung der Gemeindeanstalten und die Verpflichtung zur Tragung der Gemeindelasten (im weiteren Sinne, also unter Einrechnung der Naturaldienste — § 54 StO.) in subjektiver Hinsicht, d. h. in Ansehung der Frage, wem dieses Recht zusteht und diese Pflicht obliegt. Er steht in engem Zusammenhange mit den §§ 53 bis 54 StO., welche die allgemeinen Grundsätze über die Arten der Gemeindelasten und deren Verteilungsmodus enthalten. Nachdem schon mannigfache frühere Gesetze, insbesondere das Freizügigkeitsgesetz v. 1. 11. 1867 § 8, die V. v. 23. 9. 1867, das G. v. 27. 7. 1885, das G. v. 29. 6. 1886 und das EStG. v. 24. 6. 1891 einzelne Bestimmungen des § 4 abgeändert hatten, ist dessen ganzer Inhalt, soweit er sich auf die Verpflichtung zur Tragung der Gemeindelasten bezieht, d. h. also der ganze § 4 mit Ausnahme der beiden ersten Absätze (ebenso der § 53 StO. mit Ausnahme des ersten Absatzes und der § 54 StO.) durch das KAG. v. 14. 7. 1893 aufgehoben, bzw. wesentlich abgeändert worden. Eine vollständige Unterbringung der neuen Bestimmungen in dem Rahmen eines Kommentars zur StO. war untunlich, weil die Bestimmungen des KAG. selbst nur unter Heranziehung der übrigen neuen Steuergesetze sowie der überaus umfangreichen Judikatur und Literatur erläutert werden können. Der Verfasser hat sich deshalb darauf beschränkt, die in Geltung gebliebenen Teile des § 4 zu erläutern und verweist im übrigen auf die Kommentare zum KAG. von Adickes, 4. Aufl. Berlin 1906, Strutz, 5. Aufl. Berlin 1911 und Noell-Freund, 7. Aufl. Berlin 1910.

1. Hier sind unter Einwohner alle im Bezirk der Stadt Wohnenden, auch die daselbst wohnenden Militärpersonen und die Ausländer, zu verstehen. — Der Begriff steht hier im Gegensatz zu dem Begriff der Forensen, d. h. derjenigen Personen, die ohne im Gemeindebezirk zu wohnen, dennoch, weil sie in der Gemeinde Grundbesitz haben oder ein Gewerbe betreiben oder an einem solchen Gewerbebetriebe beteiligt sind (s. jetzt an Stelle des aufgehobenen Abs. 3 des § 4 den § 33 Nr. 2 KAG.), an den Gemeindelasten teilnehmen müssen. Der Gegensatz des Abs. 1 zu dem Abs. 3 — im Abs. 1 ist von Rechten und Pflichten, im Abs. 3 nur von Pflichten die Rede — beweist auch, daß den sog. Forensen für ihre Person ein Anspruch

auf die Benutzung von Gemeindeanstalten nicht zusteht (wohl aber für ihre im Stadtbezirk belegenen Grundstücke und deren Bewohner und ihre Gewerbebetriebe, OVG. 41 S. 165). Aus diesem Grunde kann z. B. den Forensenkindern ein Anspruch auf Zulassung zu den bestehenden höheren städtischen Schulen nicht zugebilligt werden.

2. Welche Einrichtungen unter den Begriff „öffentliche Gemeindeanstalten" fallen, kann im einzelnen sehr zweifelhaft werden und läßt sich vielfach nur in concreto entscheiden. Sicher ist, daß alle diejenigen Einrichtungen öffentliche Gemeindeanstalten sind, die — unter Negierung jeglichen Erwerbszweckes — von der Gemeinde ausschließlich aus Gründen der öffentlichen Wohlfahrt errichtet sind, oder zu deren Errichtung und Unterhaltung die Gemeinde als solche verpflichtet ist (z. B. Krankenhäuser, Gemeindefriedhöfe OVG. 21 S. 126). Öffentliche Volksschulen sind als eine Veranstaltung des Staates keine Gemeindeanstalten, selbst wenn sie von politischen Gemeinden unterhalten werden (OVG. in PVBl. 22 S. 203, welche Entscheidung auch noch nach Erlaß des VUG. zutrifft). Umgekehrt zählen alle diejenigen Anstalten, die ohne rechtliche Verpflichtung der Stadtgemeinde errichtet sind und ausschließlich Erwerbszwecken dienen (z. B. Elektrizitätswerke, Gasanstalten, Straßenbahnen, Brauereien, Fabriken) nicht zu den öffentlichen Gemeindeanstalten, die im § 4 Abs. 1 in ein besonderes Verhältnis zu der Einwohnerschaft der Gemeinde gesetzt werden (vgl. OVG. 20 S. 22 und in PVBl. 29 S. 911). Zweifelhaft wird die Entscheidung immer dann, wenn es sich um Anstalten handelt, die sowohl im öffentlichen Interesse als auch zu Erwerbszwecken von den Gemeinden errichtet worden sind (z. B. Wasserwerke, Badeanstalten, Schlachthäuser, Markthallen). Einen für viele Fälle brauchbaren Anhalt geben jetzt die Bestimmungen der §§ 3 u. 4 KAG. Danach wird man eine öffentliche Gemeindeanstalt jedenfalls dann anzunehmen haben, wenn für die Gemeindeangehörigen ein Zwang zur Benutzung des Unternehmens — sei es in rechtlicher oder tatsächlicher Beziehung — besteht (vgl. hinsichtlich der Wasserleitungen OVG. 52 S. 28).

3. Diese Berechtigung wird nicht dadurch verletzt, daß die Gemeinden für die Benutzung der Gemeindeanstalten Gebühren erheben (wozu sie unter Umständen verpflichtet sind; §§ 4ff. KAG.) oder im Interesse einer geordneten gemeinschaftlichen Benutzung Bedingungen vorschreiben, unter welchen allein die Benutzung der Gemeindeanstalt jedem Einwohner erlaubt wird. Gemäß § 11 StO. sind die Gemeinden befugt, solche Bestimmungen ortsstatutarisch zu erlassen (OVG. 21 S. 124, 38 S. 58). § 4 verhindert insbesondere die ein öffentliches Schlachthaus unterhaltende Gemeinde nicht, die Anwendung des Schächtschnitts zu verbieten (OVG. 44 S. 68). Auch verstoßen die Gemeinden nicht gegen § 4, wenn sie Personen, die sich in der Gemeindeanstalt gegen die Gesetze vergehen oder die Hausordnung stören, aus dieser verweisen (PVBl. 25 S. 594).

Ebensowenig ist die Gemeinde gezwungen, Gemeindeanstalten, die sie ohne rechtliche Verpflichtung errichtet hat, in infinitum fortbestehen zu lassen. Das öffentliche Recht zur Mitbenutzung aus § 4 Abs. 1 wird durch Aufhebung solcher Anstalten nicht verletzt. Wohlerworbene Privatrechte der

Einwohner oder dritter Personen gegen die Anstalt sind in solchen Fällen im ordentlichen Rechtswege geltend zu machen.

4. Verfolgt wird das Recht auf Mitbenutzung der öffentlichen Gemeindeanstalten in Gemäßheit des § 18 ZustGes., welcher bestimmt:

„Auf Beschwerden und Einsprüche, betreffend

1. das Recht zur Mitbenutzung der öffentlichen Gemeindeanstalten ... usw.

beschließt der Gemeindevorstand.

Gegen den Beschluß findet die Klage im Verwaltungsstreitverfahren statt.

Die Beschwerden und Einsprüche sowie die Klage haben keine aufschiebende Wirkung."

Hierzu ist zu bemerken: Die Beschwerden und Einsprüche (Abs. 1) sind für die hier fraglichen Fälle — anders bei Beschwerden über die Heranziehung zu Gemeindelasten — an keine Frist gebunden. Der Beschluß des Magistrats (Abs. 1) braucht sich formell als solchen nicht zu bezeichnen; es genügt einfacher Bescheid. Sollte die Mehrheit der Magistratsmitglieder an der Erledigung der Frage persönlich interessiert und daher der Magistrat gemäß § 57 StO. beschlußunfähig sein, so muß behufs Beschlußfassung von der Aufsichtsbehörde ein Kommissar ad hoc bestellt werden (OVG. 25 S. 46). Die Klage (Abs. 2) ist an eine zweiwöchige Frist gebunden. Passiv legitimiert ist der Magistrat als Gemeindevorstand, nicht die Stadtgemeinde. Zuständig im Verwaltungsstreitverfahren ist in erster Instanz der Bezirksausschuß, in zweiter (Berufungsinstanz) das OVG. (§ 21 ZustGes.). Die Klage setzt stets voraus, daß es sich um die streitige Mitbenutzung einer bereits bestehenden Gemeindeanstalt handelt. Nicht aber ist die Klage gegeben, um einen Einfluß auf die Herstellung von Gemeindeanstalten zu gewinnen (PVBl. 25 S. 725). Unzulässig ist daher die Klage eines Gemeindeangehörigen zu dem Zwecke, um die Verurteilung der Gemeinde zur Anlage oder zur Erweiterung einer Wasserleitung herbeizuführen (OVG. im PVBl. 32 S. 264).

5. Jetzt das KAG. s. Vorbemerkung.

6. Die Verpflichtung, die Gemeindelasten zu tragen, haben nicht nur die Einwohner, sondern auch die Forensen (s. Anm. 1) und unter gewissen Voraussetzungen juristische Personen und gewisse Erwerbsgesellschaften (§ 33 Nr. 2, 3, 4 KAG.).

§ 5.

Das Bürgerrecht[1] besteht in dem Rechte zur Teilnahme an den Wahlen, sowie in der Befähigung zur Übernahme unbesoldeter Aemter[2] in der Gemeindeverwaltung und zur Gemeindevertretung.[3]

Jeder selbständige[4] Preuße[5, 6] erwirbt[7] dasselbe, wenn er seit einem Jahre[8]

1. Einwohner des Stadtbezirks ist und zur Stadtgemeinde gehört (§ 3),

2. keine Armenunterstützung aus öffentlichen Mitteln empfangen,[9]
3. die ihn betreffenden Gemeindeabgaben[10] gezahlt hat und außerdem
4. entweder
   a) ein Wohnhaus im Stadtbezirk besitzt (§ 16),[11] oder
   b) [12] ein stehendes Gewerbe[13] selbständig als Haupterwerbsquelle und in Städten von mehr als 10000 Einwohnern mit wenigstens zwei Gehülfen[14] selbständig betreibt, oder
   c) [15,16,17] zur klassifizierten Einkommensteuer veranlagt ist, oder
   d) an Klassensteuer einen Jahresbetrag von mindestens vier Thalern entrichtet. In den mahl- und schlachtsteuerpflichtigen Städten sind statt dessen die Einwohner von dem Magistrat nach den Grundsätzen der Klassensteuerveranlagung einzuschätzen;[18] es können jedoch auch die Stadtbehörden beschließen, an die Stelle des Klassensteuersatzes von mindestens vier Talern ein jährliches Einkommen treten zu lassen, welches beträgt:
      in Städten von weniger als 10000 Einwohnern 200 Rtlr.,
      in Städten von 10000 bis 50000 Einwohnern 250 Rtlr.,
      in Städten von mehr als 50000 Einwohnern 300 Rtlr.[19]

Steuerzahlungen, Einkommen, Haus- und Grundbesitz der Ehefrau werden dem Ehemann, Steuerzahlungen, Einkommen, Haus- und Grundbesitz der minderjährigen, beziehungsweise der in väterlicher Gewalt befindlichen Kinder, dem Vater angerechnet.[20]

In den Fällen, wo ein Haus durch Vererbung auf einen anderen übergeht, kommt dem Erben bei Berechnung der Dauer des einjährigen Wohnsitzes[21] die Besitzzeit des Erblassers zu Gute.

Als selbständig wird nach vollendetem vierundzwanzigsten Lebensjahre[22] ein Jeder betrachtet, der einen eigenen Hausstand[23] hat, sofern ihm nicht das Verfügungsrecht über sein Vermögen oder dessen Verwaltung durch richterliches Erkenntnis entzogen ist.[24]

Inwiefern über die Erlangung des Bürgerrechts von dem Magistrat eine Urkunde (Bürgerbrief) zu erteilen ist, bleibt den statutarischen Anordnungen vorbehalten.[25,26]

1. Vgl. Anm. 1 zu § 3. Das Bürgerrecht des § 5 wird — die Fälle des § 6 ausgenommen — nicht durch besonderen Hoheitsakt erworben oder verliehen, sondern steht jedem Einwohner zu, der die Bedingungen des § 5

erfüllt. Voraussetzung des Erwerbs des Bürgerrechts ist der Vollbesitz der bürgerlichen Ehrenrechte (vgl. § 7 StO.).

2. Die passive Wählbarkeit zu besoldeten städtischen Ämtern ist von dem Besitze des Bürgerrechts in der Gemeinde nicht abhängig; ebensowenig verleiht das besoldete Gemeindeamt ohne weiteres das Bürgerrecht. OVG. 5 S. 11. — Soll einem das Bürgerrecht noch nicht besitzenden besoldeten Gemeindebeamten oder Magistratsmitgliede ein unbesoldetes Amt übertragen werden, wozu er des Bürgerrechtsbesitzes bedarf (z. B. Kreistagsmandat; KrO. § 106), so muß ihm das Bürgerrecht gemäß § 6 StO. besonders verliehen werden.

3. Aus der Befähigung zum unbesoldeten Gemeindeamt — dem Bürgerrecht — folgt gemäß § 74 StO. die Verpflichtung zur Übernahme und Führung des Amtes. — Ausnahmsweise sind zu unbesoldeten Gemeindeämtern — Armenkommissionsmitgliedern — gemäß § 3 des G. v. 8. 3. 1871 (AG. zum G. über den UW. v. 6. 6. 1870) auch andere als die im Besitze des Bürgerrechtes befindlichen städtischen Einwohner wählbar.

4. Wer „selbständig" ist, bestimmt Abs. 5.

5. „Preuße", nicht auch jeder nichtpreußische Deutsche. Die Bestimmung ist nicht etwa durch Art. 3 der Verf. f. d. D. R. (gemeinsames Indigenat) abgeändert, da durch Abs. 3 dieses Artikels ausdrücklich diejenigen landesgesetzlichen Bestimmungen, welche die Aufnahme in den lokalen Gemeindeverband betreffen, aufrechterhalten sind (OVG. 30 S. 8). Spätere StO., z. B. SH. § 7, HN. § 5[1] gewähren das Bürgerrecht jedem „Deutschen". — Über den Erwerb und Verlust der preußischen Staatsangehörigkeit vgl. RG. v. 1. 6. 1870 (BGBl. 355) und Art. 41 EG. z. BGB.

6. Jeder Preuße, also nur männliche Einwohner. Frauen steht das Bürgerrecht — (im Gegensatze zur StO. von 1808, in der aber der Begriff des Bürgerrechts ein anderer war und nach der die Frauen ebenfalls kein Stimmrecht hatten), nicht zu (vgl. auch die Fassung der §§ 13 und 17 und OVG. 51 S. 12). — Juristischen Personen kann gemäß § 8 wohl unter bestimmten Bedingungen ein aktives Wahlrecht, nicht aber das Bürgerrecht zustehen; ebenso nicht Forensen — § 8 Abs. 1 —, da sie nicht Einwohner der Stadtgemeinde sind.

7. Vgl. Anm. 1: Der Anfall und Besitz des Bürgerrechts vollzieht sich ohne, ev. sogar auch wider Willen des Berechtigten (s. aber unten Anm. 12); insbesondere ist der Besitz nicht von vorheriger Zahlung des Bürgerrechtsgeldes (vgl. § 52 StO., §§ 2, 6 G. v. 14. 5. 1860 [GS. 237]) abhängig. Nur die Ausübung des erworbenen Bürgerrechts darf vor Zahlung dieser Abgabe gemäß § 6 G. v. 14. 5. 1860 nicht erfolgen, und zwar auch dann nicht, wenn die Zahlung des Bürgerrechtsgeldes selbst wegen inzwischen eingetretener Verjährung nicht erzwungen werden kann (OVG. 21 S. 26; 25 S. 19). — Wegen Heranziehung Eingemeindeter zur Zahlung des Bürgergeldes im Falle des Vorhandenseins aller Voraussetzungen des § 5 s. OVG. 34 S. 80.

8. Regelmäßig müssen zum Erwerbe des Bürgerrechts alle Voraussetzungen des § 5 ein Jahr lang vorhanden sein (dagegen ist einjährige

Angehörigkeit zum preußischen Staatsverband nicht erforderlich [PVBl. 21 S. 503]); die Ausnahmen sind in § 5 Abs. 4 und § 6 StO. enthalten. — Über die Berechnung des Jahres vgl. OVG. 58 S. 56.

9. Nach OVG. 37 S. 14ff. stehen dem Erwerbe des Bürgerrechts entgegen nicht nur eine laufende Armenunterstützung, sondern auch außerordentliche Unterstützungen, die zur Hebung eines vorübergehenden Notstandes gewährt sind, und ebenso Krankenhausverpflegung auf Kosten des Armen-Verbandes, und zwar nicht bloß des in Frage stehenden Einwohners selbst, sondern auch der seinen Unterstützungswohnsitz teilenden Angehörigen. Dagegen hindert die aus armenpflegerischen Rücksichten gewährte Ermäßigung oder der Erlaß des Schulgeldes den Erwerb des Bürgerrechts nicht. Der Rentenbezug auf Grund der Versicherungsgesetze (RVO.; Angestelltenversicherungsgesetz) fällt selbstredend nicht unter den Begriff der Armenunterstützung.

Das Reichsgesetz betr. die Einwirkung von Armenunterstützung auf öffentliche Rechte v. 15. 3. 09 bezieht sich nur auf Reichsgesetze, läßt also die Bestimmung in Nr. 2 unberührt.

10. Ist das Bürgerrecht erworben, so geht es nach § 7 Abs. 4 StO. verloren, wenn nur eine der Voraussetzungen des § 5 nicht mehr zutrifft. Hieraus und aus der positiven Fassung der Nr. 3 folgt, daß, sobald die Gemeindeabgaben nur für einen Teil des letzten Jahres vor der Wahl rückständig sind, das Bürgerrecht verloren ist (OVG. 51 S. 11). Vgl. aber wegen der formellen Rechtskraft der Wählerliste hinsichtlich des aktiven Wahlrechts das zu § 19 Gesagte.

Die Nichtzahlung von Gebühren für die Benutzung öffentlicher Veranstaltungen, sowie von Schulgeld fällt nicht unter den Begriff der Nichtzahlung von Gemeinde*abgaben*. — Wegen der Bedeutung der Nichtzahlung des Bürgergeldes s. Anm. 7. — Gesetzliche Steuerbefreiung (§§ 21, 24, 41, 42 KAG.) steht dem Besitz des Bürgerrechts nicht entgegen.

11. Sei es als Eigentümer oder als Nießbraucher oder als erblich Besitzberechtigter (§ 16 StO.).

Ein der Ehefrau gehöriges Wohnhaus, das nicht zum vorbehaltenen Vermögen gehört, macht demnach den Ehemann (gemäß § 1363 BGB.) aktiv und passiv wahlberechtigt (OVG. im PVBl. 32 S. 88). Alleineigentum ist nicht erforderlich, auch Miteigentum genügt (OVG. 8 S. 126 s. aber unten). Streitig ist, ob alle Miteigentümer eines Grundstücks (beim Vorliegen aller sonstigen Voraussetzungen) das Bürgerrecht erwerben. StO. f. HN. § 5 Abs. 2 und LGO. § 41 enthalten für diesen Fall besondere Bestimmungen, die darauf abzielen, nur einem Miteigentümer das Bürgerrecht zuzuerteilen. Per argum. e contr. muß richtiger Ansicht nach hieraus gefolgert werden, daß nach der StO. d. P. *jedem* Miteigentümer das Bürgerrecht zukommt. So auch Oertel S. 49, Marc. S. 50; anders Halbey S. 464, Brauchitsch III S. 30 (Anm. 6 zu § 5 StO.), OVG. 38 S. 26 und 41 S. 25, worin in auffälligem Gegensatz zu der dort unerwähnt gelassenen Entscheidung in Bd. 8 S. 126 ausgeführt wird, daß Miteigentum an einem Wohnhause nicht das aktive und passive Wahlrecht verleihen könne.

In allen Fällen, in denen Eintragung ins Grundbuch zum Erwerbe des Eigentums oder Miteigentums erforderlich ist — nicht also im Falle des Erbschaftserwerbes (§ 41 RGrBO.; § 1942 BGB.) — ist Eintragung ins Grundbuch am Tage der Wahl Voraussetzung des Erwerbs des Bürgerrechts (ebenso OVG. 41 S. 31 hinsichtlich des Nießbrauchs).

Wer zwar im Grundbuch als Eigentümer eingetragen steht, aber allen wesentlichen, aus dem Eigentum folgenden Rechten entsagt, z. B. einem Veräußerungs- und Belastungsverbot sich unterworfen oder das Grundstück jederzeit zurückzugeben sich verpflichtet hat, ist nicht als Besitzer im Sinne der §§ 5 und 16 StO. anzusehen (OVG. 38 S. 27).

12. b ist abgeändert durch § 13 GewO., welcher lautet:

„Von dem Besitze des Bürgerrechts soll die Zulassung zum Gewerbebetriebe in keiner Gemeinde und bei keinem Gewerbe abhängig sein.

Nach dem begonnenen Gewerbebetriebe ist, soweit dies in der bestehenden Gemeindeverfassung begründet ist, der Gewerbetreibende auf Verlangen der Gemeindebehörde nach Ablauf von drei Jahren verpflichtet, das Bürgerrecht zu erwerben. Es darf jedoch in diesem Falle von ihm das sonst vorgeschriebene oder übliche Bürgerrechtsgeld nicht gefordert und ebenso nicht verlangt werden, daß er sein anderweit erworbenes Bürgerrecht aufgebe."

Durch diese Bestimmung ist verhindert, daß ein Gewerbetreibender, der nur die sub 1, 2, 3, 4b des § 5 erforderten Voraussetzungen ein Jahr lang erfüllt hat, ipso jure wider seinen Willen das Bürgerrecht erwirbt. Anders in den Fällen, in denen außer den Erfordernissen sub 1 bis 3 noch eins der anderen Erfordernisse unter 4 (außer 4b) gedeckt ist; dann erwirbt der Gewerbetreibende wie jeder andere das Bürgerrecht von selbst nach einem Jahre. Das MR. v. 27. 8. 1872 (MBl. 224) sagt hierüber:

„Ein Bürgerrechts-Erwerb ipso jure findet gegen den Willen des Gewerbetreibenden, — da § 13 nur die Verpflichtung, nicht aber die Berechtigung des Gewerbetreibenden beschränkt, — auf Grund seines Gewerbebetriebes nicht mehr statt. Den Stadtgemeinden ist nur das Recht geblieben, nach Ablauf von drei Jahren die Erwerbung des Bürgerrechts, bezüglich die aus dem nunmehr eingetretenen Erwerbe des Bürgerrechts sich ergebenden gesetzlichen Leistungen von dem Gewerbetreibenden zu verlangen, dann aber unter Freilassung desselben von der Zahlung des Bürgerrechtsgeldes.

Wenn vor Ablauf dieser drei Jahre einer der übrigen Rechtsgründe eintritt, welche in Verbindung mit den Voraussetzungen sub Nr. 1, 2 und 3 des § 5 StO. den Bürgerrechts-Erwerb herbeiführen, so erfolgt der Erwerb des Bürgerrechts mit der Verpflichtung zur Zahlung des Bürgerrechtsgeldes ganz in der bisherigen Weise. Ebenso ist der Gewerbetreibende als solcher zur Zahlung des Bürgerrechtsgeldes verpflichtet, falls er die Ausübung des Bürgerrechts vor dem, gemäß der reichsgesetzlichen Bestimmung eingetretenen Termine verlangt. Ist dagegen ein Gewerbetreibender nach Ablauf von drei Jahren in das Bürgerrecht auf Verlangen der Gemeinde eingetreten, und gelangt dann in den Besitz eines Wohnhauses, so zessiert für ihn die Möglichkeit, auf Grund des Wohnhauserwerbes usw., noch einmal Bürger zu werden und die Verpflichtung, nunmehr das Bürgerrechtsgeld zu zahlen, fällt für ihn weg." (Literatur s. Schön S. 88, 89.)

Wenn das „Verlangen" der Gemeindebehörde nicht gestellt wird, unterbleibt der Erwerb des Bürgerrechts; es sei denn, daß der Erwerb sich wegen Vorliegens der Voraussetzungen sub 1, 2, 3, 4a (oder c-d) von selbst vollzieht; vgl. OVG. 13 S. 83.

13. Der Begriff „stehendes Gewerbe" ist nirgends definiert. Gemeint ist der Gegensatz zum Gewerbebetriebe im „Umherziehen". Bezüglich dieses Begriffes vgl. § 55 GewO.; wegen des Begriffs „stehendes Gewerbe" vgl. Noell KAG. 7. Aufl. S. 151 Anm. 19 zu § 33 KAG.

14. Das Ergebnis der letzten Volkszählung ist maßgebend, wobei aktive Militärpersonen, soweit sie zu den Einwohnern gemäß § 3 nicht gehören, nicht mitzuzählen sind (§ 162 ZustGes.). — Die „zwei Gehilfen" müssen erwachsene gelernte Gehilfen, sog. Gesellen, sein; Lehrlinge sind nicht als Gehilfen im Sinne dieser Bestimmung anzusehen (OVG. im PVBl. 22 S. 384).

15. Das Erfordernis zu c, sowie der erste Satz unter d ist aufgehoben durch die in Anm. 17 abgedruckten §§ 79, 82 des EStG. v. 24. 6. 1891 (GS. 175) / 19. 6. 06 (GS. 259)

Der dadurch geschaffene Rechtszustand ist der, daß an Stelle der Erfordernisse c und d ein einheitliches Erfordernis getreten ist, das nach dem Vorgange der StO. f. HN. (§ 5 Abs. 2 Nr. 6 sub c) dahin gefaßt werden könnte:

„Oder c) zur Staatseinkommensteuer oder zu einem fingierten Normalsteuersatze von mindestens 4 Mk. veranlagt ist oder ein Einkommen von mehr als 660 Mk. hat."

Es ist also nicht die Zahlung der Steuer erforderlich, sondern im allgemeinen die geschehene „Veranlagung" zu derselben für das Vorhandensein dieses Erfordernisses ausreichend; nur wo eine solche nicht erfolgt ist (in diesem Sinne ist das „oder" obiger Fassung zu verstehen (OVG. 35 S. 160), soll das Haben eines Einkommens von über 660 Mk. entscheidend sein. Auch solche Personen, die wegen eines Einkommens von weniger als 900 Mk. staatseinkommensteuerfrei sind (§ 5 EStG.), können das Bürgerrecht besitzen (OVG. 35 S. 164), und zwar auch dann, wenn sie, infolge besonderer kommunaler Steuerordnungen, gemäß § 38 Abs. 2 KAG. auch von der Gemeindebesteuerung ganz oder teilweise freigelassen sind. — Wann die „Veranlagung" als geschehen anzusehen ist, darüber vgl. OVG. 25 S. 123.

16. In historischer Beziehung ist zum Verständnis des jetzigen Rechtszustandes folgendes zu erwähnen:

Die Nr. 4c ist erst durch das EStG. von 1891 abgeändert worden, die Nr. 4d war dagegen schon vorher abgeändert, und zwar zunächst durch § 9b des G. v. 15. 5. 1873 (GS. 213), betreffend Abänderung des Klassensteuergesetzes. Insbesondere war hiernach an Stelle des Satzes von 4 Tlr. der Satz von 2 Tlr. (6 Mk.) getreten. Nachdem der § 4 des G. v. 26. 3. 1883 (GS. 37), betreffend Aufhebung der beiden untersten Klassensteuerstufen, diesen Zustand unverändert erhalten hatte, hob § 85 EStG. v. 24. 6. 1891 das ganze G. v. 15. 5. 1873 auf. An Stelle des § 9b dieses G. trat danach § 77 EStG. Das EStG. vom 24. 6. 1891 wurde abgeändert durch G. v. 19. 6. 1906. Es bilden nunmehr die §§ 79—82 des EStG. die Grundlage des Bürgerrechtserfordernisses sub c, d des § 5 StO.

17. Die in Anm. 15 und 16 erwähnten §§ 79 und 82 EStG. vom 19. 6. 1906 lauten:

§ 79. Sind zu den Beiträgen und Lasten, welche kommunale und andere öffentliche (Schul-, Kirchen- usw.) Verbände nach dem Maßstabe der Einkommensteuer aufzubringen beziehungsweise zu verteilen haben, Personen mit Einkommen von nicht mehr als 900 Mark heranzuziehen, so erfolgt deren Veranlagung auf Grund nachstehender fingierter Normalsteuersätze:

bei einem Jahreseinkommen von mehr als	bis einschließlich	Jahressteuer $^2/_3$% des ermittelten steuerpflichtigen Einkommens bis zum Höchstbetrage von
— Mk.	420 Mk.	1,20 Mk.
420 „	660 „	2,40 „
660 „	900 „	4,00 „

Die vorbezeichneten Personen können, wenn die Deckung des Bedarfs des betreffenden Verbandes ohne deren Heranziehung gesichert ist, von der Beitragspflicht entbunden oder mit einem geringeren Prozentsatze als das höhere Einkommen herangezogen werden; ihre Freilassung muß erfolgen, sofern sie im Wege der öffentlichen Armenpflege fortlaufende Unterstützung erhalten.

§ 82. Soweit nach den bestehenden Bestimmungen in Stadt- und Landgemeinden das Bürgerrecht beziehungsweise das Stimm- und Wahlrecht in Gemeindeangelegenheiten an die Bedingung eines jährlichen Klassensteuerbetrags von 6 Mark geknüpft ist, tritt bis zur anderweitigen gesetzlichen Regelung des Gemeindewahlrechts an die Stelle des genannten Satzes der Steuersatz von 4 Mark beziehungsweise ein Einkommen von mehr als 660 Mark bis 900 Mark.

In denjenigen Landesteilen, in welchen für die Gemeindevertreterwahlen die Wähler nach Maßgabe der von ihnen zu entrichtenden direkten Steuern in Abteilungen geteilt werden, tritt an Stelle eines 6 Mark Einkommensteuer übersteigenden Steuersatzes, an welchen durch Ortsstatut das Wahlrecht geknüpft wird, der Steuersatz von 6 Mark.

Wo solche Ortsstatuten nach bestehenden Kommunalordnungen zulässig sind, kann das Wahlrecht von einem niedrigeren Steuersatze beziehungsweise von einem Einkommen bis 900 Mark abhängig gemacht werden. Eine Erhöhung ist nicht zulässig.

Das Verhältnis des Abs. 3 zu Abs. 2 des § 82 ist kontrovers. Insbesondere ist streitig, ob Abs. 3 (Verbot des einen höheren Steuersatz einführenden Ortsstatuts) im ganzen Geltungsbereich des EStG. gültig ist, oder ob seine Geltung auf das Geltungsgebiet des Abs. 2 (Städteordnungen mit Dreiklassenwahlsystem) beschränkt ist. Vgl. hierüber Schön S. 87, 88; Oertel S. 52 und OVG. 38 S. 32 und 40 S. 43.

18. Der zweite Satz der Nr. 4d ist durch G. v. 25. 5. 1873 (GS. 222), betreffend die Aufhebung der staatlichen Mahl- und Schlachtsteuer, völlig aufgehoben worden.

19. Der dritte Satz der Nr. 4d war durch das in Anm. 18 erwähnte G. nicht aufgehoben worden; vielmehr hatte § 9b Abs. 3 des anderen G. v. 25. 5. 1873, betreffend Abänderung des Klassensteuergesetzes, den bisher mahl- und schlachtsteuerpflichtigen Städten der östlichen Provinzen die Befugnis vorbehalten, unabhängig vom Fortbestande der Mahl- und Schlachtsteuer die in § 5 sub 4d der StO. bezeichneten Einkommensbeträge durch Kommunalbeschluß als Bedingung des Bürgerrechts beizubehalten (vgl. auch den zweiten und dritten Satz des ersten Absatzes in dem — jetzt nicht mehr geltenden — § 13 StO.). Vgl. u. a. OVG. 19 S. 11, 28 S. 29.
Dies Statutarrecht der früher mahl- und schlachtsteuerpflichtigen Gemeinden ist aber durch § 85 des EStG. v. 24. 6. 1891 aufgehoben und durch § 82 des EStG. v. 19. 6. 1906 ersetzt (OVG. 33 S. 72). Damit ist nicht nur für die Zukunft diesen Städten die Möglichkeit benommen, durch statutarische Festsetzung den Erwerb des Bürgerrechts anstatt an einen Steuerzensus an einen Einkommenzensus zu knüpfen, sondern es sind auch alle diesbezüglichen in früherer Zeit ergangenen, seinerzeit rechtsgültig gewesenen Gemeindebeschlüsse durch § 85 EStG. v. 24. 6. 1891 hinfällig geworden.

20. Vgl. Abs. 1 des § 10 EStG., welcher lautet:

„Dem Einkommen eines nach § 1 Nr. 1 bis 3 Steuerpflichtigen wird das in Preußen steuerpflichtige Einkommen seiner Ehefrau hinzugerechnet."

An die Stelle der väterlichen Gewalt ist jetzt die elterliche Gewalt des Vaters getreten (Art. 69 § 4 AG. zum BGB. v. 20. 9. 1899 [GS. 177] und §§ 1626ff. BGB.). Soweit dem Steuerpflichtigen kraft seiner elterlichen Gewalt an dem Vermögen seiner Kinder die Nutznießung zusteht, sind die Erträge derartigen Vermögens sein eigenes Einkommen.

21. Gemeint ist wohl der Wohnhausbesitz.

22. Nicht geändert durch das inzwischen veränderte Alter (21 Jahre) der Großjährigkeit (jetzt Volljährigkeit; vgl. G. v. 19. 3. 1869 [GS. 1177], RG. v. 17. 2. 1875 [RGBl. 71], BGB. § 2).

23. Was „eigener Hausstand" ist, ist in der StO. nicht definiert. Daß nicht eine mit eigenen Möbeln eingerichtete vollkommene Wirtschaft erforderlich ist, ist zweifellos; ebensowenig ist notwendig, daß der Stimmberechtigte einen Haushalt für sich allein hat (PVBl. 26 S. 601). Gemeint ist die wirtschaftliche Selbständigkeit, die darin besteht, daß der Betreffende nicht als Angehöriger einer fremden Haushaltung anzusehen ist, vielmehr die selbständige, d. h. vom Vermieter unabhängige Herrschaft über einen Wohnraum hat (OVG. 14 S. 170). Dem Mieter oder Kostgänger, der in vertraglich geordnetem Verhältnis gegen Bezahlung in der Wohnung eines anderen lebt, wird diese Selbständigkeit noch zuzubilligen sein, unter Umständen auch da, wo ein Verwandtschaftsverhältnis zwischen den Parteien besteht, z. B. bei dem ökonomisch selbständigen Sohne, der bei der Mutter oder dem Vater im Haushalte lebt, sofern er zu den Kosten des Haushalts beisteuert (OVG. 8 S. 126 und PVBl. 25 S. 834). Chambregarnisten, d. h. Personen, deren Wohnung ganz oder teilweise mit Möbeln des Vermieters ausgestattet ist, sind, bei sonstiger ökonomischer Unabhängigkeit, als selbständig anzusehen (OVG. 14 S. 170). Dagegen ist derjenige nicht selbständig, der wie z. B. Dienstboten, gegen „Lohn und Kost" im Haushalte seines Brotherrn lebt. Sog. Schlafburschen — Schlafstellenmieter — gelten als unselbständig (OVG. 37 S. 14).

24. Bezieht sich auf die Fälle der geminderten oder aufgehobenen Geschäftsfähigkeit d. h. also der Entmündigung wegen Geisteskrankheit, Geistesschwäche, Verschwendung oder Trunksucht (§ 6 BGB.), sowie auf den Fall der Pflegschaft gemäß § 1909 BGB., nicht auf Konkurs; von diesem handelt § 7 Abs. 5.

25. Vgl. Instruktion v. 20. 6. 1853 (Anhang) sub VII. Bürgerbriefe sind gemäß StempelsteuerG. v. 30. 6. 09 mit 3 Mk. stempelpflichtig (Tarif-Nr. 10). Ist die Erteilung des Bürgerbriefes statutarisch eingeführt, so hat sie, sobald die Voraussetzungen des Erwerbs vorliegen, zu erfolgen, ist aber rechtlich bedeutungslos. Von rechtlicher Bedeutung ist nur das Vorhandensein der Voraussetzungen und die Eintragung in die Wählerliste (Bürgerrolle) gemäß § 19 StO. — Die StO. v. 30. 5. 1853 kennt einen „Bürgereid" nicht.

26. Verfahren in Streitfällen. Maßgebend sind jetzt §§ 10 und 11 ZustGes.:

§ 10. Die Gemeindevertretung beschließt:

1. auf Beschwerden und Einsprüche, betreffend den Besitz oder den Verlust des Bürgerrechts, insbesondere des Rechts zur Teilnahme an den Wahlen zur Gemeindevertretung, sowie des Rechts zur Bekleidung einer den Besitz des Bürgerrechts voraussetzenden Stelle in der Gemeindeverwaltung oder Gemeindevertretung, die Verpflichtung zum Erwerbe oder zur Verleihung des Bürgerrechts . . .;

§ 11. Der Beschluß der Gemeindevertretung (§ 10) bedarf keiner Genehmigung oder Bestätigung von seiten des Gemeindevorstandes oder der Aufsichtsbehörde. Gegen den Beschluß der Gemeindevertretung findet die Klage im Verwaltungsstreitverfahren statt. Die Klage steht in den Fällen des § 10 auch dem Gemeindevorstande zu.

Die Klage hat in den Fällen des § 10 unter 1 und 2 keine aufschiebende Wirkung; jedoch dürfen Ersatzwahlen vor ergangener rechtskräftiger Entscheidung nicht vorgenommen werden.

Danach beschließt über die Beschwerden und Einsprüche (zur Erhebung der Beschwerde ist jeder Einwohner legitimiert; § 20 Abs. 3; Anm. 9 zu § 20) zunächst die Stadtverordnetenversammlung, und zwar ohne Mitwirkung des Magistrats oder der Aufsichtsbehörde. Als Beschluß gilt auch eine Unzuständigkeitserklärung. Gegen den Beschluß steht dem Magistrat wie den Beteiligten (darüber, wer „beteiligt" ist, s. Anm. 23 zu § 20) die Klage im Verwaltungsstreitverfahren binnen 2 Wochen zu (§ 21 ZustGes.); die

Klage ist gegen die Gemeindevertretung zu richten, welche zur Wahrnehmung ihrer Rechte einen Vertreter bestellen kann (§ 21 ZustGes.). Zuständig in erster Instanz ist — auch für Berlin — der Bezirksausschuß (§ 21 ZustGes.); in zweiter (Berufungs-)Instanz das OVG. (LVG. § 83). Die Berufungsfrist beträgt 2 Wochen (LVG. § 85).

Die Klage kann erhoben werden, auch wenn das Bürgerrecht selbst von der Gemeindevertretung abgesprochen ist, nicht bloß, wenn die einzelnen auf dem Besitz des Bürgerrechts beruhenden Rechte versagt werden (OVG. 49 S. 1). — Zuständig zur Einlegung der Berufung ist für die Stadtverordnetenversammlung auch ohne deren förmlichen Beschluß der Vorsteher (OVG. im PVBl. 28 S. 693). Siehe im übrigen die Anm. 16—27 zu § 20 StO.

§ 6.

Verlegt ein Bürger seinen Wohnsitz nach einer andern Stadt, so kann ihm das Bürgerrecht in seinem neuen Wohnort, wenn sonst die Erfordernisse zur Erlangung desselben vorhanden sind, von dem Magistrate im Einverständnisse mit der Stadtverordneten-Versammlung (§ 12) schon vor Ablauf eines Jahres verliehen werden.[1]

Diese Bestimmungen finden auch auf den Fall Anwendung, wenn der Besitzer eines, einen besonderen Gutsbezirk bildenden Gutes oder ein stimmberechtigter Einwohner einer Landgemeinde seinen Wohnsitz nach einer Stadt verlegt.

Der Magistrat ist, im Einverständnis mit der Stadtverordneten-Versammlung, befugt, Männern, welche sich um die Stadt[2] verdient gemacht haben, ohne Rücksicht auf die oben gedachten besonderen Erfordernisse[3] das Ehrenbürgerrecht zu erteilen, wodurch keine städtischen Verpflichtungen entstehen.[4,5,6]

1. Vgl. Anm. 1 u. 2 zu § 5. Abs. 1 gilt ganz allgemein für Bürger anderer preußischer oder deutscher Städte, nicht aber für Ausländer (PVBl. 8 S. 101).

2. Auch mittelbar, indem sie sich um den ganzen Staat verdient gemacht haben. Das ergibt der Bericht der Kommission der Ersten Kammer über die Beratung des Entwurfes und die Verhandlung der Ersten Kammer: Sten. Berichte 1852 53 Bd. I 16. Sitzung S. 173.

3. Das sind die Erfordernisse sub 1—4 des § 5. Nur die „besonderen" Erfordernisse können unberücksichtigt bleiben, das allgemeiue Erfordernis, daß das Bürgerrecht nur einem selbständigen Preußen zustehen kann, bleibt auch für Verleihung des Ehrenbürgerrechts maßgebend. OVG. 30 S. 7 und 60 S. 32.

4. Eine Befreiung von der gesetzlichen Kommunalsteuerpflicht ist mit dem Ehrenbürgerrecht nicht verbunden.

5. Auch das Ehrenbürgerrecht ruht oder wird verloren in den Fällen des § 7.

6. Das Ehrenbürgerrecht gewährt dieselben Befugnisse wie das Bürgerrecht. Wird das Ehrenbürgerrecht an jemand verliehen, der bereits das Bürgerrecht besitzt, so werden keine besonderen neuen Rechte begründet, sondern es wird nur eine in dem Titel zum Ausdruck kommende persönliche Auszeichnung gewährt (OVG. 60 S. 32). Bezüglich der Frage, in welcher Abteilung Ehrenbürger wählen, vgl. Anm. 5 zu § 13.

§ 7.

Wer infolge rechtskräftigen Erkenntnisses der bürgerlichen Ehre verlustig geworden (§ 12 des Strafgesetzbuches)[1] verliert dadurch auch das Bürgerrecht und die Befähigung, dasselbe zu erwerben.

Wem durch rechtskräftiges Erkenntnis die Ausübung der bürgerlichen Ehrenrechte untersagt ist (§ 21 des Strafgesetzbuches), der ist während der dafür in dem Erkenntnisse festgesetzten Zeit von der Ausübung des Bürgerrechts ausgeschlossen.[1]

Ist gegen einen Bürger wegen eines Verbrechens die Versetzung in den Anklagestand[2] oder wegen eines Vergehens, welches die Untersagung der Ausübung der bürgerlichen Ehrenrechte nach sich ziehen muß oder kann, die Verweisung an das Strafgericht ausgesprochen,[2] oder ist derselbe zur gerichtlichen Haft[3] gebracht, so ruht[4] die Ausübung des ihm zustehenden Bürgerrechts so lange, bis die gerichtliche Untersuchung beendigt ist.[5, 6]

Das Bürgerrecht geht verloren,[7] sobald eines der zur Erlangung desselben vorgeschriebenen Erfordernisse bei dem bis dahin dazu Berechtigten nicht mehr zutrifft.

Verfällt ein Bürger in Konkurs, so verliert er dadurch das Bürgerrecht; die Befähigung, dasselbe wieder zu erlangen, kann ihm, wenn er die Befriedigung seiner Gläubiger nachweist, von den Stadtbehörden verliehen werden.[8, 9]

Vorbemerkung:

Die StO. unterscheidet: dauernden Verlust [Abs. 4], zeitweiligen Verlust (zeitweilige Ausschließung) [Abs. 2 u. 5] und das Ruhen des Bürgerrechts [Abs. 3]. Letzteres unterscheidet sich vom Verlust dadurch, daß es nur in der Suspension der dem Bürger zustehenden Rechte besteht, den Bürger also nur in der Ausübung derselben zeitweilig hindert. Nach Beendigung des „Ruhens" tritt die frühere Rechtslage wieder von selbst ein; der Bürger behält also über die Zeit des Ruhens des Bürgerrechts hinüber seine städtischen Ehrenämter (OVG. 40 S. 147). Anders beim auch nur zeitweiligen Verlust des Bürgerrechts. Hier sind dem Bürger auch nach Wiedererwerb des Bürgerrechts die vorher innegehabten Ehrenämter verloren und er muß ev. neu gewählt werden. — Außer § 7 kommt für das „Ruhen" des Bürgerrechts noch in Betracht: § 6 G. v. 14. 5 1860 (s. Anm. 6), für den zeitweiligen Verlust (Ausschließung) § 74 StO.

1. Abs. 1 ist verändert, Abs. 2 ist ganz obsolet geworden infolge Aufhebung der §§ 12 u. 21 des preußischen StGB. durch die §§ 31—36 RStGB., welche lauten:

„**§ 31.** Die Verurteilung zur Zuchthausstrafe hat die dauernde Unfähigkeit zum Dienste in dem Deutschen Heere und der Kaiserlichen Marine, sowie die dauernde Unfähigkeit zur Bekleidung öffentlicher Ämter von Rechts wegen zur Folge . . .

§ 32. Neben der Todesstrafe und der Zuchthausstrafe kann auf den Verlust der bürgerlichen Ehrenrechte erkannt werden, neben der Gefängnisstrafe nur, wenn die Dauer der erkannten Strafe drei Monate erreicht und entweder das Gesetz den Verlust der bürgerlichen Ehrenrechte ausdrücklich zuläßt oder die Gefängnisstrafe wegen Annahme mildernder Umstände an Stelle von Zuchthausstrafe ausgesprochen wird.

Die Dauer dieses Verlustes beträgt bei zeitiger Zuchthausstrafe mindestens zwei und höchstens zehn Jahre, bei Gefängnisstrafe mindestens ein Jahr und höchstens fünf Jahre.

§ 33. Die Aberkennung der bürgerlichen Ehrenrechte bewirkt den dauernden Verlust der aus öffentlichen Wahlen für den Verurteilten hervorgegangenen Rechte, ingleichen den dauernden Verlust der öffentlichen Ämter, Würden, Titel, Orden und Ehrenzeichen.

§ 34. Die Aberkennung der bürgerlichen Ehrenrechte bewirkt ferner die Unfähigkeit, während der im Urteile bestimmten Zeit:

1. . . .
2. . . .
3. öffentliche Ämter, Würden, Titel, Orden und Ehrenzeichen zu erlangen;
4. in öffentlichen Angelegenheiten zu stimmen, zu wählen oder gewählt zu werden oder andere politische Rechte auszuüben;
5. . . .
6. . . .

§ 35. Neben einer Gefängnisstrafe, mit welcher die Aberkennung der bürgerlichen Ehrenrechte überhaupt hätte verbunden werden können, kann auf die Unfähigkeit zur Bekleidung öffentlicher Ämter auf die Dauer von einem bis zu fünf Jahren erkannt werden.

Die Aberkennung der Fähigkeit zur Bekleidung öffentlicher Ämter hat den dauernden Verlust der bekleideten Ämter von Rechts wegen zur Folge.

§ 36. Die Wirkung der Aberkennung der bürgerlichen Ehrenrechte überhaupt, sowie die Fähigkeit zur Bekleidung öffentlicher Ämter insbesondere, tritt mit der Rechtskraft des Urteils ein; die Zeitdauer wird von dem Tage berechnet, an dem die Freiheitsstrafe, neben welcher jene Aberkennung ausgesprochen wurde, verbüßt, verjährt oder erlassen ist."

Danach ist hinsichtlich des Verlustes des Bürgerrechts infolge von Verurteilungen die Rechtslage jetzt die folgende:

Wer zu Zuchthausstrafe verurteilt wird, verliert damit dauernd die passive Wahlfähigkeit zu Gemeindeämtern (StGB. § 31); als öffentliches Amt im Sinne des § 31 StGB. gilt das Stadtverordnetenmandat (OVG. 50 S. 12). Wem durch rechtskräftiges Erkenntnis die bürgerlichen Ehrenrechte aberkannt sind, der verliert dadurch dauernd die von ihm bisher bekleideten Ämter in der Gemeindeverwaltung und Gemeindevertretung sowie für die im Urteile bestimmte Zeit das Bürgerrecht überhaupt und die Fähigkeit, dasselbe zu erwerben (StGB. §§ 33, 34, 36). Die rechtskräftig erfolgte Aberkennung der Fähigkeit zur Bekleidung öffentlicher Ämter hat den dauernden Verlust der bisher bekleideten Ämter in der Gemeindevertretung sowie für die im Urteile bestimmte Zeit die Unfähigkeit zur Bekleidung solcher Ämter zur Folge (StGB. §§ 35, 36).

2. Die Unterscheidung des Abs. 3, daß bei **Verbrechen** die „Versetzung in den Anklagezustand", bei **Vergehen**, bei denen auf Aberkennung der bürgerlichen Ehrenrechte erkannt werden muß oder kann, die „Verweisung an das Strafgericht" für den Beginn des Ruhens des Bürgerrechts maßgebend sein soll, ist dadurch hinfällig geworden, daß gemäß §§ 197 ff. StPO. der **Beschluß über Eröffnung des Hauptverfahrens** an die Stelle der „Versetzung in den Anklagezustand" getreten ist und gleichzeitig auch als die „Verweisung an das Strafgericht" zu gelten hat.

3. D. h. gerichtliche **Untersuchungshaft** (nicht Strafhaft, nicht Verbüßung einer Ordnungsstrafe, nicht die Haft zur Erzwingung von Handlungen, Aussagen, Eiden); sie hat das Ruhen des Bürgerrechts zur Folge, gleichviel, ob Verbrechen oder Vergehen vorliegt.

4. Siehe Vorbemerkung.

5. Sei es durch rechtskräftiges Urteil (wenn das Hauptverfahren bereits eröffnet war), sei es durch den Beschluß, das Hauptverfahren nicht zu eröffnen und den Angeklagten außer Verfolgung zu setzen, sei es (wofern nur Vorermittelungen geschwebt haben, und keine Voruntersuchung stattgefunden hat) durch die einstellende Verfügung des Staatsanwalts. Die Entlassung aus der Haft allein beendet nicht das Ruhen des Bürgerrechts.

6. Außer in den Fällen des Abs. 3 ruht das Bürgerrecht noch:

a) für die Dauer der Einziehung eines zum Beurlaubtenstande gehörigen Bürgers zu militärischen Übungen;

b) in denjenigen Städten, in welchen ein Bürgerrechtsgeld eingeführt ist, vor dessen Berichtigung (bei sonst vorhandenen Voraussetzungen des Bürgerrechts): s. § 6 G. v. 14. 5. 1860 (GS. 237), betreffend das städtische Einzugs-, Bürgerrechts- und Einkaufsgeld, welcher, soweit das Bürgerrechts- und Einkaufsgeld in Betracht kommt, durch G. v. 2. 3. 1867, betreffend die Aufhebung der Einzugsgelder usw. **nicht** aufgehoben und auch vom KAG. (gemäß § 96 Abs. 7 daselbst) nicht betroffen worden ist.

7. D. i. der dauernde Verlust und damit selbstredend auch der Verlust aller Folgen des Bürgerrechts, wie unbesoldeter Ämter usw. Neuer Erwerb tritt erst dann wieder ein, wenn die Voraussetzungen des § 5 wieder ein Jahr lang vorhanden waren (vgl. Anm. 8 zu § 5). Die Vorschrift des Abs. 4 gilt auch für das Ehrenbürgerrecht (OVG. 30 S. 7, 8).

8. Satz 1 des Abs. 5 ist abgeändert, Satz 2 ganz obsolet geworden durch § 52 des AG. zur KO. v. 6. 3. 1879 (GS. 109), welcher bestimmt:

„Die Beschränkungen, welche nach gesetzlichen Bestimmungen das Konkursverfahren oder das bisherige Fallimentsverfahren für den Gemeinschuldner in der Ausübung eines auf das Vermögen sich nicht beziehenden Rechts zur Folge hat, fallen mit der Beendigung des Verfahrens weg."

Dadurch ist also eine besondere Verleihung des Bürgerrechts nach vollendetem Konkurse ausgeschlossen. Der Gemeinschuldner verliert sein Bürgerrecht nur für die Dauer des Konkurses; er erhält es mit Beendigung desselben von selbst zurück. Würde hiernach dem Abs. 5 ein neuer Wortlaut zu geben sein, so müßte dem Satz 1 hinzugefügt werden „für die Dauer des Konkurses" und der Satz 2 gestrichen werden. Dieser Wortlaut unterscheidet sich von dem in der inzwischen erlassenen StO. f. H.-N. dadurch, daß hier ein „zeitweiliger Verlust" des Bürgerrechts, dort ein „Ruhen" ausgesprochen ist. (Wegen der Bedeutung dieses Unterschiedes vgl. Vorbem.). Mit Schön (S. 90) und Jebens (PVBl. 22 S. 50) und gegen Oertel (S. 60) ist anzunehmen, daß der § 52 AG. zur KO. den Wortlaut des ersten Satzes des Abs. 5 nicht so weit verändert hat, daß an Stelle des zeitweiligen „Verlustes" des Bürgerrechts ein „Ruhen" desselben getreten ist.

9. Wird streitig, ob einer der Fälle des § 7 vorliegt, so findet bezüglich der Beschwerden und Einsprüche das Verfahren nach §§ 10, 11, 21 ZustGes. statt. Siehe Anm. 26 zu § 5.

§ 8.

Wer in einer Stadt seit einem Jahre[1] mehr als einer der drei höchstbesteuerten Einwohner[2] sowohl an direkten Staats- als an Gemeinde-Abgaben[3] entrichtet,[4] ist, auch ohne im Stadtbezirke zu wohnen, oder sich daselbst aufzuhalten,[5] berechtigt, an den Wahlen teilzunehmen,[6] falls bei ihm die übrigen Erfordernisse dazu vorhanden sind.[7]

Dasselbe Recht haben juristische Personen, wenn sie in einem solchen Maße in der Gemeinde besteuert sind.[8,9,10]

1. Erst wenn die Voraussetzungen des § 8 ein volles Jahr bestehen, kann die Aufnahme des Forensen (Abs. 1) oder der juristischen Person (Abs. 2) in die Wählerliste erfolgen und verlangt werden (OVG. 26 S. 20). Sind bis zur Berichtigung oder Auslegung der Wählerlisten die ein Jahr lang

vorhanden gewesenen Voraussetzungen nicht mehr vorhanden, so besteht das Wahlrecht aus § 8 nicht.

2. Gleichviel ob die höchstbesteuerten Einwohner das Bürgerrecht besitzen oder nicht. Es kommen daher auch Frauen oder Nichtpreußen in Frage.

3. Die Forensen und die juristischen Personen, die aus § 8 das Wahlrecht haben sollen, müssen in jeder dieser Steuergattungen (Kommunal- und Staatssteuern) mehr Steuern entrichten, als einer der drei Höchstbesteuerten (OVG. 14 S. 44). Da der Reichs- und Staatsfiskus Staatssteuer nicht zahlt, kann er im Bereich der StO. nie Wahlrecht besitzen. Als Staatssteuern sind dabei mit anzurechnen außer der Einkommensteuer und der Ergänzungssteuer aus dem G. v. 19. 6. 06 (GS. 294) auch die an Stelle der als Staatssteuer aufgehobenen und den Kommunen überwiesenen Grund-, Gebäude- und Gewerbesteuer gemäß § 5 G. v. 14. 7. 1893 (GS. 119) vom Staate veranlagten Beträge (obwohl letztere nur eine fingierte, nicht wirklich auferlegte und entrichtete Staatssteuer darstellen; OVG. 31 S. 140 u. im PVBl. 29 S. 730). Ebenso sind als Staatssteuer die auf den Grundbesitz oder Gewerbebetrieb der Forensen oder juristischen Personen in der betreffenden Stadt entfallenden Staatseinkommensteuern in Ansatz zu bringen, wenngleich diese Steuern anderwärts gezahlt werden sollten.

4. In bezug auf die Höhe ist die rechtskräftige Veranlagung maßgebend. Ob nach Lage der Sache und des Gesetzes die Veranlagung höher oder niedriger hätte sein müssen, oder gar nicht hätte erfolgen dürfen, ist unerheblich (OVG. 26 S. 20).

5. Wer, ohne im Stadtbezirke zu wohnen, oder Aufenthalt zu haben, daselbst Steuern zahlt, heißt Forense. Früher bestimmte § 4 Abs. 3, wer als Forense anzusehen und zu besteuern sei; jetzt bestimmt hierüber § 33 Nr. 2 KAG.

6. Sie haben also Anspruch auf Aufnahme in die Liste der stimmfähigen Bürger (§ 19 StO.). Wegen Ausübung ihres Wahlrechts, ev. durch Bevollmächtigte s. § 25 StO.

7. Nur bezüglich des Wohnsitz-Erfordernisses liegt eine Befreiung der Forensen von den Erfordernissen des § 5 vor. Die übrigen Erfordernisse des § 5 müssen vorhanden sein (und die des § 7 fehlen), damit Forensen das Wahlrecht haben. Sie müssen also insbesondere auch Preußen, selbständige Männer, über 24 Jahre alt und im Besitz der bürgerlichen Ehrenrechte sein.

8. Voraussetzungen des Wahlrechts einer nicht-physischen Person müßten demnach strenggenommen sein: a) Das Vorhandensein einer juristischen Person, b) Entrichtung von mehr Staatssteuern und mehr Kommunalsteuern als einer der drei Höchstbesteuerten während eines vollen Jahres. Letzteres Erfordernis hat zur Folge, daß nur solche juristischen Personen gemäß § 8 wahlberechtigt sein können, welche gleichzeitig Steuersubjekte sind. Daß der Reichs- und Staatsfiskus nie unter § 8 fallen kann, ist bereits gesagt (Anm. 3).

Zweifelhaft ist, ob z. B. eingetragene Genossenschaften, welche, soweit ihr Geschäftsbetrieb über den Kreis ihrer Mitglieder hinausgeht, zweifellos

Steuersubjekte sind, unter den § 8 StO. fallen, weil über die Eigenschaft der eingetragenen Genossenschaften (zum mindesten derjenigen mit unbeschränkter Haftpflicht) als juristischer Personen Streit herrscht (s. hierüber einerseits OVG. 25 S. 52, Halbey I. S. 491; andererseits Oertel S. 61; PVBl. 14 S. 74, 18 S. 434; Brauchitsch III S. 36; Fuisting S. 37; Noell S. 146). Da das Wahlrecht des § 8 ein Korrelat zu der Steuerpflicht des § 4 Abs. 3 ist (OVG. 17 S. 94; 30 S. 5), wird richtiger Ansicht nach angenommen werden müssen, daß der Kreis der juristischen Personen, die unter § 8 fallen, nicht beschränkt ist auf die juristischen Personen im engeren Sinne, sondern auch alle diejenigen nicht-physischen Rechtssubjekte umfaßt, welche nach den an Stelle des § 4 StO. getretenen Steuergesetzen (§ 1 4, 5, 6 EStG. und § 33 3 u. 4 KAG.) Subjekte der Staats- und Gemeindebesteuerung geworden sind. Danach würden außer den eigentlichen juristischen Personen (d. h. den sämtlichen Korporationen des öffentlichen Rechts, den sonstigen, durch besonderen Staatshoheitsakt errichteten juristischen Personen [EG. z. BGB. Art. 82, § 22 BGB.], den eingetragenen Vereinen [§ 21 BGB.], den Stiftungen [§ 80 BGB.] usw.) die Aktiengesellschaften und Aktienkommanditgesellschaften (MR. v. 23. 6. 1881, MBl. 206; OVG. 17 S. 94), die Berggewerkschaften (s. auch OVG. 14 S. 44) und die Genossenschaften, deren Geschäftsbetrieb über den Kreis ihrer Mitglieder hinausgeht, unter § 8 fallen können.

Dagegen sind nicht wahlberechtigt aus § 8 die Gesellschaften mit beschränkter Haftung, weil sie, selbst wenn man ihnen die Eigenschaft der juristischen Person zuerteilt, nicht der Gemeindeeinkommensteuer unterworfen sind (OVG. 30 S. 3, 32 S. 79).

9. Vgl. Anm. 3. — Daß die juristische Person in der betreffenden Stadt ihren Sitz hat, ist für das Wahlrecht aus § 8 nicht Vorbedingung. Dagegen können nur solche Gebilde als juristische Personen (in dem in Anm. 8 erwähnten weiteren Sinne) in Betracht kommen, die nach dem in Preußen geltenden Rechte (also nach Reichsrecht oder preußischem Recht) als Rechtssubjekte überhaupt anzusehen sind. Ein Rechtsgebilde z. B., das zwar nach französischem oder österreichischem Rechte, nicht aber nach deutschem Reichs- oder preußischem Rechte Rechtssubjekt ist, kann nie unter § 8 fallen.

10. Wegen des Verfahrens in Streitfällen über das Wahlrecht aus § 8 vgl. Anm. 26 zu § 5.

§ 9.

Die Stadtgemeinden sind Korporationen[1, 2]; denselben steht die Selbstverwaltung[3] ihrer Angelegenheiten[4, 5] nach näherer Vorschrift dieses Gesetzes zu.

1. D. h. Korporationen des öffentlichen Rechts (§ 25 ALR. II 6; § 108 II 8; BGB. § 89; s. auch StO. f. HN. § 12). Als Korporationen sind die Stadtgemeinden juristische Personen. Sie besitzen daher Rechtsfähigkeit, Geschäfts- und Willensfähigkeit, in prozessualer Beziehung Parteifähigkeit (nicht auch Prozeßfähigkeit s. unten).

a) Rechtsfähigkeit. Die Stadtgemeinde kann als Rechtssubjekt Träger von Rechten, und zwar sowohl öffentlicher (z. B. Patronat, Präsentationsrecht eines Vertreters im Herrenhause, vgl. V. v. 12. 10. 1854 [GS. 541], Recht sich auf dem Provinziallandtage vertreten zu lassen) als auch privater Rechte sein. In letzterer Beziehung stehen die Städte als juristische Personen den physischen Personen im wesentlichen gleich. Sie können für sich eine Firma (§ 36 HGB.), sowie gewerbliche und kaufmännische Zeichen eintragen lassen, Urheber- und Erfinderrechte besitzen. Besonders zu erwähnen sind in Beziehung auf Rechte der Stadtgemeinden:

α) Recht auf Namen (von der Landespolizeibehörde festzusetzen, MBl. 1897 S. 135). Die Änderung der Ortsnamen ist landesherrlicher Entschließung vorbehalten, während die Feststellung ihrer Schreibweise einen Gegenstand landespolizeilicher Regelung bildet (OVG. im PVBl. 31 S. 8 und MBl. 03 S. 242).

β) Recht auf Siegel und Wappen (MBl. 97 S. 2 u. 09 S. 163). Wegen des Rechtes auf ausschließliche Benutzung des Wappens vgl. PVBl. 26 S. 145 u. 28 S. 859.

γ) In betreff der Erwerbung von Vermögensrechten stehen die Stadtgemeinden den physischen Personen gleich. Sie können Eigentum, sonstige dingliche Rechte und Forderungen ebenso wie physische Personen erwerben, insbesondere auch Grundeigentum, wozu sie keiner Genehmigung der Aufsichtsbehörde bedürfen (Art. 7 Abs. 2 AG. z. BGB.); anders bei der Veräußerung von Grundeigentum (vgl. § 50 StO.). Sie können wie physische Personen zu Erben eingesetzt, unter Lebenden und von Todes wegen mit Schenkungen und Vermächtnissen bedacht werden. Nach Art. 86 EG. z. BGB. in Verbindung mit Art. 6 preuß. AG. z. BGB. bedarf es indessen zur Annahme solcher Zuwendungen, welche den Betrag von 5000 Mk. übersteigen, Königlicher Genehmigung. Die Genehmigung kann auf einen Teil der Schenkung oder der Zuwendung von Todes wegen beschränkt werden.

Mit Geldstrafe bis zu neunhundert Mark wird bestraft, wer für eine juristische Person, die in Preußen ihren Sitz hat, als deren Vorsteher eine Schenkung oder eine Zuwendung von Todes wegen in Empfang nimmt und nicht binnen vier Wochen die erforderliche Genehmigung nachsucht.

Beim Mangel Königlicher Genehmigung ist die ganze Zuwendung ungültig. Die erteilte Genehmigung wirkt ex tunc.

Im übrigen sind in vermögensrechtlicher Beziehung (auf dem Gebiete des Privatrechts) die früher vorhanden gewesenen Privilegien der Stadtgemeinden zum Teil durch das BGB., zum Teil durch sonstige Reichsgesetze aufgehoben (z. B. die den Kommunen früher zugestandene Rechtsstellung der Minderjährigen, die längeren Verjährungsfristen, die Vorzugsrechte im Konkurse). Darüber, welche Bestimmungen des BGB. und seiner Nebengesetze für Stadtgemeinden besondere Bedeutung haben, siehe Oertel S. 65, Gahl, Das neue Bürgerliche Recht für Kommunalverwaltungen, Berlin, Heymann, und die Kappelmannschen Aufsätze in PVBl. 21 S. 154ff. (dazu S. 183, 184, 198), S. 473ff., 485ff., 497ff., sowie die dort zitierten.

b) Geschäfts- und Willensfähigkeit. Der Wille der Stadt kommt zur Entstehung und zum Ausdruck durch ihre Willensorgane (Magistrat und Stadtverordnetenversammlung) bzw. durch die von diesen Organen für bestimmte Geschäftskreise oder Geschäfte mit ihrer Vertretung im Willen beauftragten anderweiten Organe (Deputationen, Gemeindebeamten). Rechtsgeschäfte, welche die zur Vertretung berufenen Organe der Stadtgemeinde als solche abgeschlossen haben, verpflichten nicht die Organe persönlich, sondern die Stadtgemeinde (§ 164 BGB.).

Für das kontraktliche Verschulden ihrer Organe haftet die Stadtgemeinde nach § 278 BGB. (vgl. für das frühere Recht RGZ. 8 S. 236, 17 S. 105). Über die Haftung der Gemeinden für Versehen des ärztlichen und Pflegepersonals ihrer Krankenanstalten PVBl. 28 S. 438 u. 31 S. 106. Hinsichtlich der Haftung der Kommunen für außerkontraktliches Verschulden ihrer Willensorgane bestimmt § 31 BGB. (auf Grund des § 89 BGB. auch für Stadtgemeinden geltend):

„§ 31. Der Verein ist für den Schaden verantwortlich, den der Vorstand, ein Mitglied des Vorstandes oder ein anderer verfassungsmäßig berufener Vertreter durch eine in Ausführung der ihm zustehenden Verrichtungen begangene, zum Schadensersatze verpflichtende Handlung einem Dritten zufügt."

Sonach ist die Haftung auf die Handlungen der verfassungsmäßigen Willensorgane beschränkt. Technische Beamte sind regelmäßig nicht verfassungsmäßige Willensorgane; doch kann z. B. ein Stadtbaumeister, auch ohne Magistratsmitglied zu sein, ein gemäß § 30 BGB. für die Geschäfte der Bauverwaltung bestellter besonderer Vertreter und als solcher ein „anderer" verfassungsmäßig berufener Vertreter der Stadtgemeinde im Sinne des § 31 BGB. sein (RGZ. 70 S. 120 und im PVBl. 32 S. 154; vgl. jedoch auch RG. im PVBl. 31 S. 786). Hiervon abgesehen haftet die Stadt für die (außerkontraktlichen) schuldhaften Handlungen der technischen Beamten nur, wenn ihren verfassungsmäßigen Willensorganen bei Auswahl oder Beaufsichtigung der technischen Beamten ein Versehen zur Last fällt, oder der Beamte kraft ausdrücklichen Auftrages schuldhaft handelt (§ 31 Satz 2 BGB., RGZ. 53 S. 278 u. 55 S. 229, PVBl. 25 S. 352 und 27 S. 268). Verschulden einer Verwaltungsdeputation (§ 59 StO.) ist ein Verschulden der Stadtgemeinde, für das diese haftet; denn die Verwaltungsdeputationen sind für die laufende Verwaltung ihres Ressorts verfassungsgemäß die Willensorgane der Stadtgemeinde (RGZ. im PVBl. 29 S. 30).

§ 31 BGB. bezieht sich dagegen nicht auf solche schuldhaften Handlungen, die Gemeindeorgane sich bei Ausübung des ihnen zustehenden Staats- oder Gemeindehoheitsrechts zuschulden kommen lassen. Für diese Fälle ist das Gesetz über die Haftung des Staates und anderer Verbände für Amtspflichtverletzungen von Beamten bei Ausübung der öffentlichen Gewalt v. 1. 8. 09 (GS. 691) maßgebend. Danach hat die Stadtgemeinde, wenn ein für ihren Dienst angestellter Beamter in Ausübung der ihm anvertrauten öffentlichen Gewalt vorsätzlich oder fahrlässig die ihm einem Dritten gegenüber obliegende Amtspflicht verletzt, dem Dritten den daraus entstehenden Schaden zu ersetzen. Fällt dem Beamten Fahrlässigkeit zur Last, so kann die Stadtgemeinde nur in Anspruch genommen werden, wenn der Verletzte nicht auf andere Weise Ersatz zu erlangen vermag. Ist die Verantwortlichkeit des Beamten deshalb ausgeschlossen, weil er den Schaden im Zustand der Bewußtlosigkeit oder in einem die freie Willensbestimmung ausschließenden Zustande krankhafter Störung der Geistestätigkeit verursacht hat, so hat gleichwohl die Stadtgemeinde den Schaden zu ersetzen, wie wenn dem Beamten Fahrlässigkeit zur Last fiele, jedoch nur insoweit, als die Billigkeit die Schadloshaltung erfordert.

Wird eine Kommune wegen vorsätzlicher oder fahrlässiger Amtspflichtverletzung eines Beamten in Anspruch genommen, so finden auf die Feststellung, ob der Beamte sich einer Überschreitung seiner Amtsbefugnisse oder der Unterlassung einer ihm obliegenden Amtshandlung schuldig gemacht hat, die für den Fall der Verfolgung des Beamten geltenden Vorschriften entsprechende Anwendung (vgl. hierüber Anm. 3 zu § 56[6]).

Die Kommune kann von dem Beamten Ersatz des Schadens verlangen, den sie durch die sie treffende Verantwortlichkeit erleidet. Der Ersatzanspruch verjährt in drei Jahren von dem Zeitpunkte an, in welchem der Ersatzanspruch des Dritten diesem gegenüber von der Kommune anerkannt oder ihr gegenüber rechtskräftig festgestellt ist.

Bei Amtspflichtverletzungen von Standesbeamten trifft die Verantwortlichkeit den Staat.

c) Parteifähigkeit: Die Stadtgemeinden können als Rechtssubjekte (Parteien) vor Gericht klagen und verklagt werden. Ihr allgemeiner Gerichtsstand ist ihr Sitz, der Ort wo ihre Verwaltung geführt wird (§ 17 ZPO.; s. auch § 22 ZPO.). Prozeßfähig sind die Stadtgemeinden, wie die juristischen Personen im allgemeinen, nicht. Sie werden durch ihre gesetzlichen Vertreter vor Gericht vertreten. Regelmäßig vertritt die Stadt vor Gericht gemäß § 56[8] der Magistrat; inwieweit auch Deputationen das Recht zur Prozeßführung haben, bleibt zu § 59 StO. auszuführen. — Zugestellt wird gemäß §§ 171—184 ZPO. an den Bürgermeister oder in dessen Vertretung an einen in den Geschäftsräumen anwesenden Angestellten der Stadtgemeinde. Ebenso hat der Bürgermeister regelmäßig für die Stadt Parteieide zu leisten (§§ 473, 474 ZPO.). Doch kann auch die Leistung eines Parteieides durch andere Magistratsmitglieder in Frage kommen, weshalb nach RGZ. 45 S. 427 kein Magistratsmitglied als Zeuge in Prozeßsachen der Stadtgemeinde vernommen werden kann.

2. Über die Zwangsvollstreckung gegen Stadtgemeinden vgl. Anm. 3 zu § 56[4] StO.

3. D. h. die Verrichtung staatlicher Funktionen durch Verbände, die dem Staate zwar untergeordnet sind, aber innerhalb ihres abgegrenzten Zuständigkeitskreises vermittelst ihrer verfassungsmäßigen, in der Regel selbstgewählten Organe selbständig und mit eigener Verantwortlichkeit zu handeln berufen sind. Ob die Organe des Selbstverwaltungskörpers in der Hauptsache aus unbesoldeten oder aus besoldeten Beamten bestehen, ist für den Begriff der Selbstverwaltung unerheblich. Den Gegensatz zur Selbstverwaltung bildet nicht die Verwaltung durch besoldete Beamte, sondern die durch staatliche Behörden (vgl. auch Preuß S. 117ff.).

Ihre materielle Grenze findet die Selbstverwaltung in der Begrenzung der Gemeindeaufgaben (Anm. 4), ihre formelle Grenze in dem staatlichen Aufsichtsrecht, das teils durch die Staatsbehörden, teils durch die Beschlußbehörden (Bezirksausschuß, Provinzialrat) ausgeübt wird. Das Nähere hierüber und über die Grenzen des Aufsichtsrechts bei § 77 StO.

4. Gemeindeangelegenheit ist nicht bloß das, was den Bestand der Gemeinde als solcher und ihrer Organe anbetrifft, sondern auch die Einrichtung und Erhaltung alles dessen, was für das leibliche, geistige und gesellschaftliche Wohl aller oder eines großen Teils der Gemeindemitglieder erforderlich oder wünschenswert ist (OVG. 12 S. 155, 13 S. 89 [Petition gegen Erhöhung der Getreidezölle als Gemeindeangelegenheit der Stadt Stettin erachtet]; 14 S. 86, 19 S. 176). Soweit es sich um allgemeine politische Veranstaltungen handelt (z. B. Petitionen bei Gesetzesvorlagen), können auch diese in die Grenzen der Gemeindeangelegenheiten fallen, sofern die eigentümlichen lokalen Verhältnisse einer Stadt eine bestimmte Gestaltung gewisser politischer Einrichtungen (z. B. Zölle, Handelsverträge) als im besonderen Interesse gerade dieser Gemeinde liegend erscheinen lassen. Die Motive zur Gemeindeordnung von 1850 sagen: „Gemeindeangelegenheiten sind alle Angelegenheiten, welche der Bestimmung der Gemeinden entsprechen, mittels ihres Eigentums und der vereinigten Kräfte ihrer Angehörigen diejenigen Bedürfnisse zu befriedigen, welche sich einerseits dem einzelnen sowie der Familie und den Privatvereinen gegenüber als gemeinsam darstellen, während sie andererseits den größeren politischen Verbänden und dem Staate gegenüber als besondere erscheinen." Ähnlich die erwähnten Entscheidungen des OVG.

Das Vorhandensein einer Gemeindeangelegenheit ist nicht etwa dadurch bedingt, daß die betreffende Gemeinde ausschließlich an der Gestaltung der Dinge interessiert ist; auch dann liegt vielmehr eine Gemeindeangelegenheit vor, wenn neben einem sonstigen größeren Interessentenkreise z. B. einem ganzen großen Berufskreise des Staates auch die betreffende Gemeinde an der gesetzlichen Neugestaltung interessiert ist. Immer aber muß es die Gemeinde als solche, nicht nur eine geringere oder auch größere Anzahl ihrer Mitglieder sein, für welche die Angelegenheit von Bedeutung ist. Dem MR. v. 6. 6. 1863 (MBl. 118), das den Stadtverordneten jede Tätigkeit auf dem Gebiete der Politik und Staatsverfassung untersagt (soweit nicht Gesetz oder Aufsichtsbehörde zu solcher Tätigkeit Auftrag geben), ist daher nur nach Maßgabe der vorstehend entwickelten Grundsätze eine beschränkte Richtigkeit zuzusprechen. Vgl. auch noch die Entscheidungen des OVG. 14 S. 76, sowie v. 25. 5. 1895 (II Nr. 873), v. 9. 7. 1898 (II Nr. 1121), 41 S. 34 und 40, 59 S. 48, durch welche ein Beschluß einer Stadtverordnetenversammlung, den Wahlmännern bei der Landtagswahl für ihre Reise nach dem Wahlorte behufs Beteiligung an der Wahl Entschädigungen aus städtischen Mitteln zu gewähren, ferner der Beschluß, eine Petition gegen die sog. Umsturzvorlage abzusenden, der Beschluß der Berliner Stadtverordnetenversammlung, einen Kranz auf den Gräbern der Märzgefallenen niederzulegen und schließlich drei Beschlüsse von Stadtverordnetenversammlungen, Petitionen gegen die Erhöhung der Getreidezölle, zugunsten des Abschlusses langfristiger Handelsverträge und zugunsten der Einführung der geheimen Wahl für das Abgeordnetenhaus, sowie einer neuen Wahlkreiseinteilung abzusenden, für unzulässig erachtet wurden, weil dabei Gemeindeangelegenheiten nicht in Frage ständen.

5. Gemeinschaftliche Angelegenheiten der Stadtgemeinden werden in neuerer Zeit immer mehr zum Gegenstande der Beratung auf den sog. Städtetagen gemacht, zu deren Abhaltung sich die Städte der einzelnen Provinzen, die Städte Preußens und schließlich die des Deutschen Reiches zusammengeschlossen haben. Letztere Vereinigung hat die in Berlin befindliche Zentralstelle des Deutschen Städtetages ins Leben gerufen. Das Nähere über Aufgaben und Organisation s. PVBl. 28 S. 133.

§ 10.

In den Städten wird ein Magistrat (kollegialischer Gemeindevorstand)[1] und eine Stadtverordneten-Versammlung gebildet, welche nach näherer Vorschrift dieses Gesetzes dieselben vertreten.[2] Der Magistrat ist die Obrigkeit der Stadt und verwaltet die städtischen Gemeinde-Angelegenheiten.[3] Die Ausnahmen bestimmt Tit. VIII.[4]

1. Den Gegensatz zum kollegialischen Gemeindevorstand bildet das z. B. für die rheinische StO. maßgebende System der sog. Bürgermeisterei- oder Bureauverfassung. Dort steht an der Spitze der Gemeinde der Bürgermeister, der zugleich Vorsitzender der Gemeindevertretung ist. Auch in den derartig organisierten Städten können dem Bürgermeister Schöffen oder Beigeordnete als Gehilfen zur Seite stehen, die als seine Vertreter für bestimmte Amtsgeschäfte oder auch für die Leitung der Angelegenheiten bei Behinderung des Bürgermeisters zu fungieren haben. Wenngleich man auch diese Gehilfen zusammen mit dem Bürgermeister häufig als Magistrat bezeichnet, ist dennoch in allen diesen Fällen ein kollegialischer Gemeindevorstand nicht vorhanden. — Für kleinere Städte (unter 2500 Einwohner) gestattet auch die StO. ö. P. die Einführung des Bureausystems (letzter Satz des § 10; Titel VIII StO.).

2. „Vertreten" ist hier nicht im Sinne des „Vertretens nach außen" zu verstehen. Abgesehen von Ausnahmefällen (§§ 10, 11 ZustGes.) vertritt die Stadtgemeinde nach außen nur der Magistrat. Hier soll nur ausgedrückt werden, daß die Organe, welche die Stadtgemeinde in der Willensbildung vertreten, d. h. die Willensorgane der Stadtgemeinde, Magistrat und Stadtverordnetenversammlung sind. Beide Behörden sind einander koordiniert, keine ist der anderen übergeordnet. Zur Ausführung der Beschlüsse ist der Regel nach der Magistrat allein berufen (Satz 2 des § 10). Ausschließlich Exekutivbehörde ist der Magistrat aber nicht, sondern gleichzeitig beschließende Behörde, soweit es sich nämlich um Entstehung des Willens der Stadtgemeinde handelt; denn es sind übereinstimmende Beschlüsse beider Körperschaften erforderlich, um den Willensentschluß der Gemeinde herbeizuführen. Derartige übereinstimmende Beschlüsse werden in der Regel als „Gemeindebeschlüsse" bezeichnet. Indessen bedienen sich

manche Paragraphen d. StO. auch anderer Bezeichnungen zur Statuierung des Erfordernisses der Übereinstimmung von Magistrat und Stadtverordnetenversammlung (z. B. §§ 6, 34, 48, 59, 66, 75 StO.).

3. Bezüglich der Befugnisse des Magistrats vgl. §§ 56—63 StO. — Nur der Magistrat, nicht die Stadtverordnetenversammlung, ist streng genommen Behörde. Die Mitglieder der letzteren sind weder mittelbare noch unmittelbare Staatsbeamte. Der häufig zur Bezeichnung von Magistrat und Stadtverordnetenversammlung gebrauchte Ausdruck „Gemeindebehörden" ist danach ungenau, wenn ihn auch sowohl die StO. selbst (§§ 7, 59) wie auch das ZustGes. an einigen Stellen (§§ 17, 33, 128) gebrauchen (Näheres Anm. 1 zu § 35). Soweit der Magistrat „Obrigkeit" ist, ist er Staatsorgan und als solches der Aufsichtsbehörde allein, nicht auch der Kontrolle und Mitwirkung der Stadtverordnetenversammlung unterworfen; s. Instr. f. die Stadtmagisträte v. 25. 5. 1835 § 1, PVBl. 13 S. 316; OVG. 9 S. 60, 37 S. 111, 117; Jebens im PVBl. 22 S. 234 (darüber, daß der Magistrat nicht nur Obrigkeit und Verwaltungsbehörde, sondern auch beschließendes Willensorgan der Stadtgemeinde ist, vgl. Schluß der Anm. 2). Wieweit die Verwaltungsfreiheit des Magistrats in Gemeindeangelegenheiten in seiner Eigenschaft als Stadtverwaltungsbehörde reicht und inwieweit er verpflichtet ist, sich der Übereinstimmung mit der Stadtverordnetenversammlung vor und bei seinen einzelnen verwaltenden Handlungen zu versichern, bleibt bei § 35 auszuführen.

4. §§ 72, 73 StO. Die Ausnahmen beziehen sich nur auf Städte unter 2500 Einwohner. Siehe auch Anm. 1.

§ 11.

Jede Stadt ist befugt, besondere statutarische Anordnungen zu treffen,[1]

1. über solche Angelegenheiten der Stadtgemeinden, sowie über solche Rechte und Pflichten ihrer Mitglieder, hinsichtlich deren das gegenwärtige Gesetz Verschiedenheiten gestattet, oder keine ausdrücklichen Bestimmungen enthält;[2]
2. über sonstige eigentümliche Verhältnisse und Einrichtungen, insbesondere hinsichtlich der den gewerblichen Genossenschaften bei Einteilung der stimmfähigen Bürger und bei Bildung der Wahlversammlungen und der städtischen Vertretung zu gewährenden angemessenen Berücksichtigung.[3]

Dergleichen Anordnungen bedürfen der Bestätigung der Regierung.[4–8]

1. Damit ist den Städten das Recht der Selbstgesetzgebung (Autonomie) gewährleistet. Denn der Unterschied zwischen Ortsstatuten und gewöhnlichen Gemeindebeschlüssen besteht eben darin, daß erstere Gesetzeskraft haben (RGZ. 51 S. 45) und deswegen Rechte und Verbindlichkeiten unmittelbar

für und gegen Dritte erzeugen, während Gemeindebeschlüsse nur die Gemeindebehörden (Magistrat und Stadtverordnete) im Verhältnis zueinander binden. Die Rechtsnatur der Ortsstatuten als Gesetz hat die zivilprozessualische Konsequenz, daß auf angebliche Verletzung des Ortsstatuts das Rechtsmittel der Revision nicht gegründet werden kann. Vgl. RGZ. 42 S. 309. Den Umfang des städtischen Gesetzgebungsrechts in **sachlicher** Beziehung sollen die Nr. 1 und 2 des Abs. 1 bestimmen (s. im einzelnen die Anm. dazu); wegen Entstehung, Änderung, Aufhebung der Ortsstatuten s. das zu Abs. 2 Gesagte. Der **örtliche** Wirkungskreis der Ortsstatuten ist regelmäßig auf den Bezirk der Stadt beschränkt. Ausnahmsweise kann er unter Umständen ebensowohl nur einen Teil dieses Bezirks umfassen (z. B. § 23 Abs. 3 GewO., §§ 1 Abs. 2 G. v. 18. 3. 1868, § 2 Abs. 3 G. v. 9. 3. 1881), als auch über den Kreis der Stadt hinausgehen (§ 7 G. betr. die Quartierleistung v. 25. 6. 1868).

Über die Frage, ob bei Erweiterung des Stadtbezirks die Einwohner der neuzugeschlagenen Bezirke und die Grundstücke dieser Bezirke ohne weiteres unter die Ortsgesetze der Stadt fallen, vgl. Anm. 14 zu § 2. Die Bestätigung eines Ortsstatuts durch die Aufsichtsbehörde entzieht die Nachprüfung der Frage, ob das Ortsstatut materiell das Gesetz verletzt, nicht dem Verwaltungs- oder Zivilgerichte; darüber, ob der Richter das gesetzmäßige Zustandekommen eines ordnungsmäßig verkündeten Ortsstatuts nachzuprüfen hat, vgl. PVBl. 32 S. 309. Dagegen kann die Frage, ob das Ortsstatut angemessen und zweckmäßig ist, unter Ausschluß des Rechtsweges, nur von der Bestätigungsbehörde (erster und zweiter Instanz) geprüft werden. Einzelheiten s. Anm. 3 u. 4.

2. Nr. 1 und Nr. 2 enthalten weder einzeln betrachtet noch zusammen eine klare und allgemein zutreffende Abgrenzung desjenigen Kreises, innerhalb dessen sich die Autonomie der Städte frei bewegen kann. Nach Nr. 1 sind regelmäßig Ortsstatuten zugelassen, soweit die StO. ausdrücklich Verschiedenheiten zuläßt oder Lücken gelassen hat. Danach müßte man annehmen, daß Ortsstatuten nur zulässig sind bezüglich solcher Materien, die an sich in den Gesamtkreis der durch die StO. umfaßten Materien gehören, und daß sie nichts **gegen** die StO. enthalten dürfen. Beides trifft nicht zu, denn:

I. hat inzwischen außer der StO. noch eine ganze Reihe von anderen Gesetzen ausdrücklich bestimmte Materien der ortsstatutarischen Regelung teils überwiesen, teils überlassen. Es kommen vornehmlich in Betracht (außer StO. §§ 5, 12, 19, 20, 21, 29, 59, 70):

A. von preußischen Gesetzen:

a) §§ 12 u. 15 G. betr. die Anlegung und Veränderung von Straßen und Plätzen in Städten und ländlichen Ortschaften v. 2. 7. 1875;
b) §§ 1, 2, 5, 11 des G. betr. die Errichtung öffentlicher usw. Schlachthäuser v. 18. 3. 1868 u. 9. 3. 1881;
c) §§ 7, 9, 18, 23, 68, 77 KAG. v. 14. 7. 1893;
d) Art. 78 § 4 AusfG. z. BGB.;
e) §§ 3, 8, 9, 11, 12, 15, 17, 18 KBG. v. 30. 7. 1899;
f) § 3 G. v. 30. 6. 1900, betr. Bildung von Wählerabteilungen bei Gemeindewahlen;

g) das Reglement betr. die Einrichtung der Sparkassen v. 30. 12. 1838;
h) G. gegen die Verunstaltung von Ortschaften v. 17. 7. 07 (GS. 260);

B. folgende Reichsgesetze:

a) §§ 23, 33, 34, 105b, 119a, 120, 120a, 142 GewO.;
b) § 7 RG. betr. die Quartierleistung v. 25. 6. 1868;
c) §§ 3, 4, 6 RG. betr. die Kriegsleistungen v. 13. 6. 1873;
d) § 7 RG. betr. die Naturalleistungen usw. v. 13. 2. 1875;
e) §§ 488, 834, 1275, 1447 der Reichsversicherungsordnung;
f) RG. betr. die Gewerbegerichte v. 30. 6. 01 (RGBl. 249);
g) RG. betr. die Kaufmannsgerichte v. 6. 7. 04 (RGBl. 266);
h) RG. über die Sicherung von Bauforderungen v. 1. 6. 09 (RGBl. 449).

II. können in den Fällen sub Nr. 2 auch Ortsstatuten erlassen werden, in welchen ausdrückliche Bestimmungen der StO. geändert werden (s. Anm. 3).

3. Die Fassung und der Inhalt der Nr. 2 des § 11 erscheinen sehr bedenklich. Die Fassung, insbesondere die Trennung dieser Fälle von den unter Nr. 1 behandelten, deutet darauf hin, daß der Gesetzgeber den Städten die Befugnis zum Erlaß von statutarischen Bestimmungen auch contra legem, d. h. gegen die StO. geben wollte. Nach der Fassung erscheint die unter „insbesondere" angeführte statutarische Regelung des Wahlrechts der gewerblichen Verbände nur als Beispiel solcher gegen das Gesetz zugelassenen Autonomie, so daß nach dem Wortlaut des Gesetzes noch andere besondere Verhältnisse und Einrichtungen denkbar erscheinen, bei denen eine ortsstatutarische Regelung gegen die Bestimmungen der StO. zulässig sein soll. Judikatur und Literatur stimmen aber darin überein, daß Ortsstatuten — abgesehen von den besonderen in 2 erwähnten Fällen — nichts gegen das Gesetz enthalten dürfen und, soweit sie dagegen verstoßen, nicht rechtsverbindlich sind, und zwar gleichviel, ob es sich um eine Materie handelt, die in die StO. hineinfällt oder nicht. Wie schon unter Anm. 1 erwähnt, steht dem Verwaltungs- und ordentlichen Richter trotz der erfolgten Bestätigung das Recht der Prüfung der Gesetzmäßigkeit des Statuts zu. Im einzelnen hat das OVG. bereits in folgenden besonders wichtigen Fällen über die Gesetzmäßigkeit eines Ortsstatuts Entscheidung getroffen:

a) Ortsstatute, durch welche die mangels eines Gesetzes oder eines durch Observanz begründeten besonderen örtlichen Rechts der Stadt obliegende Verpflichtung zur Herstellung und Unterhaltung der Bürgersteige auf die einzelnen Eigentümer der an die Straße grenzenden Häuser übertragen werden soll, sind ungültig (OVG. 16 S. 48);
b) Ortsstatute, durch welche die Städte einen von den gesetzlichen Vorschriften über die Aufbringung der Gemeindelasten abweichenden Grundsatz der Naturalverteilung der sie treffenden Lasten zur Durchführung bringen wollen, sind unzulässig (OVG. 19 S. 70);
c) Ortsstatute, durch welche den Hausbesitzern eine Zwangspflicht zum Anschluß ihrer Häuser an eine von der Gemeinde geschaffene Wasserleitung oder Kanalisation oder den Gemeindeangehörigen eine Zwangspflicht zur Benutzung sonstiger Gemeindeanstalten, z. B. eines Straßenreinigungsinstituts, auferlegt wird, sind ungültig; der obligatorische

Benutzungszwang kann, wo er im polizeilichen Interesse liegt, nur durch Polizeiverordnung auferlegt werden (OVG. 26 S. 51 u. 31 S. 68);

d) Ortsstatute, welche den Straßenanliegern Präzipualsteuern zur Deckung des der Gemeinde für die Ausbesserungen der Bürgersteige erwachsenden Ausgaben auferlegen, sind zulässig und rechtsgültig, auch da, wo ein die beteiligten Adjazenten verpflichtender Ortsgebrauch nicht besteht (OVG. 28 S. 80);

e) Ortsstatute, durch welche die Fäkalienabfuhr zu einer Gemeindeangelegenheit gemacht wird, sind zulässig; daneben kann die Ortspolizeibehörde durch Polizeiverordnung die Verpflichtung gegen die Grundbesitzer aussprechen, die Grubenräumung nur durch die von der Stadt dazu bestimmten Personen bewirken zu lassen (OVG. 32, S. 295, 305);

f) Ortsstatute können sich an sich rückwirkende Kraft beilegen (OVG. 28 S. 84, PVBl. 21 S. 267). Jedoch hat das OVG. 38 S. 301 bei Steuerordnungen, soweit dadurch indirekte Steuern eingeführt werden, die Zulässigkeit der rückwirkenden Kraft verneint.

4. An Stelle der Regierung ist nach ZustGes. § 16 Abs. 3 der BzAussch. getreten (in Berlin Oberpräsident; LVG. § 43); gegen den Beschluß des BzAussch. ist (die an 14tägige Frist gebundene) Beschwerde an den Provinzialrat (LVG. § 121; in Berlin an den Minister des Innern LVG. § 43) gegeben. Der Aufsichtsbehörde steht das Recht zu, nicht bloß die Gesetzmäßigkeit, sondern auch die Zweckmäßigkeit der Bestimmungen des Statuts zu prüfen. Indessen kann sie nur Abänderungs**vorschläge** machen und, falls diese nicht akzeptiert werden, die Bestätigung versagen. Wird ein Ortsstatut, wie das in der Praxis inkorrekterweise öfters geschieht, unter der Bedingung, daß gewisse Abänderungen vorgenommen werden, oder mit der Maßgabe, daß gewisse Stellen einen anderen Wortlaut erhalten, bestätigt, so enthält diese Entscheidung zugleich eine Ablehnung der Bestätigung und die Zusage, daß bei gewissen Abänderungen das Ortsstatut werde bestätigt werden. Korrekterweise müssen diese Abänderungen alsdann von den Gemeindebehörden beschlossen werden, worauf von neuem die Bestätigung nachzusuchen ist (vgl. Johow 33 C 82 und das Recht 07 S. 1153, aber auch OVG. im PVBl. 32 S. 631). Nach erfolgter Bestätigung ist die Prüfung der Zweckmäßigkeit dem ordentlichen und Verwaltungsrichter entzogen, nicht aber die der Gesetzmäßigkeit. Siehe oben Anm. 1 u. 3 und OVG. 2 S. 107; 3 S. 97; 4 S. 117, 145; 9 S. 29; 11 S. 104; 12 S. 177.

Die Rechtswidrigkeit einzelner Bestimmungen eines Ortsstatuts zieht die Ungültigkeit des Ganzen nur dann nach sich, wenn sie derart für dessen Bestand wesentlich sind, daß bei ihrem Ausscheiden auch die übrigen Bestimmungen die rechtliche Grundlage verlieren (OVG. im PVBl. 21 S. 113).

5. Zur **Abänderung** bestehender Ortsstatute bedarf es zweifellos der Zustimmung der Bestätigungsbehörde; aus diesem Grunde wird zweckmäßigerweise überall da, wo das Gesetz den Gemeinden Raum zu „verschiedener" Regelung ihrer Angelegenheiten läßt, ohne statutarische Form zu verlangen, nicht die Form des Statuts gewählt werden, um unnötige Bindung der Kommune zu vermeiden (z. B. KVG. §§ 3, 5, 6, 12 Abs. 2). An dem

Rechte der Kommunen, solche Materien, die nicht eigentlich ihre Verfassung, sondern ihre Verwaltung betreffen, im Wege einfacher (nicht genehmigter) Verwaltungsregulative zu regeln, besteht kein Zweifel. (Siehe Oertel S. 74, Marc. S. 62.) — Ob zur Aufhebung von Ortsstatuten Zustimmung der Bestätigungsbehörde nötig ist, ist streitig. Marc., Kinne und das KG. nach PVBl. 17 S. 164 halten die Anlehnung an MR. v. 1. 8. 1881 (MBl. 229) die Zustimmung für erforderlich; Oertels entgegengesetzte Ansicht (S. 81 Anm. 8) ist wohl die zutreffendere (vgl. auch Brauchitsch III Anm. 5 zu § 11 StO.).

6. Die Veröffentlichung der Ortsstatute ist in der StO. nicht ausdrücklich vorgeschrieben. Indessen ist weder an der Befugnis des Magistrats, sie vorzunehmen, noch an der der Aufsichtsbehörde, sie erforderlichenfalls anzuordnen, zu zweifeln. Die Veröffentlichung hat in der Form zu erfolgen, in welcher ortsüblich die Bekanntmachungen der städtischen Behörden erfolgen (MBl. 71 S. 202, 72 S. 225). Das Unterlassen der Bekanntmachung soll nach OVG. 17 S. 216, 25 S. 17 u. PVBl. 21 S. 268 das Ortsstatut an sich nicht der Rechtsgültigkeit berauben (Ausnahme z. B. § 9 KAG.). Ob aber ohne Publikation eine Wirksamkeit gegen Dritte eintritt, ist mindestens fraglich. Schön leugnet dieselbe. Ebenso hält Jebens im PVBl. 21 S. 333ff. die Publikation für die Rechtswirksamkeit des Ortsstatuts für unerläßlich; so anscheinend auch RGZ. 42 S. 314. Daß das Ortsstatut diejenige gesetzliche Bestimmung aufführt, auf der die Befugnis zu seinem Erlasse beruht, ist nicht zu seiner Gültigkeit erforderlich (OVG. 48 S. 112).

7. Eine besondere Vorschrift enthält § 4 G. v. 30. 6. 00, betr. Bildung der Wählerabteilungen, insofern für die Einführung, Abänderung und Aufhebung der in § 3 dieses Gesetzes vorgesehenen Ortsstatuten eine $^2/_3$-Majorität der abstimmenden Gemeindevertreter erfordert ist.

8. Strafvorschriften können, von besonderen gesetzlichen Ermächtigungen abgesehen (z. B. KAG. § 82) in Ortsstatuten nicht festgesetzt werden. Wohl aber kann im Wege der Polizeiverordnung die Verletzung ortsstatutarischer Bestimmungen mit Strafe bedroht werden.

Titel II.

Von der Zusammensetzung und Wahl der Stadtverordneten-Versammlung.

§ 12.

Die Stadtverordneten-Versammlung besteht[1] aus zwölf Mitgliedern in Stadtgemeinden von weniger als 2500 Einwohnern,[2]

aus 18	in Gemeinden	von	2500	bis	5000	Einwohnern,
„ 24	„	„	5001	„	10000	„
„ 30	„	„	10001	„	20000	„
„ 36	„	„	20001	„	30000	„

aus 42 in Gemeinden von 30001 bis 50000 Einwohnern,
„ 48 „ „ „ 50001 „ 70000 „
„ 54 „ „ „ 70001 „ 90000 „
„ 60 „ „ „ 90001 „ 120000 „

In Gemeinden von mehr als 120000 Einwohnern treten für jede weiteren 50000 Einwohner sechs Stadtverordnete hinzu.[3]

Wo die Zahl der Stadtverordneten bisher eine andere gewesen ist, verbleibt es bei dieser Zahl, bis durch statutarische Anordnung, welcher überhaupt abweichende Festsetzungen über die Zahl der Stadtverordneten vorbehalten werden, eine Änderung getroffen ist.[4]

1. Nur scheinbar zwingendes Recht; gemäß Abs. 3 können statutarisch anderweitige Zahlen festgesetzt werden.

2. Die Einwohnerzahl ist die nach der letzten Volkszählung festgestellte. cfr. Anm. 14 zu § 5.

3. Diese Erhöhung der Zahl der Stadtverordneten tritt schon dann ein, wenn die Vermehrung der Einwohner um weitere 50000 auch nur begonnen hat (vgl. auch die Bestimmung in Abs. 1).

Die Vermehrung der Zahl der Stadtverordneten ist erst nach amtlicher Bekanntmachung des endgültigen Ergebnisses der Volkszählung herbeizuführen (OVG. 55 S. 41).

4. Wird infolge Vermehrung der Einwohner oder infolge statutarischer Festsetzung eine Erhöhung der Stadtverordnetenzahl notwendig, so hat der Magistrat wegen der erforderlichen Neuwahlen das Notwendige von Amts wegen zu veranlassen (ohne weiteren Gemeindebeschluß). Die Vermehrung der Stadtverordneten und hiermit die Neuwahlen sind gelegentlich der regelmäßigen Ergänzungswahlen (alle zwei Jahre im November; §§ 18, 21) vorzunehmen. Sind solche Neuwahlen erforderlich, so liegen nicht einfach Ergänzungswahlen gemäß § 21 vor. Es haben demnach auch diejenigen Bestimmungen der StO. Anwendung zu finden, welche über die erste oder die Neubildung der Stadtverordnetenversammlung sich verhalten (§§ 13, 18 StO., OVG. 17 S. 100). In getrennten Wahlgängen brauchen indessen die Neuwahlen und die Ergänzungswahlen nicht vorgenommen zu werden (OVG. 28, S. 25). Wegen Berücksichtigung der derart neugewählten Stadtverordneten bei Feststellung der Zahl der behufs regelmäßiger Ergänzung der Stadtverordnetenversammlung zur Auslosung gemäß § 18 StO. (vgl. auch § 21 Abs. 3) gelangenden Stadtverordneten vgl. OVG. 17 S. 100; s. auch 19 S. 136, 28 S 22 und Jebens, Die Stadtverordneten S. 18 u. 50ff.; s. auch Anm. 6 u. 7 zu § 18 und Anm. 12 zu § 21.

§ 13.

Zum Zweck der Wahl der Stadtverordneten werden die stimmfähigen Bürger (§§ 5 bis 8) nach Maßgabe der von ihnen zu entrichtenden direkten Steuern (Gemeinde-, Kreis-, Bezirks-,

Provinzial- und Staatsabgaben) in drei Abteilungen geteilt.[1] In den Städten, wo die Mahl- und Schlachtsteuer besteht, werden diejenigen stimmfähigen Bürger, welche zur Staatseinkommensteuer nicht herangezogen werden, von dem Magistrat nach den Grundsätzen der Klassensteuer-Veranlagung eingeschätzt und der Betrag, welcher danach als Klassensteuer zu zahlen sein würde, bei den vorstehend gedachten Steuern mitberechnet. Doch können auch die Stadtbehörden in den gedachten Städten beschließen, die Bildung der drei Abteilungen nach Maßgabe des Einkommens der stimmfähigen Bürger zu bewirken.[2]

Die erste Abteilung besteht aus denjenigen, auf welche die höchsten Beträge bis zum Belauf eines Drittels des Gesamtbetrages der Steuer aller stimmfähigen Bürger fallen, oder welche das höchste Einkommen bis zum Belauf eines Drittels des Gesamteinkommens aller stimmfähigen Bürger besitzen.[3] Die übrigen stimmfähigen Bürger bilden die zweite und dritte Abteilung; die zweite reicht bis zum zweiten Drittel der Gesamtsteuer, beziehungsweise des Gesamteinkommens[3] aller stimmfähigen Bürger.

In die erste beziehungsweise zweite Abteilung gehört auch derjenige, dessen Steuerbetrag oder Einkommen[3] nur teilweise in das erste beziehungsweise zweite Dritteil fällt.[4, 5]

Steuern, die für Grundbesitz oder Gewerbebetrieb in einer andern Gemeinde entrichtet werden, sowie die Steuern für die im Umherziehen betriebenen Gewerbe, sind bei der Bildung der Abteilungen nicht anzurechnen.[6]

Kein Wähler kann zweien Abteilungen zugleich angehören.[7]

Läßt sich weder nach dem Steuerbetrage oder Einkommen,[8] noch nach der alphabetischen Ordnung der Namen bestimmen, welcher unter mehreren Wählern zu einer bestimmten Abteilung zu rechnen ist, so entscheidet das Los.

Jede Abteilung wählt ein Drittel[9] der Stadtverordneten, ohne dabei an die Wähler der Abteilung gebunden zu sein[10]

Hierzu Gesetz betreffend die Bildung der Wählerabteilungen bei den Gemeindewahlen. Vom 30. Juni 1900. (GS. S. 185).[11]

§ 1. In den Gemeinden, in welchen die Bildung der Wählerabteilungen für die Wahlen zur Gemeindevertretung nach dem

Maßstabe direkter Steuern stattfindet,[12] *werden die Wähler*[13] *nach den von ihnen zu entrichtenden direkten Staats-, Gemeinde-, Kreis-, Bezirks- und Provinzialsteuern*[14] *in drei Abteilungen geteilt und zwar in der Art, daß auf jede Abteilung ein Drittel der Gesamtsumme der Steuerbeträge aller Wähler*[15] *fällt.*

Für jede nicht zur Staatseinkommensteuer veranlagte Person ist an Stelle dieser Steuer ein Betrag von drei Mark zum Ansatze zu bringen.[16, 17, 18]

Steuern, die für Grundbesitz oder Gewerbebetrieb in einer anderen Gemeinde entrichtet werden, sowie Steuern für die im Umherziehen betriebenen Gewerbe sind bei Bildung der Abteilungen nicht anzurechnen.[19]

Wo direkte Gemeindesteuern nicht erhoben werden, tritt an deren Stelle die vom Staate veranlagte Grund-, Gebäude- und Gewerbesteuer.[20]

Personen, welche vom Staate zu einer Steuer nicht veranlagt sind, wählen stets in der dritten Abteilung.[21]

Verringert sich infolgedessen die auf die erste und zweite Abteilung entfallende Gesamtsteuersumme, so findet die Bildung dieser Abteilungen in der Art statt, daß von der verbleibenden Summe auf die erste und zweite Abteilung je die Hälfte entfällt.[22, 23, 24]

§ 2.[25] *In denjenigen Gemeinden, die nach der jedesmaligen letzten Volkszählung mehr als 10000 Einwohner zählen,*[26] *wird*[27] *die nach § 1 erfolgte Drittelung derart verändert, daß jeder Wähler, dessen Steuerbetrag den Durchschnitt der auf den einzelnen Wähler treffenden Steuerbeträge übersteigt,*[28] *stets der zweiten oder ersten Abteilung zugewiesen wird.*[29] *Im Übrigen*[30] *wählen Personen, welche vom Staate zu einer Steuer nicht veranlagt sind, stets in der dritten Abteilung. Bei Berechnung des durchschnittlichen Steuerbetrags sind die Wähler, welche zur Staatseinkommensteuer nicht veranlagt sind, und, wo das Wahlrecht an einen Einkommensteuersatz von sechs Mark geknüpft ist, auch die zu diesem Satze veranlagten Wähler,*[31] *sowie die Steuer, mit welcher dieselben in die Wählerliste eingetragen sind, außer Betracht zu lassen.*[32]

Erhöht oder verringert[33] *sich infolgedessen die auf die erste oder zweite Abteilung entfallende Gesamtsteuersumme, so findet* die Bildung dieser beiden Abteilungen in der Art statt, daß von jener Summe auf die erste und zweite Abteilung je die Hälfte fällt.[34] Eine höhere Abteilung darf niemals mehr Wähler zählen, als eine niedere.[35, 36]

§ 3.[37] In den unter § 2 fallenden Gemeinden[38] kann[39] durch Ortsstatut[40] bestimmt werden,

1. daß bei der nach § 2 erfolgenden Bildung der Wählerabteilungen an Stelle des auf einen Wähler entfallenden durchschnittlichen Steuerbetrags ein den Durchschnitt bis zur Hälfte desselben übersteigender Betrag tritt,[41, 42]
2. daß auf die erste Wählerabteilung $5/12$, auf die zweite $4/12$ und auf die dritte $3/12$ der Gesamtsumme der im § 1 bezeichneten Steuerbeträge aller Wähler fallen, eine höhere Abteilung aber nicht mehr Wähler zählen darf als eine niedere.[43, 44, 45]

§ 4. Zur Beschlußfassung über die Einführung, Abänderung oder Aufhebung der Ortsstatute (§ 3) bedarf es der Mehrheit von $2/3$[46] der abstimmenden[47] Gemeindevertreter.[48]

Der Beschluß[49] unterliegt der Bestätigung[50] und zwar in Landgemeinden durch den Kreisausschuß, in Stadtgemeinden durch den Bezirksausschuß.[51] Gegen die in erster Instanz ergehenden Beschlüsse dieser Behörden ist die Beschwerde an den Provinzialrat zulässig.[52] Auf die Beschwerde finden in allen Fällen die §§ 122 und 123 des Gesetzes über die allgemeine Landesverwaltung vom 30. Juli 1883 (Gesetz-Samml. S. 195) Anwendung.

§ 5. Der § 5 des Gesetzes, betreffend Änderung des Wahlverfahrens vom 29. Juni 1893 (Gesetz-Samml. S. 103) wird aufgehoben.[53] Die bestehenden gesetzlichen Vorschriften über das Gemeindewahlrecht bleiben im übrigen unberührt; insbesondere gilt dies von den Bestimmungen der Gemeindeverfassungsgesetze, nach denen die Ausübung des Wahlrechts an die Entrichtung bestimmter Steuersätze geknüpft ist oder geknüpft werden kann,[54] sowie von den im § 15 Abs. 1 beziehungsweise § 21 Abs. 1 der Städte- beziehungsweise Landgemeindeordnung für die Provinz Hessen-Nassau vom 4. August 1897 (Gesetz-Samml. S. 254, 301) hinsichtlich des Wahlrechts der juristischen Personen und so fort getroffenen Bestimmungen.[55]

§ 6.[56]

Vorbemerkung:

§ 13 stellt als das für die Wahlen zur Stadtverordnetenversammlung geltende System das Dreiklassenwahlsystem auf, welches aus der rheinischen GemO. von 1845 zuerst in die GemO. v. 11. 3. 1850 und von dieser in die StO. übergegangen ist. Trotz aller seiner anerkannten Mängel hat sich dieses Wahlsystem aus politischen Gründen bis heute erhalten. Wesentlich abgeändert ist der § 13 durch das oben abgedruckte G. v. 30. 6. 00, betreffend die Bildung der Wählerabteilungen bei den Gemeindewahlen. Schon vor Erlaß dieses Gesetzes war verschiedentlich versucht worden, den Mängeln des Systems, insbesondere seiner plutokratischen Tendenz, die sich besonders stark nach dem Inkrafttreten der neuen Steuergesetzgebung (1891—93) gezeigt hatte, durch Abänderungsgesetze entgegenzutreten. Zu erwähnen sind zwei Gesetze, die in gleicher Weise das Wahlsystem für die Kommunalwahlen und für die Wahl zum Abgeordnetenhause betrafen, nämlich:

1. das Gesetz, betreffend Änderung des Wahlverfahrens v. 24. 6. 1891 (GS. 231), welches bestimmte, daß bei Bildung der Wählerabteilungen für alle nicht zur Staatseinkommensteuer veranlagten Personen ein (fingierter) Steuerbetrag von je 3 Mk. anzurechnen sei (sog. Dreimärker);
2. das Gesetz, betreffend Abänderung des Wahlverfahrens v. 29. 6. 1893 (GS. 103), welches unter Beibehaltung der sub 1 erwähnten Bestimmung zwei neue Grundsätze zur Durchführung brachte:
   a) daß bei Bildung der Abteilungen **sämtliche** direkten Staats-, Gemeinde-, Kreis-, Bezirks- und Provinzialsteuern zur Anrechnung zu kommen hatten (was bisher nur in **Teilen** der Monarchie gegolten hatte);
   b) daß die sog. Dreimärker stets in der 3. Klasse wählen müssen.

Das Gesetz zu 1 ist durch das Gesetz zu 2 abgelöst worden, das Gesetz zu 2, welches für Kommunalwahlen lediglich durch seinen § 5 galt, ist infolge Aufhebung dieses Paragraphen durch § 5 des Gesetzes v. 30. 6. 00 für das Kommunalwahlrecht obsolet geworden. Die allgemeine Tendenz dieses letzteren Gesetzes geht dahin, unter Aufrechterhaltung des Dreiklassenwahlsystems diejenigen Verschiebungen möglichst auszugleichen, die infolge der Steuergesetzgebung der 90er Jahre im Bestande und der Zusammensetzung der drei Wählerabteilungen eingetreten sind. Ein nicht zum Gesetz gewordener Regierungsentwurf von 1899 hatte dies Ziel zu erreichen gesucht, indem er die Wahlabteilungen regelmäßig wie bisher unter Drittelung des Gesamtsteuerbetrages aller Wähler bildete, außerdem aber bestimmte, daß jeder Wähler, dessen Steuerbetrag den auf den einzelnen Wähler entfallenden Durchschnittsbetrag übersteigt, mindestens der zweiten Klasse zugewiesen werden sollte. Dieses Prinzip, das sog. Durchschnittsprinzip, ist auch vom dem G. v. 30. 6. 00 adoptiert worden (§ 2), indessen mit erheblichen Modifikationen, die nach Angabe der Regierung verhüten sollen, daß das reine Durchschnittsprinzip Wirkungen hervorrufe, die, weit über die angeblich erforderliche Korrektur hinausgehend, die plutokratische Tendenz des bisherigen Wahlrechts in eine allzu demokratische verwandle. Einmal ist dieses Durchschnittsprinzip nur für anwendbar erklärt in Kommunen über 10000 Einwohner (§ 2), sodann aber steht es diesen Städten frei, ortsstatutarisch entweder

a) statt des Durchschnittssatzes einen diesen bis zu 50 % übersteigenden Steuerbetrag festzusetzen, von dessen Aufbringung die Zuteilung zu den zwei ersten Abteilungen abhängig sein soll, oder

b) zu bestimmen, daß die Wählerabteilungen so gebildet werden, daß auf die erste 5/12, auf die zweite 4/12, auf die dritte 3/12 der Steuerbeträge aller Wähler entfallen, wobei keine höhere Abteilung mehr Wähler haben darf als die niedere (§ 3).

Abgesehen von Bestimmungen, betreffend Berechnung des Durchschnitts, und Formvorschriften für den Erlaß der Ortsstatute enthält das Gesetz außerdem im § 6 in Ergänzung des § 14 StO. die Ermächtigung zur Bildung von Abstimmungsbezirken. Es ist am 1. 1. 01 in Kraft getreten. Wie die vorerwähnten Abänderungsgesetze hält auch dieses Gesetz die allgemeinen Grundlagen des städtischen Wahlrechts (§§ 5—8 StO.) aufrecht (PVBl. 24 S. 210 unten). Die Ausführungsbestimmungen zu dem Gesetze sind unter dem 14. 9. 00 erlassen (MBl. 226). Ein Aufsatz über das Gesetz von Jebens findet sich im PVBl. 21 S. 437 ff. Vgl. auch den Kommentar von Evert, Berlin, Heymann, 1901 und Kappelmann, Wahlhandbuch für die Stadtverordnetenwahlen, Berlin 1911.

1. Der erste Satz in Verbindung mit Abs. 2 (soweit letzterer nicht als obsolet im Druck gekennzeichnet ist) entspricht dem Abs. 1 des § 1 G. v. 30. 6. 00 und ist demnach gemäß § 5 des letzteren Gesetzes nicht als aufgehoben anzusehen. Wegen der Frage, welche Steuern zu den einzelnen aufgeführten Kategorien gehören, s. Anm. 14.

2. Satz 2 u. 3 sind mit der Aufhebung der Mahl- und Schlachtsteuer durch das G. v. 25. 5. 1873 (GS. 222; s. oben Anm. 19 zu § 5) obsolet geworden (OVG. 19 S. 11, 28 S. 29).

3. Die als aufgehoben im Druck bezeichneten Stellen waren bereits durch Aufhebung des Einkommenzensus obsolet geworden (Anm. 19 zu § 5). Jetzt bestimmt das G. v. 30. 6. 00 in § 1 ausdrücklich, daß die Einteilung nur nach dem Steuerzensus erfolgt.

4. Die Absätze 1, 2 u. 3 stellen die normalen Grundsätze auf, nach denen bei Aufstellung der Wählerlisten und Einteilung der Wähler auf die Abteilungen verfahren werden soll. Diese Grundsätze sind als reguläre Normen in Abs. 1 des § 1 des G. v. 30. 6. 00 festgehalten mit der Maßgabe, daß die nicht zur Staatssteuer veranlagten Personen mit dem fingierten Steuersatze von 3 Mk. in die Wählerliste aufzunehmen sind und stets in der dritten Klasse wählen (Abs. 2 u. 5 § 1 l. c.).

5. Nach dem Allegat in Abs. 1 § 13 StO. (§§ 5—8) und nach dem Wortlaut am Schlusse des Abs. 1 des § 1 G. v. 30. 6. 00 („aller Wähler") sind zweifellos bei Aufstellung der Wählerliste auch die Ehrenbürger, die wahlberechtigten Forensen und juristischen Personen aufzunehmen und deren Steuerbeträge bei der Abteilungseinteilung zu berücksichtigen. Fraglich ist, in welcher Abteilung die auswärts wohnhaften Ehrenbürger zu wählen haben. StO. f. H.-N. § 15 überweist sie der ersten Klasse. In der StO.

d. P. ist hier eine Lücke, also Raum für ein Ortsstatut; in Ermangelung eines solchen werden Ehrenbürger der Klasse zugerechnet werden müssen, zu welcher sie nach ihrem Steuerbetrage gehören, unbeschadet der Bestimmung in Abs. 5 des § 1 des G. v. 30. 6. 00.

Da Frauen nicht stimmfähige Bürger sind, kommen die Steuern selbständiger Frauen bei Einteilung der Wähler nicht in Betracht (OVG. 51 S. 17ff.).

6. Ersetzt durch § 1 Abs. 3 G. v. 30. 6. 00. Näheres Anm. 19.

7. Danach kann, wenn die Steuern des Höchstbesteuerten $^{1}/_{3}$ der Gesamtsteuern ausmachen, dieser eine Wähler zwar die ganze erste Abteilung beherrschen, niemals aber, wenn er mehr als $^{1}/_{3}$ oder etwa gar $^{2}/_{3}$ aller Steuern zahlt, auch noch in der zweiten Abteilung mitwählen oder diese ganz beherrschen.

8. Siehe Anm. 3.

9. Daher denn auch in § 12 für die Zahl der Stadtverordneten stets durch 3 teilbare Zahlen angesetzt sind. — Der im letzten Absatz des § 13 enthaltene Grundsatz ist strengen Rechts und gestattet auch keine abweichende Regelung durch Ortsstatut (OVG. 55 S. 41). Seine Verletzung macht die Wahlen anfechtbar. Vgl. hierzu Anm. 2, 6, 7 zu § 18 und Anm. 12 zu § 21.

10. Wählbar sind in jeder Abteilung sämtliche wahlfähigen Bürger ohne Rücksicht auf ihre Zugehörigkeit zu einer bestimmten Abteilung oder zu dem Wahlbezirk (§ 14 StO.; Ausnahme § 15). Jeder Stadtverordnete gilt als von der ganzen Bürgerschaft gewählt (s. aber Abs. 3 des § 21); deshalb kann jeder wahlberechtigte Bürger jede einzelne Stadtverordnetenwahl ohne Rücksicht auf Abteilung oder Bezirk anfechten (§ 27).

11. Wegen des allgemeinen Inhalts und Zweckes dieses Gesetzes s. Vorbem. oben.

12. StO. § 13.

13. Wer wahlberechtigt ist, bestimmen die §§ 5—8 StO. (s. diese und Anm. dazu), die als die Grundlagen des Gemeindewahlrechts von diesem Gesetze nicht aufgehoben sind (vgl. § 5 d. G.; AusfBest. I, II zu § 1—5).

14. Anrechnungsfähige Steuern sind: I. Staatssteuern: a) Einkommen-, b) Ergänzungssteuer. Nicht berücksichtigt werden die „Zuschläge" des § 8 G. v. 26. 5. 09 (GS. 85) und die Ermäßigungen gemäß §§ 19, 20 EStG. v. 26. 5. 09 (GS. 349). — II. Gemeindesteuern: a) die von der Gemeinde erhobenen Zuschläge zur Einkommensteuer bzw. zu den nach § 79 EStG. (§ 38 KAG.) veranlagten Sätzen; b) die Zuschläge zu der staatlich veranlagten (aber außer Hebung gesetzten) Grund- und Gebäudesteuer, zur Gewerbesteuer, zur Betriebssteuer; c) die Warenhaussteuer; d) eventuell die an Stelle der Zuschläge zur Einkommensteuer oder zu einer der Realsteuern erhobenen besonderen kommunalen Steuern vom Einkommen, vom Grundbesitz oder vom Gewerbebetriebe oder sonstige direkte Gemeindesteuern (§ 23 KAG.). — III. Kreis- und Provinzialsteuern: (Bezirkssteuern gibt es im Geltungsbereich der StO. d. P. nicht.) Als direkte Kreissteuern sind nur die in § 7 Abs. 6 des Kreis- und Provinzialabgabengesetzes v. 23. 4. 06 (GS. 159) aufgeführten Steuersätze anzurechnen. Provinzialsteuern kommen nicht besonders zur Anrechnung, soweit sie in den an die Kreise zu entrichtenden Beträgen schon mitenthalten sind.

Im einzelnen ist noch folgendes hervorzuheben: Anrechnungsfähig sind die Steuern, die jemand als Mitinhaber einer offenen Handelsgesellschaft anteilig von den Liegenschaften der offenen Handelsgesellschaft zu zahlen hat, also der Anteil an der Grund-, Gebäude- und Gewerbesteuer der Gesellschaft (OVG. 13 S. 69, PVBl. 25 S. 598).

Bei Steuerpflichtigen, die Gesellschafter einer in Preußen steuerpflichtigen Gesellschaft mit beschränkter Haftung sind, bleibt zwar derjenige Teil der auf sie veranlagten Einkommensteuer, der auf Gewinnanteile aus der Gesellschaft entfällt, unerhoben (§ 71 EStG.). Trotzdem ist aber dieser unerhobene Steuerbetrag als eine im Sinne des § 1 G. v. 30. 6. 1900 zu entrichtende direkte Staatssteuer zu erachten (ME. v. 31. 1. 07, MBl. 47 und OVG. 57 S. 59).

Als Gemeindeeinkommensteuer anrechnungsfähig ist derjenige Betrag, den die Wohnsitzgemeinde dadurch erhält, daß sie gemäß § 49 Abs. 2 KAG. ein Viertel des Gesamteinkommens für sich in Anspruch nimmt, obwohl von diesem Einkommen ein Teil aus Grundbesitz oder Gewerbebetrieb einer auswärtigen Gemeinde fließt (OVG. 46 S. 5).

Bei mehrfachem Wohnsitz ist die volle Anrechnung derselben Staatssteuerbeträge in verschiedenen Gemeinden unzulässig. Bei Bildung der Gemeindewählerabteilungen sind vielmehr die Staatseinkommen- und Ergänzungssteuer nur anzurechnen: a) soweit die Einkommensteuer auf das Einkommen aus dem in dieser Gemeinde belegenen Grundbesitz und Gewerbebetrieb und die Ergänzungssteuer auf das entsprechende Vermögen entfällt; b) außerdem zu einem der Zahl der Wohnsitze entsprechenden Bruchteile, soweit die Einkommensteuer auf das Einkommen aus Kapitalvermögen und gewinnbringender Beschäftigung und die Ergänzungssteuer auf Kapitalvermögen (außer Betriebskapital) entfällt (OVG. 44 S. 130, 137 und im PVBl. 32 S. 362; vgl. auch Anm. 19).

Für die Frage, welche Steuern zu entrichten sind, ist die unangefochtene oder in dem dafür bestimmten Verfahren rechtskräftig festgestellte Veranlagung allein maßgebend (OVG. 56 S. 86).

Nicht Steuern im Sinne dieses Gesetzes und daher nicht anzurechnen sind (abgesehen von den durch Abs. 3 getroffenen Steuern) solche Abgaben, die von anderen öffentlichen Rechtsverbänden erhoben werden, wie Kirchen-, Schul-, Deich-, Wegeabgaben und Beiträge zu Unfallberufsgenossenschaften. Ebensowenig sind indirekte Abgaben anrechnungsfähig. AusfBest. III 1 zu §§ 1, 5.

In die Wählerlisten ist behufs Durchführung der Geheimhaltung der Einkommen- und Vermögensverhältnisse nicht der Betrag jeder einzelnen, von dem Wähler zu zahlenden Steuer, sondern nur der Gesamtbetrag aller anzurechnenden Steuern jedes Wählers nachzuweisen (ME. v. 1. 9. 02, MBl. 175, OVG. 47 S. 43.

15. Einschließlich der Steuerbeträge der Ehrenbürger sowie wahlberechtigter Forensen und juristischer Personen. (Anm. 5 oben.)

16. Die Frage, wer wahlberechtigt ist, d. h. also die Grundlage des Wahlrechts, läßt dieser Satz völlig unberührt. Er ist lediglich dazu bestimmt, die nicht zur Staatseinkommensteuer veranlagten Personen (§§ 5,

79 EStG., § 38 KAG.), soweit sie durch Erfüllung der Voraussetzungen des § 5 StO. (in seiner jetzigen Gestalt) das Bürgerrecht erworben haben, in die Wahleinteilung einzurangieren. Insbesondere ist der nach § 5 StO. bzw. § 82 Abs. 1 EStG. als Voraussetzung der Erwerbung des Bürgerrechts aufgestellte fingierte Normalsteuersatz von 4 Mk. dadurch **nicht** abgeändert, daß **hier** bestimmt ist, daß jeder zur Staatseinkommensteuer nicht Veranlagte zwecks Bildung der Abteilungen in die Wählerliste mit dem fingierten Steuersatze von 3 Mk. aufzunehmen ist.

17. Nur an Stelle der Staatseinkommensteuer tritt der fingierte Satz von 3 Mk. Entrichtet der Betreffende anderweite Steuern, die ihm nach Abs. 1 anzurechnen sind, z. B. Gewerbesteuer, so sind ihm diese ebenfalls anzurechnen. AusfAnw. III 2 sowie das darin gegebene Muster unter V zu § 2 (Wähler C), abgedruckt in Anm. 36 unten.

18. Der durch den Abs. 2 getroffene Personenkreis (sog. Dreimärker) deckt sich keineswegs mit dem von Abs. 5 getroffenen Personenkreise. Wohl möglich ist, daß Personen, die zur Staatseinkommensteuer nicht veranlagt sind, zu einer anderweitigen staatlichen Steuer (z. B. zu der außer Hebung gesetzten staatlichen Grund- und Gebäudesteuer) veranlagt sind und sonach wohl unter Abs. 2 fallen, aber nicht dem Abs. 5 unterliegen.

19. Ersetzt jetzt den Abs. 4 des § 13 StO.; s. Anm. 6 oben. Zu den Steuern für Grundbesitz oder Gewerbebetrieb gehören nicht bloß die vom auswärtigen Grundbesitz und Gewerbebetrieb an Gemeinde oder Kreis zu entrichtenden Realsteuern, sondern auch die vom Einkommen aus diesen Quellen zu entrichtenden persönlichen Abgaben. Insbesondere ist also die Staatseinkommensteuer und die derselben folgende Kommunaleinkommensteuer insoweit außer Ansatz zu lassen, als sie auf das Einkommen aus jenem auswärtigen Grundbesitze oder Gewerbebetriebe entfällt. (AusfBest. III 3. OVG. 27 S. 97; 28 S. 97; 31 S. 136, 142.) Vgl. dazu auch § 38 GewerbesteuerG. v. 24. 6. 1891 und Art. 55 AusfAnw. zu diesem G. v. 4. 11. 1895. — Hinsichtlich der Bestimmungen des Gewerbebetriebes im Umherziehen vgl. G. v. 3. 7. 1876 (GS. 247) und v. 27. 2. 1880 (GS. 174; AusfAnw. v. 4. 3. 1880); s. auch AusfAnw. v. 27. 8. 1896 (PVBl. 18 S. 4ff.).

Bei Forensen ist in der Wählerliste der Teil der Staatseinkommensteuer anzusetzen, der auf das in der Belegenheitsgemeinde aus Grundeigentum oder Gewerbebetrieb erwachsende Einkommen entfällt (OVG. 36 S. 184, 185).

Den einheimischen Wählern sind ferner anzurechnen bei der Staatseinkommensteuer diejenigen Beträge, die auf Beteiligung an auswärtigen Gesellschaften mit beschränkter Haftung entfallen (OVG. 46 S. 5).

20. Indessen nur dann, wenn die betreffende Gemeinde weder Zuschläge zur Einkommensteuer, noch solche zu einer staatlich veranlagten Realsteuer noch irgendeine besondere kommunale direkte Steuer erhebt. Die Erhebung von Warenhaussteuern oder von Abgaben auf Grund des Gesetzes, betreffend die Heranziehung von Militärpersonen zu Abgaben für Gemeindezwecke v. 29. 6. 1886 (GS. 181) steht der Anwendung des Abs. 4 nicht im Wege. (AusfAnw. III 4 zu §§ 1, 5.)

21. Diese Bestimmung verdankt ihre Aufnahme in das Gesetz der Befürchtung, daß die Bestimmungen des Gesetzes in §§ 2 und 3 in ihrer antiplutokratischen Tendenz allzu demokratisierend auf die Zusammensetzung der 2. Klasse wirken könnten. — Unter Abs. 5 fallen nur diejenigen Personen, welche weder zur Staatseinkommensteuer, noch zur staatlichen Gewerbe-, Grund- und Gebäudesteuer veranlagt sind, welche letztere Steuern zwar vom Staate veranlagt, indessen von ihm nicht erhoben werden und den Kommunen überwiesen sind (OVG. 34 S. 146). Vgl. oben Anm. 18.

22. Abs. 6 soll verhindern, daß infolge der Versetzung der staatlich Nichtveranlagten in die 3. Klasse die Gesamtsteuerbeträge der 1. und 2. Klasse ungleich werden.

23. Das Verfahren bei Bildung der Wählerliste zu den Abteilungen im Normalfall ist gemäß den Bestimmungen des § 1 in Verbindung mit § 13 StO. nunmehr folgendes:

Zunächst ist eine Zusammenstellung aller Wahlberechtigten und der von ihnen zu entrichtenden, anrechnungsfähigen Steuern, und zwar in der Reihenfolge der Höhe der den einzelnen Wahlberechtigten angerechneten Steuersummen aufzustellen (einschließlich der Forensen, juristischen Personen, Ehrenbürger). Alsdann ist die Gesamtsumme der in die Zusammenstellung aufgenommenen Steuerbeträge zu ermitteln und durch drei zu teilen. Die Wahlberechtigten, die das erste Drittel der Gesamtsteuersumme aufbringen, gehören zur ersten, die Wahlberechtigten, welche das zweite Drittel aufbringen, zur zweiten, die übrigen Wahlberechtigten zur dritten Wählerabteilung. Zur ersten oder zweiten Wählerabteilung gehört auch derjenige, dessen Steuerbetrag nur teilweise in das erste oder zweite Drittel der Gesamtsteuersumme entfällt. Wird bei der Bildung der ersten Wählerabteilung hierdurch das erste Drittel der Gesamtsteuersumme überschritten, so wird bei der Bildung der beiden unteren Wählerabteilungen nur derjenige Teil der Gesamtsteuersumme zugrunde gelegt, der nicht von den in der ersten Abteilung Wahlberechtigten aufgebracht wird, dergestalt, daß die Wahlberechtigten, welche die erste Hälfte dieses Restes der Gesamtsteuersumme aufbringen, die zweite und die übrigen Wahlberechtigten die dritte Abteilung bilden (nach Analogie des § 5 Abs. 4 des Reglements über Ausführung der Wahlen zum Abgeordnetenhause v. 18. 9. 1893).

Unter mehreren Wahlberechtigten mit gleichen Steuerbeträgen entscheiden über die Frage, wer von ihnen einer höheren und wer einer unteren Abteilung zuzuweisen ist, das Alphabet ev. das Los.

Sind nach dem Vorstehenden Wahlberechtigte, die vom Staate zu einer Steuer (Einkommen-, Ergänzungs-, Grund-, Gebäude- und Gewerbesteuer) nicht veranlagt sind, in die erste oder zweite Abteilung gelangt, so findet ihre Rückversetzung in die dritte Abteilung und eine anderweite Abgrenzung der ersten und zweiten Abteilung nach Maßgabe des letzten Absatzes in § 1 des Gesetzes statt. Siehe AusfAnw. unter IV 1 zu §§ 1, 5.

24. Über die Fälle, in denen die Steuer eines Wählers die ganze erste oder diese und die zweite Abteilung füllen, vgl. Anm. 7 oben.

25. Gegenüber dem Grundprinzip des § 1, dem einfachen **Drittelungsprinzip**, stellt der § 2 für diejenigen Fälle, in denen dieses Grundprinzip in Verbindung mit der Steuergesetzgebung allzu plutokratisch wirkt, als normales, gesetzliches Korrektiv das **Durchschnittsprinzip** auf: Die Wähler, die mehr Steuern zahlen, als nach dem Durchschnitt auf jeden einzelnen Wähler entfallen, müssen in der ersten oder zweiten Abteilung wählen. Modifikationen dieses Normalkorrektivs läßt § 3 zu.

26. Über die Feststellung der Einwohnerzahl vgl. Anm. 14 zu § 5.

27. Die Bestimmung ist nicht zwingenden Rechts. Vielmehr greift das legale Korrektiv des Durchschnittsprinzips auch in Städten über 10000 Einwohnern dann nicht Platz, wenn schon bei der reinen Drittelung nach § 1 des G. v. 30. 6. 00 Wähler, für die ein höherer als der auf einen Wahlberechtigten entfallende durchschnittliche Steuerbetrag zur Anrechnung gelangt, nicht in die dritte Abteilung gelangen würden (Jebens, Die Stadtverordneten S. 30, Evert S. 10, Brauchitsch S. 46 und OVG. 55 S. 34; anders die 1. Aufl. und Oertel S. 92).

28. Richtiger: „Der den auf einen Wähler entfallenden durchschnittlichen Steuerbetrag übersteigt." (Jebens a. a. O. S. 441.) — Sind solche Wähler nicht vorhanden, so verbleibt es bei der einfachen Drittelung nach Maßgabe des § 1.

29. Zu welcher Abteilung diese Personen definitiv kommen, hängt ab einmal von ihren Steuerbeträgen und sodann von der auf Grund des Abs. 2 § 2 erfolgenden Abschichtung der zwei ersten Abteilungen gegeneinander.

30. „Im übrigen" bedeutet, daß die Regelbestimmung des § 1 Abs. 5 nur in denjenigen Fällen durchbrochen werden soll, in welchen der vom Staate nicht zur Steuer Veranlagte über den Durchschnitt Steuern zahlt, d. h. in den Fällen des ersten Satzes des § 2; daß aber, **abgesehen von diesen Fällen**, auch in denjenigen Städten, in welchen das Durchschnittsprinzip Anwendung findet, die Regel des § 1 Abs. 5 bestehen bleiben soll (vgl. AusfAnw. III zu § 2).

31. Der Satz von „und, wo" bis „Wähler" hat für den Bereich der StO. ö. P. keine Bedeutung, bezieht sich vielmehr nur auf die rheinischen Städte.

32. Der mit „sowie" beginnende Satzteil bezieht sich sowohl auf die gar nicht zur Staatseinkommensteuer als auch auf die zu 6 Mk. Steuer Veranlagten. Der durchschnittliche Steuerbetrag ergibt sich daher aus einer Teilung, bei welcher gebildet wird:

a) der Dividendus durch die Summe der in der Wählerliste der Gemeinde verzeichneten Gesamtsteuerbeträge — abzüglich der Steuern der nicht zur Staatseinkommensteuer veranlagten Wähler;

b) der Divisor durch die Gesamtzahl der in der Liste verzeichneten Wähler — abzüglich auch hier derjenigen Wahlberechtigter, die nicht zur Staatseinkommensteuer veranlagt sind.

33. Erhöhung tritt ein, wenn „Überdurchschnittliche" vorhanden sind, die aus der dritten Abteilung in die zweite oder erste versetzt werden müssen; Verringerung, wenn Nichtüberdurchschnittliche, die vom Staate

zu Steuern nicht veranlagt sind, bei der einfachen Drittelung in die erste oder zweite Abteilung geraten sein sollten, so daß sie in die dritte versetzt werden müssen.

34. Sind also die bestimmt zu der dritten Abteilung gehörenden Wähler einmal gefunden, so teilen sich die beiden ersten Abteilungen in die Hälfte der Gesamtsteuersumme der übrigbleibenden Wähler.

35. In diesem sehr unwahrscheinlichen Falle hat die höhere Abteilung an die niedere so viele Wähler abzugeben, daß diese mindestens ebenso viele Wähler wie die höhere zählt.

36. Die AusfAnw. führt zu § 2 (V zu § 2) folgendes Beispiel an: In der Gemeinde-Wählerliste einer Stadt mit dem Gemeindewahlzensus von mehr als 660 Mk. Einkommen (4 Mk. fingierte Einkommensteuer) stehen 20 Wähler mit 1050 Mk. Steuern verzeichnet. Die reine Drittelung dieser Steuern ergäbe z. B.:

für die erste Abteilung 3 Wähler
„ „ zweite „ 5 „ } mit je 350 Mk.
„ „ dritte „ 12 „

Die zwölf Wähler der dritten Klasse stehen mit folgenden Steuersätzen in der Liste verzeichnet:

	Einkommensteuer bzw. fingierter Satz (§ 1 al. 2 des Ges.) Mk.	Ergänzungssteuer	Gemeindeeinkommensteuer Mk.	Grund- und Gebäudesteuer (einschl. Provinzial- und Kreisabgaben) Mk.	Gewerbesteuer (einschl. Provinzial- und Kreisabgaben) Mk.	Summe Mk.
1. A	12	—	24	22	14	72
2. B	9	—	18	20	24	71
3. C	3	—	8	40	15	66
4. D	6	—	12	32	—	50
5. E	6	—	12	10	—	28
6. F	6	—	12	—	7	25
7. G	6	—	12	2	—	20
8. H	3	—	—	3	—	6
9. I	3	—	—	—	—	3
10. K	3	—	—	—	—	3
11. L	3	—	—	—	—	3
12. M	3	—	—	—	—	3
	—	—	—	—	—	350

Da von der Wählerzahl (20) die zu 3, 8, 9, 10, 11 und 12 verzeichneten, zur Staatseinkommensteuer nicht veranlagten Wähler (6) abgehen und von der in der Wählerliste nachgewiesenen Steuersumme (1050 Mk.) die Steuern derselben (66 + 6 + 3 + 3 + 3 + 3 = 84 Mk.) abzuziehen sind, ergibt sich die Durchschnittssumme aus der Division:

(1050 — 84 =) 966 : (20 — 6 =) 14 = 69 Mk.

Demnach würden die zu 1 und 2 verzeichneten Wähler aus der dritten Abteilung ausscheiden und ihre Steuerbeträge (72 + 71 = 143 Mk.) würden die auf die oberen Wählerabteilungen entfallende Gesamtsteuersumme auf 350 + 350 + 143 = 843 Mk. erhöhen, so daß auf diese Abteilungen je 421,50 Mk. entfielen.

37. Dem gesetzlichen Korrektiv werden im § 3 zwei fakultative Abänderungen zur Seite gestellt, unter 1. das modifizierte Durchschnittsprinzip, unter 2. das Zwölftelungsprinzip. Sie sollen dazu dienen, in den Fällen an die Stelle des Durchschnittsprinzips zu treten, in welchen dieses entweder nicht ausreichen sollte, die allzu plutokratische Wirkung des neuen Steuerrechts in Verbindung mit dem Dreiklassensystem zu kompensieren, oder in denen das reine Durchschnittsprinzip über sein Ziel hinausgehend eine Demokratisierung des Wahlrechts herbeiführen könnte; s. Vorbem. oben und OVG. 58 S. 57.

38. D. i. in den mehr als 10000 Einwohner zählenden.

39. Ob ein solches Ortsstatut erlassen werden soll, unterliegt der freien Beschlußfassung der Städte. Gezwungen können sie zum Erlasse nicht werden.

Nach der AusfAnw. sollen die Bestätigungsbehörden (Bezirksausschuß, Oberpräsident) nur prüfen, ob die gesetzlichen formellen Bestimmungen bei Erlaß der Ortsstatute gewahrt sind, so daß danach also eine Prüfung, ob der Inhalt des Statuts den lokalen Verhältnissen zweckmäßig und den Absichten des Gesetzes entsprechend Rechnung trägt, der Beschlußbehörde nicht zustehen würde. Die AusfAnw. begründet das damit, daß zwar die Regierungsvorlage ursprünglich das Ziel verfolgt habe, nur solche ortsstatutarische Regelungen zuzulassen, welche die durch die Steuerreform eingetretenen Wahlrechtsverschiebungen in höherem Maße als das Regelprinzip des § 2 oder als eine andere ortsstatutarische Regelung auszugleichen geeignet seien; es sei aber im Laufe der Verhandlungen im Abgeordnetenhause die Absicht hervorgetreten, den Städten bei Erlaß der Ortsstatute völlig freie Hand zu lassen; man habe angenommen, daß die 2/3-Majorität des § 4 eine ausreichende Kautel für zweckmäßige lokale Anwendung der Autonomie sei. So erfreulich es wäre, in diesem Punkt die Freiheit der Selbstverwaltung gewahrt zu sehen, so ist doch mit Rücksicht darauf, daß im allgemeinen den Beschlußbehörden die Prüfung der Zweckmäßigkeit der Statute zugestanden werden muß (vgl. hierüber Anm. 4 zu § 11 StO.), zu befürchten, daß die im Gesetze selbst nicht zum Ausdruck gekommene Absicht des Gesetzgebers, die Beschlußbehörden zu vinkulieren, zu einer wirklichen Bindung nicht ausreichen wird. In der Tat hat auch der Minister des Innern im Schlußsatze seines Erlasses an die Beschlußbehörden v. 7. 2. 01 (vgl. Evert S. 32) den Beschlußbehörden das Recht, in „Ausnahmefällen" „bei Mißbrauch" die Angemessenheit des Statuts zu prüfen, im Gegensatz zu seiner eigenen AusfAnw. wie auch seinen Erklärungen in der Kommission ausdrücklich zuerkannt. Nur, wenn die Beschlußbehörden in allen Fällen ein materielles Prüfungsrecht haben, sind sie in der Lage und befugt, festzustellen, ob in Ausnahmefällen „Mißbrauch" seitens der Kommunen vorliegt. (Vgl. auch Jebens a. a. O. S. 443 sub 28.)

40. cf. § 11 StO.

41. So daß dann also nur diejenigen Wähler der dritten Abteilung, deren Steuern diesen erhöhten Satz überschreiten, aus der dritten Abteilung in die höhere zu versetzen sind.

42. Wählt eine Gemeinde diese ortsstatutarische Anordnung, so müssen, da dies lediglich eine Modifikation des § 2 Satz 1 bedeutet, im übrigen die Bestimmungen des § 2 beobachtet werden.

43. Es kann fraglich erscheinen, ob, wenn diese Form der Einteilung festgesetzt wird, nur Abs. 1 des § 1 ausgeschaltet ist, alle übrigen Absätze des § 1 aber zur Anwendung zu kommen haben. Zweifellos müssen zur Anwendung kommen Abs. 2—4 § 1. Zweifelhaft erscheint die Anwendbarkeit von Abs. 5 u. 6. Daß Abs. 6 wörtlich so, wie er lautet, auf diese Fälle nicht angewendet werden kann, ist klar. Denn eine Halbierung der auf die erste und zweite Abteilung zusammen entfallenden Steuerbeträge kann nach dem Prinzip der Zwölftelung keinesfalls stattfinden, auch wenn Abs. 5 anwendbar sein sollte; höchstens könnte eine Einteilung im Verhältnis von 5 : 4 eintreten. Daß Abs. 6 § 1 ortsstatutarisch verändert werden kann, ist aber im Gesetz nicht zum Ausdruck gebracht. Richtiger Ansicht nach dürfte daher anzunehmen sein, daß hier, wo es sich um ein ganz anderes Einteilungsprinzip handelt, das gerade bezweckt, der plutokratischen Tendenz des Dreiklassensystems durch Vergrößerung der Wählerzahl der beiden oberen Klassen dort entgegenzuwirken, wo das Drittelungsprinzip sich nicht hierfür geeignet erweist, eine Anwendung des Abs. 5 § 1 nicht angängig ist. Zu beachten bleibt dabei, daß dieser Abs. 5 § 1 ja auch schon bei Anwendung des Durchschnittsprinzips (§ 2) zugunsten derjenigen eine Durchbrechung erfährt, welche, ohne vom Staate zu einer Steuer veranlagt zu sein, doch insgesamt mehr als der Durchschnitt Steuer zahlen (s. Anm. 30).

Nach einer Verfügung des Ministers vom 14. 7. 02 (MBl. 156) ist die Bildung der Wählerabteilungen nach dem Maßstabe der Zwölftelung derart vorzunehmen, daß nach Abschichtung der ersten Abteilung für die Bildung der zweiten und dritten Abteilung nur der Teil der Gesamtsteuersumme zugrunde zu legen ist, der nicht von den in der ersten Abteilung Wahlberechtigten aufgebracht wird, dergestalt, daß die Wahlberechtigten, welche die ersten $^{4}/_{7}$ dieses Restes der Gesamtsteuersumme aufbringen, die zweite, und die übrigen Wahlberechtigten die dritte Abteilung bilden.

Die Frage, ob beim Zwölftelungsprinzip der Grundsatz des Abs. 5 des § 1 G. v. 30. 6. 00 überhaupt Anwendung zu finden hat, wird indessen durch diesen Erlaß nicht gelöst.

44. Vgl. Anm. 35. Bei diesem System kann sich der Fall natürlich leichter ereignen.

45. Darüber, wann sich die Anwendung des einen oder des anderen Prinzips des § 3 empfiehlt, s. Jebens a. a. O. S. 442 unter 22. Die Städte werden, indem sie sich auf den Boden des Gesetzes stellen, zu prüfen haben, mittels welchen Systems die durch die Steuergesetzgebung der neunziger Jahre des vorigen Jahrhunderts eingetretenen Verschiebungen des Wahlrechts (in plutokratischer Beziehung) nach den lokalen Verhältnissen am ehesten rückgängig gemacht werden können. Eine Verwendung des Gesetzes zu politischen Zwecken — etwa um das Wahlrecht in plutokratischem Sinne noch mehr zu verschieben oder umgekehrt es zu demokratisieren — erscheint indessen keineswegs unmöglich, so sehr sie auch der Absicht des Gesetzgebers widersprechen würde.

46. Das Erfordernis der qualifizierten Majorität soll einige Sicherheit für die Stetigkeit der autonomischen Entwicklung des Gemeindewahlrechts bieten. — Es ist im Bereich der StO. der einzige Fall, in welchem Ortsstatute nicht mit einfacher Majorität zustande kommen.

47. Im Gegensatz zu der Anzahl der nach dem Gesetz (oder dem Ortsstatut) vorgeschriebenen oder der vorhandenen Gemeindevertreter.

48. D. i. im Gebiet der StO. ö. P. der Stadtverordneten, nicht des Magistrats. Letzterer kann das Ortsstatut mit einfacher Majorität angenommen haben (s. stenogr. Berichte des Herrenhauses, Verh. 1900 S. 216, 222).

49. Nach dem Zusammenhang mit dem ersten Absatz muß man hier annehmen: sowohl bei Einführung und Abänderung als auch bei der Aufhebung der Statuten. Vgl. Anm. 5 zu § 11 StO.

50. Wegen der Zuständigkeit der Beschlußbehörde zur Prüfung des Inhalts des Ortsstatuts vgl. Anm. 39.

51. In Berlin Oberpräsident; LVG. § 43.

52. In Berlin an den Minister des Innern. Für die Landgemeinden ist der Instanzenzug absichtlich gegen den regelmäßigen, nach welchem die Bezirksausschüsse in zweiter Instanz zuständig wären, geändert, um die Einheitlichkeit der Beschlüsse zweiter Instanz für jede Provinz zu wahren (Beschwerdefrist: 2 Wochen).

53. Es genügte die Aufhebung des § 5, weil nur durch diesen das Gesetz von 1893 für das Gemeindewahlrecht Gültigkeit hatte. Damit ist dieses Gesetz für die Wahlen zur Stadtverordnetenversammlung nunmehr seinem ganzen Inhalt nach aufgehoben. Das, was davon erhalten bleiben sollte, ist in den § 1 des neuen Gesetzes übernommen.

54. §§ 5 ff. StO. mit ihren gesetzlichen Ergänzungen und Abänderungen; die Bestimmungen der StO. sind also insoweit ausdrücklich aufrecht erhalten, als sie nicht dem Inhalt des neuen Gesetzes widersprechen. Deshalb sind auch die im Text deutsch gedruckten Sätze des § 13 StO. nicht obsolet geworden.

55. Wie das „insbesondere" zu Beginn des zweiten Satzes beweist, sind dies nur Beispiele; auch die in den übrigen StO. über das Wahlrecht der juristischen Personen usw. getroffenen Bestimmungen (§ 8 StO. ö. P.) sind aufrechterhalten.

56. § 6 ist abgedruckt hinter § 14 StO.

§ 14.

Gehören zu einer Abteilung mehr als fünfhundert Wähler, so kann die Wahl derselben nach dazu gebildeten Wahlbezirken geschehen.[1] Enthält eine Stadtgemeinde mehrere Ortschaften, so kann dieselbe mit Rücksicht hierauf in Wahlbezirke eingeteilt werden.[2] Die Anzahl und die Grenzen der Wahlbezirke, sowie die Anzahl der von einem jeden derselben zu wählenden Stadtverordneten, werden nach Maßgabe der Zahl der stimmfähigen Bürger von dem Magistrat festgesetzt.[3]

[4] Ist eine Änderung der Anzahl oder der Grenzen der Wahlbezirke oder der Anzahl der von einem jeden derselben zu wählenden Stadtverordneten wegen einer in der Zahl der stimmfähigen Bürger eingetretenen Änderung oder aus sonstigen Gründen[5] erforderlich geworden, so hat der Magistrat[6] die entsprechende anderweitige Festsetzung zu treffen, auch wegen des Übergangs aus dem alten in das neue Verhältnis das Geeignete anzuordnen. Der Beschluß des Magistrats bedarf der Bestätigung von Aufsichtswegen.[7,8,9]

Hierzu § 6 des Gesetzes, betreffend die Bildung der Wählerabteilungen bei den Gemeindewahlen vom 30. Juni 1900.

§ 6. I. Im Bereiche der Städteordnung für die östlichen Provinzen der Monarchie vom 30. Mai 1853 (Gesetz-Samml. S. 261), der Städteordnung für die Provinz Westfalen vom 19. März 1856 (Gesetz-Samml. S. 237), der Städteordnung für die Rheinprovinz vom 15. März 1856 (Gesetz-Samml. S. 406), der Städteordnung für die Provinz Hessen-Nassau vom 4. August 1897 (Gesetz-Samml. S. 254) und des Gemeindeverfassungsgesetzes für die Stadt Frankfurt am Main vom 25. März 1867 (Gesetz-Samml. S. 401) ist der Magistrat (Bürgermeister) befugt, an Stelle[10] oder innerhalb der Wahlbezirke, in denen je eine bestimmte Anzahl Stadtverordneter zu wählen ist, Bezirke zum Zwecke der Stimmenabgabe (Abstimmungsbezirke) zu bilden oder die Wähler in anderer Weise in Gruppen zu teilen[11] und für jeden Abstimmungsbezirk beziehungsweise jede Gruppe einen eigenen Wahlvorstand zu bestellen.[12] Soweit er von dieser Befugnis Gebrauch macht, hat er zugleich die für die Feststellung des Ge-

samtergebnisses der Wahl sowie für das Verfahren bei notwendig werdenden engeren Wahlen erforderlichen Anordnungen zu treffen.[13]

II. Im Bereiche der unter I genannten Städteordnungen besteht der Wahlvorstand in den einzelnen Wahl-, Abstimmungsbezirken oder Gruppen aus dem Bürgermeister und aus zwei von der Stadtverordnetenversammlung gewählten Beisitzern; für den Vorsitzenden werden von dem Bürgermeister und für die Beisitzer von der Stadtverordnetenversammlung je ein oder mehrere Vertreter aus der Zahl der stimmfähigen Bürger bestellt.[14]

1. a) Im § 14 handelt es sich um die Schaffung örtlicher Wahlbezirke, in welche die Stadt — abgesehen von der Einteilung in Abteilungen — derart geteilt werden kann, daß auf jeden Bezirk, entsprechend der Anzahl der darin wohnenden Wahlberechtigten, ein bestimmter Teil aller in der Stadt zu wählenden Stadtverordneten entfällt. Voraussetzung dieser Einteilung ist, daß mindestens eine Wählerabteilung mehr als 500 Wähler enthält. Nur solche Abteilungen sind in Bezirke einzuteilen. Die Bezirkseinteilung kann demnach sowohl alle drei Abteilungen, wie auch nur eine oder zwei umfassen. Es können auch für die Wähler der ersten und zweiten Abteilung andere Wahlbezirke abgegrenzt werden, als für die dritte Abteilung.

b) Unter Ortschaften sind nicht rechtlich selbständige Gemeinden zu verstehen, sondern tatsächlich für sich bestehende, unter einem besonderen Namen zusammengefaßte Wohnplätze, deren Unterscheidung innerhalb einer Gemeinde häufig auf der geschichtlichen Entwicklung der betreffenden Gemeinde, namentlich auf ihrer Zusammensetzung aus mehreren, früher selbständigen Gemeinden oder ihrer Vergrößerung durch Teile anderer Gemeinden beruht (PVBl. 28 S. 804). Da, wo die Stadt aus solchen Ortschaften besteht, können die Wahlbezirke sich den Grenzen der Ortschaften anschließen. Ist dies festgesetzt, so ist der Zustand ein wesentlich anderer als der auf Grund einer gemäß Satz 1 getroffenen Einteilung eintretende. Nach Satz 1 werden nur die mehr als 500 Wähler zählenden Abteilungen in Bezirke eingeteilt, nach Satz 2 wird die Stadt (also vor Bildung der Abteilungen) in Wahlbezirke zerlegt, so daß für jede Ortschaft eine besondere Wählerliste geführt werden muß und diese Wählerlisten unabhängig voneinander in drei Abteilungen zerlegt werden, so daß jede Ortschaft (d. h. in diesem Falle auch jeder Wahlbezirk) je drei Abteilungen umfassen muß (s. OVG. 34 S. 16ff., insbesondere S. 20, wo die Anwendbarkeit dieser Entscheidung auf StO. ö. P. ausdrücklich ausgesprochen ist, und OVG. 57 S. 55).

c) Der Magistrat ist — abgesehen von dem Fall des § 15 StO. — in der Einteilung der Wahlbezirke, soweit es sich um die erste Einteilung handelt, auch nach Inkrafttreten des Abs. 2 dieses Paragraphen völlig frei (OVG. 30 S. 12). Die Streitfrage, ob die Bestimmung des § 21 Abs. 3 einer Neuschaffung von Wahlbezirken gemäß § 14 dauernd entgegensteht, ist vom OVG. unter Hinweis auf die Entstehungsgeschichte des § 21 StO. verneint worden (OVG. 30. S. 9ff., 34 S. 16ff., PVBl. 22 S. 239).

2. Die in einem Bezirk zu wählenden Stadtverordneten brauchen (auch in den Fällen des Satzes 2) nicht in dem betreffenden Bezirk zu wohnen (Ausnahme § 15 StO.), wie aus der Möglichkeit der Doppelwahl (§ 26 Abs. 6) hervorgeht (vgl. auch § 17 StO. f. H.-N.).

3. Da die Einteilung der Wahlbezirke und die Verteilung der Stadtverordneten auf dieselben „nach Maßgabe der stimmfähigen Bürger" erfolgen soll, ist es keineswegs immer zweckmäßig, die Wahlbezirke mit den sonst vorhandenen örtlichen Verwaltungsbezirken der Städte zusammenfallen zu lassen. Letztere müssen möglichst stabil sein, die Wahlbezirke aber werden, da sich die Anzahl der darin vorhandenen Wahlberechtigten durch Umzug, Änderung der Steuerverhältnisse usw. stetig ändert, verhältnismäßig oft in ihren Grenzen geändert werden müssen (s. Abs. 2 und Anm. dazu). Doch darf die Zahl der in den einzelnen Wahlbezirken zu wählenden Stadtverordneten keine schwankende sein, muß vielmehr stets die nämliche bleiben; daher ist ein Wahlreglement, nach dem die Zahl der von den einzelnen Bezirken zu wählenden Stadtverordneten stets wechselnd und von der Zahl der stimmfähigen Bürger unabhängig ist, gesetzwidrig (OVG. 43 S. 101). Nach den Bestimmungen über die regelmäßige Ergänzung der Stadtverordnetenversammlung (§§ 18, 21 StO. in Verbindung mit § 13 Abs. 7), wonach immer auf jede Abteilung 1/3 der Gesamtzahl der Stadtverordneten entfällt, andererseits alle zwei Jahre 1/3 der sämtlichen Stadtverordneten ausscheidet, ist es, damit jeder Bezirk alle zwei Jahre zur Wahl schreiten kann, zweckmäßig, die Bezirke so einzuteilen, daß in jedem Bezirke die Anzahl der von jeder Abteilung zu wählenden Stadtverordneten durch 3 teilbar ist. Unausführbar ist dies natürlich, wenn die Stadt so groß ist, daß auf den einzelnen Wahlbezirk in jeder Abteilung oder in einzelnen Abteilungen nur ein Stadtverordneter entfällt.

4. Der Abs. 2 des § 14 ist diesem hinzugefügt durch das **Gesetz betreffend die Abänderung und Ergänzung einiger Bestimmungen wegen der Wahl der Stadtverordneten** vom 1. 3. 1891 (GS. 20) Art. 1 Ziff. 1, welches beginnt: „**Dem § 14 (StO.) wird als Abs. 2 nachstehende Bestimmung hinzugefügt**": (folgt demnächst der im Text wiedergegebene Wortlaut des Abs. 2). Diese Einleitung beweist, daß der letzte Satz des Abs. 2 nicht als besonderer Absatz zu betrachten ist (wie dies versehentlich bei Abdruck des G. v. 1. 3. 1891 in der Gesetzsammlung geschehen ist); vgl. OVG. 30 S. 15.

Die durch Abs. 2 notwendig gewordene gleichzeitige Abänderung des § 21 Abs. 3 ist dadurch erfolgt, daß in denselben die Worte „**unbeschadet der Vorschrift im zweiten Absatz des § 14**" auf Grund des Art. 1 Nr. 2 des G. v. 1. 3. 1891 eingefügt worden sind. — Durch die geschehene Gesetzesänderung ist die frühere Judikatur des OVG. (17 S. 107), die den Anlaß zu der Änderung gegeben hatte, obsolet geworden.

5. Z. B. wegen Veränderung der Grenzen des Stadtbezirks.

6. Ohne Mitwirkung der Stadtverordnetenversammlung.

7. Die Aufsicht führt der Regierungspräsident (in Berlin der Oberpräsident). Im allgemeinen ist also dieser im Falle des § 14 Abs. 2 Bestätigungsbehörde, nicht der Bezirksausschuß, dessen Zuständigkeit aus

§ 12 [1] ZustGes. nur für den Fall gegeben ist, daß es sich um Festsetzung der Zahl der aus jeder einzelnen Ortschaft einer Stadt zu wählenden Stadtverordneten handelt.

8. Die Bestimmung des Abs. 2 bezieht sich nur auf den Fall der Änderung einer bereits bestehenden Bezirkseinteilung. Im Falle der Neueinteilung ist der Magistrat völlig frei und an keine Genehmigung der Aufsichtsbehörde gebunden. Da bestimmte Anhaltspunkte für die vom Magistrat im Falle einer solchen Neueinteilung zu erlassenden Ausführungsanordnungen nicht gegeben sind, muß weiter auch angenommen werden, daß der Magistrat, solange er sich bei diesen Anordnungen innerhalb des Gesetzes hält und nicht Bestimmungen schafft, die dazu dienen sollen, das zu erwartende normale Ergebnis der Wahlen dem Geiste des Gesetzes zuwider zu verändern (d. h. sog. Wahlgeometrie treibt), von jeder aufsichtsbehördlichen Einwirkung frei ist (OVG. 30 S. 12). Schließt sich an die Neueinteilung oder die Anordnung des Magistrats infolge Anfechtung einer Wahl ein Verwaltungsstreitverfahren, so kann in diesem nur die Gesetzmäßigkeit der Magistratsbeschlüsse, nicht die Zweckmäßigkeit derselben geprüft werden (OVG. ebenda S. 15).

9. Eine Einteilung in Abstimmungsbezirke entweder derart, daß statt der Wahlbezirke Abstimmungsbezirke abgeteilt werden, in welchen vor besonderen Wahlvorständen die Stimmen abgegeben werden, die dann für die ganze Stadt zusammengerechnet werden, oder aber derart, daß innerhalb der Wahlbezirke wiederum kleinere Bezirke zur Abstimmung gebildet werden, deren Ergebnisse dann für den ganzen Bezirk zusammengerechnet werden, hatte das OVG. ohne Rücksicht auf ein solches zulassendes Ortsstatut für unzulässig erklärt (OVG. 36 S. 117), und zwar weniger auf Grund des Wortlauts des § 14, als dem des § 24 StO., wonach für jeden Bezirk immer nur ein Wahlvorstand zugelassen ist. Um die hierdurch für die großen Städte eingetretenen Schwierigkeiten zu beseitigen, ist in das Gesetz betreffend die Bildung der Wählerabteilungen v. 30. 6. 00 (s. im übrigen hinter § 13 StO.) der § 6 aufgenommen worden, der oben zum Abdruck gelangt ist.

10. Die Einteilung in Wahlbezirke ist also nicht Voraussetzung der Zulässigkeit der Einteilung in Abstimmungsbezirke. Vgl. Verhandlungen des Abgeordnetenhauses 2. Session 1900 Bd. 3 S. 4122 ff.

11. Z. B. nach dem Alphabet.

12. Damit ist also § 24 StO. abgeändert (vgl. Anm. 9).

13. Ohne daß er hierbei an eine Mitwirkung der Stadtverordnetenversammlung oder die Genehmigung der Aufsichtsbehörde gebunden ist. Vorbildlich für diese Anordnung können z. B. die §§ 39, 42, 44 StO. f. S.-H. v. 14. 4. 69, oder die §§ 25 ff. des Reglements betreffend die Ausführung der Wahlen zum Reichstage v. 28. 5. 1870 (BGBl. 275) sein. Zu den vom Magistrat zu treffenden Anordnungen gehört auch die Bestimmung desjenigen Wahlvorstandes, der das Gesamtergebnis für jeden ganzen Wahlbezirk festzustellen hat und dem die Funktionen des Wahlvorstandes „schlechthin", z. B. bei Anordnung der Stichwahl (§ 26) zufallen. Diese Funktion darf der Magistrat sich selber nicht vorbehalten (OVG. 56 S. 23).

Unterläßt es der Magistrat, die ihm obliegenden Anordnungen zu treffen, so ist eine wesentliche Formvorschrift verletzt und die Wahl ungültig (OVG. 58 S. 43).

14. Die Bestimmung sub II tritt nunmehr an die Stelle des § 24 StO. und ermöglicht es, für jeden Abstimmungsbezirk getrennte Wahlvorstände zu bestellen. Dem einzelnen Wähler gegenüber hat dieser Wahlvorstand des Abstimmungsbezirks genau die Rechte und Pflichten des Wahlvorstandes des Bezirks. Indessen findet — mangels besonderer Anordnung des Magistrats, der bestimmen kann, daß die einzelnen Wahlvorstände der Abstimmungsbezirke bei Feststellung des Wahlergebnisses des Wahlbezirkes mitzuwirken haben — die Tätigkeit des Wahlvorstandes des Abstimmungsbezirks mit der Konstatierung der für jeden Kandidaten abgegebenen Stimmen und Abgabe der Liste an die zuständige Stelle sein naturgemäßes Ende (Jebens a. a. O. S. 445); s. im übrigen die Anm. zu § 24 StO.

§ 15.

Bei Stadtgemeinden, welche mehrere Ortschaften enthalten,[1] kann die Regierung[2] nach Verhältnis der Einwohnerzahl[3] bestimmen,[4] wie viel Mitglieder der Stadtverordnetenversammlung aus jeder einzelnen Ortschaft zu wählen sind.[5, 6, 7]

1. Siehe Anm. 1b zu § 14. Auch der Fall der Zugehörigkeit einer Kolonie zur Stadtgemeinde gehört hierher.

2. Gemäß § 12 Nr. 1 ZustGes. jetzt der Bezirksausschuß im Beschlußverfahren (in Berlin der Oberpräsident § 43 LVG.). Daß der Bezirksausschuß sich aus eigener Initiative zu solchem Beschlusse veranlaßt sehen wird, ist nicht anzunehmen; regelmäßig dürfte die Stadtgemeinde durch Erlaß eines Ortsstatuts die Initiative ergreifen, oder die Aufsichtsbehörde (Regierungspräsident) auf den Beschluß antragen.

3. Ob der Bezirksausschuß eine solche Bestimmung trifft, ist seinem Ermessen überlassen; wenn er sie treffen will, darf er der Einteilung der Stadtverordneten auf die einzelnen Ortschaften nur das Verhältnis der Einwohnerzahl zugrunde legen.

4. Der Beschluß als solcher ist rechtswirksam, Veröffentlichung ist nicht vorgeschrieben.

5. Dann müssen die von jeder Ortschaft gewählten Stadtverordneten auch in diesen wohnen; Wohnsitzverlegung außerhalb der Ortschaft zieht den Verlust des Mandats nach sich. Anders liegt die Sache, wenn in einem Einverleibungsvertrage festgesetzt ist, wie viele Stadtverordnete in der einzuverleibenden — bisher selbständigen — Ortschaft zu wählen sind, falls dabei nicht ausdrücklich gesagt ist, daß diese Stadtverordneten auch innerhalb der einzuverleibenden Ortschaft wohnen müßten. Übrigens bindet ein solches Abkommen die Beschlußbehörde bei deren Festsetzungen nicht (OVG. im PVBl. 15 S. 39, 40).

6. Ist der Beschluß des Bezirksausschusses unvollständig, indem er nur die auf die einzelne Ortschaft entfallende Stadtverordnetenzahl angibt, ohne über die Verteilung der Stadtverordneten der einzelnen Ortschaften auf die Abteilungen und die Reihenfolge ihres regelmäßigen Ausscheidens Bestimmung zu treffen, so liegt dem Magistrat der Erlaß der besonderen Ausführungsanordnungen ob (vgl. auch LGO. § 51).

7. Außerdem können erforderlichenfalls innerhalb der einzelnen Ortschaften Wahlbezirke und Abstimmungsbezirke gebildet werden nach Maßgabe des § 14 StO. u. § 6 G. v. 30. 6. 00.

§ 16.

Die Hälfte[1] der von jeder Abteilung[2] zu wählenden Stadtverordneten muß[3] aus Hausbesitzern (Eigentümern, Nießbrauchern und solchen, die ein erbliches Besitzrecht haben[4]) bestehen.[5, 6]

1. D. h. wenigstens die Hälfte; es können auch mehr als die Hälfte der Stadtverordneten, ja sogar alle „Hausbesitzer" sein (OVG. 43 S. 96).

2. Da jede Abteilung ein Drittel der Stadtverordneten wählt, insgesamt also auch die Hälfte aller Stadtverordneten. Die Bestimmung soll verhindern, daß sich die aus Hausbesitzern bestehende Hälfte aller Stadtverordneten ungleich auf die Abteilungen verteilt.

3. Also zwingendes Recht; ortsstatutarische Änderung ist unzulässig (§ 11 Nr. 1).

4. Wie das Allegat im § 5 ad 4a beweist, sollen auch hier Hausbesitzer usw. nur solche Personen sein, die ein Wohnhaus im Stadtbezirke besitzen (OVG. 28 S. 39). Zu dem Hausbesitz des § 16 ist Miteigentum nicht ausreichend, vielmehr Alleineigentum erfordert (OVG. 28 S. 36; 38 S. 26; 45 S. 16; ebenso OVG. 41 S. 25 hinsichtlich des Nießbrauches; vgl. jedoch auch Anm. 11 zu § 5). Dagegen ist dem Erfordernis des Hausbesitzes auch dann entsprochen, wenn der Gewählte im Besitz eines Hauses im Stadtbezirke nur in dem Sinne ist, daß ihm der Hausbesitz seiner Ehefrau angerechnet wird (OVG. 58 S. 31). Das bloße Eigentum an einem Hause ohne gleichzeitige tatsächliche Herrschaft über dieses begründet aber nicht die Eigenschaft eines Hausbesitzers (OVG. im PVBl. 33 S. 820). — „Erbliches Besitzrecht" s. z. B.: BGB. §§ 1012 ff. („Erbbaurecht"). — Die Eigenschaft des Hausbesitzers muß zur Zeit der Wahl vorhanden sein. Späterer Verlust macht die Wahl nicht ungültig (s. OVG. 26 S. 102); wohl aber macht späterer Hauserwerb die vorher auf Grund des § 16 anfechtbare Wahl, wenn andere Anfechtungsgründe nicht gegeben sind, nachträglich unanfechtbar. Wegen des Einflusses nachträglichen Erwerbes oder Verlustes der Hausbesitzereigenschaft auf spätere Ergänzungs- oder Ersatzwahlen s. § 22 Anm. 4.

5. War ein Hausbesitzer zu wählen, so hat der Wahlvorstand das Recht der Prüfung, ob dem Erfordernis der Hausbesitzereigenschaft genügt ist (OVG. 41 S. 25).

6. Die gesetzliche Zahl der Hausbesitzer muß in jeder Abteilung nicht nur von Anfang an (nach Neuwahl der ganzen Versammlung) vorhanden sein, sondern dauernd erhalten bleiben. Solange also nicht mehr als die

Hälfte der Stadtverordneten in der betreffenden Abteilung Hausbesitzer sind, muß für jeden ausscheidenden Hausbesitzer ein solcher in der Ersatz- oder Ergänzungswahl wiedergewählt werden. Sind in einer Abteilung weniger als die Hälfte der Stadtverordneten Hausbesitzer, so müssen von den gewählten Nichthausbesitzern so viele, und zwar diejenigen, welche die wenigsten Stimmen auf sich vereinigt haben, zuerst und so fort ausscheiden und durch Hausbesitzer ersetzt werden, bis die Hälfte der Gesamtzahl der Abteilung erreicht wird (OVG. 32 S. 6; s. Anm. 7 zu § 22). Alle zur Erfüllung der Bestimmungen des § 16 erforderlichen Anordnungen hat gemäß § 22 StO. der Magistrat zu treffen, der auch die Verteilung der Hausbesitzer auf die Wahlbezirke, notfalls unter Anwendung des Loses (§ 22 Abs. 2) vorzunehmen hat.

Wegen Aufstellung der Kandidatenliste für die Stichwahl, falls Hausbesitzer zu wählen sind, vgl. Anm. 8 zu § 26.

§ 17.

Stadtverordnete können nicht sein:

1. diejenigen Beamten und die Mitglieder derjenigen Behörden,[1] durch welche die Aufsicht des Staats über die Städte ausgeübt wird (§ 76);[2,3]
2. die Mitglieder des Magistrats und alle besoldeten Gemeindebeamten;[4,5] die Ausnahmen bestimmen §§ 72 und 73;[6]
3. Geistliche,[7] Kirchendiener[8] und Elementarlehrer;[9]
4. die richterlichen Beamten,[10] zu denen jedoch die technischen Mitglieder der Handels-, Gewerbe- und ähnlicher Gerichte nicht zu zählen sind;[11]
5. die Beamten der Staatsanwaltschaft;[12]
6. die Polizeibeamten.[13]

Vater und Sohn, sowie Brüder, dürfen nicht zugleich Mitglieder der Stadtverordnetenversammlung sein.[14] Sind dergleichen Verwandte zugleich erwählt, so wird der ältere allein zugelassen.[15,16,17]

Vorbemerkung:

§ 17 enthält eine Reihe negativer Erfordernisse des passiven Wahlrechts. Positive Erfordernisse desselben sind nirgends angegeben. Allgemeine Voraussetzung der Wählbarkeit ist das Vorhandensein des Bürgerrechts; hinzu muß kommen, daß keines der Hindernisse des § 17, und zwar zur Zeit der Wahl vorhanden ist. Späterer Wegfall des Hindernisses macht die von Anfang an ungültige Wahl nicht gültig (OVG. 25 S. 20; 28 S. 9 u. 53 S. 57). Dagegen ist zwischen dem Mangel der Wählbarkeit einerseits und der Unmöglichkeit, eine Wahl anzunehmen (z. B. weil der Gewählte bereits im Besitz eines Mandats ist) andererseits zu unterscheiden. Jener Mangel macht die Wahl ungültig, wenn er zur Zeit der

Wahlhandlung besteht; die Unmöglichkeit, eine Wahl anzunehmen, kann dagegen noch bis zur Abgabe der Annahmeerklärung gehoben werden (OVG. 53 S. 60).

Späteres Eintreten eines der Hindernisse des § 17 läßt das Mandat erlöschen. Ein weiterer Unterschied des aktiven von dem passiven Wahlrecht ist, daß bezüglich der Voraussetzungen des ersteren die unwidersprochene Nichtaufnahme in die Wählerliste (§ 19 StO. u. Anm. dazu) formales Recht derart schafft, daß der Nichtaufgenommene trotz Vorliegens aller Erfordernisse nicht aktiv wahlberechtigt ist, der Aufgenommene trotz Fehlens der Erfordernisse aktiv wahlberechtigt bleibt, daß dagegen hinsichtlich des passiven Wahlrechts die Aufnahme in die Wählerliste beim Nichtvorliegen der Erfordernisse weder die Wählbarkeit verleiht, noch die mangelnde Aufnahme beim Vorliegen der Erfordernisse der Wählbarkeit entgegensteht (OVG. 19 S. 22; 31 S. 111; vgl. auch 31 S. 9; 36 S. 121).

1. Durch die Unterscheidung sollen einerseits die einzelnen Beamten getroffen werden, die in ihrer Person Aufsichtsbehörde sind (Regierungspräsident, Oberpräsident, Minister des Innern; §§ 8, 18 LVG.) andererseits die Mitglieder der Kollegialbehörden, die mit der Aufsicht über die Städte betraut sind (Bezirksausschuß und Provinzialrat; über letztere s. Näheres unter Anm. 3); s. auch Anm. 4.

2. Unbestritten ist, daß auch die den einzelnen Aufsichtsbeamten (Anm. 1) zugeordneten Räte und Hilfsarbeiter zu den Aufsichtsbeamten zählen, daß dagegen die Subalternbeamten dieser Behörden nicht von dem Stadtverordnetenamte ausgeschlossen sind. Ebenso unbestritten ist, daß die Landräte, wenngleich sich ihrer der Regierungspräsident in den nichtkreisfreien Städten zur Handhabung der Aufsicht bedienen darf und alle Berichte durch sie gehen, doch nicht allgemein „Aufsichtsbehörde“ der Städte sind (OVG. 13 S. 79, 25 S. 21), sondern nur in polizeilicher Beziehung die Aufsicht haben. Sie fallen daher auch nicht unter Nr. 1, sondern unter Nr. 6.

3. Darüber, daß die ernannten Mitglieder des Bezirksausschusses und des Provinzialrats, welche Kollegien gemäß Titel IV ZustGes. an der Aufsicht über die Städte mitwirken (§ 7 ebenda), zu den Ausgeschlossenen gehören, herrscht kein Streit; anders bezüglich der gewählten Mitglieder. Gegen Oertel und Brauchitsch und das von letzterem zitierte Ministerialreskript (angeblich v. 26. 6. 1888) wird mit Marc. (S. 69), Schön (S. 204), Leidig (S. 73), Jebens „Stadtverordnete“ S. 40 anzunehmen sein, daß auch die gewählten Mitglieder dieser Beschlußbehörden ausgeschlossen sind. Siehe Anm. 11.

4. Im Gegensatz zu Nr. 1, durch welche alle die Aufsicht über Städte führenden Beamten ausgeschlossen sind, ohne Rücksicht auf ein besonderes Aufsichtsverhältnis zu der betreffenden Kommune, sind nach Nr. 2 die Magistratsmitglieder und besoldeten Gemeindebeamten vom Stadtverordnetenamt nur in ihrem Dienstorte ausgeschlossen. Wohnen sie in einem anderen Orte, und besitzen sie dort Bürgerrecht, so können sie zu Stadtverordneten dieses Orts gewählt werden. Im übrigen ist fraglich, wer im Sinne dieses Paragraphen als besoldeter Gemeindebeamter anzusehen ist. Ohne weiteres ist der im § 1 KBG. v. 30. 7. 1899 gegebene Begriff des

Kommunalbeamten nicht hierher übertragbar, weil dort ausdrücklich gesagt ist, daß diese Begriffsbestimmung nur für den Kreis des KBG. Gültigkeit haben solle. Indessen liegt es in der Natur der Sache, daß, sofern erst einmal nur noch solche Gemeindebeamte vorhanden sein werden, die auf Grund des KBG. angestellt sind, die Bestimmungen der §§ 1 u. 2 Abs. 2 dieses Gesetzes auch für den hier fraglichen Kreis der „Gemeindebeamten" entscheidend sein werden (vgl. OVG. im PVBl. 33 S. 298). Bis dahin wird die Frage, wer besoldeter Gemeindebeamter im Sinne der StO. ist und unter den § 17 StO. fällt, immer wieder zweifelhaft werden können. Jedenfalls sind solche Personen nicht als besoldete Gemeindebeamte anzusehen, die nur in ganz geringfügigem Maße oder nur — ohne Beamte zu sein — nebenberuflich im Dienste der Kommune tätig sind, z. B. Armenärzte (PVBl. 8 S. 377); ferner alle solche Personen, die überhaupt nicht in einem öffentlich-rechtlichen Beamtenverhältnisse stehen, sondern privatvertraglich der Stadt gegen Entgelt Dienste leisten. Ob letzteres der Fall ist, kann bezüglich der vor Erlaß des KBG. angenommenen Personen allerdings im einzelnen sehr fraglich sein (OVG. 18 S. 55, RGZ. 37 S. 225, 234). Zu erwähnen sind OVG. 12 S. 52 (Ortssteuererheber betreffend), 21 S. 29 (Sparkassenkontrolleur betreffend) beide aus der Zeit vor Inkrafttreten des KBG. herrührend. (Vgl. über den Begriff des Gemeindebeamten nach dem KBG. den Kommentar von Ledermann, Berlin, Guttentag 1899, Anm. 1, 2, 4, 5 zu § 1 und Anm. 4 zu § 2.)

5. Nur „besoldete" Gemeindebeamte sind ausgeschlossen, also nicht ehrenamtliche Organe; was sich als „Besoldung" darstellt (mit der Konsequenz, daß der Empfänger dadurch zum besoldeten Beamten wird), ist in OVG. 12 S. 52 gesagt: Alles, was die Gemeinde dem Beamten als Entgelt für die Gesamtheit seiner Dienste in der Fürsorge für seine wirtschaftliche Existenz zu seinem Lebensunterhalt gewährt, — gleichviel also ob als schwankende oder als feste Einnahmen, ob praenumerando oder postnumerando, ob etatsmäßig oder nicht, und ob als pensionsfähige oder nicht pensionsfähige Besoldung (vgl. auch OVG. 58 S. 49). — Solche Personen, die besoldete Gemeindebeamte *gewesen*, aber — z. B. durch Pensionierung — ausgeschieden sind, sind wählbar.

6. Die Ausnahmen beziehen sich auf Städte von weniger als 2500 Einwohnern mit nicht kollegialischem Gemeindevorstande. Dort sind die „Schöffen" als Stadtverordnete wählbar.

7. Nach § 59 II 11 ALR. ist *Geistlicher*, wer bei einer christlichen Kirchengemeinde zum Unterricht in der Religion, zur Besorgung des Gottesdienstes und zur Verwaltung der Sakramente bestellt ist. Diese Bestimmung ist indessen, für evangelische Geistliche wenigstens, keineswegs ausreichend, weil dabei die Bedeutung der „Ordination", die nach evangelischem Kirchenrecht für die Eigenschaft eines „Geistlichen" entscheidend ist, übersehen ist. Auch „Emeritierte" sind daher noch als Geistliche anzusehen. (OVG. 12 S. 141.) Beachtenswert für den Begriff „Geistlicher" sind noch: OVG. 12 S. 134, wonach ein vom Vorstande eines evangelischen Missionsvereins unter Bestätigung des Konsistoriums berufener Geistlicher als solcher anerkannt

ist; ferner 18 S. 114, wo ein Gefangenenanstaltsgeistlicher ebenfalls als Geistlicher im Sinne des § 17 StO. anerkannt ist; schließlich OVG. im PVBl. 14 S. 546, wonach ein Prediger in einer Menonitengemeinde nicht „Geistlicher" ist. Ebenso sind nicht Geistliche: Rabbiner, ferner Prediger der Baptistengemeinden und der von der Landeskirche sich getrennt haltenden Lutheraner (s. auch PVBl. 15 S. 435).

8. Nicht bloß die niederen Kirchendiener (ALR. II 11 § 556), sondern alle besoldeten Kirchenbeamten: Organisten, Küster, Kantoren, Rendanten (OVG. 17 S. 124; 15 S. 79; 19 S. 44; PVBl. 10 S. 194, 452).

Nicht als Kirchendiener sind anzusehen in katholischen Gemeinden die Kirchenvorsteher, wenn diesen auch für die Dauer ihrer Mitgliedschaft im Kirchenvorstande die Kassenverwaltung und Rechnungsführung vom Kirchenvorstand übertragen ist (OVG. 50 S. 14).

9. Elementarlehrer, auch an städtischen Volksschulen, sind nicht Gemeindebeamte (Art. 23, 24 PVerf.; RGZ. 37 S. 298; OVG. 14 S. 75; MBl. 1858 S. 156), bedurften also besonderer Erwähnung. „Elementar"-lehrer ist, wer, gleichviel in welchem Unterrichtszweige, an einer Schule unterrichtet, die der Erfüllung der allgemeinen Schulpflicht dient, zu deren Besuch also die Kinder mangels anderweitigen Unterrichts zwangsweise angehalten werden können und die keinem Kinde verschlossen werden kann (OVG. 20 S. 120, 12 S. 197, 18 S. 176); nicht gehören hierher Lehrer an höheren Bürger- (Real-) Schulen, höheren Mädchen-, Mittelschulen, Vorschulen (OVG. 23 S. 87, 17 S. 157). Diese sind daher ebenso wie Lehrer an höheren staatlichen und städtischen Schulen und Universitätslehrer wählbar; ebenso sollen nach OVG. 20 S. 120 nicht hierher gehören und würden demnach wählbar sein die Lehrer an kommunalen Waisenschulen, und zwar auch dann, wenn diese nach dem Lehrplan der öffentlichen Volksschule unterrichten.

10. D. h. alle Richter und Assessoren an den ordentlichen Gerichten sowie alle Richter bei den Verwaltungsgerichten. Nicht gehören hierher die Referendare und Subalternbeamten der Gerichte; ebenso nicht die Gewerbegerichtsvorsitzenden, auch wenn sie juristisch gebildet sind (s. RG. v. 29. 7. 1890; PVBl. 17 S. 316); wohl aber können diese unter die besoldeten Gemeindebeamten fallen.

11. Mit Recht hebt Jebens S. 36 hervor, daß diese Ausnahmen keinen Anlaß bieten, auch die gewählten Mitglieder der Bezirksausschüsse als nicht ausgeschlossen von der Wählbarkeit zu betrachten (vgl. Anm. 3).

12. Einschließlich der dabei beschäftigten Assessoren, der Amtsanwälte, deren ständiger Vertreter, und zwar gleichviel, ob sie im Haupt- oder Nebenamt als Amtsanwälte fungieren, sowie der Forstanwälte und der Hilfsbeamten der Staatsanwaltschaft (§ 155 GVG.; PVBl. 19 S. 344, 28 S. 776).

13. Dazu gehören der Amtsvorsteher (OVG. im PVBl. 24 S. 281), ferner der Landrat (s. Anm. 2) und der Kreissekretär als gesetzlicher Vertreter des Landrats (OVG. 13 S. 79); ein Kreisdeputierter nur, wenn er zur Zeit der Wahl den Landrat wirklich vertritt (OVG. 10 S. 24; 25 S. 20). Ob der Polizeibeamte als solcher zuständig ist für den Stadtbezirk oder nur außerhalb desselben, ist gleichgültig (s. OVG. im PVBl. 19 S. 344).

Zu den Polizeibeamten gehören auch die Eisenbahnpolizeibeamten, und zwar vom Betriebsdirektor herab bis zum Bahnsteigschaffner und Nachtwächter (OVG. 16 S. 72; 59 S. 70; § 66 Bahnpolizeireglement v. 30. 11. 1885 [RGBl. 314]), nicht dagegen ein einfacher Eisenbahnarbeiter (OVG. im PVBl. 34 S. 44). Die Anordnungen des beamteten Tierarztes gemäß §§ 12, 17 des Reichsviehseuchengesetzes v. 1. 5. 1894 sind nicht polizeiliche Anordnungen; er kann also Stadtverordneter sein (Deutsche Jur.-Zeitung 1907 S. 430 und Selbstverwaltung 1907 S. 7). Anders dagegen der Kreisarzt (PVBl. 26 S. 546; anderer Ansicht PVBl. 33 S. 655).

14. Siehe die weitere Bestimmung hinsichtlich der Magistratsmitgliedschaft im § 30 StO. — Schwiegervater und Schwiegersohn dürfen nebeneinander Stadtverordnete sein (anders StO. f. H.-N. § 19). Stiefvater und Stiefsohn, sowie Halbbrüder dürfen nicht zugleich Stadtverordnete einer Stadt sein (PVBl. 24 S. 835 u. 27 S. 323).

15. Diese Bestimmung kann sich nur auf den Fall beziehen, wo beide zu gleicher Zeit, also bei denselben Ergänzungswahlen oder bei gleichzeitig stattfindenden Ersatzwahlen gewählt werden; die genaue zeitliche Übereinstimmung der Wahlstunden oder -tage ist nicht erfordert. Denn wenn auch die Wahl der einzelnen Stadtverordneten in getrennten Lokalen, ja häufig auch zu anderen Stunden oder Tagen stattfindet, so stellen doch die Wahlen der zur gleichen Zeit zum Eintritt in die Versammlung bestimmten Stadtverordneten einen einheitlichen Rechtsakt dar (OVG. 9 S. 10 u. 44 S. 24). Werden die beiden Verwandten nacheinander gewählt, so ist die Wahl des zuletzt gewählten ohne Rücksicht auf sein Alter ungültig.

Die Wahl des zweitgewählten Verwandten ist aber jedenfalls gültig, wenn der erstgewählte zur Zeit der zweiten Wahl noch nicht Stadtverordneter war. Da sich der Erwerb der Stadtverordneteneigenschaft durch Annahme vollzieht, ist also, wenn zur Zeit der zweiten Wahl der Erstgewählte noch nicht angenommen hatte, der zweite rechtsgültig gewählt. Auszuscheiden hat derjenige, der zuletzt die Annahmeerklärung abgibt (OVG. 41 S. 16).

16. Ob preußische Staatsbeamte zur Annahme der Wahl der Genehmigung der vorgesetzten Dienstbehörde bedürfen, ist streitig (dafür Staats-Min.-Beschl. v. 2. 3. 1851 — MBl. 38; MBl. 93 S. 126 und Bornhak im PVBl. 25 S. 301; dagegen Preuß ebenda S. 387).

Rechtsanwälte sind nicht Beamte. Auch Notare bedürfen keiner Genehmigung (Art. 82 Pr. Ges. über die freiwillige Gerichtsbarkeit). Ebenso bedürfen Reichsbeamte keiner Genehmigung (§ 16 RBG. v. 31. 3. 1871 bezieht sich nur auf Nebenämter und Nebenbeschäftigung mit fortlaufender Remuneration). Aktive Militärpersonen (wenn sie Einwohner sind, s. § 3) bedürfen zur Annahme von Stadtverordnetenmandaten und Gemeindeämtern der Genehmigung der Dienstvorgesetzten (§ 47 RMilG. v. 2. 5. 1874).

17. Ausdrückliche Bestimmungen über die Pflicht zur Annahme des Stadtverordnetenamtes enthält die StO. nicht. Maßgebend ist die allgemeine Bestimmung des § 74 StO. in Verbindung mit §§ 10, 11, 21 ZustGes.

§ 18.

Die Stadtverordneten werden auf sechs Jahre gewählt.[1,2] Jedoch verliert jede Wahl ihre Wirkung,[3] sobald einer der Fälle eintritt, in denen nach den Bestimmungen im § 7 der Gewählte des Bürgerrechts verlustig geht oder von der Ausübung desselben für eine gewisse Zeit ausgeschlossen wird. Tritt einer der Fälle ein, in denen nach jenen Bestimmungen die Ausübung des Bürgerrechts ruhen muß, so ist der Gewählte zugleich von der Teilnahme an den Geschäften der Stadtverordnetenversammlung einstweilen bis zum Austrage der Sache ausgeschlossen.[4,5] Alle zwei Jahre scheidet ein Dritteil der Mitglieder aus und wird durch neue Wahlen ersetzt. Die das erste und zweite Mal Ausscheidenden werden für jede Abteilung durch das Los bestimmt.[6,7,8]

1. Ausnahmen von dieser Regel enthalten Satz 2 und 3 dieses Paragraphen, ferner § 28 Abs. 1 Satz 2; nur scheinbare Ausnahme ist § 21 Abs. 2 Satz 2, weil Ersatzmann und Ausgeschiedener gesetzlich als eine Person angesehen werden müssen (OVG. 17 S. 105). Wegen vorzeitiger Niederlegung des Amtes als Stadtverordneter s. § 74 StO.

2. Satz 1 hängt logisch mit den Schlußsätzen (Satz 4 und 5) dieses Paragraphen eng zusammen. Die drei Sätze zusammen enthalten die Grundlagen für die regelmäßige Ergänzung der Stadtverordnetenversammlung (für die außerordentliche Ergänzung ist § 21 Abs. 2 und 3 anzuwenden). Der Zweck dieser Bestimmungen ist die dauernde Erhaltung eines eingearbeiteten und mit den kommunalen Verhältnissen vertrauten Stammes der Stadtverordnetenversammlung. Über das Verhältnis dieser Grundregeln zu der ebenfalls als Grundregel zu betrachtenden Bestimmung in § 13 letzter Absatz und § 21 Abs. 3 Satz 1 s. unten Anm. 6 u. 7, ferner Anm. 12 zu § 21.

3. D. h. der Stadtverordnete verliert sein Mandat und alle auf dasselbe gegründeten Funktionen in dem städtischen Verwaltungsorganismus. Erwirbt er das Bürgerrecht wieder, so kann er nur durch Neuwahl wieder in seine Funktionen eintreten.

4. Hier ruhen nur die Funktionen; ist die Ruhezeit vorüber, so tritt — ohne Neuwahl — der Stadtverordnete in seine gesamte Tätigkeit wieder von selbst ein.

5. Entsteht über den Besitz oder Verlust des Bürgerrechts Streit, so greift das in §§ 10 Nr. 1, 11 u. 21 des ZustGes. geregelte Verfahren Platz (s. oben Anm. 26 zu § 5 StO.), wobei folgendes hinsichtlich der Fälle des § 18 StO. zu beachten ist:

a) Die §§ 10, 11 ZustGes. enthalten keine ausdrückliche Bestimmung darüber, welches Organ eingreifen und beschließen soll, wenn es sich um den Fall des § 18 Satz 3 handelt. Indessen sind die Bestimmungen des ZustGes. auch in diesem Falle analog anzuwenden (PVBl. 15 S. 498);

b) die durch §§ 10, 11 ZustGes. gegebene Zuständigkeit der Stadtverordnetenversammlung soll nur gegeben sein, wenn „Beschwerden" und „Einsprüche" vorliegen. Es fragt sich also, ob die Stadtverordnetenversammlung aus eigener Initiative die Ausschließung eines Mitgliedes ganz oder auf Zeit oder die Suspension von den Geschäften (ohne Ausschließung; im Falle des „Ruhens") beschließen kann, wenn keine Einsprüche oder Beschwerden vorliegen. Richtiger Ansicht nach wird dem Vorsteher der Stadtverordnetenversammlung, ebenso aber auch dem Magistrat, das Recht und die Pflicht zugesprochen werden müssen, die Ausschließung oder Suspension eines nicht Wählbaren oder zur Ausübung des Stadtverordnetenamtes zur Zeit nicht fähigen Mitgliedes der Stadtverordnetenversammlung zu betreiben. (So auch Oertel a. a. O. S. 108; Jebens a. a. O. 52, 53.) Eine Klage aus § 11 ZustGes. steht indessen zu diesem Zwecke — Herbeiführung eines Stadtverordnetenbeschlusses hinsichtlich der Ausschließung oder Suspension — dem Magistrat **nicht** zur Seite (OVG. 16 S. 61 und 26 S. 24);

c) es fragt sich, wer, nachdem die Stadtverordnetenversammlung auf Grund des § 10 ZustGes. auf Einspruch oder Beschwerde über Ausschließung oder Suspension **Beschluß gefaßt hat**, zur Anstellung der Klage gemäß § 11 ZustGes. aktiv legitimiert ist. Nach OVG. 16 S. 61, 26 S. 23 ist hierzu nur der **betroffene** Stadtverordnete selbst (nicht wie im Falle des § 20 StO. jeder Einwohner und im Falle des § 27 jeder stimmfähige Bürger) und außerdem der Magistrat (Gemeindevorstand) befugt.

Gegenpartei ist bei dieser Klage die Stadtverordnetenversammlung. Siehe Anm. 26 zu § 5 StO.

6. Wegen des Zusammenhanges mit Satz 1 und des Zweckes dieser Vorschrift s. Anm. 2. Wie der Wortlaut des letzten Satzes beweist, bezieht sich die Vorschrift (des ersten Satzes und der Schlußsätze des § 18) in erster Reihe auf den Fall der Neuwahl der Versammlung bei der ersten Konstituierung oder der Neukonstituierung nach Auflösung. Nach OVG. 17 S. 100 kommen diese Bestimmungen aber auch zur Anwendung, wenn die regelmäßigen Ergänzungswahlen mit Verstärkungswahlen zusammentreffen; denn diese Wahlen sind sämtlich als eine Einheit wie die Wahlen einer ganz neuen Körperschaft aufzufassen. Alle neu zu wählenden Stadtverordneten müssen formell auf 6 Jahre gewählt und von jeder Abteilung so viele Stadtverordnete neu gewählt werden, daß in jeder Abteilung unter Hinzurechnung der alten Stadtverordneten derselben Abteilung je ein Drittel der Gesamtzahl vorhanden ist. Unter den neu auf 6 Jahre gewählten muß dann bei den 2 und 4 Jahre später erfolgenden regelmäßigen Ergänzungswahlen jedesmal durch das Los entschieden werden, wer von ihnen behufs Ermöglichung der Neuwahlen (bei denen wieder ein Drittel aller Stadtverordneten neu gewählt werden muß) außer denjenigen Stadtverordneten, deren Wahlzeit abgelaufen ist, auszuscheiden hat. Grundsätzlich geschieht dabei die Auslosung nur unter den auf 6 Jahre Neugewählten selbst, und zwar sowohl unter den zur Ergänzung, wie den zur Verstärkung Gewählten, nicht aber

unter diesen und den aus den früherer Zeit verbliebenen, noch auf 4 oder 2 Jahre amtierenden Stadtverordneten.

Ergänzungs- und Verstärkungswahlen, die zeitlich in einem Wahlakt verbunden werden, müssen sachlich getrennt gehalten werden (OVG. 55 S. 54).

Werden aber Ergänzungs- und Verstärkungswahlen getrennt vorgenommen, was zulässig, unter Umständen sogar geboten ist (OVG. 53 S. 55), so muß ein Drittel der zur Verstärkung Gewählten nach 2 und ein zweites Drittel nach 4 Jahren ausscheiden; bei der Auslosung sind in diesem Falle nur die Verstärkungs-, nicht die Ergänzungsmänner zu berücksichtigen (OVG. 48 S. 28, 53 S. 55).

7. Zur Auslosung ist der Magistrat in seiner Eigenschaft als Obrigkeit allein berechtigt und verpflichtet, es sei denn, daß eine ortsstatutarische Vorschrift anderes bestimmt (OVG. 48 S. 28). Aus dem Begriff des Auslosens ergibt sich, daß die Entscheidung nur vom Zufall abhängen und der Wille der das Los ziehenden Person keinen Einfluß auf die Entscheidung haben darf. Gegen die Gültigkeit des Losens können keine besonderen Rechtsmittel eingelegt werden; wohl aber kann die Wahl selbst wegen Ungültigkeit der Auslosung angefochten werden (PVBl. 20 S. 500).

8. Das auszuscheidende und neu zu wählende Dritteil soll sich auf jede Abteilung gleichmäßig verteilen (§ 21 Abs. 3), was selbstredend nur dann völlig erfüllt werden kann, wenn die Gesamtzahl der Stadtverordneten außer durch 3 auch durch 9 teilbar ist. Anderenfalls sollen die Vorschriften des zweiten und dritten Satzes des § 21 Abs. 3 erfüllt werden. Indessen ist auch letzteres nicht immer durchführbar, wenn gleichzeitig der Grundsatz des § 13 letzter Absatz, des § 18 erster Satz und des § 21 Abs. 3 Satz 1 erfüllt werden sollen. Wegen der Konkurrenz dieser Bestimmungen untereinander s. Anm. 12 zu § 21.

§ 19.

Eine Liste der stimmfähigen Bürger,[1] welche die erforderlichen Eigenschaften derselben nachweist,[2] wird von dem Magistrat[3] geführt[4] und alljährlich im Juli berichtigt.[5]

Die Liste wird nach den Wahlabteilungen und im Falle des § 14 nach den Wahlbezirken eingeteilt.[6]

Vorbemerkung:

§§ 19 und 20 haben den Zweck, urkundlich und mit formeller Rechtskraft festzulegen, wem das in den vorangegangenen materiellrechtlichen Bestimmungen der StO. behandelte aktive Wahlrecht zusteht, d. h. also den Kreis der stimmfähigen Bürger nach außen abzugrenzen und nach innen abteilungsweise einzuteilen. In erster Linie dient dies formale Hilfsmittel dazu, vermittelst öffentlicher Kontrolle zu verhüten, daß die materiellen Bestimmungen über das Wahlrecht verletzt werden, in zweiter Linie dazu, dem Wahlakt eine späterhin formell unangreifbare Unterlage zu geben (OVG. 31 S. 9; 36 S. 121; PVBl. 25 S. 833). Wie überall, wo formales Recht materiellem gegenübersteht, werden gewisse Inkongruenzen zwischen beiden nicht zu vermeiden sein (s. Anm. 1 Satz 2). — Daraus, daß nur der Kreis der stimmfähigen Bürger abgegrenzt werden soll, ergibt sich gleichzeitig, daß die Liste für die passive Wählbarkeit nichts beweist. Einmal decken sich die Voraussetzungen für aktives und passives Wahlrecht keineswegs (§§ 5 u. 17); sodann ist zu beachten, daß die passive Wählbarkeit sich nach dem Vorhandensein der Voraussetzungen im Zeitpunkte der Wahl, die aktive sich nach deren Vorhandensein im Zeitpunkte der Offenlegung der Liste (Abs. 2 des § 20, letzter Abs. des § 21) richtet (OVG. 19 S. 22; 31 S. 110; 34 S. 153; 36 S. 164; 53 S. 75; s. oben Vorbem. zu § 17.

1. Dazu gehören nicht diejenigen, bei denen die Ausübung des Bürgerrechts ruht (§ 7); solche Personen dürfen nicht ohne einen Vermerk über das Ruhen des Stimmrechts aufgenommen werden. Fehlt der Vermerk, so unterliegt die unvollständige und also unrichtige Liste der Anfechtung mittels Einspruchs und Klage (OVG. 40 S. 147; vgl. aber auch 56 S. 63).

Nicht aufzunehmen in die Liste sind ferner solche Personen, bei denen sich der Erwerb des Bürgerrechts zurzeit noch nicht vollzogen hat, wenngleich schon feststeht, daß bis zur Wahl das Bürgerrecht erworben sein wird, vorausgesetzt, daß der Betreffende die Wahl erlebt (PVBl. 11 S. 200, 297; 33 S. 806). Um Unbilligkeiten dieser Art zu vermeiden und z. B. auch diejenigen zur Teilnahme an der Wahl zuzulassen, welche erst nach dem 30. Juli und bis zur Wahl das 24. Lebensjahr vollenden (§ 5), empfiehlt es sich, in Gemäßheit des letzten Satzes des § 21 durch Ortsstatut die Auslegefrist möglichst nahe an den Wahltermin heranzuschieben.

2. Die Liste braucht nicht das Vorhandensein aller Erfordernisse des § 5 einzeln nachzuweisen. Indem der Magistrat die Liste als die der „stimmfähigen" Bürger bezeichnet und auslegt, ergibt sich ganz von selbst, daß er die einzelnen Voraussetzungen bei jedem darin Aufgeführten als gegeben ansieht. Praktisch würde die Aufstellung einer Liste mit ausführlicher Nachweisung der einzelnen Erfordernisse unausführbar sein. Wohl aber müssen die Steuerveranlagungsbeträge der stimmfähigen Bürger aufgeführt sein und zwar lediglich nach dem maßgebenden G e s a m t betrage aller anzurechnenden Steuern (vgl. Anm. 14 zu § 13 und OVG. 47 S. 43).

Die Liste muß ergeben, daß den Vorschriften über die Einteilung der stimmfähigen Bürger in Abteilungen (§ 13 StO. und §§ 1—4 G. v. 30. 6. 00 bzw. den auf Grund des letzteren erlassenen Ortsstatuten) Genüge geschehen ist. Die Liste muß folgerichtig mit dem Höchstbesteuerten beginnen und mit dem Niedrigstveranlagten (bzw. dem Fingiertveranlagten) enden; s. im übrigen wegen der Form der Liste Anm. 6 unten.

3. Ohne Mitwirkung der Stadtverordnetenversammlung; daß der gesamte Inhalt der Liste oder alle einzelnen Eintragungen zum Gegenstand eines Magistratsbeschlusses gemacht seien, ist damit nicht erfordert. Ob der Bürgermeister oder ein anderes Magistratsmitglied als Dezernent den Inhalt der Liste geprüft hat, ist unerheblich. Die Anordnung der Offenlegung durch den Magistrat läßt erkennen, daß dieser die Liste als die von ihm festgestellte angesehen wissen will, und macht es überflüssig, auf ihre Entstehung zurückzugreifen (PVBl. 10 S. 179).

4. Solche Liste muß also dauernd vorhanden sein. Die einmal aufgestellte Liste besteht fort, bis die neue (berichtigte) feststeht. Jede Wahl muß nach der zur Zeit ihrer Vornahme vorhandenen neuesten Liste vorgenommen werden, auch wenn es sich um eine aus besonderer Ursache — z. B. wegen Anfechtung der alten Liste — verspätet vorgenommene Ersatzwahl handelt (OVG. 14 S. 56; 20 S. 9; 31 S. 9), und zwar auch dann, wenn bezüglich der neuen Liste — über welche die Stadtverordnetenversammlung schon beschlossen haben muß — etwa noch ein Verwaltungsstreitverfahren schweben sollte. Siehe Anm. 26 u. 27 zu § 20.

5. Die Berichtigung läuft in fast allen Fällen, schon wegen der zahlreichen Verschiebungen in den Steuerverhältnissen, auf eine Neuaufstellung hinaus, mit der selbstredend dem Gesetze ebenfalls genügt ist. Berichtigt werden muß auch die Einteilung in die Wahlabteilungen, erforderlichenfalls auch die Einteilung in die Wahlbezirke. — Die Berichtigungszeit kann gemäß § 21 Schlußsatz verlegt werden. Auch wo dies statutarisch nicht geschehen ist, kommt es nach OVG. im PVBl. 10 S. 396, 12 S. 206 auf Innehaltung gerade des Juli nicht wesentlich an.

6. Diese Einteilung ist sehr wesentlich für die „Richtigkeit" der Liste. Die Einteilung muß vor der Offenlegung der Liste erfolgen; ohne sie ist die Liste nicht als die gemäß den §§ 19 und 20 StO. erforderte formelle Grundlage der Wahl anzusehen. Selbst wenn daher eine solche uneingeteilte Bürgerliste nicht vor der Wahl angefochten werden sollte, würde sie niemals zu der formalen Rechtskraft (OVG. 31 S. 9) gelangen, zu der eine gültige Liste, auch soweit sie materielle Unrichtigkeiten im einzelnen enthält, gelangt. Die Gültigkeit einer Wahl, die auf einer solchen der Abteilungseinteilung entbehrenden Liste beruht, würde also immer noch mit Erfolg angefochten werden können, auch wenn Beschwerden und Einsprüche gegen die Liste nach Offenlegung nicht angebracht worden sind (OVG. 22 S. 12 und PVBl. 24 S. 322).

Die Wählerliste genügt dem gesetzlichen Erfordernisse, daß sie nach den Wahlabteilungen eingeteilt sein muß, auch dann, wenn die Wähler innerhalb der einzelnen Abteilungen nicht in der Reihenfolge der ihnen angerechneten Steuersummen eingetragen sind (OVG. 52 S. 35).

Im allgemeinen findet die Aufstellung der Wählerliste nach der Reihenfolge der Gesamtsteuerbeträge (mit den aus dem G. v. 30. 6. 00 sich ergebenden Abweichungen für den ganzen Stadtbezirk statt, so daß die Wähler der ganzen Stadt nach der Gesamtreihenfolge in die drei Abteilungen verteilt werden; erst demnächst erfolgt da, wo eine Bezirkseinteilung vorhanden, die Einteilung dieser, so daß also die Wähler dem Bezirk, in dem sie wohnen, mit ihrer bereits erworbenen Abteilungszugehörigkeit und Nummer überwiesen werden. Dort indessen, wo die Wahlbezirke nach Ortschaften eingeteilt sind, wird die Wählerliste für jede Ortschaft gesondert aufgestellt und in die Abteilungen eingeteilt (OVG. 34 S. 16ff.; Anm. 1b zu § 14).

§ 20.

Vom 1. bis 15. Juli[1] schreitet der Magistrat zur Berichtigung der Liste.[2]

Vom 15. bis zum 30. Juli[1] wird die Liste[3] in einem oder mehreren zu öffentlicher Kenntnis gebrachten Lokalen[4] in der Stadtgemeinde offen gelegt.[5, 6]

[7] Während dieser Zeit[8] kann jedes Mitglied der Stadtgemeinde[9] gegen die Richtigkeit[10] der Liste bei dem Magistrat[11] Einwendungen erheben.[12]

Die Stadtverordnetenversammlung hat darüber bis zum 15. August[13] zu beschließen;[14] der Beschluß bedarf der Zustimmung des Magistrats; versagt dieser die Zustimmung, so ist nach Vorschrift des § 36 zu verfahren.

Ist in diesem Falle über die Einwendungen von der Regierung entschieden, so findet eine Berufung an letztere von Seiten desjenigen, welcher die Einwendungen erhoben hat, nicht weiter statt; in allen anderen Fällen steht demselben innerhalb zehn Tagen nach Mitteilung des Beschlusses der Stadtverordneten der Rekurs an die Regierung zu, welche binnen vier Wochen ohne Zulassung einer weiteren Berufung entscheidet.

Soll der Name eines einmal in die Liste aufgenommenen Einwohners wieder ausgestrichen werden, so ist ihm dieses acht Tage vorher von dem Magistrate unter Angabe der Gründe mitzuteilen.[15]

Hierzu §§ 10 und 11 ZG.

§ 10. Die Gemeindevertretung[16] beschließt:

1. *auf Beschwerden und Einsprüche,[17] betreffend . . . . . . die Richtigkeit[18] der Gemeindewählerliste;*

2, 3. . . . . . .

Einsprüche gegen die Richtigkeit[19] der Wählerliste sind während der Dauer der Auslegung[20] der letzteren, ... bei dem Gemeindevorstande[21] zu erheben.[22]

§ 11. Der Beschluß der Gemeindevertretung (§ 10) bedarf keiner Genehmigung oder Bestätigung von Seiten des Gemeindevorstandes oder der Aufsichtsbehörde. Gegen den Beschluß der Gemeindevertretung findet die Klage im Verwaltungsstreitverfahren[23] statt.[24] Die Klage steht in den Fällen des § 10 auch[25] dem Gemeindevorstande zu.

Die Klage hat in den Fällen des § 10 unter 1 . . . . . keine aufschiebende Wirkung,[26] jedoch dürfen Ersatzwahlen vor ergangener rechtskräftiger Entscheidung nicht vorgenommen werden.[27]

1. Auch abgesehen von der Bestimmung in § 21 Abs. 4, wonach eine Verschiebung dieser Frist zulässig ist, ist die Innehaltung gerade der hier genannten Tage für die Gültigkeit der Liste keineswegs erheblich. Wohl aber ist die Innehaltung einer mindestens 15tägigen Frist für die Offenlegung von wesentlicher Bedeutung (OVG. im PVBl. 10 S. 396 und 25 S. 833). Eine Vorschrift, nach der ein Sonntag als letzter Tag der Frist nicht zu berücksichtigen sei, besteht nicht (OVG im PVBl. 34 S. 44).

2. Soweit dabei Streichungen von bisher in der Liste aufgeführten Bürgern notwendig werden, muß Abs. 6 erfüllt werden; s. auch Anm. 15. — Außer in der eigentlichen Berichtigungsfrist kann und muß der Magistrat auch alle die Veränderungen in der Liste bemerken (und dementsprechend die Liste berichtigen), welche bis zum Ende der Offenlegungsfrist in der Reihenfolge der Wähler oder in bezug auf deren Wahlrecht erfolgen. Dagegen sind vom Zeitpunkt der definitiven Feststellung der Liste bis zum Beginne der nächstjährigen Berichtigungsfrist Änderungen der Liste nicht zulässig.

3. Soll die Offenlegung und das sich anschließende Verfahren dazu führen, der Liste die schon erörterte formale Rechtskraft (Vorbem. zu § 19, Anm. 6 zu § 19) zu verleihen, so muß es sich um eine Liste handeln, die gesetzlich zustande gekommen ist und den allgemeinen Erfordernissen des § 19 entspricht. Eine Liste, die keine Abteilungseinteilung (ev. auch keine Wahlbezirkseinteilung) aufweist, kann als solches geeignetes und der formalen Rechtskraft fähiges Objekt der Offenlegung nicht angesehen werden (Anm. 6 zu § 19).

4. Ist die Veröffentlichung des Auslegungslokales nicht geschehen, so ist die Offenlegung nicht gesetzlich erfolgt und die späteren Wahlen müssen mit Rücksicht auf diesen wesentlichen Mangel des Verfahrens der Anfechtung unterliegen, ohne daß es des Nachweises bedarf, daß dieser Mangel das Wahlresultat beeinflußt hat (so nach Analogie von OVG. 27 S. 21 anzunehmen; abweichend OVG. v. 16. 11. 1894 I S. Nr. 1341). Doch bedarf es bei einfachen Verhältnissen kleiner Städte nicht der genauen Bezeichnung des Raumes, in dem die Offenlegung stattfindet. Es genügt der Vermerk, daß die Liste im Magistratsbureau ausliege (OVG. 59 S. 53).

Bestehen keine besonderen Amtsstunden, so müssen auch die Tagesstunden mitveröffentlicht werden, während welcher die Liste eingesehen werden kann (PVBl. 24 S. 549). Auch muß die öffentliche Bekanntmachung über Ort und Zeit der Offenlegung vor dem Zeitpunkt erfolgt und beendet sein, mit dem die Offenlegung der Liste beginnen soll (PVBl. 26 S. 286).

5. Die Offenlegung muß vollständig erfolgt sein, und den zur Einsicht Berechtigten (d. h. allen Einwohnern) verstattet worden sein, in alle Teile der Liste durch eigene Einsichtnahme Einblick zu nehmen. Die Erlaubnis an den einzelnen Wähler, von der ihn betreffenden Eintragung Kenntnis zu nehmen, reicht nicht aus. Auch die Verletzung dieser Grundsätze macht das Verfahren ungesetzlich und die Wahlen im Fall der Anfechtung ohne weiteres ungültig (OVG. 27 S. 21; 22 S. 18ff.). Dagegen haben die

Einsichtnehmenden keinen Anspruch darauf, daß ihnen verstattet wird, die Liste in die Hand zu nehmen (OVG. 47 S. 48). Ebensowenig liegt eine Verletzung der Offenlegungspflicht vor, wenn der Beamte, der die Wählerliste unter Verschluß hat, sich auf kurze Zeit entfernt und so die augenblickliche Einsichtnahme unmöglich macht (PVBl. 28 S. 672 und 34 S. 44). Durch die in dem EStG. statuierte Verpflichtung der Steuerbehörde zur Geheimhaltung der Steuerverhältnisse des einzelnen ist diese Offenlegungspflicht nicht aufgehoben (OVG. 27 S. 23).

6. Eine Verpflichtung des Magistrats, entweder Abschriften der Liste zu erteilen oder die Erlaubnis zur Entnahme von Abschriften zu geben, besteht nicht (OVG. 27 S. 16). Dagegen liegt in dem Verbot der Anfertigung von Notizen aus der offengelegten Liste ein wesentlicher Mangel des Wahlverfahrens, wenn durch die Notizentnahme weder die gleichwertigen Rechte Dritter beeinträchtigt worden wären noch der betreffende Wähler zu einem unberechtigten Zwecke die Steuerverhältnisse Dritter ermitteln wollte noch endlich andere sachliche oder persönliche Gründe bestanden, die dahin führen durften oder mußten, dem Wähler die Durchführung seiner Absicht zu verbieten (PVBl. 23 S. 276). Vgl. auch den ME. v. 1. 9. 02 (MBl. 175).

7. Abs. 3 ist nicht aufgehoben, sondern aufrechterhalten durch den mit ihm in bezug auf die Frist und die Zuständigkeit übereinstimmenden Abs. 2 des § 10 ZustGes. (oben auszugsweise abgedruckt). Zu beachten ist, daß der Kreis der Einspruchsberechtigten im Zuständigkeitsgesetz nicht erwähnt ist, und daß, wenn hier von „Einwendungen“, dort von „Einsprüchen“ und in Abs. 1 von „Einsprüchen“ und „Beschwerden“ die Rede ist, die Bedeutung dieser drei Worte dieselbe ist.

8. Nur während dieser Zeit; verspätet angebrachte Einsprüche können an der eingetretenen Rechtskraft der Wählerliste — deren gesetzliches Zustandekommen und das Vorhandensein ihrer gesetzlichen Erfordernisse vorausgesetzt (s. Anm. 3 u. 4) — nichts mehr ändern, selbst wenn die Wählerliste im einzelnen materielle Unrichtigkeiten enthalten sollte. Die Gültigkeit der Wahlen kann mit verspäteten Angriffen auf die tatsächliche Richtigkeit der einzelnen Angaben der Wählerliste nicht angefochten werden (OVG. in „Selbstverwaltung“ 15 S. 424).

9. D. h. jeder Einwohner (OVG. 25 S. 17). Dieses Recht jedes Einwohners bezieht sich aber nur auf die Einspruchserhebung, nicht etwa auf die Klageerhebung gemäß ZustGes. § 11 (s. Anm. 23).

10. Es genügt nicht die allgemeine Angabe, die Wählerliste sei „unrichtig“; es sind vielmehr bestimmte konkrete Bemängelungen des Inhalts erforderlich. Außerdem ist erforderlich, daß diese Bemängelungen nicht so geringfügig sind, daß auch bei Richtigstellung der Fehler die Reihenfolge der Liste bzw. das Wahlrecht des einzelnen nicht geändert werden. Das Listenberichtigungsverfahren ist nur zur Anfechtung solcher Mängel gegeben, die für die Rechtsstellung irgend eines in die Liste aufgenommenen Wählers von Erheblichkeit sind (OVG. im PVBl. 32 S. 362). Andererseits genügt es, wenn der Einsprechende darauf hinweist, daß bei Aufstellung der Liste von einem falschen Aufstellungssystem (oder Rechnungssystem) ausgegangen

worden ist. Die rechnerische Angabe der richtigen Steuerbeträge der einzelnen und wie danach die Abteilungen richtig hätten gebildet werden müssen, liegt dem Einsprechenden nicht ob (OVG. 13 S. 71; 19 S. 17; 25 S. 18, 122; 28 S. 100). – Einwendungen, die das gesetzliche Zustandekommen der Liste und den Mangel ihrer allgemeinen gesetzlichen Erfordernisse oder der geschehenen Offenlegung betreffen, fallen nicht unter diesen Absatz (s. Anm. 3 u. 4), insofern sie auch noch bei Anfechtung der Wahlen mit Erfolg geltend gemacht werden können.

11. ZustGes. § 10 Abs. 2 sagt allgemein „Gemeindevorstand".

12. Über die Form ist nichts bestimmt. Schriftlichkeit ist nicht unbedingt nötig (OVG. 25 S. 122).

13. Die Fristbestimmung kann statutarisch verändert werden (§ 21 letzter Absatz), ist im übrigen auch nur instruktionell.

14. Abs. 4 u. 5 sind aufgehoben bzw. abgeändert durch §§ 10, 11 (s. auch 21) ZustGes., von denen die beiden ersten, soweit sie in diesen Zusammenhang gehören, oben im Text (weil sie selbst der Erläuterung bedurften) abgedruckt sind.

15. Mit dieser Bestimmung soll dem Magistrat keineswegs das Recht eingeräumt werden, außerhalb des Berichtigungsverfahrens und der Berichtigungsfrist Streichungen unter gewissen Kautelen vorzunehmen. Die Vorschrift bezieht sich vielmehr ausschließlich auf das ordentliche Berichtigungsverfahren. Eine außerhalb des regelmäßigen Berichtigungsverfahrens vorgenommene Streichung würde die Wahlen anfechtbar machen (OVG. 31 S. 9 und PVBl. 24 S. 322). Die Mitteilung muß erfolgen nicht nur bei Streichungen solcher Namen, die in der Liste des Wahljahres standen, sondern auch bei den Streichungen, die an der Liste des Vorjahres behufs Neuaufstellung der Liste vorgenommen werden sollen (PVBl. 23 S. 277 und 24 S. 274). Erfolgt die Streichung im regelmäßigen Berichtigungsverfahren, aber ohne die vorgeschriebene Benachrichtigung, so macht dies das Verfahren noch nicht derart ungesetzlich, daß die Wahlen ohne weiteres für ungültig zu erachten sind; wohl aber steht dem Betroffenen die Klage gemäß § 11 ZustGes. zu, sobald die Stadtverordnetenversammlung über die Streichung beschlossen hat (OVG. 26 S. 111 und PVBl. 25 S. 196). Daß der Betroffene, wenn er infolge der Streichung von der Wahl ausgeschlossen war, die Gültigkeit der Wahl wegen unterlassener Benachrichtigung von der Streichung anfechten kann (so anscheinend Jebens a. a. O. S. 71), ist mit Rücksicht auf Abs. 3 des § 27 StO. nicht anzunehmen.

16. Also die Stadtverordnetenversammlung, und zwar — gemäß § 11 ZustGes. — ohne Mitwirkung von Magistrat und Aufsichtsbehörde (vgl. auch OVG. 56 S. 17).

17. Siehe Anm. 7 u. 9. — Liegen keine Beschwerden und Einsprüche vor, so kommt die Stadtverordnetenversammlung auch nicht in die Lage zu beschließen (OVG. 25 S. 122 und im PVBl. 32 S. 134); die Liste wird dann vielmehr ohne weiteres rechtskräftig (OVG. 22 S. 17; 31 S. 9). Liegt also keine Bemängelung vor, so kann die Stadtverordnetenversammlung auch nicht einmal in die Prüfung der Liste eintreten und folgerichtig auch nicht

deren Vorlegung an die Versammlung verlangen. Auch die Rechte der Stadtverordnetenversammlung aus § 37 StO. bieten hierzu keine genügende Handhabe (s. Oertel S. 117; etwas abweichend Jebens a. a. O. S. 72). Eine nochmalige Auslegung der infolge von Einsprüchen berichtigten Liste ist nicht erforderlich (OVG. 36 S. 184).

18, 19. Siehe Anm. 7 u. 10.

20. Siehe Anm. 7 u. 8.

21. D. h. Magistrat, oder in Städten ohne kollegialischen Gemeindevorstand der Bürgermeister.

22. Wegen der Form vgl. Anm. 12.

23. Legitimiert zur Klageerhebung ist außer a) dem Magistrat (siehe „auch" in Satz 3; vgl. ferner OVG. 17 S. 93); b) der auf Beschluß der Versammlung aus der Liste Gestrichene oder in seinem angeblichen Wahlrecht durch den Beschluß Verletzte (z. B. bei Versetzung in eine niedrigere Abteilung); c) derjenige, der Einspruch erhoben hatte und mit demselben zurückgewiesen ist. Sonstige Personen sind nicht legitimiert. Der Kreis der zur Klage Legitimierten deckt sich also nicht mit dem Kreis der Einspruchsberechtigten (Anm. 9; OVG. 14 S. 46; 25 S. 17; s. auch 31 S. 140; 52 S. 80). Gegen diese Differenzierung Stier-Somlo im PVBl. 24 S. 274.

24. Beklagte ist die Stadtverordnetenversammlung. Wegen der Vertretung derselben und der Zuständigkeiten s. Anm. 26 zu § 5 StO. Im Verwaltungsstreitverfahren über den Einspruch gegen die Wählerliste ist bezüglich der Steuern nur zu prüfen, ob die Beträge, mit denen der Wahlberechtigte in dem betreffenden Rechnungsjahre herangezogen worden ist, richtig in die Wählerliste übernommen sind, aber nicht zu erörtern, ob die einzelnen Steuersätze richtig sind (OVG. 56 S. 87).

Die Klage darf nur auf die im Einspruch geltend gemachten Gründe gestützt werden (OVG. im PVBl. 33 S. 614).

25. Siehe Anm. 23.

26. D. h. es kann, sobald die Stadtverordnetenversammlung beschlossen hat, die Wahl vorgenommen werden. Wird später der von der Versammlung zurückgewiesene Einspruch als berechtigt anerkannt oder der dem Einspruch stattgebende Beschluß der Versammlung im Streitverfahren für unrichtig erachtet, so können dennoch die auf Grund der dadurch für unrichtig erklärten Wählerliste vorgenommenen Wahlen nicht gemäß § 10² ZustGes. angefochten werden (OVG. 20 S. 9ff.). Der Wert einer die Richtigkeit der Wählerliste angreifenden Klage ist somit kein erheblicher. Im wesentlichen wird das Endurteil in dem Verwaltungsstreitverfahren nur die Bedeutung haben, daß in Zukunft die Wählerliste nach den darin ausgesprochenen Grundsätzen unter Vermeidung der diesmal gemachten Fehler aufgestellt werden muß. Im Urteil ist nicht der Stadtverordnetenbeschluß einfach aufzuheben oder zu bestätigen, sondern entweder die Klage abzuweisen mit der Begründung, daß die Wählerliste richtig gewesen sei, oder auszusprechen, daß und in welchen Punkten die Wählerliste unrichtig gewesen sei. Eine Auflage dahin zu machen, daß nunmehr und nach welchen Gesichtspunkten eine richtige Wählerliste neu aufzustellen sei, ist nicht Sache des Gerichts; ebenso ist nicht die Anerkennung oder Nichtanerkennung des Bürgerrechts einer bestimmten Person im Tenor auszusprechen (OVG. 19 S. 18, 23).

27. Diese Bestimmung bezieht sich nicht auf die Fälle des § 10 Nr. 1 ZustGes., in welchen die Richtigkeit der Wählerliste angefochten ist, sondern nur auf die Fälle, in denen die Gültigkeit vorgenommener Wahlen angefochten ist (OVG. 14 S. 60). Sie steht daher auch der in Anm. 26 konstatierten Gültigkeit solcher Wahlen, die auf Grund einer mit Erfolg angegriffenen Wählerliste beruhen, nicht entgegen.

§ 21.

Die Wahlen zur regelmäßigen Ergänzung[1] der Stadtverordnetenversammlung finden alle zwei Jahre im November[2] statt. Bei dem zunächst vorhergehenden wöchentlichen Hauptgottesdienst ist auf die Wichtigkeit dieser Handlung hinzuweisen.[3] Die Wahlen der dritten Abteilung erfolgen zuerst, die der ersten zuletzt.[4]

Außergewöhnliche Wahlen zum Ersatze innerhalb der Wahlperiode ausgeschiedener Mitglieder[5] müssen angeordnet werden,[6] wenn die Stadtverordnetenversammlung, oder der Magistrat, oder die Regierung[7] es für erforderlich erachten.[8] Der Ersatzmann bleibt nur bis zum Ende derjenigen sechs Jahre in Tätigkeit, auf welche der Ausgeschiedene gewählt war.[9]

Alle Ergänzungs- oder Ersatzwahlen werden — unbeschadet der Vorschrift im zweiten Absatze des § 14[10] — von denselben Abteilungen und Wahlbezirken vorgenommen, von denen der Ausgeschiedene gewählt war.[11] Ist die Zahl der zu wählenden Stadtverordneten nicht durch drei teilbar, so ist, wenn nur einer übrig bleibt, dieser von der zweiten Abteilung zu wählen. Bleiben zwei übrig, so wählt die erste Abteilung den einen und die dritte Abteilung den andern.[12,13]

Die in den §§ 19–21 bestimmten Termine können durch statutarische Anordnungen abgeändert werden.[14]

Vgl. zu Abs. 1 u. 4 des § 21 Kappelmann im PVBl. 24 S. 419.

1. Diesen Wahlen (vgl. zu denselben § 18 StO.) stehen gegenüber: a) die im Abs. 2 des § 21 behandelten Wahlen zum Ersatze vorzeitig ausgeschiedener Mitglieder; b) die mit den regelmäßigen Ergänzungswahlen zu verbindenden Erweiterungswahlen (vgl. hierzu § 12 Anm. 3, § 18 Anm. 6, 8 sowie Anm. 12 Beispiel A unten); c) die im § 11 ZustGes. ebenfalls als „Ersatzwahlen" bezeichneten Wahlen zum Ersatze der für ungültig erklärten Wahlen (s. Anm. 27 zu § 20 StO.).

2. Dieser Termin kann ortsstatutarisch verlegt werden (s. Abs. 4); auch ohne solche ortsstatutarische Bestimmung ist seine Innehaltung kein wesentliches Erfordernis für die Gültigkeit der Wahlen (OVG. 22 S. 1). Unter keinen Umständen können die Wahlen vorgenommen werden, bevor die Stadtverordnetenversammlung über die Einsprüche und Beschwerden gegen die Wählerliste Beschluß gefaßt hat.

Müssen die Wahlen so weit hinausgeschoben werden, daß die Einführung der Neugewählten in der ersten Sitzung des neuen Jahres nicht vorgenommen werden kann, so amtieren die ausscheidenden Stadtverordneten über den Beginn des neuen Jahres hinaus weiter (§ 28 Abs. 1 Satz 2).

3. Die Unterlassung dieses Hinweises ist auf die Gültigkeit der Wahl ohne Einfluß (§ 27 Abs. 4 u. PVBl. 24 S. 807).

4. Auch in dem Ausnahmefalle, daß nur die erste und die dritte Abteilung an den Ergänzungswahlen beteiligt sein sollten (s. Anm. 12 Beispiel B).

Die in § 21 festgesetzte Reihenfolge der Abteilungswahlen ist zwingender Natur und bildet eine unerläßliche Voraussetzung der Gültigkeit der Wahl (PVBl. 31 S. 360); sie gilt auch für Stichwahlen (OVG. 31 S. 360).

5. Das Ausscheiden kann erfolgt sein durch Tod, Fortfall eines Erfordernisses der Wahlfähigkeit, oder freiwillige Aufgabe des Stadtverordnetenamtes (§ 74 StO.).

6. Die Anordnung hat vom Magistrat auszugehen; die Ersatzwahlen können jetzt mit den Ergänzungswahlen in einem Wahlakte verbunden werden (s. den jetzigen durch das G. v. 1. 3. 1891 geänderten Wortlaut des § 25 StO.).

Die Vornahme mehrerer Ersatzwahlen in einer Wahlhandlung ist auch dann zulässig, wenn die Zeitdauer des Amtes der zu Wählenden nicht dieselbe ist. Jedoch muß hierbei die Abgabe der Stimmen für die verschiedenen Wahlen derart getrennt geschehen, daß es ersichtlich ist, auf welche Amtsperiode sich die Abgabe jeder einzelnen Stimme bezieht (OVG. 52 S. 32).

7. Nach § 12 ZustGes. ist jetzt an die Stelle der Regierung der Bezirksausschuß — für Berlin der Oberpräsident (§ 43 LVG.) — getreten. Gegen den Beschluß ist Beschwerde an den Provinzialrat, in Berlin an den Minister des Innern, gegeben (§§ 121, 43 LVG.).

8. Im allgemeinen muß also eine Ergänzungswahl nicht sogleich nach Ausscheiden des Mitgliedes stattfinden; ihre Anordnung ist vielmehr von dem Ermessen der drei genannten Faktoren (Magistrat — Stadtverordnetenversammlung — Selbstverwaltungsbeschlußbehörde) abhängig. Eine Ausnahme macht die Bestimmung des § 22, wonach, falls die erforderliche Zahl der Hausbesitzer in einer der Abteilungen nicht vorhanden ist, dem Magistrat die baldige Anordnung der Neuwahl zur Pflicht gemacht ist. Von einer solchen wird indes Abstand genommen werden können, wenn die Wahlperiode des Ausgeschiedenen fast beendet war, so daß die regelmäßige Ergänzungswahl ohnehin nahe bevorsteht (OVG. 34 S. 156).

9. Kein Widerspruch mit der Regel des § 18 Satz 1; s. Anm. 1 zu § 18.

10. Die gesperrt gedruckten Worte sind durch Art. I Nr. 2 des G. v. 1. 3. 1891 dem Absatz 3 eingefügt worden (vgl. Anm. 4 zu § 14).

11. Abgesehen von den Fällen des § 14 Abs. 2 (Abänderung der Wahlbezirke) muß dieser Satz als eine der Grundregeln für die Stadtverordnetenwahlen bei Vermeidung der Ungültigkeit der Wahlen durchweg beobachtet werden; s. Anm. 13 unter 3.

12. Die beiden letzten Sätze des Abs. 3 sollen Notbehelfe für die Fälle sein, in denen die Anzahl der auf jede Abteilung entfallenden Stadtverordneten nicht durch 3 (die Gesamtzahl der Stadtverordneten also nicht durch 9) teilbar ist. Ohne diese Behelfe würde in allen diesen Fällen die Bestimmung des § 13 letzter Absatz, des § 18 erster und vorletzter Satz und des § 21 Abs. 3 erster Satz schlechthin unausführbar sein. Es kommt aber auch vor, daß die Bestimmungen der Sätze 2 u. 3 des Abs. 3 nicht ohne Kollision mit den Bestimmungen der §§ 13, 18 u. 21 Abs. 3 Satz 1 ausführbar sind; sie dürfen dann nicht angewendet werden. Solche Fälle liegen insbesondere dann vor, wenn entweder

A. mit den Ergänzungswahlen Erweiterungswahlen verbunden und die ursprüngliche oder die erweiterte Gesamtzahl der Stadtverordneten nicht durch 9 teilbar ist, oder

B. die Anzahl der Stadtverordneten 6 (§§ 72, 73 StO.) oder 12 (Minimalzahl des § 12 StO.) beträgt.

Beispiel A:

Die Zahl der Stadtverordneten wird im Jahre 1913 von 18 auf 24 erhöht. Im Jahre 1913 müssen demnach $\frac{18}{3} = 6 + 6 = 12$ Stadtverordnete, d. h. von jeder Abteilung 4 neu gewählt werden. Der Bestand der Versammlung ist demnach nach den Wahlen von 1913

gewählt im Jahre	Abteilung I	Abteilung II	Abteilung III
1913	4	4	4
1911	2	2	2
1909	2	2	2
	8	8	8
		24	

Bei den Ergänzungswahlen im Jahre 1915 müssen $\frac{24}{3} = 8$ Stadtverordnete, d. h. außer den in jeder Abteilung aus dem Jahre 1909 noch vorhandenen je 2 (zusammen 6) Stadtverordneten noch 2 ausscheiden.

Diese 2 müssen durch Auslosung — und zwar unter den im Jahre 1913 Gewählten allein; s. Anm. 3 zu § 12 — gefunden werden. Gemäß Abs. 3 des § 21 letzter Satz hat von diesen 2 Stadtverordneten je einer auf die erste und dritte Abteilung zu entfallen. Unter Berücksichtigung von § 21 Abs. 3 erster Satz ergeben die Wahlen von 1915 folgendes Resultat:

gewählt im Jahre	Abteilung I	Abteilung II	Abteilung III
1915	3	2	3
1913	3	4	3
1911	2	2	2
	8	8	8
		24	

Im Jahre 1917 muß genau so verfahren werden. Die Wahlen ergeben nun folgendes Bild:

gewählt im Jahre	Abteilung I	Abteilung II	Abteilung III
1917	3	2	3
1915	3	2	3
1913	2	4	2
	8	8	8
		24	

Wollte man nun im Jahre 1919 wiederum genau nach § 21 Abs. 3 letzter Satz verfahren, so müßten nunmehr die 8 ausscheidenden und neu zu wählenden Stadtverordneten so verteilt werden, daß abermals auf Abteilung I und III je 3, auf Abteilung II — 2 Stadtverordnete entfallen. Augenscheinlich ist dies unmöglich. Denn scheiden in Abteilung II nur 2 Stadtverordnete (aus dem Jahre 1913) aus, so bleiben 2 übrig, die schon 6 Jahre fungieren und nicht über den 1. Januar 1920 hinaus fungieren dürfen; sodann wäre das Resultat, daß bei den Wahlen von 1915, 1917 und 1919 zusammengerechnet die I. und III. Abteilung je 9, die II. nur 6 Stadtverordnete neu gewählt haben würde. Es bleibt nichts übrig, als im Jahre 1919 von den 8 ausscheidenden und neu zu wählenden Mitgliedern auf die I. und III. Abteilung je 2, auf die II. Abteilung 4 Mitglieder entfallen zu lassen, — also den letzten Satz des Abs. 3 des § 21 zu verletzen; dann ergeben die Wahlen von 1919:

gewählt im Jahre	Abteilung I	II	III
1919	2	4	2
1917	3	2	3
1915	3	2	3
	8	8	8
	24 Stadtverordnete,		

von denen keiner in die Lage kommt, länger als 6 Jahre zu fungieren. Auch enthält dann jede Abteilung tatsächlich drei verschiedene Klassen von Stadtverordneten, von denen jede Klasse bei anderen Ergänzungswahlen auszuscheiden hat. Der ganze Bestand jeder Abteilung ist dann durch drei hintereinander erfolgende Ergänzungswahlen erneuert. (Andere Beispiele bei Oertel Anm. 3 zu § 12 und bei Jebens S. 49 und auch S. 78.)

Beispiel B:

Im Jahre 1913 müssen, wo 12 Stadtverordnete sind, 4 ausscheiden und neu gewählt werden. Nach dem vorletzten Satze des Abs. 3 § 21 müssen von Abteilung I und III je einer, von Abteilung II zwei Stadtverordnete ausscheiden und neu gewählt werden. Die Wahlen von 1913 ergeben (vorausgesetzt, daß in den Jahren 1909 und 1911 richtig verfahren worden ist) folgendes Resultat:

gewählt im Jahre	Abteilung I	II	III
1913	1	2	1
1911	2	0*)	2
1909	1	2	1
	4	4	4
	12		

Läßt man im Jahre 1915 wiederum gemäß § 21 Abs. 3 Satz 2 von Abteilung I und III je 1, von Abteilung II 2 Stadtverordnete ausscheiden und neuwählen, so ergeben sich:

---

*) Die Richtigkeit dieses Ansatzes ergibt das Beispiel selbst in der Folge.

gewählt im Jahre	Abteilung I	II	III
1915	1	2	1
1913	1	2	1
1911	2	0	2
	4	4	4
		12	

Im Jahre 1917 kann schon nicht mehr nach § 21 Abs. 3 Satz 2 verfahren werden, denn die Folge wäre, daß in Abteilung I und III je 1 Stadtverordneter von 1911 übrigbliebe, der länger als 6 Jahre fungieren müßte, und daß in Abteilung II 2 Stadtverordnete kürzere Zeit als 6 Jahre fungierten; außerdem würden in den Wahlen von 1913, 1915, 1917 zusammengerechnet die I. und III. Abteilung je 3, die II. 6 Neuwahlen vorgenommen haben. Es bleibt nur übrig, im Jahre 1917 entgegen der Regel des § 21 Abs. 3 Satz 2 von Abteilung I und III je 2 Stadtverordnete, von Abteilung II aber keinen ausscheiden und wählen zu lassen. Dann wird das richtige Resultat der Ergänzungswahlen im Jahre 1917 sich so gestalten:

gewählt im Jahre	Abteilung I	II	III
1917	2	0	2
1915	1	2	1
1913	1	2	1
	4	4	4
		12 Stadtverordnete.	

13. Nach den Beispielen in Anm. 12 ergibt sich, daß die Grundsätze in §§ 13, 18 u. 21 Abs. 3 Satz 1—3 miteinander kollidieren können. Nach der Judikatur des OVG. (s. insbesondere OVG. 17 S. 100; 19 S. 136; 28 S. 22; 30 S. 153; 43 S. 98; PVBl. 18 S. 244) müssen bei solchen Kollisionen nachstehende Grundsätze **unbedingt** gewahrt werden:

1. **Keine Abteilung darf mehr oder weniger als $^1/_3$ der Gesamtzahl der Stadtverordneten zählen;**
2. **kein Stadtverordneter darf länger als 6 Jahre fungieren** (s. aber § 28); **kein Stadtverordneter (ausgenommen Ersatzmänner) darf auf kürzere Zeit als 6 Jahre gewählt werden.** (Wohl aber kommt es vor, daß Stadtverordnete sich vor

Ablauf der 6 Jahre der Auslosung unterwerfen müssen; § 18 letzter Satz; oben Beispiel A; OVG. 17 S. 100 u. 53 S. 50; in letzterem Fall ist dies vor der Wahl festzustellen, OVG. 17 S. 100);

3. alle Ergänzungs- und Ersatzwahlen müssen von denselben Abteilungen und Bezirken vorgenommen werden, von denen der Ausgeschiedene gewählt war, vorausgesetzt, daß dieser gesetzmäßig von dieser Abteilung und diesem Bezirk zu wählen war (abgesehen von dem Falle der Änderung der Wahlbezirke), OVG. 43 S. 98.

Nach dem Gesetz möglichst anzustrebende Ziele sind ferner:

4. daß bei jeder Ergänzungswahl möglichst alle drei Abteilungen Stadtverordnete ausscheiden lassen und neuwählen (nicht immer erreichbar, Beispiel B);
5. daß somit in jeder Abteilung möglichst 3 Jahrgänge von Stadtverordneten vorhanden sind, deren Angehörige noch 6, 4 und 2 Jahre zu fungieren haben (nicht immer erreichbar, Beispiel B Abteilung II).

14. Siehe Anm. 5 zu § 19, Anm. 1 u. 13 zu § 20, Anm. 2 zu § 21.

§ 22.

Der Magistrat hat jederzeit die nötige Bestimmung zur Ergänzung der erforderlichen Anzahl[1] von Hausbesitzern (§ 16)[2] zu treffen.[3,4,5]

Ist die Zahl der Hausbesitzer, welche zu wählen sind, nicht durch die Zahl der Wahlbezirke teilbar, so wird die Verteilung auf die einzelnen Wahlbezirke durch das Los bestimmt.

Mit dieser Beschränkung können die ausscheidenden Stadtverordneten jederzeit wieder gewählt werden.[6,7]

1. Siehe § 16 Anm. 1 u. 2.

2. Darüber, wer als Hausbesitzer anzusehen ist und zu welcher Zeit der Hausbesitz des einzelnen gegeben sein muß, vgl. Anm. 4 zu § 16.

3. Die Bestimmung charakterisiert sich als Ausnahme von der Regel des § 21 Abs. 2, wonach die Vornahme von Ersatzwahlen im allgemeinen in das Ermessen der drei zuständigen Faktoren (Magistrat—Stadtverordnetenversammlung — Selbstverwaltungsbeschlußbehörde) gelegt ist (vgl. Anm. 8 zu § 21).

4. Bei den regelmäßigen Ergänzungswahlen müssen von jeder Abteilung so viele Hausbesitzer gewählt werden, daß in jeder Abteilung die neu gewählten zusammen mit den noch vorhandenen (wenn auch vielleicht erst nachträglich zu Hausbesitzern gewordenen) Hausbesitzern die Hälfte jeder Abteilung ausmachen. Bei den regelmäßigen Ergänzungswahlen müssen sich demnach die neu zu wählenden Hausbesitzer keineswegs gleichmäßig auf die drei Abteilungen verteilen, und bei einer Ersatzwahl für einen ausgeschiedenen Hausbesitzer muß nur dann für diesen ein solcher gewählt werden, wenn sonst die erforderliche Hälfte der betreffenden Abteilung an Hausbesitzern nicht vorhanden ist; unter derselben Voraussetzung — die eintreten kann, wenn ein anderer Hausbesitzer der Abteilung seinen Hausbesitz verloren hat — muß für einen ausgeschiedenen Nichthausbesitzer ein Hausbesitzer gewählt werden; s. auch Anm. 4 u. 5 zu § 16. — Aus diesen Sätzen ergibt sich von selbst der Umfang der einschränkenden Bestimmung des § 22 Abs. 3.

5. Die Anordnung des Magistrats auf Grund des Abs. 1 des § 22 kann sonach einem Stadtverordneten, der nicht Hausbesitzer ist, für die betreffende Ergänzungs- oder Ersatzwahl die Wählbarkeit für eine bestimmte Abteilung rauben; fühlt sich der Betroffene hierdurch in seinem passiven Wahlrecht verletzt, so kann er gemäß §§ 10, 11 ZustGes. die Stadtverordnetenversammlung zum Beschlusse veranlassen und erforderlichenfalls Klage erheben. Die Vorschrift des § 22 Abs. 1 begründet die Verpflichtung, bei der Bekanntmachung der Wahl zur regelmäßigen Ergänzung der Stadtverordnetenversammlung den Wählern mitzuteilen, wieviel Hausbesitzer in jeder Abteilung zu wählen sind. Die Unterlassung dieser Mitteilung enthält einen wesentlichen Mangel des Verfahrens, der die Ungültigkeit der Wahlen herbeizuführen geeignet ist (OVG. 60 S. 27).

6. Im allgemeinen steht also der Wiederwahl eines ausgeschiedenen Stadtverordneten nichts im Wege. Über das Maß der in Abs. 3 ausgesprochenen „Beschränkung" dieses Grundsatzes s. Anm. 4.

7. Stellt sich nach den Ergänzungs- oder Ersatzwahlen heraus, daß in einer Abteilung die Zahl der Hausbesitzer zu gering ist, müssen also Nichthausbesitzer ausscheiden, um Hausbesitzern Platz zu machen, so scheiden diejenigen Nichthausbesitzer von den gleichzeitig gewählten Ergänzungs- oder Ersatzstadtverordneten aus, welche die geringste Stimmenzahl erhalten haben, und zwar der, der die geringste Stimmenzahl erhalten hat, zuerst und so fort (OVG. 32 S. 6; 40 S. 177; 41 S. 29; s. auch Anm. 6 zu § 16).

§ 23.

Vierzehn Tage vor der Wahl[1] werden die in der Liste (§§ 19 und 20) verzeichneten Wähler[2] durch den Magistrat[3] zu den Wahlen mittelst schriftlicher Einladung[4] oder[5] ortsüblicher Bekanntmachung[6] berufen.[7]

Die Einladung oder Bekanntmachung muß das Lokal,[8] die Tage[9] und die Stunden,[10] in welchen die Stimmen bei dem Wahlvorstande[11] abzugeben sind, genau bestimmen.[12]

Vorbemerkung (vgl. hierzu PVBl. 24 S. 419). Die Bestimmungen des § 23 erscheinen nach dem Wortlaut — bis auf das dem Magistrat im ersten Absatz mittels des Wortes „oder" eingeräumte Wahlrecht, das statutarischer Begrenzung fähig ist — als zwingendes Recht („werden berufen"; „muß enthalten"). Ihre Verletzung müßte also bei Anfechtung die Ungültigkeitserklärung der Wahlen zur Folge haben, ohne daß es im einzelnen des Nachweises bedarf, daß die Verletzung von Einfluß auf das Wahlergebnis gewesen ist. Indessen sind nach OVG. 52

S. 33 und im PVBl. 11 S. 301 auch im Falle einer Verletzung des § 23 die Wahlen für gültig zu erklären, wenn feststeht, daß auch alle nicht oder nicht gesetzmäßig eingeladenen Wähler tatsächlich gewählt haben. Nur die Verletzung der Fristbestimmungen des § 23 soll unbedingt die Wahlen ungültig machen (OVG. 17 S. 8; PVBl. 23 S. 519).

Die verspätete Einladung einzelner Wähler hat die Ungültigkeit der Wahl nur zur Folge, wenn ihre Stimmabgabe Einfluß auf das Wahlergebnis haben konnte (OVG. 52 S. 34).

1. D. h. **spätestens** am 14. Tage vor der Wahl. Es handelt sich also hier nicht um einen bestimmten Termin, sondern um den ersten Tag einer mit dem Berufungstage beginnenden, mit dem Wahltage endenden Frist, deren Minimaldauer vom Gesetz auf 14 Tage festgesetzt ist. Es brauchen nicht etwa zwischen dem Berufungstage und dem Wahltage volle 14 Tage zu liegen (OVG. 25 S. 114 u. 34 S. 15).

Die Berufung kann gültig auch früher als 14 Tage vor der Wahl erfolgen. Indessen kann die allzu weite Ausdehnung der Frist den Zweck der Einladung illusorisch machen und dadurch als erhebliche Unregelmäßigkeit die Ungültigkeit der Wahlen herbeiführen (PVBl. 20 S. 77 u. 23 S. 277).

2. Alle diese Wähler und nur diese sind zur Wahl zu berufen. Auch hier macht sich die formale Rechtskraft der Liste bemerkbar (s. Vorbem. zu § 19). Erfolgt die Berufung mittels schriftlicher Einladung der einzelnen Wähler, so gibt dennoch der Nichtbesitz dieser Einladung — wenn der Wähler in der Liste steht und sich auf andere Weise der Person nach legitimieren kann — keinen ausreichenden Anlaß, ihn von der Wahl zurückzuweisen. Umgekehrt verleiht die versehentlich an einen Nichtwahlberechtigten ergangene schriftliche Einladung, wenn dieser nicht in der Liste steht, ihm kein Wahlrecht — der Inhalt der Liste ist vielmehr entscheidend. Wegen des Einflusses versehentlicher Nichteinladung eingetragener Wähler im Falle schriftlicher Berufung s. Vorbem. oben u. Anm. 4 Im Falle der Berufung durch öffentliche Bekanntmachung brauchen in dieser weder die Namen aller Wähler genannt zu werden noch muß etwa die ganze Liste veröffentlicht werden (PVBl. 12 S. 21).

3. Ausnahme § 26 Abs. 4, wonach zu Stichwahlen der **Wahlvorstand** der ersten Wahlhandlung einzuladen hat. In diesem Falle muß die Einladung dem § 26 Abs. 4, außerdem aber auch den Erfordernissen des § 23 Abs. 2 entsprechen (OVG. 15 S. 34; 18 S. 48; 22 S. 20; 46 S. 11; PVBl. 24 S. 322; 32 S. 583).

4. Die schriftliche Einladung wird trotz der dadurch dem Magistrat erwachsenden Mehrarbeit und der erhöhten Verantwortung (bei Nichteinladung einzelner Wähler sind die Wahlen, vorausgesetzt, daß nicht öffentliche Bekanntmachung außerdem erfolgt ist, entsprechend der Vorbem. anfechtbar) in größeren Städten die allein zweckmäßige Form sein, weil erfahrungsgemäß die öffentlichen Bekanntmachungen vielfach ungelesen bleiben. Erfolgt die schriftliche Einladung, so braucht sie nur die Angaben des Abs. 2 zu enthalten. Unbedingt erforderlich ist nicht, daß dem auf der

Adresse genannten Wähler auch gesagt ist, zu welcher Abteilung und zu welchem Bezirke er gehört.

Ob im Falle der schriftlichen Einladung die abgesandten Schreiben an ihre Adressaten gelangt sind oder nicht, ist unerheblich; es genügt der Nachweis der ordnungsmäßigen Absendung der Einladungsschreiben (PVBl. 22 S. 286, vgl. aber auch ebenda 23 S. 198).

5. Danach steht dem Magistrat — soweit nicht etwa ortsstatutarisch die eine oder andere Form der Berufung vorgeschrieben ist — das freie Wahlrecht zwischen beiden Berufungsarten zu. Auch langjährige ausschließliche Anwendung der einen oder andern Form beraubt den Magistrat dieses freien Bestimmungsrechtes nicht (OVG. 14 S. 70).

Selbst wenn der Magistrat neben der ortsüblichen Bekanntmachung besondere Einladung in Aussicht gestellt hat, macht doch die Unterlassung der letzteren die Wahlen nicht unbedingt ungültig (PVBl. 28 S. 693).

6. Je nach der örtlichen Übung durch Aushang oder Inserat oder beides zugleich. Erfolgt ortsüblich Aushang, so hat dieser, der Bedeutung der Wahl entsprechend, an allen für Aushänge bestimmten Stellen zu geschehen (OVG. 25 S. 118, 119). Ob die Veröffentlichung durch Zeitungen die „ortsübliche" Bekanntmachungsform ist, kann zweifelhaft werden; dann nämlich, wenn, ohne daß ein festes Abkommen hinsichtlich der Insertion und der Bezahlung mit bestimmten Blättern getroffen ist, einzelnen Zeitungen regelmäßig anheimgegeben wird, die Bekanntmachung betreffend die Wahltermine zu veröffentlichen (OVG. 34 S. 13). Erfolgt ortsüblich die Berufung durch Bekanntmachung in bestimmten öffentlichen Blättern, so gilt als Tag der Berufung nicht ohne weiteres der Tag des Erscheinens, sondern der Tag, an welchem die betreffende Nummer den Bestellern des Blattes regelmäßig (per Post oder Boten) zugestellt wird (OVG. 25 S. 114).

7. Da die Wähler nur ein Wahlrecht, keine Wahlpflicht haben, ist es unzulässig, sie unter Androhung von Strafen für den Fall ihres Ausbleibens zur Wahl einzuladen (ME. v. 6. 9. 1838, v. Kamptz Annalen 22 S. 677).

8. Nur unabsichtlich ist hier im Gegensatz zu den folgenden Worten der Singularis gebraucht. In allen nicht ganz kleinen Städten wird selbstredend in mehreren Lokalen gewählt werden müssen.

Die Lokale müssen groß genug sein, um dem nach den Erfahrungen früherer Jahre zu erwartenden Prozentsatze von Wählern die Ausübung des Wahlrechts innerhalb der Amtsstunden ohne Gefahr für Leben und Gesundheit zu ermöglichen. Im einzelnen Falle kann durch ungeeignete Lokale eine Verkümmerung des Wahlrechts eingetreten sein (OVG. 34 S. 23; 25 S. 10; 57 S. 50).

Die Wahlen können auch in Gasthäusern oder Schanklokalen vorgenommen werden; unter Umständen sind auch Kirchen als geeignet angesehen worden (ME. v. 10. 7. 1828, v. Kamptz Ann. 12 S. 1029).

In der Einladung muß das Lokal so genau als möglich bezeichnet sein. Läßt sich nachweisen, daß infolge ungenauer Bezeichnung des Lokals so viele Wähler an der Wahl nicht teilgenommen haben, daß das Wahlergebnis hierdurch beeinflußt worden sein kann, so macht dies als eine erhebliche Unregelmäßigkeit die Wahlen ungültig (vgl. Anm. 12 zu § 27).

9. Es müssen nicht notwendig mehrere Tage sein; das ganze Wahlgeschäft kann vielmehr auch an einem Tage erledigt werden. Es hat „dem vernünftigen durch das Bedürfnis geleiteten Ermessen der Behörden überlassen werden sollen, in jedem einzelnen Falle sich schlüssig zu machen, ob das Wahlgeschäft an einem oder mehreren Tagen, zu welcher Tageszeit und ob es . . . in einem oder mehreren Lokalen zu erledigen"; so OVG. 19 S. 9.

Als Wahltag kann an sich auch der Sonntag gewählt werden. (PVBl. 20 S. 47). Doch sind entgegenstehende örtliche Polizeivorschriften von der Aufsichtsbehörde als Hindernis angesehen worden (PVBl. 13 S. 154 und OVG. 46 S. 102).

10. Dem Gesetze ist genügt, wenn die Stunde des Beginnes des Wahlaktes mitgeteilt wird (OVG. 19 S. 7; PVBl. 20 S. 78); zweckmäßig ist es freilich, den Wählern gleichzeitig mitzuteilen, bis zu welchem Zeitpunkt der Wahlvorstand die Stimmen entgegennehmen werde. Ist letzteres nicht geschehen, so kann der Wahlvorstand den Wahlakt schließen, wenn er konstatiert hat, daß niemand mehr anwesend ist, der seine Stimme noch abgeben muß. Es ist deshalb in diesem Falle nötig, daß die Wähler zu der festgesetzten Zeit des Beginnes der Wahl alle anwesend sind (OVG. 25 S. 11). Ein wie großer Zwischenraum zwischen der Anfangszeit und dem etwa veröffentlichten Endzeitpunkt des Wahlaktes liegen muß, ist im Gesetz nicht bestimmt; auch das ist dem Ermessen des Magistrats überlassen. Zweckmäßig wird es sein, die Stunden so reichlich zu bemessen, daß jeder Wähler in die Lage kommt, seine Stimme abgeben zu können. Indessen ist eine knappe Zeitbestimmung allein nicht ausreichend, um den Wahlakt ungültig zu machen. Ein gewisses Maß von Unbequemlichkeiten und Opfer an Zeit müssen sich die Wähler nach OVG. 25 S. 7 gefallen lassen. Andererseits darf durch unzweckmäßig angesetzte oder allzu kurz bemessene Wahlzeit den Wählern ihr Wahlrecht nicht „verkümmert" werden (OVG. 26 S. 125; 27 S. 24; 53 S. 77; PVBl. 18 S. 207; 20 S. 366). Ist ein Endtermin festgesetzt, so müssen alle während der bestimmten Zeit erschienenen Wähler zur Abstimmung zugelassen werden, auch wenn hierdurch die bestimmte Zeit erheblich überschritten wird. Dagegen können die verspätet erschienenen Wähler zurückgewiesen werden (PVBl. 25 S. 97 und OVG. ebenda 33 S. 436).

Über die Wirkung einer unzulässigerweise vor der festgesetzten Zeit eröffneten Wahlhandlung auf die Gültigkeit der Wahl vgl. OVG. 47 S. 47.

11. Von der Zusammensetzung desselben handelt § 24 und § 6 II des G. v. 30. 6. 1900.

12. Als genaue Bestimmung sieht OVG. 19 S. 7 z. B. schon die Bestimmung an: „die Wahl findet am 30. Nov., nachm. 2 Uhr in der Stadtschule hierselbst statt" (s. auch Anm. 10). In der Einladung oder Bekanntmachung muß auch gleichzeitig mitgeteilt werden, welchen besonderen gesetzlichen Anforderungen die zu wählenden Stadtverordneten zu entsprechen haben, z. B. ob sie Hausbesitzer sein müssen (OVG. im PVBl. 32 S. 88). Auch muß angegeben werden, ob es sich um Ersatz- oder Ergänzungswahlen handelt (OVG. 50 S. 37).

§ 24.

Der Wahlvorstand[1] besteht in jedem Wahlbezirk[2] aus dem Bürgermeister oder einem[3] von diesem ernannten Stellvertreter als Vorsitzenden und aus zwei von der Stadtverordnetenversammlung gewählten Beisitzern. Für jeden Beisitzer wird von der Stadtverordnetenversammlung ein[4] Stellvertreter gewählt.[5,6]

Vorbemerkung:

I. Der § 24 ist, wenn auch nicht formell aufgehoben, so doch wesentlich abgeändert und ersetzt durch § 6 II des G. v. 30. 6. 1900 — abgedruckt und erläutert hinter § 14 StO. (vgl. insbesondere Anm. 14 daselbst). Nach diesem Gesetze können besondere Wahlvorstände nicht nur für die Wahlbezirke, sondern auch für die Abstimmungsbezirke oder Gruppen gebildet werden, im wesentlichen unter Belassung der durch § 24 StO. angeordneten Zusammensetzung des Wahlvorstandes. Nur können jetzt, statt je eines Vertreters, für jeden Vorsitzenden oder jeden der Beisitzer mehrere Vertreter bestellt werden.

II. Die Funktionen des Wahlvorstandes sind in den §§ 25—27 angegeben. Sie sind:

a) Entgegennahme der Abstimmungserklärung jedes einzelnen Wählers nach vorheriger Prüfung der Legitimation desselben;
b) Feststellung des Wahlergebnisses (Anm. 4 zu § 26);
c) falls Stichwahl erforderlich wird, die Einberufung zu dieser und die Leitung der Stichwahl;
d) Aufnahme und Unterzeichnung des Protokolls über die Wahlhandlung.

Wegen der Funktionen des Wahlvorstandes in einem bloßen Abstimmungsbezirk oder für eine Abstimmungsgruppe s. Anm. 14 zu § 14 StO.

1. Der Wahlvorstand ist für jeden Wahl- oder Abstimmungsbezirk und für jede Gruppe insofern ein „einheitlicher" als

a) ein und derselbe Wahlvorstand sämtliche Funktionen des Wahlvorstandes (s. Vorbem. II) bei ein und derselben Wahl einschließlich einer etwa erforderlich werdenden Stichwahl (PrVBl. 24 S. 419) vorzunehmen hat;

b) nur der Wahlvorstand in seiner Gesamtheit, nicht die einzelnen Mitglieder des Wahlvorstandes zur Vornahme der einzelnen Funktionen befugt sind (OVG. 38 S. 155). Der Wahlvorstand kann also mit diesen Funktionen weder seine einzelnen Mitglieder noch dritte Personen betrauen (PrVBl. 18 S. 206); die Vornahme einzelner mechanischer Hilfsverrichtungen durch Dritte ist dagegen gestattet. Die Zuziehung eines besonderen Protokollführers ist auch nur in dem Sinne zulässig, daß diesem die mechanische Schreibarbeit übertragen wird (OVG. 45 S. 32). Urkundsperson ist der nicht dem Wahlvorstand angehörende Protokollführer nicht (OVG. 28 S. 18). Die Verletzung des Grundsatzes der „Einheitlichkeit des Vorstandes" etwa dadurch, daß gewisse Funktionen, die dem Wahlvorstand als solchem obliegen, zeitweise nur durch einen oder zwei — beauftragte — Mitglieder desselben vorgenommen worden sind, macht die Wahlen ungültig, wenn nachgewiesen werden kann, daß das Ergebnis der Wahl durch diese Verletzung geändert werden konnte (OVG. 17 S. 117). Als Verletzung der Einheitlichkeit ist es dagegen nicht anzusehen, wenn nicht während des ganzen Wahlaktes dieselben Mitglieder des Wahlvorstandes fungiert haben; der Eintritt eines oder mehrerer Vertreter für die Mitglieder ist also zulässig (OVG. 17 S. 121; 20 S. 21).

Unter ausdrücklicher Preisgabe des in Bd. 41 S. 21 eingenommenen Standpunkts erklärt das OVG. in Bd. 57 S. 45 für den Fall, daß eine Mehrzahl von Stellvertretern für den Vorsitzenden und die Beisitzer bestellt wird, den Bürgermeister bei der Ernennung und die Stadtverordnetenversammlung bei der Wahl der mehreren Vertreter zwar für berechtigt, aber keineswegs für verpflichtet, zu bestimmen, daß die Vertreter im Verhinderungsfalle für den Vorsitzenden oder die Beisitzer in einer gewissen Reihenfolge eintreten sollen. Insbesondere können die Vertreter der Beisitzer in der Weise gewählt werden, daß für je einen Beisitzer eine oder mehrere Personen als Vertreter bezeichnet werden, oder dergestalt, daß zwei oder mehreren Personen allgemein die Pflicht auferlegt wird, behinderte Beisitzer zu vertreten. Geschieht letzteres, so darf beim Eintritt der Behinderung eines Beisitzers auf jeden der Vertreter zurückgegriffen werden ohne Rücksicht darauf, an welcher Stelle er benannt ist (vgl. auch PVBl. 29 S. 787).

2. Siehe Vorbem. I.

3. Der Bürgermeister, und zwar nur dieser, nicht der Magistrat (OVG. 41 S. 24), kann für jeden Bezirk oder jede Gruppe außer dem für seine Person eintretenden „Stellvertreter", den er zum eigentlichen Wahlvorstandsvorsitzenden bestimmt, noch einen oder mehrere Vertreter (dieses eigentlich selbst „stellvertretenden" Vorsitzenden) bestellen, wodurch in großen Kommunen die Ausführung des Wahlgeschäfts wesentlich erleichtert wird. — Das einzige aber auch unbedingt zu erfüllende Erfordernis für alle Mitglieder des Wahlvorstandes ist, daß sie aus der Zahl der stimmfähigen Bürger entnommen sind, also das aktive Wahlrecht besitzen. Besoldete Magistratsmitglieder oder Gemeindebeamte, die außerhalb des Weichbildes wohnen, können also gemäß § 6 II des G. v. 30. 6. 00 nicht mehr zu Wahlvorstandsmitgliedern bestellt werden.

Verwandtschaft oder Schwägerschaft zwischen den einzelnen Mitgliedern des Wahlvorstandes ist kein Hindernis für die Mitgliedschaft (OVG. 38 S. 157).

4. Siehe § 6 II G. v. 30. 6. 00.

5. Die Bestellung dieser Beisitzer durch die Stadtverordnetenversammlung ist, wie überhaupt die gesetzmäßige Bestellung des Wahlvorstandes, Voraussetzung der Gültigkeit der Wahlen (OVG. 8 S. 45, 122; 10 S. 24; 17 S. 120; 41 S. 21). Daß, wie Oertel annimmt, die Bestellung der Beisitzer erforderlichenfalls von der Aufsichtsbehörde mittels Ordnungsstrafe oder durch Bestellung eines Kommissars erzwungen werden kann (s. auch PVBl. 15 S. 1 u. 24 S. 418), erscheint mindestens sehr zweifelhaft. Selbst wenn man den Erlaß von Ordnungsstrafen gegenüber dem säumigen Stadtverordnetenvorsteher für zulässig hält (vgl. Anm. 2 zu § 39), erreicht

dadurch die Aufsichtsbehörde doch nur, daß die Angelegenheit auf die Tagesordnung gesetzt wird. Der Beschluß der Stadtverordneten kann seinem Inhalte nach, da es sich nicht um Bewilligung von Mitteln handelt (§ 78 StO. § 19 ZustGes.), nicht erzwungen werden. Setzen die Stadtverordneten die Wahl aus oder beschließen sie, nicht zu wählen, so ist gegen diese Beschlüsse als rein negative auch nicht die Beanstandung gegeben (Anm. 3b zu § 56[a]). Es bleibt dann nur die Auflösung der Versammlung (§ 79) übrig. Daß die Staatsaufsichtsbehörde in solchen Fällen einfach an Stelle der Stadtverordnetenversammlung selbst oder durch einen Kommissar die Wahlen vornehmen könnte, ist im Gesetze nirgends zum Ausdruck gebracht.

6. Die Bestellung des Vorsitzenden und der Beisitzer, sowie ihrer Vertreter erfordert keine besondere Verpflichtung, etwa durch Handschlag oder in ähnlicher Form (OVG. 36 S. 129).

§ 25.

Jeder Wähler[1] muß dem Wahlvorstande mündlich und laut[2] zu Protokoll erklären,[3] wem er seine Stimme geben will. Er hat so viele Personen zu bezeichnen, als zu wählen sind.[4] Werden die Ersatzwahlen mit den Ergänzungswahlen in ein und demselben Wahlakte verbunden,[5] so hat jeder Wähler getrennt[6] zunächst so viele Personen zu bezeichnen, als zur regelmäßigen Ergänzung der Stadtverordnetenversammlung, und sodann so viele Personen, als zum Ersatze der innerhalb der Wahlperiode ausgeschiedenen Mitglieder zu wählen sind.

Nur die in § 8 erwähnten juristischen oder außerhalb des Stadtbezirks wohnenden, höchstbesteuerten Personen[7] können ihr Stimmrecht durch Bevollmächtigte ausüben. Die Bevollmächtigten müssen selbst stimmfähige Bürger[8] sein. Ist die Vollmacht nicht in beglaubigter Form ausgestellt,[9] so entscheidet über die Anerkennung derselben der Wahlvorstand endgültig.[10, 11]

Vorbemerkung:

§ 25 hat eine wesentliche Änderung erfahren durch Art. I 3 des G. v. 1. 3. 1891, der dem Abs. 1 seinen jetzigen dritten Satz erst hinzugefügt hat (vgl. Anm. 6 zu § 21).

1. Als Wähler ist jeder zuzulassen, der in der Wählerliste verzeichnet steht und sich als der Verzeichnete legitimiert (OVG. 56 S. 100). Hier äußert sich die „formelle Rechtskraft“ der Wählerliste: Kein Nichteingetragener oder Gestrichener darf zugelassen werden, auch wenn der Wahlvorstand genau weiß, daß er alle Erfordernisse des aktiven Wahlrechts erfüllt, kein Eingetragener darf zurückgewiesen werden, auch wenn notorisch ist, daß er eines

oder alle Erfordernisse des Wahlrechts nicht mehr erfüllt. Selbst die Kenntnis des Wahlvorstandes davon, daß ein Eingetragener nicht mehr Preuße oder daß er nicht mehr Gemeindemitglied (Einwohner der Stadt) ist, darf den Wahlvorstand nicht abhalten, ihn als Wähler zuzulassen (OVG. 31 S. 10; PVBl. 25 S. 713, 833; 28 S. 693. Auch die Kenntnis von einem über die Unrichtigkeit der Wählerliste ergangenen rechtskräftigen Erkenntnisse des OVG. macht nur dann die Zurückweisung des Wählers zulässig, wenn auf Grund jenes Erkenntnisses die Liste bereits tatsächlich berichtigt ist (Jebens S. 93). Ist ein Wähler, dessen Wahlrecht ruht, irrigerweise in die Liste eingetragen, so muß er zugelassen werden, gleichviel ob in der Liste das Ruhen des Wahlrechts kenntlich gemacht ist oder nicht. Allein die Eintragung entscheidet über die Zulassung zur Wahl (OVG. 31 S. 8; 56 S. 60). — Der einzige Grund, aus welchem der Wahlvorstand zur Zurückweisung eines legitimierten Wählers berechtigt und verpflichtet ist, ist erkennbare Unzurechnungsfähigkeit des Wählers, z. B. sinnlose Trunkenheit, offenbare Geisteskrankheit (OVG. 36 S. 119 und im PVBl. 29 S. 124). Im Zweifelsfalle entscheidet sowohl über die erfolgte Legitimation des Wählers als auch seine Zurechnungsfähigkeit endgültig der Beschluß des Wahlvorstandes, ebenso wie dies im Abs. 2 hinsichtlich der Zulassung der Bevollmächtigten ausdrücklich gesagt ist (OVG. 34 S. 153).

Die ungerechtfertigte Zurückweisung eines Wählers stellt eine Unregelmäßigkeit dar, die unter Umständen erheblich genug sein kann, um die Ungültigkeit der Wahlen herbeizuführen (vgl. Anm. 12 zu § 27 u. PVBl. 24 S. 807).

Die Reihenfolge der Zulassung zur Abstimmung bestimmt der Wahlvorstand. Im allgemeinen entscheidet der Zeitpunkt des Erscheinens des Wählers. Bei großem gleichzeitigen Andrange wird der Wahlvorstand zweckmäßig nach der Reihenfolge der Wählerliste gehen, also diese verlesen und jeden Verlesenen, der sich meldet, zur Abstimmung zulassen. Allerdings wird sich, wofern eine bestimmte Endstunde für die Wahl festgesetzt ist (vgl. Anm. 10 zu § 23), der Wahlvorstand mit dieser Verlesung nicht begnügen und die Wahlhandlung nicht schließen dürfen, bevor die Zeit abgelaufen ist (PVBl. 17 S. 387), es sei denn, daß sämtliche eingetragene Wähler schon vorher abgestimmt haben.

2. D. h. so, daß die Stimmabgabe den Mitgliedern des Wahlvorstandes und den sonst in dem Raume anwesenden, dem Wählenden räumlich nicht allzu entfernt stehenden Personen mittels des Gehöres erkennbar wird. Die bloße schriftliche Erklärung und Übergabe der letzteren an den Wahlvorstand genügt nicht. Dagegen hat das OVG. die Verlesung der schriftlichen Erklärung eines persönlich anwesenden Wählers durch eine dritte beauftragte Person für zulässig und ausreichend erklärt (OVG. 31 S. 7). Der Wähler braucht nicht zum Zwecke der Abstimmung an den Wahltisch heranzutreten; die Stimmen dürfen auch vom Platz aus abgegeben werden, falls nicht erweislich dadurch Irrtümer herbeigeführt werden (OVG. 55 S. 54). — Daß die Wahl eine öffentliche sein, d. h. daß jedermann zum Wahllokal Zutritt haben müsse, ist mit den Worten „mündlich und

laut" nicht ausgedrückt. Ob für ein Ortsstatut, das die unbeschränkte Öffentlichkeit des Wahlaktes anordnet, Raum ist (wie Oertel S. 129, Jebens S. 94 annehmen), erscheint zweifelhaft. Man müßte dann auch Ortsstatute für zulässig halten, welche die Öffentlichkeit ganz oder teilweise ausschließen. Mit dem OVG. sind jedoch Maßregeln zur Geheimhaltung der Wahl, z. B. die Anordnung, daß jeder Wähler einzeln eintreten und in Abwesenheit sonstiger Personen seine Stimme abgeben müsse, als gegen das Gesetz verstoßend zu erachten (s. auch PVBl. 18 S. 206; OVG. 22 S. 18; 26 S. 117; 34 S. 22; 36 S. 168). Dem widerspricht aber nicht die Befugnis des Wahlvorstandes, behufs Aufrechterhaltung der Ordnung die im Lokal etwa anwesenden Nichtstimmberechtigten oder die Wähler, die ihr Stimmrecht bereits ausgeübt haben, sämtlich oder zum Teil hinauszuweisen. Auch über die Zulassung Nichtbeteiligter hat nur der Wahlvorstand nach pflichtmäßigem Ermessen zu befinden (OVG. 17 S. 21; 26 S. 117; 34 S. 22; PVBl. 9 S. 20). Die Führung von Kontrollisten durch die Anwesenden kann nicht verboten werden, sofern nicht durch den Aufenthalt der damit Beschäftigten im Wahllokale die Ordnung gestört wird (OVG. 14 S. 75; 36 S. 131).

3. Die Erklärung „zu Protokoll", d. h. die Erklärung und die Aufnahme der Erklärung ins Protokoll, konsumiert das Wahlrecht des einzelnen Wählers. Spätere Abänderung oder Zurücknahme der Erklärung ist unzulässig; Verbesserung oder genauere Bezeichnung im Augenblick der Abgabe und bis zur Beendigung der Aufnahme ins Protokoll sind zulässig (PVBl. 15 S. 261). Der Wahlvorstand hat auf Abgabe präziser Erklärungen, insbesondere deutliche und genaue Bezeichnung der Namen der Gewählten hinzuwirken, sich indessen, wenn solche genaue Nennung erfolgt ist, jeder eigenmächtigen Änderung, z. B. wegen ihm bekannten, offensichtlichen Irrtums des Wählenden im Vornamen des Gewählten, zu enthalten (OVG. 28 S. 21; PVBl. 15 S. 261). Auch darf der Wahlvorstand solche Stimmen, die für eine Person abgegeben werden, die in der Tat einen anderen Vornamen hat, wie der Wähler annimmt und angibt, jener möglicherweise gemeinten, aber nicht richtig benannten Person nicht zurechnen (PVBl. 24 S. 56). Es ist also jede Auslegung der erfolgten klaren und präzisen Namensangabe durch den Wahlvorstand unstatthaft, ebenso auch jede nachträgliche, d. h. nach Schluß der Stimmabgabe und Protokollierung derselben erfolgende, wenn auch auf eigene Angaben des Wählenden sich stützende Interpretation (OVG. 34 S. 25). Dagegen ist die Hinzufügung des Vornamens des Gewählten nicht gesetzlich vorgeschrieben und kein unbedingtes Erfordernis für die Gültigkeit der Stimme, sofern über die Identität kein Zweifel obwalten kann (OVG. 28 S. 21; PVBl. 24 S. 56; 25 S. 33). — In welcher Form die Protokollierung der Stimmabgabe zu erfolgen hat, ist nicht bestimmt. Jedesmalige Niederschreibung der genannten Namen ist nicht erforderlich. Es genügt, wenn z. B. in den Kolonnen, über welchen die Namen der Wahlkandidaten stehen, beim Namen eines jeden Wählers ein Strich oder ein sonstiges Zeichen gemacht wird.

Der Wählende kann sich selbst die Stimme geben.

4. Bezeichnet ein Wähler weniger Personen, als Stadtverordnete zu wählen sind, so ist seine Stimmabgabe dennoch nicht ungültig (OVG. 14 S. 64; 32 S. 5). Die absolute Majorität berechnet sich in diesem Falle nach der Anzahl der im Wahlakte abstimmenden Wähler, nicht nach der Anzahl der für die einzelnen Gewählten und ihre Gegenkandidaten (zusammengerechnet) wirklich abgegebenen Stimmen. Dies gilt auch für den Fall, daß bei einer Verbindung der Ergänzungs- mit den Ersatzwahlen (Satz 3 des § 25) ein Wähler nur die Namen der zu wählenden Ergänzungsstadtverordneten, nicht die Namen der oder des Ersatzstadtverordneten genannt hat (OVG. 32 S. 4).

Benennt ein Wähler dagegen mehr Personen, als zu wählen sind, so ist seine ganze Abstimmung ungültig (OVG. 8 S. 12; 51 S. 29).

5. Dies war früher vom OVG. für unzulässig erklärt (18 S. 37; s. Vorbem.). Der Satz 3 bezieht sich nur auf den Fall, daß Ersatzwahlen mit Ergänzungswahlen, nicht auf den, daß Ersatzwahlen mit Verstärkungswahlen verbunden werden; indessen hat das OVG. ihn ohne weiteres auch auf diesen Fall angewendet (OVG. 28 S. 25; PVBl. 25 S. 557).

6. D. h. nicht etwa in besonderen „Wahlgängen" derart, daß erst alle Wähler für die eine Stelle ihre Stimme abzugeben haben, sodann für die zweite usf. oder auch, daß etwa zunächst alle Wähler für die Stellen der Ergänzungsstadtverordneten und dann erst alle Wähler für die Ersatzstadtverordneten ihre Stimme abzugeben haben; es genügt vielmehr eine derartige Trennung, daß jeder Zweifel darüber, auf welche Wahl (Ersatz- oder Ergänzungswahl) sich die Stimmabgaben beziehen, ausgeschlossen ist, z. B. der ausdrückliche Zusatz des Wählers, daß er den letztgenannten als den Ersatzstadtverordneten wählen wolle. Zweckmäßig ist es, entweder in der Bekanntmachung oder durch den Wahlvorstandsvorsitzenden bei Eröffnung der Wahlhandlung darauf hinweisen zu lassen, daß ohne nähere Angabe des Wählers dem Gesetz entsprechend der letzte oder die letzten Namen als die der zu wählenden Ersatzstadtverordneten angesehen werden würden. Im Protokolle braucht nicht ausdrücklich festgestellt zu sein, daß die vorgeschriebene Trennung stattgefunden habe; wenigstens macht die Nichterwähnung dieses Umstandes im Protokoll die Wahlen nicht ungültig (OVG. 28 S. 28).

7. Bezüglich des Begriffes juristische Personen im Sinne des § 8 s. Anm. 8 zu § 8; wegen der „Forensen", die natürlich ihr Wahlrecht auch in Person ausüben können (OVG. 28 S. 140), Anm. 5 ebenda.

8. D. h. nicht nur das aktive Wahlrecht besitzen, sondern auch als stimmfähige Bürger durch Eintragung in der Liste legitimiert sein (OVG. 34 S. 149; PVBl. 25 S. 834). Die gesetzlichen Vertreter der wahlberechtigten juristischen Person sind ohne besondere Vollmacht für die Wahl nicht legitimiert (PVBl. 13 S. 135).

9. Damit ist nicht die gerichtliche oder notarielle Beglaubigung, sondern die Beglaubigung seitens irgend eines ein Dienstsiegel führenden öffentlichen Beamten gemeint. Unterläßt es der Wahlvorstand, die Legitimation des Vertreters überhaupt zu prüfen, so macht dies die Wahl nur dann ungültig, wenn nachgewiesen wird, daß der Vertreter nicht legitimiert und daß seine Stimme auf das Ergebnis der Wahl von Einfluß war (OVG. 36 S. 163).

10. Zulässig ist die Ausstellung der Vollmacht als Blankett, und nachträgliche Ausfüllung durch einen anderen als den Vollmachtgeber (OVG. 13 S. 219). Eine Generalvollmacht, Prokura oder dergleichen genügen nicht (OVG. 13 S. 135).

11. Erscheinen zwei Bevollmächtigte desselben Wählers, so kann der Wahlvorstand beide zurückweisen (OVG. 11 S. 97 und 42 S. 120). Siehe im übrigen zum letzten Satze des § 25 auch OVG. 8 S. 130; 13 S. 214; 29 S. 3; 52 S. 72; PVBl. 20 S. 47.

§ 26.

Gewählt[1] sind diejenigen, welche bei der ersten Abstimmung die meisten Stimmen[2] und zugleich absolute Stimmenmehrheit (mehr als die Hälfte der Stimmen)[3] erhalten haben.[4]

Wenn sich bei der ersten Abstimmung nicht für so viel Personen, als zu wählen sind, die absolute Stimmenmehrheit ergeben hat, wird zu einer zweiten Wahl geschritten.[5-8]

Der Wahlvorstand stellt die Namen derjenigen Personen, welche nächst den gewählten die meisten Stimmen erhalten haben, so weit zusammen, daß die doppelte Zahl der noch zu wählenden Mitglieder erreicht wird. Diese Zusammenstellung gilt alsdann als die Liste der Wählbaren.[9]

Zu der zweiten Wahl werden die Wähler[10] durch eine, das Ergebnis der ersten Wahl angebende Bekanntmachung[11] des Wahlvorstandes[12] sofort oder spätestens innerhalb acht Tagen aufgefordert. Bei der zweiten Wahl ist die absolute Stimmenmehrheit nicht erforderlich.

Unter denjenigen, die eine gleiche Anzahl von Stimmen erhalten haben, gibt das Los[13] den Ausschlag.[14]

Wer in mehreren Abteilungen oder Wahlbezirken gewählt ist, hat zu erklären, welche Wahl er annehmen will.[15]

1. Die Wirkung der Wahl, die darin besteht, daß der Gewählte Stadtverordneter wird, ist in jedem Falle davon abhängig, daß er die Wahl annimmt, und zwar auch dann, wenn ihm kein gesetzlicher Ablehnungsgrund zur Seite steht (OVG. 53 S. 59).

2. Daraus, daß hier anscheinend die Zahl der „Stimmen" und nicht die Zahl der „abstimmenden Wähler" für ausschlaggebend erachtet wird, hat das OVG. in Bd. 14 S. 70 folgern zu müssen geglaubt, daß der Abs. 1 als den Regelfall denjenigen im Auge habe, in welchem nur **ein** Stadtverordneter in einem Wahlakt zu wählen ist. Indessen beweist das im Abs. 1 aufgestellte Erfordernis einer doppelten Mehrheit, daß diese Bestimmung im Gegenteil nur von dem Fall ausgegangen sein kann, daß

mehrere Stadtverordnete in einem Wahlakt gewählt werden sollen; denn es ist klar, daß, wenn nur einer gewählt wird, derjenige, der die absolute Majorität erreicht hat, auch von allen Kandidaten die meisten Stimmen erhalten haben muß. Dagegen ist denkbar, daß, wenn mehrere Stadtverordnete, z. B. drei, in einem Wahlgange gewählt werden, und z. B. 1000 Wähler erscheinen und auch vorschriftsmäßig je drei Personen benennen, sich die abgegebenen 3000 Stimmen auf fünf Kandidaten so verteilen, daß jeder Kandidat oder doch vier Kandidaten mehr als 500 Stimmen (die absolute Majorität beträgt 501, Anm. 3) erhalten, z. B. A 691, B 673, C 627, D 563, E 446 Stimmen. Dann scheidet außer E als nichtgewählt auch D aus, obwohl er die absolute Majorität erreicht hat. Haben C und D gleichviel Stimmen (nach dem Beispiel müßten es je 595 sein) erhalten, so entscheidet gemäß Abs. 5 das Los (s. Anm. 14).

3. Absolute Majorität ist schon gegeben bei einer halben Stimme über die Hälfte der Gesamtzahl (bei ungerader Gesamtzahl). — Im übrigen ist für die Berechnung der absoluten Majorität nicht die Gesamtzahl der abgegebenen Stimmen, sondern die Zahl der erschienenen und abstimmenden Wähler zugrunde zu legen, ohne Rücksicht darauf, ob einzelne Wähler weniger Personen namhaft gemacht haben als Stadtverordnete zu wählen sind (OVG. 14 S. 64; 32 S. 6), oder ob sie etwa nicht wählbaren Personen ihre Stimme gegeben haben (OVG. 44 S. 149).

4. Der Wahlvorstand hat das Ergebnis der ersten Wahl in einer Dritten erkennbaren Weise festzustellen, ohne daß es allerdings einer förmlichen Proklamierung des oder der Gewählten bedarf (OVG. 7 S. 94; 24 S. 33; 32 S. 129; 41 S. 27).

Die Ansicht des OVG. in Bd. 41 S. 26, daß der Wahlvorstand bei dieser Feststellung auch die passive Wahlfähigkeit der Gewählten, z. B. gegebenenfalls ihre Hausbesitzereigenschaft, zu prüfen habe, erscheint bedenklich, da die Prüfung der Gültigkeit der Wahl doch nur Sache der dazu vom Gesetz ausdrücklich berufenen Instanzen ist.

5. Ob der Fall des Abs. 2 vorliegt, hat der Wahlvorstand zu prüfen; gegen die Anordnung der Stichwahl gibt es kein Rechtsmittel (OVG. 32 S. 129).

Ist vom Wahlvorstand, wenn auch unrichtig, die Notwendigkeit einer engeren Wahl verkündet, so kann erst nach deren Vollziehung das Ergebnis des abgeschlossenen Verfahrens angefochten, und auch dann immer nur die Kassation dieses Ergebnisses, nicht aber die Gültigkeitserklärung des Ergebnisses der ersten Wahl erreicht werden (OVG. im PVBl. 31 S. 867).

Der Fall des Abs. 2 würde z. B. vorliegen, wenn in dem in Anm. 2 gewählten Beispiel A 1000, B 973, C 427, D 366, E 234 Stimmen erhalten: Gewählt sind dann nur A und B; wegen der Wahl eines dritten Stadtverordneten muß Stichwahl stattfinden, und zwar gemäß Abs. 3 zwischen C und D. Haben D und E gleich viele Stimmen erhalten, so entscheidet gemäß Abs. 5 das Los, wer von ihnen auf die engere Liste zu kommen hat.

Daß eine Stichwahl auch dann stattzufinden hat, wenn nur ein Stadtverordneter zu wählen ist und zwei Personen die gleiche Stimmenzahl erhalten haben, vgl. unten Anm. 14.

6. „Zweite Wahl" im Sinne des § 26 ist immer die Stichwahl. Zu unterscheiden hiervon ist der Fall, wenn der Gewählte nicht annimmt; dann muß nicht eine „zweite", sondern eine neue „erste" Wahl stattfinden (PVBl. 23 S. 236 u. 690).

7. Aus Abs. 4 in Verbindung mit § 23 StO. ergibt sich, daß die Stichwahl (zweite Wahl) nicht im unmittelbaren Anschluß an die erste Wahl stattfinden kann; zwischen Aufforderung und Wahltermin muß, wie bei der ersten Wahl, ein Zwischenraum von 14 Tagen liegen (OVG. 15 S. 34; 18 S. 48; 22 S. 20; 46 S. 102, 115; PVBl. 24 S. 322; s. Anm. 3 zu § 23).

8. Die Stichwahl steht mit der ersten Wahl in untrennbarem Zusammenhang (vgl. auch Anm. 1a zu § 24); denn die Stichwahl hat nur den Zweck, das vorläufige Ergebnis der ersten Wahl in ein endgültiges zu verwandeln. Wird die Stichwahl mit Erfolg als ungültig angefochten, oder lehnt der Gewählte mit Erfolg ab, so ist auch die erste Wahl damit aufgehoben, und es muß ganz von neuem gewählt werden (OVG. 18 S. 333; 19 S. 23; 20 S. 22; 28 S. 12; 32 S. 4; 56 S. 28).

9. Bei dem in Anm. 5 gewählten Beispiel würde diese „Liste" zwei Personen nennen müssen, nämlich C und D.

Die auf die Liste für die Stichwahl zu bringenden Personen müssen geeignete Kandidaten sein. Wenn also beispielsweise in der Stichwahl gemäß § 16 Hausbesitzer zu wählen sind, so muß die Liste für die Stichwahl jedenfalls doppelt soviel Hausbesitzer aufführen, als zu wählen sind. Zu diesem Zweck müssen unter Umständen solche Kandidaten, die bei der ersten Wahl mehr Stimmen erhalten haben, aber nicht Hausbesitzer sind, zugunsten der Hausbesitzer ausscheiden (OVG. 43 S. 94; 60 S. 28).

10. Alle Wähler des Bezirks, nicht etwa nur die, die sich an der ersten Wahl beteiligt haben (OVG. 3 S. 18; 18 S. 334; 20 S. 21; 22 S. 20; 46 S. 111), sind zur Stichwahl einzuladen und zuzulassen.

11. Welchen Inhalt diese Angabe des Ergebnisses der ersten Wahl im einzelnen haben muß, ist nicht gesagt. Es wird in dem Beispiel der Anm. 5 genügen, wenn der Wahlvorstand mitteilt, daß von den drei zu wählenden Stadtverordneten zwei, nämlich A und B, gewählt seien, bezüglich des dritten aber Stichwahl zwischen C und D nötig sei. Die Angabe bestimmter Zahlen in dieser Mitteilung über das in der ersten Wahl erzielte Stimmenverhältnis erscheint nicht unbedingt nötig. — Die Aufforderung ist danach nur gültig, wenn sie nach Schluß der ersten Wahl ergeht.

12. Der Magistrat ist in diesem Falle zur Einberufung nicht zuständig; die Verletzung dieser Vorschrift bewirkt die Ungültigkeit der Wahl (OVG. 40 S. 33; 56 S. 25; 58 S. 43).

13. Mangels einer ortsstatutarischen Bestimmung entscheidet der Wahlvorstandsvorsitzende, durch wen und auf welche Weise das Los zu ziehen ist (vgl. auch OVG. 12 S. 325; 54 S. 64).

14. Gilt nicht ausschließlich für die Stichwahl, sondern auch für die erste Wahl, wenn mehrere Personen gleich viel, und zwar mehr Stimmen als die absolute Majorität erhalten haben (Anm. 2 am Schluß), und ferner dann, wenn bei Aufstellung der engeren Liste von mehreren Personen, die

gleich viel, und zwar weniger Stimmen als die absolute Mehrheit erhalten haben, nur ein Teil zu berücksichtigen ist (Anm. 5 am Schluß). Dagegen ist nach OVG. (PVBl. 23 S. 690) nicht das Los entscheidend, sondern eine Stichwahl erforderlich, wenn weniger Personen, als zu wählen sind, die absolute Majorität erhalten haben, diejenigen aber, die nicht die absolute Mehrheit erreicht haben, gleichviel Stimmen erhalten haben. Daher ist Stichwahl notwendig, wenn ein Stadtverordneter zu wählen ist und zwei Personen gleich viel Stimmen erhalten haben; erst wenn sie bei der Stichwahl ebenfalls gleich viel Stimmen erhalten sollten, entscheidet das Los.

15. Zur Entgegennahme dieser Erklärung und ihrer Herbeiführung, d. h. also zur Benachrichtigung von der erfolgten Wahl, ist in diesen wie in allen Fällen der Stadtverordnetenwahlen der Magistrat berufen. Der Aufforderung zur Abgabe der Erklärung wird, wenn es sich um einen einmal Gewählten handelt, unter Bezugnahme auf § 74 StO. zweckmäßig die Bemerkung hinzugefügt werden, daß, wenn der Gewählte nicht binnen bestimmter Frist eine Erklärung abgebe, seine Annahme vermutet werden würde. Bei mehrfacher Wahl ein und derselben Person kann strenggenommen nicht angenommen werden, daß diese alle Wahlen annehmen wolle, da hierzu der Gewählte nicht befugt ist. Nach Schön (S. 109) soll daher in diesen Fällen aus der Nichterklärung Ablehnung aller Wahlen gefolgert werden. Dagegen meint Kappelmann (PVBl. 24 S. 456), daß die Stadtverordnetenversammlung darüber zu beschließen habe, welches Mandat der Gewählte anzunehmen hat. Dies erscheint ohne gesetzliche Grundlage und willkürlich. Praktisch ist der von Oertel S. 137 gewiesene Weg, dem mehrfach Gewählten bei der Aufforderung zur Erklärung mitzuteilen, daß, wenn er sich nicht binnen bestimmter Frist erkläre, angenommen werden würde, er wolle diejenige Wahl annehmen, bei welcher er die meisten Stimmen erhalten habe (vgl. auch PVBl. 29 S. 378).

§ 27.

Die Wahlprotokolle[1] sind vom Wahlvorstande zu unterzeichnen[2] und vom Magistrate aufzubewahren.[3] Der Magistrat hat das Ergebnis der vollendeten Wahlen sofort[4] bekanntzumachen.[5, 6]

Gegen das stattgehabte Wahlverfahren[7] kann von jedem stimmfähigen Bürger[8] innerhalb zehn Tagen nach der Bekanntmachung,[9] bei der Regierung[10] Beschwerde[11] erhoben werden.

Bei erheblichen Unregelmäßigkeiten[12] hat die Regierung[13] die Wahlen auf erfolgte Beschwerde oder von Amts wegen innerhalb zwanzig Tagen nach der Bekanntmachung durch eine motivierte Entscheidung für ungültig zu erklären.[14]

Für einen Ungültigkeitsgrund ist es nicht zu erachten, wenn die der betreffenden geistlichen Behörde anheimzugebende Hinweisung auf die Wichtigkeit der Wahl (§ 21) unterblieben ist.[15]

Hierzu §§ 10 und 11 ZG.

§ 10. Die Gemeindevertretung[16] beschließt:

1. . . . . . .

2. über die Gültigkeit der Wahlen zur Gemeindevertretung;[17-20]

3. . . . . . .

Einsprüche . . . . . . gegen die Gültigkeit der Wahlen zur Gemeindevertretung (sind) innerhalb zwei Wochen nach Bekanntmachung des Wahlergebnisses[21] und in allen Fällen bei dem Gemeindevorstande[22] zu erheben.[23, 24, 25]

§ 11. Der Beschluß der Gemeindevertretung (§ 10) bedarf keiner Genehmigung oder Bestätigung von seiten des Gemeindevorstandes oder der Aufsichtsbehörde.[26] Gegen den Beschluß der Gemeindevertretung findet die Klage im Verwaltungsstreitverfahren statt.[27] Die Klage steht in den Fällen des § 10 auch dem Gemeindevorstande zu.[28-34]

Die Klage hat in den Fällen des § 10 unter 1 und 2 keine aufschiebende Wirkung;[35] jedoch dürfen Ersatzwahlen vor ergangener rechtskräftiger Entscheidung nicht vorgenommen werden.[36]

Vorbemerkung:

Abs. 2 und 3 des § 27 sind abgeändert durch die §§ 10 und 11 des ZustGes. (oben abgedruckt). Hierdurch ist insbesondere das Recht der Aufsichtsbehörde (Regierung), über die Gültigkeit der Wahlen zu befinden, aufgehoben, neu geschaffen ist die Zuständigkeit der Stadtverordnetenversammlung, von Amts wegen sowohl als auch auf Einspruch über die Gültigkeit der Wahlen zu beschließen; ebenso neu geschaffen ist die Zuständigkeit des Verwaltungsstreitverfahrens zur Nachprüfung der Richtigkeit der bezüglichen Stadtverordnetenbeschlüsse. Schließlich ist neu geschaffen das Recht des Magistrats, auch seinerseits auf diesem Wege die Stadtverordnetenbeschlüsse anzufechten. Als materiell-rechtlich sind durch die formalen Vorschriften des ZustGes. nicht berührt die Bestimmung, daß jeder stimmfähige Bürger Einspruch gegen die Gültigkeit der Wahl einlegen kann (nicht auch Klage erheben kann; hierüber s. Anm. 28), und der Grundsatz, daß nur erhebliche Unregelmäßigkeiten die Gültigkeit der Wahlen beeinflussen können (OVG. 18 S. 39, 40; 17 S. 117; 32 S. 7; vgl. auch Kappelmann im PVBl. 24 S. 455).

1. Wer das Protokoll zu führen hat, ist im Gesetze nicht gesagt. Verantwortlich ist, auch wenn die mechanische Schreibarbeit einem Dritten, etwa einem besoldeten Beamten, aufgetragen ist, der Wahlvorstand. (Siehe Anm. 1 zu § 24, OVG. 28 S. 18, 20.) Bezüglich des Inhalts des Protokolls hat das Gesetz keine Bestimmungen getroffen außer der des § 25, daß die Stimmabgabe zu Protokoll erklärt werden muß. Indessen wird die einfache

Protokollierung der Stimmabgabe unter Umständen den notwendigen Inhalt des Protokolls nicht erschöpfen, da es vielmehr alle sachlich erheblichen Vorgänge des Wahlakts, insbesondere alle Entscheidungen des Wahlvorstandes über aufgetauchte Zweifel und Rechtsfragen urkundlich festzulegen hat (PVBl. 10 S. 178).

Änderungen oder Durchstreichungen im Protokoll machen die Wahl nur dann ungültig, wenn aus ihrer Zahl oder Art die Unzuverlässigkeit der ganzen Beurkundung oder die Verschiebung des Wahlergebnisses gefolgert werden muß (PVBl. 10 S. 178). Andererseits ist der Inhalt des Protokolls nicht unbedingt beweiskräftig für die Ermittlung des Wahlergebnisses. Es können auch andere Beweismittel zur Feststellung der Gültigkeit der Wahl herangezogen werden (OVG. 8 S. 124; PVBl. 27 S. 283).

2. Das Wahlprotokoll braucht nicht von sämtlichen Vorstandsmitgliedern unterzeichnet zu werden (OVG. 45 S. 32).

Die unterschriftliche Vollziehung der als Anlage zum Protokoll geführten Abstimmungslisten ist nicht unbedingt erforderlich (PVBl. 20 S. 178), ebensowenig die Fertigstellung und Unterzeichnung der Protokolle gerade im Wahllokal (OVG. 6 S. 153; 41 S. 27).

3. Der Wahlvorstand hat sie also dem Magistrat auszuhändigen. — Der Verlust des Wahlprotokolls macht die Wahl nicht ungültig; daß die Wahl gesetzmäßig vorgenommen, kann auch auf andere Weise bewiesen werden (OVG. 8 S. 125; 47 S. 130).

4. Vgl. PVBl. 4 S. 244. Nur das Ergebnis der „vollendeten" Wahlen ist vom Magistrat bekanntzumachen. Das Ergebnis der Wahlen, bezüglich deren noch Stichwahl erforderlich ist, hat der Wahlvorstand bekanntzumachen (§ 26 Abs. 4 u. Anm. 11 dazu).

5. Diese Bekanntmachung ist gemäß § 10 ZustGes. der Beginn der 14tägigen Frist, nach deren Ablauf Einsprüche gegen die Wahl nicht mehr angebracht werden können. Dagegen können schon vor dieser Bekanntmachung Einsprüche gegen die Wahlen, und zwar auf Grund des bereits vom Wahlvorstand mitgeteilten Ergebnisses der Wahl (s. Anm. 4 zu § 26) beim Magistrat angebracht werden (s. Anm. 21). — Welchen Inhalt die Bekanntmachung haben muß, ist gesetzlich nicht bestimmt. Angemessen ist nach OVG. 26 S. 119, daß in der Bekanntmachung die Zahl der im ganzen abgegebenen und der auf die Gewählten entfallenden Stimmen angegeben werde.

6. Die Unterlassung der Bekanntmachung macht die sonst gültige Wahl nicht nachträglich ungültig (OVG. 24 S. 33; 26 S. 119).

7. Der Einspruch (Beschwerde) braucht sich jetzt nach ZustGes. § 10 nicht gerade auf eine Verletzung des formalen Wahl„verfahrens" zu richten; auch die Verletzung eines materiellen Rechtssatzes, der behufs Feststellung des Wahlrechts einzelner oder aller anzuwenden war, kann gerügt werden (OVG. 19 S. 136).

8. Das Einspruchs- (Beschwerde-) Recht steht jedem zu, der zur Zeit der Erhebung des Einspruchs das aktive Wahlrecht besitzt (OVG. 18 S. 39, 40). Auf Eintragung in die Liste oder auf Zugehörigkeit zu einem bestimmten Bezirk oder einer bestimmten Abteilung kommt es nicht an. Auch der Gewählte selbst kann Einspruch erheben (Jebens S. 120). Der

Kreis der Klageberechtigten (§ 11 ZustGes.) ist erheblich enger gezogen. Siehe Anm. 28.

9. Jetzt geändert (s. § 10 ZustGes., oben abgedruckt, u. Anm. 21).

10. Nach § 10 ZustGes. jetzt beim Magistrat; s. Anm. 21.

11. Wegen des Inhalts der Beschwerde (jetzt „Einspruch") s. Anm. 7 und Anm. 24.

12. Vgl. zu Abs. 3 die Vorbem. sowie die §§ 10, 11 ZustGes. Hinsichtlich der Frage, welche Unregelmäßigkeiten sowohl von der Stadtverordnetenversammlung bei der Beschlußfassung über die Einsprüche als auch von den Verwaltungsgerichten bei der Entscheidung über die Klage gemäß § 11 ZustGes. als erheblich angesehen werden müssen, sind für die Stadtverordnetenversammlung wie für die Verwaltungsgerichte dieselben Grundsätze maßgebend (OVG. 32 S. 7). Eine feste, abstrakte Regel dafür, welche Unregelmäßigkeiten als „erhebliche" anzusehen sind, läßt sich nicht aufstellen. Nur das eine steht fest, daß diejenigen Verstöße gegen das Gesetz jedenfalls „erhebliche Unregelmäßigkeiten" sind, von denen nachgewiesen ist, daß sie das Wahlresultat positiv beeinträchtigt haben. Mit Recht hat aber das OVG. hierüber hinausgehend gewisse gesetzliche Vorschriften als so fundamental für das Wahlverfahren bezeichnet, daß ihre Verletzung die Wahlen unbedingt ungültig macht, ohne daß es auf den Nachweis der Beeinflussung der Wahl durch den Verstoß noch ankäme, ja sogar, ohne daß für solchen Nachweis überhaupt noch Raum bliebe. Als solche Verstöße sind vom OVG. aufgefaßt:

a) die Offenlegung einer nicht nach Wahlabteilungen oder Wahlbezirken eingeteilten Wählerliste (OVG. 22 S. 12; oben Anm. 6 zu § 19);

b) die nicht geschehene vorschriftsmäßige Offenlegung der Liste, z. B. die Nichtbekanntmachung des Auslegungslokals (OVG. 27 S. 21), die Beschränkung der Gemeindemitglieder in der Einsichtnahme der Liste (OVG. 27 S. 21ff.; 22 S. 18ff.) und ferner die Verkürzung der Auslegungsfrist (PVBl. 12 S. 206);

c) die Berufung zur Wahl durch eine unzuständige Stelle oder unter Nichtwahrung der 14tägigen Einladungsfrist (OVG. 15 S. 34; 52 S. 32);

d) ordnungswidrige Zusammensetzung des Wahlvorstandes (OVG. 17 S. 117; 41 S. 21; PVBl. 29 S. 787).

Es gehören ferner zu diesen zweifellos „erheblichen" Unregelmäßigkeiten Verstöße gegen diejenigen Grundprinzipien des Gemeindewahlrechts, die in Anm. 13 zu § 21 StO. unter 1—3 aufgeführt sind. In den Entscheidungen des OVG. ist aber sichtlich unter den hiernach verbleibenden weniger erheblichen Unregelmäßigkeiten noch eine weitere Scheidung gemacht, indem gewisse Verstöße nur dann als erhebliche angesehen worden sind, wenn sich positiv nachweisen ließ, daß sie in concreto das Wahlergebnis beeinflußt hatten, während anderen Verstößen ausreichende Wichtigkeit schon beigemessen worden ist, wenn nur die Möglichkeit bestand, daß sie das Wahlergebnis beeinflußt haben könnten. In den letzteren Fällen ist die Ungültigkeit der Wahl stets dann nicht ausgesprochen worden, wenn nachgewiesen werden konnte, daß in concreto das Ergebnis der Wahl nicht von dem Verstoße beeinflußt sein konnte. Jebens (S. 113) glaubt diese verschiedenen Kategorien von Verstößen begrifflich so scheiden zu können, daß die erstere Kategorie dann vorliege, wenn durch die Unregelmäßigkeit das Wahlrecht einzelner bestimmter Wähler verletzt oder beschränkt oder ihre Wahlausübung beeinflußt worden sei, während die zweite Kategorie dann vorliegen soll, wenn der Verstoß so beschaffen war, daß ein unbestimmter Kreis von Wählern davon betroffen wurde. Indessen lassen die hierher gehörigen Entscheidungen des OVG. (z. B. 7 S. 54; 8 S. 119; 9 S. 68; 17 S. 121; 19 S. 150; 22 S. 18; 25 S. 119; 26 S. 126; 27 S. 18; PVBl. 10 S. 396; 12 S. 206; 15 S. 557; 18 S. 206; 20 S. 366; 28 S. 693) die folgerichtige Anwendung dieses Grundsatzes nicht überall erkennen. Unzulässige Wahlbeeinflussung ist vom OVG. als Grund für die Ungültigkeitserklärung der Wahlen nur in solchen Fällen angesehen worden, in welchen nachweislich die Beeinflussung der Wähler das Wahlergebnis selbst geändert hatte (z. B. PVBl. 15 S. 556, 605; 23 S. 277; 32 S. 796; bei der Annahme des Vorhandenseins dieses Nachweises soll die freie richterliche Überzeugung entscheidend sein (PVBl. 16 S. 122). Doch kann einer Wahlbeeinflussung nur dann Erheblichkeit beigemessen werden, wenn anzunehmen ist, es hätten sich durch sie charakterfeste Leute in ihren Entschließungen umstimmen lassen können (OVG. im PVBl. 34 S. 131). Die Erklärung des Bürgermeisters vor der Wahl, daß er einen bestimmten Kandidaten für besonders geeignet halte, ferner das Heranholen von Wählern zur Wahl durch städtische Beamte, das Ausliegen von Wahlzetteln auf dem Wahltische, Anwesenheit von Polizeibeamten oder Gendarmen oder eines Vorgesetzten des Wählers im Wahllokal, Androhungen mit Entziehung der Kundschaft oder irgendwelchen geschäftlichen Nachteilen, Gewähren oder Versprechen von Freigetränken an die Wähler sind vom OVG. als solche unzulässige und für die Ungültigkeit der Wahl unbedingt maßgebende Beeinflussungen nicht angesehen worden (PVBl. 15 S. 556; 16 S. 122; 31 S. 411; 32 S. 88; OVG. 31 S. 6; 58 S. 31).

Wesentliche Verfahrensmängel in einem oder mehreren nach § 6 des G. v. 30. 6. 00 gebildeten Abstimmungsbezirke haben die Nichtigkeit des Verfahrens nur in diesem Bezirk zur Folge und lassen die Wahlen derjenigen Bezirke, in denen einwandfrei verfahren worden ist, unberührt (OVG. 57 S. 48).

13. Jetzt ist zur Beschlußfassung über die Gültigkeit der Wahlen auf Einspruch und von Amts wegen die Stadtverordnetenversammlung zuständig; demnächst haben im Verwaltungsstreitverfahren die Verwaltungsgerichte zu entscheiden (§§ 10, 11 ZustGes.).

14. Über den materiellen Inhalt des Beschlusses und der Entscheidung s. Anm. 18.

15. Vgl. Anm. 3 zu § 21.

16. Also die Stadtverordnetenversammlung, und zwar in der Zusammensetzung, die sie zur Zeit der Beschlußfassung hat, eventuell also in der alten Zusammensetzung (OVG. 3 S. 34; 20 S. 87).

17. Und zwar von Amts wegen oder auf Einspruch (OVG. 25 S. 21); spricht die Versammlung etwa durch Beschluß ihre Unzuständigkeit aus, oder hält der Magistrat den Beschluß der Versammlung für nicht dem Gesetze entsprechend, so kann er sowohl gegen den Beschluß gemäß § 11 ZustGes. klagen, als auch gemäß § 15 ZustGes. den Beschluß der Versammlung beanstanden (PVBl. 15 S. 551; s. auch 20 S. 72, OVG. 45 S 16). Der letztere Weg, auf den die Aufsichtsbehörde den Magistrat verweisen kann, bietet der Aufsichtsbehörde jetzt die einzige Möglichkeit, auf die rechtskräftige Ungültigkeitserklärung der Wahl ihrerseits Einfluß zu nehmen. Zur Klage aus § 11 kann die Aufsichtsbehörde den Magistrat nicht zwingen (s. hierzu Jebens S. 107).

18. Der materielle Inhalt des Beschlusses ist lediglich die Gültigkeits- oder Ungültigkeitserklärung der Wahl, und zwar unter Zugrundelegung desjenigen Wahlergebnisses, das der Wahlvorstand und der Magistrat bekanntgegeben haben (OVG. 6 S. 136; 32 S. 6). Einen weiteren Inhalt, etwa Ratschläge oder Hinweise darauf, was nunmehr zu geschehen habe, soll der Beschluß nicht haben (s. auch Anm. 30).

Ein Beschluß kann nur in Frage kommen, wenn die Wahl ein endgültiges Ergebnis gehabt hat. So lange daher eine etwa erforderliche Stichwahl nicht stattgefunden hat, kann die Stadtverordnetenversammlung über die Gültigkeit des Wahlergebnisses selbst dann nicht beschließen, wenn schon die erste Wahl wegen Formfehlers ungültig ist (OVG. 52 S. 39).

19. Der Beschluß der Versammlung erledigt zugleich die eingelaufenen Einsprüche in gleichem Sinne (PVBl. 15 S. 178). Mit der einmal erfolgten Beschlußfassung, auch wenn sie nicht auf Einspruch, sondern von Amts wegen erfolgte, ist das Beschlußfassungsrecht und die Beschlußfassungspflicht der Stadtverordnetenversammlung hinsichtlich der betreffenden Wahl definitiv erschöpft. Eine nochmalige Beschlußfassung über dieselbe Wahl ist unzulässig (PVBl. 24 S. 603). Darüber wann die Versammlung zu beschließen hat, ist nichts gesagt. Zweckmäßig ist es, den Ablauf der Einspruchsfrist abzuwarten. Vor dem Eingang der Wahlakten und dem Ablauf der Einspruchsfrist kann jedenfalls eine Wahl nur für ungültig, nicht aber für gültig erklärt werden (OVG. 54 S. 47).

20. Die Folge der von der Stadtverordnetenversammlung beschlossenen Gültigkeit der Wahl ist, daß der Gewählte Sitz und Stimme in der Versammlung erhält und solche erst durch rechtskräftige Entscheidung im Verwaltungsstreitverfahren verlieren kann. (Siehe Anm. 35.) In diesem ist seine Beiladung erforderlich (OVG. 31 S. 108; s. Anm. 29).

21. Diese Frist soll nur das Ende der Einspruchsfrist festlegen. Die Einspruchsfrist beginnt schon mit (aber auch erst mit) Bekanntgabe des Wahlergebnisses durch den Wahlvorstand (OVG. 24 S. 33; 32 S. 129). Die Zurückweisung eines gegen eine Wahl erhobenen Einspruchs wegen verspäteter Einlegung hindert die Stadtverordnetenversammlung nicht, bei der ihr obliegenden selbständigen Prüfung die Wahl für ungültig zu erklären (OVG. 58 S. 43).

22. Wird der Einspruch irrtümlich bei der Aufsichtsbehörde angebracht, so gilt die Frist als gewahrt, wenn der Einspruch von dieser innerhalb der Frist an den Magistrat gelangt, gleichviel in welcher Form und zu welchem Zwecke ihn die Aufsichtsbehörde abgibt (anders PVBl. 15 S. 120).

23. Über die Legitimation zur Einspruchserhebung vgl. Anm. 8.

24. Wegen des materiellen Inhalts der Einsprüche s. Anm. 7. Der Einspruch kann auch darauf gestützt werden, daß ein gesetzlicher Anlaß für die Wahl gar nicht vorlag, z. B. bei Ersatz- oder Ergänzungswahlen darauf, daß der Ausgeschiedene gar nicht hätte ausscheiden dürfen (OVG. 19 S. 139, 141). (Siehe aber § 21 und Anm. 8 dazu, wonach die Anordnung der Ersatzwahl selbst von dem freien Ermessen der dort genannten drei Faktoren abhängig ist.) In formeller Beziehung ist eine besondere Begründung des Einspruchs nicht erforderlich; nur muß der Inhalt erkennen lassen, daß das Ziel des Einspruchs die Ungültigkeitserklärung der Wahl ist (OVG. 32 S. 7, 129). Die Erhebung des Einspruchs muß unbedingt erfolgen; sonst ist der Einspruch ungültig (OVG. 43 S. 102).

25. Spätestens nach Ablauf der Einspruchsfrist hat der Magistrat die Einsprüche nebst dem Wahlprotokoll der Stadtverordnetenversammlung zur Beschlußfassung zu überreichen.

26. Wohl aber kann ihn, wenn er ungesetzlich ist, der Magistrat auf Veranlassung der Aufsichtsbehörde oder aus eigener Initiative gemäß § 15 ZustGes. beanstanden (s. Anm. 17), wogegen der Stadtverordnetenversammlung die Klage im Verwaltungsstreitverfahren binnen 2 Wochen zusteht (zuständig ist in erster Instanz Bezirksausschuß, in Berlin OVG. — § 21 ZustGes.).

27. Binnen 2 Wochen (§ 21 ZustGes.); zuständig ist in erster Instanz der Bezirksausschuß (auch für Berlin), in zweiter (Berufungs-) Instanz das OVG.

28. Zur Erhebung der Klage ist außer dem Magistrat noch legitimiert:

1. derjenige stimmfähige Bürger, der Einspruch eingelegt hatte und dessen Einspruch nicht durchgedrungen ist (dies kann gleichzeitig auch der Gewählte sein; PVBl. 24 S. 322 und OVG. 52 S. 39);
2. der Gewählte, wenn dessen Wahl von der Stadtverordnetenversammlung für ungültig erklärt worden ist.

Diejenigen stimmfähigen Bürger, die nicht Einspruch erhoben haben, weil nach ihrer Ansicht das vom Wahlvorstand und Magistrat publizierte Ergebnis richtig war, sind nicht zur Klage legitimiert, auch wenn hinterher das ihnen zusagende Wahlergebnis durch die Stadtverordnetenversammlung für ungültig erklärt ist, sie also sachlich an der Änderung dieser Entscheidung interessiert sind (PVBl. 24 S. 322). Der Kreis der Einspruchs- und der Klageberechtigten deckt sich also keineswegs (OVG. 14 S. 46; 17 S. 103, 118; 19 S. 140; 20 S. 88).

Voraussetzung der Klageerhebung ist nicht, daß der angefochtene Beschluß der Stadtverordnetenversammlung denjenigen Einspruch, der zur Klageerhebung führt, ausdrücklich zurückgewiesen hat. Es genügt die Beschlußfassung über die Gültigkeit oder Ungültigkeit der Wahl überhaupt, um alle Einsprüche als erledigt anzusehen (vgl. Anm. 19).

29. Beklagter ist nur die Stadtverordnetenversammlung (OVG. 15 S. 32). Ging der Beschluß auf Gültigkeit der Wahl und erhebt der Magistrat oder der Dritte, der Einspruch erhoben hatte, die Klage, so ist der Gewählte beizuladen. Ohne diese Beiladung kann zwar auf Gültigkeit, nicht aber auf Ungültigkeit seiner Wahl erkannt werden (OVG. 31 S. 113; 32 S. 130; vgl. jedoch auch OVG. 36 S. 187; 38 S. 155; 40 S. 12; 43 S. 310, in welchen Entscheidungen die Beiladung des Gewählten unter

allen Umständen für erforderlich erachtet wird). Ist auf Einspruch eines Dritten oder des Magistrats die Ungültigkeit beschlossen und klagt der Gewählte, so braucht er die Klage nur gegen die Stadtverordnetenversammlung zu richten (OVG. 14 S. 57; 15 S. 31). Eine Beiladung des dritten Einsprechenden ist nicht nötig. So Jebens S. 129, Oertel S. 134, 141 und OVG. im PVBl. 33 S. 838.

30. Materiell muß sich die Klage gegen den Inhalt des Stadtverordnetenbeschlusses richten, also die Gültigkeits- oder Ungültigkeitserklärung der Wahl anfechten, demnach das Vorkommen erheblicher Unregelmäßigkeiten bei der Wahl entweder behaupten oder in Abrede nehmen. Dabei ist der Kläger an das im Einspruch Vorgebrachte nicht gebunden, kann vielmehr auch neue Tatsachen vorbringen (OVG. 27 S. 18; 32 S. 7). Es genügt nicht, den Beschluß der Stadtverordnetenversammlung formell als nicht ordnungsgemäß gefaßt anzugreifen (OVG. 14 S. 41; 26 S. 123). Diesem Inhalt der Klage muß inhaltlich auch die Entscheidung des Verwaltungsrichters entsprechen; diese darf sich nicht darauf beschränken, den Beschluß der Stadtverordnetenversammlung aufzuheben, sondern muß die Ungültigkeit oder Gültigkeit der Wahl aussprechen (OVG. 14 S. 37; PVBl. 24 S. 322). Darüber hinausgehend darf das Verwaltungsgericht allerdings weder Vorschläge, wie nunmehr zu prozedieren sei, machen, noch gar dem aufgehobenen Wahlergebnis ein anderes positiv substituieren (OVG. 6 S. 136; 14 S. 37; 18 S. 336; 19 S. 23; 20 S. 21, 22; 31 S. 112; 43 S. 94; 51 S. 29; 54 S. 64; 58 S. 43).

31. Ist über die Gültigkeit oder Ungültigkeit einer Wahl rechtskräftig entschieden, so ist für eine neue Entscheidung auf Grund einer neuen Klage, sei es desselben Klägers, sei es eines anderen Klägers, kein Raum mehr (OVG. 14 S. 43, 48; 26 S. 122, 123; PVBl. 24 S. 603). Der Verwaltungsrichter wird daher immer prüfen müssen, ob nicht noch von anderer Seite Klagen erhoben werden können, und wenn dies möglich ist, abwarten, ob dies geschieht, bevor er auf eine Klage entscheidet, gegebenenfalls aber die mehreren Klagen verbinden (OVG. 26 S. 123).

32. Die Stadtverordnetenversammlung sowohl wie der Verwaltungsrichter brauchen nicht alle zu gleicher Zeit vorgenommenen Wahlen für ungültig zu erklären, sondern können sich auf die Ungültigkeitserklärung einzelner Wahlen beschränken. Insbesondere können die Wahlen der einen Abteilung für gültig, die der andern für ungültig erklärt werden (OVG. 17 S. 103; 26 S. 127; PVBl. 24 S. 322). Über die Gültigkeit der Wahlen mehrerer Stadtverordneten können getrennte Beschlüsse ergehen (OVG. 54 S. 47).

33. Mit der Ungültigkeitserklärung der Stichwahl wird nicht nur diese, sondern auch die erste Wahl beseitigt; es ist von neuem zu wählen, sei es zum Ersatze (vorzeitig ausgeschiedener Stadtverordneten), sei es zur Ergänzung (eines regelmäßig ausscheidenden Mitgliedes), z. B. OVG. 19 S. 23 (s. auch Anm. 8 zu § 26). Wegen des Zeitpunktes dieser „Ersatzwahlen“ der für ungültig erklärten Wahlen s. Abs. 2 des § 11 ZustGes. und Anm. 36.

34. Stirbt der Gewählte vor rechtskräftiger Entscheidung über die Gültigkeit der Wahl, so kann eine sachliche Entscheidung, — sei es ein

Beschluß der Stadtverordnetenversammlung, sei es ein Urteil des Verwaltungsrichters — nicht mehr ergehen. Erfolgt der Tod erst nach Eintritt in das Verwaltungsstreitverfahren, so muß auf Antrag über den Kostenpunkt noch erkannt werden (OVG. 28 S. 9). — Die Ablehnung der Wahl oder Niederlegung der schon angenommenen vor der Erledigung des Streits über die Gültigkeit der Wahl stehen dagegen der weiteren Verfolgung des Einspruchs und eventl. der Durchführung der Klage im Verwaltungsstreitverfahren nicht entgegen; insbesondere wird im Falle der Ablehnung weder der Einspruch noch die nachfolgende Klage durch einen zwar die Ablehnung billigenden, die Wahl an sich aber für gültig erachtenden Beschluß der Stadtverordnetenversammlung ausgeschlossen (OVG. 19 S. 18).

35. Die wichtigsten Konsequenzen hiervon sind:

a) daß der gewählte Stadtverordnete alsbald mit dem Stadtverordnetenbeschluß Sitz und Stimme in der Versammlung erhält (Anm. 20), und diese erst verliert, wenn rechtskräftig die Ungültigkeit der Wahl festgestellt ist (OVG. 31 S. 108, PVBl. 24 S. 281),

b) daß die Beschlüsse der Versammlung deshalb, weil Stadtverordnete mitgewirkt haben, deren Wahl hinterher durch das Verwaltungsgericht für ungültig erklärt worden ist, nicht angefochten werden können.

36. Ersatzwahl ist hier nicht im technischen Sinne (Ersatzwahl für vorzeitig ausgeschiedene Mitglieder) zu verstehen, sondern in dem Sinne: Ersatzwahlen für ungültig erklärte Wahlen. Die Bestimmung greift also Platz, gleichviel ob es sich in der angefochtenen Wahl um Ersatz vorzeitig ausgeschiedener oder um die regelmäßige Ergänzung der Versammlung gehandelt hat (OVG. 14 S. 60, s. Anm. 27 zu § 20 StO., vgl. auch OVG. 14 S. 41, 42; 20 S. 9; 26 S. 121). Ist erst einmal Klage gegen den die Gültigkeit der Wahl aussprechenden Stadtverordnetenbeschluß erhoben und damit das Streitverfahren anhängig, so würde auch ein neuer Stadtverordnetenbeschluß, welcher der Klage entsprechend die Wahl nachträglich für ungültig erklärt, keine Möglichkeit schaffen, die Ersatzwahl vor Beendigung des Streitverfahrens vorzunehmen; für einen solchen zweiten Beschluß ist nach dem Gesetze kein Raum (vgl. oben Anm. 19).

§ 28.

Die bei der regelmäßigen Ergänzung neu gewählten[1] Stadtverordneten treten mit dem Anfang des nächstfolgenden Jahres ihre Verrichtungen an;[2,3] die Ausscheidenden bleiben bis zur Einführung der neu gewählten Mitglieder in Tätigkeit.[4,5]

Der Magistrat hat die Einführung der Gewählten und deren Verpflichtung durch Handschlag an Eides Statt anzuordnen.[6,7]

1. Oder wieder gewählten; s. § 22 Abs. 3.

2. Der erste Satz des § 28 setzt als normal voraus, daß über die Gültigkeit der im November erfolgten Stadtverordnetenwahlen bis zum 1. Januar des nächsten Jahres Entscheidung getroffen ist, was nach den

kurzen Fristen der früheren Absätze 2 u. 3 des § 27 früher auch leicht zu erreichen war. Hat die Stadtverordnetenversammlung die Gültigkeit der Wahl beschlossen, so steht gesetzlich die Zulässigkeit der Klage gegen diesen Beschluß der Einführung der neuen Stadtverordneten nicht entgegen (§ 11 ZustGes., Anm. 35 zu § 27). Zweckmäßig aber wird es jedenfalls sein, vor Einführung der neuen Stadtverordneten abzuwarten, ob gegen ihre Wahl Einspruch erhoben wird, ob die Stadtverordnetenversammlung sie für ungültig erklärt und ob demnächst hiergegen Klage erheben wird (s. Anm. 5).

3. Bereits Satz 1 enthält eine Modifikation des Grundsatzes, daß alle Stadtverordneten auf 6 Jahre gewählt werden (§ 18); denn auch, wenn seinerzeit die Wahl des jetzt ausscheidenden Stadtverordneten sich über den Januar hinaus bis in den Februar oder März verzögert hatte, findet sein Ausscheiden, vorausgesetzt, daß sein Ersatz bereits gewählt ist, dennoch Anfang Januar — also unter Umständen nicht *volle* 6 Jahre später statt.

4. Die Bestimmung soll verhindern, daß die Stadtverordnetenversammlung zum Teil unbesetzt ist, nämlich dann, wenn die Einführung der neu gewählten Mitglieder sich verzögert. Damit ist eine zweite Modifikation (Anm. 3) des § 18 Satz 1 gegeben (MBl. 61 S. 65). Nach OVG. 16 S. 58 (s. auch OVG. 20 S. 86; PVBl. 10 S. 339, 483; 13 S. 587; 15 S. 65) soll die Bestimmung dahin ausgelegt werden, daß jeder Stadtverordnete so lange in Tätigkeit bleibt, bis der *für ihn* gewählte Nachfolger eingeführt ist. Praktisch ausführbar ist dies nur dann, wenn von jedem Wahlbezirk einer Abteilung nur *ein* Ergänzungsstadtverordneter gewählt ist, weil andernfalls sich nicht feststellen läßt, welcher neue Stadtverordnete der Nachfolger jedes einzelnen alten Stadtverordneten ist.

5. Die Konsequenzen der Vorschrift des Satzes 2 sind:

a) wenn die Neuwahl oder Wiederwahl eines Stadtverordneten für ungültig erklärt wird, bevor der neu gewählte oder wieder gewählte Stadtverordnete eingeführt (oder von neuem eingeführt) ist, behält der alte (nicht wieder gewählte oder wieder gewählte) Stadtverordnete sein Mandat so lange, bis ein Nachfolger für ihn (also von demselben Bezirk und von derselben Abteilung) gewählt und eingeführt ist;

b) erfolgt die Ungültigkeitserklärung der Wahl eines neu gewählten (oder wieder gewählten Stadtverordneten) erst *nach* seiner Einführung (oder Wiedereinführung), so scheidet er wiederum aus, und zwar ohne daß das Mandat des alten Stadtverordneten oder sein altes Mandat (wenn er wieder gewählt war) wieder auflebt. Die betreffende Abteilung oder der betreffende Wahlbezirk ist in diesem Falle also unvertreten. Vgl. wegen des Verfahrens den *Schluß* der Anm. 2 (PVBl. 13 S. 587).

6. Nur die *Anordnung* der Einführung soll vom Magistrat ausgehen. Es erscheint danach zulässig, daß die Einladung zur Einführung und die Einführung selbst sowie die Verpflichtung durch den Stadtverordnetenvorsteher vorgenommen wird (PVBl. 10 S. 388; 16 S. 438). Ist ein solcher, wie dies nach den regelmäßigen Ergänzungswahlen in der ersten Sitzung des nächsten Jahres stets der Fall sein wird, noch gar nicht vorhanden, weil die Versammlung erst neu konstituiert werden muß, so

wird naturgemäß der Bürgermeister oder dessen Stellvertreter die Einführung und Verpflichtung vorzunehmen haben.

7. Wer als Stadtverordneter noch nicht eingeführt und verpflichtet ist, bleibt so lange von der Ausübung der ihm durch die Wahl verliehenen Obliegenheiten ausgeschlossen (OVG. 44 S. 24).

Titel III.

Von der Zusammensetzung und Wahl des Magistrats.

§ 29.

Der Magistrat besteht aus dem Bürgermeister,[1] einem Beigeordneten oder zweiten Bürgermeister[2] als dessen Stellvertreter,[3] einer Anzahl von Schöffen[4] (Stadträten, Ratsherren, Ratsmännern)[5] und wo das Bedürfnis es erfordert,[6] noch aus einem oder mehreren besoldeten Mitgliedern (Syndikus, Kämmerer, Schulrat, Baurat usw.).[7] Es gehören zum Magistrat in Stadtgemeinden von weniger als

	2500	Einwohnern	2 Schöffen,
2500 bis	10000	„	4 „
10001 „	30000	„	6 „
30001 „	60000	„	8 „
60001 „	100000	„	10 „

Bei mehr als 100000 Einwohnern treten für jede weiteren 50000 Einwohner zwei Schöffen hinzu.[8, 9]

Wo die Zahl der Mitglieder des Magistrats bisher eine andere gewesen ist, verbleibt es bei dieser Zahl, bis durch statutarische Anordnung, welcher überhaupt abweichende Festsetzungen über die Zahl der Magistratsmitglieder vorbehalten werden, eine Änderung getroffen ist.[10, 11]

1. Wegen der Funktionen des Bürgermeisters vgl. § 58. Der Bürgermeister führt im Gebiet der StO. v. 30. 5. 1853 nur dann den Titel Oberbürgermeister, wenn er ihm vom Könige besonders verliehen ist. (Anders nach der StO. v. 1808 u. StO. H.-N. § 32.) Die Bezeichnung „erster Bürgermeister" ist zwar von der StO. weder vorgeschrieben noch zugelassen, ist aber beim Vorhandensein eines zweiten Bürgermeisters allgemein üblich und auch durch die Praxis der Staatsbehörden anerkannt (vgl. Oertel im PVBl. 28 S. 859). — Der Bürgermeister ist stets besoldet (vgl. § 31 und § 64 Abs. 3), und gehört wie die übrigen besoldeten Magistratsmitglieder zu den Kommunalbeamten im Sinne des KBG. v. 30. 7. 1899 (§§ 1 u. 14 daselbst, wonach nur Satz 1 § 1, §§ 4—7, 14, 15, 24—27 des KBG. auf

die besoldeten Magistratsmitglieder Anwendung finden). Als besoldeter Gemeindebeamter ist der Bürgermeister mittelbarer Staatsbeamter (§§ 68, 69 II, 10 ALR.; OVG. 19 S. 429; 20 S. 39); die Ausübung von Funktionen der Ortspolizeiverwaltung oder von örtlichen Staatsverwaltungsgeschäften (§ 62 StO.) macht ihn nicht zum unmittelbaren Staatsbeamten. Soll der Bürgermeister zugleich unbesoldete Ämter bekleiden (z. B. zum Kreistagsabgeordneten gewählt werden; § 106 KrO.), so muß ihm, falls er das Bürgerrecht noch nicht besitzt, dieses erst verliehen werden (§ 6 StO. und Anm. 2 zu § 5, sowie OVG. 5 S. 11).

2. Der Beigeordnete führt den Titel „zweiter Bürgermeister" von Gesetzes wegen, also ohne besondere Königliche Verleihung. Der Beigeordnete braucht nicht besoldet zu sein (§ 31 Abs. 1); ist er nicht besoldet, so können ihm doch gemäß § 64 StO. für Erledigung bestimmter Aufträge Entschädigungsbeträge bewilligt werden. Ist dies nicht geschehen, so muß er sein Amt, gegebenenfalls auch die Vertretung des behinderten oder nicht vorhandenen ersten Bürgermeisters unentgeltlich führen (vgl. PVBl. 33 S. 50).

3. Der zweite Bürgermeister ist demnach gesetzlicher Vertreter des ersten Bürgermeisters; zur Anordnung einer anderweiten Vertretung ist für die Aufsichtsbehörde kein Raum. Nur in den Fällen des § 33 Abs. 2—4 kann eine kommissarische Verwaltung der ersten Bürgermeisterstelle angeordnet werden (OVG. 11 S. 35).

Der Beigeordnete ist zur Vertretung des Bürgermeisters auch in dessen staatlichen Nebengeschäften (§ 62 II StO.) von Amts wegen verpflichtet (OVG. 50 S. 433).

4. Darunter sind nur die unbesoldeten Magistratsmitglieder zu verstehen.

5. Nach der KO. v. 15. 2. 1879 in Verbindung mit ME. v. 15. 2. 1873 (MBl. 59) sollen künftighin für die Annahme eines dieser Titel ortsstatutarische Bestimmungen maßgebend sein; als angemessen und zur Bestätigung geeignet soll danach für Städte von 10000 und mehr Einwohnern die Festsetzung des Titels „Stadtrat", für Städte von 5000 und mehr Einwohnern die Festsetzung der Bezeichnung „Ratsherr" angesehen werden.

6. Über das Bedürfnis entscheiden in erster Reihe die Gemeindebehörden (Magistrat und Stadtverordnete) selbst, in zweiter Reihe die zur Bestätigung der Besoldungsfestsetzungen gemäß § 64 Abs. 3 berufenen Selbstverwaltungsbeschlußbehörden (Bezirksausschuß — für Berlin Oberpräsident, in zweiter Instanz Provinzialrat — für Berlin Minister des Innern).

7. Daß die sämtlichen besoldeten Magistratsmitglieder gerade einen dieser Titel führen müssen, ist damit nicht gesagt; sie können ebensogut auch als „Stadträte" bezeichnet werden. Umgekehrt ist es auch zulässig, einen der hier aufgeführten Titel: z. B. Syndikus, Stadtbaurat usw. für andere besoldete städtische Beamte, die nicht Magistratsmitglieder sind, zu benutzen (s. Oertel S. 148).

8. Für die Feststellung der Einwohnerzahl ist das Ergebnis der letzten Volkszählung maßgebend (MBl. 1866 S. 137); aktive Militärpersonen bleiben außer Berechnung (MBl. 1865 S. 2; 1872 S. 75; ZustGes. § 162).

9. Unter Schöffen sind hier stets nur die unbesoldeten Magistratsmitglieder verstanden. Die besoldeten Magistratsmitglieder treten außerdem hinzu. Die unbesoldeten Magistratsmitglieder sind Ehrenbeamte; ihnen kann nur eine Entschädigung für bestimmte Aufträge gegeben werden (§ 64). Sie gehören nicht zu den Kommunalbeamten im Sinne des G. v. 30. 7. 99. — Wählbar zu unbesoldeten Magistratsmitgliedern sind nur Personen, die das Bürgerrecht besitzen; § 5 StO.; s. außerdem § 30.

10. Ist eine solche ortsstatutarische Regelung nicht erfolgt, so hat der Magistrat der Bevölkerungszunahme entsprechend dafür zu sorgen, daß gemäß Abs. 1 u. 2 die erforderliche Anzahl unbesoldeter Magistratsmitglieder gewählt wird. Eines besonderen Gemeindebeschlusses bedarf es in diesem Falle zur Schaffung solcher nach dem Gesetze erforderlichen neuen unbesoldeten Stadtratsstellen nicht.

11. Neben den besoldeten Magistratsmitgliedern können auch höhere städtische Beamte als technische Dezernenten (Justiziare, Magistratsassessoren, Baumeister, Ingenieure, Techniker) fungieren, die an den Magistratssitzungen mit beratender (aber nicht beschließender) Stimme teilnehmen, dagegen, vorausgesetzt, daß dies ortsstatutarisch gemäß §§ 11, 59 Abs. 3 StO. festgesetzt ist, Sitz und Stimme in denjenigen einzelnen Verwaltungsdeputationen haben, denen sie vom Magistrat überwiesen sind. Der Stadtverordnetenversammlung gegenüber sind diese höheren Kommunalbeamten nicht unmittelbar verantwortlich, können aber als Kommissare des Magistrats, zweifellos auch als „Abgeordnete" desselben im Sinne des § 38 Abs. 3 fungieren (s. zu § 38). So auch PVBl. 17 S. 304. Bezüglich der Amtsbezeichnung dieser höheren Beamten s. Anm. 7 und das zu § 56[6] Bemerkte.

§ 30.

Mitglieder des Magistrats können nicht sein:[1]

1. diejenigen Beamten und die Mitglieder derjenigen Behörden, durch welche die Aufsicht des Staats über die Städte ausgeübt wird (§ 76);[2]
2. die Stadtverordneten, ingleichen Gemeinde-Unterbeamte[3] und in Städten über 10000 Seelen die Gemeinde-Einnehmer (§ 56 Nr. 6);[4]
3. Geistliche,[5] Kirchendiener[6] und Lehrer an öffentlichen Schulen;[7]
4. die richterlichen Beamten, zu denen jedoch die technischen Mitglieder der Handels-, Gewerbe- und ähnlicher Gerichte nicht zu zählen sind;[8]
5. die Beamten der Staatsanwaltschaft;[9]
6. die Polizeibeamten.[10]

Vater und Sohn, Schwiegervater und Schwiegersohn, Brüder und Schwäger, dürfen nicht zugleich Mitglieder des Magistrats sein.[11]

Entsteht die Schwägerschaft im Laufe der Wahlperiode, so scheidet dasjenige Mitglied aus, durch welches das Hindernis herbeigeführt worden ist.[12]

Vater und Sohn, Schwiegervater und Schwiegersohn, sowie Brüder, dürfen nicht zugleich Mitglieder des Magistrats und der Stadtverordnetenversammlung sein.[13]

Personen, welche die in dem Gesetze vom 7. Februar 1835 (Gesetz-Sammlung Seite 18) bezeichneten Gewerbe betreiben, können nicht Bürgermeister sein.[14–18]

Vorbemerkung:

§ 30 enthält eine Reihe negativer Erfordernisse der Wählbarkeit zum Magistratsmitgliede, die in gleicher Weise bei unbesoldeten wie bei besoldeten Magistratsmitgliedern erfüllt sein müssen; positive Erfordernisse bestehen insofern, als

a) die unbesoldeten Magistratsmitglieder das Bürgerrecht (oder Ehrenbürgerrecht) besitzen müssen (die besoldeten brauchen weder das Bürgerrecht zu besitzen, noch Preuße zu sein — Art. 3 RV.);

b) in Städten, die besondere Stadtkreise bilden (§ 4 KrO.), eins der besoldeten Magistratsmitglieder — in der Regel der Bürgermeister — als Vorsitzender des Stadtausschusses gemäß § 37 LVG. die Befähigung zum Richteramt oder höheren Verwaltungsdienst besitzen muß. Sonstige gesetzliche Bestimmungen bezüglich der Qualifikation der besoldeten Magistratsmitglieder bestehen nicht (vgl. Anm. 2 zu § 33).

1. D. h. „zugleich" sein; nichts hindert, eine der unter 1—6 erwähnten Personen mit der Maßgabe zu Magistratsmitgliedern zu wählen, daß sie dieses Amt erst nach Auflösung ihres bisherigen Dienstverhältnisses oder Niederlegung des Stadtverordnetenmandats antreten sollen.

2. Siehe § 17 Anm. 1—3.

3. D. h. alle besoldeten Kommunalbeamten; vgl. wegen der Abgrenzung dieses Kreises Anm. 4 u. 5 zu § 17.

4. Danach darf das Amt des Gemeindeeinnehmers nur in Städten bis zu 10000 Einwohnern dem das Kämmereramt versehenden Magistratsmitgliede übertragen werden.

5. Siehe Anm. 7 zu § 17.

6. Siehe Anm. 8 zu § 17.

7. Nicht bloß an „Elementarschulen" wie im § 17; auch Lehrer an höheren Schulen dürfen nicht zugleich Magistratsmitglieder sein. Hinsichtlich der Lehrer an den Universitäten, die an sich ebenfalls unter die „öffentlichen Schulen" fallen, bestehen Zweifel. Vgl. Preuß (a. a. O. S. 363), der übrigens selbst, obwohl gleichzeitig Universitätslehrer, als unbesoldeter Stadtrat in Berlin bestätigt worden ist.

8. Siehe Anm. 10 u. 11 zu § 17; daß ein Rechtsanwalt zugleich Bürgermeister oder besoldetes Magistratsmitglied sei, ist hiernach gesetzlich

keineswegs verboten; indessen dürfte die Vorschrift des Ml. v. 5. 4. 1834 (von Kamptz Annalen S. 412; s. auch MBl. 1842 S. 54, daß ein solcher Anwalt sich jeder Prozeßführung für oder gegen Einwoher seiner Stadt enthalten solle, immer noch zutreffend sein.

9. Siehe Anm. 12 zu § 17.

10. Siehe Anm. 13 zu § 17.

11. Diese Verbote sind also weitergehend als die im Abs. 2 des § 17. Hier tritt als Hindernis neben die Blutsverwandtschft die Schwägerschaft. Schwägerschaft besteht zwischen einem Ehegatten und den Verwandten des anderen (§ 1590 BGB.). Wegen der Halbbrüder s. Anm. 14 zu § 17. Großvater und Enkel dürfen zugleich Magistratsmitglieder sein.

Einer Bestimmung wie die im letzten Satze des § 17 bedurfte es hier nicht, weil die Magistratsmitglieder in einzelnen Wahlgängen gewählt werden, also nicht zugleich gewählt werden können. Der Zweitgewählte, dessen Wahl gegen § 30 Abs. 2 verstößt, ist nicht gültig gewählt; seine Wahl müßte durch Nichtbestätigung kassiert werden (§ 33 StO.); sollte die Bestätigung wegen Unkenntnis der verwandtschaftlichen Beziehungen erfolgt sein, so bietet der § 15 ZustGes. in der Beanstandung durch den Gemeindevorstand ein Mittel, die Wahl zu kassieren.

12. D. h. derjenige, der durch seine Heirat Schwiegersohn oder Schwager des anderen Magistratsmitgliedes geworden ist. Dem logischen Zusammenhange nach hätte Abs. 3 hinter Abs. 4 gehört, da er auch im Falle des Abs. 4 (Schwiegervater und Schwiegersohn) zweifellos Anwendung zu finden hat.

13. Wird gegen die Bestimmung verstoßen, so ist die Wahl des Zweitgewählten ungültig, s. Anm. 11; tritt das Hindernis ert nach der Wahl beider Personen ein, so findet Abs. 3 Anwendung, vorausgesetzt, daß nicht etwa der andere Verwandte sein Amt freiwillig, erforderlichenfalls mit Zustimmung der Stadtverordnetenversammlung (§ 74), niederlegt. — Zu beachten ist, daß von zwei Schwägern gleichzeitig der eine Magistratsmitglied, der andere Stadtverordneter sein darf.

14. Das sind die Gewerbe der Gast- und Schankwirtschaft. — Diejenigen Magistratsmitglieder, welche die Ortspolizei ausüben, sollen auch nicht Agenturen solcher Versicherungsgesellschaften übernehmen, die staatlicher Aufsicht unterliegen (MBl. 54 S. 145).

15. Nebenberufe und Nebenbeschäftigungen: Die unbesoldeten Magistratsmitglieder sind in der Wahl ihres Berufs oder ihrer Beschäftigung völlig frei. Aber auch den besoldeten ist die Übernahme von Nebenberufen oder Nebenbeschäftigungen, selbst gegen laufende Entschädgung, keineswegs gesetzlich verboten; die Übernahme von Nebenämtern oder Nebenbeschäftigungen seitens der besoldeten Magistratsmitglieder, insbesondere die Übernahme von Vorstands- und Aufsichtsratsstellen bei Aktiengesellschaften, Bau-, Kredit- und Bergwerksgesellschaften sowie der Eintritt in Komitees für Gründung solcher Gesellschaften erfordert weder eine Genehmigung der staatlichen Aufsichtsbehörde noch auch nur eine Anzeige an diese (MBl. 1902 S. 189; vgl. aber auch MBl. 1882 S. 47). Unter

Umständen kann es sogar im Interesse der Stadtgemeinde liegen, daß Magistratsmitglieder Aufsichtsräte von Aktiengesellschaften oder ähnlichen Erwerbsgesellschaften sind; dann nämlich, wenn die Aktiengesellschaft ein Unternehmen betreibt, an dessen Kapital (Aktien- oder Obligationenkapital) die Stadtgemeinde sich wegen des öffentlichen Interesses dieses Unternehmens (Straßenbahnen, Wasserwerke, Elektrizitätswerke, gemeinnützige Baugesellschaften usw.) in erheblichem Maße beteiligt hat (PVBl. 27 S. 443).

Vertragsmäßig kann rechtsgültig vor der Wahl das Verbot der Übernahme von Nebenämtern oder Nebenberufen (jeder Art oder bloß besoldeter Nebenämter) statuiert oder auch die Einholung der Genehmigung der Stadtverordnetenversammlung zur Übernahme solcher Nebenbeschäftigungen erfordert werden. Ebenso ist ortsstatutarische Festlegung dieser Bestimmung zulässig (§ 11). — Unter allen Umständen hat die Aufsichtsbehörde das Recht, zu prüfen, ob die Führung des Nebenamtes oder die Erledigung der übernommenen Nebenbeschäftigung mit der Führung des Amtes des besoldeten Magistratsmitgliedes vereinbar ist, und kann erforderlichenfalls die Fortsetzung der Nebenbeschäftigung untersagen (MBl. 1846 S. 3, 82 S. 47).

16. **Übernahme von Vormundschaften durch Magistratsmitglieder:** Unbesoldete Magistratsmitglieder bedürfen keiner Genehmigung; besoldete gemäß § 1784 BGB. Art. 72 AG. z. BGB. der Genehmigung der Aufsichtsbehörde.

17. **Übernahme von Mandaten zum Reichstag oder Landtag:** Hierzu bedarf es auch für die besoldeten Magistratsmitglieder gemäß Art. 78 VU., Art. 21 Abs. 1 RV. keines Urlaubs; ob die Bedingung der Nichtannahme eines solchen Mandats vor der Wahl rechtswirksam gestellt werden kann, ist streitig (dafür OTr. 52 S. 320, Oertel 152; dagegen Kautz-Appelius S. 320 unter Berufung auf Rönne, Laband u. Gerber). An sich wäre ein Abzug vom Gehalt zur Deckung der Stellvertretungskosten jedesfalls gesetzlich zulässig (OTr. a. a. O.), indessen wird hiervon allgemein in Gemäßheit des Staats-Ministerialbeschlusses vom 24. 10. 1869 (MBl. 189, 276) Abstand genommen.

18. **Kündigungsrecht hinsichtlich der Wohnung.** Den besoldeten Magistratsmitgliedern steht, auch wenn sie auf Grund einer Bewerbung an einem anderen Orte als ihrem zeitigen Wohnorte gewählt und hierdurch zu einer Verlegung des Wohnsitzes gezwungen werden, das Kündigungsrecht gemäß § 570 BGB. zu (PVBl. 26 S. 945); Rechtsprechung der Oberlandesgerichte 17 S. 14).

§ 31.

Der Beigeordnete[1] und die Schöffen (§ 29) werden auf sechs Jahre, der Bürgermeister und die übrigen besoldeten Magistratsmitglieder dagegen auf zwölf Jahre[2] von der Stadtverordnetenversammlung[3] gewählt. Auch können Beigeordnete mit Besoldung angestellt werden, und erfolgt in diesem Falle deren Wahl gleichfalls auf zwölf Jahre.[4–8]

Alle drei Jahre scheidet die Hälfte der Schöffen aus und wird durch neue Wahlen ersetzt. Die das erstemal Ausscheidenden werden durch das Los bestimmt. Die Ausscheidenden können wieder gewählt werden.[9] Wegen der außergewöhnlichen Ersatzwahlen kommt die Bestimmung § 21 zur Anwendung.[10]

1. D. h. nur der unbesoldete Beigeordnete; wegen des besoldeten s. Satz 2.

2. Hierzu: Gesetz, betreffend die Ergänzung des § 31 StO. f. d. 6 östl. Provinzen vom 30. 5. 1853, vom 25. 2. 1856 (GS. 129):

„Die Wahl des Bürgermeisters und der übrigen besoldeten Magistratsmitglieder kann auch auf Lebenszeit erfolgen."

3. Ausschließlich von dieser; der Magistrat wählt nicht mit, hat aber mitzuwirken, soweit es sich um Vorbereitung des Stadtverordnetenbeschlusses und um Ausführung desselben handelt (§ 56[2]). Danach hat der Magistrat mitzuwirken bei der Festsetzung der Besoldung, der vor der Wahl zu bewirkenden Einholung der Genehmigung der beschlossenen Besoldung durch den Bezirksausschuß (§ 64 StO., § 16 ZustGes.), bei der Festsetzung der Wahlperiode und der Qualifikationsbedingungen; die Beschlußfassung darüber, ob eine Ausschreibung erfolgen solle, steht der Stadtverordnetenversammlung allein zu, dagegen hat die Ausschreibung selbst, strenggenommen, vom Magistrat als der ausführenden Behörde auszugehen. Indessen ist es zulässig, daß die Ausschreibung im Einvernehmen mit dem Magistrat von der Versammlung oder deren Vorstande ausgeht, und daß der Kürze halber darin um die Einsendung der Bewerbungen an den Vorsteher ersucht wird (MBl. 1865 S. 181). Nach der Wahl hat der Magistrat die Bestätigung des Gewählten bei der Aufsichtsbehörde gemäß § 33 zu beantragen, der Bürgermeister die gewählten und bestätigten Magistratsmitglieder einzuführen (§ 34).

4. Die vom Gesetze vorgeschriebenen Wahlperioden müssen bei dem Bürgermeister, dem Beigeordneten und den besoldeten Magistratsmitgliedern immer innegehalten werden, auch dann, wenn es sich um Ersatzwahlen für vorzeitig Ausgeschiedene handelt (MBl. 1860 S. 5). Anders bei den unbesoldeten Magistratsmitgliedern (mit Ausnahme des etwa unbesoldeten Beigeordneten); diese werden bei Ersatzwahlen nur auf die noch laufende Amtszeit des Vorgängers gewählt (§ 21 Abs. 2 Satz 2 in Verbindung mit § 31 Abs. 2 letzter Satz). Der Bürgermeister und die übrigen besoldeten Magistratsmitglieder, die zunächst auf 12 Jahre gewählt sind, können bereits vor Ablauf der 12jährigen Amtsperiode auf Lebenszeit gewählt werden (PVBl. 32 S. 638).

5. Der Beginn der Wahlperiode ist gesetzlich nicht festgelegt. Zeitigstens kann sie mit der Bestätigung zu laufen beginnen. In Ermangelung einer besonderen Festsetzung im einzelnen oder allgemeiner ortsstatutarischer Bestimmung wird man den Tag der Einführung als Beginn der Wahlzeit anzusehen haben. Es steht aber nichts im Wege, den Anfang der Wahlperiode ortsstatutarisch ein für allemal auf einen bestimmten

Kalendertag, z. B. einen Quartalsanfang, festzusetzen; zweckmäßig ist dies jedenfalls hinsichtlich der unbesoldeten Magistratsmitglieder (Schöffen), da sonst die Zeitpunkte des regelmäßigen Ausscheidens einer Anzahl derselben, wenn ihre Einführung zufällig nicht zeitlich zusammenfiel, auseinanderfallen.

6. Vorzeitiges Ende der Amtszeit: Die besoldeten Magistratsmitglieder können, sofern nicht erhebliche Nachteile für das Gemeinwohl zu besorgen sind, jederzeit aus ihrem Amte ausscheiden und müssen auf Antrag entlassen werden (§ 95 ALR. II 10). Das beim Magistrat einzureichende Entlassungsgesuch bedarf der Genehmigung des Magistrats und der Stadtverordnetenversammlung. Auch eine schwebende Disziplinaruntersuchung hindert das freiwillige Ausscheiden nicht (KO. v. 22. 3. 1856 MBl. 141). Andererseits soll die Amtsniederlegung die Fortsetzung der Untersuchung nicht hindern (MBl. 1878 S. 14). — Die unbesoldeten Magistratsmitglieder bedürfen zur vorzeitigen Niederlegung des Amtes der Zustimmung der Stadtverordnetenversammlung, die ihnen nur nach Maßgabe des § 74 StO. versagt werden kann (vgl. Töpffer im PVBl. 23 S. 353).

7. Wegen Vornahme der erforderlichen Neuwahlen bei Ablauf der Amtsperiode der Magistratsmitglieder (und zwar besoldeter und unbesoldeter) sowie bei vorzeitigem Ausscheiden besoldeter Magistratsmitglieder vgl. Art. IX der Instruktion v. 20. 6. 1853 (abgedruckt im Anhang A).

8. Zuständig zur Beschlußfassung über die Notwendigkeit etwaiger Ersatzwahlen in den Gemeindevorstand ist gemäß § 12 Abs. 2 ZustGes. der Bezirksausschuß (in Berlin gemäß § 43 LVG. der Oberpräsident). Die Genehmigung der Besoldungsbeträge ist gemäß § 64 StO. erforderlich; zur Beschlußfassung ist gemäß § 16 Abs. 3 ZustGes. ebenfalls der Bezirksausschuß (in Berlin Oberpräsident) zuständig.

9. Das gilt auch von besoldeten Magistratsmitgliedern, deren Wahlperiode abgelaufen ist. Das ausscheidende Magistratsmitglied soll an den Magistratsbeschlüssen, betreffend die Vorbereitung der Wahl für seine Stelle nicht teilnehmen (MBl. 1865 S. 181).

10. Der ganze Absatz 2 des § 21 kommt (in der durch § 12 Abs. 2 ZustGes. veränderten Gestalt) zur Anwendung, nicht etwa nur § 21 Satz 2 des Absatz 2.

§ 32.

Für jedes zu wählende Mitglied des Magistrats wird besonders abgestimmt.[1] Die Wahl erfolgt durch Stimmzettel.[2] Wird die absolute Stimmenmehrheit bei der ersten Abstimmung nicht erreicht, so werden diejenigen vier Personen, auf welche die meisten Stimmen gefallen sind, auf eine engere Wahl gebracht.[3] Wird auch hierdurch die absolute Stimmenmehrheit nicht erreicht, so findet unter denjenigen zwei Personen, welche bei der zweiten Abstimmung die meisten Stimmen erhalten haben, eine engere Wahl statt. Bei Stimmengleichheit entscheidet das Los.[4,5,6]

1. Nach MBl. 1865 S. 181 sollen sich diejenigen Magistratsmitglieder, deren Stellen wieder zu besetzen sind, der Beteiligung bei den Verhandlungen enthalten. Dagegen dürfen sich an der Abstimmung auch diejenigen Stadtverordneten beteiligen, die als Kandidaten für die Wahl in Frage kommen; sie können ihre Stimme für sich selbst abgeben (§ 44 StO. kommt hier nicht in Betracht).

2. Also geheim; vorherige mündliche Aussprache über die Kandidaten und deren Qualifikation ist zulässig (s. auch MR. v. 29. 5. 1839, v. Kamptz Annalen S. 384).

3. Die Bestimmung dieses Satzes kann nur auf solche Fälle angewendet werden, in denen 4 oder mehr als 4 Personen Stimmen erhalten haben. Haben nur 3 Personen Stimmen erhalten, ohne daß die absolute Majorität erreicht worden ist, so findet nur die engere Wahl zwischen den beiden Personenstatt, welche die meisten Stimmen erhalten haben. Eine vorherige Wiederholung der Wahl unter Zulassung aller 3 Kandidaten, auf welche Stimmen entfallen sind, ist nicht erfordert (a. A. Kappelmann, StO. S. 103; vgl. auch PVBl. 32 S. 650). Haben nur 2 Personen und diese gleichviel Stimmen erhalten, so entscheidet das Los, ohne daß es einer nochmaligen Wahl bedarf (PVBl. 25 S. 598). Haben mehr als 4 Kandidaten Stimmen erhalten, der 4. und 5. aber gleich viele Stimmen, so entscheidet zwischen letzteren das Los darüber, wer als 4. auf die engere Wahlliste zu setzen ist (letzter Satz des § 32).

4. Darüber, in welcher Weise gelost wird, bestimmt die Geschäftsordnung der Stadtverordnetenversammlung, in deren Ermangelung der Stadtverordnetenvorsteher.

5. Das Protokoll derjenigen Sitzung, in welcher die Wahl vorgenommen ist (§ 47), muß über die Innehaltung der gesetzlichen Formalitäten bei der Wahl Auskunft geben und ist im Original oder beglaubigter Abschrift dem Antrage auf Bestätigung beizufügen.

6. Nach MR. v. 29. 5. 1839 (v. Kamptz Annalen S. 384, s. auch Oertel S. 155, Marc. S. 91) soll die Stadtverordnetenversammlung bis zur erfolgten Einreichung des Bestätigungsantrages an die Aufsichtsbehörde von ihrer Wahl wieder abgehen dürfen. Indessen wird angenommen werden können, daß die auf Anfrage der Stadtverordnetenversammlung oder ihres Vorstehers erfolgte Annahmeerklärung des Gewählten der Stadtverordnetenversammlung dieses Rücktrittsrecht nimmt. In diesem Falle dürfte erst die Versagung der Bestätigung für eine neue Wahl Raum schaffen (vgl. auch Jebens S. 152).

§ 33.

Die gewählten Bürgermeister, Beigeordneten, Schöffen und besoldeten Magistratsmitglieder bedürfen der Bestätigung.[1,2,3] Die Bestätigung steht zu:

1. dem Könige hinsichtlich der Bürgermeister und Beigeordneten in Städten von mehr als 10000 Einwohnern;[4,5]

2. der Regierung[6] hinsichtlich der Bürgermeister und Beigeordneten in Städten, welche nicht über 10000 Einwohner haben, sowie hinsichtlich der Schöffen und der besoldeten Magistratsmitglieder in allen Städten, ohne Unterschied ihrer Größe.

Wird die Bestätigung versagt, so schreitet die Stadtverordnetenversammlung zu einer neuen Wahl. Wird auch diese Wahl nicht bestätigt, so ist die Regierung[6] berechtigt,[7] die Stelle einstweilen[8] auf Kosten der Stadt[9] kommissarisch verwalten zu lassen.[10]

Dasselbe findet statt, wenn die Stadtverordneten die Wahl verweigern, oder den nach der ersten Wahl nicht Bestätigten wieder erwählen sollten.[11]

Die kommissarische Verwaltung dauert so lange, bis die Wahl der Stadtverordnetenversammlung, deren wiederholte Vornahme ihr jederzeit zusteht, die Bestätigung des Königs, beziehungsweise der Regierung[6] erlangt hat.

Hierzu § 13 ZG.

Soweit die Bestätigung der Wahlen von Gemeindebeamten[12] nach Maßgabe der Gemeindeverfassungsgesetze den Aufsichtsbehörden zusteht,[13] erfolgt dieselbe durch den Regierungspräsidenten.[14]

Die Bestätigung kann nur unter Zustimmung des Bezirksausschusses versagt werden.[15] Lehnt der Bezirksausschuß die Zustimmung ab,[16] so kann dieselbe auf den Antrag des Regierungspräsidenten durch den Minister des Innern ergänzt werden.[17]

Wird die Bestätigung vom Regierungspräsidenten unter Zustimmung des Bezirksausschusses versagt, so kann dieselbe auf Antrag[18] des Gemeindevorstandes oder der Gemeindevertretung von dem Minister des Innern erteilt werden.

1. Erst durch die Bestätigung, aber auch endgültig durch sie erlangt die Wahl Rechtsgültigkeit und der Gewählte das Amt und die Rechte und Befugnisse des Amtsinhabers. Einer weiteren Formalität bedarf es nicht. Insbesondere haben die Überreichung einer Bestallung (vgl. jedoch Anm. 1 zu § 34), die Vereidigung und die Einführung keinen konstitutiven Charakter.

2. Die Erteilung und Versagung der Bestätigung ist in das freie Ermessen der zuständigen Stellen (s. Anm. 5, 6) gelegt; sie können die Wahl aus formellen Gründen, wegen vorgekommener Formfehler bei der Wahl, nicht bestätigen; sie können auch, weil sie den Gewählten nicht für qualifiziert halten, die Bestätigung versagen. Wie die Aufsichtsbehörde sich ihr Urteil über die Qualifikation gebildet hat, unterliegt keiner Nachprüfung seitens des Gewählten oder der städtischen Behörden. In Art. IX der

MinInstr. v. 20. 6. 1853 ist gesagt, daß die Aufsichtsbehörde erforderlichenfalls eine Prüfung des Gewählten anordnen könne. Nach MR. v. 5. 5. 1868 (MBl. 153) soll diese Prüfung lediglich den Zweck haben, dem Gewählten Gelegenheit zu geben, seine — in Zweifel gezogene — Qualifikation zu beweisen. Dagegen darf die Bestätigungsbehörde zur Bildung eines Urteils über den Gewählten nicht etwa den Betreffenden die Stelle probeweise verwalten lassen, es sei denn, daß der Gewählte selbst und die Stadtverordnetenversammlung hiermit einverstanden sind. Die Angabe der Gründe, aus denen die Bestätigung versagt worden ist, ist nicht vorgeschrieben. Seine Grenze findet demnach das freie Bestätigungsrecht der zuständigen Stellen lediglich in der gewissenhaften Überzeugung der Beteiligten und in der Verfassung, deren Bestimmungen eingehalten werden müssen und deren Verletzung den die Nichtbestätigung aussprechenden oder gegenzeichnenden Minister dem Landtage gegenüber gemäß Art. 44 VU. verantwortlich macht. Die Behauptung, daß das Bestätigungsrecht des § 33[1] ein völlig schrankenloses, von Gesetz und Verfassung unbeengtes Vorrecht der Krone sei, ist nach Art. 44 VU. nicht zutreffend, wenngleich freilich, beim Fehlen eines Ministerverantwortlichkeitsgesetzes, eine Verfolgung des gegenzeichnenden Ministers gemäß Art. 61 VU. praktisch undurchführbar ist (vgl. im übrigen über das staatliche Bestätigungsrecht Preuß S. 169).

Die einmal erfolgte Bestätigung kann nicht mehr zurückgezogen werden (OVG. 41 S. 1).

3. Auf kürzere Zeit als die Zeit der Wahlperiode oder interimistisch oder sonst unter Bedingungen und Vorbehalten darf die Bestätigung nicht erteilt werden.

4. Maßgebend ist das Ergebnis der letzten Volkszählung, unter Fortlassung der servisberechtigten Militärpersonen des aktiven Dienststandes (Anm. 8 zu § 29).

5. Steht die Bestätigung dem Könige zu, so muß dessen Entscheidung unter allen Umständen eingeholt werden, auch dann, wenn die Aufsichtsbehörde ihrerseits die Versagung der Bestätigung befürworten zu müssen glaubt (MBl. 1860 S. 71 — vgl. auch Anm. 11).

6. Nach § 13 ZustGes. (oben abgedruckt) steht in den Fällen des § 33[2] die Bestätigung dem Regierungspräsidenten zu, der bei der Versagung — aber auch nur bei dieser — an die Zustimmung des Bezirksausschusses gebunden ist. In Berlin ist (unter gänzlicher Ausschaltung des Bezirksausschusses) der Oberpräsident zuständig (§§ 42, 43 LVG.). Näheres s. zu § 13 ZustGes. — Bezüglich der Fälle unter 1 hat das ZustGes. nichts geändert.

7. Aber nicht verpflichtet; von ihrem Rechte wird die Regierung z. B. dann nicht Gebrauch machen, wenn die Wahl das erstemal lediglich wegen formeller Mängel des Wahlverfahrens nicht bestätigt ist und der zuerst Gewählte wieder gewählt wird (s. Abs. 3). Zuständig ist gemäß § 7 ZustGes. zur Anordnung der kommissarischen Verwaltung jetzt der Regierungspräsident, in Berlin der Oberpräsident.

8. Siehe Abs. 4.

9. Zur Bestreitung dieser Kosten sind in erster Reihe die im Etat für die regelmäßige Besoldung oder Dienstunkostenentschädigung der gewählten Stelleninhaber ausgeworfenen Beträge zu verwenden.

10. Der Kommissar kann ein Bürger der Stadt oder ein Nichtbürger, ein unmittelbarer oder mittelbarer Staatsbeamter oder auch ein Privatmann (Pensionär usw.) sein. Liegt nicht einer der Fälle des § 33 vor und ist die Stelle des ersten Bürgermeisters unbesetzt, oder deren Inhaber funktionsunfähig, so tritt der Beigeordnete (zweite Bürgermeister) ipso jure ein und es ist kein Raum für die kommissarische Verwaltung vorhanden (OVG. 11 S. 35).

11. Die Frage, ob im Falle der Wiederwahl eines vom König Nichtbestätigten die Aufsichtsbehörde die Verpflichtung hat, von neuem die Entscheidung des Königs über die Bestätigung herbeizuführen, ist zu bejahen (vgl. Litten, JurZeit. 01 S. 502 und Johannsen, PVBl. 23 S. 122; entgegengesetzter Ansicht Jebens S. 154 und in der JurZeit. 01 S. 465, und Immich im PVBl. 23 S. 65 u. 123).

12. Darunter sind in diesem Zusammenhange auch die Mitglieder des Magistrats begriffen. Im Gebiete der StO. d. P. bedarf die Anstellung der übrigen besoldeten Gemeindebeamten nicht der Bestätigung der Aufsichtsbehörde. Die Bestätigung der Anstellung von Polizeibeamten fällt nicht unter § 13 ZustGes., weil deren Bestätigung nicht nach den Gemeindeverfassungsgesetzen, sondern nach § 4 G. v. 11. 3. 1850 erfordert ist.

13. D. h. in den Fällen des § 33². An dem Erfordernis der Königlichen Bestätigung in den Fällen des § 33¹ hat § 13 ZustGes. nichts geändert.

14. In Berlin des Oberpräsidenten (§ 42 LVG.).

15. In Berlin braucht der Bezirksausschuß der Versagung nicht zuzustimmen. Der Oberpräsident entscheidet allein (LVG. § 43 Abs. 3). In allen übrigen Fällen muß der Bezirksausschuß selbst beschließen; Verfügung des Vorsitzenden gemäß § 117 LVG. ist nicht zulässig. Die Zustimmung des Bezirksausschusses zur Versagung der Bestätigung ist auch erforderlich, wenn die Bestätigung wegen Verletzung formeller Vorschriften, z. B. wegen mangelhaften Wahlverfahrens, versagt wird.

16. D. h. die Zustimmung zur *Versagung*. Die *Bestätigung* findet ohne Mitwirkung des Bezirksausschusses statt.

17. Auf diesem Wege bleibt demnach trotz der gesetzlich geordneten Mitwirkung des Selbstverwaltungsbeschlußkörpers der Staatsregierung die Möglichkeit, die Bestätigung ihr nicht genehmer Kandidaten auch gegen die Meinung der Selbstverwaltungsbeschlußbehörde zu versagen.

18. Dieser Antrag ist keine Beschwerde, daher auch an keine Beschwerdefrist gebunden.

§ 34.

Die Mitglieder des Magistrats werden vor ihrem Amtsantritt durch den Bürgermeister in öffentlicher Sitzung der Stadtverordnetenversammlung in Eid und Pflicht genommen; der Bürgermeister wird vom Regierungspräsidenten oder einem von diesem zu ernennenden Kommissar in öffentlicher Sitzung der Stadtverordnetenversammlung vereidet.[1,2]

Magistratsmitgliedern, welche ihr Amt mindestens neun Jahre mit Ehren bekleidet haben,[3] kann in Übereinstimmung mit der Stadtverordnetenversammlung von dem Magistrat das Prädikat „Stadtältester" verliehen werden.[4,5]

1. Abs. 1 spricht nur von der Vereidigung (nicht von der Einführung). Die Form des Diensteides ist die in § 1 der V. v. 6. 5. 1867 (GS. 715) vorgeschriebene. Der Eid lautet:

„Ich N. N. schwöre usw., daß Seiner Königlichen Majestät von Preußen, meinem allergnädigsten Herrn, ich untertänig, treu und gehorsam sein und alle mir vermöge meines Amtes obliegenden Pflichten nach meinem besten Wissen und Gewissen genau erfüllen, auch die Verfassung gewissenhaft beobachten will.

So wahr mir Gott helfe",

wobei es dem Schwörenden überlassen bleibt, die seinem religiösen Bekenntnisse entsprechende Bekräftigungsformel hinzuzufügen (MBl. 1850 S. 26). Die Vereidigung unterbleibt, wenn der Diensteid von dem gewählten und bestätigten Magistratsmitgliede bereits früher geleistet ist (§ 2 l. c.). Selbst ein Hinweis auf den geleisteten Eid ist in diesem Falle nicht unbedingt erforderlich (MBl. 1888 S. 191). — Die Vereidigung ist nicht notwendig zugleich der Amtsantritt; dieser knüpft sich vielmehr an die Einführung ins Amt, die sich ohne Vereidigung vollziehen kann. In der Regel wird Vereidigung und Einführung verbunden, gleichzeitig auch dem neu gewählten Magistratsmitgliede hierbei die Bestallung überreicht. Notwendig ist eine solche nicht; jedenfalls nicht in dem Sinne, daß erst die Überreichung der Bestallung die Übertragung des Amtes herbeiführte. (Vgl. Anm. 1 zu § 29, wonach Satz 2 des § 1 KBG. — Anstellungsurkunde — auf Magistratsmitglieder nicht anwendbar ist, und Anm. 1 zu § 33.) Indessen hat MBl. 02 S. 226 und 03 S. 122 die Erteilung von Bestallungen auch an Magistratsmitglieder vorgeschrieben. — Jedenfalls muß der gewählten Person die an sie erlassene Verfügung der Aufsichtsbehörde über die vollzogene Bestätigung, zutreffendenfalls auch die von der Aufsichtsbehörde übersandte beglaubigte Abschrift der vom König vollzogenen Bestätigungsurkunde übergeben werden. Entschließen sich außerdem beide städtischen Behörden, eine förmliche Bestallung zu erteilen, so ist in dieser auch die erfolgte Bestätigung zu erwähnen und die Bestallung jedenfalls vom Magistrat in der für verpflichtende Gemeindeurkunden bestimmten Form zu vollziehen (§ 56[8]); daß auch die Stadtverordnetenversammlung ihrerseits durch ihren Vorsteher oder in der von der Geschäftsordnung (§ 48) vorgeschriebenen Weise die Bestallung unterzeichne, ist nicht erforderlich, aber zulässig (MBl. 1869 S. 125).

2. Ist ein unmittelbarer Staatsbeamter zum Magistratsmitgliede gewählt und ist die bestätigende Aufsichtsbehörde der Stadt nicht zugleich seine vorgesetzte Dienstbehörde, so muß die Genehmigung der letzteren zur Über-

nahme des Amtes außer der Bestätigung vor der Einführung ins Amt gegeben sein (MBl. 1851 S. 109). Die Genehmigung kann jederzeit zurückgenommen werden (MBl. 1864 S. 138).

3. Die neun Jahre brauchen nicht in ununterbrochener Folge verflossen zu sein. — Auch Magistratsmitgliedern, die noch weiter im Dienste verbleiben, kann der Titel verliehen werden.

4. Wegen des Rechts der städtischen Behörden bzw. des Magistrats zur Beilegung von Amtsbezeichnungen an Beamte vgl. Anm. 11 zu § 29 und Anm. 2 zu § 56[6].

5. Des Rechts der Magistratsmitglieder zum Tragen von Abzeichen (Amtskette) ist in der StO. nicht Erwähnung getan. Es ist bei den Bestimmungen, welche auf Grund der StO. von 1808 erlassen waren, verblieben. Danach verleiht der König das Recht zum Tragen von Amtsketten und Medaillen, entweder als Auszeichnung an bestimmte Personen (mit deren Amtsablauf dann das Recht erlischt, ohne auf den Nachfolger überzugehen), oder an bestimmte Städte mit der Anweisung, welche Behörde und welche Beamten als Vertreter dieser Städte zum Tragen der Amtskette befugt sein sollen (KabO. v. 9. 5. 1851; MBl. 86). Die Form der Abzeichen richtet sich, wenn sie nicht im einzelnen bei der Verleihung des Rechts vorgeschrieben ist, nach MR. v. 1. 2. 1848 (MBl. 34). Die Kosten für die Abzeichen trägt die Stadtgemeinde, im Falle deren Weigerung derjenige, der die Abzeichen tragen will (vgl. Ann. 1836 S. 130).

Titel IV.

Von den Versammlungen und Geschäften der Stadtverordneten.

Vorbemerkung:

Nachdem im § 10 StO. Magistrat und Stadtverordnetenversammlung als die Willensorgane der Stadtgemeinde bezeichnet und in den Titeln II u. III StO. die Vorschriften niedergelegt sind, welche die Entstehung und Zusammensetzung dieser Organe betreffen, enthalten nunmehr die Titel IV u. V den eigentlichen Kern der StO., nämlich die Vorschriften über die Funktionen und die Art des Funktionierens der beiden städtischen Organe. Von besonderer Wichtigkeit — und zwar für beide städtischen Körperschaften — sind aus dem Titel IV diejenigen Bestimmungen, welche die Zuständigkeit der beiden städtischen Willensorgane im Verhältnis zueinander abgrenzen. Die Grundsätze hierüber sind in den ersten Sätzen der §§ 35, 36 u. 37 und in dem Schlußsatz des § 36 gegeben. Diese Grundsätze sind:

1. Die Stadtverordnetenversammlung ist zuständig zur Beschlußfassung nur in Gemeindeangelegenheiten, aber auch in allen Gemeindeangelegenheiten — soweit nicht das Gesetz die alleinige Zuständigkeit des Magistrats vorschreibt — (§ 35);
2. die Beschlüsse der Stadtverordnetenversammlung bedürfen zu ihrer Gültigkeit regelmäßig der Zustimmung des Magistrats, soweit der Magistrat dazu berufen ist, sie auszuführen (§ 36);

3. die Stadtverordnetenversammlung darf ihre Beschlüsse regelmäßig nicht selbst ausführen, vielmehr ist der Magistrat zur Ausführung berufen (§ 36);
4. die Stadtverordnetenversammlung kontrolliert den Magistrat in seiner Tätigkeit als Gemeindeverwaltungsbehörde (§ 37).

Hiernach läßt sich kurz sagen, daß die beiden städtischen Organe zur Beschlußfassung berufen sind, dem Magistrat außerdem die Ausführung der Beschlüsse und damit die eigentliche Verwaltung, der Stadtverordnetenversammlung aber die Kontrolle hierüber zusteht. Beide Organe sind einander demnach koordiniert, keines dem anderen übergeordnet. Für etwaige Streitfälle zwischen beiden Organen weist Satz 3 des § 36, sowie jetzt ZustGes. § 17 den Weg. Daß die unter 1—4 aufgestellten Grundsätze nicht bloß im einzelnen mannigfache Durchbrechungen erfahren, sondern auch in ihren Konsequenzen zu mancherlei Zweifeln, und damit zu Streitfällen zwischen Magistrat und Stadtverordneten Anlaß geben können (z. B. der Begriff der laufenden Verwaltungsgeschäfte, der Umfang des Kontrollrechts der Stadtverordneten), bleibt in den Erläuterungen zu den einzelnen Paragraphen näher auszuführen.

§ 35.

Die Stadtverordnetenversammlung[1] hat über alle[2,3] Gemeindeangelegenheiten[4] zu beschließen,[5] soweit dieselben nicht ausschließlich[6] dem Magistrate überwiesen sind.[7] Sie gibt ihr Gutachten über alle Gegenstände ab, welche ihr zu diesem Zwecke durch die Aufsichtsbehörden vorgelegt werden. Über andere als Gemeindeangelegenheiten dürfen die Stadtverordneten nur dann beraten, wenn solche durch besondere Gesetze oder in einzelnen Fällen durch Aufträge der Aufsichtsbehörde an sie gewiesen sind.[8]

Die Stadtverordneten sind an keinerlei Instruktion oder Aufträge der Wähler oder der Wahlbezirke gebunden.[9,10]

1. Rechtsstellung der Stadtverordnetenversammlung und der Stadtverordneten. Die Stadtverordnetenversammlung ist keine juristische Person, vielmehr das — aus einer Personenmehrheit bestehende — Organ einer solchen, nämlich der Stadtgemeinde (vgl. §§ 9, 10 StO. und Anm. dazu). Eine kollegialische „Behörde", d. h. eine Mehrheit von Beamten, die zur Ausübung eines begrenzten Kreises staatlicher oder gemeindlicher Verwaltungsbefugnisse berufen sind (vgl. zu dem Begriff „Behörde" Friedrichs im PVBl. 28 S. 41 und Preuß S. 338 ff.), ist nach der herrschenden Ansicht die Stadtverordnetenversammlung ebenfalls nicht (s. Anm. 3 zu § 10 und DeutscheGemZ. 1873 S. 13; s. aber §§ 7, 59 StO. und §§ 17, 33, 128 ZustGes., sowie Jebens S. 11 und OVG. 41 S. 34). Ebensowenig sind die einzelnen Stadtverordneten als solche als Beamte, z. B. im Sinne des § 359 StGB. anzusehen (OVG. 25 S. 417). Wohl aber ist das Stadtverordnetenmandat

ein öffentliches Amt im Sinne des § 31 StGB. (OVG. 50 S. 12). Die Stadtverordneten werden indessen nicht nur strafrechtlich, sondern auch staatsrechtlich zu Beamten in ihrer Eigenschaft als Mitglieder der nach § 59 eingerichteten gemischten Deputationen. Die einzelnen Stadtverordneten unterliegen nicht — und zwar auch nicht in ihrer Eigenschaft als Deputationsmitglieder — dem Disziplinarverfahren auf Grund des G. v. 21. 7. 1852, wenn auch die Deputationsvorsitzenden ihnen gegenüber zur Handhabung der behufs Erhaltung eines ordentlichen Geschäftsganges in der Deputation erforderlichen Disziplin berufen sind (§ 27 Abs. 3 Nr. 2 der Instruktion für die Stadtmagistrate vom 25. 5. 1835; OVG. 25 S. 417 und Anm. 2 zu § 39). Ist die Stadtverordnetenversammlung auch nicht „Behörde", so ist sie doch eine „politische Körperschaft" im Sinne des StGB. § 197. Wird daher die Stadtverordnetenversammlung als solche, d. h. in ihrem Berufe, beleidigt, so kann der Staatsanwalt von Amts wegen einschreiten, indessen nur nach Ermächtigung seitens der Stadtverordnetenversammlung, deren Erteilung an die Innehaltung der dreimonatigen Antragsfrist nicht gebunden ist. Wird nicht von Amts wegen Anklage erhoben, so kann nur jeder Stadtverordnete für sich Strafantrag stellen oder Privatklage erheben.

Hatte die Stadtverordnetenversammlung als solche Strafantrag zu stellen beschlossen (zuständig zur Ausführung dieses Beschlusses ist der Magistrat, nicht der Stadtverordnetenvorsteher), und ist der Angeklagte mit der Begründung freigesprochen, es sei nicht die Versammlung als solche, sondern nur ein einzelner Stadtverordneter als beleidigt anzusehen, so ersetzt der Beschluß der Stadtverordnetenversammlung und seine Ausführung nicht den zur Bestrafung erforderlichen Antrag des einzelnen Beleidigten (RGSt. 40 S. 184).

Die Stadtverordnetenversammlung als politische Körperschaft kann keine Privatklage wegen Beleidigung erheben; ebensowenig kann sie sich gemäß § 435 StPO. dem auf Grund ihrer Ermächtigung eingeleiteten Strafverfahren als Nebenklägerin anschließen (RGSt. 41 S. 171).

Die Ausübung des Petitionsrechts auf Grund des Art. 32 der VU. ohne Mitwirkung des Magistrats (§ 36 letzter Satz) steht der Stadtverordnetenversammlung nur insoweit zu, als Gegenstände in Frage stehen, die ausschließlich eigene Angelegenheiten der Stadtverordnetenversammlung betreffen (OVG. 41 S. 34). Petitionen, denen der Magistrat zugestimmt hat, sind solche der „Stadtgemeinde", nicht der Stadtverordnetenversammlung. Zulässig sind solche Petitionen nur innerhalb der Grenzen der „Gemeindeangelegenheiten" (hierüber s. Anm. 4 zu § 9 und unten Anm. 4).

2. Auch abgesehen von den Ausnahmen, die der Nebensatz anzieht (s. Anm. 6), gibt es eine ganze Reihe von Geschäften, in denen trotz des hier gewählten Ausdrucks „alle Gemeindeangelegenheiten" und trotz der anscheinend zwingenden Natur dieser Vorschrift die Stadtverordnetenversammlung zur Beschlußfassung nicht herangezogen wird und auch nicht herangezogen zu werden braucht. Es sind das diejenigen Geschäfte, die man als die gewöhnlichen Gegenstände der „laufenden Verwaltung" zu bezeichnen pflegt. Die Pflicht und das Recht des Magistrats, seinerseits selbständig die Verwaltung zu

führen, bringt es mit sich, daß ihm auch die Befugnis zusteht, allein und ohne Mitwirkung der Stadtverordnetenversammlung alle diejenigen Akte vorzunehmen und Geschäfte abzumachen, die zur Fortführung der Verwaltung in der von beiden städtischen Körperschaften gewollten allgemeinen Richtung im einzelnen notwendig sind (OVG. 37 S. 118). Die absolute Grenze der „laufenden Verwaltungsgeschäfte“ läßt sich nicht feststellen. Sie wird je nach der Größe der Stadt und der Verschiedenheit der städtischen Verwaltungszweige verschieden zu ziehen sein. In der Millionenstadt, in der die Zeit der Stadtverordneten kaum ausreicht, die Überfülle der ihnen unbedingt obliegenden Geschäfte zu erledigen, wird naturgemäß der Kreis der „laufenden Verwaltung“ größer sein, als in der Kleinstadt, in der es ohne Überlastung der Stadtverordnetenversammlung z. B. noch möglich ist, die Frage nach der klageweisen Wiedereinziehung gegebener Unterstützungen oder des Steuernachlasses oder die Entscheidung über die Vergebung von Lieferungen und Bauarbeiten (PVBl. 27 S. 920; 28 S. 257; 29 S. 770; OVG. 50 S. 4 u. 8) in jedem Einzelfall der Stadtverordnetenversammlung vorzulegen. In größeren Städten empfiehlt es sich, entweder durch ortsstatutarische Festsetzungen derjenigen Geschäfte, bei denen die Stadtverordnetenversammlung auf eine regelmäßige Mitwirkung verzichtet, die Rechtslage zu klären oder aber die Grenzen der laufenden Verwaltung dort zu ziehen, wo sie durch die den Verwaltungsdeputationen (§ 59 StO.) bei deren Schaffung in der Regel mitgegebenen Instruktionen für die selbständige Tätigkeit der letzteren gezogen sind (vgl. OVG. 50 S. 4). Soweit solches Auslegungsmaterial nicht vorhanden ist und nachweist, inwieweit die Stadtverordneten zur Mitwirkung nicht berufen sein wollen, sind auch jetzt noch diejenigen allgemeinen gesetzlichen Bestimmungen zu beachten, die in Titel II 6 und Titel I 14 ALR. für die Verwaltung von Korporationen im besonderen und für die Verwaltung fremden Guts im allgemeinen gegeben sind. Wesentlich in Betracht kommen:

a) § 123 I 14 und § 152 II 6 ALR.: Die Anstellung von Klagen und die Einlassung auf Prozesse sowie die Schließung von Vergleichen unterliegt der Mitentscheidung der Stadtverordnetenversammlung (PVBl. 32 S. 785; anders Simonis im PVBl. 27 S. 244). Ausgenommen sind nur solche Prozesse, die zur Fortführung der laufenden Verwaltung unentbehrlich sind, wie die Einklagung restierender Steuern, Zinsen, rückständiger Miete und Pacht, sowie Prozesse über solche Ansprüche, bei denen ausdrücklich durch Gesetz, wie z. B. beim Verwaltungsstreitverfahren gegenüber der Steuerveranlagung und dem Einspruchsbescheide (§ 70 KAG.), dem Magistrat allein die Beschlußfassung über die Abweisung oder Anerkennung des erhobenen Anspruchs zugewiesen ist. Dabei ist zu berücksichtigen, daß nach außen zwar der Magistrat in allen Fällen als gesetzlicher Vertreter formell befugt ist, zu klagen und als Beklagter aufzutreten, daß er sich aber der Stadtverordnetenversammlung gegenüber, wenn er dies ohne ihre Einwilligung in solchen Prozessen tut, die nicht zur laufenden Verwaltung gehören, oder die oben erwähnten, durch Gesetz der alleinigen Entscheidung des Magistrats überwiesenen Ansprüche betreffen, haftbar macht. Bei Gelegenheit der Beratung der StO. in der 1. Kammer ist von der Herrenhauskommission allerdings unter Hinweis auf § 56⁵ StO. angenommen worden, daß der Magistrat ganz allgemein allein über Erhebung von Klagen und über Einlassung auf solche zu beschließen habe; diese Annahme wird aber — und mit Rücksicht auf den Wortlaut des § 35 wohl mit Recht — von der herrschenden Lehre hinsichtlich der nicht zur laufenden Verwaltung gehörenden Prozesse für unrichtig erklärt (s. Oertel S. 344, Marc. S. 98);

b) § 119 I 14 ALR.: Danach hat bei Ausleihung disponibler Kapitalien der Magistrat die Stadtverordnetenversammlung zu befragen (vgl. auch MBl. 1860 S. 70);

c) § 126 I 14 ALR.: Desgl. bei Aufnahme von Darlehen;

d) § 127 I 14 ALR.: Bei der Gewährung von Kredit für gelieferte Gegenstände über das gewöhnliche Maß oder das unbedingt Notwendige hinaus muß die Stadtverordnetenversammlung befragt werden;

e) schließlich gehört hierher die Bestimmung der §§ 111, 112 I, 14 ALR., wonach der Magistrat ohne erhebliche Ursachen von den bestehenden Verwaltungsgrundsätzen nicht eigenmächtig d. h. ohne Genehmigung der Stadtverordnetenversammlung abweichen darf.

Als negative generelle Regel läßt sich der Satz aufstellen, daß dem freien Ermessen des Magistrats alle diejenigen Gegenstände entzogen sind, die durch einen gültigen Gemeindebeschluß, d. h. einen gültigen übereinstimmenden Beschluß beider städtischen Körperschaften geregelt sind.

3. Entsteht zwischen den beiden städtischen Körperschaften Streit darüber, ob eine Angelegenheit zur Zuständigkeit der Stadtverordnetenversammlung gehört, und ist der Magistrat der Meinung, daß er allein zu beschließen habe, so wird nicht etwa — wie sonst bei Meinungsverschiedenheiten — das Verfahren der Sätze 2 und 3 des § 36 und ZustGes. § 17 stattfinden können, sondern es muß seitens der Stadtverordnetenversammlung versucht werden, den Weg des § 15 ZustGes. zu eröffnen. In solchem Falle bleibt, wenn der Magistrat bereits beschlossen hat und nicht willens ist, vor der Ausführung seines Beschlusses die Zustimmung der Stadtverordnetenversammlung einzuholen, letzterer nichts übrig, als entweder den Bürgermeister unmittelbar oder durch Vermittlung der Aufsichtsbehörde zur Beanstandung des Magistratsbeschlusses zu veranlassen. In dem sich an diese Beanstandung anschließenden Verwaltungsstreitverfahren ist zwar die Stadtverordnetenversammlung nicht eigentlich Partei; sie kann aber nach § 70 LVG. beigeladen werden und sich alsdann gemäß § 21 ZustGes. vertreten lassen. Ebenso muß § 15 ZustGes. (und nicht § 36 StO. in Verbindung mit § 17 ZustGes.) vom Magistrat angewendet werden, wenn die Meinungsverschiedenheit darin besteht, daß der Magistrat seine Zustimmung zu einem Beschlusse der Stadtverordnetenversammlung verweigert, der nach seiner Ansicht seiner Zustimmung bedarf, während die Stadtverordnetenversammlung die Ansicht vertritt, daß sie allein zur Beschlußfassung und Ausführung zu-

ständig sei, und die Ausführung selbst vorzunehmen beschlossen hat. Denn dann liegt vom Standpunkte des Magistrats aus gesehen der Fall vor, daß der Beschluß der Stadtverordnetenversammlung deren Befugnisse überschreitet. Bei anderen Zuständigkeitsstreitigkeiten zwischen den städtischen Kollegien, z. B. wenn der eine Teil der Meinung ist, sein Beschluß bedürfe noch der Zustimmung des anderen Kollegiums, das andere Kollegium aber seine Zuständigkeit zur Mitbeschlußfassung bestreitet, ist dagegen der auch für sachliche Meinungsverschiedenheiten gegebene Weg des § 36 Satz 2 u. 3 in Verbindung mit § 17 ZustGes. eröffnet (vgl. Anm. 2 zu § 36).

4. Zu dem Begriffe „Gemeindeangelegenheit" vgl. Anm. 4 zu § 9. Die dort aufgeführten Gesichtspunkte sind auch maßgebend für die Frage, inwieweit Kommunen befugt sind, aus ihren Mitteln öffentlichen oder politischen Zwecken dienende Vereine und Stiftungen zu unterstützen (PVBl. 27 S. 436). — Wegen der Mitwirkung der Stadtverordneten bei Erlaß von Ortspolizeiverordnungen s. § 63 StO. u. Anm. dazu.

5. Nur die „Beschlußfassung", nicht die Ausführung ist, wenigstens im allgemeinen, der Stadtverordnetenversammlung zugewiesen. Vgl. den letzten Satz von § 36 und das dazu Gesagte.

6. Bemerkenswert ist, daß der § 56 StO., der sedes materiae für die dem Magistrat überwiesenen Geschäfte ist, sich des Wortes „ausschließlich" nicht bedient. Korrekter wäre es deshalb gewesen, wenn in § 35 statt „ausschließlich" „ausdrücklich" gesagt worden wäre. Gemeint ist in § 56 allerdings, daß der Magistrat für die dort genannten Geschäfte „ausschließlich" zuständig sei (mit Ausnahme der Bestimmung unter § 56[6], wo eine „Anhörung" der Stadtverordnetenversammlung vorgeschrieben ist). Wollte man die Bestimmung des ersten Satzes des § 35 wörtlich auslegen, so wäre eine Grenze für die Zuständigkeit der Stadtverordnetenversammlung innerhalb des Kreises der Gemeindeangelegenheiten überhaupt nicht gegeben, da in der StO. keine Stelle vorkommt, in der die „*ausschließliche*" Zuständigkeit des Magistrats expressis verbis ausgesprochen ist.

7. Damit sind zunächst die in § 56 aufgeführten Geschäfte gemeint. Das „insbesondere" im Eingang des § 56 beweist aber, daß die StO. sich den Kreis der alleinigen Zuständigkeit des Magistrats weiter gedacht hat, als die Grenzen des § 56 gesteckt sind. Es treten hinzu noch die Geschäfte der „laufenden Verwaltung", deren Erledigung dem Magistrat allein obliegt, s. Anm. 2. — Zu beachten ist ferner, daß es eine Reihe von Geschäften gibt, in denen die Stadtverordneten zwar mitzuwirken haben, aber nicht in der ausschlaggebenden Form der „Beschlußfassung", ihre Mitwirkung vielmehr mindere Bedeutung hat. So der erwähnte Fall des § 56[6] (Anhörung bei Anstellung von Kommunalbeamten), ebenso § 60 StO. (Anhörung bei Teilung einer Stadt in Bezirke), § 71 StO. (Vorlegung des Lagerbuches an die Stadtverordneten zur „Erklärung").

8. Vgl. Anm. 4 sowie Anm. 4 zu § 9.

9. Die Bestimmung entspricht dem Art. 29 der RV. und Art. 83 VU. und soll die Unabhängigkeit der Stadtverordneten bei der Abstimmung sichern. Ein Stadtverordneter kann daher wegen *Nichterfüllung* der vor der Wahl seinen Wählern hinsichtlich seiner zukünftigen Abstimmungen und

der allgemeinen Richtung seiner Kommunalpolitik gegebenen Versprechungen nicht verantwortlich gemacht werden.

10. Eine Haftung der Stadtverordneten für die Zweckmäßigkeit und Gesetzlichkeit ihrer Beschlüsse findet nicht statt. Irgendeinem Regresse seitens der Stadtgemeinde oder eines Dritten, der sich durch Beschlüsse der Stadtverordnetenversammlung geschädigt glaubt, sind daher die Stadtverordneten nicht ausgesetzt. Ein etwaiger Ersatzanspruch Dritter könnte immer nur gegen die Stadtgemeinde selbst gerichtet werden. Für ihr Verhalten in der Versammlung, insbesondere für ihre Reden und Aussprüche in der Versammlung können die Stadtverordneten zunächst durch ihren Vorsteher gemäß der nach § 48 erlassenen Geschäftsordnung disziplinarisch verantwortlich gemacht werden. Demnächst unterliegen ihre Äußerungen gegebenenfalls auch strafrechtlicher Ahndung, da eine gesetzliche Bestimmung (gleich derjenigen der Art. 30, 31 RV., 84 VU. hinsichtlich der Mitglieder der Parlamente), die den Stadtverordneten volle Redefreiheit unter Garantie der Straflosigkeit gewährt, nicht besteht. Wohl aber können Stadtverordnete, im Falle sie wegen angeblicher Beleidigungen, die sie in der Versammlung ausgesprochen haben sollen, zur Verantwortung gezogen werden, sich auf den Schutz des § 193 StGB. berufen, wonach, wer in Wahrnehmung berechtigter Interessen handelt, nur dann der Beleidigung schuldig ist, wenn aus der Form der Äußerungen oder den Umständen, unter denen dieselben erfolgten, die Absicht der Beleidigung hervorgeht.

§ 36.

Die Beschlüsse der Stadtverordneten bedürfen, wenn sie solche Angelegenheiten betreffen, welche durch das Gesetz dem Magistrate zur Ausführung überwiesen sind, der Zustimmung des letztern.[1] Versagt dieser die Zustimmung,[2, 3] so hat er die Gründe dieser Versagung der Stadtverordnetenversammlung mitzuteilen. Erfolgt hierauf keine Verständigung,[4] zu deren Herbeiführung sowohl von dem Magistrate als den Stadtverordneten die Einsetzung einer gemeinschaftlichen Kommission verlangt werden kann,[5] so ist die Entscheidung der Regierung einzuholen.[6] — Die Stadtverordnetenversammlung darf ihre Beschlüsse in keinem Falle selbst zur Ausführung bringen.[7]

Hierzu ZG. § 17 No. 1:

Der Bezirksausschuß[8] beschließt, soweit die Beschlußfassung nach den Gemeindeverfassungsgesetzen der Aufsichtsbehörde zusteht,[9]

1. *abgesehen von den Fällen des § 15[10] über die zwischen dem Gemeindevorstande und der Gemeindevertretung, beziehungsweise dem Bürgermeister und dem kollegialischen Gemeindevorstande[11]*

entstehenden Meinungsverschiedenheiten,[12] *wenn von einem Teile*[13] *auf Entscheidung angetragen wird und zugleich die Angelegenheit nicht auf sich beruhen bleiben kann.*[14]

1. Vgl. hierzu § 56 Nr. 2. — Die Fassung des ersten Satzes des § 36 erweckt den Anschein, als ob das Erfordernis der Zustimmung des Magistrats nicht die Regel, sondern die Ausnahme sei. Wie aber der letzte Satz des § 36 beweist, ist regelmäßig die Zustimmung des Magistrats erforderlich, weil regelmäßig die Beschlüsse der Stadtverordnetenversammlung nur vom Magistrat zur Ausführung gebracht werden können. Die mit „wenn" eingeleitete Bedingung des ersten Satzes umfaßt nicht nur diejenigen Gegenstände, die nach § 56 dem Magistrat ausdrücklich zugewiesen sind, sondern so ziemlich sämtliche Beschlüsse der Stadtverordnetenversammlung (Ausnahmen s. Anm. 7). Auch ist nicht etwa der Stadtverordnetenversammlung das Recht eingeräumt, selbst darüber zu entscheiden, ob und welchen ihrer Beschlüsse der Magistrat zuzustimmen habe, vielmehr ist durch die Bestimmung des § 47 Abs. 2 StO. dahin Vorsorge getroffen, daß der Magistrat von allen Beschlüssen der Stadtverordnetenversammlung Kenntnis erhält, so daß dadurch der Magistrat in die Lage versetzt ist, in allen Fällen prüfen zu können, ob seine Mitwirkung durch Beschlußfassung noch erforderlich ist, ferner ob die Versammlung in gültiger Weise Beschluß gefaßt hat, und schließlich, ob etwa einer der Fälle vorliegt, in denen der Magistrat zur Versagung seiner Zustimmung oder zur Beanstandung der Stadtverordnetenbeschlüsse verpflichtet ist (§ 56² StO., § 15 ZustGes.; unten Anm. 2).

Negativ ergibt sich aus Satz 1, daß da, wo der Magistrat zur Ausführung von Beschlüssen der Stadtverordnetenversammlung nicht berufen ist, es auch seiner Zustimmung nicht bedarf (mit Ausnahme des Falles in § 48 StO.). Zu einem Teile werden dies diejenigen Fälle sein, in denen — entgegen der Grundregel des letzten Satzes des § 36 — die Ausführung der Beschlüsse der Stadtverordnetenversammlung dieser selbst durch das Gesetz übertragen ist (Anm. 7). Zum anderen Teil sind dies Fälle, in denen der Stadtverordnetenbeschluß seinem Inhalte nach eine Ausführung überhaupt nicht zuläßt, z. B. wenn er darauf gerichtet ist, daß etwas, was bisher nicht geschehen ist, auch weiterhin nicht geschehen soll (rein negative Beschlüsse). Umgekehrt läßt sich aus der Fassung des ersten Satzes des § 36 nicht etwa die andere Negative herleiten, daß der Magistrat diejenigen Beschlüsse nicht auszuführen habe, bei denen es seiner Zustimmung nicht bedarf. Vielmehr führt nach dem letzten Satz des § 36 der Magistrat die Beschlüsse der Stadtverordnetenversammlung (mit den in Anm. 7 erwähnten Ausnahmen) aus, auch dann, wenn seine Zustimmung nicht erforderlich ist. So hat der Magistrat z. B. zweifellos die auf Aufnahme eines Wählers in die Wählerliste oder auf Streichung lautenden Beschlüsse der Stadtverordnetenversammlung, ferner die Beschlüsse betreffend Wahlen von Magistratsmitgliedern (§ 31), von Bezirksvorstehern (§ 60) und Deputationsmitgliedern (§ 59), sowie die Beschlüsse betreffend die Verhängung von Ordnungsstrafen (§ 48) und die strafweise Heranziehung zu erhöhten Steuerleistungen (§ 74

StO.) auszuführen, ohne daß doch diese Beschlüsse seiner Zustimmung unterworfen wären.

2. Der zweite und dritte Satz des § 36 in Verbindung mit § 17 ZustGes. geben den Weg an, welcher beschritten werden soll, wenn zwischen den beiden städtischen Körperschaften in Angelegenheiten, in denen die Beschlußfassung beider erforderlich ist, Meinungsverschiedenheiten auftreten. Dabei ist zu beachten, daß dieser Weg für Meinungsverschiedenheiten über die Gesetzlichkeit eines Stadtverordnetenbeschlusses und die Zuständigkeit der Stadtverordnetenversammlung nicht gegeben ist, daß vielmehr auf diese Fälle die Bestimmungen des § 56[2] Abs. 2 in Verbindung mit § 15 ZustGes. anzuwenden ist, wonach der Magistrat solche Beschlüsse der Stadtverordnetenversammlung, die er für ungesetzlich oder deren Befugnisse überschreitend hält, beanstanden muß, wogegen der Stadtverordnetenversammlung das Verwaltungsstreitverfahren offen steht. Dagegen ist nach wie vor der Weg des § 36 gegeben, wenn der Magistrat Beschlüssen der Stadtverordnetenversammlung die Zustimmung versagt, weil sie das Staatswohl oder das Gemeindeinteresse verletzen. Letztere beiden Fälle unterscheiden sich von sonstigen Fällen, in denen es sich um Meinungsverschiedenheiten über die Zweckmäßigkeit einer Maßnahme handelt, nur dadurch, daß in diesen beiden besonderen Fällen der Magistrat zur Versagung der Zustimmung verpflichtet ist. Demnächst ist zu beachten, daß der § 17 ZustGes. materiell keinerlei Neuerung gebracht hat, vielmehr nur die Zuständigkeit der „Regierung" aufgehoben und an ihre Stelle den Bezirksausschuß gesetzt hat. Daraus folgt, daß der Weg des § 36 nicht bei allen Meinungsverschiedenheiten (wie man nach dem Wortlaute des § 17 ZustGes. annehmen könnte), sondern nur in den Fällen eingeschlagen werden kann, auf welche Satz 1 des § 36 StO. Anwendung zu finden hat. Das sind aber ausschließlich die Fälle, in denen die Stadtverordnetenversammlung beschlossen hat, etwas, was bisher noch nicht geschehen ist, fürderhin zu tun, oder etwas, was bisher geschehen war, künftighin zu unterlassen, vorausgesetzt, daß es sich zugleich um Fälle handelt, in denen die Zustimmung des Magistrats nötig ist (Anm. 1 u. 7). Nicht dagegen ist der Weg des § 36 und insbesondere des § 17 ZustGes. dann gegeben, wenn der Stadtverordnetenbeschluß rein negativen Inhalt hatte, d. h. dahin ging, daß etwas, was bisher noch nicht geschehen war, auch künftighin nicht geschehen sollte. Insbesondere steht der Weg dann nicht offen, wenn es sich darum handelt, daß die Stadtverordnetenversammlung eine vom Magistrat beschlossene Ausgabe ihrerseits nicht bewilligt hat. Soweit es sich dabei um Bewilligung einer der Stadt gesetzlich obliegenden Ausgabe handelt, hat das Verfahren gemäß § 19 ZustGes. (Zwangsetatisierung) einzutreten. Handelt es sich dagegen um eine vom Magistrat nur für zweckmäßig erachtete Ausgabe, so muß die Sache einfach auf sich beruhen bleiben. — Darüber, welcher Weg einzuschlagen ist, wenn Meinungsverschiedenheiten in bezug auf die Zuständigkeit der beiden städtischen Kollegien zur Beschlußfassung und Ausführung entstehen, vgl. Anm. 3 zu § 35.

3. Wann der Magistrat verpflichtet ist, die Zustimmung zu versagen, ist in § 56[2] Abs. 2 bestimmt.

4. Diese Verständigung kann auf dem in dem Nebensatz angegebenen Wege der Einsetzung einer gemischten Kommission zustande kommen, sie kann aber auch so erfolgen, daß die Stadtverordnetenversammlung, den Gründen des Magistrats beitretend, ihren früheren Beschluß aufhebt, oder aber so, daß der Magistrat durch eine abermalige Debatte in der Stadtverordnetenversammlung belehrt und die Unrichtigkeit seines Standpunkts einsehend, seinerseits nunmehr die Zustimmung zu dem Stadtverordnetenbeschlusse ausspricht.

5. Jeder der beiden Teile kann die Einsetzung einer gemischten Kommission verlangen, woraus folgt, daß der andere Teil zur Mitwirkung bei Konstituierung der Kommission verpflichtet ist. Verweigert er dennoch die Mitwirkung, so bleibt (vorausgesetzt, daß nicht etwa der weigernde Teil der Magistrat ist und eine Beschwerde bei der Aufsichtsbehörde nicht schon den Erfolg hat, den Magistrat zur Beschickung der Kommission zu veranlassen) nichts übrig, als gemäß § 17 ZustGes. — gerade wie im Falle der nicht erfolgten sachlichen Verständigung — die Entscheidung des Bezirksausschusses anzurufen.

Hinsichtlich der Beschlußfähigkeit dieser sog. gemischten gemeinschaftlichen Kommission fehlt es an einer gesetzlichen Bestimmung; es empfiehlt sich deshalb ortsstatutarische Regelung der Frage.

6. Abgeändert durch § 17 ZustGes., oben abgedruckt.

7. Der letzte Satz hätte korrekter lauten müssen: „Die Stadtverordnetenversammlung darf ihre Beschlüsse regelmäßig nicht selbst zur Ausführung bringen." So wie der Satz wörtlich lautet, ist er nicht richtig. Das beweist schon die Fassung des ersten Satzes des § 36 und des § 47 Abs. 2 StO., aus welchen klar hervorgeht, daß es auch Stadtverordnetenbeschlüsse gibt, deren Ausführung nicht dem Magistrat obliegt (vgl. auch OVG. 52 S. 24). In der Tat hat auch nach der StO. die Stadtverordnetenversammlung einen Teil ihrer Beschlüsse selbst auszuführen, nämlich: a) alle Beschlüsse, welche die Geschäftsordnung der Stadtverordnetenversammlung betreffen. Hierzu gehört auch das Recht der Stadtverordnetenversammlung, selbständig ihre Sitzungsprotokolle zu veröffentlichen (MBl. 1860 S. 169) und ihr Bureau zu wählen (§ 38); b) den Beschluß, sich in Ausübung des Kontrollrechts (§ 37) über den Magistrat bei der Aufsichtsbehörde (§ 76) zu beschweren (MBl. 1842 S. 5); c) den Beschluß, im Falle des § 36 Satz 3 (ZustGes. § 17) bei Meinungsverschiedenheiten auf Entscheidung des Bezirksausschusses anzutragen; d) den Beschluß, in Gemäßheit des § 44 StO. gegen den Magistrat oder mehrere Mitglieder desselben zu klagen. Dazu kommt auf Grund des ZustGes. ferner: e) der Beschluß, sich im Verwaltungsstreitverfahren in den Fällen der §§ 10, 11, 15, 19 ZustGes. (§§ 20, 27, 77, 78 StO.) zur Wahrnehmung ihrer Rechte durch einen Bevollmächtigten vertreten zu lassen (§ 21 Abs. 2 ZustGes.). Darüber, daß es auch Beschlüsse der Stadtverordnetenversammlung gibt, die der Magistrat auszuführen hat, ohne daß ihm ein Zustimmungsrecht zusteht, vgl. den Schluß der Anm. 1.

8. In Berlin der Oberpräsident; § 43 LVG.

9. Der Zwischensatz sollte ausdrücken, daß das materielle Recht nicht etwa durch Vermehrung der Fälle, in denen sich zwischen die städtischen

Körperschaften das Schiedsgericht der Aufsichtsinstanz stellt, verändert werden sollte. An sich kommen nach der StO. die §§ 36, 56[2] Abs. 2 und 57 in Betracht; für einen Teil der Fälle des § 56[2] und § 57 ist aber nicht § 17 ZustGes., sondern § 15 anzuwenden (vgl. Anm. 10).

10. Das sind die Fälle, in denen der Magistrat Beschlüsse der Stadtverordnetenversammlung (oder der Bürgermeister Beschlüsse des Magistrats) deshalb beanstandet, weil sie die Befugnisse der Stadtverordnetenversammlung (oder des Magistrats) überschreiten oder die Gesetze verletzen. In diesen Fällen greift das Verwaltungs*streit*verfahren Platz. Vgl. hierzu § 56[3] und Erläuterungen dazu. Voraussetzung der Anwendung des § 17 ist, daß es sich um Fälle handelt, in denen beide städtischen Körperschaften zur Beschlußfassung berufen sind, und daß der Magistrat dem Beschlusse der Stadtverordnetenversammlung nicht beitritt, weil er ihn für dem Gemeindeinteresse oder dem Staatswohle zuwiderlaufend oder sonst für unzweckmäßig hält. Vgl. hierüber sowie darüber, daß es sich, um den Weg des § 17 zu eröffnen, um Beschlüsse der Stadtverordnetenversammlung handeln muß, die auf ein künftiges „Geschehen" oder ein „Nichtmehrgeschehen" hinauslaufen, die Anm. 2.

11. Bezieht sich auf die Fälle des § 57 StO. (soweit nicht die Beanstandung wegen Überschreitung der Befugnisse oder Gesetzwidrigkeit des Beschlusses erfolgt ist, in welchen Fällen § 15 ZustGes. Platz greift).

12. Nicht über *alle* beliebigen Meinungsverschiedenheiten, sondern nur über die Fälle der §§ 36, 56[2], 57 StO. (soweit nicht Beanstandung wegen Überschreitung der Befugnisse oder Gesetzwidrigkeit vorliegt); darüber, welcher Art die Meinungsverschiedenheit sein muß, vgl. Anm. 2.

13. Magistrat oder Stadtverordnetenversammlung.

14. Ob die Angelegenheit auf sich beruhen kann, hat der Bezirksausschuß (bzw. Oberpräsident) von Amts wegen zu prüfen. Erst, wenn er die Frage verneint, kann er zur Fällung einer sachlichen Entscheidung schreiten (OVG. 50 S. 4). Gegen letztere ist ebenso wie gegen den Beschluß, wonach die Sache auf sich beruhen soll, die an eine 14tägige Frist gebundene Beschwerde an den Provinzialrat gegeben (in Berlin an den Minister des Innern; LVG. §§ 121, 43). Verständigerweise wird schon vor der Einbringung des Antrages beim Bezirksausschuß die betreffende städtische Körperschaft sich selbst die Frage zu eingehender Erwägung vorlegen, ob nicht die Angelegenheit auf sich beruhen kann. Nichts kann der Selbstverwaltung zu größerem Schaden gereichen, als das öffentliche feindliche Gegenüberstehen derjenigen beiden Faktoren des Gemeindelebens, von deren dauerndem und friedlichem Zusammenwirken das Wohl der Gemeinde in erster Linie abhängt.

§ 37.

Die Stadtverordnetenversammlung[1] kontrolliert die Verwaltung.[2] Sie ist daher[3] berechtigt, sich von der Ausführung ihrer Beschlüsse und der Verwendung aller Gemeindeeinnahmen Überzeugung zu verschaffen.[4] Sie kann zu diesem Zwecke[5] von dem Magistrat die

Einsicht der Akten verlangen,[6] und Ausschüsse aus ihrer Mitte ernennen,[7] zu welchen der Bürgermeister ein Mitglied des Magistrats abzuordnen befugt ist.[8, 9]

Vorbemerkung:

Der § 37 statuiert das — neben dem Mitbeschlußfassungsrechte — wichtigste und umfassendste Recht der Stadtverordnetenversammlung, das Kontrollrecht. Welche einzelnen Befugnisse aus diesem Kontrollrecht erwachsen und wem sie zustehen, läßt sich aus dem Wortlaut des Gesetzes nicht mit Bestimmtheit ersehen. Der mit „daher" angeknüpfte zweite Satz des § 37 enthält — das ist unstreitig, s. Anm. 3 — nur Beispiele derjenigen Befugnisse, die aus dem Kontrollrecht hervorgehen. Es sei daher in bezug auf die wichtigsten Fragen, die sich an das Kontrollrecht knüpfen, folgendes vorweg bemerkt:

a) In welchen Angelegenheiten steht der Stadtverordnetenversammlung das Kontrollrecht zu (Umfang des Kontollrechts)? Das Kontrollrecht der Stadtverordneten umfaßt den gesamten Umkreis der Gemeindeangelegenheiten; soweit der Magistrat Gemeindeangelegenheiten verwaltet, soweit unterliegt er der Kontrolle der Stadtverordnetenversammlung. Daraus folgt zweierlei:

α) Das Kontrollrecht der Stadtverordnetenversammlung ist enger begrenzt als der Zuständigkeitskreis des Magistrats: Soweit letzterer in seiner Gesamtheit oder in seinen einzelnen Mitgliedern nicht als Gemeindebehörde, sondern als Staatsorgan tätig ist — z. B. bei Ausübung der Ortspolizeigewalt, als Aufsichtsbehörde in bezug auf die gewerblichen Institutionen (Innungsaufsicht), als Versicherungsamt nach der Reichsversicherungsordnung, als Verwaltungsgericht (Stadtausschuß), — unterliegt er nicht der Kontrolle der Stadtverordnetenversammlung (MBl. 1841 S. 162).

β) Das Kontrollrecht der Stadtverordnetenversammlung ist umfassender als ihre Zuständigkeit zur Beschlußfassung: Auch in den Angelegenheiten, in denen der Magistrat zur alleinigen Beschlußfassung berufen ist (§ 56 StO.), steht (sofern es sich um Gemeindeangelegenheiten handelt) der Stadtverordnetenversammlung das Kontrollrecht zu. Insbesondere fällt daher auch die Verwaltung städtischer Stiftungen, sofern nicht in den Stiftungsurkunden bestimmte Personen als Aufseher bestellt sind, unter das Kontrollrecht der Stadtverordnetenversammlung (MBl. 1844 S. 266 und PVBl. 22 S. 324).

b) Welches ist der Inhalt des Kontrollrechts? Eine Definition des Begriffes „Kontrolle" im Sinne des § 37 zu geben, ist unmöglich. Was das Gesetz darunter verstanden wissen will, läßt sich nur unter Zuhilfenahme der übrigen gesetzlichen Bestimmungen, die das Zusammenwirken und die selbständige Zuständigkeit der städtischen Kollegien betreffen (insbesondere §§ 10, 35, 36, 56, 69 StO.), annähernd beschreiben, indem man klarstellt, welche Auslegung von „Kontrolle" hinter dem, was diese Bestimmungen den Stadtverordneten haben zuweisen wollen, zurückbleibt, und andererseits, welche Auffassung des Wortes Kontrolle die in jenen Bestimmungen der Wirksamkeit der Stadtverordneten gezogenen Grenzen überschreiten würde. Zu wenig würde man den Stadtverordneten geben, wenn man „Kontrolle" lediglich auslegen wollte in dem Sinne einer rein rechnerischen Kontrolle, wie sie z. B. die preußische Oberrechnungskammer gegenüber der Staatsverwaltung ausübt. Die Prüfung und Feststellung der Jahresrechnung (§ 69 StO.) ist nur Ausübung eines Teiles des Kontrollrechts der Stadtverordneten. Die Erwähnung des Kontrollrechts im § 37 wäre unverständlich und unnötig, wenn man lediglich an diese rechnerische Nachprüfung dabei gedacht haben sollte. Auch würde dann, da ja diese Kontrolle stets erst nach vollendeter Ausführung der betreffenden Verwaltungsgeschäfte vorgenommen werden kann, der Stadtverordnetenversammlung durch das ihr zustehende Kontrollrecht keine Handhabe gewährt sein, an der Erledigung der Geschäfte tätigen Anteil zu nehmen und beizeiten darauf hinzuwirken, daß „die Verwaltung redlich, zweckmäßig, auch soweit sie von den Beschlüssen der Stadtverordneten abhängt, diesen Beschlüssen gemäß und zum wahren Besten der Stadt geführt werde" (MR. v. 18. 5. 1839 Ann. 1839 S. 381), so daß die Erfüllung dieses bei Schaffung des § 37 (s. Verhandl. der 1. Kammer 52/53 I S. 192) beabsichtigten Zweckes des Kontrollrechts in Frage gestellt wäre. Muß man hiernach die Stadtverordnetenversammlung als befugt ansehen, auch noch nicht abgeschlossene Tatbestände und Geschäfte des Magistrats in den Kreis ihrer Kontrolle zu ziehen und Wissenschaft auch über schwebende Angelegenheiten sich zu verschaffen (OVG. 45 S. 42), so würde man doch andererseits die dem Magistrat angewiesene Verwaltungsbefugnis verletzen und die städtische Verwaltung hemmen und stören, wollte man das Kontrollrecht der Stadtverordneten zu der Befugnis erweitern, jederzeit in die laufenden Verwaltungsgeschäfte beliebig einzugreifen und dem Magistrat einseitige Vorschriften über die Ausführung zu machen. Das Kontrollrecht würde sich damit in ein Recht der Aufsicht und Leitung über die Handlungen des Magistrats verwandeln, wie es in gewissen Grenzen dem Bürgermeister und der Aufsichtsbehörde, keinesfalls aber der Stadtverordnetenversammlung vom Gesetze zugedacht ist (OVG. 37 S. 118). Zwischen den beiden geschilderten Extremen die Mitte zu halten und damit die Bestimmung des § 37 dem Geiste der StO. entsprechend zu handhaben, ist Sache des Taktes. Beide städtischen Körperschaften werden — notfalls unter gegenseitigen Zugeständnissen — friedlich zusammenwirken müssen, wenn nicht die zum Besten der städtischen Verwaltung gegebene Bestimmung des § 37 der Gemeinde zum Unsegen gereichen soll.

1. Das Kontrollrecht steht niemals dem einzelnen Stadtverordneten, sondern nur der Stadtverordnetenversammlung in ihrer Gesamtheit zu. Freilich kann diese, dem Weg des Satzes 3 des § 37 folgend, ihr Kontrollrecht oder doch die zur Ausübung desselben erforderlichen Maßnahmen einem aus ihrer Mitte gewählten Ausschusse delegieren, der seinerseits

wiederum mit der Vornahme einzelner Kontrollhandlungen jedes seiner Mitglieder betrauen kann. Aber auch in diesem Falle übt der einzelne die Kontrolle nicht kraft eigenen Rechts, sondern nur vermittelst des ihm mittelbar oder unmittelbar übertragenen Rechts der Gesamtheit aus.

Unter keinen Umständen steht der Stadtverordnetenversammlung oder den Kontrollausschüssen das Recht zu, mit der Kontrolle fremde, der Stadtverordnetenversammlung nicht zugehörige Personen zu beauftragen oder solche Personen in die Kontrollausschüsse aufzunehmen (OVG. 45 S. 42 und PVBl. 25 S. 329).

2. Der Stadtverordnetenversammlung steht aber nur das sog. materielle Kontrollrecht zu, wie solches in der Vorbemerkung ad b unter Bezugnahme auf das MR. v. 16. 3. 1839 (Ann. 1839 S. 381) erläutert ist. Das sog. formelle Kontrollrecht, d. h. die Kontrolle darüber, ob die Magistratsmitglieder und städtischen Beamten die ihnen zugewiesenen Arbeiten pünktlich und sachgemäß erledigen oder aber deren Ausführung unterlassen oder ungebührlich verzögern, steht nicht der Stadtverordnetenversammlung, sondern nur dem Bürgermeister als Magistratsdirigenten zu (vgl. ebenda). Von diesem Standpunkte ausgehend hat das genannte Ministerial-Reskript das Verlangen einer Stadtverordnetenversammlung, ihr Restextrakte behufs Kontrolle der städtischen Beamten vorzulegen, für unangemessen erachtet. Aus demselben Grunde hat mit Recht das MR. v. 9. 6. 1843 (MBl. 186) dahin entschieden, daß unbeschadet des in Satz 3 des § 37 der Stadtverordnetenversammlung gewährten Rechts auf Akteneinsicht, ein Anspruch der Stadtverordnetenversammlung auf Vorlegung der vom Magistrat sekret zu behandelnden Personalakten der Beamten nicht besteht (abweichend Oertel S. 175).

Ebenso hat infolge des Fehlens eines formellen Kontrollrechts die Stadtverordnetenversammlung nicht das Recht, ihr Mißfallen, Rügen, Tadel oder Vorwürfe gegenüber dem Magistrat oder dessen Mitgliedern oder den städtischen Beamten auszusprechen (OVG. 35 S. 27).

3. Wie schon in der Vorbemerkung gesagt, erschöpfen die in dem zweiten Satze des § 37 erwähnten Rechte der Stadtverordnetenversammlung den Gesamtbegriff des Kontrollrechts keineswegs, sondern sind vielmehr nur Konsequenzen des Kontrollrechts, die hier beispielsweise angeführt werden (so hinsichtlich des im Eingange gleichlautenden § 183 StO. von 1808 und § 126 der StO. von 1831 das MR. v. 23. 11. 1835 (Ann. S. 1014). Daraus folgt auch, daß die im zweiten Satze des § 37 der Stadtverordnetenversammlung gegebenen Rechte von ihr nur ausgeübt werden können in Verfolg und Ausübung ihres Kontrollrechts, nicht aber auch darüber hinaus. Ausschüsse zur Kontrollierung der Tätigkeit des Magistrats in seiner Eigenschaft als Staatsverwaltungsbehörde darf demnach die Stadtverordnetenversammlung nicht niedersetzen.

4. Den Weg, auf dem sich die Stadtverordnetenversammlung diese Überzeugung verschaffen kann, weist Satz 3, wobei zu bemerken ist, daß die im Satz 3 gegebenen Mittel, Akteneinsicht und Einsetzung von Ausschüssen, die einzigen der Stadtverordnetenversammlung zustehenden Mittel zur Information bei Ausübung des Kontrollrechts sind. Besondere Unter-

suchungen gegen den Magistrat, insbesondere Vernehmung von Zeugen und Sachverständigen, sind unzulässig (OVG. 45 S. 42, 49).

5. Da Akteneinsicht und Ausschußberatung lediglich dazu dienen sollen, der Stadtverordnetenversammlung die Ausübung ihres **Kontrollrechts** zu ermöglichen, stehen ihr diese Mittel folgerichtig auch nur insoweit zur Seite, als ihr Kontrollrecht reicht, also nur, soweit es sich um **Gemeinde**angelegenheiten handelt. Auf Vorlegung solcher Akten, die andere Dinge betreffen, z. B. Akten des Stadtausschusses oder der Polizeiverwaltung, der Innungs- oder Krankenkassenaufsicht, hat die Stadtverordnetenversammlung keinen Anspruch; vgl. auch oben Anm. 2 und 3.

6. Bezüglich der Begrenzung des Rechts auf Akteneinsicht vgl. Anm. 2 und 5. — Die Stadtverordnetenversammlung kann verlangen, daß ihr das gesamte für ihre Kontrolle erforderliche Aktenmaterial zugängig gemacht wird, und braucht sich mit Auszügen oder Übersichten und schriftlichen Berichten aus den Akten nicht zu begnügen.

7. Nur an dieser Stelle erwähnt die StO. das Recht der Stadtverordnetenversammlung, Ausschüsse aus ihrer Mitte zu bestellen. Dennoch darf nicht daran gezweifelt werden (PVBl. 5 S. 289), daß — insbesondere da, wo dies in der Geschäftsordnung (§ 48) vorgesehen ist — die Stadtverordnetenversammlung befugt ist, Ausschüsse (Kommissionen, Deputationen) auch zu anderen als zu Kontrollzwecken einzusetzen, insbesondere Ausschüsse zum Zwecke der Vorberatung und Prüfung der Magistratsvorlagen zu bestellen (OVG. 43 S. 89 u. im PVBl. 25 S. 520). Das damit erstrebte Ziel ist die Herbeiführung einer sachverständigen und gründlicheren Prüfung der Vorlagen, das um so besser erreicht wird, als die in kleinem Kreise leichter festzuhaltenden Verwaltungs**grundsätze** mit der Zeit naturgemäß zu einer gewissen Stetigkeit der Beschlüsse führen. Demzufolge ist in fast allen, namentlich größeren Städten eine ganze Reihe ständiger Ausschüsse vorhanden, die geschäftsordnungsgemäß die zu ihrer Zuständigkeit gehörenden Vorlagen vorberaten und über sie votiert haben müssen, bevor die Stadtverordnetenversammlung im Plenum sich damit beschäftigt. Wenn sowohl Oertel wie Jebens an diesen Zustand die Befürchtung knüpfen, daß unter dem Vorhandensein dieser Ausschüsse das Verantwortlichkeitsgefühl jedes einzelnen Stadtverordneten bei Abstimmungen im Plenum leiden müsse, und daß dadurch zudem der Grundsatz der StO., daß alle Vorlagen in den öffentlichen Sitzungen der Stadtverordnetenversammlung beraten werden sollen, tatsächlich illusorisch gemacht werde, so sind diese Einwände gegen das herrschende System wohl nicht von der Hand zu weisen; dennoch sind, zumal für große Städte — etwa für diejenigen, die mehr als 60 Stadtverordnete haben — ständige Ausschüsse nicht zu entbehren, weil alle auch in den täglichen Geschäften häufiger vorkommenden, irgendwie subtileren Fragen technischer oder juristischer Natur im Plenum nur zu unfruchtbarer und oberflächlicher Beratung kommen können. Übrigens hatten die Instruktionen zur StO. von 1808 (v. 19. 11. 08 GS. 1806—10 359; N.C.C. XII 521, 522) und zur StO. von 1831 (v. 17. 3. 1831 GS. 35) in ihren §§ 20 bzw. 19 solche Ausschüsse ausdrücklich vorgesehen.

Für die von der Stadtverordnetenversammlung ressortierenden Ausschüsse gilt in Ermangelung besonderer Bestimmungen hinsichtlich der Beschlußfähigkeit in analoger Anwendung § 42 StO.

8. Vgl. hierzu OVG. in PVBl. 22 S. 324 ff. — Die Anwesenheit eines Magistratsmitgliedes hat nicht bloß den Zweck, den Stadtverordneten Gelegenheit zu geben, sich durch mündliche Aussprache zu informieren, sondern dient auch dazu, dem Magistrat davon Kenntnis zu verschaffen, ob der Ausschuß das Kontrollrecht zweckmäßig ausübt. Nach dem hier gewählten Wortlaute (anders im § 38) muß hier der Vertreter des Magistrats stets ein Mitglied desselben sein (s. Anm. 8 zu § 38). — Streitig ist geworden, ob der Bürgermeister auch das Recht hat, zu solchen Ausschüssen, die nicht der Kontrolle, sondern der Vorbereitung der Stadtverordnetenbeschlüsse dienen, ein Magistratsmitglied abzuordnen, mit der Wirkung, daß dieses zu der Beratung zugelassen werden muß. Ganz zweifellos ist dies bezüglich des Rechnungsrevisionsausschusses, weil dieser in erster Linie der Kontrolle dient (vgl. hierzu aber PVBl. 3 S. 2; 4 S. 27; 5 S. 289), es wird aber auch bei anderen Ausschüssen nicht zu leugnen sein (so auch OVG. 43 S. 85 und im PVBl. 25 S. 520; vgl. außerdem PVBl. 24 S. 377, 660, 717). Übrigens hat es der Magistrat in der Hand, sich dieses Recht zu sichern, indem er nur einer Geschäftsordnung (§ 48) zustimmt, die ihm für **alle** Ausschußberatungen dieses Recht einräumt.

9. Findet die Stadtverordnetenversammlung bei Ausübung ihres Kontrollrechts, daß der Magistrat oder einzelne Magistratsmitglieder pflichtwidrig gehandelt haben, so kann sie sich selbständig bei der Aufsichtsbehörde beschweren oder aber auch gegebenenfalls die Schuldigen regreßpflichtig machen. Soll der Magistrat regreßpflichtig gemacht werden, so muß die Versammlung bei der Aufsichtsbehörde um Bestellung eines Vertreters einkommen (§ 44). Wegen der Erhebung des Kompetenzkonfliktes bei Klagen gegen einzelne Magistratsmitglieder oder Beamte s. zu § 56[6], wegen Ersatzes von Defekten vgl. Anm. 7 zu § 56[4].

§ 38.

Die Stadtverordnetenversammlung wählt[1] jährlich[2] einen Vorsitzenden, sowie einen Stellvertreter desselben, und einen Schriftführer, sowie einen Stellvertreter desselben, aus ihrer Mitte;[3] doch kann auch die Stelle des Schriftführers ein von den Stadtverordneten nicht aus ihrer Mitte gewählter, in öffentlicher Sitzung hierzu von dem Bürgermeister vereideter Protokollführer vertreten.[4] Diese Wahlen erfolgen in dem § 32 vorgeschriebenen Verfahren.[5]

Die Stadtverordneten versammeln sich, so oft es ihre Geschäfte erfordern.[6]

Der Magistrat wird zu allen Versammlungen eingeladen und kann sich durch Abgeordnete vertreten lassen.[7,8] Die Stadtverordneten können verlangen, daß Abgeordnete des Magistrats dabei anwesend sind.[9] Der Magistrat muß gehört werden, so oft er es verlangt.[10·11]

1. Ohne daß es der Zustimmung des Magistrats zu diesen Beschlüssen (Wahlen) bedarf (vgl. Anm. 7 zu § 36). Wohl aber muß der Magistrat zustimmen, wenn der auf Grund des zweiten Satzes des § 38 nicht aus der Mitte der Versammlung gewählte Protokollführer besoldet werden soll. Darüber, ob der besoldete Protokollführer als Gemeindebeamter angestellt werden soll, hat gemäß § 56[6] der Magistrat allein zu beschließen; er muß aber wie bei jeder Anstellung die Stadtverordnetenversammlung hören.

2. Wann in jedem Jahre die Wahlen des § 38 zu erfolgen haben, ist nicht gesagt. Der Geschäftsordnung (§ 48) ist die nähere Bestimmung überlassen. Zweckmäßig wird es sein, die Wahlen — wie dies in der StO. S.-H. § 48 festgesetzt ist — erst nach Einführung der neu gewählten Mitglieder vornehmen zu lassen. Die Gewählten bleiben in Funktion, bis ihre Nachfolger gewählt sind. Vgl. Anm. 1 zu § 39 u. PVBl. 24 S. 281.

3. Das Gesetz beschränkt sich darauf, die Wahl eines Vorstehers, Vorsteherstellvertreters, Schriftführers und Schriftführerstellvertreters anzuordnen. Diese Personen bilden demnach den gesetzlich erforderten Vorstand (das Bureau) der Stadtverordnetenversammlung. Der Geschäftsordnung ist es dabei überlassen, zu bestimmen, daß der Vorstand noch aus weiteren Personen — Beisitzern — besteht, die dazu bestimmt sind, den Vorsitzenden in der Handhabung der Sitzungsgeschäfte zu unterstützen. Eine Ablehnung der Wahl in den Vorstand der Versammlung ist zulässig und fällt nicht unter § 74 StO. Daß sich zum Vorsteheramt kein Stadtverordneter bereitfinden sollte, ist wohl nicht anzunehmen; bezüglich des Schriftführeramts weist Satz 2 einen Ausweg aus etwaigen Schwierigkeiten. — Wegen der Stellung und Befugnisse des Vorstehers vgl. § 39 (Einberufung der Versammlung), § 43 (ausschlaggebende Stimme bei Stimmengleichheit) und vor allem § 46 (Sitzungsleitung) sowie die Anm. zu § 46.

4. Wegen etwaiger Besoldung oder Anstellung eines solchen Protokollführers vgl. Anm. 1. Es ist selbstverständlich auch zulässig — und in großen Städten unvermeidlich — nicht nur einen, sondern mehrere berufsmäßige Protokollführer zur Verfügung zu halten, von denen die später eingetretenen regelmäßig als Stellvertreter des eigentlichen Protokollführers dienen mögen. Soweit diese Stellvertreter als Protokollführer des Plenums verwendet werden sollen, muß in ihrer Person der Bestimmung des § 38 genügt sein. Sind die Protokollführer als Gemeindebeamte angestellt, so unterstehen sie der Dienstaufsicht und Disziplin des Magistrats bzw. des Bürgermeisters, nicht der des Stadtverordnetenvorstehers (s. PVBl. 32 S. 607). Auch sonstige Bureau- und Unterbeamte der Stadtverordnetenversammlung können mit Zustimmung des Magistrats gegen Besoldung angestellt werden (s. bezügl. dieses Personals Anm. 2 zu § 46 unter c).

5. Vgl. die Anm. zu § 32. Von dem in § 32 vorgeschriebenen Verfahren darf also auch die Geschäftsordnung (§ 48) nicht abweichen.

6. Die meisten Geschäftsordnungen sehen regelmäßige Sitzungstage vor, indem sie der Stadtverordnetenversammlung vorbehalten, am Anfang jeden Kalenderjahres den Wochentag und die Stunde der regelmäßigen Sitzungen ein für allemal zu bestimmen. Für diese regelmäßigen Sitzungen ist die Bestimmung im § 41 zu beachten. Wegen der außerordentlichen Sitzungen vgl. § 39, woselbst einem Viertel der Mitglieder und dem Magistrat das Recht eingeräumt ist, die Anberaumung außerordentlicher Sitzungen zu verlangen. Darüber hinausgehend können die Geschäftsordnungen auch dem Vorstande der Stadtverordnetenversammlung oder auch dem Vorsteher allein ein solches Recht einräumen. Über die Sitzungsstunde vgl. PVBl. 28 S. 418.

7. „Zu allen Versammlungen", also auch zu geheimen Sitzungen muß der Magistrat eingeladen und zugelassen werden (MBl. 1851 S. 116). Indessen werden aus Gründen des Taktes sich die Magistratsmitglieder freiwillig fernhalten, wenn es ihnen bekannt ist, daß z. B. Besprechungen über Wahlen zum Magistrat, über Beschwerden über den Magistrat, über Beratung von Besoldungszulagen usw. in Aussicht genommen sind. Die Annahme von Marcinowski, daß die Geschäftsordnung bestimmte Gegenstände benennen könne, die stets in Abwesenheit des Magistrats beraten werden sollen, ist im Hinblick auf den Wortlaut des § 38 StO. jedenfalls irrig, auch wenn man berücksichtigt, daß der Magistrat nach § 48 der Geschäftsordnung zugestimmt haben muß. Denn der Anspruch des Magistrats aus § 38 wurzelt im öffentlichen Recht und ist also kein verzichtbarer.

8. Der Magistrat kann in corpore erscheinen oder sich durch einzelne Mitglieder vertreten lassen (die der Bürgermeister alsdann bestimmt; § 58), in welchem Falle aber auch den übrigen Magistratsmitgliedern der Zutritt freisteht. Ergreift der Bürgermeister nicht selbst das Wort, so ist in erster Reihe der zuständige Magistratsdezernent berufen, als Abgeordneter des Magistrats zu sprechen, in dessen Abwesenheit aber oder kraft Auftrages jedes andere anwesende Magistratsmitglied (PVBl. 24 S. 211). Bestritten ist, ob als Abgeordnete des Magistrats auch andere Personen als seine Mitglieder fungieren können. Oertel verneint die Frage ohne Angabe von Gründen, ebenso Leidig, vgl. dagegen PVBl. 17 S. 304 und 24 S. 212. Zu beachten ist der von § 37 (letzter Satz) abweichende Wortlaut, der jedenfalls nicht gegen die Zulassung von Gemeindebeamten als „Abgeordneten" im Sinne des § 38 spricht. Daß das Gesetz in beiden Fällen verschiedene Bestimmungen getroffen hat, erscheint keineswegs widersinnig: Im § 37 handelt es sich um die Kontrolle über die Amtshandlungen des Magistrats; hier haben die Stadtverordneten ein Interesse daran, einen **ihnen** verantwortlichen Mann sich gegenüber zu sehen, um unmittelbar ihm gegenüber diejenigen Ausstellungen zu machen, zu denen gegebenenfalls die Geschäftsführung des Magistrats Anlaß gibt. Anders im Plenum der Versammlung, wo es sich, regelmäßig wenigstens, darum handelt, die Zustimmung der Stadtverordnetenversammlung zu Initiativanträgen des Magistrats zu erhalten oder aber sich über Initiativanträge der Stadtverordnetenversammlung, die zukünftige Dinge betreffen, auszusprechen. Technische Information wird hierbei häufig genug nicht zu entbehren sein oder doch zur Förderung der

Debatte beitragen, so daß keinerlei sachliche Gründe entgegenstehen, hier höhere technische Beamte des Magistrats — seien das nun Bautechniker, Ingenieure, Schultechniker oder spezialistisch gebildete Juristen — als „Abgeordnete" zuzulassen, zumal wenn etwa das zuständige Magistratsmitglied am Erscheinen verhindert ist. Folgerichtig wird man auch zu solchen Ausschüssen, die nicht zu Kontrollzwecken, sondern zur Vorberatung dienen (Anm. 7 u. 8 zu § 37), Kommissare des Magistrats zulassen müssen, die nicht Magistratsmitglieder sind. — Unter keinen Umständen kann es den Zwecken des Gesetzes entsprechen, wenn der oder die Abgeordneten des Magistrats in der Stadtverordnetenversammlung einen anderen als denjenigen Standpunkt vertreten, den der Magistrat zu dem seinigen gemacht hat, insbesondere wenn sie mit ihrer abweichenden Meinung, mit der sie im Magistrat oder der zuständigen Verwaltungsdeputation unterlegen sind, der Stadtverordnetenversammlung gegenüber hervortreten. Denn der Stadtverordnetenversammlung hat der Magistrat als geschlossenes Ganze, als eine von einem Willen beseelte Körperschaft gegenüberzutreten.

9. Die Stadtverordnetenversammlung kann die Absendung von Abgeordneten nötigenfalls durch Beschwerde bei der Aufsichtsbehörde erzwingen.

10. „So oft" heißt auch: in jeder Lage der Beratung oder des Abstimmungsverfahrens, also auch nach Schluß der Beratung. Die Geschäftsordnungen enthalten demzufolge gewöhnlich die Bestimmung, daß die Beratung als wiedereröffnet gilt, sofern nach geschlossener Beratung ein Magistratsvertreter das Wort ergreift. Dagegen heißt „so oft er es verlangt" nicht, daß die Magistratsvertreter verlangen können, daß ein der Versammlung angehöriger Redner vom Vorsteher unterbrochen wird, um sie zum Worte zu verstatten.

11. Das Institut gemeinschaftlicher Sitzungen des Magistrats und der Stadtverordneten ist der StO. fremd. Wohl aber haben spätere Gesetze auch für den Bereich der StO. ö. P. solche gemeinsame Sitzungen nötig gemacht, so z. B. § 104 KrO., § 15 PrO. hinsichtlich der Wahl von Kreistags- und Provinziallandtagsabgeordneten, und ferner bezüglich Berlins § 43 LVG. hinsichtlich der Wahlen zum Bezirksausschusse; vgl. auch Gesetz betr. die Polizeiverwaltung in den Städten Charlottenburg usw. v. 13. 7. 00 (GS. 247); EStG. v. 19. 6. 06 (GS. 241) § 46 Abs. 2; Zweckverbandsgesetz v. 19. 7. 11 (GS. 115) § 13; Zweckverbandsgesetz für Groß Berlin v. 19. 7. 11 (GS. 123) § 16. In diesen Fällen haben sich in Ermangelung besonderer Bestimmungen Bürgermeister und Stadtverordnetenvorsteher über Zeit und Ort der Sitzung zu verständigen, und demnächst der Bürgermeister die Magistratsmitglieder, der Stadtverordnetenvorsteher die Stadtverordneten einzuladen. Die Leitung der gemeinsamen Sitzung steht dem Bürgermeister zu. Im übrigen sollen die für städtische Wahlen sonst geltenden Bestimmungen entsprechende Anwendung finden (MBl. 1871 S. 168).

Daß — abgesehen von diesen, gesetzlich besonders geregelten Fällen — die StO. gemeinsame Sitzungen der beiden städtischen Körperschaften zuläßt, wird mit Jebens zu verneinen sein. Sollten gemeinsame Besprechungen zwischen sämtlichen Mitgliedern des Magistrats und sämtlichen Mitgliedern der Stadtverordnetenversammlung unter Einhaltung der üblichen

Formen der Sitzungen vorgenommen werden, so kommt doch solchen Beratungen keineswegs die Bedeutung der in der StO. vorgesehenen Sitzungen des Magistrats oder der Stadtverordnetenversammlung zu. Rechtlich bedeutsame Beschlüsse können insbesondere bei solchen Beratungen nicht gefaßt werden.

§ 39.

Die Zusammenberufung der Stadtverordneten geschieht durch den Vorsitzenden;[1] sie muß erfolgen, sobald es von einem Viertel der Mitglieder oder von dem Magistrat verlangt wird.[2]

1. In dessen Behinderung durch den Stellvertreter. Fraglich ist nur, wer die Stadtverordnetenversammlung einzuberufen hat, wenn beide Vorsteher fehlen. Regelmäßig wird dann das an Lebensalter älteste Mitglied der Versammlung oder, wenn sich dies nicht ohne Zusammentritt aller Stadtverordneten ermitteln läßt, das nach den Jahren seiner Mitgliedschaft älteste (dienstälteste) Mitglied die Versammlung einzuberufen haben. Am leichtesten wird sich dieser Fall ereignen in der ersten Sitzung nach Neujahr. Ist dann der bisherige Vorsteher oder sein Stellvertreter noch Mitglied der Versammlung, so können sie nach § 28 StO. für befugt erachtet werden, die Versammlung einzuberufen und bis zur Neuwahl des Vorsitzenden zu leiten. Sind sie aber beide nicht wieder gewählt, so bleibt nichts übrig, als, wie oben geschildert, das älteste Mitglied die Versammlung einberufen und zunächst leiten zu lassen. Wünschenswert ist es, daß die Geschäftsordnung (§ 48) diese Lücke des Gesetzes entsprechend ausfüllt. Im Falle der Neukonstituierung der Versammlung nach erfolgter Auflösung (§ 79 StO., § 17 Nr. 3 ZustGes.) wird der Bezirksausschuß (in Berlin Oberpräsident) die Einberufung der Versammlung zu beschließen und vorzunehmen haben, sein Vorsitzender oder ein von diesem bestellter Kommissar aber die Versammlung bis zur Wahl des Vorstehers leiten müssen. Ebenso wird im Falle der Erhebung einer Landgemeinde zur Stadtgemeinde (LGO. § 1) die Aufsichtsbehörde zu bestimmen haben, ob der bisherige Gemeindevorsteher oder ein sonstiger Kommissar die erste Einberufung vorzunehmen und demnächst die erste Sitzung bis zur Wahl des Stadtverordnetenvorstehers zu leiten hat.

2. Es fragt sich nur, wie die Stadtverordneten, welche die Einberufung wünschen, oder der Magistrat gegenüber einer Weigerung des Vorstehers ihr Recht aus § 39 erzwingen können. Zunächst müssen sie sich an die Aufsichtsbehörde wenden. Letztere hat, wenn der Stadtverordnetenvorsteher ihrer Aufforderung zur Einberufung nicht nachkommt, jedenfalls die Möglichkeit, die Auflösung der Stadtverordnetenversammlung zu beantragen (§ 79), in der Erwartung, daß die neue Versammlung einen dem Gesetze gehorsamen Vorsteher wählen werde. Ob außerdem die Aufsichtsbehörde einem unfolgsamen Stadtverordnetenvorsteher mit Exekutivstrafandrohung entgegentreten dürfe, ist trotz der wiederholt in diesem Sinne bekundeten Auffassung der Staatsregierung, die sich auf § 48 Nr. 2 der V. v. 26. 12. 1808 und die §§ 2 Nr. 5, 7, 8, 11 der Regierungsinstruktion v. 23. 10. 1817, in neuerer Zeit auch auf § 132 LVG. stützte (s. MBl. 1863 S. 118, 153; PVBl. 5

S. 219; es handelte sich fast immer um Fälle, in denen durch das Verbot, gewisse Gegenstände auf die Tagesordnung zu setzen, verhindert werden sollte, daß sich die Stadtverordnetenversammlung über politische oder wirtschaftliche Gegenstände ausließ), mindestens höchst fraglich, weil solche Exekutivmittel der StO. nicht bloß fremd sind, sondern auch der den Stadtverordneten von der StO. angewiesenen Rechtsstellung nicht entsprechen. Unmittelbare Beziehungen der Stadtverordneten zur Aufsichtsbehörde kennt, abgesehen von den Bestimmungen der §§ 77, 78, 79 (Beanstandung, Auflösung und Zwangsetatisierung) die StO. nicht. Auch weist die StO. dem Stadtverordneten*vorsteher* keine andere rechtliche Stellung an als allen anderen Stadtverordneten. Insbesondere wird der zum Stadtverordnetenvorsteher gewählte Stadtverordnete dadurch nicht Organ der Staatsgewalt oder bekommt eine irgendwie geartete *amtliche* oder *behördliche* Stellung derart, daß er in bezug auf seine beruflichen Funktionen persönlich einer Dienstaufsicht unterstellt wäre. Wenn Jebens (S. 290) demgegenüber ausführt, daß der hier vertretene Standpunkt dazu führe, den Stadtverordnetenvorsteher völlig unabhängig zu stellen und die Rechte der Stadtverordneten und des Magistrats aus § 39 wertlos zu machen, so ist einmal zu beachten, daß es sowohl auf dem Gebiete des öffentlichen wie des Privatrechts eine Menge sog. unvollständiger Gesetze gibt, deren Befolgung nicht durch gesetzlich geordneten Zwang gesichert ist, und daß außerdem in dem § 79 StO. der Staatsbehörde ein zwar umständliches und auch manchmal in politischer Beziehung unbequemes, jedenfalls aber ein ausreichendes Mittel gegeben ist, einen seine Pflicht weigernden Stadtverordnetenvorsteher von seinem Posten zu entfernen. Zudem würden auch in den wichtigsten Fällen, nämlich wenn es sich darum handelt, daß der Stadtverordnetenvorsteher die Einberufung unterläßt, um die Stadtverordnetenversammlung an Geldbewilligungen oder an Erledigung einer Meinungsverschiedenheit (§ 36 StO.) zwischen Stadtverordneten und Magistrat zu hindern, die Mittel der Zwangsetatisierung oder der Anrufung des Bezirksausschusses auf Grund des § 17 ZustGes. ausreichenden Erfolg bieten; *politische* Beschlüsse der Versammlungen aber können durch die Beanstandung rechtlich wirkungslos gemacht werden.

§ 40.

Die Art und Weise der Zusammenberufung[1] wird ein- für allemal von der Stadtverordnetenversammlung festgestellt.[2]

Die Zusammenberufung erfolgt unter Angabe der Gegenstände der Verhandlung;[3] mit Ausnahme dringender Fälle[4] muß dieselbe wenigstens zwei freie Tage vorher statthaben.[5,6,7]

1. Die Zusammenberufung kann durch spezielle Einladung der einzelnen Stadtverordneten, durch Umlauf eines Einladungsschreibens, durch öffentliche Bekanntmachung oder auch auf mehrere dieser Arten zugleich erfolgen.

2. Wird eine Geschäftsordnung abgefaßt (§ 48), so muß sie auch diese Feststellung enthalten. — Die Geschäftsordnung der Stadtverordneten-

versammlung ist eine Rechtsnorm, deren Verletzung die Beanstandung gemäß § 15 ZustGes. begründet (OVG. 41 S. 40, 43).

3. Und zwar aller Gegenstände, auch derjenigen, die in geheimer Sitzung verhandelt werden sollen. Sollte die Geheimhaltung von Einzelheiten im Gemeindeinteresse liegen, so genügen generelle Angaben über diese geheim zu behandelnden Gegenstände, vorausgesetzt, daß sie erkennbar machen, um was im allgemeinen es sich handelt. Auch kann in der Geschäftsordnung festgesetzt werden, daß bei Einladung durch Veröffentlichung in Zeitungen diese Gegenstände nur summarisch aufgeführt werden.

4. Was „dringender Fall" ist, hat die Versammlung selbst festzustellen. Wie die Versammlung dies feststellt, ist in der Geschäftsordnung zu bestimmen. Hat die Versammlung die Dringlichkeit ausdrücklich ausgesprochen, so ist hierdurch die Verletzung der Frist des § 40 geheilt (Anm. 6).

5. Zwei freie Tage vorher, d. h. es muß zwischen der Zusammenberufung und der Sitzung nicht bloß ein Zeitraum von 48 Stunden, sondern von zwei vollen Kalendertagen liegen. Erfolgt z. B. die Einberufung am Dienstag früh, so kann die Sitzung nicht Donnerstag, sondern zeitigstens Freitag stattfinden. Ob zu den freien Zwischentagen ein Feiertag gehört, insbesondere ein Sonntag, ist gleichgültig. Bemerkenswert ist, daß die Bestimmung — ebenso übrigens wie die des ersten Satzes des Abs. 2 — auch bezüglich der dem Magistrat zugehenden Einladung (§ 38) erfüllt sein muß, wie § 41 beweist.

6. Sind die Bestimmungen des § 40 Abs. 2 gegenüber allen oder einigen Stadtverordneten oder gegenüber dem Magistrat verletzt, so heilt weder das Einverständnis der Beteiligten mit der dennoch stattfindenden Sitzung oder Beratung, noch eine etwaige zu den Beschlüssen hinzutretende Bestätigung der Aufsichtsbehörde den Mangel; die gefaßten Beschlüsse sind vielmehr nichtig (vgl. aber Anm. 4 hinsichtlich der Ausnahme der dringlichen Fälle).

7. Wird die Dringlichkeit ausdrücklich anerkannt, so kann auch über solche eilige Sachen verhandelt werden, die den Stadtverordneten und dem Magistrat überhaupt nicht vor der Sitzung mitgeteilt worden sind.

§ 41.

Durch Beschluß der Stadtverordneten können auch regelmäßige Sitzungstage festgesetzt,[1] es müssen jedoch auch dann die Gegenstände der Verhandlung mit Ausnahme dringender Fälle mindestens zwei freie Tage vorher den Stadtverordneten und dem Magistrat angezeigt werden.[2]

1. In der Regel werden diese Beschlüsse in größeren Städten alljährlich gefaßt. Die Zustimmung des Magistrats ist nicht erforderlich, es sei denn, daß der Beschluß der Versammlung in der Geschäftsordnung (§ 48) Aufnahme findet. Im allgemeinen wird man sich in der Geschäftsordnung nicht für alle Zeit auf bestimmte Tage festlegen, sondern sich damit begnügen,

zu bestimmen, für welche Zeiträume im voraus die Feststellung der Sitzungstage zu erfolgen hat.

2. Die Bedeutung des Beschlusses ist also nur die, daß es der Einladung der Mitglieder und des Magistrats zu den einzelnen Sitzungen (der Einberufung) nicht bedarf. Die Bestimmungen des Abs. 2 des § 40 — Mitteilung der vollständigen Tagesordnung und Innehaltung der zweitägigen Frist — müssen aber auch hier zur Vermeidung der Nichtigkeit der gefaßten Beschlüsse gewahrt sein. Wegen der Folgen einer Verletzung dieser Vorschriften, sowie wegen der Ausnahme der dringlichen Fälle vgl. Anm. 6 und Anm. 4 zu § 40.

§ 42.

Die Stadtverordnetenversammlung kann nur beschließen, wenn mehr als die Hälfte der Mitglieder zugegen ist.[1] Eine Ausnahme hiervon findet statt, wenn die Stadtverordneten, zum zweiten Male zur Verhandlung über denselben Gegenstand zusammenberufen, dennoch nicht in genügender Anzahl erschienen sind.[2] Bei der zweiten Zusammenberufung muß auf diese Bestimmung ausdrücklich hingewiesen werden.[3, 4]

1. Nach OVG. 18 S. 48ff. ist die nach Gesetz oder Ortsstatut (gemäß § 12) festgesetzte Gesamtzahl der Stadtverordneten für die Berechnung der Hälfte maßgebend, nicht etwa die Hälfte der zufällig amtierenden Stadtverordneten (unter Weglassung der durch Tod oder sonstiges Ausscheiden unbesetzten Sitze).

2. Die Anwendung des Satzes 2 hat zur Voraussetzung, daß überhaupt noch mehr als die Hälfte der gesetzlich oder ortsstatutarisch vorhandenen Stadtverordnetensitze besetzt sind. Ist dies nicht der Fall, so gilt eine ordnungsmäßige Stadtverordnetenversammlung nicht mehr als vorhanden, und die Ausnahmebestimmung des Satzes, die nur bezweckt, Abhilfe zu gewähren, wenn nicht genügend Stadtverordnete erscheinen **wollen**, kann nicht angewendet werden, weil in diesem Falle nicht genügend Stadtverordnete erscheinen **können** (OVG. 18 S. 54). Vielmehr müssen dann schleunigst Ersatzwahlen angeordnet und vorgenommen werden. — Auch bei Anwendung des Satzes 2 dieses Paragraphen müssen die Bestimmungen der §§ 39—41 betr. die Einberufung der Stadtverordnetenversammlung befolgt werden.

3. Der Mangel des Hinweises macht die gefaßten Beschlüsse ungültig, wenn in der Tat nicht mehr als die Hälfte der Stadtverordneten (Anm. 1) in der Sitzung anwesend waren.

4. Die Fassung des ganzen § 42, insbesondere Satz 1 beweist, daß nur die **auf Einberufung versammelten** Stadtverordneten rechtlich bedeutsame Beschlüsse fassen und abstimmen können. Andere Abstimmungsarten, etwa durch Umlaufzettel oder durch schriftliche Einholung aller Stimmen oder etwa der Stimmen einer Anzahl (nicht in der Versammlung erschienener) Stadtverordneten, sind unzulässig.

§ 43.

Die Beschlüsse werden nach Stimmenmehrheit gefaßt.[1] Bei Stimmengleichheit entscheidet die Stimme des Vorsitzenden.[2] Wer nicht mitstimmt, wird zwar als anwesend betrachtet, die Stimmenmehrheit wird aber lediglich nach der Zahl der Stimmenden festgestellt.[3,4]

1. Eine Ausnahme von diesem Grundsatz enthält § 4 des G. v. 30. 6. 00 (vgl. oben § 13).

Über die Art der Abstimmung ist außer in den Fällen der §§ 32 und 38 (Wahlen der Magistratsmitglieder und des Vorstandes) nichts bestimmt. Daß Abstimmungen durch Umlaufzettel oder schriftliche Willensäußerung außerhalb der Sitzung unzulässig sind, ist schon zu § 42 ausgeführt. Ebenso ist geheime Abstimmung (Abstimmung durch Zettel oder in Abwesenheit der übrigen Mitglieder), abgesehen von den Fällen der §§ 32 und 38, unzulässig (so OVG. im PVBl. 15 S. 427; a. A. Wolff im PVBl. 31 S. 650). Jede andere Art der Abstimmung, sei es durch Aufstehen, sei es durch Aufheben der Hand, durch Namensaufruf unter Protokollierung der Stimmabgabe jedes einzelnen, oder sei es schließlich durch Stillschweigen, nachdem der Vorsitzende erklärt, er werde, wenn niemand widerspreche, einen Antrag als angenommen ansehen, ist zulässig (PVBl. 14 S. 147). Die zulässigen Arten der Abstimmung werden zweckmäßigerweise in der Geschäftsordnung für jeden Fall, insbesondere auch für den Fall von Wahlen außerhalb des Bereichs der §§ 32 und 38, festzusetzen sein.

2. Außer in den Fällen der §§ 32 und 38, wo bei Stimmengleichheit nicht die Stimme des Vorsitzenden, sondern das Los entscheidet. In allen übrigen Fällen entscheidet nach dem klaren Wortlaut des Satzes 2, der andere Ausnahmen als die gesetzlichen nicht zuläßt, stets die Stimme des Vorsitzenden bei Stimmengleichheit, richtiger Ansicht nach also auch bei Zettelwahlen (so Oertel S. 182; anderer Meinung Kappelmann S. 125 unter Berufung auf das Erkenntnis in PVBl. 15 S. 427; seine Begründung ist de lege ferenda gewiß beachtenswert, wird aber dem Wortlaute des § 43 nicht gerecht).

3. Die Anzahl der insgesamt Abstimmenden ist also für die Feststellung der Beschlußfähigkeit ebenso gleichgültig, wie auch umgekehrt die Anzahl der Anwesenden, wenn sie größer ist als die der insgesamt Abstimmenden, für das Ergebnis der Abstimmung unerheblich ist. Zur Feststellung der Beschlußfähigkeit werden die Anwesenden, zur Feststellung des Ergebnisses der Abstimmung die Abstimmenden gezählt. Erforderlich ist, daß die Anwesenden, die nicht mitstimmen wollen, dies erkennbar machen. Bei Zettelabstimmung geschieht dies durch Nichtabgabe von Zetteln oder durch Abgabe unbeschriebener Zettel, sonst durch ausdrückliche Erklärung und durch kurzes Verlassen des Abstimmungsraumes (s. OVG. im PVBl. 14 S. 147).

4. Wegen Aufhebung gefaßter Stadtverordnetenbeschlüsse durch neue Beschlüsse, insbesondere wegen mehrmaligen Abstimmens über dieselbe Angelegenheit in derselben Sitzung s. Anm. 5 zu § 47.

§ 44.

An Verhandlungen über Rechte und Verpflichtungen der Stadtgemeinde darf derjenige nicht teilnehmen, dessen Interesse mit dem der Gemeinde in Widerspruch steht.[1,2] Kann wegen dieser Ausschließung[3] eine beschlußfähige Versammlung nicht gehalten werden, so hat der Magistrat, oder, wenn auch dieser aus dem vorgedachten Grunde einen gültigen Beschluß zu fassen nicht befugt ist,[4] die **Aufsichtsbehörde**[5] für die Wahrung des Gemeinde-Interesses zu sorgen und nötigenfalls einen besonderen Vertreter für die Stadtgemeinde zu bestellen.

Sollte ein Prozeß der Stadtgemeinde gegen alle oder mehrere Mitglieder des Magistrats aus Veranlassung ihrer Amtsführung notwendig werden, so hat die **Regierung**[6] auf Antrag der Stadtverordnetenversammlung zur Führung des Prozesses einen Anwalt zu bestellen.[7]

Hierzu ZG. § 17 No. 2: .

§ 17: Der Bezirksausschuß beschließt,[8] *soweit die Beschlußfassung nach den Gemeindeverfassungsgesetzen der Aufsichtsbehörde zusteht,*[9] . . . . . .

2. an Stelle der Gemeindebehörden,[9] *im Falle ihrer durch widersprechende Interessen herbeigeführten Beschlußunfähigkeit.*

Vorbemerkung:

§ 44 ist in den durch den Druck gekennzeichneten Worten im ersten Absatz abgeändert durch ZustGes. §§ 17[2] (vorstehend abgedruckt) und 161, im Abs. 2 durch ZustGes. § 7. Zu beachten ist, daß die nur für die Stadtverordnetenversammlung geltende Bestimmung des Satzes 2 des Abs. 1 in der analogen vom Magistrat handelnden Bestimmung des § 57 Abs. 3 fehlt.

1. Worin das Interesse des einzelnen bestehen muß, um ihn von der Teilnahme auszuschließen, ist nicht gesagt. Es wird allgemein angenommen, daß es sich um ein unmittelbares persönliches (individuelles) Interesse, sei es ein Vermögensinteresse oder ein Interesse anderer Art, handeln muß, das in Widerspruch tritt zu dem allgemeinen, dem Gesamtinteresse. Ein solches unmittelbares Interesse des einzelnen kann auch vorliegen, wenn es sich um vermögensrechtliche Interessen solcher Angehörigen handelt, die mit einem Stadtverordneten durch das rechtliche Band der Unterhaltspflicht oder des Nießbrauchs am Vermögen verbunden sind. Dagegen liegt ein die Teilnahme ausschließender Grund nicht vor, wenn es sich um das Vermögensinteresse solcher Verwandten handelt, die nicht in dem oben geschilderten Rechtsverhältnisse zu dem Stadtverordneten stehen (nicht Aszendenten, Deszendenten, Ehegatten sind); ferner nicht, wenn Interessen einer Korporation oder **Berufsklasse** in Frage stehen, denen der einzelne Stadtverordnete angehört (z. B. ein Staatsbeamter beim Ankauf eines fiskalischen Grundstücks durch die Gemeinde, ein Kirchengemeindemitglied bei Streitigkeiten seiner Kirchengemeinde mit der Stadt, ein Grundbesitzer, wenn Interessen aller Grundbesitzer in Frage stehen, MBl. 1840 S. 343); und schließlich nicht, wenn ein Stadtverordneter sich um einen Sitz im Magistrat bewirbt und seine Wahl in Frage steht. Denn in diesen Fällen fehlt es trotz des vorhandenen individuellen Interesses des einzelnen an dem **notwendigen Widerstreit** dieses Interesses mit dem Gesamtinteresse (vgl. Anm. 1 zu § 32). Auch die Mitgliedschaft in einem Verein oder in einer Gesellschaft mit **idealen Zwecken** rechtfertigt an sich noch nicht die Anwendung des § 44, und zwar selbst dann nicht, wenn der Stadtverordnete dem Vorstand des Vereins oder der Gesellschaft angehört; es muß hier die Sachlage des Einzelfalles entscheiden. Streitig kann die Frage in Fällen sein, in denen ein Stadtverordneter Vorstand oder Aufsichtsratsmitglied solcher **Erwerbs**gesellschaften ist, deren Interesse mit dem der Stadt kollidiert oder wo das Interesse des Mündels eines Stadtverordneten dem der Stadtgemeinde zuwiderläuft. Jeder in einer Pflichtenkollision befindliche Stadtverordnete wird gut tun, sich in den auch nur zweifelhaften Fällen seiner Mitarbeit zu enthalten, wenn nicht um seiner selbst willen, so doch schon, um die Gefahr ungültiger Beschlüsse zu vermeiden (Anm. 2; vgl. auch PVBl. 21 S. 273; 26 S. 489; 29 S. 54; Jebens S. 233 ff.). Dem Verbot der Teilnahme an den Verhandlungen ist nicht schon dadurch genügt, daß der Stadtverordnete des Mitsprechens und des Mitabstimmens sich enthält. Vielmehr muß gefordert werden, daß der persönlich Interessierte nicht anwesend ist. Auch stumme Anwesenheit des Interessierten kann auf die Aussprache und Entschließung der übrigen Mitglieder von erheblichem Einfluß sein. Auf die Entfernung der seiner Ansicht nach interessierten Personen hat der Vorsteher oder Vorsitzende des Ausschusses hinzuwirken.

Die hiermit im Zusammenhang stehende Frage, ob Stadtverordnete in Prozessen der Stadt als Sachverständige zuzulassen sind oder ob sie die Besorgnis der Befangenheit gegen sich haben, ist vom RG. (RGZ. 66 S. 53) unter Bezugnahme auf die generelle Zuständigkeit der Stadtverordnetenversammlung, bei **allen** Gemeindeangelegenheiten mitzubeschließen, und die spezielle Zuständigkeit der Stadtverordnetenversammlung hinsichtlich der Entscheidung über Anstellung von Prozessen und Einlassung auf solche (Anm. 2 zu § 35) in letzterem Sinne entschieden worden. Richtiger Ansicht nach wird es wohl immer auf die Umstände des einzelnen Falles ankommen.

Darüber, ob ein Rechtsanwalt, der Mitglied einer der beiden städtischen Körperschaften ist, einen Prozeß gegen die Stadt führen darf, vgl. PVBl. 30 S. 332.

2. Eine Verletzung des § 44 macht die gefaßten Beschlüsse ungültig. Erfährt der Magistrat von einem Stadtverordnetenbeschluß, bei dem Personen mitgewirkt haben, die nach seiner Ansicht gemäß § 44 hätten ausgeschlossen werden sollen, so ist er gemäß § 15 ZustGes. zur Beanstandung des Beschlusses verpflichtet; die betroffenen Mitglieder haben dann, falls die Stadtverordnetenversammlung Klage erhebt, die Möglichkeit, im Verwaltungsstreitverfahren darzutun, daß sie uninteressiert sind (OVG. 51 S. 6).

3. D. h. also nur, wenn mehr als die Hälfte der Mitglieder wegen Befangenheit ausgeschlossen sind (§ 42). Sind weniger ausgeschlossen und

ist die Versammlung nur etwa deswegen beschlußunfähig, weil zu wenig Stadtverordnete erschienen sind, so muß der Weg des § 42 beschritten werden.

4. Siehe § 57 Abs. 3.

5. Jetzt der Bezirksausschuß; s. § 17[3] ZustGes. oben abgedruckt (für Berlin, wo ebenfalls der Bezirksausschuß zuständig s. § 161 ZustGes.). Zu beachten ist, daß nach § 17[2] ZustGes. der Bezirksausschuß nur insoweit berufen sein soll, an Stelle der Gemeindebehörden zu beschließen, als die Beschlußfassung nach den Gemeindeverfassungsgesetzen der Aufsichtsbehörde zusteht. Fragt man also, in welchen Fällen der Bezirksausschuß einzutreten hat, so muß man den Wortlaut des § 44 zugrunde legen (OVG. 25 S. 50). Danach aber sollte die Aufsichtsbehörde (jetzt Bezirksausschuß) erst eintreten, wenn sowohl die Stadtverordnetenversammlung als auch der Magistrat infolge Befangenheit beschlußunfähig sind. Jedenfalls steht fest, daß, wenn der Magistrat allein aus diesem Grunde beschlußunfähig wird, für ihn nicht der Bezirksausschuß zu beschließen hat (weil nämlich bezüglich des Magistrats weder in § 44 noch in § 57 etwas Entsprechendes bestimmt ist); in diesem Falle bleibt nur übrig, daß die Aufsichtsbehörde einen statt des Magistrats beschließenden und handelnden Kommissar ernennt (OVG. ebenda). Aber auch wenn die Stadtverordnetenversammlung allein wegen Befangenheit beschlußunfähig wird, kann nach dem Wortlaut des § 44 nicht der Bezirksausschuß statt ihrer beschließen. Vielmehr muß in diesem Falle der Magistrat zunächst die Interessen der Stadtgemeinde allein wahrnehmen, und wenn die Zustimmung der Stadtverordnetenversammlung zu dem vorliegenden Akte nach der StO. unentbehrlich ist, für diese einen für sie beschließenden Kommissar bestellen.

6. Jetzt Regierungspräsident, in Berlin Oberpräsident (§ 7 ZustGes.).

7. Die Bestimmung soll verhindern, daß der Magistrat in die Lage kommt, Beschlüsse auszuführen, die ihre Spitze wider ihn selbst oder mehrere seiner Mitglieder richten; auch soll die Auswahl des Anwalts in diesem Falle nicht dem Belieben des Magistrats überlassen sein. Es liegt einer der Fälle vor, in denen die Stadtverordnetenversammlung ihren Beschluß (bei der Aufsichtsbehörde den Antrag auf Bestellung eines Anwalts zu stellen) im Gegensatz zu § 36 StO. selbst ausführen kann und muß. — Mit der Bestimmung in § 21 ZustGes. (Verwaltungsstreitverfahren) hat § 44 nichts zu tun, da hier stets Zivilprozesse in Frage stehen.

8. Auch in Berlin (§ 161 ZustGes.).

9. Vgl. Anm. 5.

§ 45.

Die Sitzungen der Stadtverordneten sind öffentlich.[1] Für einzelne Gegenstände kann durch besonderen Beschluß, welcher in geheimer Sitzung gefaßt wird, die Öffentlichkeit ausgeschlossen werden.[2,3] Die Sitzungen dürfen nicht in Wirtshäusern oder Schenken gehalten werden.

1. D. h. sie müssen öffentlich sein, soweit nicht Ausnahmen gemäß Satz 2 beschlossen werden (Art. 105 VU. v. 31. 1. 1850 in ihrem ur-

sprünglichen Wortlaute). Eine Beschränkung der Öffentlichkeit im Sinne von § 176 GVG. oder von § 8 Reichsvereinsges. v. 15. 4. 08 ist nicht zulässig. Es haben also auch Frauen, Schüler, Lehrlinge, Kinder, Bestrafte usw. Zutritt (PVBl. 26 S. 868). Personen, die sich unangemessen betragen oder die Sitzung stören, kann der Vorsteher kraft seiner Befugnis die Sitzung zu leiten, aus dem Sitzungsraume verweisen und entfernen lassen.

2. Der Beschluß bedarf nicht der Zustimmung des Magistrats, wohl aber kann der Magistrat die Beschlußfassung darüber, ob die Öffentlichkeit ausgeschlossen werden soll, anregen. Der Wortlaut des § 45 hindert nicht, den Beschluß auch generell zu fassen und für bestimmte Kategorien von Angelegenheiten die Öffentlichkeit ein für allemal — etwa durch Bestimmung in der Geschäftsordnung — auszuschließen (s. PVBl. 17 S. 52). Nur müssen, wenn dem Gesetze entsprochen sein soll, diese Kategorien in dem Beschlusse ganz genau bezeichnet sein und ferner muß auch der generelle Beschluß in nicht öffentlicher Sitzung gefaßt sein. Wegen der Form, in welcher diejenigen Vorlagen, die der Stadtverordnetenvorsteher in nicht öffentlicher Sitzung verhandeln lassen will, in der Einladung zur Sitzung mitzuteilen sind, vgl. Anm. 3 zu § 40. Den geheimen Sitzungen darf außer den Magistratsmitgliedern niemand beiwohnen.

3. Wegen der Veröffentlichung der Beschlüsse und Verhandlungen der Stadtverordnetenversammlung vgl. Anm. 7 zu § 36 (sub a). Der Beschluß bedarf nur insoweit der Zustimmung des Magistrats, als die entstehenden Kosten aus Gemeindemitteln gedeckt werden sollen (MBl. 1860 S. 169).

§ 46.

Der Vorsitzende[1] leitet die Verhandlungen, eröffnet und schließt die Sitzungen und handhabt die Ordnung in der Versammlung.[2] Er kann jeden Zuhörer aus dem Sitzungszimmer entfernen lassen, welcher öffentliche Zeichen des Beifalls oder des Mißfallens gibt oder Unruhe irgendeiner Art verursacht.[3]

1. Das ist der Vorsteher, in dessen Behinderung der Vorsteherstellvertreter, wenn auch dieser verhindert ist, diejenige Person, welcher die Geschäftsordnung (§ 48) in diesem Falle den Vorsitz anweist, mangels einer solchen Bestimmung das an Jahren älteste Mitglied der Versammlung.

2. Die Leitung der Sitzungen ist die wesentlichste Aufgabe des Vorstehers. Dazu kommt noch die Einberufung der Versammlung, die gemäß § 39 ebenfalls dem Vorsteher obliegt. Zur Sitzungsleitung und Einberufung gehören auch alle solche Akte, die zur Vorbereitung der Sitzung unentbehrlich sind. Der Stadtverordnetenvorsteher hat demzufolge alle unter der Adresse der Versammlung eingehenden Schreiben und sonstigen Eingänge, insbesondere auch die vom Magistrat kommenden Vorlagen, entgegenzunehmen, zu prüfen, erforderlichenfalls die Ergänzung dieser Vorlagen durch Schriftwechsel mit dem Magistrat zu veranlassen und demnächst die einzelnen Sachen unter die Mitglieder zwecks Vortrags in der Sitzung zu verteilen; er hat ferner die Tagesordnung der Sitzungen und den Wortlaut der an die Mitglieder zu

versendenden oder öffentlich bekannt zu machenden Einladungen festzusetzen, wobei es ihm zusteht, vorbehaltlich des Beschlusses der Versammlung diejenigen Sachen zu bezeichnen, die in geheimer Sitzung erledigt werden sollen. Der Vorsteher führt auch namens der Versammlung den behufs Vorbereitung und Erledigung ihrer Beschlüsse erforderlichen Schriftwechsel, der sich allerdings nach den Bestimmungen der StO. (§ 36 letzter Satz) auf den Schriftwechsel mit dem Magistrat beschränken müßte; indessen hat infolge Erweiterung der den Stadtverordneten gestellten Aufgaben durch das ZustGes. (§§ 10, 11 ibid.) auch die Befugnis des Vorstehers, die Versammlung nach außen zu vertreten, eine Erweiterung erfahren. Nach OVG. 20 S. 11ff. und 55 S. 42 ist der Stadtverordnetenvorsteher berechtigt, die Berufung gegen eine Entscheidung des Bezirksausschusses, die im Verwaltungsstreitverfahren ergeht und einen auf Grund des § 10 ZustGes. gefaßten Beschluß der Stadtverordnetenversammlung aufhebt, selbständig einzulegen und zu rechtfertigen (vgl. auch PVBl. 24 S. 281; 28 S. 693 und Anm. 26 zu § 5 StO.). Über das Gesagte hinausgehend hat aber der Stadtverordnetenvorsteher keine Befugnis:

a) allein das Kontrollrecht aus § 37 auszuüben;
b) Angelegenheiten, die dem Beschlusse der Versammlung unterliegen, selbständig, etwa auch nur vorläufig durch Vorbescheid, zu erledigen;
c) eine Disziplinargewalt über die der Versammlung zugewiesenen Beamten auszuüben (wenngleich dieses Personal ihm sachlich unterstellt ist, also seinen dienstlichen Aufträgen nachzukommen hat).

In den von der Stadtverordnetenversammlung gewählten Ausschüssen hat der Vorsteher nur dann das Recht zu erscheinen, oder etwa den Vorsitz zu übernehmen, wenn er entweder zum Mitgliede oder zum Vorsitzenden gewählt ist oder aber, wenn ihm die Geschäftsordnung (§ 48) diese Rechte ausdrücklich beilegt. Mitglied der ständigen Verwaltungsdeputationen (§ 59) ist der Vorsteher nur, sofern er dazu von der Versammlung gewählt ist.

3. Dem Vorsitzenden stehen zur Handhabung der Sitzungspolizei außer der Bestimmung in Satz 2 dieses Paragraphen nur die geschäftsordnungsmäßigen Mittel zu Gebote, je nach Inhalt der Geschäftsordnung also: Verweisung zur Sache und Ordnungsruf gegenüber den Rednern (auch gegenüber Zwischenrufen), ferner Abbrechen der Sitzung bei großer Unruhe oder tumultuarischen Auftritten und Räumung des Zuhörerraums bei solchen Störungen durch die Zuhörer, die sich auf anderem Wege — Ermahnung, Fortweisung einzelner — nicht beseitigen lassen. Die geschäftsordnungsmäßigen Ordnungsstrafen (§ 48) kann gemäß § 10 Nr. 3 (s. auch § 27 Abs. 1 Nr. 3) ZustGes. nur die Versammlung selbst, nicht der Vorsteher, verhängen. Ebenso stehen dem Vorsteher die Zwangsmittel aus § 132 LVG. nicht zu. Ob umgekehrt dem Vorsteher gegenüber behufs Erzwingung seiner gesetzlichen Pflichten oder behufs Erzwingung einer Unterlassung (z. B. der Unterlassung der Anberaumung einer zur Beratung über eine Nicht-Gemeindeangelegenheit bestimmten Sitzung) die Zwangsmittel des § 132 LVG. der Aufsichtsbehörde zustehen, ist streitig; vgl. Anm. 2 zu § 39. Die dem Vorsteher zustehende Sitzungspolizei erstreckt sich an sich auf alle im Raume anwesenden Personen, also auch auf die Magistratsmitglieder, auf letztere indessen vorbehaltlich der Bestimmung in Abs. 3 des § 38 und mit der Einschränkung, daß der Vorsteher die geschäftsordnungsmäßigen Rügen (Ordnungsrufe) nur gegenüber Mitgliedern der Versammlung, nicht auch gegen die Magistratsmitglieder zur Anwendung bringen darf. (Nicht ganz zutreffend PVBl. 21 S. 332).

§ 47.

Die Beschlüsse der Stadtverordnetenversammlung und die Namen der dabei anwesend gewesenen Mitglieder sind in ein besonderes Buch einzutragen.[1] Sie werden von dem Vorsitzenden und wenigstens drei Mitgliedern unterzeichnet.[2,3]

Dem Magistrat müssen alle Beschlüsse der Stadtverordneten, auch diejenigen, welche ihm durch das Gesetz zur Ausführung nicht überwiesen sind, mitgeteilt werden.[4,5,6]

1. Die hier vorgeschriebene Führung eines Beschlußbuches ist keineswegs notwendig gleichbedeutend mit der im § 38 als selbstredend vorausgesetzten Führung eines Protokolls über jede Sitzung und der Sammlung dieser Protokolle. Denn das Protokoll wird sich zweckmäßigerweise nicht auf die Konstatierung der Beschlüsse und der anwesend gewesenen Stadtverordneten beschränken, wie dies bezüglich des Beschlußbuches gemäß § 47 genügt, vielmehr auch die der Versammlung gemachten geschäftlichen Mitteilungen, Vorlagen zur Kenntnisnahme usw. enthalten. Freilich kann die Bestimmung unter § 47 auch dadurch erfüllt werden, daß man die Protokolle ihrem ganzen Inhalt nach in das Beschlußbuch einfügt. Soll dies geschehen und somit die Führung eines besonderen Beschlußbuches unnötig werden, so müssen die Protokolle auch der Bestimmung des zweiten Satzes des § 47 entsprechen und nicht etwa nur vom Vorsitzenden und Schriftführer oder Protokollführer unterschrieben sein. — Wollte man die Bestimmung des ersten Satzes wörtlich ausführen, so müßten bei jedem Beschlusse die Namen derjenigen Stadtverordneten angegeben sein, die mitgewirkt haben. In der Praxis begnügt man sich indessen, zumal in größeren Städten, am Eingang des Protokolls die Namen der in der Sitzung überhaupt anwesend gewesenen Mitglieder aufzunehmen (oder die fehlenden Mitglieder zu konstatieren) und nur bei jedem Beschlusse anzugeben, wieviel Mitglieder mitgewirkt haben. Mit Recht macht demgegenüber Jebens (S. 240) geltend, daß solche Praxis zweifellos eine Verletzung des § 47 darstelle. Indessen ist die Bedeutung dieser Verletzung nicht allzu groß, weil nach Analogie von OVG. 9 S. 41 angenommen werden muß, daß die Bestimmung des § 47 bezüglich der Protokollierung nur instruktioneller Natur ist und ihre Verletzung die an sich gültig gefaßten Beschlüsse nicht ungültig macht.

2. Weder diese Unterzeichnung noch die Eintragung ins Beschlußbuch oder die Fertigstellung des Protokolls muß in der Sitzung geschehen. Schon um die Aufmerksamkeit der mit Feststellung des Protokolls betrauten Per-

sonen nicht während der Sitzung unnötig zu absorbieren, empfiehlt es sich, die definitive Feststellung erst nach dem Schlusse der Sitzung vorzunehmen.

3. Siehe die Ausnahme für kleinere Städte (bis zu 2500 Einwohner) in § 73.

4. Darüber, welche Beschlüsse nicht der Magistrat auszuführen hat, vgl. Anm. 7 zu § 36. Damit dem Zweck dieser Vorschrift (vgl. Anm. 1 zu § 36) — Nachprüfung der Beschlüsse durch den Magistrat auf Gültigkeit und Gesetzlichkeit — genügt werden kann, hat der Magistrat die vollständige Mitteilung der Beschlüsse in der im § 47 festgesetzten Form zu verlangen und braucht sich mit Ausfertigung des Beschlußtenors nicht genügen zu lassen.

5. Es fragt sich, ob die Stadtverordnetenversammlung einmal gefaßte Beschlüsse überhaupt und ev. ob sie solche noch in derselben Sitzung, in der sie gefaßt sind, wieder aufheben und abändern kann. An sich steht der Aufhebung gefaßter Beschlüsse, vorbehaltlich der etwa aus diesen Beschlüssen unmittelbar oder in ihrer Ausführung mittelbar erwachsenen Privatrechte Dritter, nichts im Wege, unter der Bedingung natürlich, daß alle Voraussetzungen eines gültigen Beschlusses, also ordnungsmäßige Setzung der Angelegenheit auf die Tagesordnung und Mitteilung dieser an Magistrat und alle Stadtverordneten zwei freie Tage zuvor (§§ 40, 41), sowie Beschlußfähigkeit der Versammlung an demjenigen Tage, an welchem der zweite Beschluß gefaßt wird (§ 42), gegeben sind (OVG. 27 S. 25; PVBl. 15 S. 178; 16 S. 24; 24 S. 603). In ein und derselben Sitzung aber wird jedenfalls dann nicht von neuem in die durch Beschlußfassung erledigte Sache eingetreten werden können, wenn sich die Zusammensetzung der Versammlung inzwischen durch den Fortgang eines oder mehrerer Mitglieder geändert hat (OVG. 14 S. 174), oder wenn, was zulässig ist, die Geschäftsordnung eine zweimalige Beschlußfassung über dieselbe Angelegenheit in derselben Sitzung untersagt.

6. Wegen der Veröffentlichung der Protokolle s. Anm. 7 zu § 36 unter a, sowie Anm. 3 zu § 45.

§ 48.

Den Stadtverordnetenversammlungen bleibt überlassen, unter Zustimmung des Magistrats[1] eine Geschäftsordnung abzufassen und darin Zuwiderhandlungen der Mitglieder gegen die zur Aufrechthaltung der Ordnung gegebenen Vorschriften mit Strafen zu belegen;[2] diese Strafen können nur in Geldbußen bis zu fünf Thalern[3] und bei mehrmals wiederholten Zuwiderhandlungen[4] in der auf eine gewisse Zeit oder für die Dauer der Wahlperiode zu verhängenden Ausschließung aus der Versammlung bestehen.

Versagt der Magistrat seine Zustimmung, so tritt das im § 36 vorgeschriebene Verfahren ein.[5,6]

Hierzu ZG. §§ 10 und 11:

§ 10. Die Gemeindevertretung[7] beschließt: ....

3. über ...... die Strafen, welche gegen Mitglieder der Gemeindevertretung wegen Zuwiderhandlungen gegen die Geschäftsordnung[8] nach Maßgabe der Gemeindeverfassungsgesetze zu verhängen sind.[9]

§ 11. Der Beschluß der Gemeindevertretung[10] (§ 10) bedarf keiner Genehmigung oder Bestätigung von seiten des Gemeindevorstandes oder der Aufsichtsbehörde. Gegen den Beschluß der Gemeindevertretung findet die Klage im Verwaltungsstreitverfahren statt.[11] Die Klage steht in den Fällen des § 10 auch[12] dem Gemeindevorstande zu.

1. Nicht auch der Aufsichtsbehörde. Der die Geschäftsordnung betreffende Gemeindebeschluß bedarf nicht der Bestätigung. Auch steht es der Stadtverordnetenversammlung völlig frei, ob sie eine Geschäftsordnung abfassen will. Kleinere Städte werden in der Regel darauf verzichten. — Das Erfordernis der Zustimmung des Magistrats gibt letzterem Gelegenheit, Wünsche, die er hat, durchzusetzen, z. B. das Verlangen, auch zu Ausschüssen der Stadtverordnetenversammlung, die auf Grund des § 37 niedergesetzt sind, stets mit Abgeordneten zugelassen zu werden. Auch hindert das Erfordernis der Zustimmung des Magistrats die Versammlung, plötzlich und eigenmächtig Bestimmungen der Geschäftsordnung mit Wirkung noch für dieselbe Sitzung abzuändern.

2. Richtiger „zu bedrohen"; verhängt werden diese Strafen durch besondere Beschlüsse gemäß § 10 Nr. 3 ZustGes. (oben abgedruckt) seitens der Versammlung selbst. Beigetrieben müssen sie vom Magistrat werden, der aber der Strafverhängung nicht zugestimmt zu haben braucht (§ 11 ZustGes.). Wegen der Rechtsmittel gegen den Beschluß der Versammlung s. § 11 Satz 2 und § 21 ZustGes. — Außer den Strafen, welche die Versammlung verhängt, kann die Geschäftsordnung auch dem Vorsteher Disziplinarmittel an die Hand geben, z. B. Ordnungsruf, Verweisung zur Sache, Aufheben und Unterbrechung der Sitzung.

3. 15 Mark.

4. Nur die mehrmals wiederholte, also erst die dritte Zuwiderhandlung verfällt der Ausschließung. Die Zuwiderhandlung kann auch in öfterem unentschuldigten Ausbleiben bestehen, wenn nämlich in der Geschäftsordnung eine entsprechende Bestimmung enthalten ist (OVG. 35 S. 83). Nur unter dieser Voraussetzung ist die Versammlung gemäß § 10 ZustGes. auch in Städten zur Verhängung von Strafen in Fällen des Ausbleibens zuständig. (Vgl. wegen der Gemeindeversammlung in Landgemeinden die ausdrückliche Bestimmung in § 27 Abs. 1 Nr. 3 ZustGes.)

5. Jetzt in Verbindung mit § 17 ZustGes. Vorausgesetzt ist dabei, daß es sich um eine Meinungsverschiedenheit aus Zweckmäßigkeitserwägungen handelt. Hält der Magistrat gewisse Teile der von der Stadtverordneten-

versammlung vorgeschlagenen Geschäftsordnung für ungesetzlich — z. B. die Strafvorschriften oder die Bestimmungen über den Inhalt der Einladungen zu den Sitzungen — so wird er nicht umhinkönnen, diese Beschlüsse der Stadtverordnetenversammlung gemäß § 15 ZuitGes. zu beanstanden (OVG. 24 S. 22). Die Beanstandung ist nicht schon dadurch ausgeschlossen, daß der Beschluß der Stadtverordnetenversammlung nach § 48 erst Gültigkeit erhält durch die Zustimmung des Magistrats und ohne diese Rechtswirkungen nicht äußert (OVG. 14 S. 76; vgl. auch 21 S. 32). Wohl aber würde eine Anfechtung der Beanstandung im Verwaltungsstreitverfahren durch die Stadtverordnetenversammlung in den meisten solchen Fällen nur theoretischen Wert haben, weil der Magistrat, selbst wenn dahin entschieden wird, daß die vorgeschlagene Bestimmung gesetzlich zulässig ist, seine Zustimmung zu diesem Teile der Geschäftsordnung dennoch nicht zu geben braucht.

6. Was den Inhalt der Geschäftsordnung anbetrifft, so wird dieser sich selbstredend nicht in den im § 48 erwähnten Strafandrohungen erschöpfen. Die Instruktion zur Ausführung der StO. v. 20. 6. 1853 (MBl. 138, s. Anhang) begnügt sich unter Nr. XIII damit, den Städten zu empfehlen, bei Abfassung von Geschäftsordnungen die als Anlage zur StO. v. 19. 11. 08 (zu § 128 daselbst) und als Anhang zur StO. v. 17. 3. 1831 (zu § 78 daselbst) ergangenen Instruktionen zur Geschäftsführung der Stadtverordneten insoweit zu benutzen, als nicht deren Inhalt durch die entgegenstehenden Bestimmungen der StO. v. 30 5. 1853 unanwendbar geworden ist. Von praktischem Werte ist indessen dieser Hinweis nicht. Mehr und mehr haben sich die neueren Geschäftsordnungen, zumal der größeren Städte, den Geschäftsordnungen im Parlamente angenähert. Als Beispiel ist die Geschäftsordnung von Charlottenburg in den Anhang aufgenommen. Zweckmäßig wird es sein, in der Geschäftsordnung über folgende Punkte zu bestimmen:

a) über die Zusammensetzung des Bureaus (Vorstandes), insbesondere über die Wahl von Beisitzern, die den Stadtverordnetenvorsteher unterstützen, sowie über die Vertretung des Vorstehers in den Fällen, in denen auch der Vorsteherstellvertreter verhindert ist oder beide ausgeschieden sind (§§ 38, 39);

b) über die Einsetzung von ständigen oder unständigen Ausschüssen zur Vorberatung der Magistratsvorlagen und Wahlen (vgl. Anm. 1). Die Berliner Geschäftsordnung (§ 18) sieht noch eine besondere Einteilung in „Abteilungen" vor, die aber nur den Zweck haben, bei den Wahlen der Ausschußmitglieder das Wahlgeschäft durch Bildung von Abstimmungsgruppen (solche stellen die „Abteilungen" lediglich dar) zu erleichtern und die verhältnismäßige Beteiligung der Fraktionen an den Ausschüssen zu sichern;

c) über die Behandlung der Vorlagen, d. h. sowohl der Magistratsvorlagen, wie auch der Initiativanträge und Interpellationen der Mitglieder, sowie der Petitionen. Regelmäßig werden hier zur Entlastung der Versammlung eine Reihe von Gegenständen angeführt, die, wenn auf der Tagesordnung stehend, ohne Verhandlung und Abstimmung als genehmigt oder erledigt gelten, falls kein Mitglied Widerspruch erhebt (so in Berlin bei Prüfung der Stadtverordnetenwahlen, Anstellung von besoldeten, Wahl von unbesoldeten Gemeindebeamten, bei Naturalisationsgesuchen, Verleihung von Stipendien, bei einigen Kategorien von Petitionen und beim Sitzungsprotokoll), während bezüglich anderer Gegenstände, insbesondere Magistratsvorlagen, eine mehrmalige Lesung (bis zu dreimaliger) vorbehalten wird;

d) über die Sitzungen, wobei in Ergänzung des Gesetzes Bestimmungen über die regelmäßigen Sitzungstage, die Art der Zusammenberufung und der Bekanntmachung der Tagesordnung, über den Ausschluß der Öffentlichkeit, über den Inhalt und die Unterschrift des Protokolls, über die Redeordnung, die Einbringung von Abänderungs-, Schluß- und Vertagungsanträgen, über die Form der Fragestellung zum Zwecke der Abstimmung sowie über die Form der Abstimmung selbst werden aufgenommen werden müssen;

e) über die Mittel zur Handhabung der Ordnung in der Sitzung, die dem Stadtverordnetenvorsteher zur Seite stehen sollen (Verweisung zur Sache, Ordnungsruf, Entziehung des Wortes, Unterbrechung und Aufhebung der Sitzung, Räumung des Zuhörerraumes) und die Geld- und Ausschließungsstrafen, die gemäß § 48 StO. und § 10 ZustGes. die Versammlung verhängen kann;

f) über die für den Geschäftsgang, die Sitzungen und Verhandlungen der Ausschüsse maßgebende Geschäftsordnung;

g) über die Pflicht der Mitglieder, in gewissen Fällen Amtsverschwiegenheit zu wahren (MBl. 1841 S. 207) und die Voraussetzungen hierfür;

h) über die Beurlaubung und Vertretung von Mitgliedern, sowie die Einhaltung bestimmter Ferienzeiten.

7. D. h. die Stadtverordnetenversammlung, vgl. hierzu § 11 ZustGes. oben abgedruckt. — Nur die Versammlung beschließt, Magistrat und Aufsichtsbehörde haben nicht zuzustimmen.

8. Das kann auch ein öfteres unentschuldigtes Ausbleiben sein, wenn nämlich die Geschäftsordnung eine entsprechende Bestimmung enthält (s. Anm. 4).

9. D. h. im Einzelfall: die Strafarten sind und bleiben generell durch § 48 StO. und die auf Grund dieses Paragraphen erlassene „Geschäftsordnung" festgesetzt (OVG. 57 S. 80).

10. Siehe Anm. 7.

11. Siehe § 21 ZustGes. Beklagte ist die Stadtverordnetenversammlung; wegen der Vertretung derselben und der Zuständigkeiten s. Schluß der Anm. 26 zu § 5.

12. Außerdem dem Bestraften selbst. Andere „Beteiligte" können hier kaum vorhanden sein.

§ 49.

Die Stadtverordneten beschließen[1] über die Benutzung[2] des Gemeindevermögens;[3] die Deklaration vom 26. Juli 1847 (Gesetz-Sammlung Seite 327) bleibt dabei maßgebend.[4]

Über das Vermögen, welches nicht der Gemeinde-Korporation in ihrer Gesamtheit gehört,[5] kann die Stadtverordnetenversammlung nur insofern beschließen, als sie dazu durch den Willen der Beteiligten oder durch sonstige Rechtstitel berufen ist.[6]

Auf das Vermögen der Korporationen und Stiftungen haben die zur Stadtgemeinde gehörenden Einwohner (§ 3) als solche und auf dasjenige Vermögen, welches bloß den Hausbesitzern oder anderen Klassen der Einwohner gehört, haben andere Personen keinen Anspruch.[7]

In Ansehung der Verwaltung und Verwendung des Vermögens der Stiftungen bewendet es bei den stiftungsmäßigen Bestimmungen.[8] Soweit es hierbei auf den Begriff von Bürger ankommt, sind die Bestimmungen des gegenwärtigen Gesetzes (§ 5) an sich selbst nicht maßgebend.[9]

Hierzu: Deklaration einiger Vorschriften des Allgemeinen Landrechts und der Gemeinheitsteilungsordnung vom 7. Juni 1821, betreffend das nutzbare Gemeindevermögen, vom 26. Juli 1847 (GS. S. 327 §§ 1—3):[10]

§ 1. Das zur Bestreitung der Lasten und Ausgaben der Stadt- oder Landgemeinden bestimmte Vermögen (in Städten Kämmereivermögen genannt) kann durch eine Gemeinheitsteilung niemals in Privatvermögen der Gemeindeglieder verwandelt werden.[11]

Ebensowenig darf derjenige Teil des Vermögens einer Stadt- oder Landgemeinde, dessen Nutzungen den einzelnen Gemeindemitgliedern oder Einwohnern vermöge dieser ihrer Eigenschaft zukommen (das Gemeindegliedervermögen, in Städten Bürgervermögen genannt), durch eine Gemeinheitsteilung in Privatvermögen der Mitglieder oder Einwohner verwandelt werden.[11] *Diese Bestimmung findet auch dann Anwendung, wenn die den Mitgliedern oder Einwohnern als solchen zustehenden Nutzungsrechte noch außerdem durch den Besitz eines Grundstücks oder durch besondere persönliche Verhältnisse bedingt sind.*[12]

Die Abfindung für solche Nutzungsrechte fällt daher der Gemeinde als Korporation zu,[13] *während die berechtigten Gemeindemitglieder oder Einwohner die Benutzung dieser Abfindung*[14] *für die Dauer ihrer Nutzungsrechte erhalten.*

§ 2. Nutzungsrechte der Gemeindemitglieder oder Einwohner am Gemeindegliedervermögen, welche denselben nicht vermöge dieser ihrer Eigenschaft, sondern aus einem andern Rechtstitel[15] *gebühren, gehören nicht zum Gemeindevermögen, sondern zum Privatvermögen der Nutzungsberechtigten, in welches daher auch die auf diese Rechte bei der Gemeinheitsteilung fallenden Abfindungen übergehen.*

Der § 17 der Gemeinheitsteilungsordnung bezieht sich ausschließlich auf diese zum Privatvermögen gehörenden Nutzungsrechte.[16]

§ 3. Die Bestimmungen des § 72 Titel 6 und des § 160 Titel 8 Teil II des Allgemeinen Landrechts, daß das Gemeindegliedervermögen nach den Regeln des gemeinsamen Eigentums beurteilt werden soll, sind nur von der Verwaltung jenes Vermögens zu verstehen.[17]

Hierzu ferner: ZG. § 18:

§ 18. Auf Beschwerden und Einsprüche,[18] *betreffend:*

1. das Recht[19] *zur Mitbenutzung der öffentlichen Gemeindeanstalten, sowie zur Teilnahme an den Nutzungen und Erträgen des Gemeindevermögens*[20] *. . . . . .*

beschließt[21] *der Gemeindevorstand.*

Gegen den Beschluß findet die Klage im Verwaltungsstreitverfahren statt.[22]

Der Entscheidung im Verwaltungsstreitverfahren unterliegen desgleichen Streitigkeiten zwischen Beteiligten[23] *über ihre in dem öffentlichen Rechte begründete Berechtigung oder Verpflichtung zu den im Absatz 1 bezeichneten Nutzungen beziehungsweise Lasten.*

. . . . . .

Die Beschwerden und die Einsprüche, sowie die Klage haben keine aufschiebende Wirkung.[24]

Vorbemerkung:

§ 49 hat eine wesentliche Ergänzung erhalten durch ZustGes. § 18, oben abgedruckt. — § 49 handelt von dem Gemeindevermögen und enthält wichtige Grundsätze nach drei Richtungen: Die Abs. 1 u. 2 behandeln die Frage, inwieweit die Stadtverordnetenversammlung zuständig ist, an der Verwaltung des Gemeindevermögens teilzunehmen, wobei zwischen dem eigentlichen Gemeindevermögen (Abs. 1) und dem Vermögen, „welches nicht der Gemeindekorporation in ihrer Gesamtheit gehört" (Abs. 2), ein Unterschied gemacht ist. Der Abs. 3 ist sodann der materiellen Frage gewidmet, welchen Personen Ansprüche auf die vom eigentlichen Gemeindevermögen getrennten Vermögensmassen (Korporations-, Stiftungs- und Interessentenvermögen) bzw. auf die Nutzungen dieser Massen nicht zustehen. Schließlich wird in Abs. 4 hinsichtlich der Stiftungen, und zwar sowohl in bezug auf die formelle Zuständigkeit zur Verwaltung, als auch in bezug auf die materiellen Ansprüche auf die Stiftungsnutzungen die Stiftungsurkunde als maßgebend hingestellt.

Zum besseren Verständnis dieser in § 49 enthaltenen Grundsätze mag folgendes vorweg bemerkt werden:

I. A. Begriff des Gemeindevermögens; seine Unterarten.

„Gemeindevermögen" ist die Gesamtheit aller im Eigentum der Stadtgemeinde stehenden Sachen und ihr zustehenden Rechte. (Das gesamte Gemeindevermögen muß im Lagerbuche — § 71 StO. — nachgewiesen sein.)

Eine besondere Art des Gemeindevermögens bildet das Verwaltungsvermögen, alle Sachen umfassend, die im Eigentum der Stadt stehen, unmittelbar öffentlichen Zwecken dienen und daher dem privaten Rechtsverkehr ganz oder teilweise entzogen sind; z. B. Straßen, Plätze, Schulgebäude (vgl. insbesondere hinsichtlich der Schulgebäude der öffentlichen höheren Schulen PVBl. 25 S. 643), sonstige öffentliche Gebäude, Häfen, öffentliche Parks, Gemeindefriedhöfe. Von diesen Sachen gilt, daß das Eigentum an ihnen, solange sie dem öffentlichen Verkehr oder öffentlichen Zwecken dienen, unveräußerlich ist, daß sie dagegen — soweit ihre Zweckbestimmung dies zuläßt — mit beschränkten Nutzungs- oder Gebrauchsrechten Dritter belastet werden können, z. B. die Parks mit dem Grasnutzungsrecht eines Pächters, die Straßen und Plätze mit dem Rechte eines Straßenbahnunternehmers, Schienen zum Betriebe einer Bahn in die Straßen zu legen.

Abgesehen von diesem sogenannten Verwaltungsvermögen zerfällt das Gemeindevermögen in zwei Arten, nämlich

a) das sog. Kämmereivermögen (im engeren Sinne*), auch Finanzvermögen genannt, d. h. alle nutzbaren Sachen und Rechte, die nicht nur im Eigentum der Stadt stehen, sondern auf deren Nutzungen auch der Stadtgemeinde als solcher das Recht zusteht, und das (nach §§ 139, 140 II 8 ALR.) dem Zwecke dient, daraus die auf der Stadt ruhenden Lasten und Abgaben, sowie die städtischen Ausgaben zu bestreiten;

b) das sogen. Bürgervermögen oder Gemeindegliedervermögen (Allmende, Gemeinheit), an welchem die Stadtgemeinde zwar Eigentum besitzt, dessen Nutznießung aber nicht der Stadtgemeinde als juristischer Person, sondern deren Mitgliedern, den Einwohnern als solchen, zusteht, §§ 159, 160 II 8 ALR.).

Die unter a und b dargestellte, auf deutscher Rechtsentwicklung beruhende und vom ALR. aufgenommene Scheidung des Kämmerei- vom Bürgervermögen ist vermöge der in Abs. 1 des § 49 erfolgten Heranziehung der Deklaration v. 26. 7. 1847 (s. Anm. 10) auch nach Erlaß der StO. und bis heute von

*) Zu dem Kämmereivermögen im weiteren Sinne gehört auch das vorher aufgeführte Verwaltungsvermögen.

Bedeutung geblieben (s. OVG. 24 S. 88) und hat auch in den Motiven und Materialien zum Kommunalabgabengesetz v. 14. 7. 1893 erneute Anerkennung gefunden. Die Bedeutung der gemachten Unterscheidung für die Zuständigkeit von Magistrat und Stadtverordneten s. unter II, die bei der Verwaltung des Gemeindevermögens zu beachtenden wichtigsten Grundsätze siehe unter III der Vorbemerkung.

B. Besondere Vermögensmassen, die sich nicht im Eigentum der Stadtgemeinde befinden, können dennoch unter städtischer Verwaltung stehen oder doch in bezug auf ihre Verwaltung städtischer Aufsicht unterliegen. Solche Sondervermögen sind:

a) Stiftungsvermögen; hierher gehört aber nur solches Stiftungsvermögen, das einer besonderen juristischen Person gehört, die mittels der Stiftung ins Leben gerufen ist (§§ 80—88 BGB.). Handelt es sich dagegen um eine Vermögensmasse, die der Stadtgemeinde ohne Begründung einer juristischen Person als „Stiftung", d. h. unter einer Auflage hinsichtlich einer bestimmten Verwendung der Vermögensmasse oder ihrer Nutzungen zugewendet ist, so ist die Stadtgemeinde selbst Eigentümerin (vgl. hierzu Anm. 1 a unter γ zu § 9). Die Verbindung besonderer „städtischer" Stiftungen mit der Stadtgemeinde besteht entweder darin, daß stiftungsgemäß die Organe oder bestimmte Organe der Stadt berufen sind, die Stiftung zu verwalten oder aber, daß die von eigenen Organen verwaltete Stiftung vom Stifter der Aufsicht der städtischen Organe unterstellt ist (wegen der Zuständigkeit von Magistrat und Stadtverordneten bei Verwaltung der Stiftungen siehe Vorbemerkung unter II; vgl. außerdem Anm. 8 unten);

b) Korporationsvermögen, z. B. das Vermögen von Innungen, öffentlichen Genossenschaften usw., die von der städtischen Verwaltung entweder mitverwaltet oder beaufsichtigt werden;

c) Interessentenvermögen, d. h. Vermögen, das einem Teile der Gemeindemitglieder, aber nicht in dieser ihrer Eigenschaft, sondern aus sonstigen (privaten) Titeln gehört, z. B. Vermögen, das nur den Hausbesitzern der Stadt oder nur den Grundbesitzern der Stadt oder gewisser Teile der Stadt gehört. Solches „Interessentenvermögen" stellt z. B. auch das Vermögen einer Separationsinteressentengemeinschaft dar, dessen Verwaltung nach den §§ 1 u. 2 des G. v. 2. 4. 1887 (GS. 105), betreffend die durch ein Auseinandersetzungsverfahren begründeten gemeinschaftlichen Angelegenheiten, dem Gemeindevorstande übertragen werden kann. In diesem Falle sollen die Vorschriften, die für die Verwaltung der Gemeindeangelegenheiten gelten, sinngemäße Anwendung finden (§ 6 G. v. 2. 4. 1887). Das Nähere wegen der Zuständigkeit s. unter II, sowie in Anm. 6.

II. Zuständigkeit der Stadtverordnetenversammlung und des Magistrats hinsichtlich der Beschlußfassung und Verwaltung des Gemeindevermögens und dessen einzelner Abarten, sowie der besonderen Vermögensmassen.

Der Grundsatz des ersten Satzes des § 49 in Verbindung mit dem Grundsatz des § 56[6] könnte zu der Annahme verleiten, daß die Stadtverordneten ausschließlich über die „Nutzung", der Magistrat ausschließlich über die „Verwaltung" des Gemeindevermögens zu beschließen hätten. Allein diese Annahme wäre irrig. Einmal wäre sie logisch nur möglich, wenn die Begriffe „Verwaltung" und „Bestimmung über die Nutzung" Gegensätze wären. Das ist aber nicht der Fall. Die „Bestimmung über die Nutzung" ist tatsächlich auch ein Akt der Verwaltung; zudem würde der Ausschluß des Magistrats von der Mitbeschlußfassung über die Nutzung dem Grundsatze des § 36, wonach der Magistrat regelmäßig den Beschlüssen der Stadtverordnetenversammlung zuzustimmen hat, soweit er zur Ausführung berufen ist, widersprechen. Richtiger Ansicht nach muß daher angenommen werden, daß in bezug auf die Nutzung des Gemeindevermögens, d. h. in bezug auf alle allgemeinen grundlegenden Normen, nach denen das Gemeindevermögen genutzt und verwaltet werden soll, beide Gemeindekollegien zu beschließen haben, und daß dem Magistrat in § 56[6] StO. nur das Recht gewahrt ist, innerhalb der durch diese Normen gezogenen Grenzen selbständig zu verwalten. Insbesondere ist die Stadtverordnetenversammlung zweifellos zuständig, darüber mitzubestimmen, ob ein städtisches Vermögensobjekt in seiner Substanz oder seiner Nutzungsart verändert werden soll, z. B. hat sie über die Erbauung von Häusern auf städtischem Grund und Boden, die Umwandlung von Ackerland in Baugrund, die Aufforstung von Ackerland oder die Abholzung von Gemeindeforsten, die Ausleihung von disponiblen Kapitalien mitzubeschließen (MBl. 1860 S. 70). Auch die Mitbeschlußfassung über die Verpachtung und Vermietung von Gemeindegrundstücken wird der Stadtverordnetenversammlung insoweit zugestanden werden müssen, als nicht etwa kraft generellen Auftrags diese Geschäfte der Grundeigentumsdeputation oder sonst einer der nach § 59 StO. gebildeten Deputationen als „laufende Geschäfte" (s. Anm. 2 zu § 35) übertragen sind (vgl. MBl. 1842 S. 305; PVBl. 17 S. 71; 19 S. 116; 32 S. 489).

Wie aber im allgemeinen die Grenze der Zuständigkeit der Stadtverordnetenversammlung da liegt, wo sich die Grenzen des Gebietes der Gemeindeangelegenheiten befinden, so kann auch hier die Zuständigkeit der Stadtverordnetenversammlung nur so weit reichen, als es sich um Gemeindevermögen, d. h. Vermögen handelt, das der Gemeinde selbst eigentümlich gehört. Denn überall da, wo Vermögensmassen in Betracht kommen, die nicht der Gemeinde als solcher, sondern besonderen Eigentümern gehören (vgl. Vorbem. I B), stehen regelmäßig nicht Gemeinde-, sondern Sonderinteressen in Frage, zu deren Betätigung wohl der Magistrat gesetzlich oder bestimmungsgemäß berufen sein kann, die aber außerhalb des der Stadtverordnetenversammlung zugewiesenen Geschäftskreises liegen.

In bezug auf die Vermögensverwaltung sind daher die Stadtverordneten von jeder Mitwirkung ausgeschlossen, soweit es sich um das Vermögen besonderer Korporationen, besonderer (selbständiger) Stiftungen oder um Interessentenvermögen (z. B. auch um Vermögen der Separationsinteressenten; OVG. 21 S. 149; 23 S. 71; PVBl. 27 S. 321) handelt.

Nur können natürlich die beteiligten Eigentümer oder bei Stiftungen die Stifter die Mitwirkung der Stadtverordnetenversammlung rechtswirksam anordnen. Dagegen haben die Stadtverordneten grundsätzlich mitzuwirken bei jeder Beschlußfassung über das Gemeindevermögen, und zwar sowohl über das Kämmereivermögen als auch über das Bürgervermögen; die Stadtverordnetenversammlung hat insbesondere daher auch mitzuwirken, wenn es sich darum handelt, Bürgervermögen in Kämmereivermögen umzuwandeln. Sie hat schließlich auch mitzuwirken bei der Beschlußfassung über solches Stiftungsvermögen, das der Stadtgemeinde als solcher, nicht einer besonderen juristischen Persönlichkeit, zugewendet ist.

Seine materielle Grenze findet das Recht der Stadtverordnetenversammlung, über die Nutzung des Gemeindevermögens zu beschließen, wiederum in dem allgemeinen Satze, daß die Stadtverordnetenversammlung nicht berufen ist, über Nichtgemeindeangelegenheiten zu beschließen: daher denn die Beschlußfassung, die Nutzungen des Gemeindevermögens ganz oder teilweise zu nichtgemeindlichen Zwecken zu verwenden (z. B. der Beschluß, den Wahlmännern einer Stadt aus Gemeindemitteln Ersatz für die Reisekosten zur Landtagswahl zu bewilligen), unzulässig ist und der Beanstandung unterliegt (OVG. 14 S. 76).

III. Die wichtigsten allgemeinen Grundsätze hinsichtlich der Nutzung und Verwaltung des Gemeindevermögens.

a) Die Nutzungen des gesamten Gemeindevermögens dürfen nur zu Gemeindezwecken verwendet werden (OVG. 14 S. 76; s. oben letzter Absatz von II).

b) Das nutzbare Gemeindevermögen, d. h. also das sog. Kämmereivermögen im engeren Sinne, soll so verwendet werden, daß die durch Gebühren, Beiträge und Steuern zu deckenden Beträge des städtischen Ausgabenetats möglichst verringert werden. Das ergibt sich aus § 2 KAG. Es ist daher auf möglichst nutzbringende Verwaltung des unbeweglichen und beweglichen Gemeindevermögens und auf möglichst einträgliche Anlegung disponibler Kapitalien Bedacht zu nehmen. Die Nutzungen und Zinsen des Kämmereivermögens sind, wenn nicht besondere Zweckmäßigkeitsgründe für eine andere Verwendung, insbesondere für eine Verwendung behufs Melioration des Gemeindevermögens sprechen, zur Deckung der laufenden Gemeindeausgaben zu verwenden. Im ausschließlichen Nutzen bestimmter Teile der Gemeindeangehörigen sollen regelmäßig die Nutzungen des Gemeindevermögens nicht verwendet werden; dem steht aber nicht entgegen, daß das Kämmereivermögen zur Schaffung solcher Veranstaltungen benutzt wird, die, wie z. B. Volksbäder, billige Wohnstätten usw., vornehmlich bestimmten Bevölkerungsklassen zum Vorteil gereichen, insoweit nämlich mit der Hebung gerade dieser Teile der Bevölkerung die Gesamtwohlfahrt gefördert werden soll.

c) Die Nutzungen des Bürgervermögens stehen den Einwohnern auf Grund ihrer Zugehörigkeit zur Stadtgemeinde zu, und zwar grundsätzlich allen Einwohnern, soweit nicht einzelne ein besonderes Vorrecht nachweisen; vgl. auch § 4 StO. (PVBl. 22 S. 20). Tatsächlich werden indessen regelmäßig weder sämtliche Einwohner an den Nutzungen teilnehmen, noch auch wird das Maß der Nutzung bei allen Einwohnern das gleiche sein. Es ist nicht unzulässig, das Nutzungsrecht von Bedingungen abhängig zu machen, z. B. vom Hausbesitz. Auch kann die Leistung eines Einkaufsgeldes als Bedingung der Nutzungsberechtigung gestellt werden (§ 52 StO.).

d) Das Bürgervermögen kann in Kämmereivermögen umgewandelt werden. Stehen auch seine Nutzungen den einzelnen Mitgliedern der Gemeinde, nicht dieser selbst zu, so ist doch das Bürgervermögen im Eigentum der Stadtgemeinde und haftet daher als Aktivum derselben für alle gültigen Schulden der Stadtgemeinde, auch für Kämmereischulden (ALR. II 8 § 164). Ob das Vermögen der Gemeinden den Haushaltszwecken derselben zu dienen hat oder von den Gemeindemitgliedern als solchen zu nutzen ist, bestimmt sich nach der Verfassung jeder einzelnen Gemeinde. Diese Verfassungen sind nicht unabänderlich. Sie unterliegen der Fortbildung durch Beschlüsse der Korporationen (§§ 26, 29—31, 34 Tit. 6 T. II ALR. u. OVG. 8 S. 140, s. auch 11 S. 102; 24 S. 88). Zur Umwandlung des Bürgervermögens in Kämmereivermögen ist daher Gemeindebeschluß erforderlich, der außerdem, nach § 50[4] StO. (in Verbindung mit § 16 ZustGes., § 43 LVG.), der Genehmigung des Bezirksausschusses, in Berlin des Oberpräsidenten, bedarf. (Bloße Veränderungen in der Bewirtschaftungsweise bedürfen keiner Genehmigung; MBl. 1862 S. 212.) Zulässig ist aber die Umwandlung nur dann, wenn die Nutzungsrechte sämtlichen nutzungsberechtigten Gemeindeangehörigen nur kraft deren im öffentlichen Rechte wurzelnden Gemeindeangehörigkeit zustehen (OVG. 24 S. 93 und im PVBl. 30 S. 186), d. h. nicht jura quaesita vorliegen, die auf besonderen Rechtstiteln beruhen. Gegen den genehmigten Gemeindebeschluß, der die Umwandlung des Bürgervermögens in Kämmereivermögen ausspricht (expressis verbis oder implicite, indem er bestimmt, daß die Nutzungen des Bürgervermögens zur Deckung der Ausgaben des Gemeindehaushalts herangezogen werden; vgl. dazu MBl. 1856 S. 254), steht den einzelnen Gemeindemitgliedern die Klage im ordentlichen Rechtswege nicht zu; vielmehr unterliegt ein Streit hierüber wie alle Streitigkeiten über die im öffentlichen Rechte begründeten Nutzungsansprüche am Gemeindevermögen nach § 18 ZustGes. ausschließlich der Zuständigkeit der Verwaltungsgerichte (MBl. 1858 S. 74; 1860 S. 221; 1862 S. 122; 1864 S. 91); ebensowenig ist der ordentliche Rechtsweg gegeben für die Klage einer Stadtgemeinde auf Feststellung, daß ein in ihrem Eigentum stehendes Grundstück zum Kämmereivermögen und nicht zu dem der Nutznießung der Bürger unterworfenen Bürgervermögen gehört (RGZ. 73 S. 157). Solche Nutzungsrechte der Gemeindemitglieder am Bürgervermögen dagegen, die ihnen nicht kraft dieser ihrer Eigenschaft, sondern aus anderen (privatrechtlichen) Titeln zustehen, können im ordentlichen Rechtswege verfolgt werden (vgl. die beiden Entscheidungen im MBl. 1862 S. 122 und 1864 S. 91). Ebenso unterliegt die Entscheidung der Rechtsfrage, ob es sich gegebenenfalls überhaupt um Gemeindenutzungen oder privatrechtliche Nutzungen handelt, der Zuständigkeit des ordentlichen Gerichts (RGZ. in PVBl. 10 S. 338 und PVBl. 24 S. 180; vgl. auch PVBl. 27 S. 321). Vgl. hierzu Anlage D der Begründung zur LGO. unter Nr. 2 (Drucks. des Abg.-Hauses 1890/91 Nr. 7 S. 70, 71). An der Beschlußfassung über die Umwandlung dürfen solche Stadtverordnete, die sich zugleich als Bürger im Genusse der Nutzungen zurzeit befinden, nicht teilnehmen (gemäß § 44 StO.; vgl. auch OVG. 25 S. 49).

e) Die Umwandlung des Bürgervermögens in Kämmereivermögen ist nach Möglichkeit herbeizuführen, zumal da, wo Steuern oder Beiträge zur Deckung der Ausgaben des Gemeindehaushalts erhoben werden müssen.

f) Bei der Veräußerung des immobilen Gemeindevermögens sowie von Gegenständen besonderen wissenschaftlichen, historischen oder Kunstwerts ist ebenso wie bei der Aufnahme von Anleihen und Umwandlung des Bürgervermögens in Kämmereivermögen die Genehmigung des Bezirksausschusses bzw. Regierungspräsidenten gemäß § 50 einzuholen.

g) Eine Umwandlung des Gemeindevermögens oder des Bürgervermögens in Privatvermögen im Wege der Gemeinheitsteilung ist unzulässig (Dekl. v. 26. 7. 1847 § 1, oben abgedruckt).

IV. Die wichtigsten gesetzlichen Bestimmungen hinsichtlich der Verwaltung der einzelnen Arten des Gemeindevermögens wie: Grundstücke, Straßen und Plätze, Bürgersteige, Bauwerke, Jagdrechte, Fischereirechte, Hütungsrechte sind bei § 56[6] angeführt. Wegen Verwaltung der städtischen Waldungen vgl. § 55.

1. Aber nicht allein die Stadtverordnetenversammlung; auch der Magistrat hat über die Benutzung des Gemeindevermögens zu beschließen. Vgl. Vorbem. II.

2. Nicht nur über die Benutzung, sondern auch über die Grundsätze der Verwaltung haben die Stadtverordneten zu beschließen. Vgl. Vorbem. II.

3. Begriff und Arten des Gemeindevermögens s. Vorbem. I.

4. Die Deklaration vom 26. 7. 1847 ist oben abgedruckt (vgl. auch Anm. 10—17).

5. Welche Vermögensmassen hier in Frage kommen, ist in der Vorbem. unter I B gesagt.

6. Der innere Grund des prinzipiellen Ausschlusses der Stadtverordnetenversammlung von der Beschlußfassung bei diesen Vermögensmassen liegt darin, daß es sich hier nicht um das der Stadtgemeinde selbst gehörige Vermögen, also auch nicht um eine eigentliche Gemeindeangelegenheit handelt (Vorbem. II Abs. 2). Wegen einer besonders wichtigen Art von Interessentenvermögen, nämlich des Vermögens der Separationsinteressenten vgl. das in der Vorbem. I B c Gesagte.

Zu dem Gemeindevermögen gehört auch das Jagdrecht auf den eigenen

Grundstücken der Gemeinde (vgl. § 4 der Preuß. Jagdordnung v. 15. 7. 07 [GS. 207]); hinsichtlich dieser Eigenjagdbezirke sind daher Magistrat und Stadtverordnete nebeneinander zuständig. Gehören dagegen Grundstücke der Gemeinde zu einem gemeinschaftlichen Jagdbezirke (§ 8 der Jagdordnung), so bilden die Eigentümer sämtlicher Grundstücke eine Jagdgenossenschaft, die Rechtsfähigkeit besitzt. Die Verwaltung der Angelegenheiten der Jagdgenossenschaft geschieht durch den Bürgermeister als Jagdvorsteher; der Bürgermeister kann in Stadtkreisen die Wahrnehmung der Obliegenheiten des Jagdvorstehers anderen Magistratspersonen übertragen. Über die Nutzung der Jagd beschließt der Jagdvorsteher (§ 20 Jagdordnung). Eine Mitwirkung der Stadtverordneten findet in diesem Falle nicht statt.

7. Die negative Bestimmung des Abs. 3, die übrigens — im Gegensatz zu den die Zuständigkeit behandelnden ersten beiden Absätzen — materieller Natur ist, enthält nur die ganz selbstverständliche Wahrheit, daß an dem Vermögen, das besonderen Korporationen (z. B. Innungen, sonstigen öffentlich-rechtlichen Genossenschaften usw.) oder Stiftungen gehört, die Einwohner einer Stadt in dieser ihrer Eigenschaft weder Eigentums- noch Nutzungsrechte haben, und daß ebensowenig auf solches Vermögen, das nur besonderen Klassen von Einwohnern gehört, z. B. den Hausbesitzern, die übrigen Einwohner Ansprüche erheben können.

8. Die StO. beschränkt sich hier auf den negativen Satz, daß sich hinsichtlich der Stiftungen generelle Rechtssätze über Verwaltung und Verwendung nicht aufstellen lassen, sondern die Stiftungsurkunde entscheidet. Dabei hat die StO. aber nicht diejenigen Stiftungen und deren Verwaltungen im Auge, die, ohne eine besondere juristische Persönlichkeit zu bilden, nur ein (Sonder-)Vermögen darstellen, das der Stadtgemeinde eigentümlich gehört und ihr nur unter einer bestimmten Auflage zugewendet worden ist. Bezüglich dieser „Stiftungen" ist die Stadtverordnetenversammlung grundsätzlich zur Mitbeschlußfassung und zur Mitwirkung bei der Verwaltung berufen (vgl. Vorbem. I Ba). Vielmehr denkt die StO. in § 49 Abs. 4 an die Stiftungen mit selbständiger Rechtspersönlichkeit. Es ist aber auch bei diesen Stiftungen denkbar und zugelassen, daß stiftungsgemäß ihre Verwaltung genau so geführt werden soll, als ob die Stiftung Gemeindevermögen darstellte. In diesem Falle haben Magistrat und Stadtverordnete gemeinsam zu beschließen und der Magistrat unter Kontrolle der Stadtverordnetenversammlung zu verwalten.

Selbständige Stiftungen (mit besonderer juristischer Persönlichkeit) bedürfen zu ihrer Entstehung außer dem Stiftungsgeschäft staatlicher Genehmigung (BGB. § 80, vgl. auch AG. z. BGB. Art. 7 hinsichtlich des Erwerbs von Grundstücken). Nach Art. 4 der V. v. 16. 11. 1899 (GS. 562) ist zur Erteilung der staatlichen Genehmigung der König zuständig. Das Stiftungsgeschäft unter Lebenden bedarf der schriftlichen Form; bis zur Erteilung der Genehmigung ist der Stifter zum Widerruf berechtigt (§ 81 BGB.). Das Stiftungsgeschäft von Todes wegen kann in jeder der zugelassenen Formen rechtsgültiger Verfügungen von Todes wegen vorgenommen werden (§§ 1937, 2278, 2087, 2147 BGB.). Bei der Stiftung durch Geschäft von Todes wegen ist die Genehmigung durch den Erben, den Testamentsvollstrecker oder das Nachlaßgericht einzuholen (§ 83 BGB.). Die Verfassung der Stiftung soll sich nach dem Inhalt der Stiftungsurkunde richten (§ 85 BGB.). Die Verwaltung soll zunächst nach der gegebenen Verfassung, in Ermangelung einer solchen nach den für die Verwaltung der rechtsfähigen Vereine gegebenen Vorschriften (§§ 26, 27 Abs. 3, 28—31, 42 BGB.) erfolgen, von denen indessen § 27 Abs. 3 und § 28 Abs. 1 nur insoweit angewendet werden sollen, als nicht der Umstand, daß die Stiftung von einer öffentlichen Behörde verwaltet wird, ihrer Anwendung entgegensteht. Die Bestimmungen des § 28 Abs. 2 und § 29 BGB. sollen in diesem Falle gar keine Anwendung finden. Als ein Beispiel dafür, daß die Verwaltung einer Stiftung durch die öffentliche Behörde der Anwendung der Bestimmungen des BGB. entgegensteht, ist die Bestimmung des § 27 Abs. 3 anzusehen, die in Widerspruch steht mit der öffentlich-rechtlichen Vorschrift der §§ 88, 89 ALR. II 10; nach letzterer Bestimmung haftet der Verwalter der Stiftung, wenn er Beamter ist, für geringes Versehen, nicht wie es nach BGB. § 27 Abs. 3 der Fall sein würde, wie ein Beauftragter aus der Geschäftsführung (gemäß §§ 664—670 BGB.). Auf die unter Verwaltung städtischer Behörden stehenden Stiftungen hätten demnach §§ 88, 89 II ALR. Anwendung zu finden (vgl. auch Vorbem. a zu § 59). Umänderung des Stiftungszwecks und Aufhebung der Stiftung kann nur nach Maßgabe des § 87 BGB. erfolgen. Das Verfahren und die Zuständigkeit der Behörden richtet sich nach Landesgesetz, nämlich nach Art. 4, 5 § 2 AG. z. BGB. Zur Erteilung der staatlichen Genehmigung ist der König zuständig; Art. 5 V. v. 16. 11. 1899 (GS. 562). Nach der Bestimmung des Art. 5 § 2 AG. z. BGB. fällt das Vermögen einer aufgehobenen städtischen Stiftung der Stadtgemeinde zu.

9. Der Grund dieser Bestimmung ist folgender: Die StO. hat bekanntlich den Begriff des „Bürgers" im alten Sinne (die Grundbesitzer und Gewerbetreibenden im Gegensatz zu den „Schutzverwandten") ganz eliminiert und versteht unter „Bürger" nur den wahlberechtigten Einwohner der Stadtgemeinde (§ 5). Bei Beratung der StO. ging man davon aus, daß es unbillig sei, die Absichten des Stifters, der unter der Herrschaft des alten Rechts eine Stiftung für „Bürger" gemacht habe, dadurch zu durchkreuzen, daß man auf diese Stiftung nun den veränderten Begriff des Bürgers anwende. Es wurde demnach bestimmt, daß die jetzige Begriffsbestimmung des „Bürgerrechts" nicht für die Auslegung älterer Stiftungsurkunden maßgebend sein soll. Dadurch sollte verhütet werden, daß solchen Personen, die nach dem zur Zeit der Abfassung der Stiftungsurkunde geltenden Rechte als „Bürger" anzusehen gewesen wären, die Berechtigung aus der Stiftung deshalb vorenthalten werde, weil sie nach dem Inhalt der jetzt geltenden StO. das Bürgerrecht nicht mehr besäßen. Mit Recht tritt aber Oertel (S. 199) der Auslegung entgegen, wonach der letzte Satz des § 49 solche Personen von einer Stiftung ausschließen soll, die zwar nach § 5 der jetzigen StO. im Besitze des Bürgerrechts sind, indessen nach dem zur Zeit der Abfassung der Stiftungsurkunde geltenden Rechte nicht „Bürger" gewesen wären. Es hat vielmehr derjenige Begriff „Bürger" Anwendung zu finden, der für den jeweiligen Stiftungsanwärter der günstigere ist. Die für das Gebiet

privatrechtlicher Willenserklärungen gegebene Auslegungsregel des § 66 I 4 ALR. kann hier, wo es sich um den öffentlich-rechtlichen, jederzeit wandelbaren Begriff „Bürger" handelt, nicht unbedingt maßgebend sein. — Glaubt ein Bewerber um eine Stiftungsnutzung sich zu Unrecht übergangen, so kann er seine Ansprüche im ordentlichen Rechtswege geltend machen. Die Klage ist gegen den Verleiher der Stiftungsnutzung (z. B. eines Stipendiums), ev. also gegen den Magistrat zu richten (JMBl. 1857 S. 298).

10. Die Deklaration wurde notwendig, da die Bestimmungen des ALR. über das Gemeindevermögen (aus denen der Unterschied zwischen eigentlichem Gemeinde- und Bürgervermögen [Gemeindegliedervermögen] in der StO. herstammt; sie sind enthalten in den §§ 70—72 II 6, speziell für Stadtgemeinden in den §§ 139, 140, 159, 160 II 8, für Landgemeinden in den §§ 28—36 II 7) durch die Agrargesetzgebung der ersten Hälfte des 19. Jahrhunderts mannigfache Durchbrechung erfahren hatten.

11. An sich können sowohl Grundstücke als auch Nutzungsrechte der Gemeinden und ebenso Nutzungsrechte der Gemeindeangehörigen an den Gemeindegrundstücken Gegenstand des nach der Gemeinheitsteilungsordnung bzw. dem G. v. 2. 4. 1872 (GS. 329) vorzunehmenden Zusammenlegungs- und Auseinandersetzungsverfahrens sein; Zweck des § 1 der Deklaration ist nur, zu verhüten, daß durch solches Verfahren das Gemeindeeigentum in Privateigentum, die aus dem publizistischen Recht der Gemeindeangehörigkeit erwachsenen Nutzungsrechte am Gemeindevermögen sich in privatrechtliche Vermögensbestandteile der Nutzungsberechtigten verwandeln. Die für Gemeindegrundstücke gegebene Abfindung tritt an deren Stelle und verbleibt Eigentum der Gemeinde; die für Nutzungsrechte publizistischen Ursprungs gegebene Abfindung bleibt ebenfalls öffentliches Eigentum; an Stelle des vorherigen Nutzungsrechts tritt das Nutzungsrecht an der Abfindung (Abs. 3 des § 1). — Darüber daß und wie Bürgervermögen in Kämmereivermögen verwandelt werden kann, s. oben Vorbem. III d.

12. Siehe hierzu Vorbem. III c.

13. Und wird nicht etwa Interessentenvermögen (s. über letzteres Vorbem. I B c).

14. Vgl. hierüber MR. v. 2. 6 und 31. 8. 1862 in der Zeitschr. für Landeskulturgesetzgebung Bd. 16 S. 77, 80.

15. D. h. aus einem privatrechtlichen Titel; OTr. 53 S. 193. Nach letzterer Entscheidung stellen sich Nutzungsrechte, die den Gemeindemitgliedern oder Einwohnern hinsichtlich des Gemeindegliedervermögens zustehen, als eine Befugnis dar, die aus dem Gemeindeverbande substantiell abzuleiten ist, also subjektiv, persönlich wesentlich bedingt von der Mitgliedschaft oder Einwohnerschaft in der Gemeinde ist. Wer daher ein solches Recht als Grundgerechtigkeit, als ein subjektiv dingliches (für sein Grundstück) in Anspruch nimmt, muß beweisen, daß er dasselbe als ein besonderes Privatrecht, und zwar in der Eigenschaft als Besitzer des angeblich berechtigten Grundstücks erworben habe; soll die Erwerbung durch Ersitzung geschehen sein, so genügt es noch nicht, daß der Prätendent das Recht durch die Ersitzungszeit frei und offen ausgeübt hat, weil ihm dies ja auch als subjektiv

persönlich Berechtigtem zustand, sondern er muß hier ausnahmsweise noch besondere Umstände nachweisen, durch die sein auf die Einschränkung des Eigentums der Gemeinde hinzielender animus, also seine Meinung, daß er eine seinem Grundstücke zustehende Servitut ausübe, erkennbar wird. — Dabei ist nach dem OTr. (s. Striethorst Archiv Bd. 57 S. 199, Entsch. OTr. 55 S. 109) zu beachten, daß das Herkommen allein als ein geeignetes Fundament, um darauf die Behauptung des Bestehens einer privatrechtlichen Servitut an Gemeindegrundstücken zu gründen, nicht angesehen werden kann. An erstgenannter Stelle wird noch ausgeführt, aus der Tatsache, daß die mit dem Besitze eines Grundstücks verbundene Bürgergerechtsame noch ausgeübt worden ist, nachdem ausnahmsweise ein Nichtbürger die Stätte erworben hat, könne ein Beweis dafür nicht entnommen werden, daß die Bürgergerechtsame auf einem von der Gemeindemitgliedschaft unabhängigen, eine besondere Rechtsquelle gegenüber der Gemeinde bildenden (scil. privaten) Rechtstitel beruht habe. OTr. 55 S. 109 zieht hieraus die klare Konsequenz, daß Bürgervermögen durch Herkommen allein sich nicht in Privatvermögen verwandeln könne.

16. § 17 Gemeinheitsteilungs-Ordnung lautet:

„Bei Grundstücken, deren Eigentum einer Stadt oder Dorfgemeine zusteht, deren Nutzungen aber den einzelnen angesessenen Mitgliedern gebühren, ist jedes zur Benutzung berechtigte Mitglied der Gemeine für die seinem Grundstücke anhängenden Teilnehmungsrechte auf Auseinandersetzung anzutragen berechtigt."

Dieser Paragraph war vor der Deklaration streitig gewesen, indem man versucht hatte, ihn auch auf diejenigen Nutzungsrechte der angesessenen Bürger an Gemeindegrundstücken anzuwenden, die nicht auf privatrechtlichem, sondern auf dem publizistischen Rechtsgrunde der Gemeindeangehörigkeit beruhten (vgl. Anm. 10 u. 15).

17. § 3 der Deklaration hat im wesentlichen den Zweck, zu verhindern, daß auf Grund der für das gemeinschaftliche Eigentum geltenden materiellen Rechtssätze — ALR. I 17 §§ 1—114 —, die in den §§ 72 II 6 und 160 II 8 ALR. scheinbar ohne jede Beschränkung angezogen sind, eine Verteilung des Gemeindevermögens unter die Mitglieder vorgenommen werden könne. Siehe im übrigen zu §§ 3 ff. der Deklaration Brauchitsch, 17. Aufl. Bd. III S. 647, 648.

18. Beide Ausdrücke sind — für den hier vorliegenden Fall (anders bezüglich der Gemeindelasten in Nr. 2 des § 18; vgl. OVG. 26 S. 3) — gleichbedeutend. Der Inhalt der Beschwerden und Einsprüche kann dahin gehen, daß entweder der Beschwerdeführer von der Teilnahme an den Nutzungen unberechtigterweise ausgeschlossen sei oder daß ein Dritter ohne Recht derselben teilhaftig gemacht worden sei. An eine Frist sind die Beschwerden und Einsprüche, soweit Nr. 1 des § 18 in Betracht kommt, nicht gebunden (vgl. auch OVG. 38 S. 51 ff.).

19. D. h. nur die auf öffentlichem Recht, auf der Tatsache der Zugehörigkeit zur Gemeinde, beruhenden Ansprüche. Nur für diese publizistischen Ansprüche soll das Verfahren des § 18, insbesondere das Verwaltungsstreit-

verfahren eröffnet sein (vgl. OVG. im PVBl. 27 S. 321). Wird es streitig, ob überhaupt Gemeindenutzungen, d. h. Nutzungen am Gemeindevermögen, die auf dem öffentlichen, dem Gemeindeverfassungsrecht beruhen, vorliegen oder ob nicht vielmehr privatrechtliche Nutzungen in Frage stehen, so ist der ordentliche Rechtsweg nicht verschlossen; s. Vorbem. IIId am Schlusse.

20. Hinsichtlich dieses Begriffes s. Vorbem. I.

21. Ob formell ein „Magistratsbeschluß" vorliegt, ist — wenigstens für die Frage der Eröffnung des Streitverfahrens — unerheblich. Jeder auf die Beschwerde oder den Einspruch ergehende Bescheid, der im Namen des Magistrats erteilt wird, gilt als Beschluß im Sinne dieser Bestimmung. (Drucksachen des Abgeordneten-Hauses 1880/81 Nr. 103 S. 17; s. auch OVG. 38 S. 51 ff.) Ist der Magistrat etwa wegen vorhandenen Privatinteresses seiner Mitglieder zur Beschlußfassung unfähig, so muß gemäß OVG. 25 S. 46 ein Kommissar zur Beschlußfassung bestellt werden.

22. Binnen 14 Tagen; die Klage ist gegen den Magistrat zu richten (OVG. 21 S. 126). Klageberechtigt ist, wer durch den Beschluß beschwert ist, also entweder der abgewiesene Beschwerdeführer oder der auf Grund der Beschwerde von der Teilnahme durch den Magistratsbeschluß neuerdings Ausgeschlossene. Zuständig zur Entscheidung in erster Instanz ist der Bezirksausschuß, in zweiter (Berufungs-)Instanz das Oberverwaltungsgericht (§ 21 ZustGes.).

23. D. h. nur zwischen den Gemeindemitgliedern untereinander. Der Gemeinde selbst ist durch § 18 ein Klagerecht für den Fall, daß nicht sie, sondern die Gemeindemitglieder sich im Besitze des Gemeindevermögens befinden sollten, nicht gegeben; vielmehr steht ihr in diesem Falle der ordentliche Rechtsweg offen; PVBl. 10 S. 338. Ebensowenig ist die Klage aus § 18 Abs. 3 gegen die Gemeinde gegeben, wenn ein Gemeindemitglied sich durch den Beschluß der Stadtverordnetenversammlung betreffs der Benutzung des Gemeindevermögens (§ 49 StO.) beschwert fühlt; in diesem Falle sind vielmehr die Ansprüche nur auf dem Wege der Abs. 1 und 2 des § 18 zu verabfolgen, indem der angeblich Verletzte einen Bescheid des Magistrats herbeiführt und diesen sodann ev. noch im Wege der Klage anficht. Dem Magistrat würde gegebenenfalls das Recht zustehen, auf die Beschwerde des Verletzten hin den Stadtverordnetenversammlungsbeschluß gemäß § 56 [2] generell zu beanstanden. Das auf diese Beanstandung etwa ergehende rechtskräftige Verwaltungsgerichtserkenntnis schafft dann definitive Rechtskraft hinsichtlich der Frage nach der Gesetzmäßigkeit des Stadtverordnetenbeschlusses. Ist aber die Beanstandung nicht erfolgt, so schafft das ev. in Verfolg der Abs. 1 und 2 oder 3 im Verwaltungsstreitverfahren ergehende rechtskräftige Urteil Rechtskraft nur zwischen den Parteien, so daß in diesem Falle die Möglichkeit besteht, daß auf Beschwerde und Klage eines weiteren Beteiligten in einem nochmaligen Verwaltungsstreitverfahren materiell abweichend entschieden wird.

24. Die Bedeutung dieses Satzes für die hier fraglichen Fälle ist nur die: Ein einmal von den Gemeindenutzungen tatsächlich Ausgeschlossener bleibt so lange ausgeschlossen, bis ihn entweder ein Magistratsbescheid oder ein rechtskräftiges Erkenntnis des Verwaltungsgerichts zuläßt, ein tatsächlich Zugelassener bleibt nur so lange der Gemeindenutzungen teilhaftig, bis ihn entweder ein Magistratsbescheid oder ein rechtskräftiges Erkenntnis des Verwaltungsgerichts ausschließt.

§ 50.

Die Genehmigung der Regierung[1] ist erforderlich:

1. zur Veräußerung[2] von Grundstücken und solchen Gerechtsamen, welche jenen gesetzlich gleichgestellt sind;[3]
2. zur Veräußerung oder wesentlichen Veränderung von Sachen,[4] welche einen besonderen wissenschaftlichen, historischen oder Kunstwert haben, namentlich von Archiven;
3. zu Anleihen, durch welche die Gemeinde mit einem Schuldenbestand belastet, oder der bereits vorhandene vergrößert wird,[5–9] und
4. zu Veränderungen in dem Genusse von Gemeindenutzungen (Wald, Weide, Heide, Torfstich und dergleichen).[10]

Vorbemerkung:

Der § 50 enthält kein vollständiges Verzeichnis derjenigen Fälle, in denen die Gültigkeit von Gemeindebeschlüssen von der Genehmigung der Staatsbehörden abhängig ist, er bezieht sich vielmehr ausschließlich auf das Gebiet der Vermögensverwaltung der Gemeinden. Auf anderen Gebieten, z. B. im Steuerrecht (KAG. §§ 4, 6, 8, 9, 13, 18 und noch viele andere) und im Beamtenrecht (KBG. §§ 9, 10, 12, 15 u. a. m.) gibt es noch viele Fälle, in denen die Beschlüsse der Gemeindebehörden erst durch die Genehmigung der Staatsbehörden gültig werden. Ein besonderer derartiger Fall ist auch der der Einführung oder Erhöhung von Abgaben für den Gebrauch öffentlicher Straßen und Plätze zum Feilhalten von Waren auf Messen und Märkten, wozu es der Genehmigung des Bezirksausschusses bedarf (G. v. 26. 4. 1872, GS. 513). Aber auch auf dem engeren Gebiete der Vermögensverwaltung bedürfen die Gemeinden noch in einem weiteren in § 50 nicht genannten Falle der Genehmigung, nämlich beim Erwerbe von Schenkungen und letztwilligen Zuwendungen über 5000 Mk. (vgl. hierzu Anm. 1 a γ zu § 9).

Wird eines der im § 50 an höhere Genehmigung gebundenen Geschäfte vom Magistrat ohne Genehmigung und ohne Vorbehalt der Genehmigung mit Dritten abgeschlossen, so ist es — vorausgesetzt, daß im übrigen die gesetzliche Form gewahrt ist — rechtsgültig abgeschlossen; der Magistrat ist aber haftbar (RGZ. 40 S. 235). Ist dagegen der Vorbehalt erfolgt, so wird das Geschäft erst mit der Genehmigung perfekt, so daß in diesem Falle auch der Stempel nur für genehmigte Geschäfte zu entrichten ist.

1. Jetzt in den Fällen der Nr. 1, 3, 4 des § 50 des Bezirksausschusses, dagegen des Regierungspräsidenten in den Fällen der Nr. 2 des § 50

(ZustGes. § 16 Abs. 1 und 3; für Berlin ist in allen Fällen des § 50 der Oberpräsident zuständig; LVG. §§ 42, 43). Fällt ein Beschluß der Gemeinde unter Nr. 2 und zugleich unter eine der anderen Nummern, so z. B. der Verkauf eines historisch wertvollen Gebäudes (Nr. 1 und 2), so müssen der Bezirksausschuß und der Regierungspräsident ihre Genehmigung geben.

2. Darunter fällt jeder Vertrag, durch welchen freiwillig Eigentum an den in Nr. 1 genannten Sachen übertragen wird, also außer Kauf auch Tausch (MR. v. 2. 3. 1821, Ann. 1821 S. 89), ferner jede Schenkung; dagegen fällt die Verpfändung, sofern nicht darin zugleich ein Abkommen über den Verfall des Eigentums bei Nichteinlösung der zugesicherten Verbindlichkeit enthalten ist, nicht unter die Veräußerung. Die Belastung eines Grundstücks mit dauernden Lasten (vgl. RG. im PVBl. 29 S. 459) stellt keine Veräußerung dar, wenn die eingeräumte dauernde Berechtigung gesetzlich den Grundstücken nicht gleichgestellt ist (vgl. Anm. 3). Da aber nur die freiwillige Veräußerung der Genehmigung unterliegt, ist folgerichtig diese nicht erforderlich, wenn ein Grundstück (oder eine Gerechtsame) der Stadt verloren geht:

a) durch Verkauf im Wege der Zwangsvollstreckung (§ 155 — s. aber § 156 — II 8 ALR.);
b) durch Tabularersitzung (§ 900 BGB.);
c) durch ein die Stadt im Prozesse zur Herausgabe verurteilendes Erkenntnis, mag auch dieses Erkenntnis im Wege des Versäumnisverfahrens ergangen sein);
d) durch Unterlassung des Widerspruchs gegen die Ausführung fremder Bauten auf einem städtischen Grundstücke (BGB. § 912);
e) durch Ablösung des Erbpachtskanons (MR. v. 30. 9. 1837, Ann. 1837 S. 695).

Keinesfalls ist die Genehmigung der Staatsbehörden erforderlich zur Anstellung von Prozessen über Grundstücke und Gerechtsame oder zur Beendigung solcher Prozesse durch Vergleich. — Darüber, welche Formen nach bürgerlichem Recht für die Veräußerung von Grundeigentum erforderlich sind, siehe das zu § 56 Nr. 5 Gesagte.

Zum Erwerb von Grundstücken ist eine Genehmigung der Aufsichtsbehörde nicht erforderlich.

3. Sei es durch das bürgerliche Recht, sei es durch die besonderen neben diesem noch geltenden Gesetze:

A. Nach BGB. (§ 96) gelten als Bestandteile eines Grundstücks und also als Immobilien „Rechte, die mit dem Eigentum an einem Grundstück verbunden sind", also alle subjektiv-dinglichen Rechte, wie Grunddienstbarkeiten (§ 1018 BGB.; Realservituten), das subjektiv-dingliche Vorkaufsrecht (§ 1094 Abs. 2 BGB.), die subjektiv-dingliche Reallast (§ 1105 Abs. 2 BGB.). Superfizies und Nießbrauch sowie die aus der Zeit vor dem BGB. herrührende Antichrese gehören, falls sie nicht ausnahmsweise subjektiv an den Besitz eines Grundstücks geknüpft sein sollten, nicht hierher.

Die Bestellung eines Erbbaurechts an einem städtischen Grundstück fällt nicht unter den Begriff der Veräußerung des § 50 Nr. 1

(Johow 21 A S. 127). Anders dagegen nach §§ 1012, 1017 BGB. die Veräußerung eines für die Stadt an einem fremden Grundstück bestellten Erbbaurechts an einen Dritten.

B. Durch besondere gesetzliche Bestimmung gelten den Grundstücken gleichgestellt die sogenannten selbständigen Gerechtigkeiten (vgl. hierzu Art. 67, 68, 196 EG. z. BGB., Art. 40 AG. z. BGB., sowie Art. 22, 27 AG. z. GBO.): das Bergwerkseigentum (§ 50 des BergG. v. 24. 6. 1865); die selbständigen Kohlenabbaugerechtigkeiten des sächsischen Rechts (§ 3 G. v. 22. 2. 1869, GS. 401); die Apothekergerechtigkeiten (aber nur die älteren auf Grund der revidierten Apothekerordnung v. 11. 10. 1801 verliehenen vererblichen und veräußerlichen Apothekerprivilegien, soweit sie nicht durch die fremdländische, unter französischer, westfälischer und bergischer Herrschaft erfolgte Gesetzgebung aufgehoben sind, JMBl. 1840 S. 113); die Schiffsmühlen, d. h. die Berechtigung, auf einem öffentlichen Strom eine Mühle zu haben (OTr. 34 S. 440, § 7 G. v. 11. 3. 1850 betreffend die auf Mühlengrundstücken haftenden Reallasten, GS. 146; ALR. II 15 § 229); die Fährgerechtigkeit; die Fischereigerechtigkeit (G. v. 30. 5. 1874); die Bahneinheiten (EG. z. BGB. Art. 112; G. v. 8. 7. 02, GS. 238). Die früher noch vorhanden gewesenen vererblichen und veräußerlichen, ausschließlichen Gewerbeberechtigungen, wie Fleischbänke-, Barbier- und Badeberechtigungen, ebenso auch die Jagdgerechtigkeit auf fremdem Grund und Boden, sind durch die neuere Gesetzgebung teils für ablösbar erklärt, teils aufgehoben, ihre Neubegründung aber ist untersagt. Ebenso ist die Erbpacht, die früher den Grundstücken gleichstand, durch § 2 Nr. 2 und § 91 des AblösungsG. v. 2. 3. 1850 (GS. 77) aufgehoben und weitere Erbverpachtung untersagt.

4. Beweglichen und unbeweglichen Sachen, so daß hierunter sowohl Bauwerke wie Kunst- und kunstgewerbliche Gegenstände — Bilder, Bronzen, Silber- und Goldschmiedearbeiten, Waffen — wie endlich auch Bücher, Urkunden usw. fallen. Besonders zu erwähnen sind folgende spezielle Bestimmungen:

a) Mauern, Türme, Tore, Wälle und Umfassungsgräben sowie solche Anlagen, die zum Verschlusse oder zur Verteidigung einer Stadt dienen, sollen ohne Genehmigung der Aufsichtsbehörde weder verändert noch abgetragen werden, auch wenn sie der Stadtgemeinde oder Privaten eigentümlich gehören (GS. 1830 S. 113; MBl. 1844 S. 219, 1847 S. 5; vgl. auch ZBl. für die Unterrichtsverwaltung 1896 S. 391 und 640, und PVBl. 29 S. 783);

b) Anträge auf Veränderung der zu a genannten Anlagen sowie auf Ausgrabung „prähistorischer Altertümer“ sollen die Regierungspräsidenten erst nach Einholung der Zustimmung des Kultusministers genehmigen (MBl. 1887 S. 8; ZBl. f. d. Unterr.-Verw. 1887 S. 609);

c) die Regierungspräsidenten sollen darüber wachen, daß nicht wichtige Urkunden aus Archiven verkauft oder sonst verschleppt werden, und daß die städtischen Archive die Urkunden geordnet aufbewahren (MBl. 1859 S. 89);

d) die Sorge für die Erhaltung historischer Gegenstände und Kunstdenkmäler liegt den Ortspolizeibehörden und dem Konservator der Kunstdenkmäler ob (bezüglich des Pflichtenkreises des letzteren s. MBl. 1844 S. 39). Diese Behörden haben ihr Augenmerk auch auf solche Kunstdenkmäler (alte Erker, Giebel, Treppen, Denkmäler, Ruinen) zu richten, die sich im Privatbesitze befinden. Erforderlichenfalls ist zur Erhaltung die Bewilligung von Staatsmitteln nachzusuchen (s. auch MBl. 1857 S. 144). Über den Fall einer Zwangsetatisierung zur Erzwingung der Wiederherstellung des alten Zustandes eines ohne Genehmigung veränderten historischen Bauwerkes OVG. 47 S. 53; vgl. dazu auch OVG. 43 S. 420 und PVBl. 28 S. 746.

5. **Stadtanleihen:** Begriff: „Stadtanleihen" im Sinne des § 50 sind nicht etwa alle obligatorischen Verbindlichkeiten, auch nicht etwa alle Darlehnsverbindlichkeiten, welche die Stadtgemeinde eingeht, sondern nur solche im Wege des Darlehens erfolgenden Geldaufnahmen, welche die Stadt eingeht zur Bestreitung außerordentlicher und umfangreicher Ausgaben und mit der Absicht, die Schuld nicht alsbald, sondern allmählich und im Wege planmäßiger Tilgung abzutragen. Es gehören daher nicht zu den „Anleihen" im Sinne des § 50 und bedürfen nicht der Genehmigung des Bezirksausschusses (in Berlin des Oberpräsidenten) alle diejenigen Kreditgeschäfte, welche die Stadtgemeinde etwa zu anderen Zwecken abschließt, z. B. auch nicht die Aufnahme eines Darlehens bei einem Kreditinstitut behufs Beseitigung eines augenblicklichen, vorübergehenden Geldmangels unter der Abrede einer kurzen Rückzahlungsfrist, wobei freilich die Entscheidung der Frage, ob dieser Tatbestand oder der einer Anleihe vorliegt, zunächst in das Ermessen der Aufsichtsbehörde gelegt ist (vgl. MR. v. 11. 6. 1854, nicht veröffentlicht, abgedruckt bei Hübner S. 192; s. auch PVBl. 32 S. 831). Diese würde in der Lage sein, im Falle die Gemeinde ohne die Genehmigung des Bezirksausschusses einen Beschluß ausführen sollte, der nach Ansicht der Aufsichtsbehörde eine wirkliche Anleihe betrifft, hiergegen mittels Beanstandung einzuschreiten, so daß die konkrete Frage im Wege des Verwaltungsstreitverfahrens entschieden werden könnte (§ 15 ZustGes.). Auch daß für ein Darlehen Wertpapiere verpfändet werden, macht das Darlehen noch nicht zur genehmigungspflichtigen Anleihe, wenn deren Voraussetzungen sonst nicht vorliegen (MR. v. 11. 6. 1854, ebendort; da die Veräußerung von Wertpapieren nicht an die aufsichtsbehördliche Genehmigung geknüpft ist, ist es auch die Verpfändung nicht). Ebenso fällt nicht unter den Begriff der Anleihe die Verpfändung städtischer Grundstücke zu Darlehnszwecken (PVBl. 11 S. 37); desgleichen nicht das Kaufen gegen Kreditieren des Kaufpreises, und zwar auch dann nicht, wenn die Stadtgemeinde Grundstücke kauft und das Kaufgeld ganz oder zum Teil hypothekarisch eintragen läßt (vgl. hierzu PVBl. 33 S. 686). Schließlich fällt die Übernahme einer Garantie für fremde Schulden ebenfalls nicht unter den Begriff der staatlich zu genehmigenden Anleihen, und zwar auch dann nicht, wenn sie in der Form der selbstschuldnerischen Bürgschaft erfolgt ist (PVBl. 25 S. 12 und der dort zitierte ME. v. 9. 7. 03).

Über die Frage, ob zweckmäßigerweise die Aufnahme einer Anleihe zu erfolgen hat oder das Geldbedürfnis besser durch Ansammlung von Fonds zu decken ist, s. PVBl. 26 S. 783. Vgl. ferner im allgemeinen bezüglich der Stadtanleihen Kappelmann im PVBl. 23 S. 241, 386, 401.

6. Form der Anleihen. Allgemeine gesetzliche Grundlagen. Gesetzliche Spezialvorschriften. Was die Form der Stadtanleihen anbetrifft, so können diese in allen nach bürgerlichem Rechte zulässigen Gestaltungen des Kreditgeschäfts aufgenommen werden. Der regelmäßige Weg ist der, daß die Städte sich durch Ausgabe von Schuldurkunden, durch welche die Zahlung einer bestimmten Geldsumme seitens der Stadt an jeden Inhaber versprochen wird (Stadtobligationen) und bei denen das Darlehnsverhältnis seitens des Gläubigers unkündbar ist, die erforderlichen Mittel verschaffen. Kleinere, weniger leistungsfähige Kommunen, deren Kreditwürdigkeit das große Publikum bezweifeln könnte, werden den anderen Weg wählen müssen, sich das Darlehen von einer größeren und das öffentliche Vertrauen genießenden Kreditanstalt zu verschaffen, und es dieser überlassen, ihrerseits, ev. unter Garantie der Kommune oder größerer Kommunalverbände, Obligationen zur Beschaffung des erforderlichen Geldbetrages auszugeben (z. B. die Kommunal-Obligationen der Preußischen Zentralbodenkredit-Aktienbank). Nach § 795 BGB. dürfen im Inland ausgestellte Schuldurkunden auf den Inhaber, die über Zahlung einer bestimmten Geldsumme lauten, nur mit staatlicher Genehmigung in den Verkehr gebracht werden. Nach Art. 8 der Kgl. V. v. 16. 11. 1899 (GS. 562) wird jetzt die Genehmigung durch die Minister des Innern und der Finanzen auf Grund vorher eingeholter Ermächtigung des Königs erteilt. Nach dem RG. v. 8. 6. 1871 (RGBl. 210) dürfen ferner Inhaberpapiere mit Prämien von Stadtgemeinden überhaupt nicht ausgegeben werden. Die erteilte Genehmigung und die Bedingungen, unter denen diese erteilt ist, müssen nach § 795 BGB. im Deutschen Reichsanzeiger bekanntgemacht werden. Die außerdem von dem preußischen G. v. 10. 4. 1872 (§ 1 Nr. 9; GS. 357) früher geforderte Veröffentlichung im Regierungsamtsblatt ist jetzt in Fortfall gekommen (MBl. 00 S. 224). Auf die auf den Inhaber lautenden Stadtobligationen finden die allgemeinen Bestimmungen des BGB. über Inhaberpapiere (§§ 793—808) Anwendung.

Außer den im vorigen Absatz angeführten allgemeinen gesetzlichen Grundlagen kommen noch folgende spezielle Vorschriften in Betracht:

a) Art. 17 § 1 AG. z. BGB. bestimmt (auf Grund des Art. 100 Nr. 1 EG. z. BGB. und § 793 BGB.):

§ 1. „Bei den von dem Staate oder einem Kommunalverband ausgestellten Schuldverschreibungen auf den Inhaber hängt die Gültigkeit der Unterzeichnung davon ab, daß die Schuldverschreibung vorschriftsmäßig ausgefertigt ist. Der Aufnahme dieser Bestimmung in die Urkunde bedarf es nicht.

Die Ausfertigung erfolgt bei den über das Kapital lautenden Schuldverschreibungen durch eigenhändige Unterzeichnung des Vermerkes „Ausgefertigt“ seitens des damit beauftragten Beamten, bei Zins- und

Erneuerungsscheinen durch den Aufdruck eines Trockenstempels, der bei den Schuldverschreibungen des Staates den Königlich Preußischen Adler, bei den Schuldverschreibungen eines Kommunalverbandes das diesem zustehende Siegel enthalten muß."

b) An Stelle der durch Art. 176 EG. z. BGB. abgeschafften Außerkurssetzung von Inhaberpapieren tritt jetzt hinsichtlich der Stadtobligationen die auf Grund des Art. 18 AG. z. BGB. (beruhend auf Art. 101 EG. z. BGB. und § 806 BGB.) erfolgende, auf Antrag erforderliche (§ 1 des Art. 18) Umschreibung des Inhaberpapieres auf den Namen des Berechtigten durch die Stadtgemeinde.

In Ausführung des § 7 des Art. 18 AG. ist nachstehende Ausführungsverordnung vom 15. 12. 1899 (MBl. 263) erlassen worden:

§ 1. „Anträge auf Umschreibung einer auf den Inhaber lautenden Schuldverschreibung auf den Namen des Inhabers oder eines von ihm bezeichneten Dritten sind unter Einreichung der Schuldverschreibung bei dem Aussteller oder bei einer von diesem zur Entgegennahme der Anträge ermächtigten Stelle mündlich zu Protokoll oder in schriftlicher Form zu stellen.

In dem Antrag ist derjenige, auf dessen Namen die Umschreibung erfolgen soll, durch Angabe des Namens (Vorname, Familienname), des Standes, des Berufs oder anderer unterscheidender Merkmale sowie des Wohnorts genau zu bezeichnen; bei Handelsgesellschaften, bei eingetragenen Genossenschaften und juristischen Personen anderer Art ist die Firma oder der Name sowie der Sitz anzugeben.

§ 2. Für Anträge auf weitere Umschreibung einer bereits auf den Namen umgeschriebenen Schuldverschreibung, auf Rückverwandlung der Schuldverschreibung in eine Schuldverschreibung auf den Inhaber und auf Erteilung einer neuen Schuldverschreibung auf den Inhaber sind die Vorschriften der §§ 3 bis 7 maßgebend. Für den Antrag auf Erteilung einer neuen Schuldverschreibung gilt dies jedoch dann nicht, wenn er gestellt wird, nachdem bereits die Rückverwandlung der bisherigen Schuldverschreibung in eine Schuldverschreibung auf den Inhaber erfolgt ist; in diesem Falle findet auf den Antrag die Vorschrift des § 1 Abs. 1 Anwendung.

§ 3. Die Anträge sind unter Einreichung der Schuldverschreibung mündlich zu Protokoll oder in schriftlicher Form zu stellen. In letzterem Falle muß die Unterschrift des Antragstellers durch eine ein Dienstsiegel führende öffentliche Behörde (Beamten) beglaubigt sein, es sei denn, daß der Antrag in Form einer öffentlichen Urkunde eingereicht wird.

Anträge von Behörden müssen ordnungsmäßig unterschrieben und mit Siegel oder Stempel versehen sein.

Betrifft der Antrag die weitere Umschreibung einer bereits auf den Namen umgeschriebenen Schuldverschreibung, so findet die Vorschrift des § 1 Abs. 2 Anwendung.

§ 4. Der in der Schuldverschreibung genannte Gläubiger muß sich, wenn nach der Umschreibung auf seinen Namen eine Änderung in seiner Person (Verheiratung einer Frau, Änderung des Namens, Standes, Berufs, Wohnorts usw.) eingetreten ist, auf Verlangen durch öffentliche Urkunden als der Gläubiger ausweisen.

§ 5. Ist der Antragsteller nicht der in der Schuldverschreibung genannte Gläubiger, so hat er seine Berechtigung zur Verfügung über die Schuldverschreibung durch öffentliche oder öffentlich beglaubigte Urkunden nachzuweisen.

Rechtsnachfolger von Todes wegen haben auf Verlangen des Ausstellers durch einen Erbschein oder durch eine Bescheinigung des Nachlaßgerichts nachzuweisen, daß sie über die eingetragene Forderung zu verfügen berechtigt sind.

§ 6. Wird der Antrag durch einen Vertreter gestellt, so hat dieser seine Befugnis zur Vertretung durch öffentliche oder öffentlich beglaubigte Urkunden nachzuweisen.

§ 7. Kann der Antragsteller über die Schuldverschreibung nur mit Zustimmung eines Dritten oder einer Behörde verfügen, so ist die Zustimmung durch öffentliche oder öffentlich beglaubigte Urkunden nachzuweisen.

§ 8. Wird auf Grund einer auf Namen umgeschriebenen Schuldverschreibung Zahlung verlangt, so finden auf den Empfänger der Zahlung die Vorschriften der §§ 4 bis 7 entsprechende Anwendung.

§ 9. Die Umschreibung auf den Namen erfolgt durch den auf die Urkunde zu setzenden Vermerk: „Umgeschrieben auf" mit genauer Bezeichnung des Gläubigers (§ 1 Abs. 2). In den Fällen des § 1667 Abs. 2, des § 1815 und des § 2117 des Bürgerlichen Gesetzbuchs ist dem Vermerke die gesetzlich vorgeschriebene Bestimmung hinzuzufügen.

Der Vermerk muß den Ort und den Tag seiner Vollziehung angeben, er ist von dem Aussteller zu unterzeichnen und mit dem Aufdrucke des dem Aussteller zustehenden Stempels zu versehen. Wird der Aussteller durch eine Behörde vertreten, so erfolgt die Unterzeichnung durch die Angabe der amtlichen Bezeichnung der Behörde nebst dem Aufdrucke des der Behörde zustehenden Stempels und der eigenhändigen Unterschrift des von der Behörde damit beauftragten Beamten.

§ 10. Die Rückverwandlung in eine Schuldverschreibung auf den Inhaber erfolgt durch den auf die Urkunde zu setzenden Vermerk: „Wieder an den Inhaber zahlbar."

Die Vorschrift des § 9 Abs. 2 findet Anwendung.

§ 11. An Kosten kann der Aussteller außer den ihm entstandenen Auslagen für Porti, Stempelbeträge, Neuausfertigung der Urkunde usw. erheben:

1. Für die erste und jede weitere Umschreibung auf den Namen eines Berechtigten oder für die Rückverwandlung in eine Schuld-

verschreibung auf den Inhaber 25 Pfennig für jede angefangene 1000 Mark des Nennwerts der eingereichten Schuldverschreibungen, mindestens 50 Pfennig;

2. für die Erteilung einer neuen Schuldverschreibung auf den Inhaber 50 Pfennig für jede angefangenen 1000 Mark des Nennwertes der eingereichten Schuldverschreibungen, mindestens 1 Mark."

c) Der Ministerial-Erlaß vom 1. November 1879 (MBl. 1880 S. 11) bestimmt — unter Bezugnahme auf ältere Erlasse — in Nr. II, daß der kleinste Nennwert einer Schuldverschreibung 200 Mk. betragen und daß bei Verteilung der Anzahl der auszugebenden Anleihestücke auf die einzelnen Nennwertskategorien (Stücke zu 200, 500, 1000 Mk. bei einer Anleihe) darauf Rücksicht genommen werden solle, daß, falls die Tilgung durch regelmäßige Auslosung erfolgen soll, die planmäßigen Tilgungsbeträge für jede Verlosung innegehalten werden können; daß ferner drei Monate vor dem Zahlungstermin der ausgelosten und gekündigten Schuldverschreibungen eine einmalige öffentliche Bekanntmachung dieser Stücke zu erfolgen habe, und (in Nr. III) daß das Aufgebot und die Kraftloserklärung verlorener und vernichteter Schuldverschreibungen nach den Bestimmungen der ZPO. §§ 1004ff. zu erfolgen habe.

d) Bezüglich der äußeren Fassung der Genehmigungsurkunde, sowie der Schuldverschreibungen nebst Zinsscheinen und Zinslisten ist das durch ME. v. 31. 1. 00 (MBl. 81) empfohlene Schema — für Kreisobligationen entworfen und demnach für Städte entsprechend abzuändern — maßgebend. Schon durch den ME. v. 23. 8. 1884 (MBl. 231) war die Ausgabe von Zinsscheinen auf Zeitperioden von 10 Jahren vorgesehen.

e) Die Tilgung der Anleihen soll spätestens 2 Jahre nach der Begebung beginnen.

Zulässig ist Tilgung durch Auslosung wie durch freihändigen Ankauf von Obligationen. Ist letztere Tilgungsart in der Genehmigungsurkunde aber nicht vorgesehen, so kann sie nachträglich auch nicht durch Königliche Genehmigung zugelassen werden. Es bleibt alsdann nur übrig, die alten noch umlaufenden Anleihebeträge zu kündigen und auf Grund eines neu zu beantragenden Privilegs neue Anleihescheine auszugeben (MR. v. 18. 3. 1888, MBl. 101 u. PVBl. 29 S. 21).

f) Konvertierung von Anleihen. Soll der Zinsfuß einer Anleihe herabgesetzt werden, so muß ausdrücklich beschlossen werden, ob die Konvertierung in Form der Abstempelung der alten Stücke oder in Form der Ausgabe neuer Obligationen unter Einziehung der alten erfolgen solle. Unter allen Umständen ist die in der Genehmigung und der Schuldurkunde vorgesehene Kündigungsfrist und Bekanntmachungsform innezuhalten. Eine Hinausschiebung des Tilgungstermines ist nicht zulässig, der Tilgungssatz der konvertierten Anleihe ist daher so festzusetzen, daß der ursprünglich festgesetzte Tilgungstermin innegehalten wird (ME. v. 6. 12. 1881, MBl. 1882 S. 5). Soll das Kapital oder der Zinsfuß erhöht werden, so bedarf es gemäß § 50 StO. der Genehmigung des Bezirksausschusses.

7. **Grundsätze für die Erteilung der Genehmigung. Zulässige Verwendungszwecke: Maßgebend sind die ME. v. 1. 6. 1891** (MBl. 84), v. 6. 8. 1892 (MBl. 321) und v. 1. 2. 12 (MBl. 28, 203). Die darin enthaltenen Grundsätze haben bei der Genehmigung von Anleihen auch dann zur Anwendung zu kommen, wenn die Anleihen nicht in Form der Ausgabe von Inhaberpapieren, sondern in anderer Weise zur Begebung gelangen (ME. v. 14. 8. 02, MBl. 174). Vgl. ferner MBl. 07 S. 261 u. 08 S. 11.

8. Nach Art. 74 AG. z. BGB. (Nr. 2 u. 4) in Verbindung mit Art. 212 EG. z. BGB. sind die Schuldverschreibungen, die von einer deutschen kommunalen Körperschaft oder von der Kreditanstalt einer solchen Körperschaft ausgestellt und entweder von seiten der Inhaber kündbar sind oder einer regelmäßigen Tilgung unterliegen, und ebenso die auf den Inhaber lautenden Schuldverschreibungen, die von einer preußischen Hypotheken-Aktienbank auf Grund von Darlehen an preußische Körperschaften des öffentlichen Rechts oder von Darlehen, für welche solche Körperschaften die Gewährleistung übernommen haben, ausgegeben sind, zur Anlegung von Mündelgeld geeignet.

9. Auf pünktliche Tilgung der Anleihen wie überhaupt auf pünktliche Zahlung aller städtischen Schulden hat die Aufsichtsbehörde hinzuwirken. Darüber, welche Zwangsmittel ihr dabei zu Gebote stehen, siehe das zu §§ 76, 78 Gesagte.

Über die Zwangsvollstreckung gegen Stadtgemeinden wegen Nichtzahlung fälliger Schulden vgl. Anm. 3 zu § 56[4].

10. Die Bestimmung des § 50[4] bezieht sich nicht auf die bloße Veränderung der Bewirtschaftungsweise. Soll ein Wald zu Ackerland oder Ackerland zu Bauland gemacht werden, so bedarf es der Genehmigung des Bezirksausschusses nicht (MBl. 1862 S. 212). Gemeint sind im § 50[4] die Fälle, in denen die den einzelnen Mitgliedern der Gemeinde oder den einzelnen Kategorien solcher Mitglieder zustehenden Nutzungsrechte verändert werden, z. B. das Nutzungsrecht an eine vorher nicht festgesetzt gewesene Bedingung geknüpft oder von einer solchen Bedingung losgelöst, mit Abgaben belegt wird, oder darauf ruhende Abgaben erhöht oder vermindert werden. Der wichtigste Fall ist der der Umwandlung des Bürgervermögens in Kämmereivermögen; vgl. hierüber das in Vorbem. zu § 49 unter III d Gesagte.

§ 51.

Die freiwillige Veräußerung von Grundstücken usw. (§ 50 Nr. 1) darf nur[1] im Wege der Lizitation[2] auf Grund einer Taxe[3] stattfinden.

Zur Gültigkeit der Lizitation gehört:[4]

1. einmalige Bekanntmachung durch das Amtsblatt des Regierungsbezirks und die für Bekanntmachungen des Magistrats üblichen öffentlichen Blätter;

2. eine Frist von sechs Wochen von der Bekanntmachung bis zum Lizitationstermine,[5] und
3. Abhaltung dieses Termins durch eine Justiz- oder Magistratsperson.[6]

Das Ergebnis der Lizitation ist der Stadtverordnetenversammlung mitzuteilen und kann nur mit deren Genehmigung der Zuschlag erteilt werden.[7]

In besonderen Fällen kann die Regierung[8] auch den Verkauf aus freier Hand, sowie einen Tausch gestatten, sobald sie sich überzeugt, daß der Vorteil der Gemeinde dadurch gefördert wird.[9]

Für die Hypothekenbehörde[10] genügt zum Nachweise, daß der Vorschrift dieses Paragraphen genügt worden, die Bestätigung des Vertrages durch die Regierung.[8·11·12]

1. Siehe aber Ausnahme des Abs. 4.

2. D. h. im Wege des öffentlichen Ausgebots und der meistbietenden Versteigerung.

3. Von wem die Taxe aufgenommen sein soll, ist nicht gesagt. Jeder Grundstückssachverständige (nicht bloß ein bei Gericht vereideter Sachverständiger) kann zur Aufnahme der Taxe herangezogen werden; auch steht nichts im Wege, die Taxation der städtischen Grundstücke einer ein für allemal zur Verwaltung der städtischen Grundstücke eingesetzten Verwaltungs- (Grundeigentums-) Deputation (§ 59) zu übertragen.

4. Sind die nachstehenden Bestimmungen verletzt, so ist die Lizitation ungültig und das mit dem Meistbietenden geschlossene Rechtsgeschäft anfechtbar. In diesem Falle muß der Magistrat, erforderlichenfalls (§ 44 StO.) ein ad hoc bestellter Vertreter auf Verlangen der Stadtverordnetenversammlung oder der Aufsichtsbehörde den Prozeß zur Wiedererlangung des Grundstücks gegen den Ersteher anstellen (MBl. 1840 S. 82); außerdem ist der Magistrat für allen entstehenden Schaden verantwortlich. Vgl. aber Abs. 5 und Anm. 11 dazu.

5. Zwischen dem Erscheinen der Bekanntmachung und dem Termin der Versteigerung müssen volle sechs Wochen liegen.

6. „Justizperson“, d. i. der örtlich zuständige Richter der freiwilligen Gerichtsbarkeit oder ein örtlich zuständiger Notar. Rechtsanwälte, die nicht Notare sind, und Gerichtsvollzieher sind nicht sachlich zuständig. „Magistratsperson“ soll wohl ebensowohl die Magistratsmitglieder wie auch als Kommissare des Magistrats handelnde Kommunalbeamte umfassen. Die versteigernde Magistratsperson muß aber, damit ein rechtsgültiges Veräußerungsgeschäft zustande kommen kann, zum städtischen **Urkundsbeamten** bestellt sein (vgl. Art. 12 AG. z. BGB. sowie die Ausführungen zu § 56[5] Anm. 1a). Bezüglich der Aufnahme des Lizitationsprotokolls sind die in dem preußischen Gesetz über die freiwillige Gerichtsbarkeit v. 21. 9. 1899 (GS. 249) enthaltenen Vorschriften Art. 40ff. zu

beachten; geschieht die Versteigerung durch den Richter, außerdem noch die Art. 66 ff.

7. Es muß also, auch wenn vorher schon die Stadtverordnetenversammlung die Genehmigung zum Zuschlage bei Erreichung eines bestimmten Gebotes — etwa der Taxe — ausgesprochen haben sollte, doch nach der Lizitation und vor Erteilung des Zuschlags ihre Genehmigung nochmals eingeholt werden. Daß hierdurch eine Erschwerung des Geschäftsganges eintritt, ist nicht zu leugnen. Indessen wird nur so der klare Wortlaut des Gesetzes erfüllt. Die bei Beratung der StO. hervorgetretene gegenteilige Ansicht ist unrichtig. (Verh. der 2. Kammer 1852/53 Stenogr. Berichte II S. 933.)

8. Jetzt der Bezirksausschuß, in Berlin der Oberpräsident (ZustGes. § 16 Abs. 3, LVG. § 43).

9. In diesem Falle müssen aber alle vom BGB. vorgeschriebenen Förmlichkeiten hinsichtlich der Veräußerung von Grundstücken erfüllt sein. Vgl. über diese Vorschriften das zu § 56[5] Anm. 1a Gesagte. — Der Fall des Abs. 4 ist heute der regelmäßige, nicht mehr die Ausnahme.

10. Jetzt „Grundbuchamt" d. i. in Preußen der Grundbuchrichter (§ 1 Grundbuchordnung v. 24. 3. 1897; Art. 1 AG. dazu).

11. Der Grundbuchrichter hat demnach nicht zu prüfen, ob den einzelnen Bestimmungen des § 51 genügt ist, sondern lediglich, ob der Bezirksausschuß den Bestätigungsvermerk auf die Ausfertigung der Vertragsurkunde oder des Lizitationsprotokolls gesetzt hat.

12. Der Bestätigungsvermerk ist als Ausfertigung gemäß Tarifstelle 10 des Stempeltarifs v. 30. 6. 09 mit 3 Mk. stempelpflichtig. Gemäß § 16 letzter Absatz des Stempelgesetzes v. 30. 6. 09 beginnt die Frist für die Verwendung des Stempels bei freiwilligen Veräußerungen städtischen Grundeigentums erst mit dem Tage, an dem der Magistrat von der Bestätigung Kenntnis erhalten hat. (Vgl. aber Vorbem. zu § 50.)

§ 52.

Durch Gemeindebeschluß kann die Erhebung eines Einzugsgeldes angeordnet und von dessen Entrichtung die Niederlassung in der Gemeinde (§ 4 des Gesetzes vom 31. Dezember 1842 No. 2317) abhängig gemacht werden.

Außerdem kann von allen, sowohl von den Neuanziehenden als von denen, welche der Gemeinde bereits angehörig sind, bei der Begründung eines selbständigen Hausstandes eine Abgabe (Eintritts- oder Hausstandsgeld) gefordert und von deren Entrichtung die Teilnahme an dem Bürgerrecht (§ 5) abhängig gemacht werden.

Die Teilnahme an den Gemeindenutzungen (§ 50 No. 4) kann außerdem von der Entrichtung einer jährlichen Abgabe und anstatt oder neben derselben von Entrichtung eines Einkaufsgeldes abhängig gemacht werden, durch deren Entrichtung aber die Ausübung des Bürgerrechts niemals bedingt wird.

Alle derartige Beschlüsse bedürfen der Genehmigung der Regierung.[1] Die mit dem Besitze einzelner Grundstücke verbundenen oder auf sonstigen besonderen Rechtstiteln beruhenden Nutzungsrechte sind den Bestimmungen dieses Paragraphen nicht unterworfen.[2]

Beamte, welche infolge dienstlicher Versetzung ihren Aufenthalt im Stadtbezirk nehmen, sind zur Entrichtung des Einzugsgeldes und des Hausstandsgeldes nicht verbunden.[3]

Hierzu:

1. Gesetz, betreffend das städtische Einzugs-,[4] Bürgerrechts- und Einkaufsgeld. Vom 14. Mai 1860 (GS. 237):

§ 2. Die Stadtgemeinden sind befugt, auf Grund von Gemeindebeschlüssen, welche die Genehmigung der Regierung[5] erhalten haben, die Entrichtung von

1. (aufgehoben),

2. Bürgerrechtsgeld bei Erwerb des Bürgerrechts (§ 5 a. a. O.),[6–9]

3. Einkaufsgeld anstatt oder neben einer jährlichen Abgabe für die Teilnahme an den Gemeindenutzungen (§ 50 No. 4, § 49 No. 4 und § 46 No. 4 der betreffenden Städteordnungen),[10, 11]

anzuordnen.

§§ 3 und 4 (aufgehoben).

§ 5. Befreit vom Einzugsgelde[12] sind:

1. und 2. (aufgehoben);

3. die unmittelbaren und mittelbaren Staatsbeamten,[13] die Lehrer[14] und die Geistlichen,[15] welche gemäß dienstlicher Verpflichtung ihren Wohnsitz in der Stadt nehmen;[16]

4. Militärpersonen, die zwölf Jahre im aktiven Dienststande sich befunden haben, bei der ersten Niederlassung, sowie die unter No. 3 genannten Personen bei der ersten Verlegung des Wohnsitzes nach ihrem Ausscheiden aus dem aktiven Dienste.

§ 6. In denjenigen Städten, in welchen ein Bürgerrechtsgeld eingeführt ist, darf vor dessen Berichtigung das Bürgerrecht nicht

ausgeübt werden.[17] *Abstufungen in dem Betrage der Abgabe sind statthaft.*[18]

Wo zurzeit ein Hausstandsgeld erhoben wird, tritt bis zu anderweitiger Feststellung das Bürgerrechtsgeld mit gleichem Betrage an dessen Stelle. Die Verpflichtung zur Entrichtung desselben tritt aber erst mit dem Zeitpunkte des Erwerbes des Bürgerrechts ein.

§ 7. Das Bürgerrechtsgeld darf innerhalb derselben Gemeinde von niemandem zweimal erhoben werden.[19] *Es gilt in dieser Beziehung das bisherige Hausstandsgeld dem Bürgerrechtsgelde gleich.*

Die in § 5 No. 3 und 4 genannten Personen sind in den dort erwähnten Fällen auch von der Entrichtung des Bürgerrechtsgeldes befreit.

§ 8. Die Verpflichtung zur Zahlung des Einkaufsgeldes, sowie der demselben entsprechenden jährlichen Abgabe ruht, solange auf die Teilnahme an den Gemeindenutzungen verzichtet wird.[20]

§ 9. Hinsichtlich der Verjährung und der Reklamationen findet das Gesetz vom 18. Juni 1840, jedoch nur mit der Maßgabe Anwendung, daß die nicht zur Hebung gestellten Einzugs-, Bürgerrechts- oder Einkaufsgelder erst in zwei Jahren nach Ablauf desjenigen Jahres, in welchem die Zahlungsverbindlichkeit entstanden ist, verjähren.[21]

Das Gesetz vom 11. Juli 1822, sowie die Kabinettsorder vom 14. Mai 1832 sind auf die genannten Abgaben nicht anwendbar.

§ 10. Die auf Grund der aufgehobenen Paragraphen der Städteordnungen erlassenen oder älteren noch geltenden Regulative bleiben in Kraft, soweit sie den Bestimmungen dieses Gesetzes nicht widersprechen.

§ 11. Diese Bestimmungen sind auch in denjenigen Ortschaften (Flecken) zur Anwendung zu bringen, welche auf Grund des § 1 Absatz 2 der Städteordnung vom 30. Mai 1853 eine der letzteren nachgebildete Ortsverfassung besitzen, welche ihnen die Erhebung eines Einzugsgeldes,[22] *oder Hausstandsgeldes, oder Einkaufsgeldes gestattet.*

Hierzu ferner:

2. Gesetz, betreffend die Aufhebung der Einzugsgelder und gleichartigen Kommunalabgaben vom 2. März 1867 (GS. 361):

§ 1. Vom 1. Juli 1867 ab darf in den Provinzen Preußen, Brandenburg, Pommern, Schlesien, Posen, Sachsen, Westfalen und in der Rheinprovinz von Neuanziehenden ein Einzugs- oder Eintrittsgeld oder eine sonstige besondere Kommunalabgabe wegen des Erwerbes der Gemeindeangehörigkeit (der Niederlassung am Orte) nicht mehr erhoben, auch kein Rückstand einer solchen Abgabe mehr eingefordert werden.

§ 2. Mit dem im § 1 festgesetzten Zeitpunkte treten die auf die Erhebung von Einzugsgeld bezüglichen Bestimmungen der Gesetze vom 14. Mai 1860 (Gesetz-Samml. für 1860 S. 237) und vom 24. Juni 1861 (Gesetz-Samml. für 1861 S. 446), ... sowie alle in bestehenden Statuten, Regulativen, Rezessen der einzelnen Gemeinden getroffenen Anordnungen über die Entrichtung von Kommunalabgaben der im § 1 bezeichneten Art außer Kraft.

Vorbemerkung:

Der § 52 handelt vom Einzugs-, vom Eintritts- oder Hausstandsgelde und vom Einkaufsgelde. Seine Bestimmungen sind bis auf den 2. Satz des Abs. 4 durch § 1 des G. v. 14. 5. 1860 betreffend das städtische Einzugs-, Bürgerrechts- und Einkaufsgeld aufgehoben worden. Alle auf das Einzugsgeld bezüglichen Bestimmungen dieses letzteren Gesetzes sind wiederum durch das G. v. 2. 3. 1867, betreffend die Aufhebung der Einzugsgelder usw. aufgehoben worden. (Beide Gesetze oben abgedruckt.) Das KAG. (vgl. § 96 Abs. 7) hat die Bestimmungen des G. v. 14. 5. 1860, soweit sie das Bürgerrechtsgeld und das Einkaufsgeld betreffen, ausdrücklich aufrechterhalten.

Hinsichtlich der Zuständigkeit vgl. Anm. 5. Wegen etwaiger Reklamationen gegen Heranziehung zum Bürgerrechts- und Einkaufsgelde s. Anm. 21. (In Betracht kommt § 18, nicht § 10 ZustGes.) Vgl. hinsichtlich des Bürgerrechtsgeldes den Aufsatz von Jebens im PVBl. 22 S. 51 ff.

1. Bis hierher ist § 52 aufgehoben, vgl. § 1 G. v. 14. 5. 1860. An die Stelle dieser obsoleten Bestimmungen sind die §§ 2 ff. des G. v. 14. 5. 1860 getreten (soweit diese noch gelten, oben abgedruckt), s. Vorbem.

2. Der 2. Satz des Abs. 4 bezieht sich ausschließlich auf solche Nutzungsrechte, die auf privatem Rechtstitel beruhen, im Gegensatz zu solchen Nutzungsrechten, die aus dem publizistischen Rechtsgrunde der Gemeindemitgliedschaft erwachsen. Insbesondere fallen auch die mit dem Besitze einzelner Grundstücke verbundenen Nutzungsrechte, wenn sie in der Gemeindeangehörigkeit, also im öffentlichen Rechte wurzeln, nicht unter diesen Satz. (Vgl. hierzu: Vorbem. zu § 49 unter III c.) Insoweit ist demnach der Wortlaut des Einganges des Satzes 2 des Abs. 4 nicht ganz korrekt.

3. Abgeändert durch §§ 5 u. 7 des G. v. 14. 5. 1860 (oben abgedruckt).

4. Das Einzugsgeld ist aufgehoben durch G. v. 2. 3. 1867 (oben abgedruckt), s. Vorbem.

5. An Stelle der Regierung ist jetzt nach ZustGes. § 16 [3] der Bezirksausschuß, in Berlin der Oberpräsident zuständig (§ 43 LVG.). Eine weitere Genehmigung der Minister des Innern und der Finanzen (§ 16 Abs. 5 ZustGes., § 77 Abs. 3 KAG.) ist nicht erforderlich (MBl. 1885 S. 107). Ebensowenig muß ein förmliches Ortsstatut (§ 11 StO.) erlassen werden. — Einer besonderen Veröffentlichung bedürfen die Beschlüsse nicht (OVG. 25 S. 14).

6. Das Bürgerrechtsgeld wird, obwohl seine Erhebung formell zulässig ist, da § 6 des G. v. 14. 5. 1860 weder durch § 5 Abs. 2 des G. v. 29. 6. 1893 noch durch § 5 des G. v. 30. 6. 00 aufgehoben ist (vgl. Vorbem. zu § 13, PVBl. 26 S. 306), in vielen Städten nicht mehr erhoben. Eine Gegenleistung für den Erwerb des Bürgerrechts bildet es nicht, schon deshalb nicht, weil das Bürgerrecht gemäß § 5 StO. beim Vorliegen der dort festgesetzten persönlichen Erfordernisse ipso jure erworben wird. Freilich kann gemäß § 6 G. v. 14. 5. 1860 das Bürgerrecht vor Zahlung des Bürgerrechtsgeldes nicht ausgeübt werden (vgl. unten Anm. 9 sowie Anm. 7 zu § 5 StO. und die dort zitierten OVG.-Erkenntnisse). Das Bürgerrechtsgeld hat demnach den Charakter einer Abgabe. Über die zulässige Höhe und die Abstufungen dieser Abgabe vgl. MBl. 1860 S. 133 u. OVG. 28 S. 70). Von solchen Gewerbetreibenden, die das Bürgerrecht durch dreijährigen Gewerbebetrieb erwerben, darf das Bürgerrechtsgeld nicht erhoben werden (§ 13 GewO.). Erwirbt aber der Gewerbetreibende schon vor Ablauf der 3 Jahre auf Grund anderer in seiner Person vorhandener Erfordernisse (§ 5 StO.) das Bürgerrecht, so ist er zur Zahlung des Bürgerrechtsgeldes verpflichtet (vgl. Anm. 12 zu § 5 StO., woselbst auch § 13 GewO. abgedruckt ist).

7. Von Nicht-Preußen kann ein Bürgerrechtsgeld nicht erhoben werden (OVG. 33 S. 12); ebensowenig von Frauen, Forensen, juristischen Personen. Letzteren beiden Kategorien ist zwar unter Umständen aktives Wahlrecht, aber nicht Bürgerrecht beigelegt. Kein Bürgerrechtsgeld brauchen ferner die Ehrenbürger zu entrichten (§ 6 StO. letzter Satz). Welche Personen außerdem von der Entrichtung des Bürgerrechtsgeldes befreit sind, bestimmen §§ 5 u. 7 des G.

8. Eingemeindete haben nur dann das Bürgerrechtsgeld zu bezahlen, wenn sich bei ihnen erst in einem nach der Eingemeindung liegenden Zeitpunkte die Voraussetzungen des Bürgerrechtserwerbs (§ 5 StO.) erfüllen (OVG. 34 S. 80).

9. Die Verjährung des Bürgerrechtsgeldes hebt den Satz, daß das Bürgerrecht erst nach Zahlung des Bürgerrechtsgeldes ausgeübt werden darf, nicht auf, wenngleich in diesem Falle die Zahlung des Bürgerrechtsgeldes nicht mehr von der Kommune erzwungen werden kann (OVG. 21 S. 26). Auch ist mit der Verjährung des Bürgerrechtsgeldes nicht der Verlust des Bürgerrechts verbunden; der zum Bürgerrecht Berechtigte kann vielmehr durch nachträgliche Zahlung sein Recht auf Ausübung des Bürgerrechts jederzeit herstellen (OVG. 25 S. 19). Die Verpflichtung zur Zahlung des

Bürgerrechtsgeldes hat nicht zur Voraussetzung, daß der zur Zahlung desselben Aufgeforderte zur Zeit der Inhebestellung noch Bürger ist. Vielmehr kann, wenn der Herangezogene zu dieser Zeit wieder aufgehört hat, Bürger zu sein, der Heranziehung nur mit dem Einwande der Verjährung begegnet werden (OVG. 38 S. 69). Der einmal durch Erlangung des Bürgerrechts entstandene Anspruch auf das Bürgerrechtsgeld geht also mit dem Verlust des Bürgerrechts seitens des Verpflichteten nicht unter.

Die Entrichtung des Bürgerrechtsgeldes kann nur an den Erwerb des Bürgerrechts geknüpft werden; Ortssatzungen, welche die Verpflichtung zur Zahlung des Bürgerrechtsgeldes auch solchen Personen auferlegen, die das Bürgerrecht schon vor Erlaß der Satzungen besaßen, sind ungültig (OVG. im PVBl. 24 S. 233).

Wird das Bürgerrechtsgeld erhöht, so darf aus demselben Grunde das erhöhte Bürgerrechtsgeld nicht von solchen Bürgern nachverlangt werden, die das Bürgerrecht bereits unter der Herrschaft der früheren Bestimmungen erworben hatten. Die durch den Erwerb des Bürgerrechts bereits zwischen den Parteien entstandenen rechtlichen Beziehungen werden durch das spätere Ortsrecht nicht geändert (OVG. v. 3. 11. 03, II 1873 u. PVBl. 25 S. 328).

10. Das Einkaufsgeld oder die an seine Stelle tretende Abgabe wird nicht erhoben für die Benutzung der allgemeinen und notwendigen öffentlichen Einrichtungen der Stadt, wie Straßen, Krankenhäuser, Armenanstalten, zu deren Benutzung jede in der Stadt sich aufhaltende Person zugelassen werden muß, sondern es soll der Entgelt sein für die Zulassung zu den Nutzungen des Gemeindemitgliedervermögens, also regelmäßig für bestimmte Naturalnutzungen. Ob es privatrechtliches Entgelt oder öffentlich-rechtliche Gebühr ist, ist streitig (vgl. Oertel S. 234, Schön S. 255). Aus § 8 des G. v. 14. 5. 1860, wonach auf die Nutzung am Gemeindemitgliedervermögen verzichtet werden kann, und alsdann auch der Anspruch auf das Einkaufsgeld für die Dauer des Verzichts ruht, läßt sich jedenfalls für den privatrechtlichen Charakter nichts herleiten, weil es auch dem Wesen der öffentlich-rechtlichen „Gebühr" entspricht, daß sie nur für die tatsächliche Benutzung der Gemeindeanstalten erhoben wird.

11. Das Einkaufsgeld soll für alle Einwohner ein gleichmäßiges sein. Ein Unterschied zwischen Einwohnern und Forensen, zwischen den in der Stadt Geborenen und von außen erst Hinzugezogenen soll nicht gemacht werden (MBl. 71 S. 208). Die Höhe des Einkaufsgeldes soll sich nach dem Werte der tatsächlich den Mitgliedern zur Verfügung stehenden Nutzungen richten (MInstruktion zur Ausführung der StO. v. 20. 6. 1853 unter XV; s. Anhang).

12. Das Einzugsgeld ist abgeschafft durch G. v. 2. 3. 1867. Die in § 5 unter 3 u. 4 aufgeführten Personen sind aber nach § 7 Abs. 2 auch vom Bürgerrechtsgeld in den Fällen des § 5 befreit; daher hat dieser Teil des § 5 noch praktische Bedeutung. — Eine Befreiung vom Einkaufsgelde findet nur nach § 8 statt. Vgl. Anm. 10.

13. Nur die „angestellten" Beamten, nicht auch die außerordentlichen, zu vorübergehender Beschäftigung angenommenen Gehilfen sind befreit; Nr. 3

bezieht sich nur auf aktive Beamte, nicht auf solche, die bereits durch Pensionierung oder aus anderen Gründen aus dem Beamtenverhältnis ausgeschieden sind. Dagegen bezieht sich Nr. 4 auf ausgeschiedene Beamte. Wegen des Begriffes der „unmittelbaren Staatsbeamten" s. OVG. 20 S. 128, bezüglich des Begriffs „mittelbare Staatsbeamten" (§ 69 II 10 ALR.) vgl. OVG. 16 S. 154; 19 S. 62; 20 S. 39. Unmittelbare Staatsbeamte sind danach alle diejenigen Personen, denen eine Beschäftigung im Dienste des Staates — gleichviel welcher Art — von der zuständigen Behörde übertragen ist und zwar, indem ihnen entweder eine „Bestallung" erteilt oder doch auf andere Art deutlich erkennbar gemacht ist, daß sie über die privatrechtliche Pflicht zur Erfüllung der im Dienstvertrag bestimmten Leistungen hinaus die allgemeinen öffentlich-rechtlichen Pflichten eines Beamten übernehmen, insbesondere dem Staatsoberhaupte zu besonderer Treue und Gehorsam verbunden sein sollen. Mittelbare Staatsbeamte sind dagegen Beamte solcher Korporationen, „welche organisch in die Verfassung des Staates eingreifen, Zwecke zu erfüllen haben, die in direkter Beziehung zu den Aufgaben des Staates stehen" (vgl. auch noch OVG. 43 S. 78 u. PVBl. 24 S. 465). Die im einzelnen ergangenen sehr zahlreichen Entscheidungen des OVG. s. in Noell-Freund, KAG. 7. Aufl. S. 422 ff. Die Reichsbeamten genießen gemäß § 19 ReichsbeamtenG. v. 31. 3. 1873 (RGBl. 61) die Befreiung ebenfalls; ebenso die Bureau-, Kanzlei- und Unterbeamten der Landesversicherungsanstalten gemäß § 1348 RVO. (OVG. v. 13. 11. 03 II 1922; PVBl. 25 S. 447). Dagegen sind nicht befreit die Beamten der anderen deutschen Bundesstaaten.

14. D. h. nur die Lehrer an öffentlichen Schulen, nicht die an Privatschulen (vgl. PVBl. 22 S. 384 und OVG. 49 S. 17). Nicht befreit sind jüdische Religionslehrer (Kultusbeamte) an jüdischen Privatschulen (OVG. 49 S. 17).

15. Siehe Anm. 7 zu § 17 StO.

16. Der Nebensatz bezieht sich auf alle Kategorien der Nr. 3. Wohnen diese Personen mit oder ohne Genehmigung der vorgesetzten Dienstbehörde außerhalb des Dienstortes und erhebt ihr freiwilliges Domizil Bürgerrechtsgeld, so sind sie von dessen Entrichtung nicht befreit (OVG. im PVBl. 28 S. 692). — Zu dem Begriff „Wohnsitz" vgl. Anm. 4 ff. zu § 3 StO.

17. Vgl. Anm. 6.

18. Vgl. MBl. 1860 S. 133.

19. Auch nicht, wenn das Bürgerrecht inzwischen verloren worden und dann wiedererworben ist. Hat jemand das Bürgerrechtsgeld nur teilweise gezahlt, dann die Gemeinde verlassen und ist bei seinem neuerlichen Zuzug das Bürgerrechtsgeld inzwischen vermindert worden, so kann er die geleistete Teilzahlung in ganzer Höhe auf das neue Bürgerrechtsgeld verrechnen (Selbstverwaltung 1896 S. 7; OVG. 28 S. 68).

20. Vgl. Anm. 10 am Ende.

21. Nach § 96 Abs. 7 KAG. ist der § 9 G. v. 14. 5. 1860 noch in Geltung; die Folge hiervon ist, daß auch die in § 2 des G. v. 18. 6. 1840 festgesetzte Reklamationsfrist von einem Jahre noch immer gegeben ist (PVBl. 19 S. 175).

Die zweijährige Verjährungsfrist beginnt mit dem Ablaufe des Jahres, in dem das Bürgerrecht erworben war, nicht erst mit der Heranziehung des Zahlungspflichtigen (OVG. 48 S. 34; PVBl. 29 S. 604). — Etwaige Reklamationen (Einsprüche) gegen die Heranziehung zum Bürgerrechtsgelde und Einkaufsgelde sind gemäß § 18 ZustGes. (nicht gemäß § 10 ZustGes. Nr. 1, die sich nur auf Bürgergewinngelder — Hannover — bezieht) geltend zu machen, nicht auf dem in dem KAG. §§ 69 ff. angegebenen Wege (OVG. 33 S. 12; 35 S. 154). Vgl. zu § 18 ZustGes. die Anm. 18—24 zu § 49 StO.

Ist das Einkaufsgeld verjährt, so kann seine Zahlung nicht mehr zur Bedingung des Beginns oder der Fortdauer der Teilnahme an den Gemeindenutzungen gemacht werden (PVBl. 27 S. 854).

22. Vgl. aber hinsichtlich des Einzugsgeldes das G. v. 2. 3. 1867 (oben abgedruckt) § 2.

§ 53.

Soweit die Einnahmen aus dem städtischen Vermögen[1] nicht hinreichen, um die durch das Bedürfnis oder die Verpflichtungen der Gemeinde erforderlichen Geldmittel zu beschaffen, können die Stadtverordneten[2] die Aufbringung von Gemeindesteuern beschließen.[3]

Diese können bestehen:

I. In Zuschlägen zu den Staatssteuern, wobei folgende Bestimmungen gelten:

1. die Steuer für den Gewerbebetrieb im Umherziehen darf nicht belastet werden;
2. bei den Zuschlägen zur klassifizierten Einkommensteuer muß jedenfalls das außerhalb der Gemeinde belegene Grundeigentum außer Berechnung bleiben;
3. die Genehmigung der Regierung ist erforderlich:
   a) für alle Zuschläge zur Einkommensteuer;
   b) für Zuschläge zu den übrigen direkten Steuern, wenn der Zuschlag entweder fünfzig Prozent der Staatssteuern übersteigen, oder nicht nach gleichen Sätzen auf diese Steuern verteilt werden soll. Zur Freilassung oder geringeren Belastung der letzten Klassensteuerstufe bedarf es dieser Genehmigung nicht;
   c) für Zuschläge zu den indirekten Steuern.

II. In besonderen direkten oder indirekten Gemeindesteuern, welche der Genehmigung der Regierung bedürfen, wenn sie neu eingeführt, erhöht, oder in ihren Grundsätzen verändert werden sollen.

Bei besonderen Kommunal-Einkommensteuern ist jedenfalls die sub I, 2 erwähnte Beschränkung maßgebend. Die bestehenden direkten Kommunal-Einkommensteuern werden einer erneuten Prüfung und Genehmigung der Regierung unterworfen.

In den über die Erhebung von Kommunalsteuern zu erlassenden, von der Regierung zu genehmigenden Regulativen können Ordnungsstrafen gegen die Kontravenienten bis auf Höhe von zehn Talern angeordnet werden.

Vorbemerkung:

§ 53 StO. handelt von dem Rechte der Stadtverordneten, die Aufbringung der Gemeindesteuern zu beschließen (Abs. 1), und von den zulässigen Arten der Gemeindesteuern (Abs. 2—4); er hängt eng zusammen mit § 54 StO. (Zulässigkeit der Belastung der Gemeindemitglieder durch Hand- und Spanndienste) und § 4 StO., soweit in letzterem die Verpflichtung der Gemeindemitglieder zur Tragung der Gemeindelasten ausgesprochen war. Ebenso wie diese gesetzlichen Bestimmungen ist § 53 durch das Kommunalabgabengesetz aufgehoben worden, das über die Zulässigkeit direkter Gemeindesteuern eingehende neue Bestimmungen enthält. Formell ist von § 53 StO. der erste Satz in Geltung geblieben, da gemäß Abs. 5 des § 96 KAG. nur die dem letzten widersprechenden gesetzlichen Bestimmungen außer Kraft gesetzt sind, das KAG. sich aber mit der Frage, welche der beiden städtischen Behörden für die Beschlußfassung über Steuern zuständig ist, gar nicht befaßt (vgl. hierzu noch Anm. 2). Entsprechend dem in der Vorrede aufgestellten Programm ist auch hier eine Wiedergabe und Erläuterung der neuen steuerrechtlichen Bestimmungen nicht erfolgt (vgl. auch Vorbem. zu § 4 StO.).

1. Durch § 2 des KAG. sind die Vorbedingungen für die Zulässigkeit der Erhebung von Gemeindesteuern erweitert. Danach dürfen nämlich die Gemeinden von der Befugnis, Steuern zu erheben, nur insoweit Gebrauch machen, als die sonstigen Einnahmen, insbesondere aus dem Gemeindevermögen, aus Gebühren, Beiträgen und vom Staate oder von weiteren Kommunalverbänden den Gemeinden überwiesenen Mitteln zur Deckung ihrer Ausgaben nicht ausreichen. Auf Hunde- und Lustbarkeits-, sowie auf ähnliche, durch besondere Rücksichten gebotene Steuern findet diese Bestimmung keine Anwendung. Hieraus ergibt sich zweierlei: Einmal hat das KAG. die bestehenden Bestimmungen über die Verwendung der Nutzungen des Gemeindevermögens unberührt gelassen (vgl. hierzu auch MBl. 1895 S. 115 und PVBl. 16 S. 458); sodann sollen die Gemeinden die Erhebung von Steuern erst beschließen, nachdem sie versucht haben, den Bedarf, der etwa nicht aus den Einkünften des Gemeindevermögens Deckung findet, durch Erhebung von Gebühren und Beiträgen zu decken. „Gebühren" sind entweder Benutzungsgebühren, d. h. die Vergütungen, welche die Gemeinden für die Benutzung der von ihnen im öffentlichen Interesse unterhaltenen Veranstaltungen (Anlagen, Anstalten und Einrichtungen) erheben, oder Verwaltungsgebühren, d. h. Vergütungen für einzelne Handlungen der Gemeindeorgane in Ausübung ihrer Amtstätigkeit (Sporteln); „Beiträge“ sind solche Abgaben, welche die Gemeinden behufs Deckung der Kosten für Herstellung und Unterhaltung von Veranstaltungen, die durch das öffentliche Interesse erfordert werden, von denjenigen Grundeigentümern und Gewerbetreibenden erheben, denen hierdurch besondere wirtschaftliche Vorteile erwachsen (§§ 4—12 KAG.).

2. Die Stadtverordneten sind aber keineswegs allein zur Beschlußfassung zuständig. Gemäß § 36 erster und letzter Satz ist die Zustimmung des Magistrats erforderlich (vgl. auch §§ 56⁹, 66 StO.). Außerdem erfordert das KAG. in einer ganzen Reihe von Fällen die Genehmigung der Bezirksausschüsse, in einzelnen Fällen auch die der Minister des Innern und der Finanzen zu den bezüglichen Gemeindebeschlüssen (§ 77 KAG.).

3. Und zwar jetzt nur nach Maßgabe des KAG. und der darin ausdrücklich aufrechterhaltenen Sonderbestimmungen (z. B. §§ 5, 10, 11, 41 KAG.); vgl. hierzu Vorbem. zu § 53 und Vorrede.

§ 54.

Die Gemeinde kann durch Beschluß der Stadtverordneten zur Leistung von Diensten (Hand- und Spanndiensten) behufs Ausführung von Gemeindearbeiten verpflichtet werden; die Dienste werden in Geld abgeschätzt, die Verteilung geschieht nach dem Maßstabe der Gemeindeabgaben oder in deren Ermangelung nach dem Maßstabe der direkten Steuern. — Abweichungen von dieser Verteilungsart bedürfen der Genehmigung der Regierung. Die Dienste können, mit Ausnahme von Notfällen, durch taugliche Stellvertreter abgeleistet oder nach der Abschätzung an die Gemeindekasse bezahlt werden.[1]

1. Der § 54 ist gleich dem § 53 durch das KAG. (und zwar durch § 68 daselbst) außer Kraft gesetzt. Er handelt von den Naturaldiensten (Hand- und Spanndiensten), die nach StO. den „Gemeindemitgliedern“, nach § 68 KAG. den „Steuerpflichtigen“ durch Beschluß der Stadtverordnetenversammlung (unter Zustimmung des Magistrats) auferlegt werden können. Eine Erläuterung des § 68 KAG. kann hier — dem Zwecke des Buches entsprechend — nicht gegeben werden (s. Vorrede und Vorbem. zu § 53). In Ergänzung des § 68 KAG. muß aber folgendes bemerkt werden:

Der § 54 StO. sowie § 68 KAG. handeln strenggenommen nur von solchen Gemeindediensten, welche die Einwohner (oder Steuerpflichtigen) zu leisten haben, um damit wirtschaftliche Bedürfnisse der Stadtgemeinde zu befriedigen. Nur diese Kategorie von Diensten läßt sich mit Recht als „steuerliche“ Dienste bezeichnen, und nur von steuerlichen Diensten handeln

§ 54 StO. und § 68 KAG. nach ihrer Fassung und ihrer Stellung im System ihrer Gesetze (vgl. zu dem Begriffe „Naturaldienste" Jebens im PVBl. 24 S. 257). Es gibt aber außer diesen Diensten, zu denen z. B. Wegebaudienste für die Gemeindewege und sonstige Meliorationsarbeiten auf den Gemeindegrundstücken gehören, noch andere Naturaldienste, die auch unter die Hand- und Spanndienste fallen, die aber dem Bürger abverlangt werden zur Erfüllung öffentlich-rechtlicher Aufgaben der Stadt oder des Staats. Dahin gehören:

a) Bürgerwachtdienste: vgl. hierzu KabO. v. 7. 4. 1809 (GS. 1829 S. 93), wonach dort, wo das Militär zur Besetzung der für die öffentliche Sicherheit unumgänglich notwendigen Posten nicht hinreicht, die Bürger des Ortes zu Wachtdiensten herangezogen werden sollen (s. MR. v. 21. 9. 1829 und 5. 3. 1831, Ann. 1829 S. 589, 1831 S. 127; s. auch MBl. 1866 S. 169, 170);

b) Nachtwachtdienste: Wenn in einer Stadt die vorhandenen Nachtwächter zur Verhütung von Diebstahl und Feuersgefahr nicht ausreichen, so kann die Abhaltung von Nachtwachen und nächtlichen Patrouillen durch die Einwohner der Stadt von seiten der städtischen Behörden beschlossen werden (MR. v. 11. 12. und 18. 12. 1833; Ann. 1833 S. 1014, 1015);

c) Bildung eines Sicherheitsvereins: Auf Grund der §§ 1 u. 3 des G. v. 11. 3. 1850 (GS. 199) haftet, wenn bei einer Zusammenrottung oder einem Auflaufe von Menschen oder einem Überfalle durch offene Gewalt oder durch Anwendung der dagegen getroffenen Maßregeln Beschädigungen des Eigentums oder Verletzungen von Personen stattfinden, entweder die Gemeinde, in deren Bezirke diese Handlungen geschehen sind, oder die Gemeinde, von deren Bezirk aus der Überfall stattgefunden hat, für allen Schaden (aufrechterhalten durch Art. 108 EG. z. BGB.; vgl. auch RGZ. 67 S. 236). Demzufolge ist in § 7 l. c. den Gemeinden das Recht beigelegt, im Falle der Gefährdung der öffentlichen Ordnung unter Genehmigung der Aufsichtsbehörde einen Sicherheitsverein nach näherer Maßgabe der KabO. v. 1. 10. 1830 (Ann. 1830 S. 805) aus „zuverlässigen, wohlgesinnten und wehrhaften Einwohnern" zu bilden (wobei etwa vorhandene Schützengilden zur Mitwirkung herangezogen werden können; MBl. 1844 S. 285);

d) Transportdienste (Transportatenbewachung und Transportbegleitung): s. Generaltransportinstruktion v. 16. 9. 1816 in Ann. 1827 S. 509 (§§ 4, 9, 10, 11, 14, 27);

e) Feuerlöschdienste: Der Feuerlöschdienst ist nicht etwa eine nur die städtischen Grundbesitzer verpflichtende Last; es besteht kein gesetzliches Hindernis, alle Einwohner zur Feuerlöschhilfe zu verpflichten. Es kann aber die Einschränkung auf die Grundbesitzer ortsrechtlich festgestellt werden. In diesem Falle stellt sich die Verpflichtung zur Feuerlöschhilfe und die etwa an ihre Stelle tretende Abgabe als Reallast dar, die auf allen städtischen Grundstücken haftet. Nach PVBl. 9 S. 9 sollen von dieser Last alle fiskalischen, zu einem öffentlichen Dienste oder Gebrauche bestimmten Grundstücke befreit sein (indessen wäre dies nur dann richtig, wenn die Feuerlöschhilfe — was nicht der Fall ist — als steuerliche Last anzusehen wäre).

Nach der Rechtsprechung des KG. (PVBl. 12 S. 21, Johow 9 S. 297ff.) sind die städtischen Behörden befugt, auf Grund des § 11 StO. Anordnungen zu erlassen, welche die Organisation von Dienstleistungen zur Feuerlöschhilfe zum Zwecke haben. Insbesondere kann auf diesem Wege auch die Pflicht zur Teilnahme an Spritzenproben statuiert werden. Strafbestimmungen in diesem Ortsstatut zu erlassen, ist die Gemeinde nicht befugt (vielmehr gehören Strafbestimmungen nur in die betreffende Polizeiverordnung, Johow 10 S. 161; 15 S. 209), wie denn überhaupt die Gemeinden Strafbestimmungen gegen säumige Gemeindedienstpflichtige nicht erlassen können (PVBl. 23 S. 52; vgl. auch Anm. 8 zu § 11).

Während aber das Kammergericht in den oben zitierten Erkenntnissen davon ausging, daß auch da, wo die Gemeinde keinerlei Beschluß über die Verpflichtung der Mitglieder zu Feuerlöschdiensten getroffen hat, die Ortspolizeibehörde auf Grund des § 10 II 17 ALR. die Regelung des Feuerlöschwesens, die Einrichtung einer Pflichtfeuerwehr und die Anordnung von Übungen mittels Polizeiverordnung erzwingen könne (s. auch PVBl. 6 S. 304), sprach es später (Johow 19 S. 352; 22 C. S. 87; 25 C. S. 46) den Grundsatz aus, daß eine Pflichtfeuerwehr durch Polizeiverordnung nur dann konstituiert werden könne, wenn die Feuerlöschpflicht ortsstatutarisch eingeführt ist. Jetzt bestimmt das Gesetz betr. die Befugnis der Polizeibehörden zum Erlasse von Vorschriften über die Verpflichtung zur Hilfeleistung bei Bränden v. 21. 12. 04 (GS. 291) nebst AusfAnw. v. 7. 3. 05 (MBl. 145), daß Polizeiverordnungen über die Verpflichtung der Einwohner zur persönlichen Hilfeleistung bei Bränden, insbesondere zum Eintritt in eine Pflichtfeuerwehr, über die Regelung der hiermit verbundenen persönlichen Dienstpflichten, über die Gestellung der erforderlichen Gespanne und über die Verpflichtung zur Hilfeleistung bei Bränden in der Umgegend erlassen werden können, soweit das Feuerlöschwesen nicht durch Ortsstatut geregelt ist. Danach dürfen die Polizeibehörden nur dann eingreifen, wenn eine Regelung des Feuerlöschdienstes durch Ortsstatut überhaupt nicht oder nicht in erschöpfender Weise erfolgt ist. Die zu erlassenden Polizeiverordnungen gehören nach Abs. 2 des Gesetzes nicht zum Gebiet der Sicherheitspolizei im Sinne des § 143 des LVG. v. 30. 7. 1883, können also nicht ohne Zustimmung des Gemeindevorstandes bzw. nicht ohne den diese Zustimmung ergänzenden Beschluß des Bezirksausschusses erlassen werden.

Machen die Gemeinden von dem Rechte, den Feuerlöschdienst durch Ortsstatut zu regeln, Gebrauch, so sind sie nach Abs. 4 des Gesetzes an die Bestimmungen des § 68 KAG. nicht gebunden, können also alle geeigneten Personen, mögen sie steuerpflichtig sein oder nicht, heranziehen, wie namentlich die jugendlichen Personen.

Polizeiverordnungen über das Feuerlöschwesen treten nach Abs. 3 des Gesetzes außer Kraft, soweit die Angelegenheit durch ein Ortsstatut geregelt wird.

Das neue Gesetz hat keine rückwirkende Kraft; es sind daher Polizeiverordnungen über die Feuerlöschpflicht, die vorher erlassen und ungültig waren, nicht durch das Gesetz gültig geworden (Johow 29 C. S. 59).

§ 55.

Die in bezug auf die Behandlung der Gemeindewaldungen für die einzelnen Landesteile erlassenen Gesetze und Bestimmungen bleiben in Kraft, bis ihre Abänderung im gesetzlichen Wege erfolgt sein wird.[1]

Hierzu:

Gesetz, betreffend die Verwaltung der den Gemeinden und öffentlichen Anstalten gehörigen Holzungen in den Provinzen Preußen, Brandenburg, Pommern, Posen, Schlesien und Sachsen. Vom 14. August 1876 (GS. 373).[2]

§ 1. Die Verwaltung der Holzungen der Gemeinden,[3] Kirchen, Pfarren, Küstereien, sonstigen geistlichen Institute, öffentlichen Schulen, höheren Unterrichts- und Erziehungsanstalten, frommen und milden Stiftungen und Wohltätigkeitsanstalten unterliegt der Oberaufsicht des Staates nach Maßgabe dieses Gesetzes.

Holzungen, welche sich in staatlicher Verwaltung befinden, werden von diesem Gesetze nicht berührt.

§ 2. Die Benutzung und Bewirtschaftung der in § 1 Absatz 1 bezeichneten Holzungen muß sich innerhalb der Grenzen der Nachhaltigkeit bewegen.[4] Insbesondere darf die Erhaltung der standortsgemäßen[5] Holz- und Betriebsarten nicht durch die Nebennutzungen[6] gefährdet werden.

Ein Betrieb, der eine der im § 2 des Gesetzes vom 6. Juli 1875, betreffend Schutzwaldungen und Waldgenossenschaften (Gesetz-Samml. S. 416), bezeichneten Gefahren herbeiführen könnte, ist unzulässig.[7]

§ 3. Der Bewirtschaftung der im § 1 Absatz 1 bezeichneten Holzungen sind Betriebspläne zugrunde zu legen, welche der Feststellung durch den Regierungspräsidenten bedürfen.[8] Hierbei sind namentlich hinsichtlich der Holz- und Betriebsart, sowie der Umtriebszeit, die wirtschaftlichen Bedürfnisse und die Wünsche der Waldeigentümer zu berücksichtigen, soweit dies mit den Grundsätzen des § 2 vereinbar ist.

Die im Betriebsplan festgesetzte nachhaltige Holzabnutzung (Abnutzungssatz) ist für den jährlichen Holzeinschlag maßgebend.

Wenn die Gesamtfläche des Waldbesitzes einer Gemeinde beziehungsweise öffentlichen Anstalt so gering ist, daß eine regelmäßige Bewirtschaftung nur mit unverhältnismäßigen Opfern seitens des Eigentümers stattfinden kann, oder wenn die Betriebsverhältnisse so einfach sind, daß eine spezielle Nutzungsregulierung entbehrlich erscheint, so kann von der Aufstellung förmlicher Wirtschaftspläne Abstand genommen werden. In solchen Fällen genügt eine kurze Darstellung der Standorts- und Betriebsverhältnisse, sowie die Angabe über den Zeitpunkt des Abtriebes und über die Art der Wiederkultur.

§ 4. Abweichungen von dem festgestellten Betriebsplane (§ 3)

a) durch Rodungen,

b) durch den Abtrieb von Holzbeständen, sofern solcher bei Hochwaldungen für die laufende zwanzigjährige Nutzungsperiode, bei dem eingeteilten Mittel- und Niederwalde für die nächsten fünf Jahre im Betriebsplane nicht vorgesehen ist,

c) durch Holzfällungen, welche den Abnutzungssatz bei Berücksichtigung des seit Festsetzung desselben erfolgten Mehr- oder Mindereinschlages um mehr als zwanzig Prozent seines Betrages überschreiten würden,

d) durch Überschreitungen des Abnutzungssatzes, welche innerhalb der laufenden Nutzungsperiode nicht wieder eingespart werden können,

bedürfen der Genehmigung des Regierungspräsidenten.[9]

Werden Abweichungen der unter a bis d gedachten Art ohne Genehmigung unternommen, so kann der Regierungspräsident eine entsprechende Abänderung des Betriebsplans, insbesondere auch den Wiederanbau gerodeter Flächen mit Holz anordnen.

§ 5. Die Betriebspläne sind der Revision[10] *und erneuten Feststellung zu unterziehen, wenn dies von dem Regierungspräsidenten für erforderlich erachtet oder von dem Waldeigentümer beantragt wird. Mindestens alle zehn Jahre muß eine Revision stattfinden.*

§ 6. Der Regierungspräsident kann den Zustand und die Bewirtschaftung der in § 1 Absatz 1 bezeichneten Holzungen an Ort und Stelle untersuchen lassen. Wenn die Untersuchung ergibt, daß der Betrieb den Grundsätzen des § 2 oder dem festgestellten

Betriebsplan nicht entspricht, so kann der Regierungspräsident, unbeschadet der ihm nach § 10 zustehenden Befugnisse, die Einreichung jährlicher Fällungs-, Kultur- und Nebennutzungspläne anordnen. Dieselben sind nach Maßgabe der §§ 2, 3 festzustellen.

§ 7. Die Eigentümer der im § 1 Absatz 1 bezeichneten Holzungen sind verpflichtet, für den Schutz und die Bewirtschaftung derselben durch genügend befähigte Personen ausreichende Fürsorge zu treffen.[11]

§ 8. Die Gemeinden sind verpflichtet, da, wo ihre Kräfte es gestatten und ein dringendes Bedürfnis der Landeskultur dazu vorliegt, unkultivierte Grundstücke, welche nach sachverständigem Gutachten zu dauernder landwirtschaftlicher oder gewerblicher Nutzung nicht geeignet, dagegen mit Nutzen zur Holzzucht zu verwenden sind, mit Holz anzubauen. Zur Erfüllung dieser Verpflichtung können die Gemeinden nach Anhörung ihrer Vertreter und des Kreisausschusses durch Beschluß des Bezirksrats[12] angehalten werden.

Gegen den Beschluß des Bezirksrats[12] findet innerhalb einer Präklusivfrist von einundzwanzig Tagen[13] die Beschwerde an den Provinzialrat statt.

Die Deckung und Aufforstung der Meeresdünen kann auf Grund dieses Gesetzes nicht gefordert werden.

§ 9. In den Fällen, in welchen die Kräfte der Gemeinden es nicht gestatten, die im Interesse der Landeskultur vorzunehmenden Aufforstungen unkultivierter Grundstücke aus eigenen Mitteln auszuführen, wird denselben aus der Staatskasse nach Maßgabe der im Staatshaushalts-Etat angesetzten Mittel zu diesem Zwecke eine angemessene Beihilfe gewährt.

In allen Fällen ist den Gemeinden, welche auf Grund der im § 8 enthaltenen Verpflichtung Holzkulturen nach forstwirtschaftlichen Regeln ausführen, der zwanzigfache Betrag der auf den betreffenden Grundstücken ruhenden Jahresgrundsteuer zu den Kosten der ersten Anlage aus der Staatskasse zu überweisen.

§ 10. Wenn ein Waldeigentümer einer ihm nach §§ 2 bis 7 dieses Gesetzes obliegenden Verpflichtung trotz geschehener Aufforderung nicht nachkommt, so ist der Regierungspräsident befugt, die zur Erfüllung der Verpflichtung erforderlichen Handlungen *durch einen Dritten ausführen zu lassen, den Betrag der Kosten vorläufig zu bestimmen und im Wege der Exekution von dem Verpflichteten einzuziehen.*[14]

§ 11. Gegen die auf Grund der §§ 2 bis 7 und § 10 von dem Regierungspräsidenten erlassenen Verfügungen findet innerhalb einer Präklusivfrist von einundzwanzig Tagen[13] *Beschwerde an den Oberpräsidenten und gegen den Bescheid des Oberpräsidenten die Klage beim Oberverwaltungsgericht statt.*[15, 16] *Die Klage kann nur darauf gestützt werden:*

1. *daß der angefochtene Bescheid auf der Nichtanwendung oder unrichtigen Anwendung des bestehenden Rechts, insbesondere auch der von den Behörden innerhalb ihrer Zuständigkeit erlassenen Verordnungen beruhe;*
2. *daß die tatsächlichen Voraussetzungen nicht vorhanden seien, welche die Polizeibehörde zum Erlasse der Verfügung berechtigt haben würden;*
3. *auf die Behauptung, daß das Zwangsmittel nach Art und Höhe nicht gerechtfertigt oder nach Lage der Sache zur Erreichung des angeordneten Zweckes überhaupt nicht erforderlich sei.*

§ 12. Die im Staatsforstdienste angestellten Beamten sind den in Ausführung dieses Gesetzes an sie ergehenden Aufträgen des Regierungspräsidenten, des Bezirksrats[12] *und des Provinzialrats Folge zu leisten verpflichtet.*

§ 13 aufgehoben durch Art. I Ges. vom 19. 5. 1889 (GS. 108).

§ 14. Die aus der staatlichen Oberaufsicht erwachsenden Kosten fallen der Staatskasse zur Last.[17]

§ 15. Dieses Gesetz tritt mit dem 1. Januar 1877 in Kraft. Alle demselben entgegenstehenden Bestimmungen, insbesondere die Verordnung vom 24. Dezember 1816, soweit sie für die Provinz Sachsen gilt, sind von diesem Zeitpunkte ab aufgehoben.

§ 16. Der Finanzminister, der Minister des Innern und der Minister für die landwirtschaftlichen Angelegenheiten sind mit der Ausführung dieses Gesetzes beauftragt und erlassen die dazu erforderlichen Anordnungen und Instruktionen.[18]

Hierzu ferner: ZG. § 16 Abs. 2:

Hinsichtlich der Verwaltung der Gemeindewaldungen bewendet es bei den bestehenden Bestimmungen.

1. Maßgebend ist jetzt für die östlichen Provinzen das oben abgedruckte G. v. 14. 8. 1876, das, soweit darin die Regelung der Zuständigkeit der Staatsbehörden erfolgt ist, durch § 16 Abs. 2 ZustGes. aufrechterhalten worden ist.

2. Zu dem Gesetz ist auf Grund des § 16 seitens der beteiligten Minister eine Instruktion unter dem 21. 6. 1877 erlassen worden (MBl. 159ff.).

3. D. h. alle Waldgrundstücke, die sich im Eigentum der Gemeinde befinden, also gleichviel, ob diese Grundstücke zum Kämmereivermögen oder Bürgervermögen (s. Vorbem. zu § 49) gehören. Nicht unter dieses Gesetz fallen Grundstücke, die sich zwar in der Verwaltung des Magistrats befinden, aber nicht Eigentum der im § 1 G. v. 14. 8. 1876 genannten Personen sind, sondern in sonstigem privaten Eigentum stehen, wie z. B. Waldgrundstücke, die einer Interessentengemeinschaft, etwa der Gemeinschaft der Separationsinteressenten, gehören. Auf diese letzteren Waldungen bezieht sich nur das G. v. 14. 3. 1881 über gemeinschaftliche Holzungen (GS. 261).

4. D. h. Nutzungen und Zuwachs des Waldes sollen im Gleichgewichte bleiben und die Nebennutzungen hinter den Hauptnutzungen zurücktreten; vgl. Instruktion v. 21. 6. 1877 zu 2.

5. D. h. diejenigen Holz- und Betriebsarten, die nach Maßgabe der örtlichen, klimatischen und Bodenverhältnisse, sowie der Holzmarktverhältnisse die höchste wirtschaftliche Produktion erwarten lassen.

6. Weide, Streuentnahme, Grasnutzung.

7. § 2 des G. v. 6. 7. 1875 lautet:

„In Fällen, in denen:

a) durch die Beschaffenheit von Sandländereien benachbarte Grundstücke, öffentliche Anlagen, natürliche oder künstliche Wasserläufe der Gefahr der Versandung,

b) durch das Abschwemmen des Bodens oder durch die Bildung von Wasserstürzen in hohen Freilagen, auf Bergrücken, Bergkuppen und an Berghängen die unterhalb gelegenen nutzbaren Grundstücke, Straßen oder Gebäude der Gefahr einer Überschüttung mit Erde oder Steingeröll oder der Überflutung, ingleichen oberhalb gelegene Grundstücke, öffentliche Anlagen oder Gebäude der Gefahr des Nachrutschens,

c) durch die Zerstörung eines Waldbestandes an den Ufern von Kanälen oder natürlichen Wasserläufen Ufergrundstücke der Gefahr des Abbruches oder die im Schutze der Waldungen gelegenen Gebäude oder öffentlichen Anlagen der Gefahr des Eisganges,

d) durch die Zerstörung eines Waldbestandes Flüsse der Gefahr einer Verminderung ihres Wasserstandes,

e) durch die Zerstörung eines Waldbestandes in den Freilagen und in der Seenähe benachbarte Feldfluren und Ortschaften den nachteiligen Einwirkungen der Winde

in erheblichem Grade ausgesetzt sind, kann behufs Abwendung dieser Gefahren sowohl die Art der Benutzung der gefahrbringenden Grundstücke, als auch die Ausführung von Waldkulturen oder sonstigen Schutzanlagen auf Antrag (§ 3) angeordnet werden, wenn der abzuwendende Schaden den aus der Einschränkung für den Eigentümer entstehenden Nachteil beträchtlich überwiegt.

Die Deckung und Aufforstung der Meeresdünen kann auf Grund dieses Gesetzes nicht gefordert werden."

Hierzu ist zu bemerken, daß der Anordnung der in diesem § 2 vorgesehenen Maßregeln nicht bloß Waldgrundstücke unterliegen, sondern auch Grundstücke, die anderweit nutzbar gemacht sind (OVG. 11 S. 279), und daß unter „Schutzwaldungen" nicht nur schon vorhandene, ihrerseits zu schützende Waldungen zu verstehen sind, sondern auch die in der Aufforstung begriffenen Grundstücke, die selbst dazu bestimmt sind, anderen benachbarten Ländereien zum Schutze zu dienen (Johow 6 S. 264).

8. Diese Betriebspläne werden einen ähnlichen Inhalt und ein ähnliches Aussehen haben, wie die Etatsaufstellungen bei einer Vermögensverwaltung. Die Feststellung durch den Regierungspräsidenten ist an keine bestimmte Form gebunden, kann sogar stillschweigend erfolgen. Nach OVG. 16 S. 335 verliert der einmal festgestellte Betriebsplan seine Gültigkeit noch nicht durch die auf Grund des § 5 erfolgende Anordnung des Regierungspräsidenten, den bestehenden Betriebsplan zu revidieren.

9. Freiwillige Überschreitungen des Abnutzungssatzes werden in solchem Umfange wohl nicht vorkommen, ohne daß nicht schon vorher gegen sie eingeschritten wird. Regelmäßig wird es sich bei den Fällen im § 4d um Elementarereignisse — Waldbrände, Windbrüche usw. — handeln, die so großen Schaden gestiftet haben, daß eine Ausgleichung dieses Verlustes unter Aufrechterhaltung des planmäßigen Betriebes, wenn nicht der ordnungsmäßige Waldbetrieb eingestellt werden soll, unmöglich ist.

10. Vgl. hierzu OVG. 16 S. 337.

11. Hinsichtlich des Forstpersonals ist folgendes zu bemerken: § 7 bezweckt, den Gemeinden die Verpflichtung aufzuerlegen, sowohl niederes Forstpersonal in ausreichendem Maße zum Forstschutz und zur Beaufsichtigung von Waldarbeiten zu halten, als auch, wo dies erforderlich ist, höhere, wissenschaftlich ausgebildete Forstmänner zur Leitung des Forstbetriebes anzustellen (Herrenhaus-Drucksachen 1876 Nr. 19 S. 15). Tut dies trotz erhaltener Aufforderung die Gemeinde nicht, so besteht für den Regierungspräsidenten das Zwangsmittel des § 10 des G. Indessen erschöpft sich in der Anwendung des § 10 durch die Forstaufsichtsbehörde die Reihe der der Kommunalaufsichtsbehörde (§§ 76ff. StO., § 7 ZustGes.) zustehenden Zwangsbefugnisse hinsichtlich Anstellung zureichenden Forstpersonals nicht mehr, seitdem durch das KBG. die Regelung der Anstellungs- und Besoldungsverhältnisse, sowie die Versorgung der Gemeindeforstbeamten neuerdings erfolgt ist. Gemäß § 23 des KBG. (v. 30. 7. 1899, in Kraft getreten am 1. 4. 00, abgedruckt bei §§ 56[e], 64, 65 StO.; vgl. dazu den Kommentar von Ledermann, Guttentagsche Sammlung Preuß. Ges. Nr. 22) finden auf die städtischen Forstbeamten der östlichen Provinzen die Bestimmungen des KBG. §§ 1—7, 11—13, 15, 23 u. 24 Anwendung. Die Anstellung der Forstbeamten hat daher jetzt in derselben Form (mittels An-

stellungsurkunde) wie die der übrigen Kommunalbeamten zu erfolgen; für ausreichende Besoldung hat ebenso wie bei den übrigen Kommunalbeamten die Kommunalaufsichtsbehörde gemäß § 11 KBG. Sorge zu tragen; im Streitfalle hat hierüber der Bezirksausschuß zu beschließen (§ 11 KBG.). Die Ansprüche auf Gehaltszahlung, Pension, Reliktenversorgung, sog. Gnadenbewilligungen usw. sind dieselben wie bei den übrigen Kommunalbeamten. Dagegen gelten die §§ 8—10 KBG. nicht für die Forstbeamten, so daß für die Stadtgemeinden der östlichen Provinzen eine Verpflichtung zur lebenslänglichen Anstellung der Forstbeamten nicht besteht. Sie können die Forstbeamten vielmehr sowohl auf Lebenszeit als auch auf Zeit oder Kündigung anstellen, ohne hierzu die besondere Genehmigung der Aufsichtsbehörde einholen zu müssen. Die Frage, ob und wann den Stadtgemeinden die Verpflichtung obliegt, zur Verwaltung der Waldungen gerade Beamte anzustellen, oder ob sie nicht vielmehr das erforderliche Personal durch Privatdienstvertrag annehmen dürfen, ist, da das KBG. die Gemeindeforstbeamten prinzipiell auf die gleiche Stufe mit den übrigen Gemeindebeamten gestellt hat, genau so, wie für das sonstige Dienstpersonal der Kommunen, dahin zu beantworten, daß dasjenige Forstpersonal, das obrigkeitliche Aufgaben (OVG. 20 S. 39) zu erledigen — d. h. nicht Dienste rein mechanischer, technischer oder wissenschaftlicher Natur (RGSt. 31 S. 239, RGZ. 28 S. 84, 85) zu leisten hat —, aus angestellten Beamten bestehen muß. Alle diese Sätze gelten aber in dieser Allgemeinheit nur bezüglich der Forstbeamten in Städten der östlichen Provinzen (d. h. dem Geltungsbereich des G. v. 14. 8. 1876); vgl. § 23 KBG. Wegen der Anstellung der Forstversorgungsberechtigten vgl. Anm. 37 zu § 56⁶.

12. Jetzt Bezirksausschusses; § 153 LVG.

13. Jetzt „zwei Wochen“; LVG. §§ 51, 121.

14. Vgl. hierzu und insbesondere darüber, daß sich dies einzige Zwangsmittel der Forstaufsichtsbehörde nicht mit den weitergehenden Zwangsmitteln der Kommunalaufsichtsbehörden deckt, OVG. 27 S. 298ff. sowie Anm. 11.

15. Zur Anstellung der Klage ist lediglich der Magistrat, nicht die Stadtverordnetenversammlung legitimiert. OVG. 3 S. 159.

16. Die Rechtsbehelfe gegen die vom Regierungspräsidenten in seiner Eigenschaft als Forstaufsichtsbehörde auf Grund der §§ 2, 7, 10 erlassenen Anordnungen sind demnach anders geordnet, wie die in sonstigen Kommunalaufsichtssachen gegebenen Rechtsbehelfe. Die Beschwerde des § 11 ist nicht die allgemeine formlose Beschwerde an die Aufsichtsinstanz, wie sie sonst zulässig ist, sondern das förmliche Rechtsmittel der „Beschwerde“ (wie dies im § 133 Abs. 2 LVG. geordnet ist). Gegen deren Ablehnung durch den Oberpräsidenten ist hier aber ausnahmsweise noch die Klage bei dem OVG. gegeben (vgl. OVG. 27 S. 299). Diese Rechtsmittel finden auch statt gegenüber derjenigen Androhungsverfügung des Regierungspräsidenten, mittels welcher das Zwangsmittel aus § 10 angedroht wird; das ergibt der Wortlaut des § 11, mit dem in diesem Punkte auch § 133 LVG. Abs. 1 übereinstimmt. In der vor dem OVG. gemäß § 11 angestellten Klage muß daher, und zwar in den durch die Nr. 1—3 des § 11 gezogenen Grenzen, geprüft werden, ob die Anordnung des Regierungspräsidenten und ev. die

Androhung, einen kommissarischen Beamten gemäß § 10 einzusetzen, rechtmäßig erfolgt ist. Ist dagegen die Androhung bereits fruchtlos erfolgt und führt der Regierungspräsident die Androhung (sei dieselbe nicht oder ohne Erfolg angefochten) durch Einsetzung des Beamten und exekutivische Einziehung der dadurch entstehenden Kosten aus, so ist gegen diese Festsetzung und Ausführung des Zwangsmittels nur noch die Beschwerde an die Aufsichtsbehörde zulässig (LVG. § 133 Abs. 2), nicht mehr die Klage an das OVG. Benutzt freilich der Regierungspräsident zur exekutivischen Einziehung den Weg der Zwangsetatisierung, so ist gegen diese auf Grund des § 19 ZustGes. nochmals die Klage bei dem OVG. zulässig. In dieser Klage ist aber lediglich die Gesetzmäßigkeit und Zulässigkeit der Zwangsetatisierung und jedenfalls nicht die Zweckmäßigkeit der durch die Zwangsetatisierung erzwungenen Maßnahme zu prüfen (OVG. 14 S. 107; fraglich ist, ob in dieser neuen Klage nochmals die materielle Verpflichtung der Gemeinde zur Zahlung, d. h. also die Zulässigkeit der Einsetzung eines Kommissars und der Feststellung des Gehalts durch den Regierungspräsidenten, geprüft werden kann, s. Jebens, Aufsätze S. 45). Diese Klage kann daher regelmäßig keinen Erfolg haben, wenn die Aufforderung aus § 10 oder die Androhungsverfügung nicht angefochten worden ist oder auf Anfechtung vom OVG. aufrechterhalten worden ist. Siehe im übrigen hierzu das zu § 78 StO. Bemerkte und OVG. 43 S. 418.

17. Die Kosten, die durch die normale Verwaltung der Gemeindewälder entstehen, gehören nicht zu den der Staatskasse zur Last fallenden Kosten. Insbesondere gehören also nicht hierher die Kosten für die erste Ausarbeitung der Betriebspläne und für die Taxationsrevisionen (§ 5). Dagegen gehören zu den durch die Staatsaufsicht entstehenden Kosten alle Kosten, die durch die Vorbereitung der Planfeststellung, die Nachprüfung der Revisionen und die erneute Planfeststellung durch die Regierungsorgane nötig werden (OVG. 17 S. 333), insbesondere die Kosten (Reisekosten und Tagegelder) für Informations- und Aufsichtsreisen der Forstaufsichtsorgane des Regierungspräsidenten (s. auch die AusfInstruktion v. 21. 6. 1877, MBl. 259).

18. Siehe Anm. 2.

Titel V.

Von den Geschäften des Magistrats.

Vorbemerkung:

Der von den Geschäften des Magistrats handelnde Titel V steht mit dem von den Geschäften der Stadtverordneten handelnden Titel IV in inniger Verbindung und Wechselwirkung. Wegen der Abgrenzung der Zuständigkeitskreise der beiden städtischen Behörden gegeneinander vgl. die Vorbemerkung hinter der Überschrift von Titel IV. Aus dem dort Gesagten, ebenso auch aus den Bemerkungen zu § 10 StO. geht hervor, daß die Funktionen des Magistrats dreifacher Art sind: Er ist Willensorgan der Stadtgemeinde, indem ohne seine Mitbeschlußfassung ein rechtlich erheblicher Entschluß der Stadtgemeinde nicht zustande kommen kann;

er ist ferner die städtische Verwaltungsbehörde und schließlich auch Staatsorgan, insofern er Ortsobrigkeit ist. Nur mit den letzteren beiden Funktionen beschäftigen sich die Bestimmungen des V. Titels. Soweit der Magistrat als Willensorgan der Stadtgemeinde fungiert, findet seine Tätigkeit ihre Rechtsgrundlage nicht im V. Titel der StO. (mit Ausnahme allenfalls der Nr. 2 des § 56), sondern vornehmlich in dem ersten und letzten Satze des § 36 StO. (s. das dort Bemerkte).

Die Disposition des Titels V ist so getroffen, daß im § 56 zunächst die der alleinigen Zuständigkeit des Magistrats unterliegenden Geschäfte aufgeführt sind (das Nähere hierüber s. Vorbem. zu § 56), im § 57 eine allgemeine Geschäftsordnung für die Verhandlungen des Magistrats gegeben ist, wobei auch das Beanstandungsrecht des Magistratsvorsitzenden statuiert wird, und § 58 die Rechtsstellung des Magistratsdirigenten (des Bürgermeisters und Beigeordneten [2. Bürgermeisters]) regelt. Die §§ 59 und 60 enthalten sodann zwei Bestimmungen, die dem Magistrat die Durchführung seiner Aufgaben, zumal in größeren Städten, durch Ermöglichung einer gewissen Dezentralisation zu erleichtern bestimmt sind, nämlich die Zulässigkeit der Schaffung ständiger Verwaltungsdeputationen zur Erledigung der laufenden Geschäfte (behufs Dezentralisation in sachlicher Beziehung) und die Einteilung größerer Städte in Ortsbezirke (behufs Dezentralisation in lokaler Beziehung). § 61 handelt von der Verpflichtung zur Erstattung des Jahresverwaltungsberichts anläßlich der Etatsberatungen. Damit wäre die Reihe derjenigen Bestimmungen, die sich mit den eigentlich gemeindlichen Aufgaben des Magistrats beschäftigen, erschöpft. Entsprechend dem Umstande, daß der Magistrat und insbesondere der Bürgermeister aber auch noch Staatsverwaltungsbehörde ist, sind dem Titel noch diejenigen Bestimmungen eingereiht, die auf diese Tätigkeit Bezug haben, indem in § 62 die Funktionen des Bürgermeisters in seiner Eigenschaft als Staatsbeamter aufgeführt werden, und § 63 die Mitwirkung der städtischen Behörden bei Erlaß ortspolizeilicher Verordnungen regelt.

§ 56.

Der Magistrat hat als Ortsobrigkeit und Gemeindeverwaltungsbehörde insbesondere folgende Geschäfte:

1. die Gesetze und Verordnungen, sowie die Verfügungen der ihm vorgesetzten Behörden, auszuführen;
2. die Beschlüsse der Stadtverordnetenversammlung vorzubereiten und, sofern er sich mit denselben einverstanden erklärt, zur Ausführung zu bringen.

Der Magistrat ist verpflichtet, die Zustimmung und Ausführung zu versagen, wenn von den Stadtverordneten ein Beschluß gefaßt ist, welcher deren Befugnisse überschreitet, gesetz- oder rechtswidrig ist, das Staatswohl oder das Gemeindeinteresse verletzt. In Fällen dieser Art ist nach den Bestimmungen im § 36 zu verfahren;

3. die städtischen Gemeindeanstalten zu verwalten und diejenigen, für welche besondere Verwaltungen eingesetzt sind, zu beaufsichtigen;

4. die Einkünfte der Stadtgemeinde zu verwalten, die auf dem Etat oder besonderen Beschlüssen der Stadtverordneten beruhenden Einnahmen und Ausgaben anzuweisen und das Rechnungs- und Kassenwesen zu überwachen. Von jeder regelmäßigen Kassenrevision ist der Stadtverordnetenversammlung Kenntnis zu geben, damit sie ein Mitglied oder mehrere abordnen könne, um diesem Geschäfte beizuwohnen; bei außerordentlichen Kassenrevisionen ist der Vorsitzende oder ein von demselben ein- für allemal bezeichnetes Mitglied der Stadtverordnetenversammlung zuzuziehen;

5. das Eigentum der Stadtgemeinde zu verwalten und ihre Rechte zu wahren;

6. die Gemeindebeamten, nachdem die Stadtverordneten darüber vernommen worden, anzustellen und zu beaufsichtigen. Die Anstellung erfolgt, soweit es sich nicht um vorübergehende Dienstleistungen handelt, auf Lebenszeit; diejenigen Unterbeamten, welche nur zu mechanischen Dienstleistungen bestimmt sind, können jedoch auf Kündigung angenommen werden. Die von den Gemeindebeamten zu leistenden Kautionen bestimmt der Magistrat nach Anhörung der Stadtverordnetenversammlung. In Städten bis zu 10000 Einwohnern (§ 30. 2) können die Geschäfte des Gemeindeeinnehmers nach Vernehmung der Stadtverordnetenversammlung und mit Zustimmung der Regierung dem Kämmerer übertragen werden;

7. die Urkunden und Akten der Stadtgemeinde aufzubewahren;

8. die Stadtgemeinde nach außen zu vertreten und namens derselben mit Behörden und Privatpersonen zu verhandeln, den Schriftwechsel zu führen und die Gemeindeurkunden in der Urschrift zu vollziehen. Die Ausfertigungen der Urkunden werden namens der Stadtgemeinde von dem Bürgermeister oder seinem Stellvertreter gültig unterzeichnet; werden in denselben Ver-

pflichtungen der Stadtgemeinde übernommen, so muß noch die Unterschrift eines Magistratsmitgliedes hinzukommen; in Fällen, wo die Genehmigung der Aufsichtsbehörde erforderlich ist, muß dieselbe in beglaubigter Form der gedachten Ausfertigung beigefügt werden;

9. die städtischen Gemeindeabgaben und Dienste nach den Gesetzen und Beschlüssen auf die Verpflichteten zu verteilen und die Beitreibung zu bewirken.

Vorbemerkung:

Der § 56 enthält eine Aufzählung derjenigen Geschäfte, die der Magistrat in seiner Eigenschaft als städtische Verwaltungsbehörde und als Ortsobrigkeit (Staatsverwaltungsbehörde) wahrzunehmen hat. Unter die erstere Kategorie fallen die Geschäfte unter 2—6, 8 u. 9, unter die letztere Kategorie die Geschäfte unter 1 u. 7. Die Zuständigkeit des Magistrats für die in § 56 bezeichneten Geschäfte ist, was aus dem Wortlaut des § 56 keineswegs hervorgeht, eine ausschließliche, derart, daß die Stadtverordnetenversammlung zu einer Mitbeschlußfassung oder Mitwirkung (bis auf die beschränkte Mitwirkung in den Fällen der Nr. 4 u. 6) nicht berufen ist. Es ist ferner zu beachten, daß, wie das Wort „insbesondere" beweist, die Aufzählung in § 56 keine erschöpfende ist. Soweit der Magistrat Gemeindeverwaltungsbehörde ist, treten zu den von ihm selbständig zu erledigenden Geschäften noch die der „laufenden Verwaltung" hinzu (s. Anm. 2 zu § 35); soweit seine Stellung als Ortsobrigkeit in Frage kommt, ist zu beachten, daß es eine Reihe von Staatsverwaltungsgeschäften gibt, die nicht vom Magistrat in seiner Gesamtheit, sondern von dem Bürgermeister allein oder dessen persönlichen Stellvertretern zu erledigen sind (§ 62 StO.). Wiederholt ist zu bemerken, daß, soweit der Magistrat oder seine Mitglieder Staatsverwaltungsgeschäfte erledigen, eine Kontrolle der Stadtverordnetenversammlung auf Grund des § 37 StO. ausgeschlossen ist (vgl. Vorbem. zu § 37).

Was die Rechtsstellung des Magistrats anlangt, so ist der Magistrat gleichwie die Stadtverordnetenversammlung nicht selbst eine juristische Person, sondern das Organ einer solchen, nämlich der Stadtgemeinde. Abweichend von der Rechtsstellung der Stadtverordnetenversammlung aber kommt dem Magistrat die Stellung einer „öffentlichen Behörde" zu (s. Anm. 1 zu § 35). Seine Mitglieder sind öffentliche Beamte, und zwar mittelbare Staatsbeamte (vgl. § 69 II 10 ALR., OVG. 16 S. 154; 19 S. 62; 20 S. 39).

Zur Erreichung größerer Übersichtlichkeit ist in den nachfolgenden Erläuterungen zu § 56 überall da, wo die Erläuterungen für eine neue Nummer des § 56 beginnen, dies durch besondere Überschrift hervorgehoben und demnächst hinter dieser Überschrift der Wortlaut der betreffenden Nummer des § 56 nochmals abgedruckt.

Erläuterungen zu Nr. 1 des § 56.

Nr. 1 des § 56 lautet:

Der Magistrat hat als Ortsobrigkeit[1] ..... insbesondere folgende Geschäfte:

1. die Gesetze und Verordnungen, sowie die Verfügungen der ihm vorgesetzten Behörden, auszuführen;[2-3]

1. In seiner Eigenschaft als Ortsobrigkeit (vgl. Jebens, PVBl. 23 S. 369) ist der Magistrat Staatsverwaltungsorgan und frei von jeder Kontrolle der Stadtverordnetenversammlung (vgl. Vorbem. zu § 56 und Vorbem. zu § 37). Die Bestimmung des § 56 [1] besagt aber nicht, daß alle Funktionen der Ortsobrigkeit dem Magistrat zustehen. Sehr wichtige Funktionen, insbesondere die Handhabung der Ortspolizei, stehen nicht dem Magistrat als solchem, sondern seinem Vorsitzenden, dem Bürgermeister, zu (§ 62 StO.). Soweit der Magistrat Ortsobrigkeit ist — aber auch nur insoweit, nicht auch soweit er Gemeindeverwaltungsbehörde ist — stehen dem Magistrat zur Durchführung seiner Beschlüsse und Anordnungen alle diejenigen Zwangsmittel zu Gebote, die den staatlichen Behörden selbst gegeben sind (vgl. § 132 LVG. und die Ausführungen zu § 62 StO.).

2. Die vorgesetzten Behörden können nicht durch Verfügungen jederlei Inhalts den Zuständigkeitskreis des Magistrats beliebig erweitern, müssen sich vielmehr innerhalb desjenigen Kreises halten, welcher der Zuständigkeit des Magistrats durch die StO. (Gemeindeangelegenheiten, Anm. 4 zu § 9 und Anm. 4 zu § 35) oder durch besondere Gesetze (vgl. weiter unten) zugewiesen ist (vgl. Tourbié im PVBl. 25 S. 157).

Aus der Fülle der auf Grund der Nr. 1 des § 56 dem Magistrat zufallenden Geschäfte seien als die wichtigsten hervorgehoben:

I. **Stadtausschuß:** a) Allgemeine Stellung und Zusammensetzung des Stadtausschusses. Maßgebend sind die §§ 4, 37—40 LVG.:

Der Stadtausschuß ist Verwaltungsbehörde, vornehmlich aber Verwaltungsgericht erster Instanz in Landesverwaltungsangelegenheiten. Er tritt in Stadtkreisen für die besonderen im Gesetze bezeichneten Fälle (nicht für alle Fälle der Zuständigkeit des Kreisausschusses) an die Stelle des in Landkreisen bestehenden Kreisausschusses. In den nicht kreisfreien Städten über 10000 Einwohner fungiert der Magistrat in seiner Gesamtheit statt eines Stadtausschusses, indessen nur in bestimmten Fällen (vgl. LVG. § 4 Abs. 2; ZustGes. §§ 109 u. 114 und § 1 V. v. 31. 12. 83; GS. 84 S. 7); für dieselben Fälle treten in den Städten, in denen ein kollegialischer Gemeindevorstand nicht besteht, der Bürgermeister und die Beigeordneten zu einem Kollegium zusammen, das die Funktionen des Stadtausschusses auszuüben hat (§ 4 Abs. 3 l. c.). Der Stadtausschuß besteht in allen übrigen Fällen aus dem Bürgermeister und dessen gesetzlichem Vertreter, sowie vier vom Magistrat aus seiner Mitte gewählten Mitgliedern, oder, wo ein kollegialischer Gemeindevorstand nicht besteht, aus dem Bürgermeister und aus vier von der Gemeindevertretung aus der Zahl der Gemeindebürger gewählten Mitgliedern (§ 37 Abs. 1; § 38 Abs. 1 LVG.). Fehlt der Bürgermeister und dessen Stellvertreter, so wählt der Stadtausschuß seinen Vorsitzenden selbst; die Wahl bedarf aber der Bestätigung des Regierungspräsidenten, in Berlin des Oberpräsidenten. Der Vorsitzende oder ein Mitglied des Stadtausschusses muß die Qualifikation zum Richteramte oder zum höheren Verwaltungsdienste besitzen (§ 37 Abs. 2 u. 3 LVG., vgl. Vorbem. b zu § 30 StO.). Die gewählten Mitglieder des Stadtausschusses können nur im Wege des Disziplinarverfahrens und aus Gründen, welche die Entfernung eines Beamten aus seinem Amte rechtfertigen (§ 2 G. v. 21. 7. 1852 betreffend die Dienstvergehen der nichtrichterlichen Beamten), ihres Amtes entsetzt werden. (Der Bürgermeister und dessen gesetzlicher Vertreter sind, solange sie ihr Hauptamt bekleiden, in dem Nebenamt der Stadtausschußmitgliedschaft nicht absetzbar.) Bezüglich dieses Disziplinarverfahrens gelten die Bestimmungen des G. v. 21. 7. 1852 nach Maßgabe des § 39 LVG., wobei zu berücksichtigen ist, daß für Berlin an Stelle des Regierungspräsidenten der Oberpräsident tritt (§§ 41, 42 Abs. 1 LVG.). Entscheidende Behörde zweiter Instanz im Disziplinarverfahren ist jetzt der Disziplinarsenat des OVG. (nicht mehr das Plenum; G. v. 9. 5. 1889; GS. 107). Der Stadtausschuß ist beschlußfähig, wenn einschließlich des Vorsitzenden drei Mitglieder anwesend sind. Die Beschlüsse werden nach Stimmenmehrheit gefaßt; ist eine gerade Zahl von Mitgliedern anwesend, so hat sich das an Lebensalter jüngste gewählte Mitglied der Stimme zu enthalten. Der Berichterstatter hat stets Stimmrecht (§ 40 LVG.). Das Verfahren vor dem Stadtausschuß richtet sich nach §§ 50 ff. LVG., soweit nicht für bestimmte Angelegenheiten Sondervorschriften gegeben sind (vgl. z. B. b, β, 1). Tritt der Gesamtmagistrat an Stelle des Stadtausschusses (§ 4 Abs. 2 LVG.), so sind für die Abstimmung innerhalb des Magistrats die Bestimmungen der StO. (§ 57) maßgebend (OVG. 5 S. 456).

b) Zuständigkeit des Stadtausschusses.

α) Hinsichtlich der örtlichen Zuständigkeit vgl. §§ 57, 58, 59 LVG. Nach letzterer Bestimmung ist ein Stadtausschuß von der Beschlußfassung oder Entscheidung ausgeschlossen, wenn die Stadtgemeinde als solche bei der Angelegenheit beteiligt ist; an seiner Stelle ist für das Beschlußverfahren vom Regierungspräsidenten (in Berlin Oberpräsidenten), im Verwaltungsstreitverfahren vom Bezirksausschuß (wenn ein Stadtkreis beteiligt ist, vom Oberverwaltungsgericht) ein anderer Stadtausschuß als zuständig zu bestellen. Dieser Fall liegt immer dann vor, wenn die Stadtgemeinde als solche gleichzeitig als Partei, z. B. als Antragstellerin oder Widersprechende im Falle der Nachsuchung der Genehmigung für eine gewerbliche Anlage (GewO. §§ 16 ff., s. auch § 21 Nr. 4) auftritt (OVG. 3 S. 46; 16 S. 423). Freilich muß, wenn es sich um einen Widerspruch der Stadtgemeinde handelt, dieser nicht auf allgemeine polizeiliche Gründe allein gestützt sein, vielmehr wegen eines besonderen Interesses der Stadtgemeinde zur Sache erhoben werden, z. B. in ihrer Eigenschaft als Grundbesitzerin, als Besitzerin bestimmter Gebäude, die durch die gewerbliche Anlage selbst oder in ihrer Benutzbarkeit Schaden leiden können.

§ 59 LVG. findet jedoch keine Anwendung.

aa) auf die gemäß § 65 des G. betr. die Ausführung des G. über den Unterstützungswohnsitz v. 8. 3. 1871 (GS. 130) erlassenen Beschlüsse gegen Unterhaltspflichtige auf Gewährung einer laufenden Unterstützung;

bb) auf die nach dem G. v. 23. 7. 12 (GS. 195) erlassenen Beschlüsse auf Unterbringung in einer Arbeitsanstalt.

Vgl. Art. 2 des G. v. 23. 7. 12 (GS. 198).

β) Hinsichtlich der sachlichen Zuständigkeit des Stadtausschusses vgl. ZustGes. §§ 43 Nr. 1 und 2, 65, 67—71, 76—80, 94 (in Verbindung mit §§ 51, 53, 71 G. betr. Bildung der Wassergenossenschaften v. 1. 4. 1879 [GS. 297]), 100, 101 (in Verbindung mit §§ 9, 10 des FischereiG. v. 30. 5. 1874 [GS. 197]), 151 (in Verbindung mit § 53 Abs. 1 des EnteignungsG. v. 11. 6. 1874 [GS. 221]), ferner § 4 des Gesetzes über die landwirtschaftliche Unfallversicherung v. 23. 7. 12 (GS. 207), wonach der Stadtausschuß unter gewissen Umständen als Sektionsvorstand der landwirtschaftlichen Berufsgenossenschaft zu wirken hat; ferner V. v. 19. 8. 1897 (GS. 401) in Verbindung mit § 126a Abs. 3 und § 128 Abs. 1 GewO. (Klage gegen das Verbot des Lehrlingshaltens); schließlich G. betr. das Anerbenrecht v. 8. 6. 1896 (GS. 124) § 7 Abs. 2 u. 3. Neben diesen verschiedenen Zuständigkeiten seien als besonders wichtig hervorgehoben die Zuständigkeit des Stadtausschusses zur Entscheidung:

1. über Anträge auf Erteilung von Genehmigungen zur Errichtung oder Veränderung gewerblicher Anlagen (§ 109 ZustGes. in Verbindung mit §§ 16—25 GewO. (in der Fassung v. 26. 7. 00 [RGBl. 871]) sowie
2. über Anträge auf Erteilung der Erlaubnis zum Betriebe der Gastwirtschaft oder Schankwirtschaft, zum Kleinhandel mit Branntwein oder Spiritus, sowie zum Betriebe des Pfandleih- und Pfandvermittlergewerbes, der Gesindevermietung oder Stellenvermittelung, zum Handel mit Giften, zur gewerbsmäßigen Veranstaltung von Singspielen, Gesangs- usw. Vorträgen, Schaustellungen und theatralischen Vorstellungen, die eines höheren Interesses der Kunst und Wissenschaft ermangeln (V. v. 31. 12. 1883 [GS. 1884 S. 7] und V. v. 30. 7. 00 [GS. 308] in Verbindung mit §§ 33, 33a, 34 der GewO.),
3. über Anträge auf Erlaubnis zum Hausierhandel in den Fällen des § 42b Abs. 1 GewO. (V. v. 31. 12. 1883 [GS. 1884 S. 7] in Verbindung mit § 42b GewO.),
4. über Anträge des unterstützenden oder des erstattungspflichtigen Armenverbandes auf Unterbringung des Unterstützten in einer Arbeitsanstalt (G. v. 25. 7. 12, GS. 195).

Zu den unter 1 genannten Fällen ist folgendes zu bemerken:

Maßgebend sind §§ 16—25 GewO., ferner die „technische Anleitung" des Ministers für Handel und Gewerbe, veröffentlicht mit dem ME. v. 15. 5. 1895 (MBl. 196) und durch mehrfache, Einzelfälle behandelnde spätere Ministerial-Erlasse ergänzt; bezüglich des Verfahrens ist die Ausf.-Anw. z. GewO. v. 1. 5. 04 maßgebend (MBl. 201); bezüglich des Verfahrens bei Genehmigung von Dampfkesselanlagen ist nebst den §§ 24, 25 GewO. die Anweisung, betr. die Genehmigung und Untersuchung von Dampfkesseln, v. 9. 3. 00, MBl. 139 (vgl. auch § 3 G. v. 3. 5. 1872, betr. den Betrieb von Dampfkesseln, GS. 515), zu beachten.

II. **Gewerbe- und Kaufmannsgericht.** Die Gewerbe- und Kaufmannsgerichte können für den Bezirk einer Gemeinde oder mehrerer Gemeinden auf Grund des GewerbegerichtsG. v. 26. 7. 1890 (in der Fassung v. 29. 9. 01, RGBl. 353) und des G. betr. die Kaufmannsgerichte v. 6. 7. 04 (RGBl. 266) nach Maßgabe eines gemäß § 142 GewO. erlassenen Statuts errichtet werden. Sie müssen errichtet werden in Gemeinden über 20000 Einwohner (§ 2 GGG., KGG.). Sie sind zuständig zur Entscheidung von gewerblichen Streitigkeiten zwischen Arbeitgebern und Arbeitnehmern und zwischen Arbeitnehmern desselben Arbeitgebers (§§ 1, 4—8 GGG.), bzw. zur Entscheidung von Streitigkeiten aus dem Dienst- oder Lehrverhältnisse zwischen Kaufleuten einerseits und ihren Handlungsgehilfen oder Handlungslehrlingen andererseits (§ 1 KGG.). Beide Gerichte können auch als Einigungsamt angerufen werden (§§ 62 ff. GGG., § 17 KGG.). Innerhalb des gesetzlich gezogenen Zuständigkeitsrahmens kann die Zuständigkeit des näheren durch das gemäß § 142 GewO. zu erlassende Statut bestimmt werden. Die Kosten der Errichtung und Unterhaltung des Gewerbe- und Kaufmannsgerichts trägt die Gemeinde. Die Vorsitzenden des Gerichts und ihre Stellvertreter sollen weder Arbeitgeber noch Arbeitnehmer bzw. weder Kaufleute noch Handlungsgehilfen sein und werden vom Magistrat unter Bestätigung des Bezirksausschusses, in Berlin des Oberpräsidenten (§§ 12, 17 GGG., § 11 KGG.) gewählt. Besteht am Sitze des Kaufmannsgerichts ein Gewerbegericht, so sind in der Regel dessen Vorsitzender und sein Stellvertreter zugleich zum Vorsitzenden und zum stellvertretenden Vorsitzenden des Kaufmannsgerichts zu bestellen, auch gemeinsame Einrichtungen für die Gerichtsschreiberei, den Bureaudienst, die Sitzungs- und Bureauräumlichkeiten u. dgl. zu treffen (§ 9 KGG.). Gesetzlich ist eine bestimmte Qualifikation für die Vorsitzenden der Gewerbegerichte und ihre Stellvertreter nicht vorgeschrieben. Diese kann aber statutarisch verlangt werden. Dagegen sollen zu Vorsitzenden des Kaufmannsgerichts und ihren Stellvertretern Personen gewählt werden, welche die Fähigkeit zum Richteramt oder zum höheren Verwaltungsdienste besitzen (§ 11 KGG.). Die Beisitzer sollen zur Hälfte Arbeitgeber (Kaufleute), zur Hälfte Arbeitnehmer (Handlungsgehilfen) sein und werden von ihren Berufsgenossen gewählt. Alle Mitglieder sollen über 30 Jahre alt sein, die Fähigkeit zum Schöffenamte besitzen und seit mindestens 2 Jahren im Bezirke des Gerichts wohnen, bzw. ihre Handelsniederlassung haben oder beschäftigt sein. Rechtsanwälte und gewerbsmäßig das Vertreten vor Gericht betreibende Personen sind von der Verhandlung vor den Gewerbe- und Kaufmannsgerichten ausgeschlossen. Die Rechtsmittel gegen die Entscheidungen des Gewerbe- und Kaufmannsgerichts sind dieselben wie gegen die Entscheidungen der Amtsgerichte; indessen ist die Berufung nur zulässig, wenn der Wert des Streitgegenstandes den Betrag von 100 Mk. (bei Kaufmannsgerichten 300 Mk.) übersteigt. Berufungs- und Beschwerdegericht ist das Landgericht, in dessen Bezirk das Gewerbegericht (Kaufmannsgericht) seinen Sitz hat. Das Gewerbe- und Kaufmannsgericht ist verpflichtet, auf Verlangen der Behörden Gutachten abzugeben und berechtigt, Anträge an Behörden in gewerblichen und kaufmännischen Fragen zu richten. Ist kein Gewerbe- oder Kaufmannsgericht vorhanden, so kann an seiner Stelle für einen Teil seiner Zuständigkeit der Bürgermeister auf Antrag Entscheidung treffen, an Stelle des Bürgermeisters auch ein staatlich bestellter Beamter (§§ 76 ff., § 80 GGG.; § 19 KGG.). Hinsichtlich der Einzelheiten in bezug auf Zuständigkeit und Verfahren muß auf die vorhandenen Kommentare zum Gewerbegerichts- und Kaufmannsgerichtsgesetz verwiesen werden.

Die Funktionen des Gewerbe- und Kaufmannsgerichts sind zweifellos staatliche. Gemäß § 9 GGG., § 8 KGG. fällt aber die Beschaffung der äußeren Erfordernisse des Gerichts — Vorhaltung von Räumen, Bestellung der erforderlichen Beamten, Benennung derselben, Bewilligung der Besoldung für dieselben usw. — unbedingt unter die Gemeindeaufgaben. Hinsichtlich aller hierauf bezüglichen Fragen hat die Staatsbehörde — soweit nicht das Gewerbe- oder Kaufmannsgerichtsgesetz (wie z. B. hinsichtlich der Bestätigung des Vorsitzenden) ausdrückliche Bestimmungen trifft — nur in demselben Maße wie in allen sonstigen Gemeindeangelegenheiten das Recht und die Möglichkeit, in die verwaltende Tätigkeit der städtischen Behörden im Aufsichtswege einzugreifen.

III. **Der Magistrat als Ortsobrigkeit und Aufsichtsbehörde nach der Gewerbeordnung** (s. letztere in der Fassung v. 26. 7. 00, RGBl. 871). Um die Ausübung der Gewerbepolizei handelt es sich in diesen Fällen nicht. Sie steht in Städten mit Königlicher Polizeiverwaltung dieser, in anderen Städten dem Bürgermeister als Polizeiverwalter (gemäß § 62 StO.) zu. Hier handelt es sich um die besondere Zuständigkeit, welche die Gewerbeordnung in einer Reihe von Spezialfällen den beiden Gemeindebehörden oder auch dem Magistrat allein, letzterem dann in seiner Eigenschaft als Ortsobrigkeit, zuweist. Hervorzuheben sind unter anderem:

a) die Fälle des § 42 b GewO., in denen der Gemeindebehörde, resp. dem Magistrat ein Mitwirkungsrecht bei der örtlichen Regelung des Hausierhandels eingeräumt ist. Ferner gehört hierher

b) die Mitwirkung der Gemeindebehörden nach §§ 64—71 bei Regelung des Marktverkehrs (vgl. zu diesen Bestimmungen noch ZustGes. §§ 127, 128). Einer besonderen Erwähnung bedarf dabei das G. v. 26. 4. 1872 betr. die Erhebung des Marktstandsgeldes (GS. 513), das sowohl durch die GewO. (§ 68) als vor allem durch das KAG. (s. dessen § 11; wegen des Verfahrens bei Beschwerden über Heranziehung zur Zahlung von Marktstandsgeld vgl. §§ 69 ff. KAG.) unberührt geblieben ist. Nach § 1 desselben in Verbindung mit § 130 ZustGes. darf für den Gebrauch öffentlicher Straßen und Plätze zum Feilbieten von Waren auf Straßen und Märkten eine Abgabe nur unter Zustimmung der Gemeinde und mit Genehmigung des Bezirksausschusses nach Maßgabe dieses Gesetzes eingeführt oder eine bestehende Abgabe erhöht werden. Nach § 2 soll die Höhe der Abgabe sich richten nach der Größe des vom Feilbietenden benutzten Raumes und der Dauer des Feilbietens. Pro Quadratmeter und Tag darf die Abgabe 20 Pfennig nicht übersteigen. Wegen der weiteren Einzelheiten wird auf das Gesetz selbst verwiesen. — Wegen der Markthallen s. Anm. 9 zu § 56 Nr. 3;

c) die Mitwirkung bei der Feststellung polizeilicher Taxen für Gewerbetreibende (GewO. §§ 72—80, insbesondere §§ 76, 77);

d) die Funktion des Magistrats als Aufsichtsbehörde der Innungen (§§ 81—104 der GewO.). Nach § 96 führt die Aufsicht über die Innungen die „untere Verwaltungsbehörde". Untere Verwaltungsbehörde ist nach ME. v. 15. 8. 1897 (MBl. 173) in Städten mit mehr als 10000 Einwohnern die Gemeindebehörde, d. h. im Bereiche der StO. v. 30. 5. 1853 der Magistrat, in anderen Städten der Landrat. Außer den generellen Befugnissen, die der Innungsaufsichtsbehörde in § 96 GewO. zugewiesen sind, hat sie noch in einer Reihe ganz verschiedener Einzelfälle mitzuwirken (§§ 84, 85, 89, 89a, 89b, 91, 92, 92a, 92c, 94, 94b, 95, 95a, 98, 100c, 100d, 100h, 100o, 100s, 100t, 101 letzter Absatz, 102, 103c, 103l [hier wirkt der Magistrat nicht als Aufsichtsbehörde, sondern als Gemeindebehörde mit], 103n); wegen Beaufsichtigung des Lehrlingswesens vgl. §§ 126a, 128, 139c u. l (G. v. 30. 5. 08 [RGBl. 356]), GewO. in Verbindung mit der V. v. 19. 8. 1897 (GS. 401). Wegen der Rechtsmittel gegen die Verfügungen und Entscheidungen des Magistrats als Innungsaufsichtsbehörde vgl. ZustGes. § 125 Abs. 2 in Verbindung mit § 96 und § 101 Abs. 4 GewO. sowie OVG. 8 S. 320, ferner § 89 Abs. 4 und §§ 100h, 94 u. 94a Abs. 2 GewO., sowie bezüglich des Lehrlingswesens die oben zitierte V. v. 19. 8. 1897;

e) hinsichtlich des Verhältnisses zwischen selbständigen Gewerbetreibenden und gewerblichen Arbeitern (GewO. §§ 105ff.) ist die Gemeinde mehrfach berufen, allgemeine Satzungen aufzustellen und Verfügungen zu treffen. So sind bezüglich der Sonntagsruhe im Handelsgewerbe (§ 105b) ortsstatutarische Bestimmungen vorgesehen; vgl. ferner hinsichtlich der Arbeitsbücher §§ 107, 108, 113 GewO.; so können ortsstatutarische Bestimmungen über die Lohnzahlungen erlassen werden (§ 119a). Besonderer Erwähnung bedürfen die im § 120 GewO. erwähnten, vom Staate oder von der Gemeindebehörde (d. i. der Magistrat) als Fortbildungsschulen anerkannten Unterrichtsanstalten (vgl. über die rechtliche Stellung der Fortbildungsschulen PVBl. 32 S. 425ff.). „Fortbildungsschulen" sind nicht solche Schulen, in denen die Schüler technischen Unterricht in ihrem speziellen Gewerbe erhalten sollen, sondern diejenigen Anstalten, durch deren Besuch eine Erweiterung und Vertiefung der elementaren Schulbildung erreicht werden soll. Dazu gehören auch Schulen, in welchen Unterricht in weiblichen Hand- und Hausarbeiten erteilt wird. Die zum Besuch dieser Fortbildungsschulen erforderliche Zeit müssen die Arbeitgeber ihren Arbeitern unter 18 Jahren freigeben (§ 120). Auch kann für männliche und weibliche Arbeiter unter 18 Jahren (wo ein landesgesetzlicher Zwang nicht besteht) ein ortsstatutarischer Zwang zum Besuche der Fortbildungsschulen eingeführt werden (RG. v. 27. 12. 11; RGBl. 12 S. 139). Soweit die Schüler zufolge Zwanges die Fortbildungsschulen besuchen, können von ihnen Beiträge (Schulgeld) nicht erhoben werden (MBl. 1871 S. 106). Wohl aber können von den Arbeits- und Lehrherren Beiträge erhoben werden (vgl. insbesondere das Gesetz betr. die Erhebung von Beiträgen für die gewerblichen und kaufmännischen Fortbildungsschulen v. 1. 8. 09, GS. 733). Auf Gehilfen und Lehrlinge in Handelsgeschäften findet diese Bestimmung ebenfalls Anwendung, nicht aber auf Gehilfen und Lehrlinge in Apotheken (§ 154 GewO.; § 76 Abs. 4 HGB., ebenso an sich nicht auf Bergarbeiter (§ 154 a); vgl. wegen letzterer aber § 87 des Allg. BergG. v. 24. 6. 1865 in der Fassung des G. v. 24. 6. 1892, GS. 131. Wegen des Schulgeldes bei städtischen Fachschulen vgl. § 4 KAG.

IV. Mitwirkung des Magistrats bei Anwendung der sozialpolitischen Versicherungsgesetze.

Aus der Fülle der aus diesen Gesetzen den Gemeindebehörden erwachsenen Aufgaben ist zu erwähnen:

a) nach der Reichsversicherungsordnung (§§ 36ff.) ist bei jeder unteren Verwaltungsbehörde eine Abteilung für Arbeiterversicherung (Versicherungsamt) zu errichten. Untere Verwaltungsbehörde ist in Stadtkreisen und in den von der obersten Verwaltungsbehörde besonders bestimmten Gemeinden der Gemeindevorstand (MBl. für Handel und Gewerbe 11 S. 447).

Die Versicherungsämter nehmen die Geschäfte der Reichsversicherung wahr und erteilen in Angelegenheiten der Reichsversicherung Auskunft. Der Leiter der unteren Verwaltungsbehörde, also der Erste Bürgermeister, ist der Vorsitzende des Versicherungsamts. Es werden ein oder mehrere ständige Stellvertreter des Vorsitzenden bestellt. Über Geschäftsgang und Verfahren der Versicherungsämter vgl. die KaisV. v. 24. 12. 11 (RGBl. 1107).

Ferner erfolgt die Ausstellung und der Umtausch der Quittungskarten, sowie die Erneuerung verlorener, unbrauchbar gewordener oder zerstörter Quittungskarten durch die Ortspolizeibehörden, in Gemeinden mit Königlicher Polizeiverwaltung auch durch die Gemeindevorstände. Bildet der Gemeindevorstand ein Kollegium, so hat er für die Wahrnehmung des Kartengeschäfts besondere Beamte zu bestellen. (Anweisung des Handelsministers für die Quittungskartenausgabe v. 20. 11. 11, MBl. für Handel und Gewerbe 11 S. 429ff.);

b) nach dem Versicherungsgesetz für Angestellte v. 20. 12. 11 (RGBl. 989) und der Anweisung für die Ausgabestellen der Angestelltenversicherung v. 18. 7. 12 (MBl. für Handel und Gewerbe 12 S. 425) erfolgt die Ausgabe und Annahme der Aufnahmekarten, die Ausstellung der Versicherungskarten, sowie der Ersatz der Versicherungskarten durch die Ortspolizeibehörden, in Gemeinden mit Königlicher Polizeiverwaltung durch die Gemeindevorstände. Bildet der Gemeindevorstand ein Kollegium, so hat er für die Wahrnehmung des Kartengeschäfts besondere Beamte zu bestellen.

V. Besondere Zuständigkeitsfälle:

a) die Aufstellung der Urwählerlisten für die Wahlen zum Abgeordnetenhause (§ 1 des Wahlregl. v. 18. 9. 1893, MBl. 164), die Aufstellung der Urliste für die Auswahl der Schöffen (§§ 36—38 GVG., RGBl. 1898 S. 371) und der Geschworenen (§ 85 ebenda), sowie die Abgrenzung der Schiedsmannsbezirke nach § 1 der Schiedsmannsordnung v. 29. 3.1879 (GS. 321);

b) der Magistrat führt die Aufsicht über die Schützengilden, die staatlich genehmigt sind (MBl. 1843 S. 322);

c) der Magistrat übt namens der Stadt die ihr zustehenden Patronatsrechte über christliche Kirchen aus. Ihm steht demnach die Wahl der Geistlichen und Ernennung eines Kirchenältesten zu (§§ 327, 587 II 11 ALR., §§ 6, 23, 34, 35 der Kirchengemeinde- und Synodalordnung v. 10. 9. 1873);

d) der Magistrat vertritt die Interessentenvereinigungen, denen die Stadtgemeinde mit Privaten zugleich angehört, z. B. G. v. 2. 4. 1887 betreffend die durch ein Auseinandersetzungsverfahren begründeten gemeinschaftlichen Angelegenheiten (GS. 105). Siehe Anm. 6 zu § 49;

e) der Magistrat ist zu Anzeigen an das Gericht im Falle des Art. 3 AG. z. HGB. (GS. 1899 S. 303) und im Falle des Art. 19 preuß. G. über die freiwillige Gerichtsbarkeit (GS. 249) verpflichtet;

f) der Magistrat ist Vollstreckungsbehörde im Sinne der Art. 9ff. der Anweisung v. 23. 11. 99 zur Ausführung der Verordnung v. 15. 11. 99 betr. das Verwaltungszwangsverfahren (GS. 545).

3. Wegen der Tätigkeit der städtischen Organe, insbesondere der Schuldeputationen und der Waisenverwaltungen, auf dem Gebiete des Schulwesens und der Waisenerziehung s. das zu § 59 Gesagte.

Erläuterungen zu Nr. 2 des § 56.

Nr. 2 des § 56 lautet:

Der Magistrat hat als .... Gemeindeverwaltungsbehörde insbesondere folgende Geschäfte:

2. die Beschlüsse der Stadtverordnetenversammlung vorzubereiten[1] und, sofern er sich mit denselben einverstanden erklärt, zur Ausführung zu bringen.[2]

Der Magistrat ist verpflichtet, die Zustimmung und Ausführung zu versagen, wenn von den Stadtverordneten ein Beschluß gefaßt ist, welcher deren Befugnisse überschreitet, gesetz- oder rechtswidrig ist,[3] das Staatswohl[4] oder das Gemeindeinteresse verletzt.[5] In Fällen dieser Art ist nach den Bestimmungen im § 36 zu verfahren;[6]

1. Das geschieht regelmäßig durch Übersendung einer schriftlichen Vorlage an die Stadtverordnetenversammlung, in welcher der Magistrat das Sachverhältnis darstellt, seine eigene Entschließung (vorausgesetzt, daß er zur Mitbeschlußfassung zuständig ist) anführt und motiviert und schließlich eine bestimmte Beschlußfassung seitens der Stadtverordnetenversammlung beantragt. Letzteres muß indessen nicht der Fall sein; denkbar ist, daß der Magistrat, zumal in Fällen, in denen die Stadtverordnetenversammlung allein zuständig ist, von der Mitteilung seiner eigenen Ansicht Abstand nimmt und der Stadtverordnetenversammlung den Inhalt ihrer Beschlußfassung anheimstellt. In allen Fällen, in denen die Stadtverordnetenversammlung nur Kenntnis zu nehmen, nicht zu beschließen hat, erübrigt sich ein Antrag des Magistrats, in bestimmter Weise zu beschließen, ohnehin. Der Vorlage werden zweckmäßig die darauf bezüglichen Akten beizufügen sein und zwar vollständig. Darüber, welchen Inhalt die Vorlagen haben müssen, um vollständig zu sein, lassen sich allgemeine Regeln nicht aufstellen. Keineswegs müssen alle einzelnen möglichen Zweifel und Bedenken, wie in einem juristischen Votum, erörtert sein. Es genügt vielmehr eine solche Darstellung, daß daraufhin eine Entschließung in der Angelegenheit getroffen werden kann. Alle einzelnen möglichen Gründe und Gegengründe werden von dem oder den Abgeordneten des Magistrats in der Sitzung der Stadtverordnetenversammlung (§ 38) oder in den vorbereitenden Ausschüssen (vgl. Anm. 7 u. 8 zu § 37) erörtert werden können.

Das Recht des Magistrats, die Beschlüsse der Stadtverordnetenversammlung vorzubereiten, schließt nicht aus, daß die Stadtverordnetenversammlung bei Erledigung einer Kommunalangelegenheit ihrerseits die Initiative ergreift; sie kann dies tun, entweder, indem sie den Magistrat zur Beschlußfassung und Ausarbeitung einer Vorlage anregt; sie kann aber auch ihrerseits selbst sachlichen Beschluß fassen und den Magistrat zur Mitbeschlußfassung auffordern. Geht der Magistrat auf den sachlichen Beschluß der Stadtverordnetenversammlung nicht ein (ohne den Beschluß zu beanstanden; § 15 ZustGes., unten Anm. 3), so liegt eine „Meinungsverschiedenheit" vor, die auf dem Wege des § 36 StO. in Verbindung mit § 17 ZustGes. zu lösen ist.

2. Vgl. hierüber § 36 StO. und Anm. 1, 2, 7 dazu. — Um prüfen zu können, ob die im Abs. 2 des § 56² aufgeführten Fälle vorliegen oder ob etwa formell der Beschluß der Versammlung rechtsungültig ist, weil er die Vorschriften der StO. und der Geschäftsordnung über die Form der Verhandlungen und der Beschlußfassung verletzt (§§ 40—48 StO.), muß dem Magistrat — abgesehen von der an ihn zu richtenden Einladung zu jeder Sitzung — von jedem Beschluß der Stadtverordnetenversammlung Mitteilung gemacht, auf sein Verlangen ihm auch das Protokoll über die betreffende Sitzung vorgelegt werden (§ 47, vgl. Anm. 4 zu § 47, Anm. 1 zu § 36).

3. Die im Druck als obsolet gekennzeichneten Worte sind nicht etwa in dem Sinne ungültig, daß der Magistrat in diesen Fällen zur Versagung der Zustimmung und Ausführung nicht mehr verpflichtet wäre, sondern in dem anderen Sinne, daß, über diese frühere rein negative Pflicht hinausgehend, der Magistrat jetzt verpflichtet ist, gesetzwidrige oder die Befugnisse der Stadtverordneten überschreitende Beschlüsse der Stadtverordnetenversammlung zu beanstanden. Das Beanstandungsrecht und die Beanstandungspflicht des Magistrats gegenüber der Stadtverordnetenversammlung ist ähnlich dem Beanstandungsrechte des Bürgermeisters gegen-

über den Magistratsbeschlüssen (vgl. § 57 StO.) geregelt. Maßgebend ist jetzt in beiden Fällen § 15 ZustGes., der in seinem hier allein in Betracht kommenden ersten Absatze lautet:

§ 15 ZustGes.: Beschlüsse der Gemeindevertretung oder des kollegialischen Gemeindevorstandes, welche deren Befugnisse überschreiten oder die Gesetze verletzen, hat der Gemeindevorstand, beziehungsweise der Bürgermeister, entstehendenfalls auf Anweisung der Aufsichtsbehörde, mit aufschiebender Wirkung, unter Angabe der Gründe, zu beanstanden. Gegen die Verfügung des Gemeindevorstandes (Bürgermeisters) steht der Gemeindevertretung, beziehungsweise dem kollegialischen Gemeindevorstande, die Klage im Verwaltungsstreitverfahren zu.

Hinsichtlich der „Beanstandung“ (vgl. dazu Jebens, Aufsätze Nr. 1 und „Die Stadtverordneten“ S. 262 ff.) ist in diesem Zusammenhange folgendes zu bemerken:

a) Wer kann Beschlüsse der Stadtverordnetenversammlung beanstanden?

Im Gebiete der StO. v. 30. 5. 1853 kann nur der Magistrat, nicht der Bürgermeister allein, Beschlüsse der Stadtverordnetenversammlung beanstanden (PVBl. 16 S. 459).

b) In welchen Fällen kann beanstandet werden?

Nur in denjenigen Fällen, die im § 15 ZustGes. genannt sind, also nur in den beiden erstaufgeführten Fällen des § 56² kann die Beanstandung eintreten, somit immer nur, wenn Ungesetzlichkeit des Beschlusses behauptet wird, nicht dagegen, wenn die Zweckmäßigkeit des Stadtverordnetenbeschlusses vom Magistrat verneint wird. In letzteren Fällen, also auch in beiden im § 56² StO. zuletzt aufgeführten, kann eine Beanstandung nicht Platz greifen, vielmehr muß, wenn der Magistrat seine Zustimmung verweigert und die Stadtverordnetenversammlung auf ihrem Beschlusse beharrt, das Verfahren aus § 36 in Verbindung mit § 17 ZustGes. stattfinden. Die behauptete Gesetzwidrigkeit des Stadtverordnetenbeschlusses kann darauf beruhen, daß die Stadtverordneten nach Ansicht des Magistrats ihre Zuständigkeit überschritten haben oder daß sie — was freilich auch bei jeder Zuständigkeitsüberschreitung der Fall sein wird — positiv gegen das Gesetz verstoßen haben, und zwar entweder durch Verletzung der Formvorschriften beim Zustandekommen des Beschlusses (z. B. durch Mitwirkung eines nach § 44 StO. ausgeschlossenen Stadtverordneten, OVG. 41 S. 40, 42; 51 S. 6) oder dadurch, daß der Inhalt des Beschlusses materielle Rechtsnormen verletzt. Was die Überschreitung der Zuständigkeit anbelangt, so kann dies nach zweierlei Richtung geschehen: Entweder dadurch, daß die Stadtverordnetenversammlung in der irrigen Annahme, es handle sich um eine Gemeindeangelegenheit, in einer Nichtgemeindeangelegenheit Beschluß faßt (vgl. Anm. 4 zu § 9 und Anm. 4 zu § 35), oder in der Weise, daß die Stadtverordnetenversammlung sich in einer Gemeindeangelegenheit für zuständig hält, während der Magistrat allein zuständig ist oder zu sein glaubt, z. B. indem die Stadtverordnetenversammlung beschließt, einen ihrer Beschlüsse, welcher der (noch nicht erteilten) Zustimmung des Magistrats bedarf oder doch von diesem auszuführen ist, selbst auszuführen (vgl. OVG. 13 S. 89; 14 S. 76; 51 S. 6). Was die „Verletzung der Gesetze" anlangt, so ist zu beachten, daß eine Verletzung der Gesetze auch vorliegt, wenn, ohne daß der Wortlaut des Gesetzes verletzt wird, durch den Stadtverordnetenbeschluß das Gesetz falsch ausgelegt oder in falscher Auslegung angewendet worden ist (OVG. 7 S. 115). Für die Zulassung der Beanstandung genügt es, wenn eines der beiden Erfordernisse des § 15 ZustGes. vorhanden ist. Außerdem braucht nicht etwa noch ein besonderes öffentliches Interesse vorhanden zu sein, das die Beanstandung als nötig oder zweckdienlich erscheinen läßt (so Jebens, Aufsätze S. 5 und OVG. 37 S. 7).

Der Beanstandung des Magistrats unterliegen sämtliche Beschlüsse der Stadtverordnetenversammlung, die entweder die eine oder die andere Voraussetzung des § 15 ZustGes. erfüllen. Ein Unterschied zwischen solchen Beschlüssen der Stadtverordnetenversammlung, die sie allein fassen und ausführen kann, und solchen, bei denen zu ihrer Wirksamkeit der Magistrat erst zugestimmt haben muß, ist im Gesetze nicht gemacht. Daraus folgt, daß der Magistrat auch die durch die Stadtverordneten allein vorzunehmenden Wahlen wegen formeller oder materieller Gesetzesverletzung (PVBl. 23 S. 138), ferner gegebenenfalls auch solche Beschlüsse der Stadtverordnetenversammlung beanstanden kann und muß, die seiner — noch nicht erteilten — Zustimmung unterliegen (OVG. 14 S. 76; 16 S. 62; 17 S. 79; 21 S. 29; PVBl. 29 S. 482 und die dort zitierten Entscheidungen). Auch solche Beschlüsse, die noch der Genehmigung einer höheren Behörde bedürfen, unterliegen der Beanstandung, sofern die Genehmigung erteilt ist, oder sie ausdrücklich in der Absicht gefaßt sind, sie ohne die Einholung der gesetzlich erforderlichen Genehmigung auszuführen (OVG. 49 S. 5). Während der Zeit allerdings, in der die Genehmigung noch nicht erteilt ist, sind sie vorläufig, und, nachdem die Genehmigung endgültig versagt ist, definitiv der Beanstandung entzogen (OVG. 24 S. 18). Der letztere Satz ist die logische Folge des allgemeinen Grundsatzes, daß Beschlüsse, die überhaupt nicht imstande sind, Rechtswirkungen zu erzeugen, der Beanstandung nicht unterliegen (OVG. 6 S. 56; PVBl. 17 S. 490; 20 S. 298; 21 S. 541; 24 S. 295; OVG. 27 S. 87; 35 S. 97). Eine weitere Konsequenz dieses selben Satzes ist, daß auch solche Beschlüsse, die bereits völlig ausgeführt sind, der Beanstandung nicht unterliegen. Dazu gehören aber Beschlüsse nicht, die entweder nur teilweise ausgeführt sind, oder deren Ausführung, obwohl sie schon geschehen ist, doch dauernde Rechtswirkungen für die Zukunft hervorzurufen geeignet ist (OVG. 6 S. 56; 27 S. 87; 59 S. 51). Rein negative Beschlüsse, z. B. solche, welche die Unzuständigkeit oder die Vertagung aussprechen, unterliegen nicht der Beanstandung (OVG. 52 S. 23, 26). Daraus, daß sämtliche illegalen Beschlüsse der Stadtverordnetenversammlung, sofern sie überhaupt Rechtswirkungen zu erzeugen vermögen, der Beanstandung unterliegen, folgt auch, daß die Beanstandung nicht dadurch ausgeschlossen ist, daß dem Magistrat noch andere Rechtsmittel, z. B. eine ihm besonders zustehende Klage (vgl. § 11 ZustGes.), zur Beseitigung eines Stadtverordnetenbeschlusses gegeben sind (vgl. Anm. 27 zu § 27; OVG. 16 S. 60; 24 S. 140; PVBl. 20 S. 47, 72; anders Jebens, Aufsätze S. 23

Anm. 53). Der Magistrat hat auch solche Beschlüsse zu beanstanden, die zwar einer von ihm selbst gebrachten Vorlage entsprechen, von denen sich aber herausstellt, daß sie materiell oder formell die Gesetze verletzen (OVG. 51 S. 6).

c) Besteht eine Beanstandungspflicht?

Das Beanstandungsrecht des Magistrats zieht unbedingt auch seine Beanstandungspflicht nach sich. Er kann zu dieser Pflicht indessen nur von der Aufsichtsbehörde angehalten werden. Die Stadtverordnetenversammlung hat kein Mittel in der Hand, den Magistrat zur Erfüllung seiner Beanstandungspflicht etwa aus dem Gesichtspunkte zu zwingen, daß ihr daran gelegen ist, eine Entscheidung des Oberverwaltungsgerichts in der streitigen Frage herbeizuführen. Formell ist daher der Magistrat in der Lage, in denjenigen Fällen, in denen nach seiner Ansicht ein Stadtverordnetenbeschluß sowohl illegal als auch dem Gemeindewohl oder Staatswohl zuwider gefaßt ist, nach seiner Wahl den Weg des § 15 ZustGes. durch Beanstandung oder den Weg des § 36 StO. in Verbindung mit § 17 ZustGes. durch einfache Versagung der Zustimmung zu eröffnen. Selbstredend fällt die Möglichkeit, den Weg des § 17 ZustGes. zu betreten, in allen denjenigen Fällen weg, in denen die Stadtverordnetenversammlung zur alleinigen Beschlußfassung zuständig war. In diesen Fällen muß der Magistrat, wenn er meint, daß der Beschluß der Stadtverordnetenversammlung das Gemeinde- oder Staatswohl verletzt, und wenn er den Stadtverordnetenbeschluß mit Erfolg beseitigen will (insbesondere ihn nicht ausführen oder nicht ausgeführt wissen will), prüfen, ob gleichzeitig die Beanstandung möglich ist, da ihm nur dieser Weg der Beseitigung gegeben ist.

d) Wann und wie muß die Beanstandung erfolgen? Rechtswirkung der Beanstandung.

Zeitlich ist die Beanstandung an keinerlei Frist gebunden. Nur das eine Erfordernis muß gewahrt sein, daß der zu beanstandende Beschluß zur Zeit der Beanstandung noch Rechtswirkungen zu erzeugen oder zu äußern geeignet sein muß (vgl. oben unter b). Eine bestimmte Form, etwa Schriftlichkeit, ist nicht vorgeschrieben; die Beanstandung kann also auch mündlich erfolgen, so daß eine schriftliche Notifizierung des Magistratsbeschlusses an die Stadtverordnetenversammlung, die freilich die Regel bilden wird, zwar wünschenswert, aber nicht unbedingt erforderlich ist (PVBl. 23 S. 138; 25 S. 327). Was den Inhalt des die Beanstandung aussprechenden Beschlusses anbetrifft, so muß dieser jedenfalls klarstellen, daß es sich um eine „Beanstandung", nicht um eine bloße Meinungsäußerung oder Zustimmungsversagung handeln soll; daß dabei gerade das Wort „Beanstandung" gebraucht werden müsse, ist nicht vorgeschrieben (PVBl. 24 S. 296); jedenfalls ist dessen Gebrauch aber zweckmäßig zur Ausschließung aller Zweifel (OVG. 21 S. 32). Unter allen Umständen ist die Angabe der Gründe erforderlich. Anscheinend steht allerdings OVG. in der letztzitierten Entscheidung auf dem Standpunkte, daß das Fehlen der Angabe der Gründe die Beanstandung nicht rechtsunwirksam mache. Richtiger Ansicht nach wird man aber, da anderenfalls der Stadtverordnetenversammlung die Anfechtung mittels Klage fast unmöglich gemacht wird, annehmen müssen, daß die konkreten Gründe angegeben werden müssen, also gesagt werden muß, welche Rechtsvorschrift formellen oder materiellen Rechts der Stadtverordnetenbeschluß verletzt haben soll (s. Jebens a. a. O. S. 15 und auch OVG. 56 S. 35).

Die einzige, aber notwendig eintretende Rechtswirkung der Beanstandung ist, daß der beanstandete Beschluß „mit aufschiebender Wirkung" außer Kraft gesetzt ist. Damit ist also — vorläufig — der Zustand wiederhergestellt, der vor dem beanstandeten Beschlusse bestanden hat, wobei aber wohlerworbene Rechte Dritter, auch wenn diese auf den beanstandeten Beschlüssen beruhen, erhalten bleiben (OVG. 27 S. 91). Verbleibt es bei der Beanstandung, so wird der frühere Zustand definitiv wiederhergestellt; wird die Beanstandung wieder aufgehoben, so treten die Rechtswirkungen des beanstandet gewesenen Beschlusses wieder ein, und zwar ex tunc. Die besondere Bestimmung über diese aufschiebende Wirkung der Beanstandung erscheint auf den ersten Blick nicht notwendig, soweit Beschlüsse der Stadtverordnetenversammlung in Betracht kommen, da diese regelmäßig noch der Zustimmung des Magistrats bedürfen, bevor sie Rechtswirkungen erzeugen. Indessen ist zu beachten, daß erstens die Bestimmung des § 15 sich auch auf die Beanstandung von Magistratsbeschlüssen bezieht, und daß es zweitens denkbar ist, daß der Magistrat auf Anweisung der Aufsichtsbehörde einen Beschluß der Stadtverordnetenversammlung beanstandet, nachdem er ihm zuvor bereits zugestimmt hatte. — Siehe auch Anm. 1 zu § 56[8] am Schlusse.

e) Streitverfahren.

Der Stadtverordnetenversammlung steht gegenüber der Beanstandung die Klage aus § 15 ZustGes. zu. Nach § 21 ZustGes. kann sie hierzu einen Vertreter bestellen. Die Frist beträgt zwei Wochen. Zuständig ist in erster Instanz der Bezirksausschuß (in Berlin in erster und letzter Instanz Oberverwaltungsgericht), gegen dessen Entscheidung die an 14tägige Frist gebundene Berufung an das Oberverwaltungsgericht zulässig ist (§§ 83, 85 LVG; OVG. im PVBl. 21 S. 163).

Eine Ablehnung des BzAussch. oder einzelner Mitglieder wegen Befangenheit, etwa mit der Begründung, daß im Falle der Aufrechthaltung der Beanstandung diese Mitglieder zur Mitwirkung in der Sache selbst gesetzlich berufen seien, z. B. zur Erteilung einer Genehmigung zu dem beanstandeten Beschlusse, der ohne Genehmigung hätte zur Ausführung gebracht werden sollen, ist nicht angängig (OVG. 49 S. 5).

Materiell kann die Klage immer nur auf den Inhalt der Beanstandungsverfügung des Magistrats, nicht auf die Art ihres Zustandekommens, insbesondere nicht darauf gestützt werden, daß der Magistrat bei der Beschlußfassung nicht beschlußfähig gewesen sei (OVG. 51 S. 6).

Bei Prüfung der Beanstandung ist der Verwaltungsrichter (vgl. Jebens S. 17) an die Gründe des Beanstandenden nicht gebunden, hat vielmehr alle Momente zu berücksichtigen, welche die Gesetzlichkeit des beanstandeten Beschlusses berühren können und daher geeignet sind, die Beanstandung — auch gegen den Willen des Beanstandenden — zu stützen. Im übrigen erschöpft sich die Aufgabe des Verwaltungsrichters darin, über die Zulässigkeit der Beanstandung zu entscheiden, d. h. also, er hat nur entweder auf die

Klage die Beanstandung aufzuheben oder die Klage abzuweisen. Inzidenter streitig gewordene Fragen sind in dem Tenor des Urteils nicht zur Entscheidung zu bringen (OVG. 17 S. 32). Über die Kosten des Streitverfahrens vgl. OVG. 7 S. 88; s. auch Jebens S. 17.

4. Absichtlich ist hier das Wort „Staatsinteresse“ vermieden, um zum Ausdrucke zu bringen, daß die Gemeindebehörden freie Hand haben in der Fassung solcher Entschlüsse, die dem fiskalischen Staatsinteresse widersprechen.

5. Die Frage, ob ein Beschluß das Staatswohl oder das Gemeindeinteresse verletzt, ist keine Rechts-, sondern eine Zweckmäßigkeitsfrage; mit Recht hat daher das ZustGes. diese Fälle nicht zum Gegenstand des formalen Streitverfahrens auf Grund des § 15 ZustGes. gemacht. Nach wie vor sollen diese Fälle vielmehr auf demjenigen Wege entschieden werden, der im allgemeinen für Meinungsverschiedenheiten der städtischen Behörden gegeben ist, nämlich auf dem im § 36 bezeichneten Wege unter Berücksichtigung der Ausgestaltung, den dieser Weg durch § 17 ZustGes. inzwischen erfahren hat (s. Anm. 2—6, 8—14 zu § 36). Von den sonstigen Fällen der „Meinungsverschiedenheiten“ unterscheiden sich die hier fraglichen Fälle des § 56² nur dadurch, daß hier eine Pflicht des Magistrats besteht, die Zustimmung zu versagen. Liegt sowohl eine Gesetzesverletzung wie eine Verletzung des Gemeinde- oder Staatswohles vor, so wird durch die Stellungnahme des Magistrats — je nachdem dieser beanstandet oder nur seine Zustimmung versagt — bestimmt, welcher Weg der Stadtverordnetenversammlung offensteht (vgl. oben Anm. 3 unter c).

6. In Verbindung mit § 17 ZustGes.; vgl. oben Anm. 5 sowie Anm. 2—6, 8—14 zu § 36.

Erläuterungen zu § 56 Nr. 3.

Nr. 3 des § 56 lautet:

Der Magistrat hat als .... Gemeindeverwaltungsbehörde insbesondere folgende Geschäfte:

3. die städtischen Gemeindeanstalten[1–16] zu verwalten und diejenigen, für welche besondere Verwaltungen eingesetzt sind, zu beaufsichtigen;

1. Es ist zu beachten, daß der Begriff der „Gemeindeanstalten“ im Sinne des § 56³ viel weiter reicht, als der Begriff der „öffentlichen Gemeindeanstalten“ im Sinne des § 4 StO. (vgl. Anm. 2 zu § 4). Sämtliche Veranstaltungen, welche die Gemeinde getroffen hat — mögen sie geschaffen sein auf Grund gesetzlicher Verpflichtung oder auf Grund freiwilliger Leistung, mag ihr Zweck ein wirtschaftlicher (fiskalischer), sozialer oder polizeilicher sein, oder mögen sonstige öffentliche Interessen (z. B. künstlerische, wissenschaftliche) dabei mitgewirkt haben —, sollen im § 56³ getroffen werden. Daher fällt z. B. auch die äußere Verwaltung eines von der Stadt errichteten

Gewerbegerichts unter diesen Paragraphen, s. Anm. 2 II zu § 56[1]; ebenso die Verwaltung der höheren städtischen Schulen sowie der Volksschulen. Eine erschöpfende Aufzählung aller denkbaren Gemeindeanstalten läßt sich naturgemäß nicht geben. Mit der in neuerer Zeit noch immer steigenden Tendenz, die Finanzverwaltung der Städte durch Erbauung oder Erwerbung großer wirtschaftlicher Betriebe (z. B. Gasanstalten, Elektrizitätswerke) von den Erträgnissen der Steuern unabhängiger zu machen, den Verkehr auf den städtischen Straßen in eigener Hand zu behalten und unter Ausgleichung des Ertragsinteresses einerseits und der Verkehrsinteressen andererseits für die Allgemeinheit nutzbar zu machen (städtische Straßenbahnen), und schließlich immer mehr Wohlfahrtseinrichtungen (Krankenhäuser, Altersversorgungsanstalten, Heimstätten, Heilstätten für Lungenkranke, Säuglingsheime) zumal für die ärmeren Klassen der Bevölkerung zu schaffen, wächst die Zahl der zu den Gemeindeanstalten zu rechnenden städtischen Veranstaltungen immer mehr (vgl. zu dem Begriff „Gemeindeanstalt" PVBl. 22 S. 329). Was die Zuständigkeit zur Verwaltung sowie die Grundsätze anbetrifft, nach denen die Verwaltung der Gemeindeanstalten zu führen ist, so ist auf das in Vorbem. zu § 49 unter II und III sowie in Anm. 2 und 7 zu § 35 Gesagte zu verweisen. Danach hat bei Aufstellung der allgemeinen Grundsätze die Stadtverordnetenversammlung mitzuwirken; demnächst hat nach den durch Gemeindebeschlüsse festgestellten Grundsätzen der Magistrat unter der Kontrolle der Stadtverordnetenversammlung (§ 37) zu verwalten; insbesondere ist es Sache des Magistrats, den zur Leitung oder Erledigung der Geschäfte der Anstalten angestellten Beamten eine Instruktion mitzugeben, in der allerdings die generellen, durch Gemeindebeschluß festgestellten Grundsätze gewahrt sein müssen, wenn es nicht eines abermaligen, besonderen, die Abweichung genehmigenden Stadtverordnetenbeschlusses bedürfen soll. Soweit Stiftungen in Betracht kommen, ist der Magistrat bei der Verwaltung (und ebenso die Stadtverordnetenversammlung bei Aufstellung der allgemeinen Grundsätze) an die Bestimmungen der Stiftungsurkunde gebunden; vgl. wegen der Stiftungen Vorbem. IB zu a) und Anm. 8 zu § 49. Zu beachten ist, daß die Verwaltung aller Stiftungen der Aufsicht des Staates unterliegt, dessen Mitwirkung bzw. Genehmigung bei mancherlei Akten, z. B. der Veräußerung von unbeweglichem Vermögen, erforderlich ist (ALR. §§ 73, 76, 77 II 6, §§ 219—226 II 11, §§ 37, 43 II 19). Bei Anlegung von Stiftungskapitalien sind die Bestimmungen des § 1807 BGB. und Art. 73 ff. AG. z. BGB. zu berücksichtigen.

Eine besondere staatliche Aufsicht besteht auch bei den Gemeindeanstalten, die zur Erfüllung polizeilicher Zwecke dienen, z. B. Feuerlöschanstalten, Desinfektionsanstalten, Leichenhäuser usw. Hier unterliegt die Gemeinde ebenso der polizeilichen, staatlichen Beaufsichtigung und Einwirkung wie jeder Private und muß bei der Verwaltung die polizeilichen Anforderungen in bezug auf Erhaltung, Erweiterung und Veränderungen der Anstalt in demselben Maße erfüllen, wie sonstige private Verpflichtete. Vgl. hierüber Jebens im PVBl. 22 S. 329 ff. und die dort zitierten zahlreichen Erkenntnisse des OVG. Bezüglich der Kosten der polizeilichen Gemeindeveranstaltungen vgl. das zu § 62 StO. Gesagte.

Wegen der Beschlußfassung auf Beschwerden und Einsprüche bezüglich der Benutzung der Gemeindeanstalten vgl. Anm. 4 zu § 4 StO. und § 18 ZustGes., ebenda abgedruckt.

Von den einzelnen Arten der Gemeindeanstalten bedürfen die in den nachfolgenden Anm. 2—16 behandelten besonderer Erwähnung, weil bezüglich ihrer durch Gesetz oder die Judikatur des OVG. bestimmte Grundsätze festgestellt sind, die bei ihrer Verwaltung berücksichtigt werden müssen. Um die Auffindbarkeit zu erleichtern, sind die Anstalten nach der alphabetischen Reihenfolge geordnet.

2. **Abfuhranstalten** zum Zwecke der Beseitigung von Müll und menschlichen oder tierischen Exkrementen zu errichten und zu betreiben steht jedem frei; einer besonderen Konzession bedarf es nicht, insbesondere auch nicht nach § 37 GewO., der auf diese Unternehmungen nicht Platz greift (vgl. MBl. 1894 S. 29 und OVG. 32 S. 295; 33 S. 302). Hat indessen die Stadtgemeinde durch Ortsstatut die Abfuhr von Müll und Exkrementen zur Gemeindeangelegenheit gemacht und hat die Kommune eine Abfuhranstalt errichtet, so kann durch Polizeiverordnung den Grundbesitzern unter Strafandrohung die Verpflichtung auferlegt werden, die Abfuhr ausschließlich durch dieses Gemeindeunternehmen bewirken zu lassen, anderen Unternehmern aber die Abfuhr verboten werden; vgl. die oben zitierten OVG.-Erkenntnisse und Johow 29 C 53. Voraussetzung der Rechtsgültigkeit einer solchen Polizeiverordnung ist aber, daß das Ortsstatut, welches das Abfuhrwesen zur Gemeindeangelegenheit macht, rechtsgültig ist, und daß ferner statutarisch auch die Stadtgemeinde die Pflicht übernommen hat, jedem Besitzer bei Erfüllung der sonstigen Bedingungen die Abfuhranstalt zur Verfügung zu stellen (PVBl. 22 S. 455), in welchem Falle für Benutzung der Anstalt Gebühren erhoben werden können (PVBl. 24 S. 807). Eine Entschädigungspflicht der eine derartige Abfuhranstalt unterhaltenden Gemeinde gegenüber den etwa vorher vorhanden gewesenen privaten Abfuhrunternehmungen besteht nicht (PVBl. 21 S. 433).

3. **Aichungsämter,** soweit sie nach der Verstaatlichung des Aichwesens (1. 4. 12) den Städten auf Widerruf belassen sind (RG. v. 30. 5. 08, RGBl. 349).

4. **Armenanstalten** (im weitesten Sinne). Zu diesen gehören: Krankenhäuser, Hospitäler (Altersversorgungsanstalten), Siechenhäuser, Waisenhäuser, Findelhäuser, Arbeitshäuser, Taubstummen- und Blindenanstalten (wenn sie nicht bloß Schulen, sondern Wohnungs- und Verpflegungsstätten sind) u. a. m. Bezüglich dieser Anstalten kommen drei Gruppen von gesetzlichen Bestimmungen vornehmlich in Betracht:

a) Die Bestimmungen, wonach Verbände und Anstalten, die auf Grund des öffentlichen Rechts zur Gewährung von Unterhalt verpflichtet sind, Ersatz der für den Unterhalt gemachten Aufwendungen von der unterstützten Person sowie von denjenigen verlangen können, die nach bürgerlichem Recht unterhaltspflichtig sind. Diese Bestimmungen sind im preuß. AG. v. 8. 3. 1871 (GS. 130) §§ 65—67 und im RG. über d. Unterst.-Wohns. v. 6. 6. 1870 (RGBl. 360) §§ 61, 62 enthalten und sind nach Art. 103 EG. z. BGB. ausdrücklich auch fernerhin aufrechterhalten.

b) Die Bestimmungen hinsichtlich des Erbrechts der Armenanstalten; auch hier sind nach EG. z. BGB. Art. 139 die landesgesetzlichen Bestimmungen — in Preußen die §§ 50—75 ALR. II 19 und § 22 II 16 — aufrechterhalten. Danach haben Armenanstalten ein gesetzliches Erbrecht am Nachlaß solcher Personen, die zur unentgeltlichen Verpflegung aufgenommen und bis zum Tode verpflegt worden sind, vorausgesetzt, daß diesen Personen oder ihren Vertretern bei ihrer Aufnahme dies Erbrecht zu Protokoll bekanntgemacht worden ist (§§ 50, 60, 61 II 19 ALR.; OTr. bei Striethorst Bd. 72 S. 338; 80 S. 76). Unentgeltliche Verpflegung ist nicht vorhanden, wenn sich der Verpflegte eingekauft hat (§ 69 II 19 ALR.), oder wenn die Armenanstalt von dem Verpflegten oder dessen Angehörigen laufende Zubußen zur Verpflegung sich hat zahlen oder die Verpflegungskosten sich hat nachträglich erstatten lassen. Das Erbrecht der Armenanstalt kann ihr durch Verfügung von Todes wegen nicht geschmälert oder genommen werden; ebenso gelten frühere einseitige letztwillige Verfügungen, wozu auch wechselseitige Testamente gehören, durch die spätere Aufnahme in die Armenanstalt als aufgehoben (OTr. bei Striethorst 40 S. 346). Dem Umfang nach ist der Erbanspruch verschieden nach der Person der Hinterbliebenen des Verpflegten: den etwa hinterlassenen ehelichen Nachkommen oder der Ehefrau des Verpflegten muß der Pflichtteil freigelassen werden, in allen anderen Fällen umfaßt das Erbrecht der Armenanstalt den ganzen Nachlaß. Haben die pflichtteilsberechtigten Hinterbliebenen den Verpflegten trotz vorhandenen Vermögens ununterstützt gelassen, so verlieren sie ihr Pflichtteilsrecht. Scheidet der Verpflegte zu Lebzeiten aus der Anstalt aus, so verbleibt der Anstalt die Forderung auf Wiedererstattung aus dem Vermögen oder Nachlasse des Verpflegten (ALR. II 19 §§ 50ff.). Bei Gefahr der Verschwendung des Vermögens durch den Aufgenommenen hat die Anstalt den Anspruch auf Sicherstellung (OTr. Entsch. 66 S. 240 und Striethorst 86 S. 42). — Der Berliner Armen-Direktion steht auf Grund des Hofreskripts v. 2. 7. 1801 in Abweichung von § 67 II 19 ALR. ein Erbrecht auch an dem Nachlasse solcher Personen zu, die, ohne in eine Anstalt aufgenommen zu sein, laufende Unterstützung — nach vorheriger Belehrung über das Erbrecht — aus Armenmitteln bis zu ihrem Tode erhalten haben.

c) Die Bestimmungen hinsichtlich der Vormundschaftsrechte der Armenanstalten (Erziehungs- und Verpflegungsanstalten) gegenüber den darin verpflegten Minderjährigen; vgl. AG. z. BGB. Art. 78 in Verbindung mit Art. 136 EG. z. BGB. und PVBl. 32 S. 773ff.

5. Begräbnisplätze: (vgl. Goetze im PVBl. 22 S. 125ff.; Doerning ebenda 28 S. 385 und Kinne ebenda 32 S. 661; s. § 190 II 11 ALR.; Art. 133 EG. z. BGB.). Die Anlage von Begräbnisplätzen muß polizeilich genehmigt werden; vor Erteilung der Genehmigung soll die Ortspolizeibehörde die Zustimmung des Regierungspräsidenten einholen (MBl. 1886 S. 92 und 1891 S. 139). Nur da, wo eine dahin zielende Observanz besteht, ist die Gemeinde verpflichtet, Begräbnisplätze anzulegen; im allgemeinen besteht eine solche Verpflichtung nicht (OVG. 26 S. 440).

Jedes Mitglied der Stadtgemeinde — ohne Unterschied der Konfession — hat Anspruch auf Bestattung auf dem Gemeindefriedhofe (§ 190 II 11

ALR.; OVG. 21 S. 126). Wo ein städtischer Friedhof besteht, kann die Stadtgemeinde durch Ortsstatut Privatpersonen von dem Betriebe des Bestattungswesens auf dem städtischen Friedhofe ausschließen (so nach Analogie von RGZ. 23 S. 22). Es besteht an sich die Möglichkeit, eine kommunale Bestattungsanstalt als ein gewerbliches Unternehmen einzurichten (OVG. im PVBl. 32 S. 712). Die Veräußerung geschlossener Gemeindefriedhöfe kann nach KabO. v. 8. 1. 1830 (Ann. 1830 S. 183) erst 40 Jahre nach Schließung erfolgen, vorher nur mit Genehmigung des Ministers (und zwar bei Kommunalfriedhöfen des Ministers des Innern). Ebenso soll ohne diese Genehmigung früher auch keine Planierung zu Gartenanlagen vorgenommen werden (MBl. 1844 S. 8).

Nach dem Gesetz betreffend die Feuerbestattung v. 14. 9. 11 (GS. 193) können die Gemeinden mit einer Mehrheit von mindestens zwei Dritteln die Errichtung von Anlagen zur Feuerbestattung beschließen; die Anlagen müssen polizeilich genehmigt werden (vgl. auch AusfAnw. v. 29. 9. 11, MBl. 263).

6. **Gasanstalten:** Eine öffentlich-rechtliche Verpflichtung der Stadtgemeinden, die Grundstücke und Gebäude der Gemeindeangehörigen mit Beleuchtung zu versehen, besteht nicht. Städtische Gasanstalten sind in der Regel private, gewerbliche Unternehmungen der Gemeinden. Die Stadtgemeinden sind jedoch befugt, auch solchen an sich gewerblichen Unternehmungen den Charakter öffentlicher Gemeindeanstalten beizulegen; ob dies der Fall ist, ist Tatfrage (OVG. im PVBl. 29 S. 911).

Die nach einem von der Aufsichtsbehörde festgestellten Tarif erhobenen Vergütungen für geliefertes Gas unterliegen der Beitreibung im Verwaltungszwangsverfahren (§ 90 KAG.).

Zur Errichtung oder Veränderung von Gasbereitungs- oder Gasbewahrungsanstalten bedarf es der Genehmigung des Kreis- (Stadt-) Ausschusses (§§ 16—25 GewO.; § 109 ZustGes.).

7. **Häfen:** Siehe hierzu Reichsverfassung (BGBl. 1871 S. 63) Art. 54 Abs. 3, 4, 5, ferner Gesetz betreffend die Hinterziehung und Überhebung von Verkehrsabgaben v. 2. 5. 00 (GS. 123) nebst AusfV. v. 12. 9. 00, MBl. 274 sowie Delius im PVBl. 22 S. 197.

8. **Kanalisationswerke:** Eine baupolizeiliche Genehmigung zur Herstellung von öffentlichen Kanalisationsanlagen ist nicht erforderlich (OVG. 5 S. 360). Der Anschluß an eine vorhandene städtische Kanalisation kann nicht durch Ortsstatut, wohl aber durch eine neben einem solchen erlassene Polizeiverordnung mittels Strafandrohung erzwungen werden (OVG. 26 S. 51; 28 S. 354; PVBl. 23 S. 566; ebenso Johow 7 S. 281).

Eine Verpflichtung der Gemeinde, bei der Durchführung der Entwässerungsanlagen einer Kanalisation die Grundeigentümer für die dadurch bedingte Aufhebung ihrer bisherigen Befugnis zur unmittelbaren Ableitung der Abwässer und Abwurfstoffe in einen öffentlichen Fluß zu entschädigen, besteht nicht (RGZ. 52 S. 380). Ebensowenig können die Grundeigentümer von der Stadtgemeinde Ersatz der Kosten verlangen, die ihnen durch die Herstellung neuer, durch eine Änderung der bereits bestehenden städtischen

Kanalisationsanlage notwendig gewordener und ihnen durch die Polizei auferlegter Anschlüsse ihrer Grundstücke an die veränderte Kanalisationsanlage entstanden sind (RGZ. 73 S. 197).

Sperrt die Stadt einem Angeschlossenen, der die Gebühren oder Beiträge nicht zahlt, auf Grund ihres ortsgesetzlichen oder vertragsmäßigen Vorbehalts den Anschluß an die Kanalisation ab, so kann gegen die Stadtgemeinde, wenn nicht ein besonderer, anders nicht zu beseitigender Notstand vorliegt, ein polizeilicher Zwang auf Wiederzulassung nicht ausgeübt werden, bevor nicht — notfalls von der Polizei — die Rückstände getilgt sind (OVG. 27 S. 422). — Für Schäden, die infolge mißbräuchlicher Benutzung der Kanalisation seitens der Angeschlossenen Dritten erwachsen, indem deren Grundstücke oder Privatgewässer durch die Kanalisation verunreinigt werden, haftet die Stadtgemeinde (RG. in PVBl. 22 S. 194). Kanalisationswerke sind gewerbesteuerfrei (GewStG. v. 24. 6. 1891 § 3). — Wegen der Kanalisationsabgaben und Gebühren vgl. OVG. 52 S. 91 und Hönemann im PVBl. 27 S. 295.

9. **Markthallen:** Markthallen treten dann rechtlich an die Stelle der Marktplätze für den öffentlichen Wochenmarktverkehr, wenn ihnen die Eigenschaft öffentlicher Märkte von der Ortspolizeibehörde im Einverständnis mit der Gemeindebehörde zuerteilt ist. Gemäß §§ 65, 69 GewO. ist die Ortspolizeibehörde im Einverständnis mit der Gemeindebehörde befugt, eine solche Bestimmung zu treffen (dabei auch gleichzeitig die Benutzung der bisherigen öffentlichen Marktplätze für den Marktverkehr zu verbieten); OVG. 15 S. 366; 22 S. 336. Ist durch die Polizei der Marktverkehr in die Markthallen verwiesen, so stehen der Ortspolizei dieselben Befugnisse wegen Beaufsichtigung des Verkehrs in den Markthallen wie bei anderen öffentlichen Marktplätzen zu; insbesondere finden dann auf die Art der feilzuhaltenden Waren die Bestimmungen der GewO. (§ 66; OVG. 15 S. 366; 21 S. 346), auf die Erhebung der Marktstandsgelder die Bestimmungen des G. v. 26. 4. 1872 (s. Anm. 2 III b zu § 56[1]) Anwendung. Wegen der Zuständigkeit s. §§ 127ff. und 161 ZustGes. und § 43 LVG.; wegen der Gewerbesteuerfreiheit § 3 des GewStG. v. 24. 6. 1891.

10. **Pfandleihanstalten:** Maßgebend sind die §§ 20ff. des Gesetzes betr. das Pfandleihgewerbe v. 17. 3. 1881 (GS. 265) sowie Art. 94 EG. z. BGB. und Art. 41 AG. z. BGB. Danach ist die Errichtung städtischer Pfandleihanstalten von der Genehmigung der Aufsichtsbehörde abhängig, ebenso der Erlaß des für die Anstalt zu schaffenden Reglements. Zur Versagung der Genehmigung bedarf der Regierungspräsident (in Berlin Oberpräsident) der Zustimmung des Bezirksausschusses (§ 20 Abs. 2 l. c. und § 153 LVG.). Die Gemeinden haften für alle Verbindlichkeiten der von ihnen errichteten Pfandleihanstalten. Die Überschüsse sind zu Zwecken der Armenpflege zu verwenden. Von den Anstalten haben die Kommunen Gewerbesteuer nicht zu entrichten (GewStG. v. 24. 6. 1891 § 3 Ziff. 4f, GS. 205). — Auch wo städtische Pfandleihanstalten bestehen, können private Pfandleihinstitute konzessioniert werden (GewO. § 34 in der Gestalt des Reichs-Ges. v. 23. 7. 1879 [RGBl. 267] Art. 4); danach in Verbindung mit ME. v. 21. 9. 1879 (MBl. 253) kann aber durch Ortsstatut bestimmt

werden, daß die Erteilung der Erlaubnis zur Errichtung von privaten Pfandleihinstituten von dem Nachweise eines vorhandenen Bedürfnisses abhängig sein solle. Wegen der Zuständigkeit zur Erteilung der Erlaubnis s. §§ 114ff., 119 ZustGes.

11. **Schlachthäuser.** Vgl. hierzu:

a) das G. betr. die Errichtung öffentlicher, ausschließlich zu benutzender Schlachthäuser v. 18. 3. 1868 (GS. 277) in der Fassung des G. v. 9. 3. 1881 (GS. 273) und des G. v. 29. 5. 02 (GS. 162);

b) Reichs-Ges. betr. die Schlachtvieh- und Fleischbeschau v. 3. 6. 00 (RGBl. 547);

c) G. betr. Ausführung des Schlachtvieh- und Fleischbeschaugesetzes v. 28. 6. 02 (GS. 229) nebst AbänderungsG. v. 23. 9. 04 (GS. 257);

d) ReichsviehseuchenG. v. 26. 6. 09 (RGBl. 519) nebst AusfVorschr. des Bundesrats v. 7. 12. 11 (RGBl. 1912 S. 4) und Preuß. AG. v. 25. 7. 11 (GS. 149).

Nach § 1 des zu a genannten Gesetzes können diejenigen Gemeinden, für welche eine Gemeindeanstalt zum Schlachten von Vieh (öffentliches Schlachthaus) errichtet ist, durch Gemeindebeschluß anordnen, daß innerhalb des ganzen Gemeindebezirks oder eines Teils desselben das Schlachten sämtlicher oder einzelner Gattungen von Vieh, sowie gewisse mit dem Schlachten in unmittelbarem Zusammenhange stehende, bestimmt zu bezeichnende Verrichtungen ausschließlich in dem oder den öffentlichen Schlachthäusern vorgenommen werden.

Dieser Schlachthauszwang trifft auch für solche Gemeinden zu, für die ein früher errichtetes Schlachthaus erst durch späteres Abkommen mit der Schlachthausgemeinde zuständig geworden ist (Johow 35 S. 47).

Der § 2 des erwähnten Gesetzes, wonach nach Errichtung eines öffentlichen Schlachthauses durch Gemeindebeschluß die obligatorische Untersuchung des Schlachtviehs vor und nach dem Schlachten, sowie die Untersuchung des nicht im Schlachthofe geschlachteten, von außen eingeführten ausgeschlachteten Fleisches vor dem Verkauf angeordnet und noch andere Beschränkungen hinsichtlich des Verkaufs des von außen eingeführten ausgeschlachteten Fleisches getroffen werden können, ist jetzt durch §§ 1—3 des G. v. 3. 6. 00 (vgl. oben zu b), sowie §§ 4—6 des AG. v. 28. 6. 02 und das G. v. 23. 9. 04 (vgl. oben zu c) abgeändert und ergänzt. Die früher auf Gemeinden, für die ein öffentliches Schlachthaus errichtet ist, beschränkte Schlachtvieh- und Fleischbeschau ist im ganzen Deutschen Reiche einheitlich und allgemein angeordnet. Hervorzuheben ist ferner die durch §§ 8ff. des G. v. 28. 6. 02 eingeführte Verpflichtung der Gemeinden mit Schlachthauszwang, für sog. bedingt taugliches Fleisch, das zum Genusse für Menschen brauchbar gemacht ist, sowie für sog. minderwertiges Fleisch besondere Verkaufsstellen (Freibänke) einzurichten. Ausnahmen können für Gemeinden mit weniger als 5000 Einwohnern von der Landespolizeibehörde zugelassen werden.

Die Gemeindebeschlüsse aus den §§ 1 u. 2 des G. v. 18. 3. 1868 bedürfen der Genehmigung (§ 3 ebendort; jetzt des Bezirksausschusses, ZustGes. § 131). Die Gemeinden sind verpflichtet, die öffentlichen ausschließlich zu benutzenden Schlachthäuser den örtlichen Bedürfnissen entsprechend einzurichten und zu unterhalten (§ 4). Sie können für die Benutzung des Schlachthauses wie für die Untersuchung des Viehs und des Fleisches Gebühren erheben. Der § 5 des Gesetzes, der hiervon handelt, ist nur noch in Nr. 1 gültig, im übrigen aber abgelöst und aufgehoben durch KAG. § 11 Abs. 2 u. 3, sowie § 14 des G. v. 28. 6. 02, vgl. Oertel S. 295. Die Benutzung des öffentlichen Schlachthauses darf bei Erfüllung der allgemeinen Bedingungen niemandem versagt werden (§ 6). Bezüglich der Fassung der allgemeinen Bedingungen sind die Gemeinden nicht beschränkt, müssen aber die Bedingungen allen Benutzern gegenüber gleichmäßig fassen. Deshalb ist es z. B. unzulässig, das Schächten nur den jüdischen Fleischern zu gestatten, den christlichen aber zu verbieten (PVBl. 22 S. 221); umgekehrt gilt ein etwa erlassenes allgemeines Schächtverbot ohne weiteres auch gegenüber jüdischen Schlächtern (OVG. 38 S. 58 ff.; 44 S. 68; PVBl. 25 S. 196). In den §§ 7—12 des genannten Gesetzes sind sodann noch Grundsätze über die Entschädigung derjenigen Personen enthalten, welche Eigentümer oder Nutzungsberechtigte solcher privaten Schlachtanstalten sind, die durch die neu errichtete öffentliche Anstalt außer Betrieb gesetzt werden. In bezug auf die Zuständigkeit ist § 10 insofern abgeändert, als, wiederum auf Grund des § 131 ZustGes., der Bezirksausschuß zum Erlasse der dort vorgesehenen Beschlüsse zuständig ist (s. auch § 12). Der § 14 enthält Strafbestimmungen; der § 13 ist nicht mehr in Geltung.

Schlachthäuser und Viehhöfe sind gewerbe- und gebäudesteuerfrei; § 3 Nr. 4 des GewStG. v. 24. 6. 1891, § 11 der Veranlagungsgrundsätze für die Gebäudesteuer v. 7. 5. 1892 (Drucksachen des Abgeordnetenhauses 1895 zu Nr. 140 S. 125), sowie endlich jetzt § 24c des KAG.

Die Errichtung und Veränderung von Schlachthäusern bedarf nach §§ 16—25 GewO., § 109 ZustGes. der besonderen Genehmigung des Stadt- (Kreis-)Ausschusses.

12. Schulen. Vgl. hierüber das zu § 59 gelegentlich der Behandlung der Schuldeputation Gesagte.

13. Sparkassen. Die Grundlage des Sparkassenwesens bildet das Reglement, die Errichtung des Sparkassenwesens betreffend, v. 12. 12. 1838 (GS. 1839 S. 5), das indessen in einer Reihe wichtiger Punkte durch die spätere Gesetzgebung abgeändert und ergänzt (vgl. u. a. MBl. 1899 S. 190, 234; 1900 S. 15, 176, 225) und durch die Judikatur ausgestaltet worden ist.

a) Errichtung von Sparkassen. Statutenänderungen.

Maßgebend sind die Nr. 1 u. 2 des Reglements in Verbindung mit § 52 ZustGes. Letzterer lautet:

„Die Errichtung von Sparkassen durch Kreise, Stadt- und Landgemeinden und andere über den Umfang eines Kreises nicht hinausgehende kommunale Verbände bedarf der staatlichen Genehmigung auch in denjenigen Landesteilen, in welchen eine solche bisher nicht vorgeschrieben war.

Diese Genehmigung, sowie die Bestätigung der bezüglichen Statuten steht dem Oberpräsidenten zu. Die Genehmigung (Bestätigung) darf nur unter Zustimmung des Provinzialrats versagt werden. Ingleichen bedarf es der Zustimmung des Provinzialrats zu Statutenänderungen und zur Auflösung von Sparkassen, soweit solche der Oberpräsident nach bestehendem Rechte gegen den Willen der Kreise, Gemeinden oder sonstigen Verbände vorzunehmen ermächtigt ist."

Ein Muster für die Anfertigung von Sparkassenstatuten ist abgedruckt im MBl. 1873 S. 295.

Filialen öffentlicher Sparkassen sowie Annahmestellen derselben dürfen nicht außerhalb der Grenzen desjenigen Kommunalverbandes errichtet werden, der die Sparkasse begründet hat und für sie garantiert, jedenfalls nicht innerhalb der Grenzen des Geschäftsbezirks einer anderen öffentlichen Sparkasse. Bestehende Einrichtungen müssen aber nicht aus diesem Grunde beseitigt werden (MBl. 1886 S. 1 u. 182).

b) Verwaltung. Beaufsichtigung.

Die Verwaltung der Sparkassen wird regelmäßig von einem „Kuratorium" geführt. Die Stellung desselben zum Magistrat ist die einer Verwaltungsdeputation. Das Kuratorium ist öffentliche Behörde (MBl. 1880 S. 201). In Grundbuchsachen bedarf seine Unterschrift also keiner Beglaubigung (RGrBO. § 29; Johow 21 A S. 101). Ist statutenmäßig ein Kuratorium nicht vorgesehen, so vertritt der Magistrat die Sparkasse (§ 56[5 u. 8]).

Das Kuratorium kann statutarisch zur Vertretung der Sparkasse, d. h. der Stadtgemeinde in Sparkassenangelegenheiten (vgl. c), in Prozessen legitimiert werden (RG. im PVBl. 28 S. 695; RGZ. 64 S. 400). Außerdem ist, wofern nicht etwa ausnahmsweise der Sparkasse die Eigenschaft als besondere juristische Person ausdrücklich verliehen ist, der Magistrat zur Vertretung auch der Sparkasse befugt (Johow 24 S. 224 und Anm. 1 zu § 56[8] StO.).

Über Auskunftsrecht und Auskunftspflicht der öffentlichen Sparkassen vgl. PVBl. 31 S. 521ff.

Die Beaufsichtigung führt gemäß § 53 ZustGes. die Kommunalaufsichtsbehörde, d. h. also der Regierungspräsident, in Berlin der Oberpräsident. Sie ist bei Versagung solcher Genehmigungen, die nach dem Gesetz oder Statut besonders erfordert sind, an die Zustimmung des Bezirksausschusses gebunden. Die Aufsicht erstreckt sich auf Prüfung der gesamten Geschäftsführung in bezug auf ihre Gesetzmäßigkeit und Statutenmäßigkeit.

c) Rechtsstellung der Sparkassen.

Städtische Sparkassen sind öffentliche städtische Anstalten; sie sind keine juristischen Personen, sondern stellen lediglich ein Sondervermögen der Stadtgemeinde dar (RGZ. 34 S. 3; 64 S. 400; 68 S. 280; PVBl. 13 S. 449; 25 S. 180; 27 S. 62; Johow 27 A S. 71 u. 74; 34 A S. 224; OVG. 50 S. 94). Daran ändert der Umstand nichts, daß im gewöhnlichen Geschäftsverkehr die Sparkasse häufig als Rechtssubjekt angesprochen, als Hypothekengläubigerin aufgeführt und als Klägerin im Prozesse bezeichnet wird. Immer ist es in Wahrheit die Stadtgemeinde, die Gläubigerin oder Schuldnerin ist. Forderungen der Stadtgemeinde gegen die Sparer kann daher die Stadtgemeinde gegen die Forderungen der Sparer an die Sparkasse zur Aufrechnung stellen. Strenggenommen sind daher auch Darlehnsgeschäfte zwischen der Stadtgemeinde und ihrer Sparkasse undenkbar, ebenso wie Käufe von Effekten zwischen beiden. Dennoch wird, zumal in großen Betrieben, der Verkehr zwischen der Stadthauptkasse und der Sparkasse aus Zweckmäßigkeitsgründen, zur Erhaltung der Übersichtlichkeit und der Trennung des Sparkassenfonds vom sonstigen Kämmereivermögen sich regelmäßig in den äußeren Formen von Rechtsgeschäften (Kauf, Darlehen) abwickeln. Stempelpflichtige wirkliche Rechtsgeschäfte liegen aber in allen diesen Fällen nicht vor (MBl. 1895 S. 90; RGZ. 34 S. 3). — Auf die städtischen Sparkassen findet die Bestimmung des § 248 Abs. 2 BGB. (daß nicht erhobene Zinsen auf Grund von Vereinbarung als neue verzinsliche Einlagen gelten können), sowie in ihrer Eigenschaft als Anstalten einer öffentlich-rechtlichen Korporation auch die Bestimmung des AG. z. BGB. Art. 7 § 1 Abs. 2 (nicht Abs. 3) und des Art. 9 AG. z. RG. über die Zwangsversteigerung (GS. 1899 S. 291) Anwendung.

Nach § 3 Nr. 4a GewStG. sind städtische Sparkassen gewerbesteuerfrei.

d) Mündelsicherheit der Forderungen gegen Sparkassen. Von dem Grundsatze des Art. 99 EG. z. BGB., daß die landesgesetzlichen Bestimmungen über öffentliche Sparkassen aufrechterhalten sind, sind dort die Bestimmungen über Anlegung von Mündelgeldern (§ 1807 BGB.) ausgenommen. In Gemäßheit und Ausführung der Nr. 5 des § 1807 bestimmt das AG. z. BGB. Art. 75:

„§ 1. Eine in Preußen bestehende öffentliche Sparkasse kann durch den Regierungspräsidenten im Einvernehmen mit dem Landgerichtspräsidenten zur Anlegung von Mündelgeld für geeignet erklärt werden. Die Erklärung kann zurückgenommen werden.

Die Erklärung und die Rücknahme sind durch das Amtsblatt bekanntzumachen.

§ 2. Ist vor dem Inkrafttreten des Bürgerlichen Gesetzbuchs ein Sparkassenbuch außer Kurs gesetzt, so ist zur Erhebung des Geldes die Genehmigung des Gegenvormundes oder des Vormundschaftsgerichts erforderlich.“

Indessen können gemäß § 1 nur solche Sparkassen für mündelsicher erklärt werden, deren Statuten eine Anlage gemäß § 1809 BGB. (sog. Sperranlage) vorsehen.

e) Anlegung von Sparkassenbeständen (vgl. PVBl. 26 S. 21). Hervorzuheben ist in erster Reihe das G. betr. die Anlegung von Sparkassenbeständen in Inhaberpapieren v. 23. 12. 12 (GS. 1913 S. 3). Danach haben öffentliche Sparkassen von ihrem verzinslich angelegten Vermögen Mindestbeträge in mündelsicheren Schuldverschreibungen auf den Inhaber anzulegen, und zwar:

I. 15 %, wenn ihr Einlagebestand 5 Millionen Mark nicht übersteigt und sich ihre Grundstücksbeleihungen und die Gewährung von Darlehen als Personalkredit nach der Satzung künftig auf den Stadt- oder Landkreis, in dem der Garantiebezirk belegen ist, beschränken,

II. 20 %, wenn ihr Einlagebestand 10 Millionen Mark nicht übersteigt und sich ihre Ausleihungen (Nr. I) nach der Satzung künftig auf den

Stadt- oder Landkreis, in dem der Garantiebezirk belegen ist, und die angrenzenden Kreise beschränken,

III. 25 % in allen anderen Fällen.

Von dem Mindestbestand an mündelsicheren Schuldverschreibungen auf den Inhaber müssen $^3/_5$ in Schuldverschreibungen des Deutschen Reichs oder Preußens angelegt werden.

Es kommen ferner in Betracht § 1807 BGB., Art. 73, 74 AG. z. BGB. Gemäß Art. 99 EG. z. BGB. gelten aber daneben die Bestimmungen der älteren Zeit, soweit sie nicht mit den vorstehend genannten Bestimmungen kollidieren. Besonders wichtig sind:

α) Die KabO. v. 21. 7. 1841 (GS. 287), wonach auch andere, als „erste" Hypotheken als Anlage benutzt werden dürfen, vorausgesetzt, daß sie innerhalb der Hälfte des Grundstückswerts ausgehen.

β) Die MR. im MBl. 1872 S. 252; 1890 S. 76; 1891 S. 222 in betreff der Berechnung des Grundstückswerts nach dem Grundsteuerreinertrage oder dem Gebäudesteuernutzungswert (vgl. auch MBl. 1895 S. 260, wonach die Abschätzung des Grundstücks zum Zwecke der Veranlagung der Ergänzungssteuer nicht maßgebend ist).

γ) Allerh. E. v. 23. 2. 1857 (MBl. 71), wonach Ausleihung von Kapitalien gegen Schuldschein und Bürgschaft zulässig ist. Nach MBl. 1897 S. 189 sollen bürgschaftslose Darlehen an Eingesessene der die Sparkasse garantierenden Kommune bis 3000 Mk. unter gewissen Voraussetzungen ebenfalls zulässig sein, indessen im Gesamtbetrage nicht 1 % der Sparkassenaktiva und 10 % des Reservefonds überschreiten dürfen.

δ) MR. v. 2. 4. 1884 (MBl. 113), wonach die Ausleihung von Kapitalien an Provinzen, Kreise, Städte und Landgemeinden, an Kirchengemeinden und sonstige kommunale Verbände mit Korporationsrechten gegen Hergabe von ordnungsgemäß ausgestellten Obligationen dieser Verbände bis zu $^1/_4$ des Sparkassenbestandes zulässig ist (vgl. auch MBl. 1898 S. 8). Wegen Kredits an Genossenschaften s. MBl. 01 S. 246 ff.

ε) ME. v. 24. 3. 02 (MBl. 85) über die Anlegung von Sparkassenbeständen in Wertpapieren und die Beleihung von Wertpapieren durch Sparkassen.

ζ) Nach MBl. 98 S. 155 ist der Verzicht auf das Kündigungsrecht bei Amortisationsdarlehen, die im übrigen zulässig sind (MBl. 94 S. 18 u. 98 S. 41) unzulässig.

η) Nach MBl. 1886 S. 10 war der Scheckverkehr, ausgenommen mit der Preußischen Zentralgenossenschaftskasse, unzulässig. Jetzt können nach dem ScheckG. v. 11. 3. 08 (RGBl. 71) die Sparkassen, wenn sie den nach Landesrecht für sie geltenden Aufsichtsbedingungen entsprechen, als Bezogene bezeichnet werden (vgl. die Vorschriften über den Scheckverkehr bei öffentlichen Sparkassen v. 20. 4. 09, MBl. 124).

f) Reservefonds. Davon handelt Nr. 7 des Reglements (in Verbindung mit § 53 ZustG.). Die dort vorgesehene Genehmigung der

Kommunalaufsichtsbehörde zur Verwendung der Sparkassenüberschüsse für allgemeine städtische Zwecke ist eine allgemeine gesetzliche Vorschrift, von deren Einhaltung auch die Aufsichtsbehörde nicht die Kommunen entbinden kann. Der Beschluß eines Magistrats, ohne Einholung der Genehmigung über solche Überschüsse im Etat zu verfügen, ist als ungesetzlich zu beanstanden (OVG. 49 S. 5).

Über den Reservefonds handeln ferner noch MBl. 1874 S. 238; 1875 S. 77; 1878 S. 5 u. 155; 1882 S. 194; 1891 S. 223 ff.; 1894 S. 79; 1896 S. 41, 42; 1897 S. 4; 04 S. 116; 05 S. 85; vgl. auch PVBl. 25 S. 37 u. 26 S. 21.

g) Sparkassenbücher. Die Sparkassenbücher sind nicht Inhaberpapiere, sondern sog. Legitimationspapiere (OTrEntsch.. 34 S. 337; 47 S. 423). Auf sie findet daher § 808 BGB. (vgl. auch Art. 99 EG. z. BGB.) Anwendung. Das Recht auf das Sparkassenguthaben kann daher nicht durch einfache Übergabe des Buches, sondern nur durch Übergabe und Abtretung übertragen werden. — Das Aufgebot abhanden gekommener oder vernichteter Sparkassenbücher findet nach Maßgabe der Bestimmungen in §§ 1003 ff. ZPO. statt. Zu beachten sind aber außerdem die in Nr. 15 b und c des Sparkassenreglements gegebenen Bestimmungen.

h) Sparkassenbeamte. Die Art und die Bedingungen der Anstellung einschließlich der Zuständigkeit hinsichtlich der Anstellung richten sich nach dem Statut (s. Nr. 18 des Reglements). Unter Umständen — beim Vorliegen entsprechender statutarischer Bestimmung — kann also die Stadtverordnetenversammlung, nicht der Magistrat (im Gegensatz zu § 56 [6] StO.) zur Wahl der Personen zuständig sein (OVG. 21 S. 33). Die statutarische Verpflichtung der Sparkassenbeamten zur Stellung von Kautionen ist durch das G. v. 7. 3. 1898 nicht als aufgehoben zu erachten (MBl. 1898 S. 122; vgl. auch MBl. 09 S. 241 über die Möglichkeit, von der Stellung einer Kaution abzusehen).

14. Straßenbahnen: Sämtliche städtische Straßenbahnen fallen unter das KleinbahnG. v. 28. 7. 1892; GS. 225 (vgl. zu diesem AusfAnw. v. 13. 8. 1898; MBl. 157; MBl. 01 S. 12; MBl. 1893 S. 72; MBl. 01 S. 41; ferner OVG. 29 S. 401 sowie 31 S. 370, 374; 38 S. 359. Die gebräuchlichsten Kommentare zum Kleinbahngesetze sind von Gleim und Eger. Außerdem kommt in Betracht das Gesetz über die Bahneinheiten v. 8. 7. 02 (GS. 238); vgl. hierzu Anm. 3 zu § 50 StO. am Schlusse; da die Gesamtheit einer Straßenbahn (Bahneinheit) als Gegenstand des unbeweglichen Vermögens anzusehen ist, kommen bei Veräußerung einer städtischen Straßenbahn §§ 50, 51 StO. sowie — und zwar sowohl bei Veräußerung als auch beim Erwerbe einer Straßenbahn — die Bestimmungen betreffend die Beurkundung von Geschäften über Veräußerung von Grundstücken in Betracht. Siehe auch Anm. 1a zu § 56 [5] StO.

15. Wasserwerke (vgl. Immich im PVBl. 28 S. 213, 269, 289): Wasserwerke und Wasserleitungen werden in den meisten Fällen von den Gemeinden nicht ausschließlich im öffentlichen Interesse errichtet, sondern zu dem Zwecke, aus der Lieferung von Wasser einen Gewerbebetrieb zu machen, d. h. Überschüsse zugunsten der Herabminderung der direkten Steuern zu erzielen. Sie fallen daher meist unter § 3, nicht unter § 4 KAG. Maßgebend für ihre Qualifizierung in dieser Beziehung ist, ob ein tatsächlicher oder rechtlicher Benutzungszwang besteht. Die Einziehung des Wassergeldes ist, wo es sich um ein gewerbliches Unternehmen handelt, nicht im Wege des Verwaltungszwangsverfahrens, sondern nur im ordentlichen Rechtswege zulässig, es sei denn, daß ein aufsichtsbehördlich genehmigter Tarif vorliegt (§ 90 KAG.). Stellt sich das Wasserwerk als ein gewerbliches Unternehmen und nicht als eine im öffentlichen Interesse zu unterhaltende Veranstaltung dar, so ist die Gemeinde befugt, dasselbe den Grundstückseigentümern nur im Wege des Vertrages unter Erfüllung bestimmter Bedingungen zugänglich zu machen. Von dem Rechte auf Mitbenutzung einer vermeintlich öffentlichen Gemeindeanstalt (§ 18 Nr. 3 ZustGes.) ist unter solchen Umständen keine Rede, eine hierauf gestützte Klage unbegründet (PVBl. 23 S. 690).

Wenn die Wasserleitung als öffentliche Gemeindeanstalt mit Anschlußzwang errichtet ist, können für ihre Benutzung Gebühren nur dann erhoben werden, wenn ihre Erhebung in rechtsgültiger Weise beschlossen ist (OVG. im PVBl. 24 S. 618).

Besonders wichtig für Kommunen ist die Entscheidung in OVG. 7 S. 354, nach der die Stadtgemeinde, die wegen Nichtzahlung von Wassergeld einem an die Kanalisation angeschlossenen Hausbesitzer das Wasser abgesperrt hat, vor Zahlung des restierenden Wassergeldes nicht von der Polizei zur Gestattung des Wiederanschlusses gezwungen werden kann. — Der Anschluß der Häuser an eine vorhandene städtische Wasserleitung kann zwar nicht durch Ortsstatut — vgl. § 11 Anm. 3 unter c — wohl aber im sanitäts- oder sicherheitspolizeilichen Interesse durch Polizeiverordnung erzwungen werden (OVG. 28 S. 354 und 52 S. 30).

Der Anschlußzwang setzt voraus, daß die Gemeinde jedem beteiligten Einwohner das Recht zuerkennt, die Wasserleitungsanlage zur Wasserentnahme zu benutzen (PVBl. 22 S. 454), und daß sie die Anlage dauernd in einem die allgemeine Benutzung ermöglichenden Zustande erhält. Darüber, wie der Anschlußzwang durchzuführen ist, vgl. PVBl. 28 S. 113, 114. Städtische Wasserwerke sind, soweit sich die Lieferung von Wasser auf den Bezirk der unternehmenden Gemeinde beschränkt, gewerbesteuerfrei (GewStG. § 3 Nr. 4b).

16. Betreibt eine Stadtgemeinde ein Unternehmen, das nach den Bestimmungen des HGB. als Handelsgewerbe zu betrachten ist (z. B. Gasanstalten; s. HGB. § 1), so ist sie Kaufmann und unterliegt bezüglich dieses Zweiges ihrer Verwaltung den Bestimmungen des HGB. Sie braucht aber gemäß § 36 HGB. ihre Firma nicht eintragen zu lassen.

Erläuterungen zu § 56 Nr. 4.

Nr. 4 des § 56 lautet:

Der Magistrat hat als .... Gemeindeverwaltungsbehörde insbesondere folgende Geschäfte:

4. die Einkünfte der Stadtgemeinde zu verwalten,[1] die auf dem Etat[2] oder besonderen Beschlüssen der Stadtverordneten beruhenden Einnahmen und Ausgaben anzuweisen[3] und das Rechnungs- und Kassenwesen zu überwachen.[4] Von jeder regelmäßigen Kassenrevision ist der Stadtverordnetenversammlung Kenntnis zu geben, damit sie ein Mitglied oder mehrere abordnen könne, um diesem Geschäfte beizuwohnen; bei außerordentlichen Kassenrevisionen ist der Vorsitzende oder ein von demselben ein- für allemal bezeichnetes Mitglied der Stadtverordnetenversammlung zuzuziehen;[5,6,7]

1. Diesem Satze wie überhaupt der ganzen Bestimmung in § 56[4] kommt lediglich formale Bedeutung zu. Nicht die materielle Frage, welche Einkünfte der Stadtgemeinde zustehen oder welche Einkünfte sie sich nach den Gesetzen und ev., in welcher Form sie sich diese erschließen kann, wird im § 56[4] erörtert; vielmehr wird lediglich die Zuständigkeit des Magistrats zur Verwaltung der vorhandenen Einkünfte wie zu den übrigen im § 56[4] hervorgehobenen Maßnahmen im Verhältnis zur Stadtverordnetenversammlung abgegrenzt. Daher auch Erörterungen über die Finanzwirtschaft der Städte oder die Formen, in denen sie sich Einnahmequellen erschließen können, soweit diese Erörterungen aus dem Steuerrecht überhaupt in der hier beabsichtigten Darstellung des eigentlich städtischen Verwaltungsrechts Berücksichtigung zu finden haben (s. Vorrede), nicht hierher, sondern in die Lehre vom Stadthaushalt (§ 66 StO.) gehören. Was nun die Verwaltung der Einkünfte durch den Magistrat anbelangt, so ergibt sich aus der Bestimmung des § 56[4] keineswegs, daß der Magistrat in bezug auf diese Funktionen sich etwa schrankenloser Freiheit erfreut. Da auch die Einkünfte der Stadtgemeinde, sobald sie in die Stadtkasse geflossen sind, ja strenggenommen schon, sobald sie als ausstehende Forderungen existent geworden sind (sei es als öffentlich-rechtliche Forderungen, nämlich als Steuern und Abgaben, sei es als privatrechtliche vertragsmäßige Leistungen), Teile des Gemeindevermögens sind, so ergibt sich schon hieraus der Grundsatz, daß bei der Verwaltung der Einkünfte ebenso wie bei der Verwaltung des Gemeindevermögens der Magistrat an die generellen und speziellen Beschlüsse der Stadtverordneten gebunden ist; vgl. Vorbem. II zu § 49. Demzufolge hat der Magistrat, wenn er disponible Gelder aus den Überschüssen der Einkünfte ausleihen will, hierzu die Genehmigung der Stadtverordnetenversammlung nachzusuchen. Innerhalb der Grenzen der Gemeindebeschlüsse allerdings steht ihm allein die Verwaltung zu.

2. Siehe hierzu Titel VII §§ 66 ff.

3. Zahlungsorders und Annahmeorders an die städtischen Kassen zu geben, ist hiernach das alleinige Recht des Magistrats. Die Kassen umgekehrt sind verpflichtet, nur solchen Orders Folge zu leisten, die vom Magistrat (oder dessen durch Delegation legitimierten Organen) ausgehen. Die Stadtverordnetenversammlung oder ihre Mitglieder als solche sind hiernach

gesetzlich von der Tätigkeit, welche die Verausgabung oder Vereinnahmung von Geldern betrifft, ausgeschlossen. Nur in ihrer etwaigen Eigenschaft als Deputationsmitglieder (§ 59 StO.) kann ihnen ein internes Mitbestimmungsrecht eingeräumt sein, das indessen nach außen — also auch der Kasse gegenüber — nie hervortritt und rechtlich bedeutungslos ist. Städtische Fonds können daher auch durch Gemeindebeschluß nicht den Stadtverordneten oder dem Vorstande der Versammlung derart zur Verfügung gestellt werden, daß diese oder dieser die von der Mitwirkung des Magistrats unabhängige Verfügung darüber erhält. (Anders natürlich bei Stiftungsgeldern, deren Vergebung stiftungsgemäß etwa dem Stadtverordnetenvorsteher zusteht.)

Daß das Plenum des Magistrats jede Kassenorder genehmigt haben müsse, ist in § 56⁴ nicht gemeint, da das Plenum die Ausgabe ja schon vorher genehmigt hat. Nur die Firma „Magistrat" ist unter der Kassenorder erforderlich. Es kann aber auch, wie schon angedeutet, der Magistrat das Recht, Anweisungen an die städtischen Kassen zu geben, delegieren, und zwar kann er sowohl regelmäßig eins oder mehrere seiner Mitglieder, als auch die Verwaltungsdeputationen (§ 59) damit betrauen, letztere aber nur, soweit ihr Geschäftskreis reicht. — Die Unterschrift unter Kassenorders braucht, da es sich nicht um Urkunden handelt, in denen die Stadtgemeinde Verpflichtungen übernimmt, nur der Bürgermeister oder sein Vertreter zu leisten; zwei Unterschriften sind gesetzlich nicht erforderlich (PVBl. 28 S. 304).

Fällige Verpflichtungen der Stadtgemeinde hat der Magistrat durch rechtzeitige Anweisung der Stadtkasse zur Zahlung und durch Überwachung der Ausführung seiner Order pünktlich zu erfüllen. Wird die Stadt durch Nichterfüllung fälliger und ausgeklagter Verbindlichkeiten säumig, so ist sie der Zwangsvollstreckung unterworfen. Handelt es sich dabei um Geldforderungen, so ist, soweit nicht dingliche Rechte verfolgt werden, nach § 15 EG. z. ZPO. in der Fassung des Art. II des G. v. 17. 5. 1898 (RGBl. 332) für die Zwangsvollstreckung noch immer Anhangsparagraph 153 zu § 45 I 24 AGO. in Verbindung mit ZustGes. § 17 Ziff. 4 in Geltung. Danach haben die Gerichte (die Gerichtsvollzieher sind unzuständig) die Zwangsvollstreckung anzuordnen, aber erst, nachdem der Bezirksausschuß (in Berlin der Oberpräsident) über die Art der Zwangsvollstreckung Beschluß gefaßt hat. Handelt es sich um dingliche Rechte Dritter an unbeweglichem Stadtvermögen, oder sollen Grundstücke und Gebäude der Städte sonst für die Zwangsvollstreckung in Anspruch genommen werden, so sind die §§ 155, 156 ALR. II 8 zu berücksichtigen; danach können zwar der Stadtgemeinde gehörige Grundstücke und Gebäude an sich für die Exekution in Anspruch genommen werden, indessen nicht insoweit, als sie zum Betrieb der öffentlichen Angelegenheiten oder sonst zur allgemeinen Benutzung dienen. — Nach OVG. 5 S. 86; 26 S. 145 ist Anhangsparagraph 153 zu § 45 I 24 AGO. in Verbindung mit § 17⁴ ZustGes. auch anzuwenden, wenn es sich um Vollstreckung der Entscheidungen von Verwaltungsgerichten handelt. — Ist die Stadtgemeinde außerstande, die Schuld auf einmal zu tilgen, so muß die Zahlung allmählich aus den laufenden Einnahmen, ev. durch Erhebung von Abgaben von den Mitgliedern der Gemeinde, erfolgen. Die

Einteilung der Schuld auf die Geschäftsjahre und die Repartition auf die Gemeindemitglieder ist Sache der Verwaltungsbehörden, nicht der Gerichte (§§ 97, 98 ALR. II 6). Wegen der Zwangsetatisierung vgl. § 78 StO. und § 19 ZustGes., sowie das zu § 78 StO. Bemerkte.

Bezüglich der Form städtischer Zahlungen vgl. MBl. 03 S. 166, wonach städtische Kassen sich möglichst dem Reichsbankgiroverkehr anschließen sollen.

4. Diese Bestimmung, daß der Magistrat zuständig ist, das Rechnungs- und Kassenwesen zu überwachen, ist der Regelsatz; der Satz 2 der Nr. 4 bringt bezüglich der Kassenrevisionen eine Ausnahme, indem er hierbei eine Mitwirkung der Stadtverordneten vorschreibt. Für die Organisation des Rechnungs- und Kassenwesens fehlt es an irgendwelchen gesetzlichen Bestimmungen. Weder die Instruktion zur Ausführung der StO. v. 20. 6. 1853 noch die in dieser aufrechterhaltene Instruktion für die Stadtmagistrate v. 25. 5. 1835 enthalten etwas hierüber. Ein jeder Magistrat ist deshalb in der Lage und verpflichtet, eine Kasseninstruktion zu erlassen, die den örtlichen Verhältnissen entspricht. Beachtenswerte Grundsätze hierfür wie für die Organisation des Kassenwesens enthält ein Aufsatz von Kramer in PVBl. 22 S. 389 ff. und 401 ff. Das gesamte Kassen- und Rechnungswesen untersteht da, wo ein Magistratsmitglied zum Kämmerer bestellt ist, diesem, außerdem aber überall der allgemeinen und umfassenden Aufsicht und Leitung des Ersten Bürgermeisters in seiner Eigenschaft als Magistratsdirigenten. Daher denn auch dem letzteren in der Instruktion für die Stadtmagistrate (§ 20 Nr. 6) die Befugnis und Verpflichtung auferlegt ist, seinerseits die Kassen außerordentlich zu revidieren und für gehörige monatliche ordentliche und jährliche außerordentliche Revision zu sorgen.

5. Außer den hier angeordneten „Revisionen“ kennt die StO. noch eine andere „Revision“, nämlich die der Jahresrechnung (§ 69). Letztere hat den Zweck, festzustellen, ob die Kassenführung und die Rechnungslegung des Gemeindeeinnehmers in Übereinstimmung mit dem von beiden Gemeindebehörden aufgestellten Etat sich befindet und ob insbesondere die Anweisungen des Magistrats an die Kasse sich innerhalb der Festsetzungen des Etats gehalten haben. Demgegenüber haben die Revisionen des § 56⁴ den Zweck, festzustellen, ob die Führung der Kasse durch das Kassenpersonal instruktionsgemäß, ehrlich und richtig erfolgt. Da die Leitung des Kassenwesens mit zu den Aufgaben des Magistrats gehört, dieser aber in seiner gesamten gemeindlichen Tätigkeit der Kontrolle der Stadtverordnetenversammlung unterworfen ist, liegt es in der Natur der Sache, daß der Stadtverordnetenversammlung das Recht zustehen muß, auch ihrerseits die Kassen revidieren zu können: deshalb ist in § 56⁴ der Stadtverordnetenversammlung ein Mitwirkungsrecht bei der Revision der städtischen Kassen gesetzlich eingeräumt; andererseits ist infolge dieser gesetzlichen Regelung (s. Eingang der Anm. 4) das Kontrollrecht der Stadtverordneten hinsichtlich der Kassenführung auf die im § 56⁴ vorgesehene Mitwirkung beschränkt. Allein, d. h. ohne Mitwirkung des Magistrats, kann die Stadtverordnetenversammlung weder insgesamt noch durch einzelne Mitglieder die städtischen Kassen revidieren. Wohl aber

wird man den Magistrat auf Grund des § 37 für verpflichtet halten müssen, auf Verlangen der Stadtverordnetenversammlung jederzeit eine außerordentliche Kassenrevision eintreten zu lassen.

6. Über die Art der Revisionen wird zweckmäßig vom Magistrat eine Instruktion erlassen. Die ordentlichen Revisionen sollen nach § 20 der Instruktion für die Stadtmagistrate allmonatlich vorgenommen werden. Im allgemeinen gilt, um das Ausborgen fehlender Bestände von anderen städtischen Kassen zu verhindern, der Grundsatz, alle städtischen Kassen an demselben Tage zu revidieren. Mit Recht macht Kramer (PVBl. 22 S. 401) darauf aufmerksam, daß ein wirksameres Mittel hiergegen die häufigere, unvermutete Revision einzelner Kassen ist. Soll die Revision ihren Zweck wirklich erfüllen, so genügt es nicht, wenn lediglich die Geldbestände aufgenommen und mit dem Sollbestande nach den Büchern verglichen werden, wobei vielleicht außerdem noch durch Stichproben einzelne Belege mit einzelnen Positionen der Bücher verglichen werden; es ist vielmehr unbedingt erforderlich, die in Frage kommenden Bücher unter sich und unter Heranziehung aller Belege rechnungsmäßig zu vergleichen, ihre Richtigkeit festzustellen und dann erst den Sollbestand mit dem Istbestand der Kasse zu vergleichen. Soll diese Arbeit gründlich vorgenommen werden, so werden die mit der Revision betrauten Magistratsmitglieder und Stadtverordneten nicht umhin können, kalkulatorisch ausgebildete Bücherrevisoren hinzuzuziehen. In größeren Kassenbetrieben wird es außerdem erforderlich sein, neben den in der Städteordnung vorgesehenen Revisionen noch eine weitere dauernde Kontrolle der Buchführung und häufigere Revisionen der Kassen durch berufsmäßige Kontrolleure und Revisionsbeamte vornehmen zu lassen. Zutreffend weist Kramer a. a. O. darauf hin, daß nur dann von vornherein eine gewisse Sicherheit für zuverlässige und ehrliche Kassenführung bestehe, wenn für jede städtische Kassenstelle zwei Beamte bei Einzahlungen und Auszahlungen zu fungieren haben, der Einnehmer oder Kassenführer und der Kontrolleur oder Gegenbuchführer, und daß es dabei — entgegen der gewöhnlichen Annahme — zweckmäßig sei, den Vorgesetzten (dienstälteren oder ranghöheren Beamten) zum Kontrolleur und nicht zum Kassenführer zu machen. Nur wenn diese Einrichtung durchgeführt ist, kann eine genaue Revision mit einiger Sicherheit darauf rechnen, vorhandene Unregelmäßigkeiten rechtzeitig aufzudecken.

7. Defekte: Wird bei der Revision einer städtischen Kasse oder gelegentlich einer sonstigen Nachforschung aufgedeckt, daß der Istbestand einer Kasse oder Deposital- oder Materialverwaltung hinter dem rechnungsmäßigen Sollbestande zur Zeit der Entdeckung zurückbleibt, so liegt ein „Defekt“ vor. Gleichgültig ist dabei, ob das Manko auf ein strafrechtliches oder disziplinares Verschulden des zuständigen Beamten zurückzuführen ist oder nicht. Bezüglich der Feststellung und des Ersatzes der Defekte trifft Bestimmung:

a) ZustGes. § 17 Nr. 5:

„Der Bezirksausschuß beschließt ... an Stelle der Aufsichtsbehörde ...
5. über die Feststellung und den Ersatz der Defekte der Gemeindebeamten nach Maßgabe der Verordnung vom 24. Januar 1844 (GS. 52); der Beschluß ist vorbehaltlich des ordentlichen Rechtsweges endgültig.“

Dazu ist zu bemerken: Der Bezirksausschuß ist auch in Berlin zuständig (§ 161 ZustGes.). Immer ist der Beschluß des Bezirksausschusses vorläufig vollstreckbar.

b) **Die Verordnung vom 24. Januar 1844 über die Festsetzung und den Ersatz der bei Kassen und anderen Verwaltungen vorkommenden Defekte** (GS. 52): Sie lautet, soweit sie nicht durch § 17 Nr. 5 ZustGes. (oben) abgeändert ist und soweit sie für Stadtgemeinden in Betracht kommt:

§ 1. Die Feststellung der Defekte an öffentlichem oder Privatvermögen, welche bei öffentlichen Kassen oder anderen öffentlichen Verwaltungen entdeckt werden, ist zunächst von derjenigen Behörde zu bewirken, zu deren Geschäftskreise die unmittelbare Aufsicht über die Kasse oder andere Verwaltung gehört.

§ 2. Von dieser Behörde ist zugleich festzustellen, wer nach den Vorschriften der gegenwärtigen Verordnung für den Defekt zu haften hat, und bei einem Defekt an Materialien, auf wie hoch die zu erstattende Summe in Gelde zu berechnen ist.

§ 3. Ebenso (§§ 1 und 2) hat die unmittelbar vorgesetzte Behörde die Defekte an solchem öffentlichen oder Privatvermögen festzustellen, welches, ohne zu einer öffentlichen Kasse oder anderen öffentlichen Verwaltung gebracht zu sein, vermöge besonderer amtlicher Anordnung in die Gewahrsam eines Beamten gekommen ist.

§ 4. Über den Betrag des Defekts, die Person des zum Ersatz Verpflichteten und den Grund seiner Verpflichtung ist von der in den §§ 1 und 3 bezeichneten Behörde ein motivierter Beschluß abzufassen.

§ 8. Nach Befinden der Umstände kann die Behörde auch mehrere Beschlüsse abfassen, wenn ein Teil des Defekts sofort klar ist, der andere Teil aber noch weitere Ermittelungen notwendig macht, imgleichen, wenn unter mehreren Personen die Verpflichtung der einen feststeht, die der anderen noch zweifelhaft ist.

§ 9. In dem abzufassenden Beschlusse ist zugleich zu bestimmen, ob der Beamte zum Ersatz des Defekts oder nur zur Sicherstellung anzuhalten, und im ersten Falle, ob die Exekution unbedingt oder mit welchen näher zu bestimmenden Modifikationen zu vollstrecken.

§ 10. Der abzufassende Beschluß kann auf die unmittelbare Verpflichtung zum Ersatz gerichtet werden:

1. sofern der Defekt nach dem Ermessen der Behörde durch Vorsatz bewirkt worden,

   gegen jeden Beamten, welcher der Unterschlagung oder Veruntreuung als Urheber oder Teilnehmer geständig ist oder für überführt erachtet wird;

2. sofern der Defekt nach dem Ermessen der Behörde durch grobes Versehen entstanden ist,

   a) gegen diejenigen, welchen die Kasse usw. zur Verwaltung übergeben war, auf Höhe des ganzen Defekts,

b) gegen jeden anderen Beamten, der an der Einnahme oder Ausgabe, der Erhebung, der Ablieferung oder dem Transport von Kassengeldern oder andern Gegenständen vermöge seiner dienstlichen Stellung teilzunehmen hatte, nur auf Höhe des in seine Gewahrsam gekommenen Betrages.

Eben dies gilt gegen die § 3 genannten Beamten in den daselbst bezeichneten Fällen.

§ 11. Der abzufassende Beschluß kann ferner auf Beschlagnahme des Vermögens oder Gehalts zur Sicherung des demnächst im Wege Rechtens auszuführenden Anspruchs, sofern der Defekt aus dem Vermögen der § 10 genannten zunächst verantwortlichen Beamten und deren Dienstkaution nicht zu decken sein sollte, gerichtet werden:

gegen diejenigen, welche zwar die defektierten Gelder oder andere Gegenstände nicht in ihrer Gewahrsam gehabt, aber an deren Vereinnahmung, Verausgabung oder Verschlusse in der Weise unmittelbar teilzunehmen hatten, daß der Defekt ohne ihr grobes Verschulden nicht hätte entstehen können.

§ 12. Sind Beamte, gegen welche die exekutivische Einziehung des Defekts zulässig ist, in der Verwaltung ihres Amtes, wofür sie eine Amtskaution bestellt haben, belassen worden, so ist die Exekution nicht zunächst in diese Kaution, sondern in das übrige Vermögen zu vollstrecken, jedoch soweit die bestellte Kaution reicht, nur auf Sicherstellung eines gleichen Betrages zu richten.

§ 13. Bei Gefahr im Verzuge kann die unmittelbar vorgesetzte Behörde, auch wenn sie nicht die Eigenschaft einer Provinzialbehörde hat, oder der unmittelbar vorgesetzte Beamte vorläufige Sicherheitsmaßregeln durch Beschlagnahme des Vermögens oder Gehalts gegen die nach § 10 der Exekution unterworfenen Beamten ergreifen; es muß aber davon der vorgesetzten Provinzialbehörde ungesäumt Anzeige gemacht, und deren Genehmigung eingeholt werden.

§ 14. Die Verwaltungsbehörde kann den zur Vollstreckung geeigneten Beschluß selbst zur Ausführung bringen, soweit dieselbe nach den bestehenden Gesetzen Exekution zu verfügen befugt ist. Außerdem ist das betreffende Gericht dieserhalb zu requirieren.

§ 15. Die Gerichte und Hypothekenbehörden sind verpflichtet, den an sie ergehenden Requisitionen zu genügen, die Exekution gegen die benannten Personen ohne vorgängiges Zahlungsmandat schleunig zu vollstrecken, die Beschlagnahme der zur Deckung des Defekts erforderlichen Vermögensstücke zu verfügen, und die in Antrag gebrachten Eintragungen, wenn sonst kein Anstand obwaltet, im Hypothekenbuche zu veranlassen, ohne auf eine Beurteilung der Rechtmäßigkeit einzugehen.

§ 16. Gegen den Beschluß, wodurch ein Beamter zur Erstattung eines Defekts für verpflichtet erklärt wird (§ 10), steht demselben sowohl hinsichtlich des Betrages als hinsichtlich der Ersatzverbindlichkeit, außer dem Rekurse an die vorgesetzte Behörde, die Berufung auf rechtliches Gehör zu.

Von dieser Befugnis muß jedoch innerhalb eines Jahres, vom Tage der dem Verpflichteten geschehenen Bekanntmachung des vollstreckbaren Beschlusses, oder wenn der Verpflichtete ausgetreten ist, vom Tage des abgefaßten Beschlusses an, Gebrauch gemacht werden. Die Exekution behält, des eingeschlagenen Rechtsweges ungeachtet, bis zur rechtskräftigen Entscheidung nach Maßgabe des Beschlusses ihren Fortgang, wenn nicht von der Verwaltung davon Abstand genommen wird.

In der etwa eingeleiteten Untersuchung bleiben dem Verpflichteten, insofern es auf die Bestrafung ankommt, seine Einreden gegen den abgefaßten Beschluß auch nach Ablauf des Jahres, wenngleich sie im Zivilprozeß nicht mehr geltend gemacht werden können, vorbehalten.

§ 17. Gegen einen Beschluß, wodurch die Beschlagnahme des Vermögens oder Gehalts nach § 11 angeordnet worden, steht dem Beamten die Berufung auf rechtliches Gehör in derselben Weise zu, wie dies gegen einen gerichtlich angelegten Arrest zulässig ist.

§§ 18—21 (nicht hierher gehörig).

Dazu ist zu bemerken: Die behördliche Zuständigkeit aus §§ 1—4 ist geändert durch ZustGes. § 17. Die Verfolgung des Defekts ist nicht davon abhängig, daß der schuldige Beamte bei der Entdeckung noch lebt oder im Amte ist. Die Verfolgung ist also auch gegenüber den Erben möglich; insbesondere kann auch gegen diese ein Defektenbeschluß ergehen, vollstreckt kann aber dieser nur werden, wenn die Erbeneigenschaft entweder nicht bestritten wird, oder im Rechtswege festgestellt ist (siehe RGZ. 7 S. 335 und Brauchitsch Bd. III, 18. Aufl., S. 654; anders OTr. 36 S. 383). Die in den Fällen des § 13 zuständige „unmittelbar vorgesetzte Behörde“ ist in Städten der Magistrat. Ist der ergangene Defektenbeschluß im ordentlichen Rechtswege mangels der Voraussetzungen eines „Defekts“ aufgehoben, so kann doch die Stadtgemeinde etwaige Schadensersatzansprüche aus der ungenügenden Pflichterfüllung im ordentlichen Rechtswege geltend machen (PVBl. 12 S. 218 und RG. in der JurWoch. 1890 S. 77). Aus diesem Grunde kann der Beamte mit der Klage auf Aufhebung des Defektenbeschlusses eine Feststellungsklage dahin verbinden, daß er überhaupt nicht verpflichtet ist, wegen des Defektes Ersatz zu leisten (RG. im PVBl. 24 S. 573). Bezüglich der Einwirkung des BGB. auf das Defektenverfahren vgl. PVBl. 21 S. 507.

Erläuterungen zu § 56 Nr. 5.

Nr. 5 des § 56 lautet:

Der Magistrat hat als .... Gemeindeverwaltungsbehörde insbesondere folgende Geschäfte:

5. das Eigentum der Stadtgemeinde zu verwalten[1] und ihre Rechte zu wahren;[2]

1. Bezüglich des Begriffes des Gemeindeeigentums, der Zuständigkeit des Magistrats zur Verwaltung des städtischen Eigentums, der Grenzen

seiner Verwaltungsfreiheit, sowie bezüglich der allgemeinen Grundsätze über das Gemeindeeigentum vgl. die Vorbem. zu § 49 I bis III. Hinsichtlich der ferneren Frage, inwieweit bei einzelnen Verwaltungshandlungen in bezug auf das Stadteigentum die Genehmigung der Aufsichtsbehörde erforderlich ist, vgl. § 50. Hier erübrigt noch die Anführung derjenigen wichtigsten Spezialgesetze, die hinsichtlich der einzelnen Arten des städtischen Eigentums gelten:

a) **Grundstücke:** Außer §§ 50, 51 StO. ist bei der Veräußerung von Grundstücken folgendes zu beachten: Nach § 313 BGB. bedarf ein Vertrag, durch den sich der eine Teil verpflichtet, das Eigentum an einem Grundstücke zu übertragen, gerichtlicher oder notarieller Beurkundung. Ein ohne Beobachtung dieser Form geschlossener Vertrag wird seinem ganzen Inhalte nach gültig, wenn die Auflassung und Eintragung in das Grundbuch erfolgen. Die Folge dieser Bestimmung ist, daß jeder obligatorische Vertrag über die Veräußerung eines Grundstücks, welcher der im § 313 BGB. festgesetzten Form entbehrt, vor der Auflassung und Eintragung rechtsunwirksam ist. Nun bestimmt Art. 142 EG. z. BGB.:

„Unberührt bleiben die landesgesetzlichen Vorschriften, welche in Ansehung der in dem Gebiete des Bundesstaats liegenden Grundstücke bestimmen, daß für die Beurkundung des im § 313 des BGB. bezeichneten Vertrags, sowie für die nach § 873 Abs. 2 des BGB. zur Bindung der Beteiligten erforderliche Beurkundung der Erklärungen außer den Gerichten und Notaren auch andere Behörden und Beamte zuständig sind."

Von der Ermächtigung dieses Artikels hat das AG. z. BGB. Art. 12 in §§ 2 u. 4 Gebrauch gemacht, welche lauten:

§ 2. „Wird bei einem Vertrage, durch den sich der eine Teil verpflichtet, das Eigentum an einem in Preußen liegenden Grundstücke zu übertragen, einer der Vertragschließenden durch eine öffentliche Behörde vertreten, so ist für die Beurkundung des Vertrags außer den Gerichten und Notaren auch der Beamte zuständig, welcher von dem Vorstande der zur Vertretung berufenen Behörde oder von der vorgesetzten Behörde bestimmt ist.

§ 4. Auf die Beurkundung, die ein nach den §§ 2, 3 zuständiger Beamter vornimmt, finden die Vorschriften des § 168 Satz 2 und der §§ 169—180 des Reichsgesetzes über die Angelegenheiten der freiwilligen Gerichtsbarkeit, des § 191 des GVG. und des Art. 41 des Preußischen Gesetzes über die freiwillige Gerichtsbarkeit entsprechende Anwendung. Ist nach diesen Vorschriften ein Dolmetscher zuzuziehen, so kann die erforderliche Beeidigung des Dolmetschers durch den beurkundenden Beamten erfolgen."

Danach kann zur Beurkundung von Grundstücksveräußerungsverträgen (im engeren Sinne: d. h. der Eigentumsübertragung dienenden Verträgen), an denen die Stadtgemeinde als Käuferin oder Verkäuferin beteiligt ist, der Vorstand der zur Vertretung der Stadtgemeinde berufenen Behörde, d. i.

der Bürgermeister als Dirigent des Magistrats (ob daneben auch die Kommunalaufsichtsbehörde [Regierungspräsident, in Berlin Oberpräsident] **Urkundsbeamte der Städte bestellen kann, ist zweifelhaft, vgl. PVBl. 28 S. 844),** besondere Beamte bestellen. Vor diesen geschlossene und von ihnen beurkundete Verträge der angegebenen Art erfüllen dann das Erfordernis des § 313 BGB. Das gleiche ist zugelassen durch Art. 27 AG. z. BGB. in Verbindung mit Art. 127 EG. z. BGB. hinsichtlich der Übertragung des Eigentums (nicht nur des obligatorischen Vertragsschlusses) an nicht im Grundbuch eingetragenen Grundstücken. Bezüglich des Beurkundungsbeamten, seiner Bestellung, seiner Zuständigkeit und des von ihm zu beobachtenden Verfahrens ist vornehmlich folgendes wichtig: Die Bestellung kann generell oder für den einzelnen Fall erfolgen (RGZ. 53 S. 150). Für jede Stadtgemeinde können einer oder mehrere Beurkundungsbeamte bestellt werden; der Bürgermeister ist bei der Bestellung an den Kreis der Kommunalbeamten seiner Gemeinde nicht gebunden. Es genügt, wenn er kraft öffentlichen Rechts in seiner Eigenschaft als Magistratsdirigent befugt ist, den Geschäftskreis der betreffenden Person, z. B. eines nicht angestellten juristischen Hilfsarbeiters, zu regeln (PVBl. 32 S. 575). Der Bürgermeister kann sich auch selbst zum Urkundsbeamten bestellen (RGZ. 53 S. 150). Der Beurkundungsbeamte muß immer ein „Beamter" sein; die Befähigung zum Richteramte ist nicht erforderlich, aber zweckmäßig als Voraussetzung für die Übertragung. Es können namentlich bezeichnete Beamte oder der jeweilige Inhaber eines bestimmten Kommunalamtes (z. B. der Stadtsyndikus) bestellt werden. Derjenige Beamte der Kommune, der bei dem Vertragsschlusse die Kommune vertritt, kann nicht gleichzeitig Beurkundungsbeamter sein. Die Zuständigkeit des auf Grund des Art. 12 AG. bestellten Beurkundungsbeamten erschöpft sich in der Beurkundung solcher Verträge, die dem § 313 BGB. entsprechen, d. h. die Verpflichtung zur Übertragung des Eigentums an einem Grundstück zum Gegenstande haben. Grundstück ist dabei jedes nach Reichsrecht den Grundstücken gleichgestellte Recht an Grundstücken und jede nach Landesrecht den Grundstücken gleichgestellte selbständige Gerechtigkeit (vgl. Anm. 3 A u. B zu § 50). Insbesondere fallen daher auch unter die Bestimmungen von der Beurkundung solche Veräußerungsverträge, welche die Kommunen mit Dritten über Straßenbahnen (Bahneinheiten) schließen (s. ebendort). Alle in solche Veräußerungsverträge aufgenommenen Einzelbestimmungen können in dem beurkundeten Vertrage rechtswirksam mitbeurkundet werden, vorausgesetzt, daß es sich nicht um Abmachungen handelt, die ihrerseits einer besonderen Formvorschrift (d. i. einer höheren als der Schriftform) unterliegen, wie z. B. Hypothekenbestellungen. Derartige Vertragsabmachungen bleiben so lange unwirksam, bis die gerichtliche Eintragung den Mangel geheilt hat. Das Erfordernis der Beurkundung bezieht sich auch auf die Anträge zum Abschluß von Veräußerungsverträgen über Grundstücke und die Annahmeerklärungen auf solche Anträge. Auch diese Erklärungen werden nur wirksam durch Beurkundung. Es genügt aber getrennte Beurkundung des Antrages und der Annahme (§ 128 BGB.), wobei hinsichtlich des Zeitpunktes des Zustandekommens des Vertrages § 152 BGB. maßgebend ist.

Nach RGZ. 49 S. 127 muß die Annahmeerklärung auf ein unter Setzung einer Bindefrist abgegebenes, beurkundetes Angebot innerhalb der Bindefrist nicht nur beurkundet, sondern diese Beurkundung muß auch fristgerecht zur Kenntnis des Anbietenden gelangt sein, damit der Vertrag gemäß §§ 128, 152 BGB. zustande komme.

Der Beurkundungsbeamte hat bei Ausführung der ihm übertragenen Beurkundungen die Bestimmungen zu beachten, die im § 4 Art. 12 AG. angezogen sind. Besonders wichtig sind die Bestimmungen über Zuziehung eines zweiten Beurkundungsbeamten oder zweier Zeugen, wenn Taube, Blinde oder Stumme bei dem zu beurkundenden Geschäfte beteiligt sind (§ 169 des RGes. über die freiw. Gerichtsbarkeit). Vergessen worden ist, die Bestimmungen über die „Ausfertigung" notarieller Urkunden auf die Beurkundungsbeamten für anwendbar zu erklären. Es unterliegt aber keinem Zweifel, daß sie nach der Absicht des Gesetzgebers angewendet werden müssen. In Betracht kommen § 182 des RGes. und Art. 42 ff. u. 63 des Preuß. Gesetzes über die freiwillige Gerichtsbarkeit. — Vgl. hinsichtlich des „Beurkundungsbeamten" Jebens im PVBl. 23 S. 93 ff. und Schoplick ebenda 32 S. 641 ff., sowie PVBl. 33 S. 639.

b) **Straßen und Plätze. Bürgersteige.**

I. Allgemeines.

Ein allgemeines Wegegesetz, durch das auch die Rechtsverhältnisse der städtischen Straßen geregelt werden, existiert nicht in Preußen. Nur für die Provinz Sachsen ist unter dem 11. 7. 1891 (GS. 316), abgeändert durch G. v. 8. 6. 08 (GS. 157), für die Provinz Westpreußen unter dem 27. 9. 05 (GS. 357), ebenfalls abgeändert durch G. v. 8. 6. 08 (GS. 165), für die Provinz Posen unter dem 15. 7. 07 (GS. 243) und für die Provinz Ostpreußen unter dem 10. 7. 11 (GS. 99) eine Wegeordnung erlassen worden. Außerdem sind eine Anzahl Spezialmaterien (z. B. Beitragspflicht der besonderen Wegeinteressenten, Anlegung neuer Straßen) gesetzlich geregelt, worauf noch zurückzukommen ist.

Unter einer öffentlichen städtischen Straße muß nach den Entscheidungen des OVG. und des Kammergerichts „jeder ob auch selbst mit Anbauten nicht versehene, doch innerhalb des städtischen Anbaues überhaupt liegende oder an ihn — etwa als Verbindungsglied — sich unmittelbar anschließende, dem inneren öffentlichen Verkehr dienende, wenn schon vielleicht ohne besonders publizierten Akt freigegebene Weg angesehen werden, gleichviel wie er ausgebaut, wie und ob insbesondere er befestigt und ob er nur für Fußgänger bestimmt ist" (Jebens, Aufsätze S. 226). Städtische Plätze sind Erweiterungen oder als Erweiterungen sich darstellende Schnittpunkte öffentlicher städtischer Straßen. Ob der Verkehr auf der Straße ein „erheblicher" ist, ist für das Vorhandensein einer öffentlichen städtischen Straße unwesentlich. Die kleinsten Gassen und auch Promenadenwege können hiernach unter „städtische Straßen" fallen. Wie weit nach beiden Seiten die städtische Straße reicht und insbesondere, ob gewisse neben der Straße liegende Flächen, wie Bürgersteige, Rinnsteine (ev. auch Durchlässe), Gräben, Böschungen, Rampen mit zur Straße zu rechnen oder Teile der danebenliegenden Grundstücke sind, ist eine nur nach den jeweiligen örtlichen Verhältnissen zu beurteilende Frage, hinsichtlich der feste Regeln sich nicht aufstellen lassen (vgl. Jebens ebendort S. 227; s. aber Wegeordnung für Sachsen §§ 6 u. 7). Im allgemeinen hat die historische Entwicklung dazu geführt, daß die Gemeinden an den im Gemeindegebiet gelegenen öffentlichen Straßen das privatrechtliche Eigentum besitzen. Notwendig ist dies indessen keineswegs. Öffentliche Straßen, die im Privateigentum stehen, sind innerhalb der Städte noch mannigfach vorhanden. Die Gemeinde, die mittels der Eigentumsklage ihr privates Eigentum an einer Straßenfläche geltend macht, wird daher den Nachweis ihres Eigentums erbringen müssen und sich nicht mit dem Beweise, daß die streitige Parzelle zur öffentlichen Straße gehöre, genügen lassen dürfen (RG. im PVBl. 22 S. 282; s. auch PVBl. 28 S. 84). Ebenso deckt sich keineswegs überall das Eigentum an der öffentlichen Straße mit der öffentlich-rechtlichen Wegebaulast (Straßen-Unterhaltungspflicht). Letztere liegt zwar regelmäßig der Gemeinde ob, innerhalb deren Bezirk die öffentliche Straße liegt; mittels öffentlich-rechtlichen Vertrages kann sie aber auch einer andern Gemeinde (oder Privaten) auferlegt sein. Dies ist z. B. bei einigen Vororten Berlins der Fall, wo die Vorortgemeinde Eigentümerin der Straße, die Stadt Berlin teilweise aber rezeßmäßig straßenunterhaltungspflichtig ist. So hat auch die V. v. 16. 6. 1838 (GS. 353), die dem Staate die Straßenunterhaltungspflicht an denjenigen Straßenstrecken übertrug, die, im Zuge von gewissen Chausseen laufend, innerhalb der Städte belegen sind, damit nicht auch das Eigentum an diesen Straßen dem Staate übertragen, dies vielmehr den Kommunen belassen (vgl. PVBl. 22 S. 269 und 23 S. 129). Wichtig wird diese Divergenz zwischen Eigentümer und öffentlich-rechtlichen Straßenunterhaltungspflichtigen unter anderem bei Anwendung des Kleinbahngesetzes. Letzteres sieht bei Anlage von Kleinbahnen (Straßenbahnen) außer der polizeilichen Genehmigung die Zustimmung des Wegeunterhaltungspflichtigen vor, die ev. im Wege des Ergänzungsverfahrens erzwungen werden kann. Ist der Wegeunterhaltungspflichtige gleichzeitig Eigentümer der Straße, so ist mit der gegebenen oder ergänzten Zustimmung des Wegeunterhaltungspflichtigen jedem Bedürfnis genügt: Die gegen den Wegeunterhaltungspflichtigen eintretende Beschränkung auf Grund des Ergänzungsverfahrens wirkt auch gegen den mit diesem identischen Eigentümer. Anders, wenn der Eigentümer ein Dritter ist. In diesem Falle bleibt dem Unternehmer nichts übrig, als mit dem Eigentümer einen besonderen Vertrag zu vereinbaren oder seine Beschränkung im Eigentume gemäß § 1 des EnteignungsG. v. 11. 6. 1874 (GS. 221) zu betreiben. Daß dies der Absicht des Gesetzgebers entspricht, ergibt sich mit Deutlichkeit aus den Landtagsverhandlungen über das Kleinbahngesetz (Bericht der AbgHKomm., Drucks. Nr. 206 der 17. Legislaturperiode 4. Sess. 1892 S. 21; s. auch Germershausen, Wegerecht, 3. Aufl., S. 132 und die dort Zitierten).

Bei der weiteren Darstellung wird von dem Regelfalle ausgegangen, daß die Stadtgemeinde gleichzeitig Eigentümerin und straßenunterhaltungspflichtig bezüglich der in ihrem Bezirke liegenden öffentlichen Straßen ist.

II. Beschränkungen des Eigentums: Gebrauchs- und Nutzungsrechte an städtischen Straßen.

Solange die städtische Straße dem öffentlichen Verkehr dient, ist sie der Veräußerung entzogen, in diesem Sinne res extra commercium. Das steht aber der vertragsmäßigen Einräumung solcher Nutzungsrechte nicht entgegen, die den Verkehr auf der öffentlichen Straße nicht hindern. So ist die Einräumung von Privatrechten z. B. Servituten an öffentlichen Wegen denkbar und zulässig (Striethorst Archiv 81 S. 331), so können Dritten Nutzungsrechte an den zu seiten der öffentlichen Straße stehenden Bäumen oder vorhandenen Rasenstreifen eingeräumt werden. In dasselbe Gebiet der beschränkten Gebrauchsrechte Dritter gehören die mit privaten Straßenbahn-, Gas- und Wasserleitungsunternehmern sowie Elektrizitätswerken getroffenen Vereinbarungen hinsichtlich des Rechts, Leitungen und Schienen in den städtischen Straßenkörper zu legen. Verträge dieser Art qualifizieren sich, wenn die Stadt Eigentümerin der Straßen ist, als Mietverträge (RGZ. 40 S. 280; JMBl. 84 S. 209). Eine besondere Beschränkung des Eigentums an öffentlichen Straßen enthält das TelegraphenwegeG. v. 18. 12. 1899 (RGBl. 705). Danach kann der Reichsfiskus solche Leitungen, die den Gemeingebrauch der Wege, d. h. den Gebrauch zum Fahren, Reiten und Gehen, nicht stören oder die Unterhaltung der Straße hindern, ohne Einwilligung des Unterhaltungspflichtigen anlegen, er hat aber die etwa entstehenden höheren Straßenunterhaltungskosten und den sonst entstehenden Schaden zu tragen (§§ 1, 2, 3 l. c.; wegen der Einzelheiten muß auf das Gesetz selbst verwiesen werden, vgl. v. Rohr, TelegraphenwegeG., Berlin 1900).

Als Nutzungsrechte Dritter am Straßenkörper erweisen sich auch die aus der „Adjazenz" fließenden besonderen Rechte der Straßenanlieger. Nach dem Vorgange des OTr. hat das RG. — zum mindesten für das Gebiet des preußischen und rheinischen Rechts — angenommen, daß den Adjazenten, d. h. den Eigentümern der eine Straße begrenzenden Grundstücke ein servitutarisches Recht an den öffentlichen Straßen zustehe, dergestalt, daß sie darauf Anspruch haben, die Straße zur Befriedigung ihres Lichtbedürfnisses und als Kommunikationsmittel erhalten zu sehen (Striethorst 62 S. 277; RGZ. 7 S. 213; 10 S. 271; 70 S. 80). Veränderungen der öffentlichen Straße, durch die eine Verletzung oder auch nur eine wesentliche Beeinträchtigung dieser Rechte der Anlieger eintritt, machen daher die Stadtgemeinde schadensersatzverbindlich. Seine Grenze sollte nach RGZ. 37 S. 252 das servitutarische Recht der Anlieger an der Straße in der allgemeinen Zweckbestimmung derselben, dem öffentlichen Verkehre zu dienen, finden. Insoweit Veränderungen der Straße und des Straßenniveaus nötig werden, um dem Verkehr in seiner erhöhten oder veränderten Gestalt zu genügen, sollten daher nach dieser Entscheidung die Anlieger die Veränderungen weder hindern noch aus ihnen Entschädigungsansprüche herleiten können, vorausgesetzt, daß ihnen die Straße als Kommunikationsmittel auch ferner erhalten bleibt. In wesentlicher Erweiterung der Rechte der Anlieger hat aber RGZ. 44 S. 286 (vgl. auch PVBl. 24 S. 651) den Anliegern Entschädigungsansprüche auch schon bei solchen Erschwernissen der

Kommunikation durch Veränderung der Straße zugebilligt, die sich als wesentliche Störungen darstellen, dabei aber der Stadtgemeinde das Recht zugesprochen, die durch die Änderung den Anliegern erwachsenden Vorteile zur Abrechnung zu bringen. Nicht jede ihm nachteilige Änderung der Straße gibt hiernach dem anliegenden Hausbesitzer Entschädigungsansprüche (PVBl. 10 S. 566); solche entstehen z. B. nicht daraus, daß durch die Änderung der Verkehr in der Straße geringer wird oder eine andere Richtung erhält (PVBl. 11 S. 277). Immer muß es sich vielmehr um wesentliche Beeinträchtigungen handeln (RGZ. 62 S. 87). Eine solche wurde in einer Verminderung der Breite der Straße, welche die Einfahrt größerer Lastwagen in die Grundstücke nur erschwerte, aber nicht unmöglich machte, nicht gefunden (PVBl. 29 S. 408). Ein Recht, die Benutzung der Straße durch eine Straßenbahn zu untersagen, oder aus der Anlage einer solchen Entschädigungsansprüche gegen die Stadtgemeinde herzuleiten, steht den Anliegern nicht zu (PVBl. 13 S. 464; RG. in Gruchot, Beiträge 36 S. 682), vorausgesetzt, daß ihnen durch die Anlage oder den Betrieb der Straßenbahn nicht etwa der Verkehr mit ihren Grundstücken unmöglich gemacht wird (Gruch. 41 S. 34). Auch steht jenes servitutarische Recht an der Straße und die daraus folgende Entschädigungsberechtigung bei erheblichen Erschwernissen der Kommunikation dem Anlieger nur zu, wo es sich um bereits vor der Veränderung vorhanden gewesene städtische Straßen handelt, nicht aber dort, wo durch die Umänderung ein bisher völlig außerhalb des Straßennetzes belegener Weg erst zur städtischen Straße gemacht werden soll (PVBl. 22 S. 207; 24 S. 555; vgl. auch Pohlmann ebenda 24 S. 213). Wegen der infolge Festsetzung einer von der Straßenflucht verschiedenen Baufluchtlinie eintretenden Verringerung der Bebaubarkeit eines Grundstücks kann keine Entschädigung verlangt werden. Ausgenommen ist nach § 13 Abs. 2 des Fluchtliniengesetzes nur der Fall, daß die Fluchtlinie vorhandene Gebäude trifft und das Grundstück bis zur neuen Fluchtlinie von Gebäuden freigelegt wird. Und auch da wird nur wegen der Beschränkung des bebaut gewesenen Grundstücksteils Entschädigung geleistet (RGZ. 70 S. 10). Über die Umwandlung einer durchgehenden Straße in eine Sackgasse und die hieraus für die Adjazenten entstehenden Entschädigungsansprüche vgl. RGZ. 56 S. 101. Nicht auf dem servitutarischen Anliegerrecht, sondern auf den privatrechtlichen Beschränkungen des Nachbarrechts beruht es, daß Hausbesitzer Ansprüche auf Schadensersatz haben, wenn durch Erhöhung des Straßenniveaus ohne Innehaltung der gesetzlichen Entfernung von drei Fuß die Häuser Schaden leiden (§§ 185, 186 I 8 ALR.; § 907 BGB.; PVBl. 22 S. 207). Indessen steht bei Erhöhung einer öffentlichen Straße den Betroffenen wegen Entziehung oder Erschwerung der bisherigen Art der Straßenbenutzung nur dann ein Verbietungsrecht oder ein Schadensersatzanspruch zu, wenn sie ein besonderes wohlerworbenes Dienstbarkeits- oder Vertragsrecht nachweisen können (RGZ. 51 S. 255); allein auf § 907 BGB. können sie einen solchen Verbietungs- oder Schadensersatzanspruch nicht stützen.

Das servitutarische Recht der Adjazenten kann im ordentlichen Rechtswege geltend gemacht werden. Vgl. zu dieser Materie noch PVBl. 21

S. 86, 282, 356, 471, 544; 22 S. 387; 24 S. 213, 823 und schließlich noch RGZ. 36 S. 273, worin ausgeführt wird, daß das servitutarische Recht der Anlieger auch den Mietern der adjazierenden Häuser zugute kommt, so daß auch diese bei schädigenden Eingriffen in dieses Recht schadensersatzberechtigt werden. — Die Einziehung und Verlegung öffentlicher Straßen hat nach dem in § 57 ZustGes. geordneten Verfahren stattzufinden. Ist in dieser Weise eine öffentliche Straße oder ein Teil derselben als öffentliche Straße untergegangen, so stehen den adjazierenden Eigentümern Entschädigungsansprüche hieraus nicht zu.

III. Straßenunterhaltung (Wegebaulast). Beitragsleistung Dritter.

Wo nicht eine besondere öffentlich-rechtliche, vertragliche oder observanzmäßige Verpflichtung Dritter besteht, hat die Stadtgemeinde die in ihrem Bezirke liegenden öffentlichen Straßen und Plätze herzustellen und zu unterhalten. Diese Verpflichtung ist also eine Gemeindelast. Sie kann daher auch nicht durch Polizeiverordnung den einzelnen Bürgern auferlegt; ebensowenig kann ihre Erfüllung durch die Bürger mittels Polizeiverfügung und die Zwangsmittel des § 132 LVG. erzwungen werden (OVG. 9 S. 57). Duldet der Eigentümer eines Grundstücks, daß dasselbe ganz oder teilweise als öffentliche Straße benutzt wird, so folgt hieraus noch nicht seine Straßenunterhaltungs- (und Straßenreinigungs-) Pflicht (OTr. 44 S. 70). Andererseits kann gegen den Willen der Polizei und des Straßenunterhaltspflichtigen der Eigentümer eines Privatweges oder eines Privatgrundstücks diese weder durch Erklärung noch durch tatsächliche Freigabe für den Gebrauch zu einer öffentlichen Straße oder zu einem öffentlichen Wege zu Lasten der Unterhaltspflichtigen machen (OVG. im PVBl. 27 S. 285).

Bezüglich des Inhalts und Umfangs der Straßenunterhaltungspflicht vgl. OVG. 2 S. 226 und Wegeordnung für Sachsen §§ 4—7. Streitigkeiten über die Wegebaulast sind nur im Verwaltungswege verfolgbar, der ordentliche Rechtsweg ist ausgeschlossen (ZustGes. §§ 56—58). Dem Träger der Wegebaulast gegenüber stehen der Wegepolizeibehörde die Zwangsmittel des § 132 LVG. zu (s. das Nähere hierüber zu § 62 StO.). Die Stadtgemeinde hat verschiedene Möglichkeiten, zur Deckung der ihr entstehenden Straßenunterhaltungskosten die Interessenten heranzuziehen:

1. Soweit es sich um Neuanlage von Straßen handelt, steht ihr das Gesetz betreffend die Anlegung und Veränderung von Straßen und Plätzen in Städten und ländlichen Ortschaften v. 2. 7. 1875 (GS. 561) zur Seite. Vgl. zu diesem Gesetz den Kommentar von Friedrichs und von Strauß und Torney sowie über den grundlegenden Begriff der „historischen Straße" den Aufsatz von Jebens im PVBl. 22 S. 609.
2. Solche Interessenten, die öffentliche Straßen in besonders umfangreichem Maße benutzen und dadurch erheblich abnutzen, wie Eigentümer von Fabriken, Bergwerken, Steinbrüchen, Ziegeleien und ähnlichen Unternehmungen, können nach dem Gesetz betreffend die Vorausleistungen zum Wegebau v. 18. 8. 02 (GS. 315), das alle früheren hierauf bezüglichen Gesetze aufgehoben hat (vgl. PVBl. 26 S. 229;

27 S. 815), zu Beiträgen für den Wege- und Straßenbau herangezogen werden.

3. Ein weitergehendes Recht zur Heranziehung der Interessenten gibt § 9 KAG. den Gemeinden, indem es diesen nunmehr auch ermöglicht ist, hinsichtlich der Kosten der Unterhaltung des ganzen städtischen Straßennetzes ganze Interessentenkreise (Anlieger, gewisse Gewerbetreibende) besonders zur Beitragsleistung zu verpflichten. Indessen muß diese Beitragspflicht gleichmäßig für die Unterhaltung des ganzen städtischen Straßennetzes festgesetzt und darf nicht auf einzelne Stadt- oder Straßenteile beschränkt werden (OVG. 32 S. 122). Auch darf die Summe dieser Beiträge nicht etwa die gesamten Kosten der Straßenunterhaltung decken (OVG. 32 S. 110; 36 S. 99; 46 S. 75; siehe auch Mundt im PVBl. 26 S. 839).

4. Wege-, Brücken- und Pflasterzoll darf zwar, soweit er bisher zulässig war, nach § 5 KAG. weiter erhoben werden; indessen ist seine Erhebung nur zulässig auf Grund staatlicher Verleihung des Heberechts (§§ 90, 91, 92, 93 II 15 ALR., V. v. 16. 6. 1838 (GS. 353).

IV. Straßenreinigung.

Die polizeimäßige Reinigung der Straßen, d. h. die aus allgemeinen sanitären und ästhetischen Gründen erfolgende Reinigung ist kein Teil der Wegebaulast (s. § 11 der V. v. 16. 6. 1838 [GS. 353]). Eine allgemeine gesetzliche Vorschrift darüber, wem die Verpflichtung zur Straßenreinigung obliegt, fehlte bisher. Ruhte die Straßenreinigungslast nach örtlichem Recht (Observanz) auf dem Hausbesitz, so konnte durch eine Polizeiverordnung den Hausbesitzern für den Fall der Nichterfüllung der Straßenreinigungspflicht Strafe angedroht werden (vgl. für Berlin Johow 42 S. 389). Nach OVG. sollte im allgemeinen aus vorhandenen älteren Polizeiverordnungen auf das Vorhandensein einer Observanz geschlossen werden (OVG. 8 S. 356; 14 S. 399; 15 S. 230; 23 S. 378; vgl. auch RGZ. 52 S. 423). Wo indessen eine solche Observanz nicht bestand, hatte nach der herrschenden Meinung gemäß § 3 G. über die Polizeiverwaltung v. 11. 3. 1850 die Gemeinde die Kosten für die polizeimäßige Straßenreinigung zu tragen; in diesen Fällen konnte durch Polizeiverordnung eine Verpflichtung der Adjazenten zur Straßenreinigung rechtsgültig nicht statuiert werden (OVG. 8 S. 356; 23 S. 378; 53 S. 259; ebenso anscheinend RG. im PVBl. 17 S. 455 und im Gegensatz zu seiner früheren Rechtsprechung [Johow 9 S. 244; 13 S. 336; 16 S. 390, 392, 399] zuletzt auch Johow 24 C S. 41 und 31 C S. 12). In Ermangelung einer Observanz konnte die Gemeinde auch nicht durch Ortsstatut die Pflicht zur Straßenreinigung auf die Adjazenten abwälzen. Wohl aber konnte sie die observanzmäßig den Hausbesitzern obliegende Straßenreinigungspflicht ihrerseits als Gemeindelast ortsstatutarisch übernehmen unter Heranziehung der observanzmäßig Verpflichteten zu besonderen Beiträgen für das Straßenreinigungsinstitut gemäß § 9 KAG. (PVBl. 20 S. 474; OVG. 26 S. 50); es war aber auch der Weg gangbar, daß die Stadt ein Straßenreinigungsinstitut errichtete, demnächst die Polizei die zur Straßenreinigung observanzmäßig verpflichteten Anlieger zur Benutzung dieses

Instituts durch Polizeiverordnung anhielt und dann die Stadt von den Anliegern Gebühren erhob (OVG. 26 S. 51ff.; 28 S. 354).

Die ganze Materie ist jetzt durch das am 1. 4. 13 in Kraft tretende Gesetz über die Reinigung öffentlicher Wege v. 1. 7. 12 (GS. 187) und die AusfAnw. hierzu v. 20. 7. 12 (MBl. 220) geregelt. Dieses Gesetz lautet in seinen wesentlichen Bestimmungen:

§ 1. „Die polizeimäßige Reinigung öffentlicher Wege einschließlich der Schneeräumung, des Bestreuens mit abstumpfenden Stoffen und des Besprengens zur Verhinderung von Staubentwicklung liegt, soweit hierzu nicht ein anderer nach den Bestimmungen dieses Gesetzes verpflichtet ist, als eine von der Ortspolizeibehörde erzwingbare öffentliche Last derjenigen Gemeinde ob, zu deren Bezirk der Weg gehört. Jedoch fällt die polizeimäßige Reinigung der einen Bestandteil öffentlicher Wege bildenden Brücken, Durchlässe und ähnlichen Bauwerke unterhalb der Oberfläche des Weges dem zu ihrer Unterhaltung öffentlich-rechtlich Verpflichteten zur Last.

Die polizeimäßige Reinigung beschränkt sich auf Wege, die überwiegend dem inneren Verkehr der Ortschaft dienen. Welche Wege außerhalb der geschlossenen Ortslage als überwiegend dem inneren Verkehr der Ortschaft dienend anzusehen sind, wird durch Beschluß des Kreisausschusses, in Stadtkreisen oder in Städten mit mehr als 10000 Einwohnern durch Beschluß des Bezirksausschusses festgestellt. Der Beschluß wird auf Antrag der Ortspolizeibehörde nach Anhörung derjenigen gefaßt, welche als Reinigungspflichtige in Betracht kommen, und ist diesen, sofern sie Einwendungen erhoben haben, sowie der Ortspolizeibehörde zuzustellen.

Eine geschlossene Ortslage ist nur insoweit als vorhanden anzusehen, als die Wohnhäuser im wesentlichen in räumlichem Zusammenhange liegen. Einzelne unbebaute Baustellen unterbrechen nicht den Zusammenhang, wohl aber feld- oder forstwirtschaftlich genutzte Flächen.

Soweit die Pflicht zur polizeimäßigen Reinigung besteht, tritt die Pflicht des Wegebaupflichtigen zur Reinhaltung der Wege aus Verkehrsrücksichten nicht ein.

§ 2. Die Ortspolizeibehörde hat sich hinsichtlich der Art, des Maßes und der räumlichen Ausdehnung der polizeimäßigen Reinigung mit ihren Anforderungen innerhalb der Grenzen des unter Berücksichtigung der örtlichen Verhältnisse Notwendigen zu halten.

§ 3. Örtliche Gesetzesvorschriften, Observanzen und besondere öffentlich-rechtliche Titel über die polizeimäßige Reinigung öffentlicher Wege werden aufrechterhalten, sofern sie nicht dem § 1 Abs. 1 Satz 2 zuwiderlaufen.

Die Entstehung neuer, den Bestimmungen des § 1 zuwiderlaufender Observanzen oder besonderer öffentlich-rechtlicher Titel ist unbeschadet der Bestimmung des § 6 ausgeschlossen.

§ 4. Die Gemeinden sind berechtigt, innerhalb ihres Gemeindebezirkes die einem anderen obliegende Verpflichtung zur polizeimäßigen

Reinigung öffentlicher Wege (§ 3) ganz oder teilweise durch Ortsstatut zu übernehmen.

§ 5. Durch ein unter polizeilicher Zustimmung zu erlassendes Ortsstatut kann die Verpflichtung zur polizeimäßigen Reinigung öffentlicher Wege (§§ 1 bis 4) ganz oder teilweise für die ganze geschlossene Ortslage, einzelne Teile derselben, einen oder mehrere bestimmte in ihr belegene Wege oder Wegeteile den Eigentümern der angrenzenden Grundstücke oder einzelnen Klassen derselben auferlegt werden.

Den Eigentümern können solche zur Nutzung oder zum Gebrauch dinglich Berechtigte gleichgestellt werden, denen nicht bloß eine Grunddienstbarkeit oder eine beschränkte persönliche Dienstbarkeit zusteht. Jedoch ist es statthaft, den Eigentümern die Wohnungsberechtigten (§ 1093 Bürgerlichen Gesetzbuchs) gleichzustellen.

Die Genehmigung (Bestätigung) eines Ortsstatuts soll versagt werden, wenn das Ortsstatut eine Überbürdung der darin für verpflichtet Erklärten zur Folge haben würde, oder wenn diesen durch das Ortsstatut Leistungen übertragen werden sollen, die nach den örtlichen Verhältnissen zweckmäßiger durch die Gemeinde bewirkt werden können.

§ 6. Hat für den zur polizeimäßigen Reinigung Verpflichteten ein anderer der Ortspolizeibehörde gegenüber mit deren Zustimmung durch schriftliche oder protokollarische Erklärung die Ausführung der Reinigung übernommen, so ist er zur polizeimäßigen Reinigung öffentlich-rechtlich verpflichtet. Die Zustimmung der Ortspolizeibehörde ist jederzeit widerruflich.

Solange die Verpflichtung des anderen besteht, darf die Ortspolizeibehörde sich nur an ihn wegen der polizeimäßigen Reinigung halten.

§ 7. Insoweit an einen öffentlichen Weg mehrere Gemeindebezirke anstoßen und nicht nachweislich die Gemeindegrenze längs der einen Seite des Weges hinläuft, liegt die Verpflichtung zur polizeimäßigen Reinigung den angrenzenden Gemeinden oder den an ihrer Stelle nach §§ 3, 5 dieses Gesetzes Verpflichteten gemeinschaftlich ob. Ist jedoch gemäß § 3 jemand für einen solchen Weg oder Wegeteil allein reinigungspflichtig, so hat es hierbei sein Bewenden.

Über das Anteilsverhältnis an der gemeinschaftlichen Reinigungspflicht und über deren Erfüllung ist von den Verpflichteten unter Zustimmung der Ortspolizeibehörde eine Vereinbarung zu treffen. Kommt eine solche nicht zustande, so hat der Kreisausschuß, wenn aber einer der in Betracht kommenden Gemeindebezirke der Bezirk einer Stadtgemeinde ist, der Bezirksausschuß nach Anhörung der Verpflichteten und der Ortspolizeibehörde die erforderliche Regelung zu beschließen.

§ 9. Ortsstatuten, die bereits vor Inkrafttreten dieses Gesetzes erlassen sind, werden aufrechterhalten, wenn sie den §§ 4, 5, 8 entsprechen. Ist dies nicht der Fall, so müssen in dieser Beziehung bestehende Mängel bis zum Inkrafttreten dieses Gesetzes beseitigt sein.

§ 10. Soweit ein kommunalfreier öffentlicher Weg in einem kommunalfreien Grundstücke liegt, ist in Ermangelung eines nach den

Bestimmungen dieses Gesetzes sonst Verpflichteten der Eigentümer dieses Grundstückes zur polizeimäßigen Reinigung verpflichtet.

Falls an einen öffentlichen Weg mehrere kommunalfreie Grundstücke oder solche und Gemeinde- (Guts-) Bezirke anstoßen, findet § 7 sinngemäße Anwendung.

§ 11. Gegen polizeiliche Verfügungen über die polizeimäßige Reinigung der öffentlichen Wege finden die Rechtsmittel der §§ 127, 128 des Gesetzes über die allgemeine Landesverwaltung vom 30. Juli 1883 (Gesetzsamml. S. 195) statt.

Streitigkeiten der Beteiligten darüber, wem von ihnen die öffentlich-rechtliche Verpflichtung zur polizeimäßigen Reinigung eines öffentlichen Weges obliegt, sind im Verwaltungsstreitverfahren zu entscheiden. Zuständig ist der Kreisausschuß, in Stadtkreisen oder in Städten mit mehr als 10000 Einwohnern der Bezirksausschuß."

Hervorzuheben ist nur noch folgendes:

Das neue Gesetz läßt im Gegensatz zu der bisherigen Rechtsprechung (vgl. oben) auch in den Fällen, in denen die Reinigungspflicht der Gemeinde obliegt, die Regelung der polizeimäßigen Reinigung durch Ortsstatut zu. Streitigkeiten darüber, wer zur Straßenreinigung verpflichtet ist, sind nicht mehr im ordentlichen Rechtswege (so bisher RGZ. 25 S. 325), sondern im Verwaltungsstreitverfahren zu entscheiden.

Die Vorschriften des KAG. darüber, ob und in welchem Umfang die Gemeinde bei Übernahme der Reinigungspflicht zur Deckung der Unkosten von den Anliegern Gebühren erheben kann, werden durch das Gesetz nicht berührt.

Endlich ist das Anwendungsgebiet des Gesetzes auf die Reinigung öffentlicher Straßen beschränkt. Privatstraßen unterliegen der öffentlich-rechtlichen Reinigungspflicht nicht (so auch früher OVG. 29 S. 438).

Wegen der Einzelheiten des Gesetzes sei auf den Kommentar von Hecht (Berlin, Heymann) verwiesen.

V. Straßenbeleuchtung. Straßenschilder. Straßennamen.

Die Straßenbeleuchtung gehört nicht zur Straßenunterhaltungspflicht (§ 8 Wegeordnung für Sachsen, OVG. 5 S. 405); sie ist ein polizeiliches Erfordernis, dessen Erfüllung gemäß § 3 G. v. 11. 3. 1850 auf Kosten der Stadt zu geschehen hat (OVG. 4 S. 419; 23 S. 103; 27 S. 62, 75; 28 S. 86, 89). Die Beleuchungspflicht der Gemeinde ist nicht auf die ihr gehörigen Straßen beschränkt, bezieht sich vielmehr auf alle öffentlichen Verkehrswege innerhalb des Stadtgebietes, gleichviel ob diese bebaut oder unbebaut sind, ist andererseits aber auf diese beschränkt (OVG. 18 S. 411 und 40 S. 435). Gegen etwaige polizeiliche Verfügungen betreffend Vermehrung von Laternen oder Verstärkung der Beleuchtung greifen die Rechtsbehelfe aus §§ 127ff. LVG. durch. Genau so ist die Anbringung von Straßenschildern nach OVG. die Erfüllung eines von der Gemeinde zu bestreitenden polizeilichen Erfordernisses (OVG. 28 S. 89ff., 45 S. 424). Hinsichtlich der Hausnummern kann die Polizei im Wege der Polizeiverordnung vorschreiben, daß und wie seitens der Hausbesitzer Hausnummern anzubringen sind (Johow 29 C S. 67). Sie darf aber nicht anordnen, daß diese Hausnummern nur von einer bestimmten Person, etwa ihrem Beauftragten, anzubringen sind (Johow 29 C 3). Sind in einer Ortschaft zur Kennzeichnung der Grundstücke Hausnummern eingeführt, so hat der Hauseigentümer dafür zu sorgen, daß sein Haus nur die ihm zukommende Nummer führt; er muß deshalb das eine frühere Nummer angebende Schild selbst dann beseitigen, wenn bei der von der Polizei bewirkten Anbringung der neuen Nummer unterlassen ist, das alte Schild fortzunehmen (OVG. 55 S. 256). Die **Benennung** der Straßen, Plätze und Wege gehört zur Zuständigkeit der Polizei (Selbstverwaltung 1895 S. 382; OVG. 21 S. 421 und PVBl. 29 S. 879; 30 S. 862). Vgl. auch noch den ME. v. 9. 7. 1874, nach dem im allgemeinen hinsichtlich der Straßen-, Brücken- und Plätzenamen nur dann die königliche Genehmigung einzuholen ist, wenn die Namen auf die Person des Königs oder auf Mitglieder des königlichen Hauses Bezug haben. Für Berlin, Potsdam und Charlottenburg soll es dagegen bei der Vorschrift des Allerh. Erlasses v. 20. 12. 1813 sein Bewenden behalten, wonach in allen Fällen der König die Genehmigung zur Benennung sich vorbehalten hat.

VI. **Bürgersteige.**

In Betracht kommt aus dem ALR. §§ 81, 82 I 8, ferner das FluchtlinienG. v. 2. 7. 1875 §§ 1, 15, 19 und Wegeordnung für Sachsen § 38, für Westpreußen § 18, für Posen § 17.

Nach der Judikatur des OVG. sind als **Bürgersteige** im **allgemeinen** anzusehen „**die für den Fußgängerverkehr bestimmten Teile der öffentlichen städtischen Straßen, welche an die Häuser und Baugrundstücke stoßen und dazu dienen, den Fußgängerverkehr von Haus zu Haus zu vermitteln, mögen sie nun im unmittelbaren Zusammenhange mit dem Straßendamm stehen oder nicht**"; vgl. Jebens, Aufsätze 20 S. 409ff. und die dort zitierten OVG.-Erkenntnisse. Nebenher dient der Bürgersteig auch zur Vermittelung des Fahrverkehrs von der Fahrstraße nach den anliegenden Privatgrundstücken. Der Bürgersteigunterhaltungspflichtige hat daher auch für die Herstellung und Erhaltung der erforderlichen Einfahrten zu sorgen (OVG. 28 S. 197ff.; 33 S. 122; 39 S. 230; Jebens a. a. O. S. 432).

Im allgemeinen sind demnach sonstige Fußwege, die über Plätze hinwegführen oder neben Gewässern laufen, oder Stege oder Fußgängerbrücken nicht als „Bürgersteige" anzusprechen (PVBl. 24 S. 465; 27 S. 474). Daß gerade **Hausgrundstücke** neben dem Bürgersteige liegen müssen, ist nicht notwendig, wohl aber muß die Straße, deren Teil „Bürgersteig" sein soll, in die bebaute Stadt einbezogen und anbaubar sein (PVBl. 9 S. 154; 10 S. 546; 12 S. 244). Rinnsteine sind im allgemeinen nicht Teil des Bürgersteiges, wohl aber Bordsteine.

Im Gegensatz zum Obertribunal, das auf Grund des § 81 I 8 ALR. eine gesetzliche Verpflichtung der Adjazenten zur Unterhaltung der Bürgersteige angenommen hatte, hat das OVG. in ständiger Rechtsprechung den Grundsatz festgehalten, daß überall da, wo nicht vermöge besonderer gesetzlicher Bestimmung oder ortsrechtlicher Entwicklung (Observanz) eine Pflicht der Adjazenten zur Herstellung und Unterhaltung der Bürgersteige besteht, wie z. B. in Berlin (OVG. 6 S. 212), die Gemeinde die Trägerin dieser (polizeilichen) Last ist (OVG. 6 S. 212; 10 S. 203; 19 S. 70; PVBl. 10 S. 634; 17 S. 353). Den Beweis für das Bestehen der Observanz hat im Streitfalle die Gemeinde zu erbringen, doch soll aus vorhandenen, die Adjazenten unmittelbar heranziehenden Polizeiverordnungen auf das Bestehen einer die Adjazenten verpflichtenden Observanz geschlossen werden dürfen. Auch darüber, wie weit der Kreis der „Adjazenten" reicht, ob insbesondere eine unmittelbare Anliegerschaft des dem Adjazenten gehörigen Grundstücks an dem Bürgersteige nicht erforderlich ist, und endlich bezüglich des Umfanges der Verpflichtung soll die Observanz entscheidend sein (PVBl. 14 S. 636; 16 S. 42).

In bezug auf die polizeilichen Befugnisse und das polizeiliche Verfahren greifen wie im allgemeinen bei der Straßenunterhaltungspflicht die §§ 55ff. ZustGes. Platz (OVG. 25 S. 244; bezüglich des Verfahrens selbst vgl. OVG. 27 S. 192; 33 S. 240). Da, wo die Unterhaltung der Bürgersteige mangels anderweitiger Observanz der Stadt obliegt, kann weder die Polizei im Wege der Polizeiverordnung die Adjazenten zur Herstellung und Unterhaltung der Bürgersteige heranziehen noch die Stadt diese ihr obliegende Last im Wege des Ortsstatuts (§ 11) auf die Anlieger abwälzen. Wohl aber kann die Stadt die Bürgersteigunterhaltungslast mittels Ortsstatuts als Gemeindelast übernehmen (mit Genehmigung der Wegepolizeibehörde) und demnächst die ihr entstehenden Kosten ganz oder teilweise auf dem Wege der §§ 9 oder 20 KAG. (Beiträge, Mehr- oder Minderbelastung) wieder einziehen. Die Einziehung und das Verfahren regelt alsdann § 69 KAG. (früher § 18 ZustGes.). Besteht eine die Adjazenten allgemein verpflichtende Observanz, so ist diese eine gemeine öffentliche Last, die auf dem Grundstück haftet und zu ihrer Dinglichkeit der Eintragung ins Grundbuch nicht bedarf. Unter allen Umständen steht dem Adjazenten ein Recht auf besondere Benutzung des Bürgersteiges zu, dessen materielle Grenze der dem öffentlichen Fußgängerverkehr dienende Zweck des Bürgersteiges, und dessen formelle Grenze das Recht der Polizei, für die Sicherheit dieses Verkehrs zu sorgen (§ 10 II 17 ALR.) bildet. Vgl. hierzu Ann. 15 S. 398; OVG. 3 S. 181; 10 S. 205; 28 S. 200; 33 S. 122; PVBl. 14 S. 358; RGZ. 37 S. 252 sowie PVBl. 19 S. 383; 20 S. 262; 33 S. 559; Verwaltungsarchiv 5 S. 111. — Wegen des besonderen Inhalts des Fluchtliniengesetzes bezüglich der „Bürgersteige" vgl. den schon zitierten Friedrichsschen Kommentar zu diesem Gesetze, sowie Jebens a. a. O. S. 434.

c) Historische Bauwerke, Kunstdenkmäler und Ähnliches. Vgl. § 50² StO. und Erläuterungen dazu.

d) Städtische Waldungen.

Vgl. § 55 StO.

e) Städtische Fischereirechte.

In Betracht kommt das FischereiG. v. 30. 5. 1874 (GS. 197), ZustGes. §§ 98ff., ferner die zum Fischereigesetz ergangenen Ausführungsverordnungen für die alten Provinzen (GS. 1877 S. 141 ff.) sowie endlich Art. 69 EG. z. BGB. und RGZ. 50 S. 300.

f) Städtische Jagdrechte.

Vgl. die JagdO. v. 15. 7. 07 (GS. 207), sowie § 835 BGB. nebst Art. 69—71 EG. z. BGB., vgl. außerdem Anm. 6 zu § 49.

g) Städtische Hütungsrechte.

Vgl. hierzu §§ 80 ff. ALR. I 22 und GemeinheitsteilungsO. v. 7. 6. 1821 (GS. 53) §§ 33 ff.

2. Die Bestimmung legitimiert in Verbindung mit § 56[8] nach außen zweifellos den Magistrat, die Stadt in Prozessen zu vertreten. Daß sie ihm indessen, strenggenommen, nicht das materielle Recht gibt, Prozesse nach freiem Belieben anzustrengen, vielmehr im allgemeinen der Magistrat ungeachtet der Bestimmung im § 56[5], hierbei an die Mitbeschlußfassung der Stadtverordnetenversammlung gebunden ist, ist bereits in Anm. 2 zu § 35 StO. unter a ausgeführt, ebenso, daß dieser Beschränkung nicht die Klagen der „laufenden Verwaltung" unterliegen, welche letzteren der Magistrat allein anstellen kann. Inwieweit Verwaltungsdeputationen selbständig klagen können, bleibt zu § 59 auszuführen.

Erläuterungen zu § 56 Nr. 6.

Nr. 6 des § 56 lautet:

Der Magistrat hat als .... Gemeindeverwaltungsbehörde insbesondere folgende Geschäfte:

6. die Gemeindebeamten,[1] nachdem die Stadtverordneten darüber vernommen worden, anzustellen[2] und zu beaufsichtigen.[3] Die Anstellung erfolgt, soweit es sich nicht um vorübergehende Dienstleistungen handelt, auf Lebenszeit; diejenigen Unterbeamten, welche nur zu mechanischen Dienstleistungen bestimmt sind, können jedoch auf Kündigung angenommen werden.[4] Die von den Gemeindebeamten zu leistenden Kautionen[5] bestimmt der Magistrat nach Anhörung der Stadtverordnetenversammlung.[6] In Städten bis zu 10000 Einwohnern (§ 30. 2.) können die Geschäfte des Gemeindeeinnehmers nach Vernehmung der Stadtverordnetenversammlung und mit Zustimmung der Regierung[7] dem Kämmerer übertragen werden;[8]

Hierzu:

Gesetz, betreffend die Anstellung und Versorgung[9] der Kommunalbeamten.[10] Vom 30. Juli 1899 (GS. 141) §§ 1, 2, 8, 9, 10, 23.[1]

§ 1. Als Kommunalbeamter im Sinne dieses Gesetzes[11] gilt, wer als Beamter für den Dienst eines Kommunalverbandes

(§§ 8—22) gegen Besoldung angestellt ist.[12, 13] *Die Anstellung erfolgt durch Aushändigung einer Anstellungsurkunde.*[14–17]

§ 2. Die Rechtsverhältnisse der auf Probe,[18] *zu vorübergehenden Dienstleistungen oder zur Vorbereitung angestellten Kommunalbeamten unterliegen den Bestimmungen dieses Gesetzes nur insoweit, als dies ausdrücklich vorgesehen ist.*[19] *Die Anstellung auch dieser Beamten erfolgt nach § 1 Satz 2.*[20]

Auf Personen, welche ein Kommunalamt nur als Nebenamt oder als Nebentätigkeit ausüben oder ein Kommunalamt führen, das seiner Art oder seinem Umfange nach nur als eine Nebentätigkeit anzusehen ist, findet dieses Gesetz keine Anwendung.[21]

§ 8.[22] *Die Anstellung der städtischen Beamten erfolgt, unbeschadet der Vorschriften in §§ 9 und 10, auf Lebenszeit.*[23]

Für die Beamten der städtischen Betriebsverwaltungen[24] *findet Absatz 1 nur insoweit Anwendung, als die Stadtgemeinden dies beschließen.*[25, 26] *Welche Verwaltungszweige zu den städtischen Betriebsverwaltungen zu rechnen sind, kann durch Ortsstatut festgesetzt werden.*[27, 28]

§ 9. Abweichungen von dem Grundsatze der Anstellung auf Lebenszeit (§ 8 Absatz 1) können durch Ortsstatut[29] *oder in einzelnen Fällen mit Genehmigung der Aufsichtsbehörde*[30] *festgesetzt werden.*[31]

Soweit hiernach eine Anstellung auf Kündigung zulässig ist, darf die Kündigung nur auf Grund eines Beschlusses des kollegialischen Gemeindevorstandes (Magistrats) oder, wo ein solcher nicht besteht, eines aus dem Bürgermeister und den Beigeordneten (Schöffen, Ratmänner) gebildeten Kollegiums erfolgen.[32]

§ 10. Der Anstellung kann eine Beschäftigung auf Probe vorangehen.[33] *Dieselbe darf in der Regel die Dauer von zwei Jahren nicht übersteigen. Eine Ausdehnung der probeweisen Beschäftigung ist nur mit Genehmigung der Aufsichtsbehörde*[34] *zulässig.*

Im übrigen hat bei Beamten, welche probeweise oder zu vorübergehenden Dienstleistungen oder zum Zwecke der Vorbereitung beschäftigt werden, die Regelung[35] *der Annahmebedingungen vor dem Antritt der Beschäftigung zu erfolgen.*

Durch die vorstehenden Bestimmungen wird § 13 des Gesetzes, betreffend die Besetzung der Subaltern- und Unterbeamtenstellen der Kommunalverbände mit Militäranwärtern, vom 21. Juli 1892 (Gesetz-Samml. S. 214) nicht berührt.[36]

§ 23. Die Rechtsverhältnisse der Gemeindeforstbeamten unterliegen der Regelung durch das vorliegende Gesetz mit folgenden Maßgaben:

1. Die §§ 8 bis 10 bleiben außer Anwendung.[37]

Vorbemerkung:

§ 56[6] enthält in Gemeinschaft mit §§ 64 u. 65 StO. die Bestimmungen der StO. über das Gemeindebeamtenrecht. Die Zerreißung dieser zusammengehörigen Materie machte schon früher die Darstellung des städtischen Beamtenrechts für den Kommentator der StO. schwierig, insofern dieser gezwungen war, sich der gesetzlichen Disposition anzubequemen und die Bestimmungen über die Anstellung der Kommunalbeamten von denjenigen über die Besoldung und Versorgung loszutrennen. Die Schwierigkeiten der Darstellung sind noch gewachsen, seitdem das städtische Beamtenrecht im KBG. v. 30. 7. 1899 eine Neuregelung erfahren hat, die auf alle drei in Betracht kommenden Paragraphen der StO. ändernd eingewirkt hat. Eine systematische Darstellung des gesamten Beamtenrechts bei einem der fraglichen Paragraphen, z. B. bei 56[6], erscheint vielleicht als die einfachste Lösung der Schwierigkeiten. Sie entspricht aber keineswegs dem Wesen und dem Zwecke des Kommentars, der darauf abzielt, dem Praktiker im innigen Anschluß an die von diesem gekannte oder leicht gefundene einschlägige Gesetzesstelle die erforderlichen Erläuterungen zu geben. Es ist deshalb auch bei der Darstellung dieser Materie die Form des Kommentars soweit als möglich innegehalten; es sind daher dem § 56[6] nur diejenigen Bestimmungen des KBG. angeschlossen, die von der „Anstellung" der Beamten im allgemeinen und von der Anstellung der städtischen Beamten im besonderen handeln. — Wie schon erwähnt, ist der § 56[6] teilweise, nämlich in dem zweiten Satze, durch die Bestimmungen des KBG. v. 30. 7. 1899 hinsichtlich der Anstellung (§§ 1, 2, 8, 9, 10 desselben) abgeändert. Das KBG. wurde notwendig, weil einmal die Ungleichmäßigkeit des Rechtszustandes in den einzelnen preußischen Provinzen hinsichtlich der Dauer der Anstellung der Beamten, sodann das Fehlen einer gesetzlichen Hinterbliebenenversorgung, außerdem aber und hauptsächlich die vom Reichsgericht gegebene Interpretation des Begriffes „Anstellung" eine gesetzliche Regelung unbedingt erforderlich gemacht hatten. Im Gegensatz nämlich zum OVG., das den Grundsatz festhielt, daß die Anstellung eines Gemeindebeamten ausdrücklich erfolgen müsse, und damit die Annahme einer stillschweigenden (durch sog. konkludente Handlungen erfolgenden) Anstellung verwarf (OVG. 18 S. 55; PVBl. 11 S. 182), stellte das RG., und zwar unter anderem auch bezüglich desselben Tatbestandes (Fall Malitz), welcher der erstzitierten OVG.-Entscheidung zugrunde gelegen hatte, das Prinzip auf, daß die Anstellung eines städtischen Beamten sich auch stillschweigend vollziehen könne. Das RG. fand den Willen der Beteiligten, ein Beamtenverhältnis zu begründen, in der allgemeinen Lage des Falles dokumentiert; insbesondere folgerte es das Vorhandensein dieses Willens aus dem tatsächlichen längeren Fortbestehen eines Beschäftigungsverhältnisses, auch wenn dieses von vornherein zweifellos nicht als Beamtenverhältnis gedacht war und mindestens von einer Seite (der Kommune) bis zuletzt der Wille, ein Beamtenverhältnis nicht zu begründen, ausdrücklich hervorgehoben worden war (RGZ. 37 S. 225, 234). Die Kommunen kamen durch diese Judikatur in eine um so schwierigere Lage, als nach dem § 56⁶ StO. jeder einmal angestellte städtische Beamte, soweit nicht seine Dienste nur mechanische oder vorübergehende waren, zugleich auch als lebenslänglich angestellt anzusehen war. Denn OVG., OTr. und RG. hatten in konstanter Judikatur dahin entschieden, daß alle anderweiten Festsetzungen, insbesondere Kündigungsabreden, beruhten sie nun auf Ortsstatuten, Reglements, Dienstpragmatik oder besonderer Vereinbarung, schlechthin unwirksam seien. Dabei war der Begriff der mechanischen Dienstleistungen einschränkend interpretiert worden, indem auch solche Beschäftigungen, die keine fachliche oder bureaumäßige Ausbildung erheischten, wie z. B. die der Nachtwächter, als nicht mechanische Tätigkeiten angesehen worden waren. (Vgl. Striethorst 90 S. 220; OVG. 12 S. 48; 26 S. 27; RGZ. 37 S. 225, 241; PVBl. 14 S. 497; 20 S. 54; 22 S. 481.) Diesem unsicheren Rechtszustande wurde durch das KBG., das die „Anstellung" an das klar erkennbare Kriterium der Aushändigung einer Anstellungsurkunde bindet (§ 1), ein Ende gemacht. Eine ausführliche Darstellung der Geschichte und des Inhalts dieses Gesetzes kann hier nicht gegeben werden; es sei auf die Einleitung und den Kommentar zum KBG. von Ledermann (Berlin, Guttentag 1899), sowie auf die Kommentare zum KBG.: Freytag, Berlin (Heymann) 05; Kremski, Leipzig (Serig) 1899; Loevenich, Hamm 1899; und auf Kautz-Appelius, sowie auf Jebens im PVBl. 27 S. 99 verwiesen. Zu dem KBG. ist eine ministerielle AusfAnw. v. 12. 10. 1899 ergangen, die in den nachfolgenden Erläuterungen berücksichtigt ist. Bevor zu den Einzelheiten übergegangen werden kann, müssen einige Fragen vorweg erörtert werden, die weder in der StO., noch in dem KBG. ihre Erledigung gefunden haben.

I. Die erste Frage ist die, inwieweit die Städte verpflichtet sind, Beamte anzustellen, und inwieweit sie berechtigt sind, gleich jedem privaten Arbeitgeber, Personen zu beschäftigen, die sie mittels privatrechtlichen Dienstvertrages (§§ 611ff. BGB.) an sich fesseln. Der wichtige Unterschied besteht darin, daß im Gegensatz zu dem letzteren, dem privatvertraglichen Verhältnis, der städtische Beamte zu der Stadt in ein durch öffentlich-rechtlichen Akt begründetes öffentlich-rechtliches Dienstverhältnis tritt, das ihn, auch über die vertragsmäßigen und berufsmäßigen Pflichten hinaus, zu einer besonderen Treue gegen seinen Dienstherrn, die Stadt, verpflichtet und ihn außerdem zugleich zum mittelbaren Staatsbeamten macht (s. OVG. 20 S. 128; 16 S. 154; 19 S. 62; 20 S. 39; ALR. § 69 II 10). Als leitender Grundsatz wird in der Judikatur und Literatur übereinstimmend der Satz aufgestellt, daß obrigkeitliche Funktionen, d. h. Funktionen, die organisch in die Verfassung des Staates eingreifen und Zwecke zu erfüllen haben, die in direkten Beziehungen zu den Aufgaben des Staates stehen (OVG. 20 S. 39), nur angestellten Beamten, daß dagegen mechanische, künstlerische, wissenschaftliche und technische Dienstleistungen auch den auf Grund von Privatdienstverträgen beschäftigten Personen übertragen werden dürfen (RGZ. 28 S. 84, 85; 37 S. 241 und im PVBl. 28 S. 86; RGSt. 31 S. 293; OVG. 20 S. 128; 27 S. 431; KG. in „Das Recht" 07 S. 144). Und zwar gilt dieser Grundsatz stets, gleichviel ob es sich um vorübergehende, um probeweise Verwaltung bestimmter Geschäfte oder um dauernde Besetzung der betreffenden Stelle handelt. Die AusfAnw. z. KBG. sagt unter Art. I Nr. 5 hierüber:

„Hiernach bleibt es den Verbänden namentlich unverwehrt, die im Arbeiterverhältnis stehenden und die ausschließlich in Betriebsverwaltungen beschäftigten, nicht mit obrigkeitlichen Funktionen ausgestatteten Personen im Wege der zivilrechtlichen Dienstmiete anzunehmen. So werden für die Dienste in städtischen Theatern, Museen, Badeetablissements, Gasanstalten, Schlachthöfen im allgemeinen Nichtbeamte angenommen werden können, während im einzelnen einem Schlachthofvorsteher, welchem die Befugnis zum Erlaß polizeilicher Verfügungen (z. B. betreffs der Verweisung minderwertigen Fleisches auf die Freibank) übertragen werden soll, Beamteneigenschaft eingeräumt werden muß. Zu den mechanischen, auch von Nichtbeamten wahrnehmbaren Dienstleistungen werden die Funktionen von Pförtnern, Dienern, Kopisten, Arbeitern und anderen ähnlich beschäftigten Personen unbedenklich gerechnet werden können. Auch werden solche Beschäftigungsarten, welche von vornherein zeitlich oder sachlich begrenzt — z. B. die Bearbeitung einer kommunalen Entwässerungsanstalt usf. —, oder welche auf Probe oder zur Vorbereitung übertragen werden, nicht dem Beamten vorzubehalten, sondern zur privatrechtlichen Regelung freizugeben sein, sofern bei den betreffenden Geschäften obrigkeitliche Funktionen nicht in Betracht kommen."

Es werden demnach in bezug auf die Frage, ob Beamte anzustellen oder Privatbedienstete zu engagieren sind, zunächst die Kommunalbehörden selbst Entscheidung zu treffen haben. Demnächst wird jedoch der Aufsichtsbehörde das Recht nicht verschränkt werden können, nachzuprüfen, ob die Kommunen ihrer Pflicht, zur Erledigung sämtlicher obrigkeitlichen Geschäfte genügend zahlreiche Beamte anzustellen, nachgekommen sind, und erforderlichenfalls im Wege der Zwangsetatisierung (s. § 78 StO., § 19 ZustGes.) die Einstellung der nötigen Gehälter in den Etat und damit die Anstellung der erforderlichen Beamten zu erzwingen (vgl. OVG. 41 S. 151, 156).

II. Eine weitere, weder in der StO. noch in dem KBG. behandelte Frage ist die, **inwieweit die Städte bei der Auswahl der städtischen Beamten an die Erfüllung bestimmter Vorbedingungen seitens der Beamten (persönliche Qualifikation) gebunden sind.** Nach dieser Richtung ist zunächst zu bemerken, daß gesetzliche Bestimmungen über die wissenschaftliche oder technische Qualifikation der städtischen Beamten nicht vorhanden sind. Die Verhältnisse der zahlreichen preußischen Stadtgemeinden sind auch, und zwar sowohl in bezug auf die vorhandenen städtischen Dienstzweige als auch in bezug auf die

Leistungsfähigkeit der Kommunen, von so großer Verschiedenheit, daß jede wie auch geartete gesetzliche Vorschrift stets von einem großen Teil der Städte als lästiger Zwang gefühlt werden müßte. Ist hiernach eine bestimmte fachliche oder wissenschaftliche Ausbildung auch nicht gesetzliches Erfordernis für die Anstellung in bestimmten städtischen Ämtern, so pflegt man doch auch in den Städten, zumal in den größeren, das vorhandene Beamtenpersonal in höhere Beamte, mittlere oder Subalternbeamte und Unterbeamte zu zerlegen, indem im allgemeinen dabei nicht nur die Besoldungsverhältnisse, sondern auch der Grad der erlangten Vorbildung, und zwar in derselben Weise, wie bei den entsprechenden Klassen der Staatsbeamten zur Unterlage gemacht ist. (Die StO. braucht den Ausdruck „Unterbeamten" hier und da bezüglich des ganzen Beamtenpersonals, indem sie die städtischen Beamten im engeren Sinne in Gegensatz zu den Magistratsmitgliedern setzt; vgl. z. B. § 30.) Trotz dieser Freiheit in bezug auf die Qualifikation der anzustellenden Beamten sind die Stadtgemeinden dennoch in der Auswahl der Beamten bei Besetzung der Subaltern- und Unterbeamtenstellen in starkem Maße gebunden durch die gesetzlichen Bestimmungen, die hinsichtlich der Besetzung der Stellen im Gemeindedienst mit Militäranwärtern bestehen.

Die Verpflichtung der Kommunen, gewisse Stellen ganz oder vorwiegend mit Militäranwärtern zu besetzen, beruht:

a) auf den vom Bundesrat in Ausführung des § 18 des MannschaftsversorgungsG. v. 31. 5. 06 (RGBl. 593) unter dem 20. 6. 07 bekanntgemachten Grundsätzen für die Besetzung der mittleren, Kanzlei- und Unterbeamtenstellen bei den Kommunalbehörden mit Militäranwärtern und Inhabern des Anstellungsscheins (nebst den zu diesen Grundsätzen erlassenen Erläuterungen — MBl. 07 S. 308 ff.);

b) auf dem durch die vorstehend erwähnten „Grundsätze" in der Hauptsache aufrechterhaltenen preußischen Gesetze, betr. die Besetzung der Subaltern- und Unterbeamtenstellen der Kommunalverbände mit Militäranwärtern v. 21. 7. 1892 (GS. 214) nebst AusfAnw. v. 30. 9. 1892 (MBl. 285), v. 1. 12. 1899 (MBl. 235) und v. 1. 9. 07 (MBl. 293).

Die gemeinschaftliche Grundlage dieser beiden Gruppen von Bestimmungen bilden die §§ 15—17 des MannschaftsversorgungsG. v. 31. 5. 06 (RGBl. 593), welche die Fälle regeln, in denen Militärpersonen den Anspruch auf den Zivilversorgungsschein haben. Die Erlangung des Zivilversorgungsscheines bedeutet für den Inhaber die Berechtigung, sich um Anstellung in einer derjenigen Stellen im öffentlichen Dienste, insbesondere auch dem Kommunaldienste, zu bewerben, die gesetzlich den Militäranwärtern ganz oder teilweise vorbehalten sind. Ein Anspruch auf eine ganz bestimmte einzelne Stelle steht aber dem Inhaber des Zivilversorgungsscheins nicht zu.

Das Verhältnis der Grundsätze zu dem preußischen Gesetze ist folgendes: Nach § 1 Abs. 1 der „Grundsätze" gelten die landesrechtlichen Bestimmungen insoweit fort, als sie über die reichsgesetzlichen Bestimmungen (Grundsätze) zugunsten der Militäranwärter hinausgehen, also eine weitergehende Bindung der Kommunen enthalten. Das Verhältnis ist also das, daß prinziell die reichsgesetzlichen Bestimmungen gelten und daneben noch — gewissermaßen ausnahmsweise — die weitergehenden preußischen Vorschriften bestehen.

Die Grundsätze mit den Erläuterungen des Bundesrats und dem preußischen G. v. 21. 7. 1892 sind hinten in Anhang D abgedruckt.

III. An gesetzlichen Bestimmungen fehlt es endlich über die Wirkung von Eingemeindungen auf die Rechtsverhältnisse der Beamten. Die Eingemeindung ist an sich nach öffentlichem Rechte zu beurteilen. Nach ihrer Vollziehung tritt die einheitliche Gemeinde in jeder Beziehung an die Stelle der früheren Einzelgemeinde dem Beamten gegenüber. Sie ist verpflichtet, ihm alles zu gewähren, worauf ihm nach seinem bisherigen Dienstverhältnisse bei der Einzelgemeinde ein Recht zustand; andererseits ist sie aber auch berechtigt, die Leistung der Dienste des Beamten ebenso zu fordern, wie es die bisherige Einzelgemeinde zu fordern berechtigt war (RGZ. 68 S. 218). Vgl. außerdem PVBl. 27 S. 135; 29 S. 631; OVG. 51 S. 413 und Kautz-Appelius S. 405 ff.).

1. Es ist zu beachten, daß der Kreis der „Gemeindebeamten", der im § 56⁶ StO. betroffen wird, sich nicht vollständig deckt mit dem Kreis der städtischen Kommunalbeamten, auf den sich das KBG. erstreckt. Wegen der genauen Abgrenzung des letzteren Personenkreises s. Anm. 11. Hier mag hervorgehoben sein, daß sich § 56⁶ auch bezieht auf solche besoldete Beamte, deren Beschäftigung im städtischen Dienste nur eine geringfügige ist oder die als besoldete städtische Beamte nur nebenberuflich oder nebenamtlich tätig sind, daß dagegen § 2 Abs. 2 KBG. diese Personen von der Anwendung des KBG. ausschließt. Umgekehrt fallen unter das KBG. die besoldeten Magistratsmitglieder (wenigstens teilweise; auf sie finden §§ 4—7, 14, 15 KBG. Anwendung), wohingegen diese Personen nicht unter § 56⁶ StO. fallen. Weder unter § 56⁶ noch unter KBG. fallen die unbesoldeten, ehrenamtlich tätigen städtischen Organe. Diese Personen wählt nicht der Magistrat allein, sondern entweder, soweit Wahlen nach der StO. in Frage kommen, die Stadtverordnetenversammlung unter der Bestätigung des Magistrats (§§ 35, 56², 60 StO.), oder Magistrat und Stadtverordnetenversammlung (vgl. z. B. § 104 KrO.; § 15 PrO.; § 43 LVG.; EStG. v. 19. 6. 06 [GS. 241] § 46 Abs. 2; ZweckverbandsG. v. 19. 7. 11 [GS. 115] § 13; ZweckverbandsG. für Groß Berlin v. 19. 7. 11 [GS. 123] § 16). Der Charakter dieser Personen als „unbesoldete" Beamte geht nicht etwa dadurch verloren, daß sie eine zur Deckung ihrer Unkosten dienende bare Entschädigung beziehen. Sowohl unter das KBG. wie unter § 56⁶ StO. fallen die städtischen Polizeibeamten und die städtischen Forstbeamten; wegen der für erstere geltenden besonderen Vorschriften s. Anm. 2 unten und § 62 StO.; wegen der letzteren vgl. Anm. 11 zu § 55 StO. und den oben abgedruckten § 23 KBG. nebst unten folgenden Erläuterungen. Dagegen fallen weder unter die Gemeindebeamten der StO. noch unter die Kommunalbeamten des KBG. die Beamten (Bureau-, Kanzlei- und Unterbeamten) der Landesversicherungsanstalten, obwohl sie gemäß § 1348 Reichsversicherungsordnung die Rechte

und Pflichten der Kommunalbeamten haben; die Anstellung dieser Personen mittels einer gemäß § 1 KBG. ausgestellten Anstellungsurkunde ist daher nicht erforderlich und für ihre Anstellung nicht ohne weiteres entscheidend (OVG. v. 1. 12. 03 II 2037; vgl. aber auch Anm. 27 zu 64 StO.).

Es gibt außerdem „Gemeindebeamte“ von Gesetzes wegen, die ohne Rücksicht darauf, ob sie als Kommunalbeamte im Sinne des KBG. angestellt sind, jedenfalls Gemeindebeamte sind, z. B. die Standesbeamten kraft Reichsrechtes (vgl. Anm. 11 zu § 62 u. PVBl. 27 S. 801).

2. Diese Zuständigkeitsvorschrift, die dem Magistrat die Anstellungshoheit hinsichtlich der städtischen Beamten zuweist, ist durch KBG. unberührt geblieben. In seinem Rechte, die ihm genehmen Persönlichkeiten auszusuchen und als städtische Beamte anzustellen, ist der Magistrat der Stadtverordnetenversammlung gegenüber selbständig. Das der letzteren eingeräumte Recht, sich vor der Anstellung über die städtischen Beamten zu äußern, besteht nach der herrschenden Lehre (s. RG. im PVBl. 17 S. 434; OVG. im PVBl. 14 S. 498; Leidig S. 150; Jebens S. 171; Oertel S. 350) lediglich in einem Anspruch auf ein votum consultativum, das der Magistrat zwar regelmäßig in Rücksicht ziehen wird, dem er aber nicht nachzugeben braucht und dessen Nichtberücksichtigung ebenso wie die etwa unterlassene Anhörung der Stadtverordnetenversammlung die vom Magistrat dennoch vorgenommene Anstellung nicht ungültig macht (etwas abweichend Schön S. 144). Konsequenterweise muß mit Jebens a. a. O. gegen Schön angenommen werden, daß, wenn der Magistrat den Bemängelungen der Stadtverordnetenversammlung kein Gehör geben will, hierin keine „Meinungsverschiedenheit“ im Sinne des § 36 StO., § 17 ZustGes. liegt; denn die Anwendung der letzteren Bestimmungen setzt voraus, daß es sich um einen rechtlich beachtlichen dissensus zwischen Magistrat und Stadtverordnetenversammlung handelt, d. h. also eine Angelegenheit in Frage steht, die nur durch Gemeindebeschluß geregelt werden kann. Hier aber haben die Stadtverordneten nicht mitzubeschließen, sondern sich nur gutachtlich zu äußern. Eine Ausnahme von der allgemeinen Regel der alleinigen Zuständigkeit des Magistrats machen die Sparkassenbeamten, insofern bei diesen statutarisch eine anderweitige Zuständigkeit für die Anstellung (z. B. Mitbeschlußfassung oder alleinige Wahl durch die Stadtverordnetenversammlung) vorgesehen werden kann (s. Anm. 13h zu § 56[3]). Die Anstellungshoheit des Magistrats ist aber ebenso wie gegenüber der Stadtverordnetenversammlung auch der Aufsichtsbehörde gegenüber eine unbeschränkte. Im allgemeinen hat die Aufsichtsbehörde kein Bestätigungsrecht hinsichtlich der besoldeten Gemeindebeamten. Sie kann wohl, wenn der Magistrat nach ihrer Ansicht dauernd oder öfters Mißgriffe in der Auswahl der Personen sich zu Schulden kommen lassen sollte, in der Form des Ratschlags auf eine anderweite Handhabung des Anstellungshoheitsrechtes hinwirken, die einmal getroffene Wahl und Anstellung aber kann sie nicht rückgängig machen. Eine Ausnahme liegt vor hinsichtlich der städtischen Polizeibeamten, bezüglich welcher § 4 Abs. 1 G. v. 11. 3. 1850 bestimmt:

Über die Einrichtungen, welche die örtliche Polizeiverwaltung erfordert, kann die Bezirksregierung besondere Vorschriften erlassen. Die

Ernennung aller Polizeibeamten, deren Anstellung den Gemeindebehörden zusteht, bedarf der Bestätigung der Staatsregierung (jetzt des Regierungspräsidenten, in Berlin des Oberpräsidenten).

Indessen bezieht sich diese Bestimmung nur auf die eigentlich exekutivisch tätigen Polizeibeamten, wie Polizeiinspektoren, Polizeikommissare, Polizeisergeanten, Schutzleute, Polizeidiener usw., nicht dagegen auf Verwaltungsbeamte, wie Polizeiassessoren, Sekretäre, Registratoren, Kanzlisten (vgl. Oertel S. 484; Genzmer, Handbuch des Polizeirechts S. 35). Das Nähere siehe zu § 62. Eine fernere besondere Stellung nehmen die städtischen **Forstbeamten** ein; bezüglich derselben vgl. unten Anm. 37 sowie Anm. 11 zu § 55. Wegen der Beschränkung des Magistrats in seinem Anstellungsrechte durch die Gesetze betr. die Militäranwärter, s. Vorbem. II.

Die Zuständigkeit des Magistrats zur Anstellung der städtischen Beamten umfaßt gleichzeitig auch sein Recht, den städtischen Beamten die ihnen mit dem Amte zukommende, von ihnen pflichtgemäß zu führende **Amtsbezeichnung** beizulegen. Ein Mitwirkungsrecht der Stadtverordnetenversammlung hierbei wird von Gerstmeyer, StO. S. 94, PVBl. 19 S. 180, verneint, vom OVG. 41 S. 43 und von Kautz-Appelius S. 116 bejaht. Ein Recht, den Gemeindebeamten einen **Titel im engeren Sinne**, d. h. eine vom Amte unabhängige, losgelöst von diesem zur **Auszeichnung** einer bestimmten Persönlichkeit dienende Benennung beizulegen, haben die Gemeindebehörden nicht. Dieses Recht steht gemäß Art. 50 VU. allein dem Könige zu. — Bei der Auswahl der Amtsbezeichnungen sind nach dem OVG. die Gemeindebehörden völlig frei, insbesondere von jeder Mitwirkung der Aufsichtsbehörde; sie können auch solche Bezeichnungen zur Amtsbezeichnung der Gemeindebeamten wählen, die im § 29 StO. als geeignet zur Bezeichnung besoldeter Magistratsmitglieder beispielsweise angeführt sind. Selbst solche Worte, die mit dem Worte „Rat" zusammengesetzt sind, wie „Stadtbaurat", dürfen als Amtsbezeichnung gewählt werden. Ausgeschlossen sind nur solche Benennungen, die mit staatlichen Amtsbezeichnungen oder Titeln übereinstimmen oder doch sich von diesen so wenig deutlich unterscheiden, daß sie den Träger nach außen als Inhaber der staatlichen Benennung erscheinen lassen könnten. Diese Grundsätze sind vom OVG. in den Entsch. 6 S. 59; 41 S. 43 u. PVBl. 17 S. 224 festgestellt worden (vgl. auch PVBl. 23 S. 259, 265, 281 u. 31 S. 587).

3. Das **Aufsichtsrecht** über die Gemeindebeamten steht dem Magistrat allein zu, bei Ausübung der daraus resultierenden disziplinaren Gewalt ist der Magistrat auch nicht an eine „Anhörung" der Stadtverordnetenversammlung gebunden (OVG. 23 S. 65). Der Magistrat hat demnach auch allein die Macht, generelle und spezielle Instruktionen für die Gemeindebeamten zu erlassen. Soweit dabei lediglich die Verteilung der Geschäfte unter die einzelnen Beamten in Frage kommt, steht das Recht zur Anordnung gemäß § 58 StO. dem Bürgermeister allein zu; dasselbe gilt von der Verhängung der Ordnungsstrafen (s. ebenda). — In naher Beziehung zu dem **Aufsichtsrechte** steht die Frage nach der **Verantwortlichkeit** der städtischen Beamten **für ihre Amtshandlungen** (nicht die Frage, inwieweit die Kommune für Handlungen ihrer Organe und Beamten haftet, hierüber s. § 9

Anm. 1b). In disziplinarer, strafrechtlicher und zivilrechtlicher Hinsicht kann eine Haftung der Gemeindebeamten in Frage kommen. Ob ein Beamter disziplinarisch haftbar gemacht werden soll, ist in dem gesetzlich geordneten Disziplinarverfahren zu entscheiden (vgl. hierzu § 80 StO.). Wird der Beamte strafrechtlich oder von seiten Dritter zivilrechtlich wegen Amtshandlungen vor den Gerichten zur Verantwortung gezogen, so steht der Staatsaufsichtsbehörde (nicht dem Magistrat; OVG. v. 24. 4. 1880, PVBl. 1 S. 404) eine Art Mitwirkungsrecht zu. Der Regierungspräsident (Oberpräsident) und der Minister des Innern können nämlich, wenn sie der Meinung sind, daß dem Beamten keine Verletzung seiner Dienstpflichten zur Last fällt, den Konflikt erheben und damit herbeiführen, daß vor strafrechtlicher oder zivilrechtlicher Weiterverfolgung des Beamten vom OVG. festgestellt wird, ob der Beamte in der Tat sich der Verletzung einer Dienstpflicht schuldig gemacht hat. In Betracht kommt in dieser Beziehung § 11 EG. z. GVG. v. 27. 1. 1877, G. v. 13. 2. 1854 (GS. 86), insbesondere § 5, und § 114 LVG. Alle diese Vorschriften sind als Verfahrensvorschriften durch das BGB. nicht aufgehoben oder verändert worden. Ein Konflikt kann nur zugunsten eines bestimmten Beamten, nicht zugunsten einer Behörde erhoben werden (OVG. 54 S. 450). Hinsichtlich des Zeitpunktes, bis zu dem der Konflikt erhoben werden darf, vgl. ME. v. 13. 7. 04 (MBl. 232) u. PVBl. 26 S. 237). Ist die Verletzung der Amtspflicht festgestellt worden, so haftet der Beamte gemäß BGB. §§ 823, 829, 331, 840, 841, 852 in Verbindung mit §§ 252, 276 Satz 2, sowie gemäß ALR. I 6 §§ 45, 46, 47, 48, 49, 58; I 13 §§ 41, 42 (ob auch ALR. II 10 §§ 90, 91 noch gelten, ist zweifelhaft; vgl. EG. z. BGB. Art. 77, 78, 80). Dagegen trifft die in § 839 BGB. bestimmte Verantwortlichkeit gemäß §§ 1, 4 des G. v. 1. 8. 09 (GS. 691) an Stelle des Beamten den Kommunalverband (vgl. Anm. 1b zu § 9). Zuständig zur Entscheidung aller Ansprüche gegen Beamte aus Amtshandlungen sind ausschließlich die Landgerichte (§ 39 Nr. 3 AG. z. GVG.; RG. im PVBl. 24 S. 146). Genaueres hierüber s. bei Kautz-Appelius, S. 330ff. — Befindet sich ein Beamter in einer Interessenkollision, insofern seine Amtshandlung seine persönlichen Interessen fördern oder schädigen könnte, so soll er sich der Amtshandlung unter Anzeige an die vorgesetzte Behörde enthalten; OVG. 4 S. 326; 16 S. 355; 23 S. 209; PVBl. 24 S. 278; 28 S. 316.

4. Der zweite Satz des § 56⁶ ist aufgehoben durch das KBG., dessen hierhergehörige Paragraphen oben abgedruckt sind. Vgl. Vorbem.

5. Vgl. hierzu das für Staatsbeamte erlassene, für diese aber wieder aufgehobene G. v. 25. 3. 1873, betr. die Kautionen der Staatsbeamten (GS. 125). Die fakultative Anwendbarkeit dieses G. auf Kommunalbeamte war durch ME. v. 23. 9. 1872 (MBl. 252) ausgesprochen worden. Die erfolgte Aufhebung der Kautionspflicht der Staatsbeamten (G. v. 7. 3. 1898, GS. 19) hat die etwa vorhandene örtliche Kautionspflicht städtischer Beamten nicht aufgehoben; es ist vielmehr nach wie vor den Kommunen freigestellt, ob und welche Kautionen sie von ihren Beamten verlangen wollen, wobei sie sich auch nach den Vorschriften des G. v. 25. 3. 1873 fernerhin noch richten können (MBl. 1898 S. 122).

6. Auch hier liegt nicht eine förmliche Mitbeschlußfassung, sondern nur eine gutachtliche Äußerung vor. Vgl. Anm. 2.

7. Jetzt des Bezirksausschusses (§ 16 Abs. 3 ZustGes.).

8. Vor dem Übergang zu den Bestimmungen des KBG. ist noch folgendes Allgemeine zu erwähnen:

a) Vereidigung beim Amtsantritt. Der Amtseid ist heute (nach KBG. § 1) für die Frage des Vorhandenseins eines Amtsverhältnisses nicht mehr ausschlaggebend. Die städtischen Beamten sind mittelbare Staatsbeamte; sie haben daher gemäß Art. 108 VU. den Diensteid zu leisten, und zwar in der Form, wie ihn die V. v. 6. 5. 1867 (GS. 715; s. § 34 Anm. 1) vorschreibt, unter Hinzufügung derjenigen Eidesnorm, mittels deren sich diese Beamten dem unmittelbaren Dienstherrn zu verpflichten haben. Demzufolge sind in der Eidesformel für die Berliner Gemeindebeamten zwischen den Worten „gehorsam sein" und „und alle" der allgemeinen Eidesformel die Worte: „dem Magistrat als meiner vorgesetzten Behörde jederzeit willige Folge leisten" eingefügt. Die Verpflichtung zu besonderer Treue und zum Gehorsam gegen den Magistrat zieht die Pflicht nach sich, dem Dirigenten des Magistrats sowie dessen Mitgliedern Achtung und Folgsamkeit zu bezeigen (§ 25 der Instruktion für die Stadtmagistrate v. 25. 5. 1835 [Anhang]). Hat der Beamte den Diensteid einmal geleistet, so braucht er ihn beim Übergang in ein neues Amt nicht nochmals zu leisten.

b) Beurlaubung. Das Recht zur Beurlaubung steht dem Magistrat und bei Beurlaubung bis zu vier Wochen oder innerhalb der vom Magistrat festgesetzten allgemeinen Grenzen dem Bürgermeister zu, s. Instruktion für die Stadtmagistrate v. 25. 5. 1835 § 20 sub 9. Darüber, wie lange der beurlaubte Beamte Anspruch auf Gehalt hat, s. zu § 64 StO. Wegen Beurlaubung behufs Übernahme von Mandaten zum Land- und Reichstage s. Anm. 17 zu § 30.

c) Nebenämter und Nebenbeschäftigungen. Ein gesetzliches Verbot, solche zu übernehmen und zu führen, besteht für Kommunalbeamte nicht, indessen können ortsstatutarisch, reglementarisch oder durch besondere Abrede Verbote dieser Art festgesetzt werden. Unter allen Umständen hat aber auch der mittelbare Staatsbeamte die Pflicht, vor Übernahme eines Nebenamtes oder einer Nebenbeschäftigung seiner vorgesetzten Behörde Mitteilung zu machen und sich zu versichern, daß Anstände dagegen nicht erhoben werden. Schon die Unterlassung einer Anzeige über das Vorhaben ist eine Verletzung der Amtspflicht (OVG. 57 S. 509). Die Erlaubnis zur Übernahme von Nebenämtern oder Nebenbeschäftigungen hat der Magistrat zu geben. Hinsichtlich der Übernahme von Stellen im Vorstande und Aufsichtsrate von Aktiengesellschaften gilt dasselbe wie bei den besoldeten Magistratsmitgliedern (Anm. 15 zu § 30), nur daß die genehmigende oder die vor der Anstellung die Bedingung formulierende Stelle nicht die Aufsichtsbehörde oder die Stadtverordnetenversammlung, sondern der Magistrat ist.

Die Bestimmung in § 19 der Preuß. GewO. v. 17. 1. 1845, wonach Gemeindebeamte, deren Ehefrauen und in väterlicher Gewalt stehende

Kinder, Dienstboten und andere Hausstandsmitglieder ein Gewerbe nur mit Erlaubnis der vorgesetzten Dienstbehörde betreiben dürfen, ist durch § 12 Abs. 2 RGewO. aufrechterhalten (vgl. auch EG. z. BGB. Art. 55 u. 80; PVBl. 28 S. 914 und OVG. 58 S. 445).

Nach Art. 72 AG. z. BGB. bedarf derjenige, der ein besoldetes Amt in der Kommunalverwaltung bekleidet, zur Übernahme einer Vormundschaft oder zur Fortführung einer vor dem Eintritt in das Amt übernommenen Vormundschaft der Erlaubnis der zunächst vorgesetzten Behörde. Das gleiche gilt für die Übernahme oder die Fortführung des Amtes eines Gegenvormundes, Pflegers oder Beistandes. Die Erlaubnis kann zurückgenommen werden.

Wegen der Zulässigkeit der Annahme von Nebenbeschäftigungen durch suspendierte Beamte vgl. PVBl. 29 S. 270.

d) Verpflichtung zum Wohnen am Amtsorte. Da der Beamte ohne Erlaubnis seinen Amtsort nicht verlassen darf (§ 92 II 10 ALR.; vgl. aber auch PVBl. 31 S. 691), folgt hieraus, daß der städtische Beamte, wenn er nicht die besondere Erlaubnis, auswärts zu wohnen, vom Magistrat erhalten hat, in der Stadt, der er dient, wohnen muß (OVG. 51 S. 425). Wohnt er auswärts, so ist er nicht Bürger der Stadt, welcher er dient. Er kann daher in der auswärtigen Gemeinde das passive Wahlrecht besitzen und damit verpflichtet sein, unbesoldete Ehrenämter (vgl. § 74 StO.) zu übernehmen. Gesetzlich ist das Erfordernis der Genehmigung seiner vorgesetzten Dienstbehörde nicht statuiert; durch die Versagung der Genehmigung würde übrigens der Beamte, wenn ihm ein Ablehnungsrecht aus § 74 StO. nicht zur Seite steht, in eine Pflichtenkollision geraten. Doch wird dieser Fall kaum praktisch werden, da die vorgesetzte Dienstbehörde jederzeit die Erlaubnis zum Wohnen außerhalb des Dienstortes zurückziehen oder versagen kann, womit der Möglichkeit einer Übernahme oder Fortführung des unbesoldeten Ehrenamtes gegen den Willen der Behörde vorgebeugt ist.

e) Amtsverschwiegenheit. Die Amtsverschwiegenheit, d. h. die Pflicht, über alle amtlichen Gegenstände, über die sie vermöge ihres Amtes Kenntnis erhalten, Stillschweigen zu beobachten, soweit dies das amtliche Interesse erfordert, liegt nicht nur den besoldeten, sondern auch den unbesoldeten Beamten ob. Die Verletzung der Amtsverschwiegenheit, und zwar die vorsätzliche wie die fahrlässige, kann ein Amtsvergehen im Sinne des Disziplinargesetzes darstellen. Besondere Beachtung erheischen §§ 376 u. 408 ZPO. und §§ 53 u. 76 StPO.; die Erlaubnis zur Aussage erteilt in diesen Fällen den Gemeindebeamten der Bürgermeister. Handelt es sich um diesen selbst, und zwar um Bekundungen in Gemeindeangelegenheiten, so entscheidet der Bürgermeister selbst, ob er aussagen dürfe; handelt es sich um Staatsverwaltungsgeschäfte, so hat die Aufsichtsbehörde zu entscheiden.

f) Versetzung. Bei städtischen Beamten wird eine Versetzung von Ort zu Ort nur ausnahmsweise (in Berlin z. B., wo außerhalb Berlins Gemeindeanstalten bestehen) vorkommen, im allgemeinen wird es sich nur um Übertragung anderweitiger Amtsfunktionen handeln; wird dadurch die Rechtslage des Versetzten nicht verschlechtert, sein ihm dauernd verliehenes

Einkommen nicht verringert und entspricht die ihm neu übertragene Beschäftigung seiner Ausbildung, so ist eine derartige Versetzung in ein anderes Amt auch gegen den Willen des Betroffenen zulässig.

g) **Ende der Amtszeit.** Dieses wird bedingt durch Tod, Zeitablauf (bei auf Zeit angestellten Beamten), Kündigung, Strafurteil (§ 7 DisziplinarG.), disziplinargerichtliches Urteil (ebenda §§ 22ff.), Versetzung in den Ruhestand, Amtsentlassung auf Antrag (§§ 94—97, 68, 69 II 10 ALR.). Im Falle der Pensionierung erlöschen die Rechtsfolgen des Beamtenverhältnisses nicht mit dem Ende der Amtszeit. Es verbleibt der Anspruch auf Amtsbezeichnung, Pension und Steuervorrechte. Ein Zwischenzustand tritt ein infolge der Suspension auf Grund der §§ 48, 49, 51 DisziplinarG. v. 21. 7. 1852 (s. zu § 80). Wegen der Kündigung vgl. unten Anm. 32.

h) Wegen des **Gehalts** s. § 64, wegen **Pension, Hinterbliebenenfürsorge und Fürsorge bei Unfällen** s. § 65 StO.

9. Das Gesetz regelt nicht alle Rechtsverhältnisse der Kommunalbeamten, sondern nur die Anstellung und Versorgung, wozu auch die Grundsätze bezüglich der Besoldung, der Entschädigung bei Dienstreisen und des Rechtswegs bei vermögensrechtlichen Ansprüchen zu rechnen sind. Nicht betroffen von dem Gesetze werden **insbesondere** die geltenden Bestimmungen bezüglich der Voraussetzungen und des Verfahrens bei der Wahl und Anstellung der Kommunalbeamten, und der Zuständigkeit der Gemeindeorgane hierfür, bezüglich der Vereidigung, des Disziplinar- und Pensionierungsverfahrens, bezüglich der Übernahme besoldeter Nebenämter, der Beurlaubung, der Besteuerung des Diensteinkommens, der Unfallversicherung der Kommunalbeamten sowie der Anstellung von Militäranwärtern im Gemeindedienst. — Als Ergänzung zu § 56⁶ sind nur die von der **Anstellung** der Beamten handelnden Bestimmungen des KBG. hier abgedruckt.

10. Darüber, auf welche Kommunalbeamte sich das Gesetz bezieht, s. die Anm. 11, 12, 13, 19, 20, 21. — Übrigens hat das KBG. keineswegs nur auf **städtische** Beamte Anwendung zu finden, vielmehr unterliegen ihm auch die Rechtsverhältnisse der Beamten der Landgemeinden, Landbürgermeistereien, Ämter, Zweckverbände, Amtsbezirke, Kreise, Provinzen und Bezirksverbände. In die Städteordnung sind indessen nur die allgemeinen und die von den städtischen Beamten insbesondere handelnden Bestimmungen einzufügen.

11. Die im § 1 gegebene Begriffserläuterung soll demnach keine allgemeine gültige Definition des Begriffes „Kommunalbeamter" geben, sondern nur den Wortgebrauch des KBG. festlegen. Daher umfaßt auch der Begriff „Kommunalbeamter" im Sinne dieses Gesetzes einen anderen Personenkreis wie der Begriff „Gemeindebeamter" im Sinne des § 56⁶ StO. (s. oben Anm. 1).

Nicht mitbetroffen sind im KBG.:

1) die unbesoldeten (ehrenamtlichen) und die im Kommunaldienst nur nebenamtlich oder nebenberuflich beschäftigten Kommunalbeamten (§ 2 Abs. 2);

b) besoldete, aber nur im geringfügigen Maße durch ihr Amt in Anspruch genommene Kommunalbeamte.

Teilweise mitbetroffen sind:

a) die besoldeten Mitglieder der städtischen Gemeindevorstände, insofern auf sie — abgesehen von den allgemeinen Bestimmungen der §§ 4 bis 7 — nur die §§ 14 u. 15 Anwendung finden;

b) die auf Probe, zur vorübergehenden Beschäftigung und zur Vorbereitung angestellten Kommunalbeamten, auf die nur die §§ 1, 6, 7 des G. Anwendung finden sollen (§ 2).

Besonders sind behandelt die Verhältnisse der Gemeindeforstbeamten (§ 23 KBG.).

12. Lehrer an Gemeindeschulen, sowohl an höheren wie an niederen Schulen, fallen **nicht** unter das Gesetz; sie sind — wenigstens nach der herrschenden Ansicht — zwar mittelbare Staatsbeamte, aber nicht Gemeindebeamte (Art. 23, 24 VU.; RGZ. 37 S. 298; OVG. 14 S. 75; MBl. 1858 S. 156; PVBl. 31 S. 537ff. u. 670). Zu den Kommunalbeamten gehören ferner nicht die Lehrer an den städtischen Lehrer- und Lehrerinnenseminaren (RGZ. 70 S. 417).

13. Die Definition des Gesetzes umfaßt nur die angestellten Kommunalbeamten. Einziges Kriterium der Anstellung ist die Aushändigung der die Anstellung als Kommunalbeamter aussprechenden Anstellungsurkunde. Weder die Leistung des Diensteides, noch die Art der übertragenen Geschäfte bilden demnach hinfort ein wesentliches Moment für den Begriff der Anstellung. Ungenügend sind insbesondere für die Begründung des (Gemeinde-)Beamtenverhältnisses Willensäußerungen durch konkludente Handlungen (OVG. 42 S. 68; vgl. bezüglich des früheren Rechtszustandes Vorbem.). Es kann also ohne den Hoheitsakt der Anstellung als städtischer Beamter jetzt niemand mehr Kommunalbeamter im Dienste einer Stadtgemeinde werden. Wird daher eine Landgemeinde in eine Stadtgemeinde umgewandelt, so werden folgerichtig die bisherigen Landgemeindebeamten nicht ohne weiteres städtische Beamte. Hierzu bedarf es vielmehr der Aushändigung einer neuen städtischen Anstellungsurkunde (RG. im PVBl. 26 S. 237).

14. Die Bestimmung des letzten Satzes bezieht sich nur auf die Form der Willensäußerung seitens des Kommunalverbandes; nicht abgeändert sind die bestehenden Bestimmungen über die Formen, in denen der Anstellungswille der Gemeinden rechtsgültig zur Entstehung kommt (Anstellungsbeschluß, Wahl, Bestätigung); der erste Satz des § 56[6] StO. ist demnach aufrechterhalten. Ebensowenig wird in dem Gesetze festgestellt, in welchem Umfange die Kommunen verpflichtet sind, Beamte anzustellen, oder berechtigt sind, Privatdienstverträge zu schließen. Vgl. hierüber Vorbem. zu 56[6] StO.

15. Da die Anstellung eines Beamten Ausübung eines Hoheitsrechtes ist, kann ein klagbarer, d. h. im ordentlichen Rechtswege erzwingbarer Anspruch auf Anstellung nicht existieren, und zwar auch dann nicht, wenn etwa ein (staatsrechtlicher) Vertrag über die künftige Anstellung zwischen der Gemeinde und dem Anzustellenden geschlossen ist (RGZ. 53 S. 423). Da ferner die Anstellung nur durch Aushändigung der Anstellungsurkunde und schon mit dieser erfolgt, kann folgerichtig auch ein im ordentlichen Rechtswege verfolgbarer Anspruch auf Aushändigung der Anstellungsurkunde im allgemeinen nicht, sondern nur ausnahmsweise, z. B. in dem Falle als gegeben angesehen werden, wenn die schon ausgehändigt gewesene Anstellungsurkunde dem Beamten wieder abgenommen worden ist, es sich also um einen rein privatrechtlichen Streit über Eigentum und Besitz der Urkunde handelt. Ebensowenig kann der Anspruch des Beamten auf Anerkennung seiner Eigenschaft als lebenslänglich angestellter Beamter oder der Anspruch auf Aushändigung einer Anstellungsurkunde im Wege des Verwaltungsstreitverfahrens geltend gemacht werden (OVG. 44 S. 48). Sollte der Magistrat es unterlassen, den rechtsgültig gefaßten Anstellungsbeschluß durch Aushändigung der Anstellungsurkunde auszuführen, so ist hiergegen nur die Beschwerde an die Aufsichtsbehörde zulässig (PVBl. 30 S. 184 und Preuß S. 401, 403).

16. Die Formvorschrift des zweiten Satzes bezieht sich, da das Gesetz keine rückwirkende Kraft hat, nur auf diejenigen Beamten, die nach dem 31. 3. 00 angestellt sind (OVG. im PVBl. 24 S. 22, 805; OVG. 35 S. 59; PVBl. 25 S. 77). Dagegen umfaßt Satz 1 auch die schon vorher angestellten Beamten, auf die auch alle übrigen Bestimmungen des KBG. — abgesehen von denjenigen über die Anstellung selbst — Anwendung finden. Ob die vor dem 1. 4. 00 schon im Dienste der Gemeinden befindlichen Beamten als „angestellte Beamte" im Sinne des Satzes 1 § 1 zu gelten haben, ist nach dem früheren Recht zu beurteilen. Zweifel über die rechtliche Eigenschaft solcher Kommunalbediensteter sollen nach der AusfAnw. möglichst durch neue Vereinbarungen beseitigt werden (vgl. jedoch über die Gültigkeit solcher Vereinbarungen PVerwArch. 11 S. 495). Auf Kommunalbeamte, die schon vor dem 1. 4. 00 aus dem Dienstverhältnisse (z. B. durch Pensionierung) ausgeschieden sind, kann das Gesetz nicht angewendet werden (PVBl. 20 S. 208; 23 S. 635; 24 S. 506, 606).

Der Zusammenhang von Satz 2 mit Satz 1 ergibt, daß die Aushändigung der Anstellungsurkunde nicht bloß deklaratorische, sondern konstitutive Wirkung hinsichtlich des Beamtenverhältnisses hat (OVG. 35 S. 59; 42 S. 68; PVBl. 24 S. 209).

17. Über die Form der Anstellungsurkunden sagt die AusfAnw. in Art. I unter 3:

„Was die Form der Anstellungsurkunden anbelangt, so ist es erwünscht, daß dieselbe, sofern es nicht schon anderweitig geschehen ist, durch das die Beamtenverhältnisse des Kommunalverbandes ordnende Ortsstatut (für die Provinz durch Reglement) festgestellt werde. Bei Erlaß und Genehmigung solcher genereller Bestimmungen werden die im folgenden Absatz aufgeführten Momente zu beachten sein.

Jedenfalls wird die Form möglichst einfach zu gestalten und so zu fassen sein, daß über den Beamtencharakter des Anzustellenden kein Zweifel obwalten kann. Neben diesem wesentlichen Bestandteil der Anstellungsurkunden wird die Aufnahme der beobachteten Bestellungsformalitäten, der Anstellungsdauer, der Amtskompetenzen und etwaiger besonderer Verabredungen sich empfehlen. Hiernach würden die Anstellungsurkunden für einen städtischen Polizei-Inspektor und einen städtischen Bureau-Assistenten etwa so zu lauten haben:

a) Nach Vernehmung der Stadtverordnetenversammlung und nach Bestätigung durch den Königlichen Regierungs-Präsidenten zu N. werden Sie hiermit zum Polizei-Inspektor für die Stadtgemeinde X. und damit zum städtischen Beamten auf Lebenszeit ernannt.

Als Gehalt wird Ihnen ein Jahresbetrag von .... Mk. und Dienstkleidung nach Maßgabe des Reglements vom .... gewährt.

X., den ......

Der Magistrat.

b) Nach Vernehmung der Stadtverordnetenversammlung werden Sie hierdurch zum Bureau-Assistenten in der Stadt X. mit Beamteneigenschaft ernannt.

Ihre Anstellung erfolgt unter dem Vorbehalt dreimonatlicher Kündigung nach Maßgabe des Ortsstatuts vom .....

Als Gehalt haben Sie einen Jahresbetrag von ..... Mk. zu beziehen.

X., den ......

Der Magistrat." —

Findet die Anstellung eines Beamten gemäß Ortsstatut zunächst auf Kündigung mit der Maßgabe statt, daß von einem bestimmten Zeitpunkt ab (nach 2, 5, 10 Jahren) die Anstellung mangels vorheriger Kündigung eine lebenslängliche wird, so brauchen nicht unbedingt zwei Anstellungsurkunden ausgestellt zu werden, wenn dies auch zulässig, unter Umständen sogar zweckmäßig ist (PVBl. 24 S. 607).

Alle Bestallungen, auch für die gemäß § 2 Abs. 1 KBG. angestellten Beamten, sind gemäß Tarifstelle 12 des preuß. StempelsteuerG. v. 30. 6. 09 (GS. 535) mit 1,50 Mk. stempelpflichtig; den Stempel hat nach der herrschenden Ansicht der Beamte zu tragen (PVBl. 25 S. 612; 34 S. 194).

Auf Magistratsmitglieder findet Satz 2 des § 1 keine Anwendung (§ 14 KBG.; vgl. jedoch Anm. 1 zu § 33 u. 34 StO.).

18. Die Dauer der probeweisen Beschäftigung darf bei städtischen Beamten den Zeitraum von 2 Jahren nur in Ausnahmefällen überschreiten (§ 10 Abs. 1). Die Bestimmungen betr. die Beschäftigung der im Gemeindedienst befindlichen Militäranwärter zur Probe oder Ausbildung werden durch das Gesetz nicht berührt (§ 10 Abs. 3 und die im Anhang D abgedruckten Bestimmungen des G. v. 21. 7. 1892 nebst AusfB.).

19. Auf diese Beamten finden, ihre Anstellung gemäß Satz 2 § 1 vorausgesetzt, nur die §§ 6, 7, 10 des KBG. Anwendung (wegen § 11 siehe Erläuterungen zu demselben hinter § 64 StO.). Sie sind demnach nur hinsichtlich des Anspruchs auf Reisekostenentschädigung und des Rechtsweges bei vermögensrechtlichen Streitigkeiten aus ihrem Dienstverhältnisse den dauernd angestellten Beamten gleichgestellt; ein gesetzlicher Anspruch auf vierteljährliche Vorauszahlung des Gehalts, sowie auf Pension, Gnadenkompetenzen und Hinterbliebenenversorgung besteht dagegen für diese Beamten und ihre Hinterbliebenen nicht.

20. Sofern nämlich eine Anstellung überhaupt erfolgt. In welchen Fällen die zur Probe, zu vorübergehender Beschäftigung oder zur Ausbildung angenommenen Personen als Beamte anzustellen und in welchen Fällen sie durch Privatdienstvertrag anzunehmen sind, hängt davon ab, ob die ihnen zu übertragenden Geschäfte obrigkeitliche sind (vgl. Vorbem. und AusfAnw. Art. I unter 5).

21. Diese Bestimmung soll nicht unbesoldete, im Ehrenamt befindliche Personen, wie Bezirksvorsteher, Armenkommissionsmitglieder, Gemeindeschöffen ausschließen — auf diese findet ohnehin gemäß § 1 das Gesetz keine Anwendung —, bezieht sich vielmehr in erster Reihe auf solche Personen, die für ihre Gemeindedienste zwar Entgelt empfangen, indessen nur nebenberuflich im Gemeindedienst tätig sind, z. B. Armenärzte, Krankenhausärzte, Schulärzte. Ob eine nebenberufliche Tätigkeit vorliegt, ist quaestio facti. Maßgebend für die Entscheidung der Frage wird neben der Art der Tätigkeit auch der Umfang der damit verbundenen Geschäfte sein. Die erst von der Abgeordnetenhauskommission hinzugefügten Worte „oder ein Kommunalamt führen, das seiner Art oder seinem Umfange nach nur als eine Nebentätigkeit anzusehen ist" machen deutlich, daß nicht nur das Verhältnis der Amtsgeschäfte zu den sonstigen Berufsgeschäften des Beamten bei Entscheidung der Frage nach der Anwendbarkeit des Gesetzes ausschlaggebend sein soll (das wäre durch die Worte „als Nebenamt oder als Nebentätigkeit ausüben" schon zum Ausdruck gebracht), sondern daß auch der absolute Umfang und die Art der Amtsgeschäfte in Betracht zu ziehen ist. Auch solche Personen, die ein anderweitiges Hauptamt oder einen sonstigen Hauptberuf nicht haben, indessen durch ein Kommunalamt nur in ganz geringfügigem Maße in Anspruch genommen sind, fallen nicht unter das Gesetz, wohl aber, sofern sie von der Stadt besoldet werden, unter § 56^{6} StO.

22. Die §§ 8 und 9 des KBG. stellen die Anstellungsgrundsätze für die städtischen Beamten fest, zu denen § 10 einige Ausnahmen bringt. Die Grundsätze sind:

1. Bei allen städtischen Beamten, die Beamte der eigentlichen Stadtverwaltung sind, ist die Anstellung auf Lebenszeit die Regel; ausnahmsweise sind Anstellungen auf Zeit und Kündigung zugelassen auf Grund von Ortsstatuten oder — in einzelnen Fällen — auf Grund von aufsichtsbehördlich genehmigten Beschlüssen.
2. Bei den Beamten der städtischen Betriebsverwaltungen gilt umgekehrt, vorausgesetzt, daß sie überhaupt als Gemeindebeamte angestellt werden (s. Vorbem. zu § 56^{6}), die nicht-lebenslängliche Anstellung als Regel; lebenslängliche Anstellung greift hier nur insoweit Platz, als sie ausdrücklich beschlossen wird.
3. Soweit Kündigung zulässig ist, darf sie nur auf Grund eines Kollegialbeschlusses erfolgen.

23. Diese Bestimmung bezieht sich auf alle städtischen Beamten, mit Ausnahme der Beamten der städtischen Betriebsverwaltungen, der auf Probe, zu vorübergehender Beschäftigung oder zur Vorbereitung angenommenen, sowie der städtischen Forstbeamten (§ 23[1]); sie bezieht sich also, soweit nicht etwa gemäß § 9 Abs. 1 Abweichungen festgesetzt sind, auch auf die zu mechanischen Dienstleistungen angenommenen sog. Unterbeamten. Bezüglich letzterer **gesetzlich** die Kommunen von dem Erfordernis der lebenslänglichen Anstellung allgemein zu befreien, wie dies noch in der jüngsten preußischen StO., der StO. f. H.-N. v. 4. 8. 1897 (GS. 254) § 61[6] geschehen war, hat man wegen des in der Judikatur schwankenden Begriffes der „mechanischen" Dienstleistungen (s. Vorbem. zu § 56c) unterlassen, und zwar um so mehr, als die Städte durch § 9 Abs. 1 die Möglichkeit haben, bestimmt bezeichnete Beamtenkategorien ortsstatutarisch von der lebenslänglichen Anstellung auszuschließen. — Die Bestimmung bezieht sich **nicht** auf die **Magistratsmitglieder** und die Bürgermeister und deren Stellvertreter (in Städten ohne kolleg. Gemeindevorstand); s. Anm. 11 oben, sowie Anm. 1 zu § 29 und Anm. 1 zu § 31 StO.

Auf die Eigenschaft eines lebenslänglich angestellten Beamten kann seitens des Beamten (etwa gelegentlich einer Neuanstellung in einem höheren oder besser besoldeten, kündbaren Amte) verzichtet werden (vgl. KG. im Recht 07 S. 326). Es kann aber auch der andere Weg gewählt werden, dem Beamten Eigenschaft und Kompetenzen des lebenslänglichen Amtes dauernd zu belassen und ihn unter Anrechnung dieser Kompetenzen kündbar in dem neuen Amte anzustellen. Dann tritt er bei Kündigung ohne weiteres in das alte, lebenslänglich verliehene Amt zurück (PVBl. 25 S. 510).

24. Ob ein Beamter als Beamter der eigentlichen städtischen Verwaltung oder als Beamter einer städtischen Betriebsverwaltung anzusehen ist, hängt von der Natur der ihm übertragenen Geschäfte ab und ist daher quaestio facti. Im allgemeinen wird der Inhalt der Anstellungsurkunde, eventuell auch der der Ortsstatuten (Satz 3 des § 8) entscheidend sein (s. auch Anm. 26, 27). Über die Begrenzung des Kreises der Betriebsverwaltungen siehe das zu Satz 3 Gesagte (Anm. 27 u. 28).

25. Es genügt einfacher Gemeindebeschluß, Ortsstatut (§ 11 StO.) ist nicht erforderlich (PVBl. 30 S. 599).

26. Die Angestellten der städtischen Betriebsverwaltungen können demnach sein: a) durch Privatdienstvertrag angenommene Personen; b) auf Zeit oder Kündigung angestellte; c) lebenslänglich angestellte Personen. In den Fällen zu b und c hat die Anstellung nach der im § 1 Satz 2 KBG. festgesetzten Form zu erfolgen.

27. Die Abgrenzung des Kreises der „**Betriebsverwaltungen**" ist theoretisch überaus schwierig; eine Definition zu geben, hat das Gesetz absichtlich vermieden. Sicher ist, daß alle **rein gewerblichen** Unternehmungen „Betriebsverwaltungen" darstellen; im übrigen dürfte die richtige Entscheidung im Einzelfalle nur so zu finden sein, daß man prüft, ob die betreffende Verwaltung sich als integrierender Teil der allgemeinen und eigentlichen Verwaltung, d. h. derjenigen Verwaltung darstellt, die den **obrigkeitlichen** und sonstigen, im wesentlichen **gemeindlichen** Aufgaben dient; wenn dies **nicht** der Fall ist, kann im allgemeinen eine Betriebsverwaltung für vorliegend erachtet werden. Bei der Beratung des KBG. wurde in der

HHKommission zur Verdeutlichung des Unterschiedes vergleichsweise der Unterschied zwischen Finanzvermögen (d. i. werbendem, wirtschaftlichem, dem Zweck nach für die Staatszwecke nicht wesentlichem Vermögen) und dem eigentlichen, d. h. für die Staatszwecke wesentlichen Verwaltungsvermögen des Staats (vgl. Laband Staatsrecht Bd. II S. 854) herangezogen. Sehr wohl möglich ist dabei, daß ein dem gleichen Zwecke dienender Betrieb, z. B. eine Anlage zur Erzeugung elektrischen Lichts, in der einen Gemeinde, wo sie vielleicht nur zur Beleuchtung des Rathauses dient und von einem Manne bedient wird, als Zweig der allgemeinen Verwaltung, in der anderen Gemeinde, wo die Erzeugung elektrischen Lichts gewerblich ausgenutzt wird, als Betriebsverwaltung anzusehen ist. Denn wesentlich kommt für das Vorliegen einer Betriebsverwaltung auch Art und Umfang des betreffenden Betriebes in Betracht. Erforderlich ist insbesondere, daß der Betrieb ein besonderes Personal besitzt und ein gesondertes wirtschaftliches Unternehmen darstellt. Auch die etatsmäßige Behandlung des betreffenden Betriebes ist von Erheblichkeit, insofern die Aufnahme der gesamten Einnahme- und Ausgabepositionen des Betriebes in den Gemeindeetat auf einen Zweig der Gesamtverwaltung, die Einstellung nur des Überschusses der Betriebseinnahmen oder nur des Fehlbetrages in den Gemeindeetat auf das Vorhandensein einer abgesonderten Betriebsverwaltung schließen lassen wird. Jedenfalls wird die Eigenschaft einer Verwaltung als „Betriebsverwaltung" nicht schon dadurch ausgeschlossen, daß

1. der Betrieb in erster Linie aus Gründen des öffentlichen Interesses, nicht um der Gewinnerzielung willen betrieben wird;
2. mit dem Betriebe Monopol- oder Benutzungszwang (Zwangsrechte) verbunden sind;
3. einzelne der im Betriebe tätigen Personen obrigkeitliche Funktionen auszuüben haben.

Mit diesen Maßgaben können im allgemeinen Bahnunternehmungen, Fuhrparks, Fähr- und Schiffahrtsunternehmungen, Sparkassen, Hafenanlagen und Lagerhäuser, Gas-, Wasser-, Elektrizitätswerke, Markthallen, Schlacht- und Viehhöfe, Kur- und Badeverwaltungen (Schwimm-, Brause- und andere Badeanstalten), Theater-, Konzertunternehmungen, zoologische Gärten als Betriebsunternehmungen angesehen werden, ohne daß indessen dies Verzeichnis die an sich begrifflich hierzu geeigneten Unternehmungen erschöpft. — Vgl. OVG. 39 S. 47.

28. Vgl. hierzu § 11 StO. — Unterläßt es eine Stadtgemeinde, den Kreis der Betriebsverwaltungen ortsstatutarisch festzustellen, so unterliegt im Streitfalle die Frage, ob eine Betriebsverwaltung vorliegt und der betreffende Beamte als Beamter einer Betriebsverwaltung anders als lebenslänglich angestellt werden durfte, richterlicher Prüfung. Sind dagegen die Zweige der städtischen Verwaltung, die als „Betriebsverwaltungen" im Sinn des § 8 zu gelten haben, durch Ortsstatut festgestellt, so ist der Richter an den Inhalt dieses Ortsstatuts gebunden (PVBl. 27 S. 101). Dem widerspricht keineswegs der Satz, daß der Richter die Gesetzlichkeit des Ortsstatuts zu prüfen berechtigt und verpflichtet ist. Denn in bezug auf die Frage, ob ein Geschäftszweig „Betriebsverwaltung" ist, ist gemäß § 8 KBG. die Stadtgemeinde, sofern nur die Formen des Ortsstatuts innegehalten sind,

souverän und kann daher bei dieser Bestimmung nicht in die Lage kommen, materiell gegen das Gesetz zu verstoßen (OVG. im PVBl. 30 S. 105).

29. Vgl. hierzu § 11 StO. — Die Ortsstatuten können bezüglich bestimmter Kategorien von Gemeindebeamten sowohl eine Altersgrenze festsetzen, vor deren Erreichung durch den Beamten die Kommune zur Anstellung auf Lebenszeit nicht zu schreiten braucht, als auch die lebenslängliche Anstellung von einer vorherigen mehrjährigen Beschäftigung des Anzustellenden (der auch schon vorher auf Zeit oder Kündigung angestellt gewesen sein kann) in dem Dienste der betreffenden Gemeinde abhängig machen. Die Abweichungen sind nicht auf den Kreis der mechanisch tätigen Beamten beschränkt. Die AusfAnw. sagt hierüber:

„Während in dem bezeichneten Teile des Staatsgebiets bisher nur die zu vorübergehenden oder zu mechanischen Dienstleistungen bestimmten Beamten auf Kündigung angestellt werden durften, will das Gesetz, welches die erstere Beamtengruppe unter besondere Bestimmungen (§§ 2, 10) stellt, den Gemeinden die Berechtigung verleihen, neben den mechanischen noch andere Funktionen des Amtsorganismus durch kündbare Beamte versehen zu lassen. In dem hiernach veränderten Umfange soll das Anstellungsprinzip der angeführten Städteordnungen fortan allgemein zur Geltung gelangen.

Zu dem Ende werden die mit der Genehmigung von Abweichungen vom Prinzip der lebenslänglichen Anstellung städtischer Beamten betrauten Behörden, d. h. bei ortsstatutarischer Regelung die Bezirksausschüsse, in Einzelfällen die Regierungspräsidenten (§ 9 al. 1; s. Anm. 30), die Genehmigungsanträge der Stadtgemeinden einer wohlwollenden Prüfung nach der Richtung zu unterwerfen haben, ob die Wünsche der Kommunen durch die lokalen Verhältnisse begründet sind. Insbesondere werden für die Zulassung von Abweichungen folgende Gesichtspunkte zu beachten sein:

a) Für Dienstleistungen, welche nach den Ausführungen in Art. I Nr. 5 auch von Nichtbeamten wahrgenommen werden können, insbesondere also für solche rein technischer, wissenschaftlicher, künstlerischer oder mechanischer Natur wird die Anstellung von Beamten auf Lebenszeit nicht verlangt werden können.

b) Auch wird die Anstellung auf Lebenszeit abhängig gemacht werden dürfen von der Erreichung eines gewissen Lebensalters (etwa des dreißigsten Jahres) allein oder in Verbindung mit der Zurücklegung einer mehrjährigen Dienstzeit in der Stadt.

c) Bezüglich der Frage, inwieweit etwaigen Anträgen auf kündbare Anstellung von Polizeiexekutivbeamten zu entsprechen sein wird, bleibt unter anderem zu prüfen, welche Garantien für eine sachgemäße, gerechte Ausübung des Kündigungsrechts aus der Gesamtlage der städtischen Verhältnisse zu entnehmen sind.

d) Die Abweichung wird auch in einer Anstellung auf bestimmte Zeit, etwa mit Pensionsberechtigung für den Fall nicht erfolgender Wiederernennung, bestehen können, sofern ein derartiges lokales Bedürfnis nachgewiesen wird."

30. D. i. in den Städten der Regierungspräsident, für Berlin der Oberpräsident. Der Landrat ist auch in den nicht kreisfreien Städten, wenngleich alle

Berichte durch ihn zu gehen haben und sich der Regierungspräsident zur Handhabung der Aufsicht seiner bedienen kann, im allgemeinennicht, sondern nur, soweit die Polizeiverwaltung in Frage kommt, Aufsichtsbehörde der Städte.

31. Es ist nach § 35 StO. Gemeindebeschluß, also Mitwirkung der Stadtverordneten erforderlich; Magistratsbeschluß oder Vertrag zwischen Magistrat und Beamten unter Genehmigung der Aufsichtsbehörde genügt nicht.

32. Anwendbar auch auf Beamte der Betriebsverwaltungen, sofern dieselben gemäß § 1 angestellt sind. Die Bestimmung ist deshalb für erforderlich erachtet worden, weil auch die auf Kündigung angestellten städtischen Beamten Pensionsansprüche gemäß § 12 KBG. haben und demgemäß besondere Ursache vorliegt, einer mißbräuchlichen Anwendung des Kündigungsrechts und damit einer willkürlichen Beeinträchtigung des Pensionsanspruchs vorzubeugen. Sie entspricht der für die unmittelbaren Staatsbeamten gültigen Bestimmung in § 5[6] der Regierungsinstruktion v. 23. 10. 1817 (GS. 248). Einer Mitwirkung der Stadtverordneten bedarf es nicht. Gegen die an sich rechtsgültig ausgesprochene Kündigung steht dem Beamten die Beschwerde an die Aufsichtsbehörde nicht zu. Die Zweckmäßigkeit der gesetzlich und vertraglich zulässigen Kündigung zu prüfen, ist die Aufsichtsbehörde nicht befugt, und zwar auch dann nicht, wenn es sich um einen kündbar angestellten Beamten handelt, dessen Anstellung die Bestätigung der Aufsichtsbehörde, wie z. B. bei den Polizeiexekutivbeamten, erforderte (OVG. 51 S. 52). Nur ausnahmsweise, in den Fällen nämlich, in denen seitens des Beamten behauptet wird, daß eine Kündigung überhaupt nicht zulässig sei, oder daß der Kündigungsbeschluß nicht gesetzlich gefaßt sei, steht der Aufsichtsbehörde das Recht zu, diese Umstände zu prüfen. Diese Ansicht wurde bei der Beratung des KBG. in der HHK. allgemein geteilt. Ein Antrag, ein organisiertes Beschwerdeverfahren gegenüber allen Kündigungsbeschlüssen einzuführen, wurde von den Regierungskommissaren selbst mit dem Bemerken bekämpft, daß hierdurch der Unterschied zwischen lebenslänglichen und kündbaren Beamten verwischt würde. Dennoch soll gelegentlich der Bestätigung der vorgelegten Ortsstatuten hier und da seitens der Aufsichtsbehörden versucht worden sein, eine Art Nachprüfungsrecht hinsichtlich der materiellen Gründe ergangener Kündigungsbeschlüsse ortsstatutarisch einzuführen. Im Streitfalle kommt, soweit es sich um vermögensrechtliche Ansprüche handelt, § 7 KBG. (zu § 64 StO. abgedruckt) in Anwendung.

Aber auch die Gerichte haben nur die Zulässigkeit der Kündigung, nicht die Angemessenheit und das Vorliegen eines wichtigen Kündigungsgrundes zu prüfen (KG. im Recht 1907 S. 325; vgl. auch RG. im PVBl. 33 S. 586 und 34 S. 134).

Das Kündigungsrecht wird weder durch den Ablauf zehnjähriger Dienstzeit noch durch Dienstunfähigkeit des Beamten nach Ablauf derselben ausgeschlossen; durch die Kündigung erlöschen alle Ansprüche aus dem Dienstverhältnisse, insbesondere auch Pensionsansprüche. Ein Anspruch auf Pension bzw. ein Schadensersatzanspruch kann nur dann in Frage kommen, wenn das Kündigungsrecht von der Verwaltungsbehörde dazu mißbraucht ist, dem dienstunfähig gewordenen Beamten, dessen Entlassung nicht durch andere Gründe veranlaßt ist, geflissentlich den Anspruch auf Pension abzuschneiden (RG. in PVBl. 34 S. 134).

Nach erfolgter Kündigung muß erforderlichenfalls dem Beamten ausreichende Befreiung vom Dienste zuteil werden, damit er sich rechtzeitig eine anderweite Beschäftigung suchen kann (KG. im Recht 1907 S. 325).

33. Auch die gemäß § 10 auf Probe, zu vorübergehenden Dienstleistungen und zur Vorbereitung angenommenen Personen können gemäß § 2 Abs. 1 Satz 2 durch Aushändigung einer Anstellungsurkunde als Gemeindebeamte angestellt werden; sie müssen angestellt werden, sofern es sich um obrigkeitliche Funktionen handelt. Sind sie angestellt, so finden §§ 6 und 7 des KBG. (abgedruckt zu § 64 StO.) auf sie Anwendung (§ 2 KBG.) — Die Fassung des § 10 Abs. 1 erscheint insofern nicht glücklich, als der gewählte Ausdruck „der Anstellung kann eine Beschäftigung .... vorangehen" dazu verleiten kann, anzunehmen, daß sich die Bestimmung ausschließlich auf die mittels Privatdienstvertrages auf Probe usw. angenommenen Personen beziehen sollte; indessen ergibt einmal der Zusammenhang mit Abs. 2, in dem von „Beamten, welche probeweise usw. beschäftigt werden", die Rede ist, außerdem aber auch die Begründung zu dem Gesetzentwurfe (Drucksachen des Herrenhauses, Session 1899 Nr. 27 S. 14 a. E.), daß § 10 sich gerade auf die auf Probe, vorübergehend oder zur Vorbereitung beschäftigten angestellten Personen beziehen soll.

34. Siehe Anm. 30.

35. Bei dieser Regelung ist — sofern nicht die Ausdehnung der probeweisen Beschäftigung über zwei Jahre hinaus festgesetzt wird — die Aufsichtsbehörde nicht beteiligt.

36. Siehe Vorbem. zu II.

37. Auf die Anstellung der städtischen Forstbeamten haben nach der Bestimmung dieses Paragraphen nur die §§ 1 und 2 des KBG., nicht auch die §§ 8—10 Anwendung zu finden. Im übrigen finden hinsichtlich Besoldung und Versorgung der Forstbeamten noch die §§ 3—7, 11—13, 15, 23, 24 Anwendung. Infolge der Nichtanwendbarkeit der §§ 8—10 KBG. ist den Städten der alten Provinzen, die unter das G. v. 14. 8. 1876 fallen (s. zu § 55 StO.), die Entscheidung darüber überlassen, ob sie die Forstbeamten auf Lebenszeit, auf Zeit oder Kündigung anstellen wollen. Vgl. Anm. 11 zu § 55 StO. — Wegen Besetzung der Stellen der kommunalen Forstverwaltungen mit Forstversorgungsberechtigten s. jetzt MBl. 1880 S. 119; 1887 S. 47; 1891 S. 19. Wegen der Ausbildung, Prüfung und Anstellung des Personals für die unteren Stellen des Forstdienstes und des Militärdienstes im Jägerkorps vgl. MBl. 1887 S. 24 und 1897 S. 237. Eine gesetzliche Bestimmung, welche die Verpflichtung der Gemeinden ausspricht, die Stellen im Forstdienst den Forstversorgungsberechtigten vorzubehalten (ähnlich wie dies bei den Unterbeamten- und Subalternstellen hinsichtlich der Militäranwärter der Fall ist), existiert anscheinend nicht; indessen ergibt § 7 des G. v. 14. 8. 1876 — abgedruckt hinter § 55 StO. — in Verbindung mit den vorstehenden Erlassen für die Kommunen die tatsächliche Notwendigkeit, die Stellen im Forstdienste mit dazu staatlich qualifizierten Personen, d. h. stets mit Forstversorgungsberechtigten zu besetzen. — Vgl. wegen des höheren und niederen Forstpersonals der Gemeinden noch MBl. 1863 S. 50; 1869 S. 46; 1899 S. 203.

Erläuterungen zu § 56 Nr. 7.

Nr. 7 des § 56 lautet:

Der Magistrat hat als Ortsobrigkeit[1] . . . insbesondere folgende Geschäfte:

7. die Urkunden und Akten der Stadtgemeinde aufzubewahren;[2,3]

1. So muß es nach OVG. 35 S. 92 richtig heißen. Oertel sagt abweichend als „Gemeindeverwaltungsbehörde". Die Frage ist von praktischer Bedeutung, da sich die Kontrolle der Stadtverordnetenversammlung nur auf die Tätigkeit des Magistrats als Gemeindeverwaltungsbehörde bezieht. In der Tat hat das OVG. in der zitierten Entscheidung ausgesprochen, daß den Stadtverordneten eine Kontrolle über die Aufbewahrung der Akten und Urkunden nicht zusteht (vgl. aber Jebens, S. 192).

2. Die Urkunden werden im Archiv, die Akten in der Registratur aufbewahrt. Der Magistrat hat für die erforderlichen Räume und Personen zu sorgen. Kann er das erstere aus irgendeinem Grunde nicht, so steht es ihm frei, wichtige Urkunden an die Staats- oder Provinzialarchive zur Aufbewahrung abzugeben. Vgl. im übrigen hierzu MR. v. 30. 11. 1821 in Ann. 1821 S. 892, v. 3. 3. 1832, ebendaselbst 1832 S. 666; MBl. 1859 S. 89, sowie wegen der geheim zu haltenden Personalakten Instruktion für die Stadtmagistrate v. 25. 5. 1835 § 20.

3. Über die Leistung des Editionseides betr. den Besitz einer Urkunde seitens einer Stadtgemeinde vgl. § 426 ZPO.

Erläuterungen zu § 56 Nr. 8.

Nr. 8 des § 56 lautet:

Der Magistrat hat als . . . Gemeindeverwaltungsbehörde insbesondere folgende Geschäfte:

8. die Stadtgemeinde nach außen zu vertreten und Namens derselben mit Behörden und Privatpersonen zu verhandeln, den Schriftwechsel zu führen und die Gemeindeurkunden in der Urschrift zu vollziehen.[1,2] Die Ausfertigungen der Urkunden werden Namens der Stadtgemeinde von dem Bürgermeister oder seinem Stellvertreter gültig unterzeichnet;[3] werden in denselben Verpflichtungen der Stadtgemeinde übernommen, so muß noch die Unterschrift eines Magistratsmitgliedes hinzukommen;[4,5,6] in Fällen, wo die Genehmigung der Aufsichtsbehörde erforderlich ist,[7] muß dieselbe in beglaubigter Form der gedachten Ausfertigung beigefügt werden;[8,9]

1. Der erste Satz (bis auf die Worte: „und die Gemeindeurkunden in der Urschrift zu vollziehen", denen lediglich interne Bedeutung zukommt,

PVBl. 29 S. 820), enthält die gesetzliche Vollmacht des Magistrats, seinerseits allein — im Gegensatz zu einer Mitwirkung der Stadtverordnetenversammlung — die Stadtgemeinde zu vertreten. Nach außen kann die Stadtgemeinde nur durch den Magistrat redend und handelnd auftreten. Der Umfang dieser gesetzlichen Vollmacht ist mit Wirksamkeit gegen Dritte weder durch Gemeindebeschlüsse noch durch aufsichtsbehördliche Maßnahmen beschränkbar. Wer mit dem Magistrat verhandelt, darf sich immer darauf verlassen, mit dem legitimierten Organ der Stadtgemeinde zu verhandeln. Beschränkende Instruktionen der Aufsichtsbehörde oder Beschlüsse der Stadtverordnetenversammlung, die den Magistrat zu einem Handeln in ganz bestimmter Richtung binden, braucht der Dritte nicht gegen sich gelten zu lassen; sie verpflichten nur den Magistrat nach innen, die Abweichung zu vertreten. Daraus folgt, daß der Magistrat in allen Fällen, selbst dann, wenn eine ständige Verwaltungsdeputation oder ein Kuratorium zur Verwaltung der laufenden Angelegenheiten eingesetzt ist, dessen Geschäfte selbst übernehmen, z. B. auch beim Bestehen eines Sparkassenkuratoriums (vgl. Anm. 13 zu § 56[3]), die Sparkasse selbst nach außen hin vertreten kann (Johow 34 A 224).

Auch wenn der Magistrat einen Vertrag namens der Stadtgemeinde rechtswidrig abgeschlossen haben sollte, ohne daß der nach der StO. erforderliche Stadtverordnetenbeschluß vorliegt (so bei Verfügungen über die Substanz des Gemeindevermögens), ist der abgeschlossene Vertrag gültig; OVG. 27 S. 91. Ja, selbst wenn der dem Abschluß des Rechtsgeschäfts zugrunde liegende Magistratsbeschluß nachträglich als rechtswidrig beanstandet werden sollte (s. wegen der Beanstandung und ihrer Wirkungen § 56[2] und § 57), kann das die zivilrechtliche Wirksamkeit des abgeschlossenen Vertrages nicht mehr aufheben, weil jura quaesita Dritter vorliegen.

Die Ausschließlichkeit der Vertretungsmacht des Magistrats hat zur Folge, daß Handlungen einzelner Mitglieder, sei es der Bürgerschaft, sei es der Stadtverordnetenversammlung, sei es des Magistrats, nie als Handlungen der Stadtgemeinde gelten. Dem widerspricht aber nicht, daß einzelne Mitglieder der Stadtgemeinde die ihnen zustehenden Individualrechte aus ihrer Kommunalangehörigkeit, insbesondere Rechte am Gemeindevermögen, für sich allein im Prozeßwege geltend machen können (s. OTrEntsch. 48 S. 258 und bei Striethorst 25 S. 257; 78 S. 41).

2. Seine Vertretungsmacht kann der Magistrat übertragen; handelt es sich dabei um Handlungen und Willenserklärungen, die nicht unmittelbar rechtserzeugend für und gegen die Stadt wirken sollen (also um Nicht-Rechtsgeschäfte), so kann der Magistrat jedes seiner Mitglieder, ja auch jedes der städtischen Organe überhaupt, z. B. also jeden Gemeindebeamten, zum Handeln berufen und damit zum zuständigen Organe in dieser Angelegenheit machen. Die Geschäftsverteilung unter die städtischen Beamten ist nichts anderes als die Übertragung der dem Magistrat zufallenden Verpflichtung, nach außen handelnd für die Stadtgemeinde aufzutreten, auf die einzelnen beamteten Organe der Stadt. Soweit es sich dabei um obrigkeitliche Geschäfte handelt, müssen die Organe „Beamte" sein (s. Vorbem. I zu § 56[6]). Einen großen Teil der ihm zufallenden Gesamtaufgaben überträgt

der Magistrat regelmäßig den ständigen Verwaltungsdeputationen, sofern solche in Gemäßheit des § 59 StO. von den Gemeindebehörden geschaffen sind. Für die Vertretungsmacht dieser Deputationen ist dann die Instruktion maßgebend, welche die Gemeindebehörden oder der Magistrat den Deputationen mitgegeben haben. Im allgemeinen beschränkt sich ihre Handlungsfähigkeit auf die „laufenden Geschäfte" ihres Ressorts (s. Anm. 2 zu § 35). — Handelt es sich um eine Vollmacht zur Abschließung eines bestimmten Geschäfts oder bestimmter Geschäfte, durch welche die Stadt Verpflichtungen übernehmen soll, — also immer bei zweiseitigen Verträgen —, so muß die dem Bevollmächtigten ausgestellte Vollmacht, damit die Stadt durch das vom Bevollmächtigten abgeschlossene Geschäft verpflichtet und berechtigt werde, der Formvorschrift des Satzes 2 des § 56[8] genügen, also die Unterschriften zweier Magistratsmitglieder tragen (s. Anm. 4).

3. Damit ist nicht dem Bürgermeister oder seinem Stellvertreter unumschränkte Vollmacht zum Abschluß von Rechtsgeschäften gegeben. Soll der Bürgermeister diese erhalten, so bedarf er einer in legaler Form ausgestellten Vollmacht des Magistrats (Anm. 2 u. RGZ. 31 S. 327). Die Vorschrift hat nur den Zweck, den Bürgermeister und seinen Stellvertreter derart nach außen als Repräsentanten des Magistrats zu kennzeichnen, daß der Inhalt der vom Bürgermeister unterzeichneten Schreiben dem dritten Empfänger gegenüber ohne nähere Prüfung als Wille des Magistrats gilt. Die Bestimmung ist übrigens nicht so zu verstehen, daß alle Magistratsschreiben, um gültig zu sein, die Unterschrift des Bürgermeisters tragen müßten. Das Zeichnungsrecht kann der Bürgermeister vielmehr jedem Magistratsmitgliede, unter Umständen auch anderen Gemeindebeamten delegieren (vgl. auch MBl. 01 S. 21). Ohne diese Delegationsbefugnis wäre in größeren Städten eine ordnungsmäßige Erledigung der Angelegenheiten unmöglich. Die Instruktion für die Stadtmagistrate v. 25. 5. 1835 (s. Anhang) sieht im § 12 Abs. 2 ausdrücklich den Fall vor, daß der Bürgermeister Beamte zur „Beglaubigung" der als Bescheide an Dritte zu sendenden Schreiben bestimmt. Die Beglaubigung bedeutet dann, daß der beglaubigende Beamte die Übereinstimmung der Ausfertigung (Reinschrift) mit dem Inhalt der vom zuständigen Dezernenten erlassenen Verfügung bescheinigt. Indessen ist mit Rücksicht auf den weiteren Inhalt des zweiten Absatzes des § 56[b] dies Verfahren nur zulässig hinsichtlich solcher Urkunden, durch die nicht unmittelbar Verpflichtungen der Stadt erzeugt werden sollen.

4. Die Beobachtung dieser Form ist zunächst unerläßlich, damit ein rechtsgültiges Geschäft vorliegt. Ohne Erfüllung der Form ist nicht nur die Stadt nicht gebunden; das ganze Rechtsgeschäft ist vielmehr nicht gültig abgeschlossen. Daher muß auch die Annahmeerklärung über eine der Stadtgemeinde zugegangene Erklärung, wenn sie das Geschäft zustande bringen und damit den Offerenten definitiv binden soll, zwei Unterschriften tragen (RGZ. 31 S. 322). Andererseits verpflichtet die Unterschrift zweier Magistratsmitglieder unter einer rechtlich erheblichen Erklärung die Stadtgemeinde unbedingt, gleichviel, ob ein verfassungsmäßiger Beschluß des Magistrats oder beider Gemeindebehörden vorliegt oder nicht. — Die Beobachtung der

Formvorschrift dieses Satzes ist auch erforderlich bei Vollmachten des Magistrats, weil durch diese Verpflichtungen übernommen werden; sie ist dagegen nicht erforderlich bei allen solchen Urkunden, durch die nicht Verpflichtungen übernommen, sondern Rechte aufgegeben werden sollen, also nicht bei Verzichten, bei Quittungen (RGZ. 44 S. 303) und bei Löschungsbewilligungen (Johow 33 A 198; PVBl. 29 S. 323). Bei diesen genügt einfache Unterschrift des Bürgermeisters oder seines Stellvertreters. Ebenso ist bei Kassenordres gesetzlich nur die Unterschrift des Bürgermeisters oder seines Stellvertreters erforderlich (PVBl. 28 S. 304). — Besondere Formvorschriften bestehen über den Abschluß von Grundstücksveräußerungsverträgen, bei denen die Stadtgemeinde beteiligt ist (Beurkundung); hierüber siehe das zu § 56⁵ Gesagte (Anm. 1a). Hinsichtlich der Vertretung der Stadtgemeinden bei der Auflassung vgl. PVBl. 29 S. 1015 und 30 S. 317, sowie RGZ. 67 S. 269.

Prozeßvollmachten bedürfen, da sie nach § 81 ZPO. zur Beseitigung des Rechtsstreits durch Vergleich, Verzichtleistung auf den Streitgegenstand oder Anerkennung des von dem Gegner geltend gemachten Anspruchs ermächtigen, der Unterschrift zweier Magistratsmitglieder, wenn nicht etwa die vorstehenden Ermächtigungen ausdrücklich ausgeschlossen werden.

5. Die Formvorschrift des § 56⁸ (zwei Unterschriften) ist nicht nur für solche Fälle gegeben, in denen tatsächlich eine Urkunde errichtet ist, sondern der Magistrat kann überhaupt nicht anders als in der vorgeschriebenen urkundlichen Form die Stadtgemeinde Dritten gegenüber verpflichten. Die im BGB. im Prinzip eingeführte Formfreiheit der Verträge ist für die Anwendung des § 56⁸ bedeutungslos; denn die Bestimmung des § 56⁸ ist keine bloße Formvorschrift, sondern sie regelt materiell die Vertretungsmacht des Magistrats. Daher bedarf auch da, wo das bürgerliche Recht den mündlichen Abschluß eines Vertrages gestattet, die die Übernahme einer Verbindlichkeit in sich schließende Erklärung des Magistrats der Form des § 56⁸. Es genügt aber, wenn nur diese Erklärung gemäß der Vorschrift des § 56⁸ beurkundet ist, ohne daß auch die Erklärung des anderen Teils schriftlich abzugeben wäre (RGZ. 67 S. 270 und 68 S. 409). Selbstverständlich schließt die Formvorschrift des § 56⁸ nicht aus, daß einem Gemeindebeamten oder einem Dritten für einen speziellen Fall oder generell für gewisse Geschäfte eine vom Bürgermeister oder seinem Stellvertreter und einem zweiten Magistratsmitgliede unterzeichnete Vollmacht zur Vertretung der Stadtgemeinde nach außen erteilt wird. In einem solchen Fall kann der Bevollmächtigte, soweit schriftliche Form nicht ausdrücklich vorgeschrieben ist, die Stadtgemeinde auch mündlich verpflichten. Bezüglich der Formvorschriften für die von den Verwaltungsdeputationen abgeschlossenen Verträge vgl. unten Anm. 6.

6. Im Gegensatz zu den vom Magistrat selbst abgeschlossenen, die Stadtgemeinde verpflichtenden Verträgen bedürfen Verträge der nach § 59 StO. eingesetzten Deputationen und Kommissionen, soweit diese Verträge innerhalb des der Deputation oder Kommission erteilten Verwaltungsauftrags liegen, zu ihrer Verbindlichkeit für die Stadtgemeinde Dritten gegenüber nur der Unterschrift des Deputationsvorsitzenden (anders Oertel

S. 394). Denn in der Bildung der Deputation nach § 59 liegt die öffentlich-rechtliche Übertragung eines bestimmten Verwaltungszweiges auf die Deputation. Eine solche Übertragung schließt auch alle Befugnisse in sich, ohne welche die Verwaltung nicht geführt werden kann. Der Beschluß der Gemeindebehörden oder des Magistrats, dem die Deputationen ihre Entstehung verdanken und der ihre Zuständigkeit regelt, ist ihre Vollmacht. Diese öffentlich-rechtliche Vollmacht hat die gleiche Kraft wie die in der Form des § 56 [8] einem einzelnen Bevollmächtigten erteilte Vollmacht (vgl. Anm. 5). Gegen die hier vertretene Ansicht spricht auch nicht § 29 der Instruktion für die Stadtmagistrate, wonach der Geschäftsgang bei den Deputationen derselbe ist wie im Plenum des Magistrats. Diese Bestimmung bezieht sich nach dem Zusammenhang auf die in der Instruktion gegebenen Vorschriften über Ernennung von Dezernenten, Vortrag, Abstimmung, Revision der Verfügungen usw., nicht aber auf die Form verpflichtender Erklärungen, von der in der Instruktion überhaupt nicht die Rede ist (abweichend KG. v. 25. 11. 11 — 17. U. 6425/1911 — und RG. v. 17. 9. 12 — III 27/1912, welche Urteile die Unterschriften des Deputationsvorsitzenden und eines Deputationsmitgliedes erfordern).

7. Siehe § 50 StO.

8. Soweit es sich um rechtsgeschäftliche Erklärungen handelt, die unter § 126 BGB. fallen, ist eigenhändige Namensunterschrift erforderlich; eine faksimilierte Unterschrift genügt nicht. Im übrigen vgl. hinsichtlich der Zulässigkeit faksimilierter Unterschriften den ME. v. 21. 9. 1901 (MBl. 211), OVG. 31 S. 431; 47 S. 407 u. PVBl. 23 S. 273; 25 S. 675; 30 S. 330.

9. Da der Magistrat öffentliche Behörde ist, sind die von ihm ausgestellten Urkunden öffentliche im Sinne des § 437 ZPO. Einer Beglaubigung oder einer Legalisierung der Unterschriften des Bürgermeisters oder seines Vertreters bedarf es daher nicht, die Mitglieder öffentlicher Behörden sind kraft ihrer öffentlich bekannt gemachten Anstellung zur Unterschrift legitimiert. Zweckmäßiger-, aber nicht notwendigerweise wird der Unterschrift zum Zeichen, daß der Unterschreibende in Ausübung des öffentlichen Amtes handelt, das Amtssiegel oder der Amtsstempel beizudrücken sein (PVBl. 26 S. 171). Bei Anträgen an das Grundbuchamt ist dies erforderlich (Art. 9 AG. z. GBO.).

Erläuterungen zu § 56 Nr. 9.

Nr. 9 des § 56 lautet:

Der Magistrat hat als .... Gemeindeverwaltungsbehörde insbesondere folgende Geschäfte:

9. die städtischen Gemeinde-Abgaben und Dienste[1] nach den Gesetzen und Beschlüssen auf die Verpflichteten[2] zu verteilen[3] und die Beitreibung zu bewirken.[4]

1. Wegen der „Dienste" siehe § 54 StO. und § 68 KAG., wegen der Abgaben statt der aufgehobenen §§ 4 u. 53 StO. die Bestimmungen des

KAG. und der darin aufrecht erhaltenen sonstigen Bestimmungen über Erhebung von Gemeindesteuern, z. B. die V. v. 23. 9. 1867 betreffend die Heranziehung der Staatsdiener zu den Kommunalauflagen usw. (GS. 1648), das G. v. 16. 6. 09 über die Heranziehung der Beamten, Elementarlehrer und unteren Kirchendiener zur Gemeindeeinkommensteuer (GS. 489) und das G. betreffend die Heranziehung der Militärpersonen zu Abgaben für Gemeindezwecke v. 29. 6. 1886 (GS. 181), durch das G. v. 22. 4. 1892 (GS. 101) abgeändert. — § 56⁹ enthält keine materiell-rechtliche Bestimmung über die Gemeindelasten, sondern lediglich eine Zuständigkeitsbestimmung, insofern der Magistrat allein für befugt erachtet wird — ohne Mitwirkung der Stadtverordnetenversammlung — die gesetzlich feststehenden oder gemeinderechtlich auferlegten Steuern von den Zahlungspflichtigen einzuziehen. In der „Verteilung" der Lasten ist der Magistrat insofern nicht mehr frei, als zum Erlaß der Steuerordnungen, in denen die „Verteilungsmaßstäbe" festgesetzt werden, Gemeindebeschluß (unter Genehmigung der Aufsichtsbehörde) erforderlich ist (§ 23 KAG.).

2. Verpflichtet zur Tragung der Gemeindelasten sind jetzt die in § 33 KAG. aufgeführten physischen und juristischen Personen.

3. Vgl. Anm. 1 am Ende. — Besonderer Erwähnung bedarf das Gesetz betreffend die Verteilung der öffentlichen Lasten bei Grundstücksteilungen usw. v. 25. 8. 1876 (GS. 405; AusfAnw. dazu v. 10. 3. 1877; MBl. 103). Nach § 2 des G. unterliegen der Verteilung nach diesem Gesetze u. a. die aus dem Gemeindeverbande entspringenden Abgaben und Leistungen, sofern solche auf dem Grundbesitze haften oder mit Rücksicht auf Grundbesitz zu entrichten sind. Die endgültig stattgehabte Verteilung hat die Folge, daß jedes Trennstück nur für die auf dasselbe verteilten Lasten haftet. Die aus dem Gemeindeverbande entspringenden Lasten werden nach § 7 des G. vom Gemeindevorsteher verteilt. Einer Verteilung in Gemäßheit des § 7 bedarf es in den Fällen des § 10 des G. nicht, insbesondere dann nicht, wenn die Lasten auf Gebäuden, Bauplätzen, Hofstellen oder Gärten innerhalb einer Stadt oder Vorstadt ruhen. Nach § 9 ist die Verteilung in urkundlicher Form festzusetzen und den Beteiligten bekannt zu machen. Nach § 9 l. c. in Verbindung mit § 51 LVG. steht binnen 14 Tagen nach der Bekanntmachung den Beteiligten die Klage im Verwaltungsstreitverfahren offen; zuständig ist in erster Instanz der Kreisausschuß, sofern es sich um Stadtkreise handelt, der Bezirksausschuß. Streitigkeiten über die Existenz, den Umfang oder die rechtliche Natur der zu verteilenden Abgaben und Leistungen verbleiben nach § 11 des G. der richterlichen Entscheidung. Wenn vor derselben die Verteilung nicht bewirkt werden kann, so ist hinsichtlich der Lasten der Kreisausschuß, in Stadtkreisen der Bezirksausschuß befugt, über die Verteilung eine vorläufige Festsetzung zu treffen, gegen die eine Berufung nicht stattfindet, die aber, ebenso wie alle definitiven Festsetzungen über die Verteilung von Lasten auf Grund dieses Gesetzes, im Verwaltungswege vollstreckbar ist. — Es bedarf ferner der Erwähnung das G. v. 25. 6. 1868 betreffend die Quartierleistung für die bewaffnete Macht während des Friedensstandes (BGBl. 523) nebst AbänderungsG.

v. 21. 6. 1887 (RGBl. 245), obwohl die aus diesem Gesetze entspringende Quartierlast eine Last des Reiches, nicht eine Gemeindelast ist. Nach § 5 des G. hat die örtliche Verteilung der Quartierleistung auf die Gemeinden und selbständigen Gutsbezirke im ganzen zu erfolgen. Die weitere Unterverteilung geschieht durch die Gemeindevorstände oder Gutsbezirksvorsteher. Dadurch bekommt die Quartierlast wenigstens insofern das äußere Ansehen einer Gemeindelast, als ihre Unterverteilung in Städten durch den Magistrat zu erfolgen hat. Nach § 5 Abs. 2 l. c. kann in den Städten die dauernde Verwaltung der Einquartierungsangelegenheiten einer aus Mitgliedern des Gemeindevorstandes und der Gemeindevertretung, eventuell auch aus Mitgliedern der Gemeinde gebildeten Deputation übertragen werden. Die Verteilungsgrundsätze sollen nach § 7 durch Gemeindebeschluß oder Ortsstatut festgesetzt werden; vgl. hinsichtlich der anzuwendenden Grundsätze MR. v. 12. 1. 1870 (MBl. 79).

Es können sämtliche Einwohner herangezogen werden, auch die Beamten, die ihr sonstiges Steuerprivileg vor dieser Belastung, weil keine Gemeindelast, nicht schützt (PVBl. 25 S. 187 und OVG. ebenda 29 S. 580). Vgl. aber OVG. 48 S. 39, wonach die Gemeinden die Quartierlast auf Grund des § 7 Abs. 5 des G. als Gemeindelast ortsstatutarisch übernehmen und demnächst die Beiträge als Gemeindelast (nicht bloß in deren Form) beitreiben dürfen.

4. Maßgebend für die Beitreibung ist die V. v. 15. 11. 1899 (GS. 545) betreffend das Verwaltungszwangsverfahren wegen Beitreibung von Geldbeträgen. Das Nähere hierüber s. bei § 68 StO. Vorbem.

§ 57.

Der Magistrat kann nur beschließen, wenn mindestens die Hälfte, in Stadtgemeinden, welche mehr als 100000 Einwohner haben, mindestens ein Drittteil seiner Mitglieder zugegen ist.[1–3]

Die Beschlüsse werden nach Stimmenmehrheit gefaßt.[4] Bei Stimmengleichheit ist die Stimme des Vorsitzenden entscheidend.[5] Den Vorsitz führt der Bürgermeister oder sein Stellvertreter.[6] Der Vorsitzende ist verpflichtet, wenn ein Beschluß des Magistrats dessen Befugnisse überschreitet, gesetz- oder rechtswidrig ist, das Staatswohl oder das Gemeininteresse verletzt, die Ausführung eines solchen Beschlusses zu beanstanden und die **Entscheidung der Regierung** einzuholen.[7] Der Beigeordnete nimmt auch außer dem Falle der Stellvertretung an den Verhandlungen und Beschlüssen teil.

Bei Beratungen über solche Gegenstände, welche das Privatinteresse eines Mitgliedes des Magistrats oder seiner Angehörigen berühren, muß dasselbe sich der Teilnahme an der Beratung und Abstimmung enthalten, auch sich während der Beratung aus dem Sitzungszimmer entfernen.[8–11]

Hierzu ZG. §§ 15 und 17 No. 1:[12]

§ 15. Beschlüsse der Gemeindevertretung oder des kollegialischen Gemeindevorstandes, welche deren Befugnisse überschreiten oder die Gesetze verletzen, hat der Gemeindevorstand, beziehungsweise der Bürgermeister, entstehenden Falles auf Anweisung der Aufsichtsbehörde, mit aufschiebender Wirkung, unter Angabe der Gründe, zu beanstanden.[13] *Gegen die Verfügung des Gemeindevorstandes (Bürgermeisters) steht der Gemeindevertretung, beziehungsweise dem kollegialischen Gemeindevorstande die Klage im Verwaltungsstreitverfahren zu.*[14]

Die in den Gemeindeverfassungsgesetzen begründete Befugnis der Aufsichtsbehörden, aus anderen als den vorstehend angegebenen Gründen eine Beanstandung der Beschlüsse der Gemeindevertretung oder des kollegialischen Gemeindevorstandes herbeizuführen, wird aufgehoben.[15]

§ 17. Der Bezirksausschuß beschließt, soweit die Beschlußfassung nach den Gemeindeverfassungsgesetzen der Aufsichtsbehörde zusteht,

1. abgesehen von den Fällen des § 15 über die zwischen dem Gemeindevorstande und der Gemeindevertretung, beziehungsweise dem Bürgermeister und dem kollegialischen Gemeindevorstande entstehenden Meinungsverschiedenheiten, wenn von einem Teile auf Entscheidung angetragen wird und zugleich die Angelegenheit nicht auf sich beruhen bleiben kann,[16] ......

1. Die Fassung des Satzes 1 beweist, daß der Magistrat rechtsgültige Beschlüsse nur fassen kann, wenn seine Mitglieder zu einer Sitzung versammelt sind. Beschlußfassungen des Magistrats mittels Abgabe schriftlicher Voten seitens der nichtversammelten Magistratsmitglieder (etwa auf einem Umlaufzettel) sind daher unzulässig (vgl. wegen der Stadtverordnetenversammlung Anm. 4 zu § 42). Ist Gefahr im Verzuge und eine Sitzung behufs Beschlußfassung rechtzeitig anzuberaumen nicht mehr möglich, so muß der Bürgermeister gemäß § 58 Abs. 2 verfahren. Hat der Bürgermeister in einem solchen Falle vor Erledigung der fraglichen Sache noch die gutachtlichen Äußerungen einiger oder aller Magistratsmitglieder eingeholt, so entbindet ihn dies doch nicht von der Verpflichtung, die Sache in der nächsten Magistratssitzung behufs ordnungsmäßiger Beschlußfassung zur Beratung zu bringen, vorausgesetzt, daß es sich um eine Angelegenheit handelt, die eines förmlichen Magistratsbeschlusses überhaupt bedarf. In letzterer

Beziehung ist zu beachten, daß nicht alle Verwaltungsmaßregeln des Magistrats eines förmlichen Magistratsbeschlusses bedürfen. Schon die Instruktion für die Stadtmagistrate v. 25. 5. 1835 (abgedruckt im Anhang des Buchs) wies in § 8 darauf hin, daß „alle Sachen, die ihren angewiesenen Gang haben, alle unerheblichen Gegenstände, oder bei denen die Entscheidung auf unzweifelhaften und ausdrücklichen Bestimmungen beruht", ohne Vortrag im Magistrat — also im Dezernatswege — abgemacht werden könnten. Formell ist diese Bestimmung durch die Instruktion zur Ausführung der StO. v. 20. 6. 1853 unter XIII (s. Anhang) aufrecht erhalten. Vgl. hierzu OVG. 34 S. 89, woselbst auch der Satz ausgesprochen ist, daß (soweit nicht das Gesetz einen Magistratsbeschluß ausdrücklich erfordert, z. B. § 9 KVG.) es innere Angelegenheit der Verwaltung sei, inwieweit von § 8 der Instruktion für die Stadtmagistrate Gebrauch gemacht wird, und daß aus der Regelung dieser inneren Angelegenheit Einwendungen gegen die Rechtsbeständigkeit eines Aktes des Magistrats nicht hergeleitet werden können.

2. Die Einberufung zu den Magistratssitzungen zu erlassen, ist Sache des Bürgermeisters in dessen Eigenschaft als Magistratsdirigent (§ 58 Abs. 1 StO.; §§ 4, 9 der Instruktion v. 25. 3. 1835 [vgl. den Anhang]). Nur wenn der Bürgermeister verhindert ist, hat der Beigeordnete (zweite Bürgermeister) oder in dessen Vertretung (falls auch der Beigeordnete verhindert ist) das dienstälteste Magistratsmitglied die Einberufung vorzunehmen (Anm. 6). Sollte sich der Magistrat, ohne daß der Bürgermeister ihn einberufen hat, ohne daß es sich um einen regelmäßigen Sitzungstag handelt und ohne daß eine Verhinderung des Bürgermeisters vorliegt, versammeln und Beschlüsse fassen, so würden diese Beschlüsse nicht gültig sein (PVBl. 24 S. 284).

Der Bürgermeister kann für die Magistratssitzungen regelmäßige Sitzungstage und Zeiten bestimmen. Den übrigen Magistratsmitgliedern ist vom Gesetz nicht das Recht eingeräumt, durch Mehrheitsbeschluß die Einberufung des Magistrats mit der Wirkung zu verlangen, daß der Bürgermeister zur Einberufung verpflichtet wäre. Nur die Aufsichtsbehörde kann einen etwa säumigen Bürgermeister mittels ihrer Zwangsbefugnisse aus § 132 LVG. zur Einberufung des Magistrats anhalten.

Die Magistratsmitglieder können nicht beanspruchen, daß ihnen der Bürgermeister die Tagesordnung für die Magistratssitzung eine bestimmte Frist zuvor mitteilt. Ein Magistratsbeschluß, der dies anordnet, verstößt gegen das Leitungsrecht des Bürgermeisters (§ 58 StO.; § 20 der Instruktion; OVG. 45 S. 50; PVBl. 25 S. 555).

3. Wie die zur Beschlußfähigkeit erforderliche „Hälfte" und das „Drittel" zu berechnen ist, erscheint sehr zweifelhaft. Soll die Zahl der bestimmungsgemäß vorhandenen Magistratsmitgliederstellen oder die Anzahl der vorhandenen, d. h. der im Amte befindlichen, Magistratsmitglieder (also nur die Zahl der zur Zeit besetzten Stellen) entscheidend sein? Bezüglich der Stadtverordnetenversammlung hat das OVG. sich für die erste Alternative entschieden (vgl. OVG. 18 S. 48; Anm. 1 zu § 42); es hat sich aber in der zitierten Entscheidung ausdrücklich dagegen verwahrt, daß

seine Entscheidung analoge Anwendung auf § 57 StO. zu finden hätte (S. 54 a. a. O.). Der Hinweis auf die entsprechende Bestimmung der StO. f. S.-H. sowie der Umstand, daß einer der Hauptgründe jener Entscheidung des OVG. — die Notwendigkeit, die Mindestgröße der Repräsentanz der Bürgerschaft in einem bestimmten Zahlenverhältnis zur Einwohnerschaft zu halten und mit der Einwohnerzahl wachsen zu lassen — angesichts der Bestimmung des Abs. 1 des § 57 (in Städten über 100 000 Einwohner nur ein Dritteil) sich für den Magistrat nicht verwerten läßt, scheint dafür zu sprechen, daß gegebenenfalls das OVG. nur die Zahl der zur Zeit amtierenden Magistratsmitglieder für ausschlaggebend halten würde. Zugunsten dieser Ansicht spricht insofern auch die Entstehungsgeschichte der StO., als die auf die Städte von mehr als 100 000 Einwohnern bezügliche Bestimmung auf einem Vorschlage der Kommission der zweiten Kammer beruht, der in dem Berichte der Kommission (S. 52) damit begründet wurde, daß es nötig sei, auf diese Weise einer bei großen Magistraten leicht eintretenden Beschlußunfähigkeit vorzubeugen (a. A. Oertel S. 401 und Kappelmann S. 160). — In bezug auf die Einwohnerzahl ist das Ergebnis der letzten Volkszählung maßgebend. — Die Sitzungen des Magistrats sind nicht öffentlich. Dem widerspricht nicht die gelegentliche Zulassung von Sachverständigen zur Sitzung zwecks technischer oder spezialwissenschaftlicher Information der Magistratsmitglieder. Die Zulassung von Staatsbeamten zu den Sitzungen — sei es zwecks Ausübung der Aufsicht, sei es zwecks Information behufs der Ausbildung — kann gegen den Willen des Magistrats durch die Aufsichtsbehörde nicht erzwungen werden.

4. Das ist an sich die einfache Mehrheit. Diese wird selbstredend immer dann auch die absolute Mehrheit sein, wenn es sich bei der Abstimmung nur um zwei Möglichkeiten, Annahme oder Ablehnung eines Antrages oder bei Wahlen um Auswahl unter zwei Kandidaten für eine Stelle handelt. In allen diesen Fällen wird auch eine nicht-geheime, mündliche oder durch Handaufheben erfolgende Abstimmung möglich und am Platze sein. Anders aber liegt die Sache, wenn es sich um Wahlen handelt, bei denen mehr als zwei Kandidaten für eine Stelle in Betracht kommen. Alsdann läßt es sich nicht vermeiden, die absolute Majorität für erforderlich zu erklären und, wenn eine Abstimmung diese nicht ergibt, zunächst zu einer engeren Wahl zwischen denjenigen beiden Kandidaten zu schreiten, welche die meisten Stimmen erhalten haben, wobei dann nur die für einen dieser beiden Kandidaten abgegebenen Stimmen gültig sind. In solchen Fällen ist die Abstimmung mittels Stimmzettel jedenfalls zuverlässiger und deshalb zweckmäßiger, keineswegs aber, wie dies nach Oertel S. 401 ein nicht veröffentlichter älterer ME. behauptet, unzulässig.

5. Und zwar in allen Fällen; vgl. hierzu Anm. 2 zu § 43.

6. Wegen der Funktionen des Bürgermeisters als Magistratsdirigenten s. § 58. — Sind beide Bürgermeister verhindert, so führt in Ermangelung anderweitiger Festsetzungen das dienstälteste Magistratsmitglied den Vorsitz. Vgl. §§ 20 Nr. 12 u. 21 der Instruktion für die Stadtmagistrate v. 25. 5. 1835 (Anhang und Anm. 2). Der Vorsitzende hat für äußere Ord-

nung, Anstand und Würde in den Versammlungen des Kollegiums zu sorgen (ebenda § 20 Nr. 3).

7. Dieser Satz, der das Beanstandungsrecht und die Beanstandungspflicht des Bürgermeisters statuiert, ist wesentlich abgeändert durch die Bestimmungen der §§ 15 und 17¹ ZustGes., oben abgedruckt. In engem Zusammenhange steht die Bestimmung mit § 56², wo von dem Beanstandungsrechte des Magistrats gegenüber den Beschlüssen der Stadtverordnetenversammlung die Rede ist. Die Neuregelung durch §§ 15 und 17 ZustGes. hat insofern verschieden auf § 56² und § 57 eingewirkt, als nach § 56² der Magistrat früher ein Beanstandungsrecht überhaupt nicht hatte, sondern nur die Pflicht, „die Zustimmung zu versagen", während der Bürgermeister nach § 57 von jeher Beschlüsse des Magistrats „beanstanden" konnte. Dennoch haben die §§ 15, 17 ZustGes. auch für die Fälle des § 57 insofern neues Recht geschaffen, als nunmehr die gleichartige Behandlung der vier in dem geänderten Satze des § 57 behandelten Fälle eine verschiedene geworden ist. Beanstandet der Bürgermeister einen Magistratsbeschluß wegen Überschreitung der Befugnisse oder Gesetzwidrigkeit, so tritt das Verfahren gemäß § 15 ZustGes. ein; beanstandet er dagegen einen Magistratsbeschluß wegen Verletzung des Gemeindeinteresses oder des Staatswohls (also aus Zweckmäßigkeitsgründen), so tritt das Verfahren aus § 17 ZustGes. ein. Zu beachten ist, daß im Gegensatz zu § 15 ZustGes., der das Recht des Magistrats, Stadtverordnetenbeschlüsse zu beanstanden, und das Recht der Aufsichtsbehörde, die Beanstandung von Magistratsbeschlüssen zu veranlassen, auf die Fälle des § 15 ZustGes. beschränkt, durch § 57 StO. in Verbindung mit § 17 ZustGes. dem Bürgermeister auch weiterhin die Möglichkeit gewährt ist, Magistratsbeschlüsse aus Zweckmäßigkeitsrücksichten, wenn nicht im formalen Sinne des § 15 zu „beanstanden", so doch anzuhalten und solange ihre Ausführung zu hindern, als nicht die „Meinungsverschiedenheit" auf dem Wege des § 17 erledigt ist. Das Recht der Beanstandung steht ebenso wie dem Bürgermeister auch dessen Vertreter, dem Beigeordneten oder in dessen Vertretung dem den Vorsitz führenden dienstältesten Magistratsmitgliede zu, dem Vertreter aber immer nur, wenn und solange er den Vorsitz wirklich ausübt (OVG. im PVBl. 24 S. 1). Vgl. im übrigen bezüglich der „Beanstandung" die Anm. 3b—e, 4 u. 5 zu § 56², bezüglich des § 17 ZustGes. die Anm. 8—14 zu § 36 StO.

8. Die Bestimmung des Abs. 3 unterscheidet sich in mehrfacher Beziehung von der Bestimmung in Satz 1 des § 44. Sie ist weitergehend, insofern hier das Vorhandensein eines Privatinteresses zur Ausschließung des Magistratsmitgliedes genügt, während dort für die Ausschließung eines Stadtverordneten ein Interessen**widerspruch** vorausgesetzt wird. Sie ist ferner weitergehend, insofern sie das Privatinteresse auch der Angehörigen ausdrücklich in Rücksicht zieht, wobei man sich zwar auf nahe Angehörige wird beschränken müssen, indessen die Unterscheidung, die in Anm. 1 zu § 44 gemacht wird, nicht ohne weiteres auch hier wird anwenden können. Und schließlich ist zu beachten, daß die Entfernung aus dem Sitzungszimmer hier nur während der Beratung, nicht auch während der Abstimmung gefordert wird (vgl. dagegen Anm. 1 zu § 44). Da ein „Privat-

interesse" zur Ausschließung erfordert wird, ist Abs. 3 nicht anzuwenden auf den Bürgermeister, der einen Magistratsbeschluß beanstandet oder in seiner Eigenschaft als Polizeiverwalter (§ 62) an den Magistrat eine polizeiliche Verfügung erlassen hat. Je nachdem der Bürgermeister dies freiwillig oder von der Aufsichtsbehörde gezwungen getan hat, wird er sich entweder der Beratung und Abstimmung fernhalten oder an ihr teilnehmen; die Entscheidung ist seinem Ermessen überlassen. Dagegen gilt von den Magistratsmitgliedern ebenso wie von den Gemeindebeamten im engeren Sinne, daß sie sich aller Amtshandlungen zu enthalten haben, wenn bei der Amtshandlung das persönliche Interesse des einzelnen in Frage steht (s. Anm. 3 zu § 56⁶ am Schlusse). Wird z. B. der Bürgermeister regreßpflichtig gemacht, so muß er sich jeder dienstlichen Handlung und Einflußnahme auf den Gang dieses Prozesses enthalten (OVG. im PVBl. 22 S. 324).

9. Der Begriff „Privatinteresse" beschränkt sich nicht auf Vermögensinteressen. Die Beteiligung an einem Vereine oder an einer Gesellschaft mit wirtschaftlichen Zwecken, z. B. an einer Aktiengesellschaft, schließt grundsätzlich die Teilnahme an der Beratung und Abstimmung in Angelegenheiten des Vereins oder der Gesellschaft aus. Dagegen rechtfertigt die Mitgliedschaft in einem Vereine oder in einer Gesellschaft mit idealen Zwecken, z. B. in einem gemeinnützigen Vereine, noch nicht die Anwendung des § 57 Abs. 3, und zwar auch dann nicht, wenn das Mitglied dem Vorstand des Vereins oder der Gesellschaft angehört. Es muß hier die Sachlage des Einzelfalles entscheiden.

10. Was zu geschehen hat, falls die Anwendung des Abs. 3 zu einer Beschlußunfähigkeit des Magistrats führt, ist nicht gesagt (§ 44 Abs. 1 trifft nur Vorsorge für den anderen Fall, daß Magistrat und Stadtverordnetenversammlung wegen Interessenwiderspruchs beschlußunfähig werden). Nach OVG. 25 S. 46 ff. hat die Aufsichtsbehörde in diesem Falle einen besonderen Kommissar zur Beschlußfassung zu bestellen.

11. Bezüglich der Rechtsstellung des Magistrats und seiner Mitglieder vgl. die Anm. zu § 29, ferner die Anm. 15—18 zu § 30 und die Vorbemerkungen zu Titel V und § 56. Die Mitglieder des Magistrats sind danach mittelbare Staatsbeamte (s. Anm. 13 zu § 52), soweit sie besoldet sind, auch Kommunalbeamte im Sinne des KBG., das aber nur beschränkt auf sie Anwendung zu finden hat (Anm. 11 zu § 56⁶). Hinsichtlich ihrer Verantwortlichkeit in disziplinarer, zivilrechtlicher und strafrechtlicher Hinsicht stehen sie den Gemeindebeamten völlig gleich; vgl. dazu Anm. 3 zu § 56⁶; die Bestimmungen des ALR. über die Haftung von Mitgliedern eines Kollegiums für Beschlüsse des Kollegiums (§§ 127 ff. II 10 ALR.) sind durch das BGB. aufgehoben. Die Magistratsmitglieder sind gleich den Gemeindebeamten zur Amtsverschwiegenheit verpflichtet (s. Anm. 8c zu § 56⁶). — Über die Befugnis der Aufsichtsbehörde, die Geschäftsführung des Magistrats zu überwachen und auf seine Willensentschließung einzuwirken, vgl. § 76 StO. und das dort Gesagte. Hier sei nur hervorgehoben, daß die Aufsichtsbehörde zwar in der Lage ist, formell den Magistrat zur Beratung und Beschlußfassung in einer Angelegenheit zu zwingen (mittels des ihr zustehenden Disziplinarrechts [§ 80 StO.] und ev. der Zwangsmittel aus

§ 132 LVG.), daß sie aber keine Möglichkeit hat, auf den Inhalt seiner Entschließungen im voraus zwingenden Einfluß zu üben, der Magistrat vielmehr nach freier Überzeugung zu beschließen hat (OVG. 21 S. 424 ff.). Soweit also nicht die Androhung einer Beanstandung durch den Bürgermeister der Aufsichtsbehörde ein Mittel an die Hand gibt — und das trifft nur hinsichtlich ungesetzlicher Beschlüsse zu (§ 15 Abs. 2 ZustGes.) — und soweit ihr nicht ein Bestätigungsrecht (z. B. § 11 StO.) eingeräumt ist, wird sie sich auf Ratschläge und Warnungen beschränken müssen.

12. §§ 15 und 17 Nr. 1 ZustGes. sind der bessern Übersicht wegen vollständig oben zum Abdruck gelangt, haben aber hier nur insoweit Berücksichtigung zu finden, als es sich um Fälle der Beanstandung und der „Meinungsverschiedenheiten" handelt, die sich zwischen Bürgermeister und Magistrat — nicht auch zwischen Magistrat und Stadtverordnetenversammlung — abspielen.

13. Vgl. hinsichtlich der Beanstandung Anm. 7 oben sowie die Anm. 3b—e zu § 56[2].

14. Die Frist zur Erhebung der Klage beträgt 2 Wochen. Zuständig ist in erster Instanz der Bezirksausschuß, in zweiter (Berufungs-)Instanz das OVG., in Berlin in erster und letzter Instanz das OVG. Die Berufungsfrist beträgt 2 Wochen (§ 21 ZustGes.; §§ 83, 85 LVG.). Der kollegialische Gemeindevorstand (Magistrat) kann für das Streitverfahren einen Vertreter bestellen. Siehe im übrigen Anm. 3e zu § 56[2].

15. Vgl. hierzu den Schluß von Anm. 7 oben und außerdem das zu § 77 Gesagte.

16. Vgl. zu § 17 ZustGes. oben Anm. 12, sowie ferner die Anm. 8—14 zu § 36 StO.

§ 58.

Der Bürgermeister leitet und beaufsichtigt den ganzen Geschäftsgang der städtischen Verwaltung.[1]

In allen Fällen, wo die vorherige Beschlußnahme durch den Magistrat einen nachteiligen Zeitverlust verursachen würde, muß der Bürgermeister die dem Magistrat obliegenden Geschäfte vorläufig allein besorgen, jedoch dem letzteren in der nächsten Sitzung behufs der Bestätigung oder anderweitigen Beschlußnahme Bericht erstatten.[2]

Zur Erhaltung der nötigen Disziplin steht dem Bürgermeister das Recht zu, den Gemeindebeamten[3] Geldbußen bis zu drei Talern[4] und außerdem den untern Beamten[5] Arreststrafen bis zu drei Tagen aufzulegen (§§ 15, 19 und 20 des Gesetzes vom 21 Juli 1852, Gesetz-Samml. S. 465).

Hierzu: ZG. § 20 Nr. 2.[6]

§ 20. Bezüglich der Dienstvergehen der Bürgermeister, Beigeordneten, Magistratsmitglieder und sonstigen Gemeindebeamten kommen die Bestimmungen des Gesetzes vom 21. Juli 1852 mit folgenden Maßgaben zur Anwendung:

1. . . . . . .

2. Gegen die Strafverfügungen des Bürgermeisters[7] *findet innerhalb zwei Wochen die Beschwerde an den Regierungspräsidenten, und gegen den auf die Beschwerde ergehenden Beschluß des Regierungspräsidenten innerhalb zwei Wochen die Klage bei dem Oberverwaltungsgerichte statt.*[8]

Vorbemerkung:

§ 58 handelt von der Stellung und den Funktionen des (Ersten) Bürgermeisters. Diesem wird im Abs. 1 die „Leitung" und die „Beaufsichtigung" des ganzen Geschäftsganges der städtischen Verwaltung übertragen. Abs. 2 statuiert die besondere aus dem Rechte zur „Leitung" erwachsende Pflicht zur vorläufigen Erledigung eiliger Geschäfte, Abs. 3 die auf dem „Aufsichtsrecht" beruhende Disziplinargewalt; die letztere Bestimmung hat durch ZustGes. § 20 Nr. 2 eine wesentliche Ergänzung erfahren. Zu beachten ist, daß nicht nur § 58 die Pflichten und Rechte des Bürgermeisters behandelt; einschlägige Bestimmungen enthalten vielmehr außerdem § 56[8] (Unterschrift der Gemeindeurkunden), § 57 Abs. 2 (Vorsitz bei den Magistratssitzungen, Beanstandung), § 59 (Ernennung der aus dem Magistrat entnommenen Deputationsmitglieder und des Deputationsvorsitzenden) und § 62 (Funktionen als Staatsorgan).

Über die im § 58 behandelten Funktionen des Bürgermeisters, Leitung und Beaufsichtigung des Geschäftsgangs, enthält die StO. selbst nähere Bestimmungen nicht. Wohl aber sind solche enthalten in der Instruktion für die Stadtmagistrate v. 25. 5. 1835 (Ann. 1835 S. 733, soweit noch von Bedeutung im Anhang des Buches abgedruckt). Formell ist diese Instruktion, „soweit das gegenwärtige Gesetz keine entgegenstehenden ausdrücklichen Bestimmungen enthält", aufrecht erhalten durch die in Gemäßheit des § 81 StO. zur Ausführung derselben ergangene Ministerialinstruktion v. 20. 6. 1853 Nr. XIII (MBl. 138; ebenfalls im Anhange des Buches wiedergegeben). Materiell kann aber sehr wohl die Frage aufgeworfen werden, ob nicht die ministerielle Ausführungsverordnung, indem sie mittels jener Bezugnahme formelle Bestimmungen auch über den internen Geschäftsgang der städtischen Verwaltungen in Gemeindeangelegenheiten erließ, das durch §§ 9 und 11 StO. den Städten gewährleistete Recht der „Selbstverwaltung" und „Autonomie" verletzt habe und insofern über die in § 81 StO. dem Minister des Innern gestellte Aufgabe hinausgegangen ist. Denn es ist nicht zu leugnen, daß es zu dem Wesen der „Selbstverwaltung" gehört, auch die Formen mindestens des internen Geschäftsverfahrens der städtischen Behörden in Gemeindeangelegenheiten durch eigene Entschließungen der zuständigen Organe des Selbstverwaltungskörpers — seien dies nun Beschlüsse der Gemeindebehörden oder generelle Anordnungen des Bürgermeisters — zu regeln. Indem also die Ausführungsverordnung durch Aufrechterhaltung der Instruktion von 1835 die Freiheit der Selbstverwaltungsorgane in bezug auf die Formen des inneren Geschäftsgangs beschränkte, ging sie über die ihr gesetzlich gezogenen Grenzen hinaus (s. auch OVG. 35 S. 117). Aus dem Aufsichtsrechte der Regierung (§ 76 StO.) allein läßt sich die Befugnis zur Reglementierung der Formen des inneren Geschäftsganges, soweit Gemeindeangelegenheiten in Frage stehen, nicht etwa herleiten. Denn wenn es auch (nach § 139 StO. v. 1831) zu den Aufgaben der Aufsichtsbehörde gehört „dafür zu sorgen, daß die Verwaltung fortwährend in dem vorgeschriebenen Gange bleibe und angezeigte Störungen beseitigt werden", so folgt hieraus doch nur, wie Jebens zutreffend dargelegt hat, das Recht der Aufsichtsbehörde, da einzugreifen, wo ein wirklicher Anhalt für die Voraussetzung gegeben ist, daß die Verwaltung die gesetzlich gewiesenen, geordneten Bahnen bereits verlassen habe oder doch zu verlassen im Begriffe stehe („Die Stadtverordneten" S. 276). Indessen ist die Frage nach der Gültigkeit der Instruktion von 1835 deshalb nicht von allzu erheblicher praktischer Bedeutung, weil die im einzelnen der StO. nicht widersprechenden, also formell aufrecht erhaltenen Bestimmungen der Instruktion v. 25. 5. 1835 dem praktischen Bedürfnisse größtenteils auch jetzt noch entsprechen, ein Anlaß zur Abweichung also nur ausnahmsweise etwa dann gegeben sein wird, wenn es sich um ein Gemeinwesen von ganz abnormen Verhältnissen handelt. In einem solchen Falle würde allerdings fraglich werden können, ob ein etwaiger genereller Gemeindebeschluß, durch den ein von der Instruktion abweichendes internes Geschäftsverfahren lediglich für Gemeindeangelegenheiten eingeführt wird, im Wege der Beanstandung unter Bezugnahme auf die Instruktion v. 25. 5. 1835 mit Erfolg angefochten werden könne. Jebens in seinem Kommentar zur Instruktion v. 25. 5. 1835 (Berlin, Heymann 01, und PVBl. 22 S. 233, 245) erörtert diese Frage nicht, hält aber anscheinend die Instruktion als Ganzes nicht bloß für formell, sondern auch für materiell gültig; ebenso sämtliche Kommentatoren der StO., sowie der ME. v. 27. 11. 00 (MBl. 281). Aus praktischen Gesichtspunkten wird im folgenden, der herrschenden Lehre entsprechend, die Instruktion — im allgemeinen — als rechtsgültig behandelt.

Für Berlin besteht, oder richtiger bestand, außer der Instruktion für die Stadtmagistrate ein denselben Gegenstand betreffendes, dem Inhalte nach mit jener Instruktion vielfach übereinstimmendes Regulativ der Königlichen Regierung zu Potsdam v. 14. 7. 1834, das unter dem 18. 7. 1834 vom Minister des Innern bestätigt worden war. Der ME. v. 5. 12. 1867 (MBl. 1899 S. 5, 6; unten Anm. 1 zu b, α, $\beta\beta$) führt unter (6) dieses Regulativ noch als zu Recht bestehend an. Indessen bestehen nicht bloß gegen seine materielle Gültigkeit dieselben Bedenken, wie gegen die Gültigkeit der Instruktion für die Stadtmagistrate vom Jahre 1835, sondern auch die formelle Gültigkeit dieses Reglements ist mindestens höchst zweifelhaft. Hat doch die Instruktion von 1835, die den Gegenstand anscheinend für alle unter die StO. fallenden Gemeinden regeln wollte, und ebenso die Instruktion v. 20. 6. 1853 eine besondere Ausnahme für Berlin nicht vorgesehen. Demnach dürfte anzunehmen sein, daß das Reglement für Berlin von 1834 bereits durch die Instruktion für die Stadtmagistrate von 1835 auch formell aufgehoben worden ist.

1. Wegen der sonstigen Funktionen des Bürgermeisters s. Vorbemerkung.

a) Die Leitung des Geschäftsganges.

Hierzu gehört: die Vorbereitung der Sitzungen des Kollegiums, die Einberufung zu denselben (vgl. Anm. 2 zu § 57), die Leitung der Sitzungen, die Überwachung der Ausführung der gefaßten Beschlüsse; ferner der Erlaß von generellen und speziellen Anordnungen über den Geschäftsgang, von Instruktionen für die Gemeindebeamten, sowie insbesondere die Verteilung der Geschäfte unter die Magistratsmitglieder und Gemeindebeamten (vgl. hierzu ME. v. 22. 2. 1875, MBl. 78). Aller dieser Befugnisse ist in der Instruktion für die Stadtmagistrate v. 25. 5. 1835 (abgedruckt im Anhange; s. Vorbemerkung) ausführlich Erwähnung getan (s. insbesondere §§ 5, 8, 9, 10, 11, 12, 13, 14, 15, 17, 18, 20 ebenda). — Vgl. auch noch hinsichtlich der Vereinfachung des Geschäftsganges und der Verminderung des Schreibwerks MBl. 1897 S. 144. — Was die Ausführungsbefugnis anbelangt, so ist vermittels dieser Befugnis und vermittels des an diese sich anknüpfenden Beanstandungsrechts aus § 57 StO. (s. dort) dem Bürgermeister eine eigenartige Stellung dem Kollegium gegenüber insofern angewiesen, als der Bürgermeister, auch wenn er im Kollegium überstimmt ist und es sich um bloße Meinungsverschiedenheiten aus Zweckmäßigkeitserwägungen handelt, in der Lage ist, die Ausführung der Magistratsbeschlüsse solange zu verweigern oder zu verhindern, bis über die Meinungsverschiedenheiten durch den BzAussch. auf Grund des § 17 ZustGes. Beschluß gefaßt ist.

b) Die Beaufsichtigung des Geschäftsganges.

Vermöge seines Aufsichtsrechtes ist der Bürgermeister der Vorgesetzte sämtlicher Magistratsmitglieder und der Gemeindebeamten. Nach dem Eingange des § 20 der Instruktion für die Stadtmagistrate v. 25. 5. 1835 haben alle Beamten ebenso wie die Mitglieder des Magistratskollegiums, ihm in dienstlichen Angelegenheiten Folge zu leisten und jede verlangte Auskunft über Gegenstände ihrer Geschäftskreise schriftlich oder mündlich zu erteilen. Außerdem stehen dem Bürgermeister auf Grund seines Aufsichtsrechts besonders folgende zwei Befugnisse zu:

α) Die Befugnis, die Magistratsmitglieder und Gemeindebeamten zu beurlauben. Bestimmungen hierüber trifft § 20 der Instruktion für die Stadtmagistrate unter Nr. 9 (s. Anhang), sowie bezüglich der Magistratsmitglieder die MR. v. 5. 12. 1867 und 10. 12. 1898, MBl. 1899 S. 4—6. Letztere lauten:

αα) Allgemeine Verfügung v. 10. 12. 1898, betr. die Beurlaubung der mit der Handhabung der Polizei in Städten betrauten Magistratspersonen:

„Die mit der Handhabung der Polizei in Städten betrauten Magistratspersonen bedürfen in denjenigen Fällen, in welchen sie nach dem unten abgedruckten Zirkularerlasse v. 5. 12. 1867 Urlaub von dem Regierungspräsidenten zu nehmen haben, neben diesem Urlaub eines Dispenses oder einer förmlichen Beurlaubung von den ihnen außer den polizeilichen übertragenen Magistratsgeschäften durch den Magistratsdirigenten nicht. Ein solches selbständiges Beurlaubungsrecht des Letzteren neben demjenigen des ihm vorgesetzten Regierungspräsidenten würde den allgemeinen Regeln der Beamtendisziplin widersprechen und ist deshalb nicht anzuerkennen.

Andererseits hat die Bestimmung des Zirkularerlasses v. 5. 12. 1867, welche den zu Polizeiverwaltern bestellten Magistratspersonen ausdrücklich vorschreibt, daß sie, ebenso wie die Anzeigen über eine mehr als drei- und weniger als achttägige Abwesenheit, auch ihre Urlaubsgesuche stets „zunächst dem dirigierenden Bürgermeister zur Weiterbeförderung zuzustellen" haben, doch mehr als eine nur formelle Bedeutung. Sie soll dem Magistratsdirigenten Gelegenheit geben, sich entweder mit der Erteilung des erbetenen Urlaubs einverstanden zu erklären oder seine etwaigen Bedenken gegen die Beurlaubung vor der Bewilligung des Urlaubs dem Regierungspräsidenten vorzutragen. Dieser wird, wenn gegen die Beurlaubung aus der Lage der von dem Polizeiverwalter mitverwalteten Magistratsgeschäfte wesentliche und gerechtfertigte Bedenken erhoben werden, die sich auf andere Weise nicht beseitigen lassen, den Urlaub versagen müssen. In dieser Beziehung beruht der Zirkularerlaß v. 5. 12. 1867 ganz auf derselben Auffassung, aus welcher heraus in dem Erlasse v. 10. 5. 1872 (MBl. 1872 S. 137) der Grundsatz ausgesprochen ist, daß die „Pflichten, welche ein bestimmtes Amt dem Inhaber desselben auferlegt", dadurch „keine Minderung erleiden" können, „daß die betreffende Person ein anderes, in irgendeiner Beziehung mit geringeren Pflichten verknüpftes Amt übernimmt".

Aus demselben Grundsatze folgt, daß auch die Frage zu bejahen ist, ob die Polizeiverwalter, welchen zugleich Magistratsgeschäfte obliegen, in denjenigen Fällen, in welchen sie wegen der kurzen Dauer der beabsichtigten Entfernung vom Amte als Polizeiverwalter einer Beurlaubung durch den Regierungspräsidenten nicht bedürfen, gleichwohl auch nach dem Zirkularerlasse v. 5. 12. 1867 verpflichtet seien, Urlaub von dem dirigierenden Bürgermeister zu erbitten.

Die Entscheidung auf die ihm durch die Hand des dirigierenden Bürgermeisters vorgelegten Urlaubsgesuche wird der Regierungspräsident in der Regel auf dem gleichen Wege den Antragstellern zugehen zu lassen, und, wo er eine direkte Benachrichtigung vorzieht, jedenfalls gleichzeitig dem Bürgermeister von der Urlaubsbewilligung Mitteilung zu machen haben. Findet sich dabei Anlaß zu sonstigen für den Magistrat bestimmten Anordnungen oder Benachrichtigungen, so sind diese an den dirigierenden Bürgermeister zu richten."

ββ) MR. v. 5. 12. 1867:

„Infolge der gutachtlichen Äußerungen, welche von den Provinzialbehörden auf meinen Erlaß v. 10. 12. 1865 erstattet worden sind, habe ich angemessen befunden, die bestehenden Vorschriften über die Beurlaubung der städtischen Magistratspersonen anderweit und gleichmäßig zu regeln, und bestimme ich zu diesem Behufe für diejenigen Städte, welche nach der StO.

v. 30. 5. 1853 für die sechs östlichen Provinzen usw. verwaltet werden, folgendes:

1. Die Oberbürgermeister und Bürgermeister, (die Beigeordneten, beziehentlich die Zweiten Bürgermeister nur, während sie vertretungsweise die Funktionen des dirigierenden Bürgermeisters ausüben), haben von einer längeren als dreitägigen, jedoch den Zeitraum von acht Tagen nicht übersteigenden Abwesenheit vom Amte dem vorgesetzten Regierungspräsidenten Anzeige zu machen. Zu einer längeren als achttägigen Abwesenheit bedürfen sie des Urlaubs des Regierungspräsidenten.

2. Das nämliche gilt, falls eine andere Magistratsperson als der Bürgermeister mit der Handhabung der Polizei in der Stadt beauftragt ist, für den betreffenden Beamten.

3. Die nach Bestimmung 1 u. 2 an den Regierungspräsidenten zu richtenden Anzeigen und Urlaubsgesuche sind — sofern die Stadt einem landrätlichen Kreisverbande angehört und die Ortspolizei nicht einer besonderen Königlichen Behörde übertragen ist — durch den Landrat an den Regierungspräsidenten einzureichen, die Bescheide des letzteren auf gleichem Wege zurückzubefördern.

In dem oben sub 2 erwähnten Falle ist die betreffende Anzeige, bezüglich das Urlaubsgesuch zunächst dem dirigierenden Bürgermeister zur Weiterbeförderung zuzustellen.

4. Zugleich mit der Anzeige oder dem Urlaubsgesuche (zu 1 u. 2) ist der Regierungspräsident jedesmal von den wegen Versehung des Dienstes während der Abwesenheit vom Amte getroffenen oder zu treffenden Anordnungen in Kenntnis zu setzen.

5. Die übrigen Magistratsmitglieder und die Beigeordneten (zweiten Bürgermeister), auf welche die Bestimmungen zu 1 u. 2 nicht Anwendung finden, haben den Urlaub, ohne Unterschied der Dauer und ob sie besoldet sind oder nicht, bei dem dirigierenden Bürgermeister zu nehmen. Letzterer hat indes dergleichen Beurlaubungen, sofern sie auf längere Zeit als vier Wochen erfolgen, dem Regierungspräsidenten anzuzeigen.

6. Alle hiervon abweichenden reglementarischen Bestimmungen insbesondere der Geschäftsinstruktion für den Magistrat zu Berlin v. 14. 7. 1834, für die Magistrate in den sechs östlichen Provinzen v. 25. 5. 1835, sowie der zu der Westfälischen und der Rheinischen Städteordnung ergangenen Ministerialinstruktionen v. 9. 5. resp. 18. 6. 1856 usw. werden hierdurch außer Kraft gesetzt.

Hinsichts der nicht zu den Magistratspersonen gehörenden Gemeindebeamten bleiben die bisherigen Vorschriften ungeändert."

Wegen des Einflusses der Beurlaubung auf die Gehaltszahlung s. § 64 StO. Anm. 11c. Eines Urlaubes bedarf es nicht, wenn es sich um Erfüllung staatsbürgerlicher Pflichten (Militärdienstpflicht, Wahlen, Übernahme von Mandaten zum Landtag oder Reichstag — s. Anm. 17 zu § 30 —) handelt; es genügt dann Anzeige des Verhinderten an den Bürgermeister (OVG. 16 S. 398).

β) Die Befugnis, eine Disziplinargewalt gegenüber den Magistratsmitgliedern und den Gemeindebeamten auszuüben. Hierüber siehe das zu Abs. 3 und § 20 Nr. 2 ZustGes. Gesagte.

2. Vgl. hierzu Anm. 1 zu § 57 StO. — Voraussetzung für die Anwendung dieser Bestimmung ist, daß der zu befürchtende Nachteil die Stadtgemeinde selbst treffen würde; s. § 8 Instr. v. 25. 5. 1835 und OVG. i. PVBl. 22 S. 395.

3. Unter „Gemeindebeamten" sind hier wie im § 56[6] StO. alle besoldeten Gemeindebeamten, die nicht Magistratsmitglieder sind, zu verstehen. Ein Recht, die Magistratsmitglieder mit Ordnungsstrafen zu belegen, steht dem Bürgermeister nicht zu; vgl. auch § 20 Nr. 8 Abs. 2 der Instruktion für die Stadtmagistrate (im Anhange abgedruckt) sowie § 19 G. v. 21. 7. 1852 betreffend die Dienstvergehen der nicht richterlichen Beamten (GS. 465; unten bei § 80 StO. abgedruckt). Nichtsdestoweniger steht dem Bürgermeister doch auch über die Magistratsmitglieder eine Disziplinargewalt zu; nur beschränken sich in diesen Fällen die ihm zur Verfügung stehenden Mittel auf Verwarnungen und Verweise, die nach § 18 des Disziplinargesetzes jeder Vorgesetzte gegen Untergebene, also auch der Bürgermeister gegen Magistratsmitglieder verhängen kann (s. auch OVG. 17 S. 443; 50 S. 433ff.). Inwieweit dem Magistrat nicht angehörende unbesoldete Organe der Stadt, wie Deputationsmitglieder, Bezirksvorsteher usw., einer Disziplinargewalt unterliegen, bleibt bei §§ 59, 60, 75 auszuführen.

Über die Grenzen der Aufsichtsbefugnis des Bürgermeisters gegenüber einem zum Standesbeamten bestellten Beigeordneten vgl. OVG. 50 S. 433.

4. Jetzt 9 Mark.

5. Das sind diejenigen Beamten, auf die § 15 G. v. 21. 7. 1852 Anwendung findet, nämlich Exekutoren, Boten, Kastellane, Diener und die zu ähnlichen sowie die für bloß mechanische Funktionen bestimmten Beamten. Von den Polizeibeamten gehören nach StaatsminBeschl. v. 6. 10. 1853 (MBl. 263) die Polizeisergeanten und Polizeiwachtmeister, die Nachtwächter und Nachtwachtmeister, die Schutzmänner und Schutzmannswachtmeister, die Oberfeuerwehrmänner und Straßenreinigungsaufseher zu den „Unterbeamten" im Sinne des § 15 l. c. — Die Arreststrafe ist nach § 15 l. c. in Räumen zu vollstrecken, die den Verhältnissen der betreffenden Beamten angemessen sind. Die Vollstreckung hat der Bürgermeister anzuordnen. Die Kosten trägt der Beamte (§§ 51—53 l. c.).

6. Hierher gehört nur Nr. 2 des § 20; den übrigen Wortlaut s. hinter § 80 StO.

7. Diese kann der Bürgermeister nur nach § 58 StO. und dem DisziplinarG. v. 21. 7. 1852 erlassen; s. oben Anm. 3. Seine Zuständigkeit ist durch das ZustGes. nicht etwa sachlich erweitert worden.

8. Die Klage steht nur dem betroffenen Beamten, nicht etwa auch dem Bürgermeister in dem Falle zu, wenn seine Strafverfügung durch die Beschwerdeinstanz aufgehoben ist. Beklagter ist stets der Bürgermeister.

§ 59.

Zur dauernden Verwaltung oder Beaufsichtigung einzelner Geschäftszweige, sowie zur Erledigung vorübergehender Aufträge können besondere Deputationen entweder bloß aus Mitgliedern des Magistrats, oder aus Mitgliedern beider Gemeindebehörden, oder aus letzteren und aus stimmfähigen Bürgern gewählt werden.[1, 2] Zur Bildung gemischter Deputationen aus beiden Stadtbehörden ist der übereinstimmende Beschluß beider erforderlich.[3]

Zu diesen Deputationen und Kommissionen, welche übrigens in allen Beziehungen dem Magistrate untergeordnet sind, werden die Stadtverordneten und stimmfähigen Bürger von der Stadtverordnetenversammlung gewählt, die Magistratsmitglieder dagegen von dem Bürgermeister ernannt, welcher auch unter letzteren den Vorsitzenden zu bezeichnen hat.[4, 5, 6]

Durch statutarische Anordnungen können nach den eigentümlichen örtlichen Verhältnissen besondere Festsetzungen über die Zusammensetzung der bleibenden Verwaltungsdeputationen getroffen werden.[7–13]

Vorbemerkung (vgl. Jebens i. PVBl. 27 S. 847):

§§ 59 u. 60 dienen demselben Zwecke: Einrichtungen zu treffen, die es, zumal in größeren Städten, ermöglichen, die Verwaltung in gewissem Sinne zu dezentralisieren und damit den Magistrat zu entlasten. Während in § 60 von einer Art örtlicher Dezentralisation die Rede ist, handelt § 59 von der Verteilung der Geschäfte nach Verwaltungszweigen, also nach sachlichen Gesichtspunkten, indem er die Bildung ständiger oder vorübergehend bestehender Deputationen behufs Verwaltung bestimmter Dienstzweige oder behufs Beaufsichtigung solcher Verwaltungszweige (letzteres z. B. in den Fällen, wo zur Verwaltung selbst eine besondere Amtsstelle, z. B. die Direktion eines Werks eingesetzt ist) sowie zur Erledigung bestimmter einzelner Geschäfte vorsieht. Wegen der Bildung und Zusammensetzung dieser Deputationen s. Anm. 1—7 unten. Vorweggeschickt muß folgendes allgemeine werden:

a) Anwendungsgebiet des § 59.

§ 59 handelt nur von den zur Erleichterung des Magistrats eingesetzten (regelmäßig „dauernden") Verwaltungsdeputationen; er bezieht sich nicht auf die Ausschüsse (Kommissionen, Deputationen) der Stadtverordnetenversammlung, mögen diese nun Kontrollausschüsse oder für gewisse Zwecke eingesetzte, ein für allemal fungierende Vorberatungsausschüsse sein (ebenso bezieht sich § 59 nicht auf diejenigen gemeinschaftlichen Kommissionen, die im § 36 StO. erwähnt sind). Mitglieder aller dieser letzteren Ausschüsse sind die Stadtverordneten lediglich in ihrer Eigenschaft als solche, daher sie auch als Mitglieder dieser Ausschüsse an keine andere Instruktion als das Gesetz und ihr Gewissen gebunden sind (vgl. bezüglich dieser Ausschüsse Anm. 7 zu § 37, Anm. 6 f zu § 48 sowie auch Anm. 5 zu § 36).

Unter § 59 fällt ein Stiftungskuratorium, das aus Mitgliedern des Magistrats und aus stimmfähigen Mitgliedern einer Stadtgemeinde besteht, regelmäßig nicht (Johow 35 A S. 217).

b) Die Rechtsstellung der in § 59 behandelten Verwaltungsdeputationen und ihrer Mitglieder ist dadurch charakterisiert, daß diese Deputationen Organe des Magistrats, diesem in jeder Beziehung untergeordnet sind und die ihnen übertragenen Geschäfte nur unter der Aufsicht und Leitung des Magistrats auszuführen, also Instruktion weder von der Stadtverordnetenversammlung noch von den Wählern der Stadtverordneten noch von anderen Behörden als dem Magistrat zu empfangen haben (Abs. 2 des § 59). Jedes Mitglied einer Verwaltungsdeputation ist, da es kraft eines dauernden Auftrages dazu berufen ist, an der Erledigung von Verwaltungsgeschäften mitzuwirken, ein öffentlicher Beamter und zwar in dieser Eigenschaft ein mittelbarer Staatsbeamter. Jede Deputation als Einheit betrachtet ist demzufolge eine „öffentliche Behörde" (OTr. 4 S. 273; JMBl. 1839 S. 240; OVG. 25 S. 415 und dort Zitierte). Diese Beamteneigenschaft hat zur Folge, daß bei Beleidigungen von Mitgliedern der Deputationen in ihrer amtlichen Eigenschaft der Magistrat strafantragsberechtigt ist (§ 196 StGB.). Konsequenterweise müßten, wenn es im übrigen an gesetzlichen Bestimmungen fehlte, auch die bürgerlichen Deputationsmitglieder in ihrer Eigenschaft als Beamte dem Disziplinarverfahren auf Grund des G. v. 21. 7. 1852 unterliegen. Indessen hat das OVG. (25 S. 415) ausgeführt, daß eine Entfernung der Deputationsmitglieder aus diesem ihrem Amte nur auf dem Wege des § 75 Abs. 2 StO. ausführbar sei und eigentliche Disziplinarstrafen gegen sie nicht verhängt werden könnten, vielmehr nur gemäß § 27 Abs. 3 Nr. 2 der Instruktion für die Stadtmagistrate v. 25. 5. 1835 der Vorsitzende ihnen Erinnerungen und Zurechtweisungen zuteil werden lassen könne, Maßnahmen, deren der für die Ordnungsmäßigkeit des Geschäftsganges verantwortliche Vorsitzende behufs Aufrechterhaltung eines ordentlichen Geschäftsganges nicht entraten könne (s. auch Anm. 1 zu § 35).

c) Der Geschäftsgang bei den Verwaltungsdeputationen ist in der StO. überhaupt nicht geregelt. Das Erforderliche hierüber ist vielmehr in den §§ 3 d u. e, 20 Nr. 5, 26—31 der Instruktion für die Stadtmagistrate v. 25. 5. 1835 (s. Anhang des Buches) gesagt. Wenn nicht die den Verwaltungsdeputationen vom Magistrat mitgegebenen Instruktionen etwas anderes bestimmen, ist der beim Magistrat stattfindende Geschäftsgang auch für die Deputationen maßgebend (§ 29 ibid.); insbesondere gilt auch in Ermangelung abweichender Bestimmungen hinsichtlich der Beschlußfähigkeit § 57 Abs. 1 StO. in analoger Anwendung. Bei Meinungsverschiedenheiten der Deputationen hat der Magistrat zu entscheiden. Die Schreiben der Deputationen gehen unter deren Firma; in Gemäßheit des § 29 der Instruktion sowie § 56⁸ StO. hat sie in der Reinschrift der Vorsitzende zu zeichnen, dessen alleinige Zeichnung, soweit laufende Geschäfte des Zuständigkeitskreises der Deputation in Frage stehen, auch für solche Schriftstücke ausreichen dürfte, die Verpflichtungen der Stadtgemeinden erzeugen sollen (s. jedoch Anm. 6 zu § 56⁸). Wegen der Zuständigkeit der Deputationen zur Prozeßführung s. Anm. 1 unten. Alles Vorhergesagte gilt indessen nur für diejenigen Deputationen, die auf Grund des § 59 StO. zur Erledigung von Gemeindeaufgaben von den städtischen Behörden gebildet sind; handelt es sich um Deputationen, die kraft besonderen Gesetzes und zur Erledigung staatlicher Aufgaben eingesetzt sind (s. Anm. 9—13), so kommen in erster Reihe die betreffenden gesetzlichen Bestimmungen in Betracht. — Besonders instruktionell und daher beachtenswert bei Neubildung städtischer Verwaltungsdeputationen sind die §§ 176—187 der StO. von 1808 und §§ 66ff. der StO. f. S.-H.

1. Die Zuständigkeit der Deputation kann daher umfassen: entweder alle Verwaltungsgeschäfte eines bestimmten Geschäftskreises (z. B. Grundeigentumsdeputation, Baudeputation) oder die Beaufsichtigung der Geschäftsführung eines bestimmten Geschäftskreises durch eine vom Magistrat eingesetzte dritte Amtsstelle (z. B. eine Deputation für die städtischen Wasserwerke oder Gaswerke, neben der ein zur Verwaltung des betreffenden Betriebes zuständiger Direktor oder ein Direktorium eingesetzt ist) oder aber einen einzelnen Verwaltungsgegenstand (z. B. die Ausarbeitung einer Instruktion für eine neu zu bildende dauernde Verwaltungsdeputation). Wie weit die Befugnisse der Deputation reichen, richtet sich nach dem Inhalt des für ihre Schaffung maßgebenden Magistrats- oder Gemeindebeschlusses oder der auf Grund dieses Beschlusses ihr mitgegebenen Instruktion. Im allgemeinen kann ihre Zuständigkeit zur Verwaltung und insbesondere zur Verwaltung des Gemeindevermögens nur soweit reichen, wie die des Magistrats selbst (s. Anm. 2 und 7 zu § 35 sowie Vorbem. II zu § 49). Auch ist im Zweifel anzunehmen, daß sie nur die „laufenden" Geschäfte ihres Verwaltungskreises zu besorgen haben. Daher bildet auch der Inhalt der den Verwaltungsdeputationen gegebenen Instruktion für den Begriff der vom Magistrat (unabhängig von der Stadtverordnetenversammlung) zu erledigenden „laufenden Geschäfte" wertvolles Auslegungsmaterial (vgl. Anm. 2 zu § 35 StO.). Wegen vorkommender außerordentlicher Geschäfte haben die Deputationen an den Magistrat zu berichten und diesem die Ausführung oder die näheren Bestimmungen zu überlassen. Das Nähere über die Zuständigkeit der Verwaltungsdeputationen ergibt § 26 der Instruktion für die Stadtmagistrate (s. Anhang). Soweit der Kreis der laufenden Geschäfte reicht, sind die Deputationen sowohl zum Abschlusse etwaiger die Stadtgemeinde verpflichtenden Geschäfte zuständig (z. B. Pachtverträge, Mietverträge; wegen der Unterschrift solcher Verträge s. Vorbem. unter c sowie Anm. 6 zu § 56[8]), als auch zur Prozeßführung namens der Stadt (MBl. 1884 S. 9 und PVBl. 27 S. 853). Auch kann ihnen die selbständige Prozeßführung durch den Magistrat jederzeit besonders delegiert werden, selbst in Fällen, in denen es sich um „laufende Geschäfte" nicht handelt. Nur dürfen solche Prozesse nicht ohne Genehmigung der Stadtverordnetenversammlung angestrengt werden (s. § 56[5] StO.). Soweit nicht der Kreis der laufenden Geschäfte in Betracht kommt — für diesen Kreis gelten die Deputationen in ihrer Eigenschaft als öffentliche Behörden ohne weiteres als zur Klageerhebung legitimiert — werden die Deputationen auf Verlangen des Gerichts den Nachweis ihrer Vertretungsbefugnis erbringen müssen (wegen der Armendeputation als gesetzliche Vertreterin der Armenverbände vgl. unten Anm. 9). Auch die Befugnis, Zahlungs- und Annahmeanweisungen an die städtischen Kassen zu erlassen, ebenso das Recht über die Einziehung von Abgaben zu beschließen und Einsprüche gegen die Abgabeneinziehung zu erledigen, kann den Verwaltungsdeputationen vom Magistrat delegiert werden (vgl. StO. f. S.-H. § 68; s. auch OVG. 34 S. 87).

2. Danach bestehen die Deputationen des § 59 regelmäßig entweder nur aus Magistratsmitgliedern oder aus Mitgliedern des Magistrats und der Stadtverordnetenversammlung oder aus Mitgliedern beider Gemeindebehörden und aus sonstigen stimmfähigen Bürgern (Bürgerdeputierten). Gesetzlich ist der Fall nicht vorgesehen, daß eine Deputation etwa nur aus Magistratsmitgliedern und aus stimmfähigen Bürgern (nicht aus Stadtverordneten) besteht. Indessen würde es auf dem in Abs. 3 angegebenen Wege ortsstatutarischer Regelung möglich sein, auch eine solche Zusammensetzung einzelner Deputationen vorzusehen. Auch können auf dem in Abs. 3 bezeichneten Wege den Deputationen noch besondere Sachverständige (Juristen, Techniker, Volkswirtschaftler, Schulmänner) als Mitglieder beigeordnet werden, wenn ein örtliches Bedürfnis hierfür vorhanden ist. Bei der Wahl der stimmfähigen Bürger ist die Stadtverordnetenversammlung (s. Abs. 2) an die Personen der zu Stadtverordneten oder unbesoldeten Magistratsmitgliedern wählbaren Bürger nicht gebunden, eine Beobachtung der §§ 17 und 30 StO. ist also nicht erforderlich, vielmehr sind auch Polizeibeamte, Gemeindebeamte, richterliche Beamte, Geistliche und Elementarlehrer wählbar; nur die allgemeinen Voraussetzungen des Bürgerrechts (§§ 5—7 StO.) müssen erfüllt sein. — Soll eine Deputation nach dem Gemeindebeschluß aus Mitgliedern beider Gemeindebehörden und aus stimmfähigen Bürgern bestehen, so können nicht an Stelle der letzteren Mitglieder der Stadtverordnetenversammlung in erhöhter Zahl gewählt werden; dem widerspricht der offenbare Gegensatz, in den die „stimmfähigen Bürger" in Satz 2 zu den Mitgliedern der beiden städtischen Behörden gesetzt sind. — Wegen der Zusammensetzung von Deputationen nur aus Magistratsmitgliedern s. die MinInstr. v. 20. 6. 1853 unter XIII (Anhang).

3. Das Motiv für diese Bestimmung ist, daß einerseits der Magistrat nicht wider seinen Willen gezwungen werden soll, seine Zuständigkeit durch die gemischte Deputation eingeschränkt zu sehen und andererseits die Mitglieder der Stadtverordnetenversammlung nicht gegen den Willen der Versammlung zur Entlastung des Magistrats verwendet werden sollen.

4. Über die Gültigkeit der Wahlen zu Deputationsmitgliedern (mit Ausnahme der aus dem Magistrat entnommenen; diese ernennt der Bürgermeister, wogegen nur die Beschwerde an die Aufsichtsbehörde zulässig ist; s. auch § 20 Nr. 3 der Instruktion v. 25. 5. 1835) beschließt der Bezirksausschuß (§ 14 ZustGes.; auch in Berlin, § 161 ZustGes.); gegen den Beschluß ist binnen 14 Tagen die Beschwerde an den Provinzialrat gegeben (LVG. § 121; in Berlin an den Minister des Innern, § 43 LVG.).

5. Die Wahl ist, wenn nichts anderes im Ortsstatut (Abs. 3) bestimmt ist, bei stimmfähigen Bürgern eine lebenslängliche und dauert bei Mitgliedern der Stadtverordnetenversammlung so lange, wie das Stadtverordnetenmandat selbst. Wegen der Folgen des Ruhens und des zeitweiligen Verlustes des Bürgerrechts s. Vorbem. zu § 7 und § 75 Abs. 1 StO.; wegen der Dauer der Mitgliedschaft bei der städtischen Schuldeputation s. Anm. 11.

6. Wegen der Rechtsstellung der Deputationsmitglieder und des Geschäftsganges in der Deputation s. Vorbem. und die dort zitierten Paragraphen der Instruktion v. 25. 5. 1835. — Das Recht des Bürgermeisters, den Vorsitzenden der Deputation zu ernennen, begreift auch die Befugnis in sich, jederzeit selbst den Vorsitz der Deputationen zu übernehmen. Ausdrückliche Erwähnung hat diese Befugnis in § 20 Nr. 5 der Instruktion f. d. Stadtmagistrate v. 25. 5. 1835 gefunden. Dort ist auch zum Ausdruck gebracht, daß der Bürgermeister, sofern er in einer Deputationssitzung erscheint und den Vorsitz übernimmt, Stimmrecht in der Deputation hat (vgl. auch MBl. 1870 S. 264). Verschiebt sich hierdurch das durch Gemeindebeschluß festgesetzte Stimmenverhältnis zwischen den Magistratsmitgliedern und den sonstigen Mitgliedern der Deputation, so muß der Bürgermeister, wenn er mitstimmen will, dasjenige Magistratsmitglied bezeichnen, das in dieser Sache sich der Abstimmung zu enthalten hat.

Die Rechtsstellung des Vorsitzenden gegenüber den Deputationsmitgliedern ist genau die gleiche, wie die des Bürgermeisters gegenüber den Magistratsmitgliedern; er hat die Geschäftsleitung und damit die Befugnis, die Geschäfte nach seinem eigenen freien Ermessen unter die Mitglieder zu verteilen und die Aufsicht über die Erledigung der Geschäfte durch die Mitglieder zu führen (§ 27 der Instruktion; s. im übrigen die Vorbem.).

Hinsichtlich der Befugnis der einzelnen Deputationsmitglieder zur Ausübung einer Kontrolle über die der Deputation zur Verwaltung überwiesenen Gemeindeanstalten ist die Rechtslage ebenso wie bei der durch die Stadtverordnetenversammlung auszuübenden Kontrolle. Nicht dem einzelnen Deputationsmitglied als solchem kraft eigenen Rechts, sondern der Deputation als Ganzem steht dieses Kontroll- und Revisionsrecht zu (vgl. Vorbem. zu § 37). Eine Abweichung ist nur insofern gegeben, als bei der Stadtverordnetenversammlung oder deren Ausschüssen das Plenum der Versammlung oder des Ausschusses durch Beschluß das Mitglied bestimmt, das die Kontrolle tatsächlich ausüben soll, während hier der Vorsitzende kraft seiner geschäftsleitenden und geschäftsverteilenden Gewalt das oder die zur Revision zuständigen Mitglieder bestimmt (anders anscheinend Galland im PVBl. 25 S. 639).

7. Vgl. hierzu Anm. 2 und 5. Eine zweifellos zulässige Anwendung von Abs. 3 hat die Stadt Berlin gemacht, indem sie — behufs Entlastung der Magistratsmitglieder, deren Zahl ohne Unzuträglichkeiten kaum vermehrt werden kann —, ortsstatutarisch festsetzte, daß die Magistratsräte und Magistratsassessoren den Deputationen vom Magistrat als Mitglieder zugewiesen werden dürfen.

8. Außer den nach den Bestimmungen der StO. zur Erledigung von Gemeindeangelegenheiten gebildeten Deputationen gibt es in den Städten noch eine Anzahl Deputationen, die auf besonderer gesetzlicher Grundlage beruhen und besondere Funktionen haben. Hierher gehören **insbesondere**:

9. A. Die Armendeputation (Armendirektion).

Die Aufgabe der Armendeputation ist es, für die öffentliche Unterstützung hilfsbedürftiger Armen zu sorgen. Die reichsgesetzliche Grundlage dieser Fürsorgepflicht ist das Reichsgesetz über den Unterstützungswohnsitz v. 6. 6. 1870 (BGBl. 360) nebst den Novellen v. 12. 3. 1894 (RGBl. 259) und 30. 5. 08 (RGBl. 377); das Gesetz gilt im ganzen deutschen Reich mit Ausnahme Bayerns. Es bestimmt in

„§ 2: Die öffentliche Unterstützung Hilfsbedürftiger (Nord-) Deutscher wird nach näherer Vorschrift dieses Gesetzes durch Ortsarmenverbände und durch Landarmenverbände geübt."

In Ausführung dieses Reichsgesetzes bestimmt das preußische AG. v. 8. 3. 1871 (GS. 130; jetzt in der Fassung des G. v. 11. 7. 1891 [GS. 300] geltend) in den §§ 2 u. 3 folgendes:

„§ 2. Jede Gemeinde bildet für sich einen Ortsarmenverband, sofern sie nicht einem, mehrere Gemeinden oder Gutsbezirke umfassenden einheitlichen Ortsarmenverbande (Gesamt-Armenverbande) schon angehört oder nach den folgenden Bestimmungen einzuverleiben ist. Die Verwaltung der öffentlichen Armenpflege steht in den Gemeindebezirken überall den für die Verwaltung der Gemeindeangelegenheiten durch die Gemeindeverfassungsgesetze angeordneten Gemeindebehörden zu. Die Bestimmungen der Gemeindeverfassungsgesetze über die Verwaltung der Gemeindeangelegenheiten, insbesondere die Bestimmungen über die Zuständigkeit des Gemeindevorstandes und der Gemeindevertretung sind überall auch für die Verwaltung der öffentlichen Armenpflege maßgebend.

Die in diesem Gesetze der Gemeindevertretung zugewiesenen Verrichtungen werden da, wo eine gewählte Gemeindevertretung nicht besteht, von der Gemeindeversammlung wahrgenommen.

§ 3. Auf Grund eines Gemeindebeschlusses können in allen Gemeinden für die Verwaltung der öffentlichen Armenpflege besondere dem Gemeindevorstand untergeordnete Deputationen aus Mitgliedern des Gemeindevorstandes und der Gemeindevertretung, geeignetenfalls unter Zuziehung anderer Ortseinwohner, gebildet werden. Den Vorsitz in solchen Deputationen führt, sofern nicht die Gemeindeverfassungsgesetze über den Vorsitz in Deputationen anderes bestimmen, der Bürgermeister — in den Landgemeinden der Provinz Westfalen der Amtmann — oder ein dazu von ihm abgeordnetes Mitglied des Gemeindevorstandes. Wo kein Bürgermeister (Amtmann) an der Spitze der Gemeindeverwaltung steht, tritt an seine Stelle der Gemeindevorsteher.

Bei den sonstigen näheren Bestimmungen der Gemeindeverfassungsgesetze über die Zusammensetzung und Geschäftsführung besonderer Verwaltungsdeputationen hat es sein Bewenden; die Wahl der in die letzteren zu entsendenden Mitglieder der Gemeindevertretung und anderen Ortseinwohner steht jedoch fortan überall, soviel den Gegenstand dieses Gesetzes betrifft, der Gemeindevertretung zu.

Ortspfarrer oder deren Stellvertreter, deren Pfarrbezirk über die Grenzen der politischen Gemeinde ihres Wohnorts sich erstreckt, sind hinsichtlich des in der auswärtigen Gemeinde belegenen Kirchspielteiles den dortigen Ortseinwohnern gleich zu achten."

Danach unterscheidet sich die Zusammensetzung der Armendeputation dadurch von der Zusammensetzung der übrigen Verwaltungsdeputationen, daß die zu Mitgliedern gewählten „Ortseinwohner" nicht unbedingt wahlfähige Einwohner (Bürger) zu sein brauchen (weshalb auch Frauen den Armendeputationen angehören können), und daß der Ortspfarrer gesetzlich als Ortseinwohner zu gelten hat und deshalb stets wahlfähig ist. Die von den Gemeinden gebildeten Armendeputationen sind die gesetzlichen Vertreter der Ortsarmenverbände, soweit der Kreis der Geschäfte der Armenverwaltung reicht (Entsch. des Bundesamts f. d. Heimatwesen Bd. 28 S. 168).

Wegen der Ausübung der öffentlichen Armenpflege sei in pflegerischer Beziehung auf Münsterberg, Die Armenpflege, Berlin 1897, und in bezug auf die maßgebenden gesetzlichen Bestimmungen auf die gebräuchlichsten Kommentare zum Gesetz über den Unterstützungswohnsitz, nämlich Wohlers-Krech, 12. Aufl., Berlin 1910 und Eger, 6. Aufl., Breslau 1909, verwiesen.

Ist der Armendeputation gleichzeitig die Verwaltung städtischer Armenanstalten übertragen, so hat sie die in Anm. 4 zu § 56 [3] aufgeführten gesetzlichen Bestimmungen zu beachten. Einer besonderen Erwähnung bedürfen zwei Punkte:

a) Die Fürsorge für die Bewahrung, Kur und Pflege hilfsbedürftiger Geisteskranker, Idioten, Epileptischer, Taubstummer und Blinder, soweit sie der Anstaltspflege bedürfen, liegt den Landarmenverbänden ob (nach näherer Maßgabe des preußischen G. v. 11. 7. 1891 GS. 300). Als Landarmenverbände in diesem Sinne fungieren im Geltungsbereich der StO. von 1853 die in Betracht kommenden sieben östlichen Provinzen sowie die Städte Berlin, Königsberg und Breslau, welche letztere in ihrer Eigenschaft als Landarmenverband kein von der Stadtgemeinde verschiedenes Rechtssubjekt darstellen (OVG. 45 S. 108).

   Den Landarmenverbänden liegt ferner die Verpflichtung ob, für die Unterbringung der in ihrem Bezirk festgenommenen, auf Grund des § 361 Nr. 3—8 StGB. verurteilten und der Landespolizeibehörde überwiesenen Personen in ein Arbeitshaus zu sorgen sowie die Kosten der Verpflegung in dem Arbeitshaus zu tragen (§ 38 G. v. 8. 3. 1871).

   Zu beachten ist dabei, daß die Verpflichtung unter a nicht die Verpflichtung miteinbegreift, für Idioten, Taubstumme und Blinde Schulen zu errichten und zu unterhalten. Die Beschulung blinder und taubstummer Kinder ist vielmehr besonders geregelt durch das G. v. 7. 8. 11 (GS. 168) und die AusfAnw. v. 21. 12. 11. Dieses Gesetz trifft Bestimmungen über die Schulpflicht, die Festsetzung des Kreises der der Schulpflicht unterliegenden Kinder, die Durchführung des Schulzwanges und überträgt die Beschulung der taubstummen und blinden Kinder den nach dem Dotations-

G. v. 8. 7. 1875 zur Fürsorge für das Taubstummen- und Blindenwesen allgemein berufenen Kommunalverbänden (das sind die Provinzialverbände und der Stadtkreis Berlin). Diesen Kommunalverbänden liegt die Verpflichtung ob, dafür zu sorgen, daß ausreichende Anstalten für die unterrichtliche Versorgung der schulpflichtigen taubstummen und blinden Kinder vorhanden und mit dem nötigen Lehr- und Erziehungspersonal besetzt, sowie auch sonst ihrer Aufgabe entsprechend ausgestattet sind. Es bleibt ihnen jedoch überlassen, ob sie eigene Anstalten einrichten oder ihrer Verpflichtung durch Unterbringung der Kinder in den königlichen Anstalten oder in Anstalten von Privatpersonen, Vereinigungen oder öffentlichen Verbänden, die von der Schulaufsichtsbehörde genehmigt sind, genügen wollen.

Die Kosten, die durch die Überführung des Kindes, seine reglementsmäßige erste Ausstattung, die Beerdigung des in der Anstalt verstorbenen und die Rückreise des entlassenen Kindes entstehen, fallen dem Ortsarmenverband, in dem es seinen Unterstützungswohnsitz hat, zur Last. Ist ein solcher Ortsarmenverband nicht vorhanden, so fallen diese Kosten dem verpflichteten Kommunalverband zur Last. Die übrigen Kosten des Unterhalts, des Unterrichts und der Erziehung tragen die verpflichteten Kommunalverbände. Doch sind die Kommunalverbände ebenso wie die Ortsarmenverbände hinsichtlich der ihnen zur Last fallenden Kosten berechtigt, die Erstattung der ihnen erwachsenen Kosten von dem Kinde selbst oder von dem auf Grund des bürgerlichen Rechts zu seinem Unterhalt Verpflichteten zu fordern. Soweit die Einziehung dieser Kosten nicht möglich ist, können die Kommunalverbände, sofern es sich nicht um ein landarmes Kind handelt, den nicht gedeckten Teil dieser Kosten nach den Vorschriften des § 31a des G. v. 11. 7. 1891 (GS. 301) von dem endgültig unterstützungspflichtigen Ortsarmenverband verlangen.

b) Ein besonderer Zweig der Armenpflege ist die **Waisenpflege**, die hier zunächst nur insoweit in Betracht kommt, als nicht die erzieherische Seite, sondern die armenpflegerische (also die Unterstützungsbedürftigkeit der Waisen) in Frage steht. Indessen ist auch die Verpflichtung zur teilweisen Tragung der durch die Erziehung gewisser Kinder entstehenden Kosten sowie eine Art Mitwirkungspflicht bei der Erziehung (Antragsrecht) den Gemeinden auferlegt durch das Gesetz über die Fürsorgeerziehung Minderjähriger v. 2. 7. 00 (GS. 264; AusfAnw. dazu v. 18. 12. 00 [MBl. 01 S. 27] und 22. 2. 01 [MBl. S. 73]. Die gebräuchlichsten Ausgaben dieses Gesetzes sind: Aschrott, Berlin, Guttentag; Noelle, Berlin, Vahlen, 2. Aufl.; Gordan-Lehmann-Riese, Berlin, Heymann; s. auch Schultzenstein und Köhne, Deutsches Vormundschaftsrecht usw. Berlin, Guttentag. Nach diesem Gesetze können Minderjährige, die das 18. Lebensjahr noch nicht vollendet haben, falls bei ihnen die Voraussetzungen des § 1 des Gesetzes vorliegen und durch einen von Amts wegen oder auf Antrag gefaßten Beschluß des Vormundschaftsgerichts festgestellt sind, auf Anordnung des Vormundschaftsgerichts zur Fürsorgeerziehung unter öffentlicher Aufsicht und auf öffentliche Kosten in einer geeigneten Familie oder Erziehungs- oder Besserungsanstalt untergebracht werden (§§ 1—3). Antragsberechtigt ist in Stadtkreisen der Gemeindevorstand (Magistrat) und der Vorsteher der Königl. Polizeibehörde, in Städten über 10000 Einwohner ebenfalls der Gemeindevorstand und der Landrat, in Städten unter 10000 Einwohner der Landrat (§ 4). Vor der Beschlußfassung ist in allen Fällen u. a. auch der Gemeindevorstand zu hören. Der Beschluß ist ebenso u. a. auch dem Gemeindevorstande zuzustellen (§ 4). Die Ausführung der Fürsorgeerziehung liegt dem verpflichteten Kommunalverbande ob, der auch die Art und Weise der Unterbringung bestimmt (s. §§ 9—11). Verpflichtete Kommunalverbände sind im Gebiete der StO. die Provinzialverbände und der Stadtkreis Berlin. Diese Verbände haben insbesondere für die erforderlichen und geeigneten Anstalten zu sorgen (§§ 14, 10). Die Fürsorgeerziehung endet mit der Minderjährigkeit oder durch frühere Aufhebung mittels Beschlusses (§ 13). Die Kosten der eigentlichen Verpflegung und Erziehung trägt der verpflichtete Kommunalverband (unter Zuschüssen des Staates), die Kosten der Überführung, ersten Ausstattung, der Rückreise und ev. der Beerdigung dagegen der Ortsarmenverband, in dem der Zögling seinen Unterstützungswohnsitz hat, falls ein solcher Ortsarmenverband nicht vorhanden, der verpflichtete Kommunalverband (§ 15 des Gesetzes; vgl. auch PVBl. 26 S. 247, 352 und 27 S. 523). Die Ortsarmenverbände können die ihnen erwachsenen Kosten von dem Zögling oder von dem Unterhaltspflichtigen erstattet verlangen (§ 16). Wegen der Vormundschaft über die Zöglinge vgl. Anm. 4c zu § 56[3] sowie § 12 l. c. Die nach diesen Bestimmungen den Kommunen und den Gemeindevorständen obliegenden Pflichten und Rechte werden zweckmäßig einer etwa bestehenden Deputation für die Waisenpflege — regelmäßig einer Abteilung der Armendirektion — übertragen werden. Besteht eine solche Deputation, so werden ihr zweckmäßig auch diejenigen Befugnisse und Pflichten übertragen, welche die Gesetze den Kommunen hinsichtlich der Konstituierung des Gemeindewaisenrats überwiesen haben. Wegen der Bildung und der Funktion des letzteren s. unten Anm. 13.

10. B. Die Gesundheitskommission. Maßgebend ist für diese das G. betr. die Dienststellung des Kreisarztes und die Bildung von Gesundheitskommissionen v. 16. 9. 1899 (GS. 172) sowie der ME. hierzu v. 13. 3. 01 (s. PVBl. 22 S. 428). Aus dem Gesetze selbst kommen vornehmlich die §§ 10—12 in Betracht, die lauten:

„§ 10. Für jede Gemeinde mit mehr als 5000 Einwohnern ist eine Gesundheitskommission zu bilden.

Die Zusammensetzung und Bildung dieser Kommission erfolgt in den Städten in Gemäßheit der in den Städteordnungen für die Bildung von Kommissionen (Deputationen) vorgesehenen Bestimmungen.

In größeren Städten können die städtischen Behörden Unterkommissionen für einzelne Bezirke bilden; der Minister der Medizinal-

Angelegenheiten ist ermächtigt, es bei der bisherigen Einrichtung der Sanitätskommissionen zu belassen.

In ländlichen Gemeinden befindet der Landrat über die Zusammensetzung, die Mitgliederzahl und den Geschäftsgang der Kommission. Die Mitglieder verwalten ihr Amt als Ehrenamt.

Die gesetzlichen Vorschriften über die Verpflichtung zur Annahme und über die Befugnis zur Ablehnung von Gemeindeämtern finden mit der Maßgabe Anwendung, daß die Ausübung der ärztlichen Praxis nicht als Ablehnungsgrund gilt.

Der Kreisarzt kann an allen Sitzungen der Gesundheitskommission teilnehmen und darf jederzeit die Zusammenberufung derselben verlangen.

In allen Verhandlungen der Gesundheitskommission hat der Kreisarzt beratende Stimme und muß jederzeit gehört werden.

§ 11. Die Gesundheitskommission hat die Aufgabe:

1. von den gesundheitlichen Verhältnissen des Ortes durch gemeinsame Besichtigungen sich Kenntnis zu verschaffen und die Maßnahmen der Polizeibehörde, insbesondere bei der Verhütung des Ausbruchs oder der Verbreitung gemeingefährlicher Krankheiten in geeigneter Weise (Untersuchung von Wohnungen, Belehrung der Bevölkerung usw.) zu unterstützen;
2. über alle ihr von dem Landrate, von der Polizeibehörde und dem Gemeindevorstande vorgelegte Fragen des Gesundheitswesens sich gutachtlich zu äußern;
3. diesen Behörden Vorschläge auf dem Gebiete des Gesundheitswesens zu machen.

§ 12. In Gemeinden mit 5000 oder weniger Einwohnern kann eine Gesundheitskommission gebildet werden. In Städten muß die Bildung erfolgen, wenn der Regierungspräsident dieselbe anordnet. In Landgemeinden kann sie von dem Landrate im Einverständnisse mit dem Kreisausschuß angeordnet werden.

Auf diese Kommissionen finden die Vorschriften in den §§ 10 und 11 entsprechende Anwendung."

Pflichten der Stadtgemeinden auf dem Gebiete der Sanitätspolizei statuiert ferner das auf Grund des ImpfG. v. 8. 4. 1874 (RGBl. 31) erlassene preußische G. v. 12. 4. 1875 (GS. 191). Zu erwähnen ist schließlich, daß diejenige Stadtgemeinde, die eine für ihren Bezirk zuständige öffentliche Anstalt zur technischen Untersuchung von Nahrungs- und Genußmitteln unterhält, nach § 17 G. v. 14. 5. 1879 (RGBl. 145), betr. den Verkehr mit Nahrungsmitteln, Genußmitteln usw., Anspruch auf die in Gemäßheit dieses Gesetzes auferlegten, sonst dem Staate zustehenden Geldstrafen hat.

Vgl. endlich noch das ReichsG. betr. die Bekämpfung gemeingefährlicher Krankheiten v. 30. 6. 00 (RGBl. 306) und das preußische G. betr. die Bekämpfung übertragbarer Krankheiten v. 28. 8. 05 (GS. 373), sowie den Kommentar von Markull (Berlin, Heymann) hierzu.

11. C. Die Schuldeputation.*)

a) Gesetzliche Grundlage. Rechtsstellung der Schuldeputation. Als die gesetzliche Grundlage der städtischen Schuldeputation wurde bis zum Erlaß des Volksschulunterhaltungsgesetzes von der herrschenden Lehre (vgl. dagegen Preuß im Arch. f. öff. Recht 15 S. 202) die MInstr. v. 26. 6. 1811 (Ann. 17 S. 659) angesehen. Diese Instruktion hat durch die §§ 43 ff. des G. betr. die Unterhaltung der öffentlichen Volksschulen v. 28. 7. 06 (GS. 335) und die hierzu ergangene III. AusfAnw. v. 6. 11. 07 (ZentrBl. f. d. UnterrVerw. S. 865) einen großen Teil ihrer Bedeutung verloren. § 43 dieses G. (das jedoch auf die Provinzen Westpreußen und Posen keine Anwendung findet, § 70), bestimmt nämlich:

„Den Gemeindeorganen bleibt nach den Bestimmungen der Gemeindeverfassungsgesetze und dieses Gesetzes die Feststellung des Schulhaushalts, die Bewilligung der für die Schule erforderlichen Mittel, die Verwaltung des Schulvermögens, die vermögensrechtliche Vertretung nach außen und die Anstellung der Beamten vorbehalten.

Im übrigen wird für die Verwaltung der der Gemeinde zustehenden Angelegenheiten der Volksschule eine Stadtschuldeputation gebildet, welche Organ des Gemeindevorstandes und als solches verpflichtet ist, seinen Anordnungen Folge zu leisten.

Die Schuldeputation übt zugleich die nach dem Gesetze vom 11. März 1872 (GS. 183) den Gemeinden und deren Organen vorbehaltenen Teilnahme an der Schulaufsicht aus. Sie handelt dabei als Organ der Schulaufsichtsbehörde und ist verpflichtet, insoweit ihren Anordnungen Folge zu leisten."

Hiernach hat die städtische Schuldeputation eine doppelte Rechtsstellung: Sie ist Staatsorgan, insoweit sie an der Schulaufsicht mitarbeitet, und ist als solche von der Mitwirkung und Kontrolle der Gemeindebehörden

---

*) Es ist unausführbar, im Rahmen eines Kommentars zur StO. eine vollständige Darstellung des preußischen Schulrechts zu geben. Es gilt aber auch hier der Satz, daß jede unvollständige Darstellung für die Praxis unbrauchbar ist und tatsächlich unbenutzt bleibt. Worauf es hier allein ankommt, ist die gesetzliche Grundlage der Organisation, den Wirkungskreis und die Geschäftsverwaltung der städtischen Schuldeputation darzulegen; alle Einzelheiten, wie z. B. Erläuterungen zu den Lehrerbesoldungs- und Versorgungsgesetzen und die Anführung der zahlreichen ministeriellen AusfB. und sonstigen MR. müssen fortbleiben. Zur näheren Information sei u. a. auf Pogge, Volksschulgesetze, Berlin, 1897, 2. Aufl., auf Kretschmar, Preußisches Schulrecht, Leipzig, 1899, auf Cremer, Gehalts- und Pensionsgesetze der Lehrer und Lehrerinnen (Guttentag, Berlin, Nr. 26 der Sammlung Preußischer Gesetze), Preuß, Das Recht der städtischen Schulverwaltung, Berlin 01, Brauchitsch Bd. 7, sowie vor allem auf das bekannte Schneider und von Bremensche Werk „Das Volksschulwesen im preußischen Staate" hingewiesen.

(Magistrat und Stadtverordnetenversammlung) unabhängig; und sie ist städtisches Verwaltungsorgan, das wie alle städtischen Organe vom Magistrat ressortiert, soweit sie die Verwaltung der äußeren Schulangelegenheiten führt, und ist daher bei der Verwaltung, insbesondere bei allen vermögensrechtlich bedeutsamen Akten an die Instruktionen des Magistrats und die Bestimmungen der StO. gebunden, unterliegt in diesen Zweigen ihrer Tätigkeit auch der Kontrolle der Stadtverordnetenversammlung.

b) Organisation der städtischen Schuldeputation.

Die Zusammensetzung der Schuldeputation ist geregelt durch § 44 VUG.; dieser bestimmt:

„I. Die Schuldeputation besteht aus:

1. einem bis drei Mitgliedern des Gemeindevorstandes (Beigeordneten, Schöffen usw.). An Stelle eines Gemeindevorstandsmitgliedes kann ein Stadtschulrat gewählt werden, auch wenn er nicht Mitglied des Gemeindevorstandes ist,
2. der gleichen Zahl von Mitgliedern der Stadtverordnetenversammlung (Bürgervorsteher usw.) sowie
3. mindestens der gleichen Zahl von des Erziehungs- und Volksschulwesens kundigen Männern, unter diesen mindestens einem Rektor (Hauptlehrer) oder Lehrer an einer Volksschule.

Hierzu treten:

4. der dem Dienstrange nach vorgehende oder sonst der dem Dienstalter nach älteste Ortspfarrer der evangelischen Landeskirche und der katholischen Kirche.

   Statt des vorgenannten Pfarrers kann, falls hierüber ein Einverständnis zwischen der Schulaufsichtsbehörde und der kirchlichen Oberbehörde stattfindet, ein anderer Geistlicher in die Schuldeputation eintreten.

   Auf gleichem Wege ist für die Fälle der Verhinderung des geistlichen Mitgliedes als dessen Vertreter ein anderer Geistlicher zu bestimmen.
5. Sofern sich in der Stadt mindestens 20 jüdische Volksschulkinder befinden, tritt außerdem der dem Dienstrange nach vorgehende oder sonst der dem Dienstalter nach älteste Ortsrabbiner ein.

Die zuständigen Kreisschulinspektoren nehmen an den Sitzungen der Schuldeputationen als Kommissare der Schulaufsichtsbehörde teil und sind auf Verlangen jederzeit zu hören.

Dem Gemeindevorstande bleibt es überlassen, den Stadtarzt und andere Gemeindebeamte zu den Sitzungen der Schuldeputation mit beratender Stimme abzuordnen.

Den Stadtgemeinden bleibt es überlassen, durch Gemeindebeschluß mit Genehmigung der Schulaufsichtsbehörde die Zahl der in Nr. 1 bis 4 bezeichneten Mitglieder abweichend festzusetzen. Wenn die Zahl der zu Nr. 3 bezeichneten Mitglieder auf vier oder mehr festgesetzt wird, so müssen darunter wenigstens zwei Rektoren oder Lehrer sein. In diesem Falle können an Stelle der Lehrer auch Lehrerinnen gewählt werden. Wählbar sind die Lehrerinnen, die an einer der Schuldeputation unterstellten Schule angestellt sind.

II. Die Mitglieder aus dem Gemeindevorstand (Beigeordneten, Schöffen usw.) und aus ihrer Zahl der Vorsitzende werden vom Bürgermeister ernannt. Der Bürgermeister ist befugt, außerdem jederzeit selbst in die Schuldeputation einzutreten und den Vorsitz mit vollem Stimmrechte zu übernehmen.

Die Mitglieder aus der Stadtverordnetenversammlung werden von dieser gewählt; die des Erziehungs- und Volksschulwesens kundigen Personen werden von den der Schuldeputation angehörigen Mitgliedern des Gemeindevorstandes (Beigeordneten, Schöffen usw.) und der Stadtverordnetenversammlung (Bürgervorsteher usw.) gewählt.

Die in I Nr. 2, 3 und 5 bezeichneten Mitglieder der Schuldeputation bedürfen der Bestätigung der Schulaufsichtsbehörde.

Wird eine Person, welcher die Bestätigung versagt ist, wiedergewählt, so ist, falls die Stelle nicht unbesetzt bleiben kann und eine Ersatzwahl binnen einer zu bestimmenden Frist nicht erfolgt, die Schulaufsichtsbehörde befugt, einen Ersatzmann zu ernennen.

Die Wahlen erfolgen auf die Dauer von sechs Jahren. In betreff der Verpflichtung zur Übernahme der Stellen gelten die für unbesoldete Gemeindeämter bestehenden gesetzlichen Vorschriften. Die Gewählten sind berechtigt, ihr Amt nach drei Jahren niederzulegen. Die Beschlüsse der Schuldeputation werden nach Stimmenmehrheit gefaßt; bei Stimmengleichheit gibt die Stimme des Vorsitzenden den Ausschlag. Die Beschlußfassung kann gültig nur erfolgen, wenn mehr als die Hälfte der Mitglieder zugegen ist; wird die Schuldeputation zum zweitenmal zur Beratung über denselben Gegenstand zusammenberufen, so sind die erschienenen Mitglieder ohne Rücksicht auf ihre Anzahl beschlußfähig. Bei der zweiten Zusammenberufung muß auf diese Bestimmung ausdrücklich hingewiesen werden. An Verhandlungen und Beschlüssen über Gegenstände, an welchen einzelne Mitglieder persönlich interessiert sind, dürfen diese nicht teilnehmen.

Die weiteren Bestimmungen über die Vornahme der Wahlen der in I Nr. 3 und I Abs. 4 bezeichneten Mitglieder und über die Geschäftsführung der Schuldeputation werden von dem Gemeindevorstand getroffen und unterliegen der Bestätigung der Schulaufsichtsbehörde.

III. Ein Mitglied der Schuldeputation, das die Pflichten verletzt, die ihm als solchem obliegen, oder das sich durch sein Verhalten inner- oder außerhalb seiner Tätigkeit als Mitglied der Schuldeputation der Achtung, des Ansehens oder des Vertrauens, welche die Zugehörigkeit zu einer Schuldeputation erfordert, unwürdig macht oder gemacht hat, kann, wenn es zu den in I Nr. 2 bis 5 bezeichneten Personen gehört, von der Zugehörigkeit der Schuldeputation durch Verfügung der Schulaufsichtsbehörde ausgeschlossen werden. Gegen diese Verfügung steht dem Mitgliede binnen zwei Wochen die Klage im Verwaltungsstreitverfahren beim Bezirksausschusse zu.

IV. Wo bisher zur Erledigung einzelner Geschäfte (Einschulung usw.) und für die besonderen Geschäfte einzelner oder mehrerer Volksschulen besondere Kommissionen unter Leitung der Schuldeputation eingesetzt sind, kann es nach Beschluß der städtischen Behörden dabei sein Bewenden behalten. Auch können solche Kommissionen durch Gemeindebeschluß neu gebildet werden.

Auf den Ausschluß der Kommissionsmitglieder finden die Bestimmungen unter III entsprechende Anwendung."

Im einzelnen ist hierzu zu bemerken:

α) Die Magistratsmitglieder wählt nicht der Magistrat aus, sondern der Bürgermeister, dem sein Ernennungsrecht auch nicht durch statutarische Anordnung geschmälert werden kann (MR. v. 28. 5. 1875; MBl. 204). Ebenso ernennt der Bürgermeister den Vorsitzenden der Schuldeputation; er ist jederzeit berechtigt, selbst den Vorsitz (mit vollem Stimmrecht) zu übernehmen. Sein Eintritt hat nicht das Ausscheiden eines anderen Magistratsmitgliedes zur Folge, wie durch das Wort „außerdem" in Abs. II klargestellt ist. Die Magistratsmitglieder bedürfen keiner Bestätigung;

β) sämtliche Wahlen erfolgen nur für sechs Jahre;

γ) die einmal erfolgte Bestätigung durch die Schulaufsichtsbehörde kann nicht widerrufen werden. An die Stelle des Widerrufs tritt das in Abs. III vorgesehene Ausschlußverfahren;

δ) die Schulaufsichtsbehörde hat bei der Ausübung des Bestätigungsrechts darauf zu achten, daß die gewählten Personen ihrer ganzen Persönlichkeit nach die Gewähr bieten, daß die Geschäfte der Schuldeputation insbesondere auch bei der Ausübung der Schulaufsicht dem Interesse der Schule gemäß geleitet werden (III. AusfAnw.). Nach dem ME. v. 29. 8. 1898 (ZentrBl. f. d. UnterrVerw. S. 725) sollen Personen, die der sozialdemokratischen Partei angehören oder sich als deren Anhänger oder Förderer betätigen, nicht bestätigt werden. Gegen die Versagung der Bestätigung findet die Beschwerde im Dienstaufsichtswege statt;

ε) über die Verpflichtung zur Übernahme unbesoldeter Ehrenämter vgl. § 74 StO.;

ζ) die der Schuldeputation angehörigen Magistratsmitglieder können nur im Wege des förmlichen Disziplinarverfahrens entfernt werden; für die übrigen Mitglieder gilt dagegen das in Abschnitt III geregelte Ausschlußverfahren. Der Ausschluß kann auch wegen der vor Übernahme des Amts begangenen Verfehlungen erfolgen. Die Klage ist gegen die Schulaufsichtsbehörde zu richten;

η) die Rechtsstellung der Mitglieder etwa vorhandener Bezirksschulkommissionen ist keine andere als die von besonders zuständigen Bezirksvorstehern (s. Anm. 3 zu § 60). Ihre Wahl muß daher durch die Stadtverordnetenversammlung erfolgen und vom Magistrat bestätigt werden, der die Ausführung der Bestätigung der Schuldeputation oder deren Vorsitzendem delegieren kann.

c) **Die Zuständigkeit der städtischen Schuldeputation.**

α) Maßgebend ist in erster Reihe § 43 VUG. (oben unter a abgedruckt) und Nr. III AusfAnw. v. 6. 11. 07. Verfassungsmäßige Gemeindeorgane sind Magistrat und Stadtverordnetenversammlung. Unter der Verwaltung des Schulvermögens ist die Verwaltung der zu Schulzwecken bestimmten Vermögensstücke begriffen, mögen sie dem Schulverband gehören oder als selbständige unter die Verwaltung des Schulverbandes gestellte Stiftungen bestehen. Im einzelnen gehören insbesondere der Beschluß über Verpachtung von Schulländereien, Vermietung der Gebäude usw. hierher. Unter den von den Gemeindeorganen anzustellenden Beamten sind die Stadtschulräte, Stadtschulinspektoren, Schuldiener, Kastellane, Heizer sowie die etwa erforderlichen Schreib- und sonstigen Bureaukräfte zu verstehen. Hinsichtlich des Rechts der Gemeinden, über die Verwendung der Schulhäuser außerhalb des Unterrichts zu verfügen, vgl. ZentrBl. f. d. UnterrVerw. 1903 S. 597 und 1904 S. 620, sowie PVBl. 25 S. 46 und 491).

Die Gemeindeorgane verwalten die ihnen obliegenden Angelegenheiten unter Aufsicht der Kommunal- und Schulaufsichtsbehörden.

Im übrigen steht die Verwaltung der der Gemeinde hinsichtlich des Schulwesens obliegenden Angelegenheiten der Schuldeputation zu. Dahin gehört insbesondere die Verwendung der Mittel innerhalb des festgestellten Schulhaushalts. Die Schuldeputation hat ferner dafür zu sorgen, daß der Schulverband die seiner Bedeutsamkeit und dem Bedürfnis entsprechende Anzahl und Art von Volksschulen erhalte, daß die Gebäude nebst Zubehör und Ausstattung, daß Lehr- und Unterrichtsmittel erforderlichenfalls vermehrt und verbessert, daß die Besoldungen der Lehrer innerhalb der gesetzlichen Vorschriften angemessen gestaltet werden. Ihr liegt die Sorge für sorgfältige Reinigung, Lüftung und Heizung der Schulgebäude ob; sie hat die Errichtung von Suppenküchen, Waldschulen, Hilfsklassen und Ferienkolonien usw. anzuregen.

Soweit die Schuldeputation eine derartige verwaltende Tätigkeit entfaltet, d. h. die äußere Verwaltung der städtischen Schulen besorgt, ist sie, wie jede Verwaltungsdeputation, der Aufsicht des Magistrats unterworfen, der wiederum, soweit Verfügungen über das Gemeindevermögen, also insbesondere Ausgaben in Betracht kommen, die Stadtverordnetenversammlung um ihre Mitbeschlußfassung anzugehen hat.

β) Neben dieser verwaltenden Tätigkeit ist der Schuldeputation die Teilnahme an der **Schulaufsicht** gewährt, die sie gemeinschaftlich mit den staatlichen Kreis- und Ortsschulinspektoren ausübt. Hinsichtlich der Schulaufsicht ist das **Gesetz betreffend die Beaufsichtigung des Unterrichts- und Erziehungswesens** v. 11. 3. 1872 (GS. 183) maßgebend, das lautet:

„§ 1. Unter Aufhebung aller in einzelnen Landesteilen entgegenstehenden Bestimmungen steht die Aufsicht über alle öffentlichen und Privatunterrichts- und Erziehungsanstalten dem Staate zu.

Demgemäß handeln alle mit dieser Aufsicht betrauten Behörden und Beamten im Auftrage des Staates.

§ 2. Die Ernennung der Lokal- und Kreisschulinspektoren und die Abgrenzung ihrer Aufsichtsbezirke gebührt dem Staate allein.

Der vom Staate den Inspektoren der Volksschule erteilte Auftrag ist, sofern sie dies Amt als Neben- oder Ehrenamt verwalten, jederzeit widerruflich.

Alle entgegenstehenden Bestimmungen sind aufgehoben.

§ 3. Unberührt durch dieses Gesetz bleibt die den Gemeinden und deren Organen zustehende Teilnahme an der Schulaufsicht, sowie der Art. 24 der Verfassungsurkunde vom 31. 1. 1850.

§ 4. Der Minister der geistlichen, Unterrichts- und Medizinalangelegenheiten wird mit der Ausführung dieses Gesetzes beauftragt."

Die hiernach dem Staate zustehende Schulaufsicht (den Kirchen steht lediglich die Aufsicht über den in den Volksschulen zu erteilenden Religionsunterricht zu; Art. 24 VU.) wird ausgeübt durch folgende Behörden:

Lokal: durch die Schuldeputation und einen daneben bestellten Ortsschulinspektor.

Für den Bezirk eines Schulkreises (jeden Superintendentur- oder katholischen Dekanatsbezirk): durch den Kreisschulinspektor.

Für den Regierungsbezirk: durch die Regierungen (§ 18 der Instruktion v. 23. 10. 1817), die sich im einzelnen auch der Landräte als ihrer Kommissarien bedienen können (ME. v. 6. 5. 1887 im ZentrBl. f. d. UnterrVerw. 1887 S. 533).

Für die Provinz: Durch die Provinzialschulkollegien.

In der Zuständigkeit zur lokalen Schulaufsicht konkurrieren demnach die Schuldeputationen mit den Orts- und Kreisschulinspektoren. Die Tätigkeit beider Organe — Schuldeputation und Schulinspektor — soll „in angemessene Verbindung gesetzt werden". Deshalb soll nach dem Erlasse v. 9. 2. 1898 (ZentrBl. f. d. UnterrVerw. 1898 S. 271) der Kreisschulinspektor alle bedeutsamen inneren Angelegenheiten, auch die Fälle disziplinaren Einschreitens gegen Lehrpersonen, der Deputation zur Kenntnis bringen. Als Grundsatz gilt, daß den Schuldeputationen das Recht, disziplinare Maßnahmen gegen Lehrpersonen zu treffen, nicht gewährt ist, im übrigen aber ihnen jede wie auch geartete Aufsicht über die Gemeindeschulen, insbesondere also die Begutachtung darüber zusteht, ob die Schulen und die Lehrpersonen den Anforderungen entsprechen, die an sie zu stellen sind, ob die Lehrpläne innegehalten werden, ob die Schulpflicht seitens der Schulkinder erfüllt wird (vgl. auch § 11 der Instruktion v. 26. 6. 1811). Die Aufstellung der Lehrpläne selbst ist Sache des Staates. Maßgebend sind die „allgemeinen Bestimmungen über Einrichtung, Aufgaben und Ziele der preußischen Volksschule v. 15. 10. 1872" (MBl. 273), sowie der Erlaß über die Mittelschulen und die Volksschulen mit dem Ziele der Mittelschulen von demselben Tage (MBl. 279), sowie die Bestimmungen über die Neuordnung des Mittelschulwesens v. 3. 2. 10 (ZentrBl. f. d. UnterrVerw. S. 343).

Die Schulaufsichtsbefugnisse der Schuldeputation erstrecken sich auf das gesamte niedere Schulwesen der Stadt. Dagegen unterstehen die sog. höheren Schulen, d. h. diejenigen, denen die Berechtigung zu gültigen Abgangsprüfungen zuerkannt ist, der unmittelbaren Aufsicht der Provinzialschulkollegien. Soweit ihre Tätigkeit als Schulaufsichtsorgan in Betracht kommt, untersteht die Schuldeputation nicht der Aufsicht des Magistrats oder der Kontrolle der Stadtverordnetenversammlung, sondern ausschließlich der Kontrolle der vorgesetzten staatlichen Behörden.

γ) Neben dem geschilderten Wirkungskreise können noch andere Schulangelegenheiten durch die Schuldeputation wahrgenommen werden. § 66 VUG. bestimmt nämlich:

„Soweit den bestehenden Schuldeputationen und Schulvorständen außerhalb des Gebiets des öffentlichen Volksschulwesens bisher auf Grund von Beschlüssen der Schulverbände die Verwaltung anderweiter Schulangelegenheiten zugestanden hat, können solche durch Beschluß der Schulverbände auch den auf Grund dieses Gesetzes gebildeten Schuldeputationen und Schulvorständen übertragen werden.

Soweit den bestehenden Schuldeputationen und Schulvorständen außerhalb des Gebiets des öffentlichen Volksschulwesens bisher auf Grund der Gesetze oder der Anordnungen der Staatsbehörden Schulaufsichtsbefugnisse zugestanden haben, ist die Schulaufsichtsbehörde berechtigt, diese fortan selbst auszuüben oder auf die ihr nachgeordneten Organe oder bis zur anderweiten gesetzlichen Regelung den nach diesem Gesetze gebildeten Schuldeputationen und Schulvorständen ganz oder teilweise zu übertragen."

Es können daher die Schulverbände der Schuldeputation auch, abgesehen von den Volksschulen, die äußere Verwaltung der übrigen, der Stadt gehörigen und von ihr unterhaltenen Schulen, wie die der Gymnasien, Realschulen, Mittelschulen, höheren Mädchenschulen, übertragen; selbstverständlich können aber auch für besondere Schulen (Fach- und Fortbildungsschulen, Blinden-, Taubstummen- und Waisenschulen) andere städtische Verwaltungsdeputationen eingerichtet werden, die dann zur äußeren Verwaltung allein zuständig sind.

d) Schulunterhaltung.

Früher kamen für die Schulunterhaltung die §§ 29ff. II 12 ALR. zur Anwendung, wonach, wo keine Stiftungen für die gemeinen Schulen vorhanden waren, die Unterhaltung der Lehrer den sämtlichen Hausvätern jedes Ortes ohne Unterschied, ob sie Kinder haben oder nicht und ohne Unterschied des Glaubensbekenntnisses oblag (§ 29), während die Unterhaltung der Schulgebäude und Schulmeisterwohnungen als gemeine Last von allen zu einer solchen Schule gewiesenen Einwohnern ohne Unterschied getragen werden mußte (§ 34). Die landrechtliche Regel bildete hiernach neben der Stiftungsschule die Sozietätsschule. Nach § 28 des jetzt maßgebenden VUG. bleiben die selbständigen Schulstiftungen als solche bestehen; dagegen sind die besonderen Schulgemeinden (Sozietäten) sowie diejenigen Schulen, die bisher als selbständige Rechtssubjekte Träger der Volksschullasten waren, unbeschadet des Fortbestehens dieser Schulen als Lehranstalten durch § 24 aufgehoben. Nach § 1 dieses Gesetzes liegt die Errichtung und Unterhaltung der öffentlichen Volksschulen grundsätzlich den bürgerlichen Gemeinden ob; die Gemeinden bilden entweder einen eigenen Schulverband oder werden behufs Unterhaltung einer oder mehrerer Volksschulen zu einem gemeinsamen Schulverbande vereinigt. Jede Stadt bildet in der Regel einen eigenen Schulverband (§ 2). In den Gemeinden werden die Schullasten als Gemeindelast aufgebracht (§ 7). Hinsichtlich der **Beiträge des Staates zur Schulunterhaltung** kommen in Betracht die §§ 17ff. VUG.; § 43 des LehrerbesoldungsG. v. 26. 5. 09; § 26 des PensionsG. v. 6. 7. 1885; § 14 des HinterbliebenenfürsorgeG. v. 4. 12. 1899.

Bezüglich des Verfahrens bei Heranziehung zu Schulunterhaltungslasten gelten, sofern es sich um eine Bauleistung handelt, die Bestimmungen der §§ 47 u. 49 ZustGes. Bei allen anderen Anforderungen tritt das im G. v. 26. 5. 1887 (GS. 175) geregelte Verfahren ein, dessen Schwerpunkt darin liegt, daß bei neuen oder erhöhten Leistungen vor etwaiger Zwangsetatisierung der Kreis- bzw. Bezirksausschuß (außer in Berlin) die Höhe der Anforderung festzustellen hat, so daß die Selbstverwaltungsbeschlußbehörden über die Notwendigkeit und Angemessenheit der Anordnung im Verhältnis zur Leistungsfähigkeit des Verpflichteten zu befinden haben (vgl. hierzu Brauchitsch Bd. 7 2. Aufl. S. 490ff.).

e) Bezüglich der **Anstellung, Besoldung und Versorgung der Lehrpersonen** sind eine Anzahl von Gesetzen ergangen, die hier nur Erwähnung finden können und bezüglich der im einzelnen auf die erwähnten Werke von Pogge und Cremer verwiesen werden muß:

α) **Gesetz betreffend das Diensteinkommen der Lehrer und Lehrerinnen an den öffentlichen Volksschulen** v. 26. 5. 09 (GS. 93) nebst AusfAnw. v. 21. 6. 09.

β) **Gesetz betreffend die Pensionierung der Lehrer und Lehrerinnen an den öffentlichen Volksschulen** v. 6. 7. 1885 (GS. 298), nebst AusfBest. v. 2. 3. 1886 (ZBl. f. d. UV. 387); v. 24. 11. 1886 (ZBl. f. d. UV. 1887 S. 383); v. 5. 9. 1888 (ZBl. f. d. UV. 765) und v. 24. 10. 1892 (ZBl. f. d. UV. 843) sowie Novelle v. 10. 6. 07 (GS. 133) und **Gesetz betreffend die Ruhegehaltskassen für die Lehrer und Lehrerinnen an den öffentlichen Volksschulen** v. 23. 7. 1893 (GS. 194).

γ) **Gesetz betreffend die Fürsorge für die Witwen und Waisen der Lehrer an den öffentlichen Volksschulen** v. 4. 12. 1899 (GS. 587) nebst AusfBest. v. 20. 2. 00 (ZBl. f. d. UV. 418), sowie Novelle v. 10. 6. 07 (GS. 137).

δ) **Gesetz betreffend das Ruhegehalt der Lehrer und Lehrerinnen an den öffentlichen nichtstaatlichen mittleren Schulen und die Fürsorge für ihre Hinterbliebenen** v. 11. 6. 1894 (GS. 109) nebst AusfAnw. v. 22. 6. 1894 (ZBl. f. d. UV. 580).

Wegen des für die drei ersten Gesetze maßgebenden **Begriffs der öffentlichen Volksschule** vgl. OVG. 16 S. 197; 17 S. 157; 20 S. 120. **Öffentliche Volksschulen sind solche Schulen, welche der Erfüllung der allgemeinen Schulpflicht dienen, deren Erhaltung einem öffentlich-rechtlichen Träger obliegt und diesem gegenüber erzwungen werden kann, die ferner jedem Kinde eines** bestimmten Bezirks unter gewissen allgemeinen Bedingungen offen stehen und in die jedes Kind eines bestimmten Bezirks, falls es nicht sonst der Schulpflicht genügt, hineingezwungen werden kann. Nicht zu den öffentlichen Volksschulen gehören: Schulen von Waisenhäusern, Rettungshäusern, Vorschulen, höhere Lehranstalten, jüdische Religionsschulen und sog. mittlere Schulen, wie Bürgerschulen, Mittelschulen, Rektorschulen, höhere Mädchenschulen, letztere auch dann nicht, wenn sie nicht zu den „höheren Schulen" gehören.

f) Schulpflicht und Schulzwang.

Der schon vom ALR. (§ 43 II 12) aufgestellte Grundsatz der allgemeinen Schulpflicht ist durch die KabO. v. 14. 5. 1825 (GS. 149) für den Bereich der ganzen Monarchie eingeführt und von der Verfassung Art. 21 wiederholt statuiert worden. Die KabO. lautet:

„(1) Eltern, oder deren gesetzliche Vertreter, welche nicht nachweisen können, daß sie für den nötigen Unterricht der Kinder in ihrem Hause sorgen, sollen erforderlichenfalls durch Zwangsmittel und Strafen angehalten werden, jedes Kind, nach zurückgelegtem fünften Jahre, zur Schule zu schicken;

(2) der regelmäßige Besuch der Lehrstunden in der Schule muß solange fortgesetzt werden, bis das Kind, nach dem Befunde seines Seelsorgers, die einem jeden vernünftigen Menschen seines Standes notwendigen Kenntnisse erworben hat;

(3) nur unter Genehmigung der Obrigkeit und des geistlichen Schulvorstehers kann ein Kind länger von der Schule zurückgehalten, oder der Schulunterricht desselben, wegen vorkommender Hindernisse, auf einige Zeit ausgesetzt werden;

(4) die Schulzucht darf niemals bis zu Mißhandlungen ausgedehnt werden, die der Gesundheit des Kindes auch nur auf entfernte Art schädlich werden können;

(5) Züchtigungen, welche in diesen der Schulzucht gesetzten Schranken verbleiben, sollen gegen die Lehrer nicht als strafbare Mißhandlungen oder Injurien behandelt werden;

(6) wird das Maß der Züchtigung, ohne wirkliche Verletzung des Kindes, überschritten, so soll dieses von der, dem Schulwesen vorgesetzten, Provinzialbehörde durch angemessene Disziplinarstrafen an dem Lehrer geahndet werden. Wenn dagegen dem Kinde, durch den Mißbrauch des Züchtigungsrechts, eine wirkliche Verletzung zugefügt wird, soll der Lehrer nach den bestehenden Gesetzen, im gerichtlichen Wege, bestraft werden."

Der Schulzwang bezieht sich nur auf Kinder preußischer Staatsangehöriger. Kinder von Nichtpreußen sind dem Schulzwange auch dann nicht unterworfen, wenn sie sich in Preußen längere Zeit aufhalten. (Johow 12 S. 255). Preußischen Staatsangehörigen ist gestattet, der Schulpflicht auch auf deutschen, nichtpreußischen Schulen zu genügen, wenn sie sich in einem andern deutschen Bundesstaate aufhalten (MBl. 76 S. 272). Nur die in Preußen sich aufhaltenden schulpflichtigen preußischen Kinder unterliegen der Schulpflicht; im Auslande dauernd sich aufhaltende Preußen können durch Verhängung von Schulversäumnisstrafen gegen ihre in Preußen wohnhaften Eltern nicht zum Schulbesuch angehalten werden (so im Gegensatz zu ZentrBl. f. d. UnterrVerw. 1883 S. 152 Johow 21 S. 87; anders wiederum eine Entscheidung v. 23. 1. 1902 ZentrBl. f. d. UnterrVerw. S. 295). — Nicht überall ist der Beginn der Schulpflicht in der Tat der Kabinetsordre entsprechend festgesetzt, vielmehr bestehen provinzialrechtliche Vorschriften, welche die Schulpflicht regelmäßig erst mit vollendetem 6. Lebensjahre beginnen lassen (teils mit Ende des Semesters, in welchem das 6. Lebensjahr vollendet ist, teils mit Anfang des betreffenden Semesters). Ebenso ist provinzialrechtlich vielfach das Ende der Schulpflicht ein für allemal auf das Semesterende nach vollendetem 14. Lebensjahre festgesetzt.

Der Schulzwang bezieht sich auch auf die als Teil der öffentlichen Volksschule organisierten Hilfsschulen und Hilfs- oder Nebenklassen für minderbegabte Kinder (Johow 31 C 37).

Die Prüfung, ob alle schulpflichtigen Kinder eines Bezirks der Schulpflicht genügen, ist Sache der Schulaufsicht; letztere zu üben, ist die Schuldeputation zusammen mit dem Schulinspektor berufen.

Die Erfüllung der Schulpflicht kann durch Schulversäumnisstrafen erzwungen werden. Die zum Erlasse der bezüglichen **allgemeinen** Strafandrohung (Strafverordnung) zuständige Behörde ist nicht die Polizei, sondern die Schulaufsichtsbehörde (Entsch. des KG., abgedruckt im ZentrBl. f. d. UnterrVerw. 1895 S. 721). Die Verhängung der Strafen selbst erfolgt durch die zuständige Ortspolizeibehörde auf Grund des G. v. 23. 4. 1883 (GS. 65), so daß im weiteren Verlauf das Verfahren vor den ordentlichen Gerichten zulässig ist (StPO. §§ 453ff.). Die Strafe charakterisiert sich als Kriminalstrafe. Es sind daher Polizeiexekutivstrafen gegenüber den Eltern schulpflichtiger Kinder zum Zwecke der Erzwingung des Schulbesuches unzulässig (OVG. 7 S. 215). Dagegen ist es auf Grund der KabO. v. 14. 5. 1825 zulässig, die Kinder notfalls durch die Polizei zur Schule sistieren zu lassen.

Die eingehenden Schulstrafgelder gebühren der Schulkasse, eventuell also der Gemeindekasse (s. Generallandschulenreglement v. 12. 8. 1763 § 10; s. auch MBl. 1896 S. 21; PVBl. 29 S. 415; KG. ebenda 30 S. 593).

g) **Schulgeld.**

Schulgeld darf seit dem Inkrafttreten des G. v. 14. 6. 1888 (GS. 240; s. § 4; vgl. auch G. v. 31. 3. 1889; GS. 64) für den Besuch der Volksschulen nicht erhoben werden. Damit ist die Bestimmung der Verfassung in Art. 25 Abs. 3 erfüllt. Ausnahmen sind im allgemeinen nur für nicht einheimische Schüler gestattet. Als einheimisch gelten Kinder, welche reichsangehörig sind und im Schulverband oder im Gastschulbezirke (§ 5 VUG.) entweder an dem Wohnorte dessen, welchem die Sorge für die Person des Kindes obliegt oder oblag, wohnen oder von Privatpersonen unentgeltlich in Pflege und Kost genommen sind (§ 6 Abs. 2 VUG.). Die Höhe des Fremdenschulgeldes bestimmt der Schulverband; doch unterliegt die Feststellung der Schulgeldsätze der Genehmigung der Schulaufsichtsbehörde. Gegen die Versagung der Genehmigung steht der Gemeinde binnen zwei Wochen die Beschwerde an den Provinzialrat zu. Soweit es sich um einen Schulgeldanspruch für den Besuch solcher Schulen handelt, die der Erfüllung der allgemeinen Schulpflicht dienen, ist für das Verfahren in Streitfällen § 46[5] ZustGes. maßgebend, also nur das Verwaltungsstreitverfahren zulässig. Die Einziehung erfolgt im Verwaltungszwangsverfahren (s. zu § 68 StO.). Die Erhebung von Schulgeld bei anderen Schulen, als den Volksschulen, ist freigestellt. Die Festsetzung der Schulgeldsätze ist aber von der Schulaufsichtsbehörde zu genehmigen (OVG. 21 S. 40). Bei Streitigkeiten über Schulgeld an diesen Schulen war bis zum Inkrafttreten des KAG. der ordentliche Rechtsweg gegeben; jetzt dagegen ist solches Schulgeld als „Gebühr" im Sinne des § 69 KAG. anzusehen, so daß nur der Einspruch und das Verwaltungsstreitverfahren zulässig ist (RGZ. 53 S. 183). Darüber, daß auf Grund des KAG. auch die Kommunalaufsichtsbehörde in die Lage kommen kann, Schulgeldfestsetzungen zu treffen, vgl. OVG. 42 S. 150.

12. D. **Servis- und Einquartierungsdeputation.** Vgl. hierzu Anm. 3 zu § 56[9] am Schlusse. Diese Deputation beruht auf § 5 G. v. 25. 6. 1868 (BGBl. 523).

13. E. **Waisenrat** (Gemeindewaisenrat). Der Gemeindewaisenrat soll der Gemeinde eine Mitwirkung bei der Ausübung der Vormundschaftsaufsicht sichern. In Betracht kommen hinsichtlich der Pflichten des Gemeindewaisenrats die Bestimmungen des BGB. §§ 1675, 1779, 1849—1851, 1862, § 49 RG. über die Angelegenheiten der freiwilligen Gerichtsbarkeit v. 17. 5. 1898 (RGBl. 189), hinsichtlich der Bildung des Gemeindewaisenrats Art. 77 AG. z. BGB. Die wichtigsten dieser Bestimmungen lauten:

a) aus dem BGB.

„§ 1849. Der Gemeindewaisenrat hat dem Vormundschaftsgerichte die Personen vorzuschlagen, die sich im einzelnen Falle zum Vormunde, Gegenvormund oder Mitglied eines Familienrats eignen.

§ 1850. Der Gemeindewaisenrat hat in Unterstützung des Vormundschaftsgerichts darüber zu wachen, daß die Vormünder der sich in seinem Bezirk aufhaltenden Mündel für die Person der Mündel, insbesondere für ihre Erziehung und ihre körperliche Pflege, pflichtmäßig Sorge tragen. Er hat dem Vormundschaftsgerichte Mängel und Pflichtwidrigkeiten, die er in dieser Hinsicht wahrnimmt, anzuzeigen und auf Erfordern über das persönliche Ergehen und das Verhalten eines Mündels Auskunft zu erteilen.

Erlangt der Gemeindewaisenrat Kenntnis von einer Gefährdung des Vermögens eines Mündels, so hat er dem Vormundschaftsgericht Anzeige zu machen.

§ 1851. Das Vormundschaftsgericht hat dem Gemeindewaisenrate die Anordnung der Vormundschaft über einen sich in dessen Bezirk aufhaltenden Mündel unter Bezeichnung des Vormundes und des Gegenvormundes sowie einen in der Person des Vormundes oder des Gegenvormundes eintretenden Wechsel mitzuteilen.

Wird der Aufenthalt eines Mündels in den Bezirk eines anderen Gemeindewaisenrats verlegt, so hat der Vormund dem Gemeindewaisenrate des bisherigen Aufenthaltsorts und dieser dem Gemeindewaisenrate des neuen Aufenthaltsorts die Verlegung mitzuteilen."

b) aus dem ReichsG. v. 17. 5. 1898 über die Angelegenheiten der freiwilligen Gerichtsbarkeit:

„§ 49. Erlangt der Gemeindewaisenrat von einem Falle Kenntnis, in welchem ein Vormund, ein Gegenvormund oder ein Pfleger zu bestellen ist, so hat er dem Vormundschaftsgericht Anzeige zu machen. Zugleich soll er die Person vorschlagen, die sich zum Vormunde, Gegenvormund oder Pfleger eignet."

c) Art. 77 AG. z. BGB.:

„§ 1. Für jede Gemeinde oder für örtlich abzugrenzende Gemeindeteile sind ein oder mehrere Gemeindeglieder als Gemeindewaisenrat zu bestellen. Für benachbarte Gemeindebezirke können dieselben Personen bestellt werden.

Das Amt eines Waisenrats ist ein unentgeltliches Gemeindeamt. Durch Beschluß der Gemeindebehörde können die dem Gemeindewaisenrat obliegenden Verrichtungen besonderen Abteilungen oder schon bestehenden Organen der Gemeindeverwaltung übertragen werden.

Auf selbständige Gutsbezirke finden diese Vorschriften mit der Maßgabe entsprechende Anwendung, daß der Waisenrat von dem Gutsvorsteher ernannt wird.

Die bisherigen Waisenräte bleiben im Amte.

§ 2. Zur Unterstützung des Gemeindewaisenrats können Frauen, die hierzu bereit sind, als Waisenpflegerinnen widerruflich bestellt werden. Die Zuständigkeit für die Bestellung bestimmt sich nach den für die Bestellung der Waisenräte maßgebenden Vorschriften.

Die Waisenpflegerinnen haben unter der Leitung des Gemeindewaisenrats bei der Beaufsichtigung der im Kindesalter stehenden Mündel und bei der Überwachung weiblicher Mündel mitzuwirken."

Vgl. dazu noch MBl. 1890 S. 234; 1897 S. 105; 01 S. 102 u. 06 S. 204. — Aus § 1 ergibt sich die Anwendbarkeit der §§ 74, 75 StO. und der §§ 10, 11 ZustGes. auf das Amt der Waisenräte. Siehe Anm. 2 und 17 zu § 74 StO.

Für die Wahl des Gemeindewaisenrats ist ein übereinstimmender Beschluß beider städtischer Behörden erforderlich (vgl. PVBl. 28 S. 954).

§ 60.

Städte von größerem Umfange oder von zahlreicherer Bevölkerung werden von dem Magistrat nach Anhörung der Stadtverordneten in Ortsbezirke geteilt.[1]

Jedem Bezirk wird ein Bezirksvorsteher vorgesetzt, welcher von den Stadtverordneten aus den stimmfähigen Bürgern des Bezirks auf sechs Jahre erwählt und vom Magistrat bestätigt wird. In gleicher Weise wird für den Fall der Verhinderung des Bezirksvorstehers ein Stellvertreter desselben angestellt.[2]

Die Bezirksvorsteher sind Organe des Magistrats und verpflichtet, seinen Anordnungen Folge zu leisten, ihn namentlich in den örtlichen Geschäften des Bezirks zu unterstützen.[3, 4]

1. Wie groß die Städte sein müssen, um die Anwendung der Bestimmung des § 60 zu rechtfertigen, ist nicht gesagt. Die StO. von 1808 enthält in §§ 10 und 11 Bestimmungen über die Mindestgröße zu teilender Städte und die Maximalgröße der Bezirke, die indessen nur noch in seltenen Fällen als Anhaltspunkte werden dienen können. Der Zweck der Vorschriften ist, dem Magistrat, wo es nötig ist, eine Möglichkeit zu geben, die Verwaltung in gewissem Sinne zu dezentralisieren.

2. Wird die Wahl angefochten, so entscheidet gemäß § 14 ZustGes. über die Gültigkeit der Bezirksausschuß, da früher gegen den Wahlbeschluß der Versammlung und die Bestätigung des Magistrats nur die Beschwerde an die Aufsichtsbehörde zugelassen war.

§ 14 ZustGes. lautet:

„Über die Gültigkeit von Wahlen solcher Gemeindebeamten, welche der Bestätigung nicht bedürfen, beschließt, soweit die Beschlußfassung der Aufsichtsbehörde zusteht, der Bezirksausschuß."

Ergibt sich die Notwendigkeit, den Bezirksvorsteher oder dessen Stellvertreter des Amtes zu entsetzen, so geschieht dies nach Maßgabe des § 75 Abs. 2 StO. durch Gemeindebeschluß.

3. Bezüglich der Funktionen des Bezirksvorstehers ist in der StO. nichts gesagt. Jede örtliche Verwaltungshandlung kann ihm, sofern sie nicht eine nach außen verbindliche Willensäußerung der Stadt enthalten soll, übertragen werden. Maßgebend ist die vom Magistrat zu erlassende Instruktion. Es ist auch angängig, dem Bezirksvorsteher noch weitere Gehilfen aus der Reihe der Bürger beizuordnen und so Bezirkskommissionen zu schaffen, denen dann die örtliche Armenpflege oder sonstige der Dezentralisation fähige Obliegenheiten der Kommunalverwaltung (ev. auch örtliche sanitätspolizeiliche Funktionen) übertragen werden. Auch steht nichts im Wege, für die verschiedenen kommunalen Zwecke verschiedene Ortseinteilungen zu treffen und demnach auch verschieden zusammengesetzte Bezirkskommissionen einzusetzen (vgl. PVBl. 23 S. 770).

4. Das Amt der Bezirksvorsteher (und ebenso der Armenkommissionsmitglieder usw.) ist ein unbesoldetes Ehrenamt. Eine Besoldung kann ihnen demnach nicht zugewendet werden. Wohl aber können ihnen gemäß § 64 StO. ihre baren Auslagen vergütet, z. B. eine Entschädigung für Verhaltung und Reinigung eines Amtszimmers gewährt werden.

§ 61.

Jedes Jahr, bevor sich die Stadtverordneten-Versammlung mit dem Haushaltsetat beschäftigt, hat der Magistrat in öffentlicher Sitzung derselben über die Verwaltung und den Stand der Gemeindeangelegenheiten einen vollständigen Bericht zu erstatten.

Tag und Stunde werden wenigstens zwei freie Tage vorher in der Gemeinde bekannt gemacht.[1]

1. Die in § 61 angeordnete öffentliche Erstattung der Verwaltungsberichte hat den Zweck, über die Kontrolle der Stadtverordnetenversammlung hinaus der gesamten Bürgerschaft die Möglichkeit zu einer Prüfung und Kontrollierung der Stadtverwaltung zu geben. Die Fassung des Berichtes muß einerseits so eingehend, andererseits so übersichtlich sein, daß alle für die Beurteilung der Fortentwicklung des Gemeinwesens wichtigen und maßgebenden Umstände für jeden Bürger daraus erkennbar werden. Einen solchen Verwaltungsbericht mündlich zu erstatten, ist in einigermaßen umfangreichen Gemeinwesen nicht möglich. An Stelle der mündlichen Mitteilungen ist schon längst fast überall die schriftliche Abfassung und Veröffentlichung durch den Druck getreten. Bezüglich Form und Inhalt des Verwaltungsberichtes vgl. MBl. 1844 S. 265; DGemZtg. 1865 S. 565; 1866 S. 429, 441; 1873 S. 189 und namentlich S. 193 (woselbst sich auch ein Schema für die Abfassung der Verwaltungsberichte befindet). In neuerer Zeit werden die Verwaltungsberichte der Städte, die üblicher Weise schon früher unter den Städten ausgetauscht wurden, auch noch dadurch für die Allgemeinheit nutzbar gemacht, daß kritische Besprechungen und auszugsweise Mitteilungen in den größeren Zeitschriften erscheinen (z. B. auch im PVBl.). In Berlin und auch in anderen größeren Städten ist es außerdem üblich, die besonders wichtigen Ereignisse des Gemeindelebens und die Fortschritte der Verwaltung in größeren Zügen, als dies in den Jahresberichten möglich ist, in Berichten wiederzugeben, die größere Zeitabschnitte (z. B. 5 Jahre) umfassen. Schilderungen dieser Art sind dann mehr als die meist nüchternen und mit unbedeutenden Angaben beladenen Jahresberichte geeignet, die früher üblichen Stadtchroniken zu ersetzen und wertvolle Ergänzungen der preußischen Geschichtsschreibung zu bilden.

§ 62.

Der Bürgermeister[1] hat nach näherer Bestimmung der Gesetze folgende Geschäfte zu besorgen:

I. wenn die Handhabung der Ortspolizei nicht Königlichen Behörden übertragen ist:

1. die Handhabung der Ortspolizei;[2, 3, 4]
2. die Verrichtung eines Hilfsbeamten der gerichtlichen Polizei;[5]
3. die Verrichtungen eines Polizeianwalts[6], vorbehaltlich der Befugnis der Behörde, in den Fällen 2 und 3 andere Beamten mit diesen Geschäften zu beauftragen.

Dem Bürgermeister am Sitze eines Gerichts kann die Vertretung der Polizeianwaltschaft[6] bei dem Gericht auch für die übrigen Gemeinden des Gerichtsbezirks gegen angemessene Entschädigung übertragen werden, in deren Hinsicht nähere Bestimmungen vorbehalten bleiben.

II. Alle örtlichen Geschäfte der Kreis-,[7] Bezirks-,[8] Provinzial-[9] und allgemeinen Staatsverwaltung,[10] namentlich auch das Führen der Personenstandsregister, sofern nicht andere Behörden dazu bestimmt sind.[11]

Einzelne dieser unter I und II erwähnten Geschäfte können mit Genehmigung der Regierung einem andern Magistratsmitgliede übertragen werden.[12]

Vorbemerkung:

Der § 62 beschäftigt sich mit den dem Bürgermeister in seiner Eigenschaft als Staatsbeamter obliegenden Staatsverwaltungsgeschäften. Er ist abgeändert in I Nr. 3 sowie in Abs. 2 durch § 64 AG. z. GVG. (GS. 1878 230) in II und Abs. 2 durch § 6 des G. v. 6. 2. 1875 (RGBl. 23), in Abs. 2 außerdem durch ZustGes. § 7. Im allgemeinen ist zu bemerken, daß sich aus der Pflicht des Bürgermeisters, die in § 62 bezeichneten Staatsfunktionen zu führen, noch nicht die Pflicht der Stadtgemeinde ergibt, die sächlichen Kosten des betreffenden Verwaltungszweiges zu tragen. Hierzu bedarf es vielmehr einer ausdrücklich auf den betreffenden Zweig bezüglichen gesetzlichen Bestimmung (z. B. §§ 7—9, 70 G. v. 5. 2. 1875 wegen der Standesämter; s. OTr. 67 S. 221; RGZ. 43 S. 220, 321; OVG. 36 S. 114).

1. Die Bestimmung „der Bürgermeister hat zu besorgen" enthält, wie Abs. 2 beweist, keineswegs zwingendes Recht. Nach Abs. 2 — dessen Bestimmung jetzt noch mannigfach erweitert ist (vgl. Vorbem.) — können „einzelne der unter I und II erwähnten Geschäfte" auch anderen Personen übertragen werden, wobei übrigens zu beachten ist, daß hiermit nicht bloß die Übertragung einzelner geschäftlicher Akte, sondern die Übertragung einzelner (ganzer) Kategorien der unter I und II bezeichneten Geschäfte an Vertreter des Bürgermeisters gemeint ist. Die Übertragung ist also einmal in der Weise zulässig, daß der Bürgermeister, der selbst z. B. die Ortspolizei ausübt, die Vornahme einzelner ortspolizeilicher Geschäfte oder auch ganzer Kategorien bestimmter polizeilicher Geschäfte einem oder mehreren seiner Untergebenen — Magistratsmitglieder oder Gemeindebeamten — überträgt (s. OVG. 27 S. 291; 30 S. 413), in welchem Falle der Bürgermeister selbst der Träger der Ortspolizeigewalt bleibt und jederzeit in die Handhabung der Polizei eingreifen kann. Die Übertragung ist aber auch in der anderen Weise möglich, daß an Stelle des Bürgermeisters ein anderes Magistratsmitglied in Gemäßheit des Abs. 2 mit Genehmigung (jetzt) des Regierungspräsidenten zur Ausübung der im § 62 genannten Obliegenheiten (z. B. zur Ausübung der gesamten Ortspolizeigewalt) bestellt wird. In diesem Falle übt das andere Magistratsmitglied die Polizeigewalt ganz selbständig und unabhängig vom Bürgermeister aus und braucht sich eine teilweise Entziehung der ihm obliegenden Polizeisachen — etwa der wichtigen,

wie Generalsachen, Personalsachen, Geschäftsverteilung — durch den Bürgermeister nicht gefallen zu lassen, wie es ebensowenig dann, soweit dieses **staatliche** Arbeitsgebiet in Betracht kommt, der Disziplin und Aufsicht des Bürgermeisters untersteht (MBl. 1887 S. 98). Nur insoweit hat der Bürgermeister in solchen Fällen mitzuwirken, als ihm nach ausdrücklicher Bestimmung der StO. ein Mitwirkungsrecht zukommt, z. B. bei der Verhängung von Ordnungsstrafen gegen Gemeinde-(polizei-)beamte (§ 58), bei der Zeichnung von Kassenordres (§ 56[4 u. 8]).

2. **Polizei.** Begriff und Arten. Sicherheits- und Wohlfahrtspolizei; Ortspolizei und Landespolizei. Historisches. Unter „Polizei" ist diejenige Tätigkeit der inneren Staatsverwaltung zu verstehen, die bezweckt, die der Sicherheit und Wohlfahrt des Staatsganzen wie der einzelnen Staatsangehörigen drohenden Gefahren mittels Beschränkung der Freiheit der Person und des Eigentums abzuwehren. Hiermit stimmt die im ALR. § 10 II 17 gegebene Definition der Aufgabe der Polizei insofern nicht überein, als dort nur gesagt ist, daß es das Amt der Polizei sei:

> die nötigen Anstalten zur Erhaltung der öffentlichen Ruhe, Sicherheit und Ordnung und zur Abwendung der dem Publikum oder einzelnen Mitgliedern desselben bevorstehenden Gefahren zu treffen.

Rosin („Polizeiverordnungsrecht", 2. Aufl., Berlin 1895 und „Begriff und Umfang der Polizeigewalt" im Verwaltungsarchiv 3 S. 249) hat nachgewiesen, daß § 10 II 17 den landrechtlichen Begriff der Polizei keineswegs völlig umfaßt. Es fehlt darin die Erwähnung der gemäß §§ 2 und 3 II 13 ALR. dem Staate obliegenden Aufgabe „für Anstalten zu sorgen, wodurch den Einwohnern Mittel und Gelegenheit verschafft werden, ihre Fähigkeiten und Kräfte auszubilden, um dieselben zur Förderung ihres Wohlstandes anzuwenden", welche Tätigkeit im landrechtlichen Sinne Teil der „polizeilichen" Tätigkeit ist und die man mit dem Namen „Wohlfahrtspolizei" zu benennen pflegt, während der in § 10 II 17 umschriebenen Tätigkeit die Bezeichnung „Sicherheitspolizei" (im weiteren Sinne) beigelegt wird (vgl. auch Jebens im PVBl. 23 S. 625). Die für den Praktiker maßgebende herrschende Lehre folgt indessen der als grundlegend betrachteten Entscheidung des OVG. Bd. 9 S. 353ff., woselbst ausgeführt ist, daß dem Begriffe der Polizei, wie ihn das G. v. 11. 3. 1850 verstanden habe, nämlich dem Begriffe der ihre Anordnungen mit Zwangsmaßregeln durchsetzenden staatlichen Behörde (im Gegensatz zu der pflegerischen, wirtschaftlichen Tätigkeit der Gemeinden und der übrigen inneren Staatsverwaltung) die Aufgaben des § 10 II 17 ALR. entsprechen und daß diese Aufgaben den Wirkungskreis der Polizei völlig und derart erschöpfen, daß polizeiliche Verfügungen oder Verordnungen über diesen Kreis hinaus unzulässig erscheinen. Von dieser Grundlage ausgehend, nämlich von der Annahme, daß die Pflege der allgemeinen Wohlfahrt nicht Sache der Polizei sei und deshalb auch nicht mit Zwangsmitteln durchgesetzt werden könne, hat es das OVG. z. B. für nicht zulässig erklärt, eine Kommune, außer beim Vorliegen eines besonderen Notstandes, zur Herstellung von Wasserleitungen oder Wasserwerken zwecks Versorgung des

Publikums mit gutem Trinkwasser zu zwingen (OVG. 12 S. 382). Was die Auslegung des § 10 II 17 ALR. anbetrifft, so ist zu beachten, daß die „Gefahren", deren Abwendung als ein Teil der Aufgabe der Polizei bezeichnet wird, nach dem OVG. keineswegs gleichbedeutend sind mit Nachteilen und Belästigungen, die für einzelne oder viele Betroffene aus den Handlungen anderer entstehen mögen. Erfordert ist vielmehr eine wirkliche Gefährdung von Eigentum oder Personen. Aus diesem Grunde ist z. B. ein polizeiliches Einschreiten gegen bloße (ungefährliche) Belästigung durch Rauch oder Geruch, ferner eine aus ästhetischen Rücksichten erlassene Polizeiverordnung betreffend die Bebauung in der Umgebung des Nationaldenkmals auf dem Kreuzberge zu Berlin vom OVG. (s. 9 S. 345, 353) für unzulässig erachtet worden. Handelt es sich um Gefahren, die aus Handlungen Dritter nicht dem Publikum im allgemeinen, sondern einzelnen Personen oder deren Eigentum drohen, so hat nach dem OVG. die Polizei nur dann Anlaß und Befugnis zum Einschreiten, wenn ihre Zuständigkeit entweder durch besondere gesetzliche Bestimmung geordnet ist (z. B. Zuführung des entlaufenen Gesindes durch die Polizei auf Grund der Gesindeordnung, PVBl. 23 S. 659) oder aber die Verübung strafbarer Handlungen oder die Störung der öffentlichen Ordnung in Frage steht (OVG. 4 S. 414, 419; 7 S. 377; 45 S. 416). Darüber, welche Maßnahmen zur Erfüllung ihrer Aufgaben die Polizei ergreifen kann s. Anm. 4.

An sich erstreckt sich der Wirkungskreis der Polizei auf die verschiedensten Gebiete der staatlichen Verwaltung, so daß man je nach dem Zweige der Staatsverwaltung verschiedene polizeiliche Zweige unterscheiden kann: z. B. gerichtliche Polizei (Kriminalpolizei), Gewerbepolizei, Bergpolizei, Strompolizei, Baupolizei, Schulpolizei, sowie die verschiedenen Zweige der Sicherheitspolizei, z. B. Feuerpolizei, Verkehrspolizei.

Je nachdem es sich einerseits um die besonderen lokalen Interessen, sei es der Ortsgemeinde, sei es der Mitglieder der Ortsgemeinde, andererseits um die Interessen eines größeren Verwaltungsbezirks des Staates (Regierungsbezirks) handelt, die durch die Maßnahmen der Polizei geschützt werden sollen, unterscheidet man Ortspolizei und Landespolizei. Maßgebend dafür, welche Gegenstände als solche anzusehen sind, deren Pflege im Interesse der Ortsgemeinden oder deren Mitglieder der Polizei obliegt, die also Gegenstand der Ortspolizeiverwaltung sind, ist § 6 G. v. 11. 3. 1850 (abgedr. zu § 63 StO.). Der Landespolizei ist aber gemäß § 11 des Gesetzes insofern eine über den materiellen Bereich der „Landesinteressen" (im Gegensatz zu den Ortsgemeindeinteressen) hinausreichende Bedeutung zugewiesen, als ihr gleichzeitig die Befugnis zuerteilt ist, auch für solche Gegenstände ihrerseits allgemeine Anordnungen zu treffen, die an sich ortspolizeilicher Natur sind, vorausgesetzt, daß die Notwendigkeit dieser Maßnahmen sich nicht auf einen Ortspolizeibezirk des Landesverwaltungsbezirks beschränkt. Im übrigen steht die Landespolizeibehörde zur Ortspolizeibehörde außerdem im Verhältnis der Überordnung. Geübt wird die Landespolizei von den Regierungspräsidenten (in Berlin teilweise vom Polizeipräsidenten), als deren Organ der Landrat die polizeiliche Aufsicht über alle im Kreise liegenden und nicht einen selbständigen Kreis bildenden Gemeinden und Städte ausübt (§ 77 KrO.). Den Anordnungen der Landräte in polizeilicher Hinsicht haben demnach auch die städtischen Polizeiverwaltungen (obwohl im übrigen der Landrat nicht Aufsichtsbehörde der Städte ist) unbedingt nachzukommen (OVG. 31 S. 433).

Für die Rechtsgültigkeit der Verfügung der Ortspolizeibehörde und die Form ihrer Anfechtung ist es ohne Belang, ob die Verfügung aus eigener Entschließung oder auf Anweisung oder Ermächtigung einer vorgesetzten Behörde erlassen ist (OVG. 4 S. 347; 5 S. 358; 8 S. 249, 382; 9 S. 344; PVBl. 24 S. 782). Dagegen kann durch Polizeiverordnungen die gesetzlich geordnete Zuständigkeit der Polizeibehörden nicht geändert oder verschoben werden. Es kann z. B. der Regierungspräsident nicht durch Polizeiverordnung bestimmen, daß an Stelle der gesetzlich zuständigen Ortspolizeibehörden der Landrat zu gewissen polizeilichen Geschäften, wie für die Erteilung gewisser polizeilicher Erlaubnisse, zuständig sein solle (OVG. 26 S. 380; PVBl. 25 S. 815).

Historisch ist hinsichtlich der Organisation der Ortspolizei zu erwähnen, daß nach dem ALR. zunächst eine Scheidung der Ortspolizeiverwaltung von der Gemeindeverwaltung nicht vorhanden war; die gesamte Ortspolizeiverwaltung lag vielmehr in den Händen der Magistrate, die sowohl ihre polizeiliche wie ihre gemeindeverwaltende Funktion kraft Delegation als Staatsorgane ausübten. Eine wirkliche Scheidung zwischen Gemeindeverwaltung und Ortspolizeiverwaltung trat erst infolge der StO. v. 1808 ein (§§ 165, 166 daselbst), wonach dem Staate das Recht vorbehalten war, in den Städten entweder dem Magistrat oder besonderen staatlichen Polizeibehörden die Ortspolizeiverwaltung zu übertragen. Statt der Magistrate benannte die StO. v. 1831 als das mit der Polizeigewalt zu betrauende Gemeindeorgan den Bürgermeister oder ein anderes Magistratsmitglied (§§ 109, 133 ff. l. c.). Diese Organisation der Ortspolizei ist von dem G. v. 11. 3. 1850 beibehalten worden. Die StO. v. 1853 hat hieran nichts geändert.

3. Gegenwärtige Organisation der Ortspolizeiverwaltung. Polizeikosten.

In Betracht kommen die Bestimmungen der §§ 1—4 des Gesetzes betreffend die Ortspolizeiverwaltung v. 11. 3. 1850 (GS. 265). Diese lauten:

„§ 1. Die örtliche Polizeiverwaltung wird von den nach den Vorschriften der Gemeindeordnung dazu bestimmten Beamten (Bürgermeistern, Kreisamtmännern, Oberschulzen) im Namen des Königs geführt — vorbehaltlich der im § 2 des gegenwärtigen Gesetzes vorgesehenen Ausnahme.

Die Ortspolizeibeamten sind verpflichtet, die ihnen von der vorgesetzten Staatsbehörde in Polizeiangelegenheiten erteilten Anweisungen zur Ausführung zu bringen.

Jeder, der sich in ihrem Verwaltungsbezirke aufhält oder daselbst ansässig ist, muß ihren polizeilichen Anordnungen Folge leisten.

§ 2. In Gemeinden, wo sich eine Bezirksregierung, ein Land-, Stadt- oder Kreisgericht befindet, sowie in Festungen und in Gemeinden von mehr als 10000 Einwohnern, kann die örtliche Polizeiverwaltung durch Beschluß des Ministers des Innern besonderen Staatsbeamten übertragen werden. Auch in anderen Gemeinden kann aus dringenden Gründen dieselbe Einrichtung zeitweise eingeführt werden.

§ 3. Die Kosten der örtlichen Polizeiverwaltung sind, mit Ausnahme der Gehälter der von der Staatsregierung im Falle der Anwendung des § 2 angestellten besonderen Beamten, von den Gemeinden zu bestreiten.

§ 4. Über die Einrichtungen, welche die örtliche Polizeiverwaltung erfordert, kann die Bezirksregierung besondere Vorschriften erlassen. Die für den Bezirk des Appellationsgerichtshofes zu Köln bestehenden gesetzlichen Bestimmungen wegen Anstellung von Polizeikommissarien werden hierdurch nicht berührt. Ebenso bleiben vorläufig die Distriktskommissarien in der Provinz Posen in Wirksamkeit.

Die Ernennung aller Polizeibeamten, deren Anstellung den Gemeindebehörden zusteht, bedarf der Bestätigung der Staatsregierung."

Dazu ist zu bemerken:

Zu § 1: Wegen des Unterschiedes der örtlichen Polizeiverwaltung von der Landespolizei vgl. Anm. 2, wegen der Vertretung des Bürgermeisters durch ein anderes Magistratsmitglied Anm. 1. Die mit der örtlichen Polizeiverwaltung betrauten Gemeindebeamten üben lediglich eine ihnen übertragene staatliche Tätigkeit aus (RGZ. 73 S. 202). Ganz selbständig ist jedoch der Bürgermeister oder der sonstige städtische Polizeiverwalter gegenüber dem Magistrat nicht. Die Anstellung der Gemeindepolizeibeamten ist gemäß § 4 Abs. 2 Sache des Magistrats, der auch im übrigen, schon weil er als Gemeindebehörde über die Kostenbewilligung mitzubeschließen hat, bei der Organisation der Polizei mitzuwirken hat und in dieser Mitwirkung seinerseits der gesetzlich geordneten Einwirkung der Kommunalaufsichtsbehörde unterliegt (Bestätigung, Zwangsetatisierung). Soweit die Kosten in Betracht kommen, hat ebenso auch die Stadtverordnetenversammlung ein Mitwirkungsrecht bei den Polizeiangelegenheiten. Der Magistrat hat außerdem mitzuwirken gemäß § 143 LVG. beim Erlaß ortspolizeilicher Vorschriften, indem er diesen seine — erforderlichenfalls durch den Bezirksausschuß zu ergänzende — Zustimmung zu geben hat, soweit sie nicht zum Gebiet der Sicherheitspolizei gehören (d. h. der Sicherheitspolizei im engeren Sinne, d. i. der auf Verhütung und Verfolgung solcher Handlungen gerichteten Tätigkeit, die das Gemeinwesen oder die Person oder das Eigentum Einzelner gefährden). — Zu Abs. 2 vgl. das in Anm. 2 über die Stellung des Landrats als Aufsichtsorgan des Regierungspräsidenten Gesagte.

Bezüglich des Abs. 3 ist zu bemerken, daß gewöhnlich der städtische Ortspolizeibezirk mit den Grenzen der Stadtgemeinde zusammenfällt. Indessen können durch Anordnung des Ministers des Innern mit Zustimmung des Bezirksausschusses die örtlichen Polizeibezirksgrenzen auch anderweit festgesetzt werden (vgl. Vorbem. zu § 2 StO. unter V b). Besondere Bestimmungen gelten für Berlin und seine Vororte nach den G. v. 12. 6. 1889 (GS. 129), 13. 6. 00 (GS. 247), 27. 3. 07 (GS. 37) und 7. 3. 08 (GS. 21).

Zu § 2: Es muß nicht immer die gesamte Ortspolizeiverwaltung sein, die den Städten zur Verwaltung überwiesen wird. Sehr wohl möglich ist es, daß auch da, wo eine Königliche Ortspolizeiverwaltung besteht, einzelne Zweige der Ortspolizei (z. B. Baupolizei, Schulpolizei usw.) der Stadt zur eigenen Verwaltung übertragen werden. — Seit dem Erlaß der KrO. gilt die Bestimmung des § 2 nur noch für Stadtgemeinden.

Zu § 3: Hinsichtlich der Polizeikosten ist die Regelung eine verschiedene, je nachdem es sich um Städte mit Königlicher oder mit städtischer Polizeiverwaltung handelt. In den letzteren trägt sämtliche Kosten der Ortspolizeiverwaltung, gleichviel, ob diese persönlichen oder sächlichen Zwecken dienen, ob sie unmittelbare oder mittelbare Polizeikosten darstellen, die Stadtgemeinde; für dieses Gebiet kann also nur streitig werden, ob die fraglichen Kosten solche der Orts- oder Landespolizei sind (welche letzteren die Kommune nicht zu tragen hat), und ob überhaupt Polizei- und nicht anderweite Staatsverwaltungskosten (z. B. Kosten der Justizverwaltung) in Frage stehen. In bezug auf Einzelfälle sei erwähnt: Kosten für Beschaffung und Unterhaltung der Polizeigefängnisse einschließlich der Polizeigefängnislazarette, sowie für die Unterhaltung, Verpflegung und Heilung der in diese aufgenommenen Personen sind, mit Ausnahme der Beerdigungskosten, die dem Ortsarmenverbande zur Last fallen, Ortspolizeikosten (OTr. bei Striethorst 34 S. 188; MBl. 1856 S. 228; 1860 S. 173); die Kosten für sanitätspolizeiliche Maßnahmen, z. B. die Untersuchung Prostituierter, sind Ortspolizeikosten (MBl. 1857 S. 38); die Kosten für die erforderliche Zuziehung von Technikern oder sonstigen Sachverständigen zur Ausführung oder Vorbereitung ortspolizeilicher Amtshandlungen sind Ortspolizeikosten (OVG. 5 S. 60, 68; 12 S. 303; vgl. auch 13 S. 62). Das gleiche gilt von den Kosten zur Beschaffung und Unterhaltung der für Feuerlöschzwecke nötigen Einrichtungen und Veranstaltungen, insbesondere der Lieferung des Wassers (OVG. 38 S. 179). Als Landespolizeikosten sind beispielsweise anerkannt die Kosten für die Untersuchung von (nichtstädtischen) Brunnen behufs Feststellung, ob das Wasser ohne sanitäre Bedenken als Trinkwasser Verwendung finden kann (OVG. 14 S. 23). Dagegen gelten Kosten, die dadurch entstehen, daß an Stelle der Ortspolizeiverwaltung, und in deren Funktionen eintretend, die Landespolizeibehörde ortspolizeiliche Geschäfte wahrnimmt, als ortspolizeiliche Kosten (OVG. 14 S. 25).

Im allgemeinen gilt als Grundsatz, daß die Gemeinden die Polizeikosten auf Grund des § 3 nur insoweit zu tragen haben, als nicht dritte Kostentragungsverpflichtete vorhanden sind und nicht durch deren Heranziehung die Kostendeckung erfolgen kann (OVG. 7 S. 350; 18 S. 414). Vgl. auch § 1 des G. v. 8. 7. 05 (GS. 317).

In den Städten mit Königlicher Polizeiverwaltung ist unter Aufhebung des § 3 G. v. 11. 3. 1850 (nach welchem die sächlichen Kosten den Gemeinden, die persönlichen Kosten, d. h. Gehälter und ähnliches, dem Staate zufielen) durch das G. v. 3. 6. 08 (GS. 149) folgendes bestimmt worden:

„§ 1. In denjenigen Gemeinden, in elchen die wörtliche Polizeiverwaltung ganz oder teilweise von einer Königlichen Behörde geführt wird, bestreitet der Staat alle durch diese Verwaltung unmittelbar entstehenden Kosten, einschließlich der Kosten für das Nachtwachtwesen, und erhebt, unbeschadet der Bestimmung im § 7 Abs. 3 des Gesetzes, betreffend den Erlaß polizeilicher Strafverfügungen wegen Übertretungen, v. 23. 4. 1883 (GS. 65), alle mit dieser Verwaltung verbundenen oder aus deren Anlaß zur Hebung gelangenden Einnahmen.

Die Gemeinden tragen zu den Kosten ein Drittel bei und nehmen an den Einnahmen zu einem Drittel teil.

§ 2. Unmittelbare Kosten der örtlichen Polizeiverwaltung im Sinne des § 1 sind sämtliche Dienstbezüge (Besoldungen, Wohnungsgeldzuschüsse, Remunerationen, Orts- und Stellenzulagen, Dienstaufwandsentschädigungen, Dienstkleidungszuschüsse, Mietsentschädigungen, Wagen- und Pferdeunterhaltungsgelder), Unterstützungen, Stellvertretungs-, Fuhr- und Transportkosten, Tagegelder, Reise- und Umzugskosten, Ausgaben auf Grund der Unfallversicherungsgesetze und des Unfallfürsorgegesetzes, Mieten für Dienstwohnungen und Polizeidiensträume, Kosten für Bekleidung und Ausrüstung der Schutzmannschaft, für Geschäftsbedürfnisse, für bauliche Unterhaltung der Polizeidienstgebäude, Polizeigefängniskosten, Kosten der örtlichen Schlachtvieh- und Fleischbeschau und Trichinenschau sowie sonstige besondere Ausgaben im Interesse der örtlichen Polizeiverwaltung. Von den Ausgaben der Königlichen Polizeiverwaltung zu Berlin werden jedoch ebenso wie von den Einnahmen dieser Polizeiverwaltung fünf vom Hundert als nicht auf der örtlichen Polizeiverwaltung beruhend abgesetzt.

Den der Anteilsberechnung unterliegenden Ausgaben treten hinzu:

1. zur Bestreitung der Pensionen und Wartegelder für Beamte der Königlichen Ortspolizeiverwaltung sowie der Witwen- und Waisengelder für Hinterbliebene solcher Beamten ein Pauschbetrag von siebenzehn vom Hundert der Gesamtsumme der im Staatshaushaltsetat für diese Beamten ausgebrachten Gehälter und Wohnungsgeldzuschüsse;
2. als Jahresnutzungswert der der Königlichen Ortspolizeiverwaltung dienenden Gebäude und Inventarienstücke dreiundeinhalb vom Hundert ihres Wertes.

   Als Wert gilt:

   a) für die nach dem Inkrafttreten dieses Gesetzes in Benutzung zu nehmenden Gebäude und Inventarienstücke der aus den Baurechnungen sich ergebende Anschaffungswert;
   b) für die bei dem Inkrafttreten dieses Gesetzes in Benutzung befindlichen Gebäude und Inventarienstücke der in der Anlage*) festgesetzte Wert. Bei Gemeinden, welche für Zwecke der Königlichen Ortspolizeiverwaltung Gebäude und Inventarienstücke hergeben, wird der Jahresnutzungswert den Ausgaben nicht hinzugerechnet, sondern zu zwei Dritteln von dem Kostenanteil in Abzug gebracht.

---

*) Nicht abgedruckt.

§ 3. Die Gemeinden bleiben verpflichtet, die in ihrem Eigentume stehenden Grundstücke, Gebäude, Gebäudeteile, Inventarienstücke und Einrichtungen, welche gegenwärtig den Zwecken der Königlichen Ortspolizeiverwaltung unentgeltlich dienen, auch ferner für die Dauer des Bedürfnisses der Königlichen Ortspolizeibehörde für diese Zwecke zu belassen.

§ 4. Vor der Anmeldung von Mehrforderungen zum Staatshaushaltsetat haben die Königlichen Polizeiverwaltungen den beteiligten Gemeinden Gelegenheit zur Äußerung zu geben. Wird über die von den Gemeinden erhobenen Einwände ein Einverständnis nicht erzielt, so ist deren Äußerung mit der Anmeldung den zuständigen Ministern vorzulegen.

§ 5. Die Kostenanteile der Gemeinden werden nach Abzug ihrer Einnahmeanteile durch den Regierungspräsidenten, für den Landespolizeibezirk Berlin durch den Polizeipräsidenten, auf Grund der für die einzelnen Polizeiverwaltungen ausgefertigten Kassenetats für jedes Rechnungsjahr vorläufig festgesetzt.

§ 6. Erstreckt sich die Polizeiverwaltung einer Königlichen Behörde in gleichmäßiger Zuständigkeit auf eine Mehrheit von Gemeinden, so wird das den Gemeinden zur Last fallende Drittel der Gesamtkosten dieser Verwaltung auf sie durch den Bezirksausschuß für jedes Rechnungsjahr unterverteilt und zwar zur einen Hälfte nach der Zahl der Zivilbevölkerung, wie sie durch die letzte amtliche Volkszählung ermittelt ist, zur anderen Hälfte nach dem Jahressteuersoll, das in den einem Landkreise angehörigen Gemeinden der Kreisbesteuerung, in Stadtkreisen der Provinzialbesteuerung des laufenden Rechnungsjahrs zugrunde liegt.

Auf Antrag der beteiligten Gemeinden oder des Regierungspräsidenten kann der Bezirksausschuß einen anderen Verteilungsmaßstab als den im Abs. 1 bezeichneten festsetzen. Gegen den Beschluß findet binnen einer Ausschlußfrist von zwei Wochen Beschwerde an den Minister des Innern und den Finanzminister statt. Der andere Verteilungsmaßstab tritt erst von dem auf seine rechtskräftige Festsetzung folgenden Rechnungsjahr ab in Wirksamkeit.

Gegen den Beschluß über die Unterverteilung steht jeder Gemeinde binnen einer Ausschlußfrist von vier Wochen Klage im Verwaltungsstreitverfahren beim Bezirksausschusse zu. Die Klage hat keine aufschiebende Wirkung.

§ 7. Die Gemeinden haben die vorläufig festgesetzten Kostenanteile (§ 5) in vierteljährlichen Teilbeträgen im voraus zu zahlen.

Nach Schluß des Rechnungsjahrs werden die Kostenanteile durch den Regierungspräsidenten, für den Landespolizeibezirk Berlin durch den Polizeipräsidenten, auf Grund des Jahresabschlusses endgültig festgesetzt.

Wird die endgültige Festsetzung binnen einer Ausschlußfrist von vier Wochen angefochten, so beschließt der Bezirksausschuß, für den Landespolizeibezirk Berlin der Bezirksausschuß Berlin. Gegen den Beschluß findet binnen einer Ausschlußfrist von zwei Wochen Klage beim Oberverwaltungsgerichte statt.

§ 8. Die Bestimmungen dieses Gesetzes finden keine Anwendung:

1. . . . . . .
2. auf diejenigen Gemeinden der Provinz Posen, welche hinsichtlich der örtlichen Polizeiverwaltung den Distriktskommissaren unterstehen;
3. auf diejenigen Gemeinden in der Umgebung von Potsdam, in denen einzelne Zweige der Ortspolizeiverwaltung Staatsbeamten übertragen sind.

§ 9. Die bestehenden Verträge über die Hergabe von Grundstücken und Gebäuden zur Benutzung für die Königliche Ortspolizeiverwaltung werden durch dieses Gesetz nicht berührt." . . . . .

Das Gesetz betrifft nur die **unmittelbar** durch die Polizeiverwaltung entstehenden Kosten; bezüglich der sog. **mittelbaren** Polizeikosten verbleibt es bei dem bisherigen Recht, wonach grundsätzlich die Gemeinde Trägerin der Polizeilasten ist (OVG. 27 S. 62, 76ff.; 28 S. 87; 29 S. 91; 36 S. 151 und RGZ. 35 S. 296).

Dabei werden als **unmittelbare** Polizeikosten diejenigen Ausgaben angesehen, die durch Einsetzung und Unterhaltung des verwaltenden Personals und durch dessen Ausrüstung mit allem zum Dienstbetrieb Erforderlichen an Grundstücken, Geräten, Materialien und durch Hilfsleistungen Dritter entstehen, als **mittelbare** dagegen diejenigen, die erst durch die Ausführung der im Wege der Polizeiverwaltung gegen Dritte oder gegen Korporationen getroffenen Anordnungen, durch die Herstellung polizeimäßiger Zustände in der Außenwelt entstehen (OVG. 27 S. 65). Die Aufzählung der unmittelbaren Polizeikosten in § 2 des G. v. 3. 6. 08 ist, wie die Generalklausel: „sowie sonstige besondere Ausgaben im Interesse der örtlichen Polizeiverwaltung" zeigt, nicht erschöpfend. Als **unmittelbare** Polizeikosten hat das OVG. angesprochen: Die Kosten für den Transport und die Verpflegung hilflos auf der Straße aufgefundener Kranker in einem Krankenhaus (es sei denn, daß die Überführung zum Zwecke der Herbeiführung öffentlicher Armenpflege erfolgt ist, in welchem Falle es sich um Armenpflegekosten handelt, OVG. 40 S. 12), desgleichen Kosten für die Beseitigung herrenlos auf der Straße umherlaufender Hunde, ferner die Kosten für das Aufsuchen und Bergen unbekannter Leichen, für die bakteriologische Untersuchung des Wassers im sanitätspolizeilichen Interesse, für die Vornahme der Revisionen der Maße und Gewichte, die Kosten der sanitätspolizeilichen Feststellung von Erkrankungen behufs Vorbereitung der Entscheidung über etwaige Anordnung der Zwangsheilung, sowie Kosten für die polizeilicherseits angeordnete Prüfung von Kraftfahrzeugen (OVG. 28 S. 89; 29 S. 105; 35 S. 97; 36 S. 6; 40 S. 123; 42 S. 77; 47 S. 57; 55 S. 29; PVBl. 23 S. 599; 24 S. 326; sowie die oben zitierten Erkenntnisse). Dagegen sind die Kosten für die Unterbringung gemeingefährlicher Geisteskranker in die Irrenanstalten zwecks Sicherung ihrer Person oder ihrer Umgebung oder des Publikums, ebenso die der Zwangsheilung syphilitischer Personen und schließlich z. B. auch die Kosten der Beschaffung und Anbringung von Straßenschildern als „**mittelbare**", den Städten zur Last fallende Polizeikosten erachtet worden (OVG. 38 S. 150; 28 S. 87, 91; 41 S. 12; 45 S. 108; PVBl. 16 S. 217, 471 und 23 S. 599).

Die von den Gemeinden zu zahlenden Polizeikosten können mittels Zwangsetatisierung zur Beitreibung gebracht werden (§ 19 ZustGes., abgedruckt hinter § 78 StO.; OVG. 28 S. 89). Vgl. hierzu außer Brauchitsch III S. 125ff. noch Jebens Aufsätze IV (S. 66ff.) sowie Jebens im PVBl. 22 S. 329ff. über „Polizeiliche Gemeindeanstalten". Im übrigen sei wegen der Einzelheiten des Polizeikostengesetzes auf Brauchitsch Bd. III. 18. Aufl. S. 659ff. und auf PVBl. 30 S. 401 und 32 S. 775 verwiesen.

Zu § 4 G. v. 11. 3. 1850: Statt der Bezirksregierung bezw. Staatsregierung ist jetzt der Regierungspräsident (§ 7 ZustGes.) zuständig. Zu den „Einrichtungen" im Sinne des Abs. 1 gehört auch das Polizeigefängniswesen. Die „Vorschriften" des Abs. 1 können auch die erforderliche Höhe der Gehälter der Polizeibeamten betreffen, die der Regierungspräsident festsetzen und im Wege der Zwangsetatisierung erzwingen kann (s. auch das zu § 64 StO. und § 11 KVG. Gesagte). — Wegen des Kreises derjenigen Polizeibeamten, bei denen die Bestätigung gemäß Abs. 2 erforderlich ist, siehe Anm. 2 zu § 56[6] StO. Die im Exekutivdienst tätigen Polizeibeamten müssen im Dienst Uniform tragen (MBl. 1845 S. 297, 346; 1882 S. 35; ferner MBl. 1894 S. 42; 1895 S. 226 und 1896 S. 39). Bei Anstellung der Polizeibeamten soll deren Unbescholtenheit besonders geprüft werden (MBl. 1902 S. 7).

4. Die Handhabung der Ortspolizei.

Als Träger der Ortspolizeigewalt ist zur Handhabung der Ortspolizei in den Städten regelmäßig (Ausnahmen s. Anm. 1) der Bürgermeister oder der eingesetzte Königliche Polizeiverwalter (Polizeidirektor, Polizeipräsident) berufen. Die Aufgabe des Polizeiverwalters ist es, diejenigen Anordnungen zu erlassen, die notwendig sind, um die Zwecke der Ortspolizei — im allgemeinen Sicherung des Publikums und der Privatpersonen sowie des Eigentums vor Gefahren — zu erfüllen. Das geschieht teils durch repressive Maßregeln d. h. nachträgliche Anwendung von Zwang und Strafe gegen Verletzer oder Gefährder der öffentlichen Ordnung (Strafverfolgung) oder präventiv durch Gebote und Verbote, welche die Polizei erläßt und zwar entweder allgemeine Ge- und Verbote, die — gleich wie Gesetze — ganze Reihen von gleichartigen Fällen treffen sollen (Polizeiverordnungen), oder spezielle Verfügungen und Anordnungen, die Einzelfälle betreffen (vgl. dazu aber auch Vorbemerkung zu § 63). Danach sind die Maßnahmen der Polizei:

a) (vorläufige) Straffestsetzungen: das Recht der Polizei zur vorläufigen Strafverhängung bezieht sich nur auf Übertretungen und ist auch bei diesen nur ein vorläufiges. In Betracht kommen StPO. §§ 453ff. sowie das Preuß. G. v. 23. 4. 1883 (GS. 65). Wegen der Zulässigkeit der Zurücknahme polizeilicher Strafverfügungen auch noch nach Abgabe der Sache an den Amtsanwalt vgl. MBl. 02 S. 86 und PVBl. 23 S. 669; dagegen PVBl. 25 S. 348.

b) Polizeiverordnungen: Vgl. hierzu das zu § 63 Gesagte.

c) Polizeiliche Anordnungen und Verfügungen, die dazu bestimmt sind, die Freiheit des einzelnen insoweit einzuschränken, als dies im Interesse der Aufrechterhaltung der öffentlichen Ruhe, Sicherheit und Ordnung erforderlich ist, und die dieses Ziel durch an einzelne gerichtete

Ge- und Verbote erreichen wollen. Die Pflicht zum Gehorsam gegen diese Verfügungen liegt nicht bloß den physischen und juristischen Privatpersonen des Ortspolizeibezirks ob, sondern auch den öffentlichen — beamteten — Personen sowie juristischen Personen des öffentlichen Rechts, insbesondere auch den Organen des Staats, sofern dieser als Mitglied des Publikums, d. h. als Inhaber von Privatrechten (z. B. als Eigentümer von Grundstücken, Fabrikbetrieben usw.) in Betracht kommt. Zur Durchführung ihrer Aufgabe sind der Polizei Zwangsmittel an die Hand gegeben. Hierüber bestimmt § 132 LVG.

„§ 132. Der Regierungspräsident, der Landrat, die Ortspolizeibehörde und der Gemeinde-(Guts-)Vorsteher(-Vorstand) sind berechtigt, die von ihnen in Ausübung der obrigkeitlichen Gewalt getroffenen, durch ihre gesetzlichen Befugnisse gerechtfertigten Anordnungen durch Anwendung folgender Zwangsmittel durchzusetzen:

1. Die Behörde hat, sofern es tunlich ist, die zu erzwingende Handlung durch einen Dritten ausführen zu lassen und den vorläufig zu bestimmenden Kostenbetrag im Zwangswege von den Verpflichteten einzuziehen.
2. Kann die zu erzwingende Handlung nicht durch einen Dritten geleistet werden, — oder steht es fest, daß der Verpflichtete nicht imstande ist, die aus der Ausführung durch einen Dritten entstehenden Kosten zu tragen, — oder soll eine Unterlassung erzwungen werden, so sind die Behörden berechtigt, Geldstrafen anzudrohen und festzusetzen, und zwar:
   a) die Gemeinde-(Guts-)Vorsteher bis zur Höhe von fünf Mark;
   b) die Ortspolizeibehörden und die städtischen Gemeindevorsteher (-Vorstände) in einem Landkreise bis zur Höhe von sechzig Mark;
   c) die Landräte, sowie die Polizeibehörden und Gemeindevorsteher (-Vorstände) in einem Stadtkreise bis zur Höhe von einhundertfünfzig Mark;
   d) der Regierungspräsident bis zur Höhe von dreihundert Mark.

   Gleichzeitig ist nach Maßgabe der §§ 28, 29 des Strafgesetzbuchs für das Deutsche Reich die Dauer der Haft festzusetzen, welche für den Fall des Unvermögens an die Stelle der Geldstrafe treten soll. Der Höchstbetrag dieser Haft ist

   in den Fällen zu a = Ein Tag,
   „ „ „ „ b = Eine Woche,
   „ „ „ „ c = Zwei Wochen,
   „ „ „ „ d = Vier Wochen.

   Der Ausführung durch einen Dritten (Nr. 1), sowie der Festsetzung einer Strafe (Nr. 2) muß immer eine schriftliche Androhung vorhergehen; in dieser ist, sofern eine Handlung erzwungen werden soll, die Frist zu bestimmen, innerhalb welcher die Ausführung gefordert wird.
3. Unmittelbarer Zwang darf nur angewendet werden, wenn die Anordnung ohne einen solchen unausführbar ist."

Wegen der Einzelheiten sei bezüglich des § 132 LVG. auf Brauchitsch Bd. I (20. Aufl.) S. 195 ff. sowie auf Stier-Somlo, Kommentar zum G. v. 30. 7. 1883, Berlin 02, S. 260 ff. verwiesen. Im allgemeinen kann hier nur erwähnt werden, daß die Zwangsmittel aus § 132 den Gemeindevorständen oder Bürgermeistern nicht nur zu der Durchführung polizeilicher Anordnungen zur Seite stehen, sondern auch zur Durchführung sämtlicher ortsobrigkeitlicher Funktionen, d. h. aller Geschäfte, in welchen der Magistrat oder der Bürgermeister oder das einzelne Magistratsmitglied als Staatsverwaltungsbehörde fungiert, daß dagegen die Zwangsbefugnisse des § 132 dem Magistrat nicht gegeben sind, wenn es sich um die Durchführung rein kommunaler Aufgaben handelt (OVG. 19 S. 73). Insbesondere können die Zwangsmittel des § 132 nicht benutzt werden zur Erzwingung der Zahlung von Gemeindesteuern oder Abgaben irgend welcher Art oder der Leistung von (eigentlich steuerlichen) Gemeindediensten (s. OVG. 9 S. 57; s. zu § 54 StO.).

Die Polizei muß ihre Verfügungen soweit begründen, daß dem Betroffenen die Möglichkeit gegeben ist, die Grundlagen der Verfügung zu prüfen und erforderlichenfalls anzugreifen (OVG. 7 S. 255; 45 S. 424).

Was die Rechtsmittel gegen polizeiliche Anordnungen und Verfügungen betrifft, so kommen in Betracht:

a) die §§ 127—131 LVG., wonach alternativ die Beschwerde oder die Klage im Verwaltungsstreitverfahren zulässig ist (die Frist beträgt für beide Rechtsmittel zwei Wochen) und wobei zu beachten ist, daß diese Rechtsmittel, auch wofern es sich um polizeiliche Zwangsmittel (aus § 132) handelt, gegeben sind, daß dagegen gegen sonstige nicht polizeiliche, sondern ortsobrigkeitliche Zwangsanordnungen aus § 132 die Rechtsmittel nur in Gemäßheit des § 133 LVG. offen stehen. Im übrigen wird auch hier auf Brauchitsch und Stier-Somlo verwiesen.

b) Das G. v. 11. 5. 1842 über die Zulässigkeit des Rechtsweges in Beziehung auf polizeiliche Verfügungen (GS. 192). Vgl. hierüber Illing-Kautz, Handbuch für preußische Verwaltungsbeamte, 9. Aufl. S. 768 ff.

5. „Gerichtliche Polizei" ist der Zweig der polizeilichen Tätigkeit, der zum Zwecke hat, die Gerichtsbehörden bei der Entdeckung und Verfolgung strafbarer Handlungen zu unterstützen. Die Aufgabe der Polizei in dieser Richtung ist vornehmlich, den örtlichen Befund festzustellen (wozu auch die Ermittelung des Täters gehört) und dessen Erhaltung zu sichern. Diese Pflicht der Polizei beruht auf § 153 GVG., der lautet:

> „Die Beamten des Polizei- und Sicherheitsdienstes sind Hilfsbeamte der Staatsanwaltschaft und sind in dieser Eigenschaft verpflichtet, den Anordnungen der Staatsanwälte bei dem Landgerichte ihres Bezirks und der diesen vorgesetzten Beamten Folge zu leisten.
>
> Die nähere Bezeichnung derjenigen Beamtenklassen, auf welche diese Bestimmung Anwendung findet, erfolgt durch die Landesregierungen."

In Ausführung dessen bestimmt der ME. v. 15. 9. 1879 (MBl. 265), daß insbesondere folgende Polizeibeamte als Hilfsbeamte der Staatsanwaltschaft anzusehen sind:

α) die Polizeikommissarien bei den Königlichen Polizeipräsidien und Polizeidirektionen; β) die Bürgermeister (oder an deren Stelle die die Polizei verwaltenden Magistratsmitglieder), die Polizeiinspektoren und Polizeikommissarien; γ) in den ländlichen Ortspolizeibezirken die Amts-, Guts- und Gemeindevorsteher und deren Stellvertreter. In Ergänzung und teilweiser Abänderung dieses Erlasses ist ferner durch ME. v. 20. 12. 1879 (MBl. 1880 S. 28) bestimmt, daß in Städten, die eigene Kreise bilden, der Bürgermeister und dessen Vertreter nicht zu den Hilfsbeamten der Staatsanwaltschaft gehört, und daß außerdem auch in solchen größeren Städten, die keinen eigenen Stadtkreis bilden, der städtische Polizeivorsteher von der Verpflichtung, als Hilfsbeamter der Staatsanwaltschaft zu fungieren, entbunden werden kann.

Das Verhältnis der Polizeibeamten zu der Staatsanwaltschaft regelt sich nach den §§ 78, 80, 81 des preußischen Ausführungsgesetzes zum GVG. vom 24. 4. 1878 (GS. 230). Diese lauten, soweit sie hierher gehören:

„§ 78. Das Recht der Aufsicht steht zu: . . . .

5. dem ersten Beamten der Staatsanwaltschaft bei einem Amtsgerichte hinsichtlich dieser Staatsanwaltschaft.

Das Recht der Aufsicht erstreckt sich auf alle bei den bezeichneten Behörden angestellten oder beschäftigten Beamten.

§ 80. In dem Recht der Aufsicht liegt die Befugnis, gegenüber nicht richterlichen Beamten die ordnungswidrige Ausführung eines Amtsgeschäfts zu rügen und die Erledigung eines Amtsgeschäfts durch Ordnungsstrafen bis zum Gesamtbetrage von einhundert Mark zu erzwingen. Der Festsetzung einer Strafe muß die Androhung derselben vorausgehen. . . . .

§ 81. Die im § 80 bezeichnete Befugnis steht ferner zu:

1. den Staatsanwaltschaften bei den Oberlandesgerichten und bei den Landgerichten hinsichtlich derjenigen Beamten des Polizei- und Sicherheitsdienstes, welche Hilfsbeamte der Staatsanwaltschaft sind, mit Ausnahme solcher Beamten, welche ihr Amt als Ehrenamt versehen. . . .“

Bei ihrer Tätigkeit als Hilfsorgane der Strafjustiz ist die Polizei an die Bestimmungen der StPO. hinsichtlich der Wahrung des verfassungsmäßigen Grundsatzes der Freiheit der Person und des Eigentums gebunden. Streitig ist, welche Rechtsbehelfe gegen Anordnungen und Zwangsmittel der Polizei in ihrer Eigenschaft als Hilfsorgane der Staatsanwaltschaft zulässig sind. Im Gegensatz zu einem ME. v. 21. 5. 1892 (MBl. 222) nimmt OVG. 26 S. 386 an, daß nicht die Rechtsmittel der §§ 127 ff. LVG., auch nicht die aus § 133 LVG., sondern lediglich die Beschwerde an die Justizaufsichtsbehörde gegeben ist.

6. Jetzt des „Amtsanwalts“. Hierüber trifft das Gerichtsverfassungsgesetz Bestimmung:

„§ 143. Das Amt der Staatsanwaltschaft wird ausgeübt:

3. bei den Amtsgerichten und den Schöffengerichten durch einen oder mehrere Amtsanwälte. . . .“

Hierdurch in Verbindung mit § 65 AG. ist Abs. 2 der Nr. 13 des § 62 StO. entsprechend abgeändert.

Dazu bestimmt ferner das preußische Ausführungsgesetz zum GVG. (GS. 230):

„§ 62. Die Amtsanwälte werden auf Widerruf ernannt.

§ 63. Die Geschäfte des Amtsanwalts können von dem Justizminister einem Staatsanwalt, einem Gerichtsassessor, sofern derselbe nicht gleichzeitig mit richterlichen Geschäften in Strafsachen betraut wird, oder einem Referendar übertragen werden. Insoweit diese Befugnis nicht zur Anwendung kommt, erfolgt die Ernennung des Amtsanwalts durch den Oberstaatsanwalt nach Anhörung des Regierungspräsidenten (Landdrosten).

§ 64. Vorsteher der Gemeindeverwaltung am Sitze des Amtsgerichts sind verpflichtet, die Geschäfte eines Amtsanwalts zu übernehmen, sofern nicht die örtliche Polizeiverwaltung Königlichen Behörden übertragen ist. Wird von der Gemeindebehörde eine andere geeignete Person in Vorschlag gebracht, welche zur Übernahme dieser Geschäfte bereit ist, so fällt die Verpflichtung des Vorstehers der Gemeindeverwaltung fort.

Neben dem Vorsteher der Gemeindeverwaltung ist auf Antrag der Gemeindebehörde eine von dieser vorgeschlagene geeignete Person zum Stellvertreter des Amtsanwalts zu bestellen. Über die Verteilung der Geschäfte entscheidet der Vorsteher der Gemeindeverwaltung.

§ 65. Die Kosten, welche aus der Führung der Amtsanwaltsgeschäfte erwachsen, fallen in jedem Falle dem Staate zur Last. Die nach § 64 ernannten Amtsanwälte erhalten für ihre persönliche Mühewaltung und zur Deckung der sächlichen Kosten eine als Pauschquantum festzusetzende Entschädigung."

7. Verhältnis der Stadt zur Kreisverwaltung.

a) Zugehörigkeit zum Kreise. Ausscheiden aus dem Kreise. Selbständige Stadtkreise. Die Kreise sind nach der Kreisordnung v. 13. 12. 1872 (GS. 661, siehe die Neuveröffentlichung v. 19. 3. 1881, GS. 180)*) sowohl Staatsverwaltungsbezirke als Kommunalverbände, d. h. Selbstverwaltungskörperschaften zur Erfüllung öffentlicher Zwecke. Die Veränderung der Kreisgrenzen kann nur durch Gesetz erfolgen. Die Kreise umfassen eine Mehrzahl von Gemeinden, darunter auch die in dem Bezirk gelegenen Städte, vorausgesetzt, daß diese nicht einen selbständigen Stadtkreis bilden. Maßgebend ist § 4 Kreisordnung, der bestimmt:

„Städte, welche mit Ausschluß der aktiven Militärpersonen eine Einwohnerzahl von mindestens 25000 Seelen haben und gegenwärtig einem Landkreise angehören, sind befugt, für sich einen Kreisverband, Stadtkreis (§ 169), zu bilden und zu diesem Behufe aus dem bisherigen Kreisverbande auszuscheiden.

Auf den Antrag der Stadt wird dieselbe durch den Minister des Innern für ausgeschieden erklärt.

---

*) Für die Provinz Posen gilt noch die Kreisordnung v. 20. 12. 1828 (GS. 1829 S. 3); vgl. dazu das G. v. 4. 8. 04 (GS. 241).

Durch Königliche Verordnung kann nach Anhörung des Provinziallandtages auch Städten von geringerer Einwohnerzahl auf Grund besonderer Verhältnisse das Ausscheiden aus dem bisherigen und die Bildung eines eigenen Kreisverbandes gestattet werden.

Es ist jedoch zuvor in allen Fällen eine Auseinandersetzung darüber zu treffen, welchen Anteil die ausscheidende Stadt an dem gemeinsamen Aktiv- und Passivvermögen des bisherigen Kreises, sowie etwa an fortdauernden Leistungen zu gemeinsamen Zwecken der beiden neuen Kreise zu übernehmen hat.

Über die Auseinandersetzung beschließt der Bezirksrat vorbehaltlich der den Beteiligten gegeneinander zustehenden Klage bei dem Bezirksverwaltungsgerichte."

Dazu ist zu bemerken: zu Abs. 1: Für die erforderliche Einwohnerzahl ist nicht die letzte Volkszählung unbedingt maßgebend, sondern auch jede spätere zuverlässige Feststellung der veränderten Einwohnerzahl gilt als Unterlage (PVBl. 29 S. 925). Zu den in Abzug zu bringenden aktiven Militärpersonen gehören die Militärbeamten nicht.

Zu Abs. 2: Gegen eine Ablehnung des Antrages durch den Minister ist ein Rechtsmittel nicht gegeben.

Zu Abs. 4: Die Auseinandersetzung hat dem Ausscheiden voranzugehen (anders bei der Veränderung der Kreisgrenzen durch Gesetz nach § 3 KrO., sowie in den Fällen des § 3 LGO.). Vgl. wegen der Auseinandersetzung OVG. 2 S. 15; 7 S. 61; 10 S. 11 sowie Dotationsgesetz v. 8. 7. 1875 (GS. 497) § 27.

Zu Abs. 5: Zuständig sind jetzt die Bezirksausschüsse (LVG. § 153). Selbständige Stadtkreise. Hiervon handeln §§ 169, 170 Kreisordnung. Diese lauten:

§ 169. In denjenigen Kreisen, welche nur aus einer Stadt bestehen (Stadtkreise), werden die Geschäfte des Kreistages und des Kreisausschusses, die des letzteren, soweit sich dieselben auf die Verwaltung der Kreiskommunalangelegenheiten beziehen, von den städtischen Behörden nach den Vorschriften der Städteordnung wahrgenommen.

Die Bestimmungen des zweiten Abschnittes des ersten Titels finden auf Stadtkreise keine Anwendung.

§ 170. In den Stadtkreisen tritt an die Stelle des Kreisausschusses zur Wahrnehmung von Geschäften der allgemeinen Landesverwaltung in den durch die Gesetze bezeichneten Fällen der nach den Vorschriften der §§ 30ff. des Gesetzes über die Organisation der allgemeinen Landesverwaltung (jetzt der §§ 37ff. d. LVG.) gebildete Stadtausschuß.

In selbständigen Stadtkreisen ist mithin zwischen eigentlichen städtischen Angelegenheiten und solchen Angelegenheiten, die zur Zuständigkeit der Kommune in ihrer Eigenschaft als Kreisverband gehören, nicht zu unterscheiden. Es gibt nur städtische Pflichten. Die Erhebung der Steuern hat daher, gleichviel ob es sich um Stadt- oder Kreiszwecke handelt, stets nach den für die Steuererhebung der Stadtgemeinde maßgebenden Bestimmungen des KAG. zu erfolgen. Wegen des Stadtausschusses vgl. das zu § 56[1] Gesagte.

b) **Verhältnis der kreisangehörigen Städte zu den Kreisorganen** (Landrat, Kreisausschuß, Kreistag).

α) **Der Landrat** ist sowohl (als Vorsitzender des Kreisausschusses) Organ der Kreiskommunalverwaltung als auch (als Staatsbeamter) Leiter der Staatsverwaltung im Kreisbezirke. In erster Eigenschaft ist er den Städten des Bezirks nicht übergeordnet, da die einzelne Kommune dem größeren Kommunalverbande als selbständiges Rechtssubjekt gegenübertritt. In letzterer Beziehung ist auf das in Anm. 30 zu § 56[6] und Anm. 2 oben Gesagte zu verweisen, wonach der Landrat zwar in seiner Eigenschaft als Organ der Landespolizei die Aufsicht über die gesamte Ortspolizei im Kreise — auch die der Städte — führt (§ 77 KrO.), nicht aber Kommunalaufsichtsbehörde der Städte ist. Der Regierungspräsident als Kommunalaufsichtsbehörde kann den Landrat als sein Hilfsorgan bei der Ausübung der Aufsicht wohl zur Mitwirkung heranziehen, darf ihm aber die selbständige Ausübung des Aufsichtsrechts weder ganz noch teilweise übertragen. Dagegen ist durch die Instruktion zur Ausführung der StO. v. 20. 6. 1853 (Anhang) unter Nr. XVI bestimmt, daß alle Berichte solcher kreisangehörigen Städte, die nicht mehr als 10000 Einwohner haben, durch Vermittelung des Landrats an die Kommunalaufsichtsbehörde einzusenden sind. Ergänzend ist noch zu bemerken, daß die Städte über 10000 Einwohner auch insofern in polizeilicher Hinsicht eine besondere Stellung zum Landrat einnehmen, als die Beschwerden über polizeiliche Verfügungen in solchen Städten nicht an den Landrat, sondern an den Regierungspräsidenten gehen (§ 127b LVG.).

β) **Der Kreisausschuß** ist sowohl berufen, als Organ der Kreiskommunalverwaltung als auch als Organ der allgemeinen Landesverwaltung — insbesondere als Verwaltungsgericht erster Instanz — zu fungieren. In Abänderung der Kreisordnung haben das LVG. und ZustGes. die Zuständigkeit des Kreisausschusses gegenüber den zum Kreise gehörigen Städten verschieden gestaltet je nach der Größe der Städte. Die über 10000 Einwohner zählenden Städte sind nämlich in einer Anzahl Angelegenheiten, z. B. in bezug auf die Klagen gegen polizeiliche Verfügungen (§ 128 LVG.), in bezug auf Armen-, Wege-, Wasserpolizei, Gewerbepolizei, sowie in gewissen Gegenständen der Baupolizei (§§ 41, 66, 116, 119, 145, 146 ZustGes.) nicht der Zuständigkeit des Kreisausschusses, sondern der des Bezirksausschusses unterworfen. In Schul- und Einquartierungsangelegenheiten sind in allen Städten (§§ 46, 50 ZustGes.) die Bezirksausschüsse zuständig.

γ) **Kreistag.** Der Kreistag ist die Vertretung der Kreismitglieder und ausschließlich berufen, in Kreiskommunalangelegenheiten tätig zu sein. Gewählt werden die Mitglieder des Kreistages von Wahlverbänden, deren einer die Städte, der andere das platte Land umschließt. Der Wahlverband der Städte wählt ebensoviel Mitglieder wie der Wahlverband des Landes (der wiederum in einen Wahlverband der Landgemeinden einerseits, andererseits einen solchen der größeren Grundbesitzer und Gewerbetreibenden zerfällt). Ist nur eine Stadt im Kreise vorhanden, so wählt diese nur 1/3 der Gesamtzahl der Kreistagsmitglieder. Letztere richtet sich nach der Gesamtbevölkerung des Kreises. Die auf den Wahlverband der Städte entfallende Abgeordnetenzahl wird auf die einzelnen Städte des Kreises nach der Seelenzahl verteilt, erforderlichen Falles unter Zusammenlegung mehrerer Städte behufs Wahl eines Abgeordneten. Die Verteilung der Abgeordneten bewirkt der Kreistag auf Vorschlag des Kreisausschusses stets auf zwölf Jahre. Die Wahl der städtischen Kreistagsabgeordneten, zu welchen nur Bürger der betreffenden Stadt wählbar sind, findet regelmäßig durch Magistrat und Stadtverordnete statt, die zu einem Wahlkörper zusammentreten (s. Anm. 2 zu § 5, sowie Anm. 11 zu § 38 StO.); in den Fällen, wo mehrere Städte behufs Wahl eines Abgeordneten zusammengelegt sind, finden zunächst Wahlmännerwahlen statt; wählbar zum Wahlmann sind ebenfalls nur Bürger der betreffenden Stadt. (Siehe hierzu §§ 84, 85, 88, 89, 92, 93, 104—109, 111—114 KrO. sowie G. v. 6. 7. 00, GS. 144).

c) Rechte und Pflichten der Städte gegen die Kreiskommune. Die Kreise sind als Kommunalverbände dazu bestimmt, die gemeinschaftlichen Interessen ihrer Angehörigen zu fördern und deren gemeinsame Bedürfnisse zu befriedigen. Sie sollen insbesondere diejenigen Aufgaben übernehmen, die ihrer Natur nach — wie z. B. der Bau der Kreischausseen und -Wege — über die Pflichten und den Bezirk der einzelnen Gemeinde hinausgehen oder — wie z. B. der Bau und die Unterhaltung größerer und modern ausgestatteter Krankenhäuser — die Leistungsfähigkeit aller oder der meisten einzelnen Gemeinden des Kreises übersteigen. Als Selbstverwaltungskörper bestimmen sie frei über die etwaige Ausdehnung der Grenzen ihrer Wirksamkeit, wobei es ihnen unverwehrt ist, in den den einzelnen Gemeinden zugewiesenen Tätigkeitskreis hinüberzugreifen, um auf diese Weise die Gemeindeeinrichtungen zu ergänzen und den etwa leistungsunfähigen Einzelgemeinden zu helfen, ihre Aufgabe zu erfüllen. Die Kreise erfüllen die ihnen obliegenden Pflichten vermöge der ihnen überwiesenen besonderen Dotationen (s. G. v. 30. 4. 1873, GS. 187, v. 8. 7. 1875, GS. 497 und v. 2. 6. 02, GS. 167) und ihres Besteuerungsrechtes. Die Aufbringung und Abführung der auf sie entfallenden Kreissteuern ist daher die wichtigste Pflicht der Städte gegenüber der Kreiskommune. Sie beruht auf den §§ 7 ff. des Kreis- und ProvinzialabgabenG. v. 23. 4. 06 (GS. 159); nach § 12 dieses Gesetzes haben die Gemeinden den auf sie entfallenden Teil des Kreissteuerbedarfs gleich den übrigen Gemeindeausgaben aufzubringen, d. h. sie haben das auf sie entfallende Kreisabgabensoll auf ihren Etat zu übernehmen und demnächst die erforderlichen Beträge durch entsprechende Erhöhung der Gemeindesteuern von den Gemeindesteuerpflichtigen einzuziehen. Vgl. im übrigen zu diesem Gesetz den Kommentar von Freund, Berlin, Heymann, 2. Aufl.

8. Bezirksverwaltung. Im Bereiche der StO. sind die Regierungsbezirke nur Staatsverwaltungs-, nicht Selbstverwaltungsbezirke. Als Organe der Bezirksverwaltung kommen den Städten gegenüber der Regierungs-

präsident und der BzAussch. vornehmlich in Betracht. Vgl. hierüber das zu § 76 Gesagte.

9. Provinzialverwaltung. Der Provinzialverband ist der durch Zusammenfassung der Kreiskommunalverbände entstehende höhere Kommunalverband, dazu bestimmt, diejenigen kommunalen Aufgaben zu erfüllen, welche die Leistungsfähigkeit der einzelnen Kreise übersteigen (Irrenhäuser, Arbeitshäuser, Erziehungshäuser) oder über die Interessensphäre des einzelnen Kreises hinausgehen (Meliorationen ganzer Landesteile, Bau größerer Chausseen). Die nicht einen eigenen Stadtkreis bildenden Städte stehen daher nicht in einem unmittelbaren Verhältnis zur Provinz. Maßgebend ist die PrO. v. 29. 7. 1875 (in der Fassung des G. v. 22. 8. 1881 [GS. 233], die übrigens nicht für Posen gilt; bezüglich letzterer Provinz kommt das G. v. 19. 5. 1889 [GS. 108] in Betracht). Für die Städte wichtig ist hauptsächlich die Zusammensetzung des Provinziallandtages und die Aufbringung der Provinzialabgaben. Die Provinziallandtagsabgeordneten sind Abgeordnete der Land- und Stadtkreise. Die Abgeordneten der Stadtkreise werden von beiden städtischen Körperschaften in gemeinschaftlicher Sitzung (§§ 14, 15 PrO., Anm. 11 zu § 38 StO.) gewählt.

Hinsichtlich der Veranlagung der Provinzialsteuern gilt ebenso wie bei der Veranlagung der Kreissteuern das System der Kontingentierung. Zur Aufbringung der Provinzialsteuern sind die einzelnen Land- und Stadtkreise verpflichtet. Als Maßstab der Verteilung der Provinzialsteuern auf diese Verbände dient das Soll der Einkommensteuer und der vom Staate veranlagten Realsteuern einschließlich der Betriebssteuer. Die Stadtkreise haben den auf sie entfallenden Teil der Provinzialsteuern gleich den übrigen Gemeindeausgaben aufzubringen (§§ 25 ff. des Kreis- und ProvinzialabgabenG. v. 23. 4. 06).

10. Geschäfte der allgemeinen Staatsverwaltung haben die Bürgermeister oder deren Vertreter auf Grund einer ganzen Anzahl verschiedener Gesetze zu erledigen; die wichtigsten Gebiete sind:

a) Mitwirkung bei der Gesetzgebung:

Einer Anzahl Städte ist das Recht verliehen, dem Könige Magistratspersonen zur Berufung in das Herrenhaus zu präsentieren. Zur Präsentation zuständig ist der Magistrat, wo ein solcher nicht vorhanden, die Stadtverordnetenversammlung (V. v. 12. 10. 1854 §§ 4, 5, GS. 541). Wo kein Magistrat vorhanden, können nur Bürgermeister und Beigeordnete präsentiert werden. Die Mitgliedschaft im Herrenhause erlischt mit dem städtischen Amte.

b) Mitwirkung bei den Landtags- und Reichstagswahlen.

Den Städten fällt die Vorbereitung der Wahlen zu und zwar für das Abgeordnetenhaus gemäß der V. v. 30. 5. 1849 (GS. 205, s. Art. 115 VU.), dem G. v. 29. 6. 1893 (GS. 103) und dem Reglement v. 14. 3. 03 (MBl. 138—163, 188, 211, 227) — Bildung der Urwahlbezirke —, bei den Reichstagswahlen nach § 16 des RG. v. 31. 5. 1869 (BGBl. 145) und dem Reglement v. 28. 5. 1870 (BGBl. 275). Die Kosten für die Reichstagswahlen treffen die Gemeinden (OTr. 67 S. 217). Nur die Kosten für die Druckformulare zu den Wahlprotokollen und für die Ermittelung des Wahlergebnisses in den Wahlkreisen fallen den Bundesstaaten zur Last. Wegen der Portokosten vgl. PVBl. 28 S. 935.

c) **Mitwirkung bei der Veranlagung und Erhebung der Staatssteuern und der Abgaben für organisierte Berufsstände.**

Es kommt insbesondere in Betracht aus dem EStG. v. 19. 6. 06 (GS. 241) die Tätigkeit in den Voreinschätzungskommissionen (§§ 32, 33), ferner die durch V. v. 22. 1. 1894 (GS. 5) den Gemeinden auferlegte Verpflichtung, in ihren Bezirken die Elementarerhebung der sämtlichen direkten Staatssteuern sowie die Abführung derselben an die Staatskasse ohne Vergütung vorzunehmen (vgl. auch § 16 G. v. 14. 7. 1893, GS. 119); sowie endlich die Verpflichtung des Ersten Bürgermeisters der einen Stadtkreis bildenden Städte, selbst oder durch ein zu seiner Vertretung bestelltes Magistratsmitglied die Geschäfte des Vorsitzenden der Steuerveranlagungskommission zu führen, falls kein besonderer Staatskommissar hierzu bestellt ist (§§ 35 ff. EStG.). Führt der Erste Bürgermeister oder ein Magistratsmitglied diese Geschäfte, so ist der Staat verpflichtet, alle sachlichen und persönlichen Kosten (abgesehen von dem Gehalte des Vorsitzenden), die diese Geschäfte erfordern, seinerseits zu tragen (RGZ. 43 S. 314). — Außerdem kommt in Betracht die Mitwirkung der Städte bei der Vorbereitung der Veranlagung zur Grund-, Gebäude- und Gewerbesteuer. Außer der Bestimmung der einschlägigen SteuerG. v. 21. 5. 1861 (GS. 253 und 317) sowie v. 24. 6. 1891 (GS. 205) sind hierbei die Bestimmungen des G. v. 14. 7. 1893 (GS. 119) betreffend Aufhebung der direkten Staatssteuern usw. (namentlich die §§ 3, 14, 15 desselben) zu beachten. Endlich ist hier noch zu erwähnen das ZuwachssteuerG. v. 14. 2. 11 (RGBl. 33) und das hierzu ergangene AG. v. 14. 7. 11 (GS. 95), nach dem die Zuwachssteuer in Stadtgemeinden durch den Gemeindevorstand veranlagt wird.

Auf Grund besonderer gesetzlicher Bestimmungen sind die Städte auch verpflichtet, die durch die Verwaltung der besonderen Berufsorganisationen entstehenden Kosten ihrerseits zu übernehmen oder doch für diese Organisationen einzuziehen. In dieser Beziehung kommen in Betracht:

α) **die Handelskammerbeiträge.** (Vgl. §§ 23, 25a—d des Gesetzes über die Handelskammern v. 24. 2. 1870 [GS. 134] in der Gestalt des Art. V des AbänderungsG. v. 19. 8. 1897 [GS. 343]). Nach § 23b haben die Gemeinden auf Ersuchen der Handelskammern die Handelskammerbeiträge gegen eine Vergütung von höchstens drei vom Hundert der eingezogenen Beiträge zu bewirken und die Beiträge durch Vermittelung der Kreis-(Steuer-)Kassen an die Handelskammer abzuführen. Die Handelskammerbeiträge sind öffentliche Lasten. Rückständige Beiträge werden in derselben Weise wie Gemeindeabgaben eingezogen. Die Rechtsmittel gegen die Veranlagung zu den Handelskammerbeiträgen sind durch § 23c besonders geregelt.

β) **die Landwirtschaftskammerbeiträge.** Nach § 18 des G. über die Landwirtschaftskammern v. 30. 6. 1894 (GS. 126) sind die Gemeinden verpflichtet, auf Anweisung des Regierungspräsidenten die Landwirtschaftskammerbeiträge, deren Verteilung auf die verpflichteten Besitzungen Sache der Landwirtschaftskammer ist, zu erheben und durch Vermittelung der Kreis-(Steuer-)Kassen an die Landwirtschaftskammer abzuführen.

Auch diese Beiträge gelten als öffentliche Lasten und sind in derselben Weise wie Gemeindeabgaben einzuziehen. Die Rechtsmittel gegen die Verteilung sind wiederum besonders im Gesetze geordnet (§ 18 Abs. 4).

γ) die Handwerkskammerbeiträge: Von den Handwerkskammern handeln die §§ 103, 103a—q der GewO. (eingefügt durch G. v. 26. 7. 1897; RGBl. 663; den geltenden Wortlaut der GewO. s. RGBl. 00 S. 871). Nach § 103l werden die aus der Errichtung und Tätigkeit der Handwerkskammern erwachsenden Kosten, soweit sie nicht anderweit Deckung finden, von den Gemeinden des Handwerkskammerbezirks nach näherer Bestimmung der höheren Verwaltungsbehörde getragen. Die Gemeinden sind ermächtigt, die auf sie entfallenden Anteile nach einem von der höheren Verwaltungsbehörde zu bestimmenden Verteilungsmaßstabe auf die einzelnen Handwerksbetriebe umzulegen; doch fallen die Kosten des Umlageverfahrens den Gemeinden zur Last. Zur näheren Ausführung des § 103l ist der ME. v. 26. 5. 00 (MBl. 216) ergangen. Dieser besagt u. a., daß die höhere Verwaltungsbehörde nur zuständig sei, den Umlegungsmaßstab zu bestimmen, daß sich im übrigen aber die Festsetzung der Umlagen, ihre Erhebung, sowie die Einlegung von Rechtsmitteln nach den für Gemeindeabgaben geltenden Vorschriften zu richten habe. Damit ist versucht worden, die Lücke des Gesetzes auszufüllen, das im Gegensatz zu den Gesetzen unter α und β keine Bestimmungen über die Form der Einziehung und die zulässigen Rechtsmittel enthält. Da jedoch die Handwerkskammerbeiträge zwar öffentliche Lasten, aber keine Gemeindeabgaben sind, so folgt an sich die analoge Anwendung der von der Einziehung und den Rechtsmitteln handelnden Bestimmungen des KAG. (§§ 69 ff.) keineswegs aus ihrer Rechtsnatur. Die MVerf., die lediglich darüber Bestimmung zu treffen hatte, ob und inwieweit die Gemeinden (oder andere Kommunalverbände) die Kosten der Handwerkskammern zu tragen hätten, nicht aber darüber, in welcher Weise die Erhebung und Einziehung der Beiträge sowie die Einlegung von Rechtsmitteln geregelt werden solle, konnte also die Bestimmungen des KAG. auf die Handwerkskammerbeiträge nicht ohne weiteres für anwendbar erklären. Nachdem auch das OVG. (41 S. 100) das Verwaltungsstreitverfahren gegenüber der Einforderung von Handwerkskammerbeiträgen für unzulässig erachtet hatte (vgl. auch PVBl. 24 S. 2 u. 282), werden jetzt nach Nr. 122 der AusfAnw. z. GewO. v. 1. 5. 04 (MBl. für die Handels- und Gewerbeverwaltung S. 123) Streitigkeiten wegen Heranziehung der Gemeinden durch die Handwerkskammer und der einzelnen Handwerksbetriebe durch die Gemeinden von der Aufsichtsbehörde der Handwerkskammer entschieden. Die Beschwerden über die Heranziehung zu den Kosten der Handwerkskammer sind an eine Frist nicht gebunden; die Entscheidung kann binnen 2 Wochen durch Beschwerde beim Oberpräsidenten (in Berlin beim Handelsminister) angefochten werden; dieser entscheidet endgültig.

Die Einziehung der Handwerkskammerbeiträge im Verwaltungszwangsverfahren dürfte gemäß § 1 Ziff. 6 der V. v. 30. 7. 1853 (GS. 909) zulässig sein (vgl. Trautmann im PVBl. 25 S. 408).

d) **Mitwirkung in bezug auf die Militärverwaltung.**

Die Mitwirkung der Gemeinden auf diesem Gebiete ist eine dreifache:

α) sie haben auf Grund § 31 und § 70 ReichsmilitärG. v. 2. 5. 1874 (RGBl. 45) bei dem **Ersatzgeschäft** und der **Kontrolle der Militärpflichtigen** durch Führung der Stammrollen **mitzuwirken** und die Militärbehörden in der Kontrolle und bei der Einberufung der Dienstpflichtigen zum Dienst zu unterstützen (§ 70);

β) sie haben die **Unterverteilung der Militärlasten zu bewirken** (obwohl letztere Reichslasten, nicht Gemeindelasten sind; vgl. Anm. 3 zu § 56 v.) In dieser Richtung sind von Wichtigkeit:

αα) Das **ReichsG. betr. die Quartierleistungen für die bewaffnete Macht während des Friedenszustandes** v. 25. 6. 1868 (BGBl. 523) nebst dem Servistarif (Beilage B und C zu dem Gesetze), der jetzt von 10 zu 10 Jahren (ausnahmsweise außerdem im Jahre 02) der Revision unterliegt (§ 2 des G. v. 28. 5. 1887, RGBl. 159 und § 2 des ReichsG. v. 26. 7. 1897 (RGBl. 619); wieder anderweite Perioden sind festgesetzt in den ReichsG. v. 7. 7. 02 (RGBl. 239); 6. 7. 04 (RGBl. 272); 17. 5. 06 (RGBl. 473) und in § 30 des BesoldungsG. v. 15. 7. 09 (RGBl. 573). Wegen des Verfahrens bei Einsprüchen gegen die über die Verteilung der Quartierleistungen aufgestellten Kataster vgl. § 51 ZustGes.;

ββ) das **ReichsG. über die Naturalleistung für die bewaffnete Macht im Frieden** v. 13. 2. 1875 (RGBl. 52) nebst dem AbänderungsG. v. 21. 6. 1887 (RGBl. 245), dem G. v. 24. 5. 1898 (RGBl. 357) und dem ReichsG. v. 9. 6. 06 (RGBl. 735) nebst AusfV. v. 13. 7. 1898 (RGBl. 921);

γγ) das **ReichsG. über die Kriegsleistungen** v. 13. 6. 1873 (RGBl. 129) nebst der AusfV. v. 14. 4. 1888 (RGBl. 142);

γ) sie haben mitzuwirken bei der **Unterstützung der Angehörigen der zum Dienst einberufenen Mannschaften** auf Grund

αα) des ReichsG. v. 28. 2. 1888 (RGBl. 59) betr. die Unterstützung der Familien in den Dienst eingetretener Mannschaften,

ββ) des ReichsG. v. 10. 5. 1892 (RGBl. 661) betr. die Unterstützung von Familien der zu Friedensübungen einberufenen Mannschaften nebst den Bekanntmachungen v. 2. 6. 1892 (RGBl. 668) und v. 15. 11. 02 (RGBl. 278).

Vgl. zu den ad *β* genannten Gesetzen Brauchitsch Bd. III 18. Aufl. S. 777 ff. Vgl. im übrigen bezüglich der Tätigkeit der Gemeindebehörden im Interesse des Heeres den Aufsatz von Schultz im PVBl. 23 S. 113 u. 665.

e) **Mitwirkung in bezug auf die Justizverwaltung.**

α) Der Gemeindevorsteher (Bürgermeister) ist verpflichtet, die Urliste für die Auswahl der Schöffen und Geschworenen aufzustellen (§§ 36—38, 85 GVG.).

β) Der Gemeindevorsteher (Bürgermeister) und, wo ein Magistrat vorhanden, dieser, ist verpflichtet, die Einteilung der Stadt in Schiedsmannsbezirke zu bestimmen und die Wahl der Schiedsmänner (wozu die Stadtverordnetenversammlung in den Städten zuständig ist) zu veranlassen, die unter Bestätigung des Präsidenten des Landgerichts auf 3 Jahre erfolgt. Das Schiedsmannsamt ist ein unbesoldetes Ehrenamt (indessen **kein** Gemeindeamt; § 75 StO. und § 10 Nr. 3 ZustGes. finden nicht darauf Anwendung, s. Anm. 2 zu § 74) und muß von jedem qualifizierten Bürger angenommen werden, dem nicht etwa die gesetzlichen Entschuldigungsgründe zur Seite stehen. Die Gemeinden haben die sachlichen Kosten des Schiedsmannsamtes zu tragen, wofür die auf Grund des Gesetzes zur Hebung kommenden Geldstrafen ihnen zufallen. Wegen der Einzelheiten wird auf die **Schiedsmannsordnung** v. 29. 3. 1879 (GS. 321) hiermit verwiesen. Vgl. auch das AusfG. v. 22. 9. 1899 (GS. 284) Art. 3 und PVBl. 23 S. 705.

Dem Gebiete der Justizverwaltung anzugliedern ist ferner die Tätigkeit des Bürgermeisters

γ) bei Entscheidung gewerblicher Streitigkeiten (beim Fehlen eines Gewerbe- oder Kaufmannsgerichts gemäß §§ 76 ff. GewGerichtsG. und §§ 19 ff. KaufmGerichtsG. (s. Anm. 2 II zu § 56 [1]);

δ) bei Aufnahme von Testamenten auf Grund § 2249 BGB. (Art. 80 AG. z. BGB.).

11. Standesamt: Die Führung der Standesregister, d. h. die Beurkundung der Geburten, Eheschließungen und Sterbefälle erfolgt durch die Standesbeamten nach Maßgabe des RG. v. 6. 2. 1875 **über die Beurkundung des Personenstandes und die Eheschließung** in derjenigen Gestalt, welche dasselbe nach Art. 46 EG. z. BGB. erhalten hat. Für die Bestellung des Standesbeamten sowie insbesondere für die Verpflichtung des Bürgermeisters oder sonstigen Gemeindebeamten zur Führung des Amts verhalten sich die §§ 4—6 des Gesetzes, welche lauten:

„§ 4. In den Standesamtsbezirken, welche den Bezirk einer Gemeinde nicht überschreiten, hat der Vorsteher der Gemeinde (Bürgermeister, Schultheiß, Ortsvorsteher oder deren gesetzlicher Stellvertreter) die Geschäfte des Standesbeamten wahrzunehmen, sofern durch die höhere Verwaltungsbehörde nicht ein besonderer Beamter für dieselben bestellt ist. Der Vorsteher ist jedoch befugt, diese Geschäfte mit Genehmigung der höheren Verwaltungsbehörde anderen Gemeindebeamten widerruflich zu übertragen.

Die Gemeindebehörde kann die Anstellung besonderer Standesbeamten beschließen. Die Ernennung der Standesbeamten erfolgt in diesem Falle durch den Gemeindevorstand unter Genehmigung der höheren Verwaltungsbehörde.

In der gleichen Weise erfolgt die Bestellung der Stellvertreter.

Die durch den Gemeindevorstand ernannten besonderen Standesbeamten und deren Stellvertreter sind Gemeindebeamte.

§ 5. Die durch die höhere Verwaltungsbehörde erfolgte Bestellung und Genehmigung zur Bestellung ist jederzeit widerruflich.

§ 6. Ist ein Standesamtsbezirk aus mehreren Gemeinden gebildet, so werden der Standesbeamte und dessen Stellvertreter stets von der höheren Verwaltungsbehörde bestellt.

Ein jeder Vorsteher oder andere Beamte einer dieser Gemeinden ist verpflichtet, das Amt des Standesbeamten oder des Stellvertreters zu übernehmen.

Die landesgesetzlichen Vorschriften, nach welchen den Vorstehern der aus mehreren Gemeinden gebildeten Verbände die gleiche Verpflichtung obliegt, werden hierdurch nicht berührt."

Dazu ist zu bemerken:

Zu § 4: Hat in Gemäßheit des § 4 Abs. 1 eine Übertragung stattgefunden, so bleibt doch der Bürgermeister befugt, allgemeine Anordnungen, soweit sie dem Gesetze nicht widerstreiten, über die Geschäftsführung zu erteilen, an die der widerruflich mit dem Standesamte betraute Beamte gebunden ist. Dies gilt auch für den Fall, daß der Beigeordnete den Bürgermeister in den Standesamtsgeschäften kraft seiner Vertretungsmacht und -Pflicht vertritt (OVG. 50 S. 433).

„Vorsteher der Gemeinde" im Sinne des Abs. 1 ist (auch in Städten mit kollegialischem Gemeindevorstande) der Bürgermeister. „Höhere Verwaltungsbehörde" im Sinne der §§ 4—6 d. G. ist der Regierungspräsident, im Stadtkreise Berlin der Oberpräsident (MBl. 1910 S. 53). „Gemeindebehörde" im Sinne des Abs. 2 ist diejenige Gemeindebehörde, die über Schaffung der Gemeindeämter zu befinden hat; nach der StO. sind dies Magistrat und Stadtverordnetenversammlung, da nicht die Schaffung der Ämter, sondern nur die Anstellung der Beamten, d. h. deren Auswahl, dem Magistrat allein nach § 56 ^{6} zugewiesen ist. Dagegen ist „Gemeindevorstand" im Sinne des zweiten Satzes des Abs. 2 (entsprechend § 56 ^{6} StO.) der Magistrat, und nur in Städten ohne Magistratsverfassung der Bürgermeister (vgl. hierzu MBl. 1899 S. 189). Nach § 4 Abs. 4 sind die vom Gemeindevorstand bestellten besonderen Standesbeamten Gemeindebeamte. In Gemäßheit des § 1 KBG. müssen demzufolge die nach dem 1. 4. 00 anzustellenden Standesbeamten — worauf erforderlichenfalls die Aufsichtsbehörde hinzuwirken hat — mit einer Anstellungsurkunde als **Kommunalbeamte** versehen werden. Nur wenn sie diese erhalten haben, fallen die nach dem 1. 4. 00 angestellten Standesbeamten unter das KBG. (vgl. die Fassung des Abs. 1 des § 1 KBG. [hinter § 56 ^{6} StO. abgedruckt]: „als Kommunalbeamter im **Sinne dieses Gesetzes** gilt, wer" usw.; s. Anm. 11 ebendort). Auf die **vor** dem 1. 4. 00 angestellten Standesbeamten findet § 1 Satz 2 KBG. nicht Anwendung, wohl aber alle anderen Bestimmungen des KBG. (s. Anm. 16 zu § 56 ^{6}).

Zu § 5: Die Widerruflichkeit der Genehmigung der Bestellung hinderte bis zum Inkrafttreten des KBG. daran, den als „Gemeindebeamte" angestellten Standesbeamten Pensionsansprüche zuzusprechen. Denn diese standen nur „lebenslänglich" (unwiderruflich) angestellten Gemeindebeamten nach § 65 StO. zu (RGZ. 39 S. 261). Nachdem jetzt das KBG. § 12 allen Kommunalbeamten, auch den kündbar oder auf Zeit angestellten, Pensionsansprüche beigelegt hat (s. hierüber das zu § 65 Gesagte), müssen jetzt diejenigen Standesbeamten, die entweder vor dem Inkrafttreten des KBG. oder nach dessen Inkrafttreten gemäß § 1 KBG. mittels einer Anstellungsurkunde als Kommunalbeamte angestellt sind, als pensionsberechtigt angesehen werden. — Es empfiehlt sich für die Kommunen, mit Rücksicht auf die Widerruflichkeit der staatlichen Genehmigung, die Standesbeamten nicht lebenslänglich, sondern auf Kündigung anzustellen, wobei allenfalls festgesetzt werden mag, daß die Gemeinde zur Kündigung nur in dem Fall befugt sein solle, daß die staatliche Genehmigung zurückgezogen wird. Zur Anstellung auf Kündigung bedarf es entweder einer generellen Festsetzung in dem entsprechenden Ortsstatut oder der Genehmigung der Aufsichtsbehörde im Einzelfall (KBG. § 9 hinter § 56[6] StO. abgedruckt).

Wegen der Kosten der Standesämter siehe die §§ 7—9, 70 d. G. sowie § 154 ZustGes., wegen der Aufsicht über die Geschäftsführung der Standesbeamten siehe § 11 d. G. sowie § 154 ZustGes. Zu alledem vgl. den schon zitierten Erlaß im MBl. 1899 S. 189ff.

12. Statt der Regierung ist jetzt gemäß § 7 ZustGes. im allgemeinen der Regierungspräsident zuständig. Siehe im übrigen die Vorbemerkung, wegen der Standesbeamtengeschäfte das in Anm. 11 zu § 4 d. G. v. 6. 2. 1875 Gesagte, und wegen des Umfanges der Befugnisse eines statt des Bürgermeisters mit der Verwaltung der Ortspolizeigeschäfte betrauten anderen Magistratsmitgliedes Anm. 1 oben.

§ 63.

In betreff der Befugnis der Stadtbehörden,[1] ortspolizeiliche Verordnungen[2] zu erlassen, kommen die darauf bezüglichen Gesetze zur Anwendung.[3]

Hierzu: Gesetz über die Polizeiverwaltung vom 11. März 1850 (GS. 265).

§§ 1—4 (sind nebst Erläuterungen in Anm. 3 zu § 62 abgedruckt).

§ 5. Die mit der örtlichen Polizeiverwaltung beauftragten Behörden[4] sind befugt, nach Beratung mit dem Gemeindevorstande,[5] ortspolizeiliche, für den Umfang der Gemeinde[6] gültige Vorschriften zu erlassen und gegen die Nichtbefolgung derselben Geldstrafen bis zum Betrage von drei Talern[7] anzudrohen.

Die Strafandrohung kann bis zu dem Betrage von zehn Rtr.[8] gehen, wenn die Bezirksregierung[9] ihre Genehmigung dazu erteilt hat.

Die Bezirksregierungen[9] haben über die Art der Verkündigung der ortspolizeilichen Vorschriften, sowie über die Formen, von deren Beobachtung die Gültigkeit derselben abhängt, die erforderlichen Bestimmungen zu erlassen.[10]

§ 6. Zu den Gegenständen der ortspolizeilichen Vorschriften gehören:

a) der Schutz der Personen und des Eigentums;

b) Ordnung, Sicherheit und Leichtigkeit des Verkehrs auf öffentlichen Straßen, Wegen und Plätzen, Brücken, Ufern und Gewässern;

c) der Marktverkehr und das öffentliche Feilhalten von Nahrungsmitteln;

d) Ordnung und Gesetzlichkeit bei dem öffentlichen Zusammensein einer größeren Anzahl von Personen;

e) das öffentliche Interesse in bezug auf die Aufnahme und Beherbergung von Fremden; die Wein-, Bier- und Kaffeewirtschaften und sonstige Einrichtungen zur Verabreichung von Speisen und Getränken;

f) Sorge für Leben und Gesundheit;

g) Fürsorge gegen Feuersgefahr bei Bauausführungen, sowie gegen gemeinschädliche und gemeingefährliche Handlungen, Unternehmungen und Ereignisse überhaupt;

h) Schutz der Felder, Wiesen, Weiden, Wälder, Baumpflanzungen, Weinberge usw.;

i) alles andere, was im besonderen Interesse der Gemeinden und ihrer Angehörigen polizeilich geordnet werden muß.[11]

§ 7. Zu Verordnungen über Gegenstände der landwirtschaftlichen Polizei ist die Zustimmung der Gemeindevertretung erforderlich.[12] *Die Beratung erfolgt unter dem Vorsitze des mit der örtlichen Polizeiverwaltung beauftragten Beamten.*

§ 8. Von jeder ortspolizeilichen Verordnung ist sofort eine Abschrift an die zunächst vorgesetzte Staatsbehörde einzureichen.[13]

§ 9. Der Regierungspräsident ist befugt, jede ortspolizeiliche Vorschrift durch einen förmlichen Beschluß unter Angabe der Gründe außer Kraft zu setzen.[14]

§ 10. Die Bestimmungen der §§ 8 und 9 finden auch auf die Abänderung oder Aufhebung ortspolizeilicher Vorschriften Anwendung.

§ 11 (aufgehoben durch § 137 LVG.; vgl. auch § 138 Abs. 1 und 2, 139—142 LVG.).

§ 12. Die Vorschriften der Bezirksregierungen[15] *(§ 11) können sich auf die im § 6 dieses Gesetzes angeführten und alle anderen*

Gegenstände beziehen, deren polizeiliche Regelung durch die Verhältnisse der Gemeinden oder des Bezirks erfordert wird.

§ 13 (aufgehoben durch § 139 LVG.).

§ 14 (aufgehoben durch § 137 Abs. 3 LVG.).

§ 15. Es dürfen in die polizeilichen Vorschriften (§§ 5 und 11) keine Bestimmungen aufgenommen werden, welche mit den Gesetzen oder den Verordnungen einer höheren Instanz im Widerspruche stehen.[16]

§ 16. Der Minister des Innern ist befugt, soweit Gesetze nicht entgegenstehen, jede polizeiliche Vorschrift durch einen förmlichen Beschluß außer Kraft zu setzen.[17]

Die Genehmigung des Königs ist hierzu erforderlich, wenn die polizeiliche Vorschrift von dem Könige oder mit dessen Genehmigung erlassen war.

§ 17. Die Polizeirichter[18] *haben über alle Zuwiderhandlungen gegen polizeiliche Vorschriften (§§ 5 und 11) zu erkennen und dabei nicht die Notwendigkeit oder Zweckmäßigkeit, sondern nur die gesetzliche Gültigkeit jener Vorschriften nach den Bestimmungen der §§ 5, 11 und 15 dieses Gesetzes in Erwägung zu ziehen.*[19]

§ 18. Für den Fall des Unvermögens des Angeschuldigten ist auf verhältnismäßige Gefängnisstrafe[20] *zu erkennen. Das höchste Maß derselben ist 4 Tage statt 3 Tlr. und 14 Tage statt 10 Tlr.*[21]

§ 19. Die bisher erlassenen polizeilichen Vorschriften bleiben so lange in Kraft, bis sie in Gemäßheit dieses Gesetzes aufgehoben werden.[22]

§ 20. (Handelt von der polizeilichen Exekutivgewalt; siehe jetzt LVG. § 132.)

Hierzu ferner: LVG. §§ 142—145:

§ 142. Der Landrat ist befugt, unter Zustimmung des Kreisausschusses nach Maßgabe der Vorschriften des Gesetzes über die Polizeiverwaltung vom 11. März 1850 beziehungsweise der Verordnung vom 20. September 1867 und des lauenburgischen Gesetzes vom 7. Januar 1870 für mehrere Ortspolizeibezirke oder für den ganzen Umfang des Kreises[23] *gültige Polizeivorschriften zu erlassen und gegen die Nichtbefolgung derselben Geldstrafen bis zum Betrage von dreißig Mark anzudrohen.*

§ 143. Ortspolizeiliche Vorschriften (§§ 5ff. des Gesetzes vom 11. März 1850 beziehungsweise der Verordnung vom 20. Sep-

tember 1867 und des lauenburgischen Gesetzes vom 7. Januar 1870), soweit sie nicht zum Gebiete der Sicherheitspolizei gehören,[24] *bedürfen in Städten der Zustimmung des Gemeindevorstandes. Versagt der Gemeindevorstand die Zustimmung,*[25] *so kann dieselbe auf Antrag der Behörde durch Beschluß des Bezirksausschusses*[26] *ergänzt werden.*

In Fällen, welche keinen Aufschub zulassen, ist die Ortspolizeibehörde befugt, die Polizeivorschrift vor Einholung der Zustimmung des Gemeindevorstandes zu erlassen. Wird diese Zustimmung nicht innerhalb vier Wochen nach dem Tage der Publikation der Polizeivorschrift erteilt, so hat die Behörde die Vorschrift außer Kraft zu setzen.[27]

§ 144. In Stadtkreisen ist die Ortspolizeibehörde befugt, gegen die Nichtbefolgung der von ihr erlassenen polizeilichen Vorschriften Geldstrafen bis zum Betrage von dreißig Mark anzudrohen. Im übrigen steht die Erteilung der Genehmigung zum Erlasse ortspolizeilicher Vorschriften mit einer Strafandrohung bis zum Betrage von dreißig Mark gemäß § 5 der im § 137 angezogenen Gesetze[28] *dem Regierungspräsidenten zu.*

Ingleichen hat der Regierungspräsident über die Art der Verkündigung orts- und kreispolizeilicher Vorschriften, sowie über die Form, von deren Beobachtung die Gültigkeit derselben abhängt, zu bestimmen.[29]

§ 145. Die Befugnis, orts- oder kreispolizeiliche Vorschriften außer Kraft zu setzen, steht dem Regierungspräsidenten zu. Mit Ausnahme von Fällen, welche keinen Aufschub zulassen, darf diese Befugnis nur unter Zustimmung des Bezirksausschusses ausgeübt werden.

Bei der Befugnis des Ministers des Innern, jede (orts-, kreis-, bezirks- oder provinzial-) polizeiliche Vorschrift, soweit Gesetze nicht entgegenstehen, außer Kraft zu setzen (§ 16 des Gesetzes vom 11. März 1850, § 14 der Verordnung vom 20. September 1867 beziehungsweise des lauenburgischen Gesetzes vom 7. Januar 1870), behält es mit der Maßgabe sein Bewenden, daß diese Befugnis hinsichtlich der Strom-, Schiffahrts- und Hafenpolizeivorschriften (§ 138) auf den Minister für Handel und Gewerbe übergeht.[30, 31]

Vorbemerkung:

Die Bestimmungen über den Erlaß von Polizeiverordnungen sind enthalten einmal im G. v. 11. 3. 1850 betr. die Polizeiverwaltung, §§ 5—19, und sodann im LVG. §§ 136—145. Aus letzterem kommen für Ortspolizeiverordnungen speziell nur die §§ 142—145 in Betracht. Historisch muß bemerkt werden, daß die Bestimmungen des G. v. 11. 3. 1850 schon vor Erlaß des LVG. wesentlich abgeändert waren durch die KrO. § 78, die PrO. §§ 67—85 und das ZustGes. v. 1876 § 115, welche Abänderungsvorschriften indessen durch LVG. abgelöst worden sind, wobei teilweise eine abweichende Neuregelung erfolgte. Vorstehend sind aus den in Betracht kommenden Paragraphen des G. v. 11. 3. 1850 diejenigen Bestimmungen fortgelassen, die ihrem ganzen Umfange nach durch LVG. aufgehoben sind. Die Abänderungen sind in den Anmerkungen hervorgehoben.

Im allgemeinen ist hinsichtlich des Polizeiverordnungsrechts folgendes vorweg zu bemerken:

Ihrem Inhalte nach sind Polizeiverordnungen solche allgemeinen polizeilichen Vorschriften, die (unter Formulierung eines abstrakten Tatbestandes) ein für allemal eine Handlung befehlen oder verbieten und die Nichtbefolgung des Gebots oder Verbots unter Strafe stellen.

Ihrer materiell-rechtlichen Natur nach sind Polizeiverordnungen Gesetze (OVG. 9 S. 337). Sie unterscheiden sich von den polizeilichen Verfügungen und Anordnungen nicht einfach dadurch, daß die Polizeiverordnung viele Fälle trifft (indem sie die Tatbestandeinheit normiert), die Verfügung dagegen nur den einzelnen konkreten Fall, sondern sie sind insofern materiell-rechtlich etwas anders Geartetes wie die Verfügung, als der Erlaß einer Polizeiverordnung Gesetzgebungsakt, der Erlaß einer Verfügung oder Anordnung Verwaltungsakt ist. Das Recht in ihrem Zuständigkeitsbereiche gesetzgeberische Akte vorzunehmen, leiten die zuständigen Polizeibehörden aus den sie zum Erlasse von Polizeiverordnungen ermächtigenden Gesetzen her, üben es also kraft einer durch den Gesetzgeber erfolgten Delegation der gesetzgeberischen Gewalt aus (s. hierzu Rosin, Polizeiverordnungsrecht, 2. Aufl., 1895, S. 55 ff., 64 ff.). Die Gesetzesnatur der Polizeiverordnung hat als wichtigste Konsequenzen die Folge, daß:

a) alle die Bestimmungen in Gesetzen, die sich auf Gesetze, Strafgesetze, Polizeigesetze beziehen, auch auf Polizeiverordnungen anzuwenden sind (z. B. § 376 StPO., §§ 549, 550 ZPO. über die Zulässigkeit der Revision bei Gesetzesverletzungen; ferner StPO. § 453, § 4 G. v. 23. 4. 1883 u. a. mehr);

b) alle Grundsätze, die hinsichtlich der Kenntnis und Auslegung der Gesetze bestehen, auch bezüglich der Polizeiverordnungen anwendbar sind. Insbesondere hat der Richter die Polizeiverordnung ebenso zu kennen wie die Gesetze selbst, darf also ihre Existenz und ihren Inhalt, sowie die Frage ihrer Anwendbarkeit nicht zum Gegenstande einer Beweisaufnahme machen. Ebensowenig wie bei sonstigen Strafgesetzen schützt Unkenntnis der Polizeiverordnung vor Strafe. Jede gehörig publizierte Polizeiverordnung ist für jede im Polizeibezirk sich aufhaltende Person ohne jede Rücksicht auf deren Kenntnis von der Verordnung verbindlich.

Was den materiellen Umfang des Polizeiverordnungsrechts anbelangt, d. h. also die Frage, auf welche Materien sich die Polizeiverordnung beziehen muß, um gültig zu sein, mit anderen Worten, welche Matrien der Regelung durch Polizeiverordnung unterliegen, so hat das

OVG. den Grundsatz aufgestellt, daß ebenso wie für das Verfügungsrecht der Polizei, so auch für ihr Verordnungsrecht der § 10 II 17 ALR. die feste und unüberschreitbare Grenze bilde, und daß deshalb Polizeiverordnungen, die sich außerhalb dieses Gebietes, der sog. Sicherheitspolizei im weiteren Sinne, bewegen, insbesondere solche, die Gegenstände der sog. „Wohlfahrtspolizei" berühren, rechtsungültig seien (OVG. 9 S. 373; 11 S. 369; 13 S. 395; 18 S. 411, 417; dagegen Rosin a. a. O. S. 63 u. 129, sowie im PrVerwArch. 3 S. 352ff.). Aus diesem Grunde ist eine Polizeiverordnung, die aus ästhetischen Rücksichten die Bebauung der um das Nationaldenkmal auf dem Kreuzberge zu Berlin belegenen Stadtgegend einschränkte, sowie eine Polizeiverordnung, die das Teppichklopfen in einem von mehreren Häusern umgebenen Hofe auf bestimmte Stunden der Woche beschränkte, für ungültig erachtet worden (OVG. 9 S. 353; KG. in der DtschJurZtg. 1907 S. 133 und im Recht 1907 S. 398). Dagegen ist z. B. eine zum Zwecke der Sicherung des Publikums vor ungewöhnlichen Geräuschen, vor Schädigung und Belästigung durch Rauch und Gerüche erlassene Polizeiverordnung, die für einen bestimmten Teil des Gemeindebezirks die Herstellung der diese Gefahren mit sich bringenden Anlagen (Fabriken usw.) untersagte, für gültig erklärt worden (OVG. 18 S. 302ff.; 41 S. 322; 42 S. 361; PVBl. 25 S. 130). Ähnlich OVG. 23 S. 349; 34 S. 394; 35 S. 382 und 26 S. 323; nach dem letzteren Erkenntnisse sind Polizeiverordnungen rechtsgültig, die aus sanitären Gründen für gewisse Teile des Polizeibezirks „landhausmäßige Bebauung" vorschreiben. Andererseits entbehrt eine Polizeiverordnung, die ohne Rücksicht auf Gefahren und Schädigungen alle gewerblichen Anlagen innerhalb eines bestimmten Bezirkes verbietet, der Rechtsgültigkeit (OVG. 41 S. 322; vgl. auch Johow 25 C 28 u. 34). Eine Polizeiverordnung, nach der zwischen öffentlichen Wegen und Gebäuden da, wo keine Fluchtlinien festgesetzt sind, bestimmte Entfernungen innegehalten werden müssen, ist für gültig erachtet worden (Johow 25 S. 63). In der letzteren Entscheidung ist ausgesprochen, daß Verpflichtungen öffentlich-rechtlicher Art, die einer bestimmten Person obliegen, nicht durch Polizeiverordnung (ebensowenig wie durch Polizeiverfügung) auf einen Dritten übertragen werden dürfen, und zwar auch nicht mit Einverständnis des Verpflichteten und des Dritten. Besonders schwierig ist die Anwendung des oben erwähnten Grundsatzes des OVG. bei Auslegung der Bestimmung in § 6 des G. v. 11. 3. 1850 zu i, wo nach Aufzählung derjenigen Gegenstände, die durch ortspolizeiliche Verordnung geregelt werden dürfen, der generelle Satz ausgesprochen ist, daß auch „alles andere, was im besonderen Interesse der Gemeinden und ihrer Angehörigen polizeilich geordnet werden muß", zu diesen Gegenständen gehört (ähnlich in § 12 des G. v. 11. 3. 1850). — Um gültig zu sein, muß die Polizeiverordnung einen deutlich umschriebenen Tatbestand enthalten; deshalb ist z. B. ein Verbot des „gewerblichen Verkehrs" am Sonntag während des Gottesdienstes nicht gültig (Johow 31 C 3). Ferner muß die Polizeiverordnung den Tatbestand der mit Strafe bedrohten Handlung selbst enthalten; sie darf sich nicht damit begnügen, auf den Inhalt irgend einer sonstigen Druckschrift oder Anordnung zu verweisen. Dies schon aus dem Grunde nicht, weil der der Bestrafung unterliegende Tatbestand mitverkündet sein muß (vgl. Anm. 29, Johow 28 C 33).

Was die **Kontrolle** über die Ausübung des Polizeiverordnungsrechts anbelangt, so ist nach § 145 LVG. zunächst der Regierungspräsident berechtigt, orts-, amts- und kreispolizeiliche Verordnungen (unter Zustimmung des Bezirksausschusses), der Minister befugt, auch landespolizeiliche Verordnungen außer Kraft zu setzen. Der Kontrolle der Aufsichtsinstanz unterliegt sowohl die Gesetzmäßigkeit als auch die Notwendigkeit und Zweckmäßigkeit der Verordnung. Im übrigen findet eine Rechtskontrolle nur indirekt statt. Handelt es sich um eine wegen Verletzung der Polizeiverordnung verhängte Strafe, so ist der Strafrichter berufen, die Rechtsgültigkeit der Verordnung zu prüfen und sie — immer aber nur mit Kraft für den Einzelfall — erforderlichenfalls dadurch für nicht rechtsgültig zu erklären, daß er die Strafe aufhebt; handelt es sich um eine polizeiliche Verfügung (Einzelanordnung), die sich entweder auf die Polizeiverordnung stützt, oder von der behauptet wird, daß sie einer erlassenen Polizeiverordnung zuwiderlaufe, so ist der Verwaltungsrichter gemäß § 127 Abs. 2 u. 3, § 128 LVG. berufen, die Rechtsgültigkeit der Verordnung zu prüfen. Weder der Verwaltungsrichter noch der Strafrichter (Polizeirichter) haben aber die Zweckmäßigkeit oder Notwendigkeit der der Verordnung zu prüfen (OVG. 6 S. 226, 354 ff.; 7 S. 306, 392; 8 S. 292; 9 S. 367, 403; Rosin a. a. O. S. 279 ff.). Indessen geht diese Beschränkung der Kontrolle nicht so weit, daß der Verwaltungsrichter nicht die Prüfung dahin vorzunehmen hätte, ob etwa bei Erlaß der Verordnung an Stelle objektiven sachlichen Ermessens reine Willkür getreten sei (OVG. 2 S. 394; 5 S. 407; 6 S. 226; 7 S. 306; 42 S. 425).

1. Als „Stadtbehörden" kommen in Betracht: entweder der Bürgermeister, der in seiner Eigenschaft als Ortspolizeiverwalter (§ 62) zum Erlasse von Ortspolizeiverordnungen befugt ist, oder der Magistrat, insofern diesem auch da, wo ein Königlicher Polizeiverwalter vorhanden ist, ein Mitwirkungsrecht bei Erlaß der Polizeiverordnungen zugestanden ist (§ 5 G. v. 11. 3. 1850, LVG. § 143), oder auch schließlich — aber nur in den Fällen des § 7 G. v. 11. 3. 1850 (landwirtschaftliche Polizei) — die Stadtverordnetenversammlung.

2. Über Inhalt und Rechtsnatur solcher Verordnungen siehe Vorbemerkung.

3. Siehe Vorbemerkung.

4. Siehe § 62 StO.: Bürgermeister oder Königlicher Polizeiverwalter.

5. Für das ganze Gebiet polizeilicher Zuständigkeit, das nicht unter den Begriff der „Sicherheitspolizei im engeren Sinne" (§ 143 LVG.) fällt, ist jetzt in Abänderung dieser Bestimmung nicht nur Beratung mit dem Gemeindevorstande (d. h. Magistrat), sondern dessen Zustimmung erforderlich. Siehe § 143 LVG., oben abgedruckt. — In allen Fällen, in denen es, sei es der Beratung, sei es der Zustimmung, nur des Magistrats bedarf (Ausnahme § 7), ist ein Recht der Stadtverordneten auf Mitteilung des dem Magistrat zur Äußerung zugegangenen Entwurfes nicht gegeben.

Eine Mitteilung des Entwurfs an die Stadtverordneten auf Grund freiwilliger Entschließung des Magistrats ist aber nicht als ungesetzlich zu erachten.

6. Es können auch für Teile des Gemeindebezirks Ortspolizeiverordnungen erlassen werden (OVG. 18 S. 302).

Über den Geltungskreis von Polizeiverordnungen im Falle der Veränderung der Gemeindegrenzen vgl. Anm. 14 zu § 2 und Anm. 1 zu § 11 StO.

7. Jetzt 9 Mk. (ReichsmünzG. v. 9. 7. 1873 [RGBl. 233]).

8. Jetzt 30 Mk. s. Anm. 7.

9. Jetzt der Regierungspräsident. LVG. § 144.

10. Siehe das zu § 144 LVG. Gesagte.

11. Nach OVG. darf auch bei Anwendung der allgemeinen Bestimmung unter i der Kreis der polizeilichen Zuständigkeit, wie ihn § 10 II 17 ALR. abgrenzt, nicht überschritten werden (OVG. 9 S. 353ff.); dagegen Rosin a. a. O. (s. Vorbemerkung).

12. Die Stadtverordneten haben nur in diesem Spezialfall Anspruch auf Anhörung. Andererseits ist für diesen Fall ihre Zustimmung unbedingt erforderlich und kann nicht etwa nach § 143 LVG. ergänzt werden. Außer Stadtverordneten und Magistrat (gemäß § 143 LVG.) haben unter Umständen noch andere Behörden mitzuwirken: Bei Polizeiverordnungen, die sich zugleich auf militärische Angelegenheiten beziehen, die Kommandantur (MBl. 1852 S. 218) und bei sanitätspolizeilichen Verordnungen der Kreisarzt (§ 7 G. v. 16. 9. 1899, GS. 172), der aber nur zu „hören" ist.

13. Schon die Entwürfe sollen auf Verlangen vorgelegt werden (MBl. 1887 S. 270). — Die Verletzung der Vorschrift begründet nicht die Ungültigkeit der Verordnung (OTr. im JMBl. 1866 S. 303).

14. Nur der erste Absatz des § 9 ist noch in Geltung. Der ganze zweite Absatz ist durch § 145 LVG. außer Kraft gesetzt.

15. Jetzt „Oberpräsidenten" und „Regierungspräsidenten" LVG. § 137.

16. Gesetz im Sinne dieser Bestimmung ist jede Quelle objektiven Rechts; insbesondere fallen also Ortsstatuten und Observanzen auch darunter (OVG. 10 S. 203). Es gilt deshalb als Grundsatz, daß Polizeiverordnungen eine rechtliche Verpflichtung, die nicht durch Gesetz oder Ortsrecht begründet ist, ihrerseits nicht begründen können, und daß sie bestehende gesetzliche Verpflichtungen und Rechte nicht abändern können; wohl aber kann die Art und Weise der Erfüllung gesetzlich begründeter Verbindlichkeiten durch Polizeiverordnungen geregelt werden (vgl. Anm. 1b IV zu § 56[5] StO.).

17. Nach OVG. 1 S. 367 ist die Publikation des Beschlusses erforderlich. — § 16 ist teilweise abgeändert durch LVG. § 145 Abs. 2.

18. Das sind jetzt die für den Einzelfall zuständigen ordentlichen Gerichte (GVG. § 13).

19. Vgl. hierüber den Schluß der Vorbemerkung. Die Entscheidung des ordentlichen Richters ist in ihrer Wirkung stets nur auf den Einzelfall beschränkt; die generelle Aufhebung einer Polizeiverordnung kann der Richter

nicht aussprechen (s. auch OVG. im PVBl. 11 S. 97). Das OVG. hat für den Bereich des Verwaltungsrichters den Satz aufgestellt, daß der Prüfung des Gerichts nicht nur die materielle Gesetzlichkeit des Inhalts der Verordnung, sondern auch die formale Zuständigkeit der sie erlassenden Behörde unterliegt (OVG. 9 S. 363); insbesondere ist auch ausgesprochen worden, daß die Polizei mittels Polizeiverordnung die ihr zustehenden polizeilichen Rechte nicht anderen — unzuständigen — Behörden, z. B. auch nicht dem Magistrat, delegieren könne (OVG. 10 S. 203; 26 S. 380; KG. im PVBl. 25 S. 213 und bei Johow 25 C 18; ferner PVBl. 25 S. 815). — Vgl. auch Anm. 2 zu § 62 vorletzter Absatz am Ende.

20. Jetzt Haftstrafe; StGB. § 28.

21. Der zweite Satz des § 18 ist durch § 29 Abs. 1 StGB. völlig aufgehoben; danach ist bei Umwandlung solcher Geldstrafen, die für Übertretungen verhängt sind, in Freiheitsstrafen der Betrag von 1—15 Mk. einer eintägigen Freiheitsstrafe gleich zu setzen.

22. Oder soweit sie nicht inzwischen durch neuere (Reichs- oder Landes-) Strafgesetze, z. B. vor allen Dingen durch das StGB. aufgehoben sind.

23. Also nie für einen Ortspolizeibezirk des Kreises allein; demnach auch nicht für eine einzelne Stadt des Kreises.

24. Vgl. hierzu Anm. 5. Der Begriff der Sicherheitspolizei im Sinne des § 143 LVG. (vgl. hierüber Jebens im PVBl. 23 S. 625) ist ein viel engerer als der Begriff der Sicherheitspolizei nach § 10 II 17 ALR. „Sicherheitspolizei" steht im § 143 im Gegensatz zur gesamten „Verwaltungspolizei". Unter die Sicherheitspolizei nach § 143 LVG. fallen nur diejenigen Polizeiverordnungen, die darauf abzielen, die Rechtsordnung vor rechtswidrigen Angriffen Einzelner oder einer Vereinigung Einzelner zu schützen (s. hierzu PVBl. 12 S. 316 ff.; Rosin a. a. O. S. 247 und die dort zitierten, sowie Brauchitsch I. Bd. 20 Aufl. S. 213). — Übrigens bedeutet die Ausnahme des Nebensatzes nur, daß es bei „sicherheitspolizeilichen Verordnungen" nicht der Zustimmung des Magistrats bedarf; der Beratung mit dem Magistrat bedarf es dagegen auch in diesen Fällen gemäß § 5 G. v. 11. 3. 1850. — Es kann vorkommen, daß ein und dieselbe Verordnung gleichzeitig sicherheitspolizeiliche und verwaltungspolizeiliche Zwecke verfolgt. Mit Rücksicht auf die Tendenz des Gesetzgebers, das Gebiet der Sicherheitspolizei jedenfalls von einer entscheidenden Mitwirkung des Gemeindevorstandes freizuhalten, ist anzunehmen, daß auch in solchen Fällen die Zustimmung des Gemeindevorstandes nicht erforderlich ist. (Umgekehrt bei Verordnungen, die sowohl die Landwirtschaftspolizei wie auch andere polizeiliche Zwecke betreffen; bei diesen ist stets die Zustimmung der Gemeindevertretung gemäß § 7 G. v. 11. 3. 1850 erforderlich; Rosin a. a. O. S. 250, 244.)

25. Ob eine Versagung vorliegt, unterliegt nur der Prüfung der Ergänzungsbehörde; der Verwaltungsrichter, der die gehörig publizierte Verordnung anwenden soll und auf ihre Rechtsgültigkeit prüft, hat die Frage, ob eine Ergänzung notwendig war, nicht zu prüfen (OVG. im

PVBl. 8 S. 320). Der Ergänzungsbeschluß ist mit der Beschwerde anfechtbar (OVG. a. a. O.; dagegen Brauchitsch I 20. Aufl. S. 214 Anm. 280). Als Versagung wird es auch anzusehen sein, wenn der Gemeindevorstand eine ihm von der Ortspolizeibehörde gestellte Frist ohne Erklärung verstreichen läßt. — Die Zustimmung muß die Polizeiverordnung in derjenigen Form gefunden haben, in der sie später publiziert ist (OVG. 31 S. 361).

26. In Berlin des Oberpräsidenten (LVG. § 43).

27. Abs. 2 bezieht sich auf diejenigen Fälle nicht, die sicherheitspolizeiliche Verordnungen im Sinne des Abs. 1 betreffen.

28. D. i. für das Gebiet der StO. das G. v. 11. 3. 1850.

29. Die gehörige Publikation ist für die Gültigkeit der Polizeiverordnung unerläßlich. Die Zeit der Publikation ist daher auch z. B. bei Gesetzesänderungen maßgebend für die Beurteilung der Frage, wer zum Erlasse der Polizeiverordnung befugt war, und demgemäß für die Gültigkeit der Verordnung von besonderer Wichtigkeit (Johow 11 S. 185). Auszugehen hat die Publikation von der zum Erlasse der Polizeiverordnung berufenen Behörde. Die Form der Publikation bestimmt sich nach § 140 LVG. bei den Verordnungen der Minister, der Oberpräsidenten und Regierungspräsidenten. Wegen der übrigen Verordnungen haben gemäß § 144 die Regierungspräsidenten Bestimmung über die Publikationsart zu treffen; mangels des Erlasses solcher verbleibt es bei den älteren Bestimmungen, nämlich der Kgl. Verordnung über die Einrichtung der Amtsblätter v. 28. 3. 1811 und der hierzu ergangenen Deklaration v. 14. 1. 1813 (vgl. Johow 29 C 49). Erforderlich ist danach öffentliche Bekanntmachung durch das amtliche Publikationsorgan des Ortes, ev. das Kreisblatt, oder auch durch dreitägigen Aushang am Rathause oder der sonst dazu bestimmten Stelle. Ihrem Inhalt nach muß die Veröffentlichung die Polizeiverordnung ausdrücklich als solche bezeichnen, auf § 5 G. v. 11. 3. 1850 Bezug nehmen, angeben, daß die Anhörung („Beratung") oder Zustimmung des Magistrats oder der Gemeindevertretung erfolgt ist, und für den Fall der Verletzung Strafe androhen (Johow 23 C S. 3, 9; 25 C 49). Erfolgt die Publikation in mehreren Nummern des Publikationsorgans, so muß der Zusammenhang der einzelnen Teile der Verordnung klar erkennbar sein (KG. in der DtschJurZtg. 07 S. 1262). Die Publikation muß ferner vollständig erfolgen; durch ‚Ortsüblichkeit" kann bei Auslassung einzelner Teile nicht die Gültigkeit herbeigeführt werden (KG. in der DtschJurZtg. 07 S. 362). — Unterlassung der Publikation oder nicht gehörige Publikation hat Nichtigkeit der Polizeiverordnung zur Folge (OVG. 27 S. 414; 31 S. 355). Unerhebliche Druckfehler bei der Verkündung haben auf die Gültigkeit keinen Einfluß (OVG. 51 S. 377). In einer nicht gehörig publizierten Verordnung etwa aufgehobene ältere Verordnungen bleiben in Geltung.

30. Siehe hierzu § 16 G. v. 11. 3. 1850 und Anm. 17.

31. Siehe außerdem hinsichtlich der Polizeiverordnungen, insbesondere hinsichtlich der besonderen Zuständigkeiten für die Vororte Berlins Anm. 3 zu § 62.

Titel VI.

Von den Gehältern und Pensionen.

Vorbemerkung:

Der VI. Titel (§§ 64 und 65) enthält im Verein mit § 56[6] die Bestimmungen der StO. über das Beamtenrecht (s. hierzu Vorbem. zu § 56[6]). Schon das ZustGes. und das LVG. hatten die Bestimmungen des Titels wesentlich abgeändert, insofern sie an Stelle der Regierungen für die Genehmigung von Beschlüssen und Entscheidung von Streitigkeiten teils die Regierungspräsidenten, teils die Bezirksausschüsse setzten. Materielle einschneidende Änderungen erfuhr sodann der Titel VI durch das KBG. v. 30. 7. 1899, das in den §§ 3, 4, 5, 6, 7, 11—15, 24, 25 für die Besoldung, Pensionierung und Hinterbliebenenversorgung der Gemeindebeamten wesentliche neue Bestimmungen enthält. (Über die Veranlassung und den allgemeinen Inhalt des KBG. s. Vorbem. zu § 56[6] und die Einleitung in der Ledermann'schen Ausgabe des KBG., Berlin, Guttentag 1899.) Was die Darstellung anbetrifft, so reihen sich naturgemäß die §§ 3, 6, 11 d. KBG. dem § 64, die §§ 4, 5, 12, 13, 14, 15, 24 d. KBG. dem § 65 StO. an; § 7 KBG., der auf die Rechtsverfolgung aller vermögensrechtlichen Ansprüche der Kommunalbeamten Bezug hat, wurde aus Zweckmäßigkeitsgründen dem § 64 angeschlossen. — Sämtliche als Ergänzungen zu §§ 64 u. 65 in Betracht kommenden Bestimmungen des KBG. haben rückwirkende Kraft in dem Sinne, daß sie auch zugunsten solcher Beamten, die zur Zeit des Inkrafttretens des KBG. (1. 4. 00) bereits angestellt waren, angewendet werden müssen.

§ 64.

Der Normaletat aller Besoldungen[1] wird von dem Magistrat entworfen und von den Stadtverordneten festgesetzt.[2]

Ist ein Normalbesoldungsetat überhaupt nicht oder nur für einzelne Teile der Verwaltung festgestellt, so werden die in solcher Weise nicht vorgesehenen Besoldungen vor der Wahl festgesetzt.[3]

Hinsichtlich der Bürgermeister und der besoldeten Magistratsmitglieder unterliegt die Festsetzung der Besoldungen in allen Fällen der Genehmigung der Regierung.[4] Die Regierung[5] ist ebenso befugt als verpflichtet, zu verlangen, daß ihnen die zu einer zweckmäßigen Verwaltung angemessenen Besoldungsbeträge bewilligt werden.[6]

Den Beigeordneten, insofern ihnen nicht eine Besoldung besonders beigelegt ist (§ 31), können mit Genehmigung der Regierung[7] feste Entschädigungsbeträge bewilligt werden. Schöffen und Stadtverordnete erhalten weder Gehalt noch Remuneration, und ist nur die Vergütung barer Auslagen zulässig, welche für sie aus der Ausrichtung von Aufträgen entstehen.[8]

Hierzu: KBG. §§ 3, 6, 7, 11.

§ 3. Die Zahlung des Gehalts an Kommunalbeamte[9] erfolgt in Ermangelung besonderer Festsetzungen vierteljährlich im Voraus.[10–16]

§ 6.[17] Über die Art und Höhe der Reisekostenentschädigung,[18] welche den Kommunalbeamten, einschließlich der im § 2 Absatz 1 erwähnten,[19] bei Dienstreisen[20] zugebilligt werden sollen, können die Kommunalverbände Vorschriften erlassen.[21, 22] Kommen solche in Fällen, in welchen ein Bedürfnis der Regelung besteht,[23] nicht zustande,[24] so kann die Aufsichtsbehörde die erforderlichen Vorschriften erlassen, welche solange in Geltung bleiben, bis anderweite Bestimmungen seitens der Kommunalverbände getroffen sind.[25, 26]

§ 7. Der Bezirksausschuß beschließt über streitige vermögensrechtliche Ansprüche der Kommunalbeamten einschließlich der in § 2 Absatz 1 erwähnten Beamten[27] aus ihrem Dienstverhältnisse,[28] insbesondere über Ansprüche auf Besoldung,[29] Reisekostenentschädigung,[30] Pension[31] sowie über streitige Ansprüche der Hinterbliebenen der Beamten auf Gnadenbezüge oder Witwen- und Waisengeld.[32] Die Beschlußfassung erfolgt, soweit sie sich auf die Frage erstreckt, welcher Teil des Diensteinkommens bei Feststellung der Pensionsansprüche als Gehalt anzusehen ist,[33] vorbehaltlich der den Beteiligten[34] innerhalb zwei Wochen bei dem Bezirksausschuß gegeneinander zustehenden Klage im Verwaltungsstreitverfahren. Im übrigen findet gegen den in erster oder auf Beschwerde in zweiter Instanz ergangenen Beschluß[35] binnen einer Ausschlußfrist von sechs Monaten nach Zustellung desselben die Klage im ordentlichen Rechtswege statt.[36] Die Beschlüsse sind vorläufig vollstreckbar.[37, 38]

§ 11.[39] Die Aufsichtsbehörde[40] kann in Fällen eines auffälligen Mißverhältnisses zwischen der Besoldung und den amtlichen Aufgaben der Beamtenstelle[41] verlangen, daß den städtischen Beamten[42] die zu einer zweckmäßigen Verwaltung angemessenen und der Leistungsfähigkeit der Stadtgemeinde entsprechenden Besoldungsbeträge bewilligt werden,[43] insoweit nicht die Besoldung der betreffenden Stelle durch Ortsstatut festgesetzt ist.[44] Im Falle des Widerspruchs

der Stadtgemeinde erfolgt die Feststellung der Besoldungsbeträge durch Beschluß des Bezirksausschusses.[45]

Betreffs der Polizeibeamten[46] *bewendet es bei der Bestimmung im § 4 Absatz 1 Satz 1 des Gesetzes über die Polizeiverwaltung vom 11. März 1850 (GS. S. 265), § 4 Absatz 1 der Verordnung vom 20. September 1867 (GS. S. 1529), § 5 Abs. 1 des lauenburgischen Gesetzes vom 7. Januar 1870 (Offizielles Wochenblatt S. 13).*[47]

Vorbemerkung:

Die durch den Druck als obsolet gekennzeichneten Worte sind durch §§ 16 Abs. 3, 7, 19 ZustGes. (für Berlin kommen außerdem §§ 42, 43 LVG. in Betracht) abgeändert. — Als Ergänzung des § 64 kommen §§ 3, 6, 7 Abs. 1 und § 11 KBG. in Betracht. Die Neuerungen, die das KBG. gegenüber dem § 64 gebracht hat, lassen sich kurz so darstellen:

a) Bisher fehlte eine Bestimmung über die Gehaltszahlungsperiode; jetzt ist durch § 3 KBG. subsidiär die vierteljährliche Vorauszahlung eingeführt.

b) Bisher fehlte es völlig an öffentlich-rechtlichen Bestimmungen über den Ersatz von Reisekosten der Kommunalbeamten. Nunmehr ist diese Materie durch § 6 KBG. geregelt.

c) Eine Regelung des Rechtsweges bei vermögensrechtlichen Streitigkeiten aus dem Dienstverhältnis war bisher nicht vorhanden; die Bestimmung des § 20 ZustGes. (letzter Abs.) bezog sich nur auf Pensionen. Mangels jeglicher gesetzlichen Beschränkung war im übrigen der Rechtsweg unbeschränkt und ohne jede Fristbestimmung zulässig. Jetzt statuiert die allgemeine Zulässigkeit des Rechtsweges § 7 KBG. für alle vermögensrechtlichen Streitigkeiten unter Einführung einer Präklusivfrist für die Erhebung der Klage.

d) Bisher hatte die Aufsichtsbehörde eine Einwirkung auf die Höhe der Beamtengehälter (abgesehen von den Gehältern der Polizei- und Forstbeamten) nur nach Maßgabe des § 64 StO., d. h. nur bei den besoldeten Magistratsmitgliedern und auch nur vor der Wahl. Bezüglich der Magistratsmitglieder ist es bei dieser Regelung verblieben (s. Anm. 4); neu eingeführt ist aber durch § 11 KBG. das Recht der Aufsichtsbehörde, in gewissen Fällen — vor und nach der Anstellung — auf die Erhöhung der Gehälter der sonstigen besoldeten Kommunalbeamten einen wirksamen Einfluß auszuüben (s. Anm. 39).

1. Der Normalbesoldungsetat ist eine Aufzählung aller bei der Stadt vorhandenen (etatsmäßigen) Beamtenstellen unter Angabe der für diese aufzuwendenden Besoldungen. Naturgemäß werden in dem Normalbesoldungsetat nur solche Stellen Aufnahme finden, deren Besetzung dauernd nötig ist. Aus diesem Grunde werden in der Regel die eigentlichen technischen Beamtenstellen, sofern deren Inhaber zu bestimmten (vorübergehenden) Zwecken angestellt werden, nicht im Normalbesoldungsetat Aufnahme finden; ebensowenig solche Stellen, deren Besoldung, wegen Ungleichheit des Angebotes des Beamtenmaterials auf dem Arbeitsmarkt oder aus anderen Gründen keine dauernd feststehende ist. Anderenfalls würde der Normalbesoldungsetat eine unzweckmäßige Bindung des Magistrats herbeiführen. — Im übrigen sei schon hier darauf hingewiesen, daß die Begriffe „Besoldung" und „Gehalt" keineswegs gleichbedeutend sind. „Besoldung" ist der weitergehende Begriff und umfaßt das gesamte Diensteinkommen, d. h. also das bare Gehalt, den etwaigen Anspruch auf Dienstwohnung oder Wohnungsentschädigung oder Wohnungsgeldzuschuß, auf sonstige Naturalbezüge, Repräsentations- und Dienstaufwandsgelder, fixierte oder nicht fixierte Fuhrkostenentschädigung, persönliche und sog. Funktionszulagen, unter Umständen auch Sporteln und Gebühren, wenn nämlich der Beamte auf diese angewiesen ist.

Wie die Fassung des Abs. 2 beweist, ist die Bestimmung des Abs. 1 keineswegs zwingender Natur. Wird ein Normalbesoldungsetat entworfen, so hat an sich die Aufsichtsbehörde kein Mitwirkungsrecht. Eingriffe in den Normalbesoldungsetat kann die Aufsichtsbehörde — abgesehen von den Fällen Abs. 3 Satz 1 (Magistratsmitglieder) — nur auf Grund des § 11 KBG. vornehmen. Hat die Stadtgemeinde den Normalbesoldungsetat in der Form des Ortsstatuts festgesetzt (§ 11 StO.), so ist der Aufsichtsbehörde jedes Eingriffsrecht entzogen (s. Anm. 39 unter b).

2. Wegen der Bedeutung der Worte „entworfen" und „festgesetzt" s. Anm. 5 zu § 66 StO. Die rechtliche Bedeutung eines etwa vorhandenen Normalbesoldungsetats ist lediglich eine interne, insofern der Magistrat durch den Normalbesoldungsetat einerseits ermächtigt ist, bei Vakanzen die Stelle sofort wieder unter den im Besoldungsetat festgesetzten Bedingungen zu besetzen, ohne sich für den neuen Beamten das Gehalt neu bewilligen lassen zu müssen, andererseits verpflichtet ist, die festgesetzten Besoldungsbedingungen innezuhalten, wenn es ihm nicht gelingt, die Stadtverordnetenversammlung zur Bewilligung einer Ausnahme zu bewegen. Eine Bedeutung nach außen, in dem Sinne, daß der angestellte Beamte einen klagbaren Anspruch auf die für seine Stelle im Normalbesoldungsetat ausgeworfene Besoldung hätte, kommt dem Normalbesoldungsetat nicht zu. Von besonderer Bedeutung ist dieser Satz, seitdem nach dem Vorgange des preußischen Staats fast in allen Kommunalverwaltungen das sog. Alterszulagensystem (an Stelle des sog. Stellenetats) eingeführt ist. Wenn auch der Normalbesoldungsetat für jede Stelle das Anfangsgehalt sowie die normalen Alterszulagen und die Steigerungsperioden nachweist, so hat doch kein städtischer Beamter einen Rechtsanspruch auf die fällig werdenden etatsmäßigen Alterszulagen, bevor ihm nicht diese Zulage durch einen Hoheitsakt der Anstellungsbehörde, also des Magistrats, besonders bewilligt ist (RGZ. 59 S. 413). Nur auf das bei der Anstellung zugesicherte Gehalt sowie die bewilligten Alterszulagen besteht ein Rechtsanspruch. Meint der Beamte, daß ihm eine Alterszulage zu Unrecht vorenthalten werde, so muß er sich beschwerdeführend an die Aufsichtsbehörde wenden, die aber auch nur im Falle des § 11 KBG. eingreifen kann. Ob die Alterszulage mit Recht oder Unrecht versagt ist, wird im ordentlichen Rechtswege nicht geprüft (RGZ. 48 S. 321). Eine Ausnahme könnte nur dann vorliegen, wenn durch die Anstellungsurkunde selbst (PVBl. 30 S. 532) oder durch den in dieser etwa in Bezug genommenen Normalbesoldungsetat (indem dieser dadurch zum integrierenden

Bestandteil des Anstellungsvertrages gemacht ist) das Recht auf die Alterszulagen dem Beamten ausdrücklich zugesichert, oder endlich, wenn der Normalbesoldungsetat in der Form eines Ortsstatuts festgesetzt ist, ohne daß in dem Ortsstatut der Anspruch auf Alterszulagen von einer jedesmaligen Bewilligung abhängig gemacht ist. Davon abgesehen ist aber eine ausdrückliche Bestimmung im Normalbesoldungsetat oder der Besoldungsordnung dahin, daß ein klagbarer Anspruch auf die Alterszulagen nicht bestehe, zwar zweckmäßig, aber nicht behufs Ausschlusses der Klagbarkeit noch nicht bewilligter Alterszulagen unbedingt erforderlich.

3. Es fragt sich, was zu geschehen hat, wenn über die Höhe der festzusetzenden Besoldung zwischen Magistrat und Stadtverordneten Streit entsteht. Oertel (S. 524) und nach seinem Vorgange Kautz-Appelius (S. 146) nehmen an, daß in solchen Fällen niemals das Verfahren aus § 36 StO. und § 17 ZustGes. Platz greifen könne. In dieser Allgemeinheit kann dem nicht zugestimmt werden. Handelt es sich freilich um eine vom Magistrat beantragte Erhöhung einer schon bewilligten Besoldung für eine bereits bestehende Stelle und lehnt die Stadtverordnetenversammlung diesen Antrag ab, so liegt der in Anm. 2 zu § 36 beschriebene Fall vor und die Anwendung des § 36 StO. und 17 ZustGes. ist ausgeschlossen, weil der Stadtverordnetenbeschluß rein negativen Inhalt hat. Anders dagegen, wenn der Magistrat die Neubewilligung einer Stelle und eines bestimmten Gehaltes für dieselbe beantragt und die Stadtverordneten zwar mit der Schaffung der Stelle einverstanden sind, aber ein niedrigeres oder höheres Gehalt für die Stelle normiert wissen wollen. Alsdann kann man nicht in allen Fällen etwa sagen, daß eine Meinungsverschiedenheit um deswillen nicht vorliege, weil derjenige Teil, der die höhere Besoldung gewollt habe, auch implicite mit der Bewilligung der niedrigeren einverstanden gewesen sei, so daß ein Gemeindebeschluß dahin, die niedrigere Besoldung für die Stelle zu bewilligen, zu Stande gekommen sei. Vielmehr ist es sehr wohl möglich, daß das Kollegium, das die höhere Besoldung festzusetzen wünscht, die Stelle für schädlich oder überflüssig hält, wenn sie minder dotiert ist und sie deshalb lieber gar nicht als mit unzureichender Besoldung schaffen will. Alsdann liegt zweifellos eine „Meinungsverschiedenheit" vor, der Stadtverordnetenbeschluß, der auch einen teilweise positiven Inhalt hat (nämlich den Beschluß enthält, eine Stelle neu zu schaffen), ist nicht rein negativ, und so entfällt das einzige Argument, die Anwendung des § 17 ZustGes. in Verbindung mit § 36 StO. auszuschließen. Es würde daher in solchen Fällen allerdings, wenn nicht etwa der Magistrat seinen Antrag ganz zurückzieht, oder der Bezirksausschuß die Stelle für unnötig hält (Anm. 14 zu § 36), dieser in die Lage kommen, über die Höhe der Besoldung zu beschließen.

4. Nach § 16 ZustGes. wird jetzt die Genehmigung zu den die Besoldungen der Magistratsmitglieder festsetzenden Gemeindebeschlüssen vom Bezirksausschusse erteilt (in Berlin vom Oberpräsidenten § 43 LVG.). Gegen einen ablehnenden Beschluß ist Beschwerde an den Provinzialrat (§ 121 LVG.), in Berlin an den Minister des Innern (§ 43 LVG.) gegeben. — In teilweiser Anlehnung an eine frühere Entscheidung (OVG. 13

S. 179) hat das OVG. (PVBl. 21 S. 195) angenommen, daß der Bezirksausschuß berufen sei, nicht nur vor der Wahl die Besoldungen der Magistratsmitglieder zu genehmigen, sondern daß das Gesetz auch erfordere, daß etwaige nach der Wahl bewilligte Zulagen und Gehaltserhöhungen, um gültig zu sein, vom Bezirksausschusse genehmigt würden (ebenso Koehne im PVBl. 31 S. 262). Demgegenüber hat aber Schmölders im PVBl. 22 S. 293ff. zutreffend nachgewiesen, daß die Worte „in allen Fällen", die das OVG. dahin versteht, daß vor wie nach der Wahl und auch bei Erhöhung der Besoldungen der Bezirksausschuß zur Genehmigung berufen sei, nach der Entstehung des § 64 nur den Zweck haben, auf die verschiedenen Fälle des vorangegangenen Absatzes des § 64 hinzuweisen und also zu konstatieren, daß die Genehmigung erforderlich sei, gleichviel ob ein vollständiger oder teilweiser oder gar kein Normalbesoldungsetat aufgestellt ist (ebenso Oertel S. 524; Kautz-Appelius S. 146; Preuß S. 277; PVBl. 28 S. 419 u. 32 S. 31). Bei den übrigen Kommunalbeamten ist das Erfordernis einer Festsetzung der Besoldungen durch den Bezirksausschuß nicht gegeben (vgl. Anm. 5 unten, sowie § 11 KBG. und das dazu Gesagte). Die Genehmigungen der Bezirksausschüsse und des Oberpräsidenten zu den Gehaltsfestsetzungen sind stempelfrei (MBl. 04 S. 240).

5. Für die Anwendung des Satzes 2 des Abs. 3 ist an Stelle der Regierung nicht der Bezirksausschuß, sondern der Regierungspräsident in seiner Eigenschaft als jetzige Aufsichtsbehörde der Städte getreten (§ 7 ZustGes.); der Regierungspräsident ist zuständig, das von ihm Erforderte ev. im Wege des § 19 ZustGes. (Zwangsetatisierung) von der Kommune zu erzwingen (das Nähere hierüber s. zu § 78 StO.). Zu beachten ist, daß die Einwirkung des Regierungspräsidenten nach § 64 StO. (anders nach § 11 KBG.) sich beschränkt auf die Besoldungen der Magistratsmitglieder und sich nicht bezieht auf andere besoldete Gemeindebeamte (OVG. 27 S. 77, woselbst die das Gegenteil aussprechende Nr. X der Instruktion v. 20. 6. 1853 für ungültig erachtet wird; eine Ausnahme machen nach OVG. nur die Gehälter der Polizeibeamten und teilweise auch der Forstbeamten; jetzt kommt bei allen Kommunalbeamten außer den Magistratsmitgliedern § 11 KBG. in Betracht); daß ferner die Einwirkung auch des Regierungspräsidenten nur vor der Wahl für zulässig erachtet wird (MBl. 1861 S. 116, 162) und daß nach der Entstehungsgeschichte des § 64 und dem Wortlaut des Satzes 2 des Abs. 3 diese Einwirkung auch nur darauf hinzielen kann, die Besoldungsfestsetzung zu erhöhen, nicht die festgesetzten Besoldungen zu verringern (vgl. PVBl. 22 S. 297). Wegen des Inhaltes des § 11 KBG. s. die Anm. 39ff.

6. Was „angemessene Besoldung" ist, haben in erster Linie die Gemeindebehörden selbst, demnächst die Aufsichtsbehörden (Regierungspräsident, Oberpräsident) zu entscheiden. (Außerdem hat bei der Genehmigung aus Satz 1 des Abs. 3 auch der BzAusſch. die Angemessenheit der Besoldungen zu berücksichtigen.) Kommt es zur Klage gegen eine etwaige Zwangsetatisierung auf Grund des § 64 (§ 78 StO., § 19 ZustGes.), so hat das OVG. nur über die Gesetzmäßigkeit dieser Maßregel, nicht über die Angemessenheit und Notwendigkeit der verlangten Beträge zu befinden (OVG.

13 S. 68; 14 S. 107; 19 S. 119; 20 S. 67; 25 S. 114; 26 S. 144; s. das zu § 78 StO. Gesagte).

7. Jetzt des BzAusschuß. (§ 16 ZustGes.). Was „feste Entschädigungsbeträge" sind, die einem unbesoldeten Beamten gewährt werden, ist nicht ganz klar. Gemeint sind wohl zum Unterschiede von dem nicht Entgelt, sondern Rente bildenden Gehalt (s. Anm. 11) solche Bezüge, die sich als der ein für allemal bestimmte Ersatz für regelmäßig wiederkehrende dienstliche Auslagen (im weitesten Sinne, nicht etwa bloß Reisekosten) qualifizieren. Für die Vertretung des behinderten Bürgermeisters hat der Beigeordnete eine besondere Entschädigung nicht zu beanspruchen. Wird ihm eine solche freiwillig gewährt, so fällt sie nicht unter die „festen Entschädigungsbeträge" des Satzes 1, unterliegt also nicht dem Erfordernis der Genehmigung.

8. Wegen der Reisekostenentschädigungen s. § 6 KBG. und Anm. 17 bis 26. — Bare Dienstunkostenentschädigungen können nicht bloß Schöffen und Stadtverordnete, sondern alle ehrenamtlichen Organe beziehen (z. B. Bezirksvorsteher, Armenkommissionsvorsteher usw., Anm. 4 zu § 60). Über den Begriff der baren Auslagen vgl. PVBl. 31 S. 622).

9. Was das Anwendungsgebiet des § 3 anbetrifft, so ist zu beachten, daß sich dasselbe nicht auf die im § 2 Abs. 1 und 2 KGB. erwähnten Personen, d. h. auf die zur Probe, zu vorübergehender Beschäftigung und zur Vorbereitung Angestellten und die nebenberuflich im Kommunalamt tätigen Personen (s. Anm. 18—21 zu § 56[6]) und ebenso nach der ausdrücklichen Bestimmung im § 14 Abs. 1 KBG. auch nicht auf die besoldeten Magistratsmitglieder erstreckt. (Anders Freytag, KBG. S. 35, Oertel S. 534 und Kautz-Appelius S. 159). Die letzteren Beamten dürften indessen fast durchweg auch bisher schon ihr Gehalt vierteljährlich beziehen. Des Weiteren ist zu beachten, daß sich § 3 nur auf einen Teil der Besoldung (des Diensteinkommens) bezieht, nämlich auf das bare Gehalt (s. Anm. 1).

10. Inhaltlich entspricht der § 3 KBG. bis auf die Worte „in Ermangelung besonderer Festsetzungen" der Bestimmung des § 1 G. v. 6. 2. 1881 (GS. 17), betr. die Zahlung der Beamtengehälter und die Bestimmungen über das Gnadenquartal. Anderweite vertragliche oder auch generelle Regelung ist demnach zulässig. Die generelle Regelung braucht, da es sich um einen Gegenstand der städtischen Verwaltung, nicht der Verfassung handelt, nicht in der Form des Ortsstatuts zu erfolgen. Ein einfaches Reglement ist ausreichend (s. Anm. 5 zu § 11 StO.).

11. Rechtsnatur des Gehaltsanspruchs: Das Gehalt ist (wie die gesamte Besoldung) nicht nur Entlohnung für Dienstleistungen, sondern gleichzeitig auch Rente, die zum standesgemäßen Lebensunterhalt dient (OVG. 12 S. 45, 56; 14 S. 100; RGZ. 37 S. 160; 38 S. 320, 322; Laband, Staatsr. d. D. R. Bd. I S. 477 ff.). Der Anspruch auf Gehalt ist daher zwar ein vermögensrechtlicher, indessen kein rein privatrechtlicher Anspruch. Der Standpunkt des OTr. (52 S. 320 und Striethorst 85 S. 368, vgl. darüber auch RGZ. 18 S. 175), daß das Beamtenverhältnis ein quasikontraktliches sei und nach den allgemeinen Vertragsgrundsätzen bei Nichterfüllung der Dienstfunktion seitens des Beamten die §§ 270, 271 I 5

ALR. (nach BGB. würden §§ 325, 323 Abs. 3, 812 Abs. 1 in Betracht kommen) zur Anwendung kämen, ist heute allgemein verlassen. Erledigung der Amtspflichten und Gewährung der Besoldung stehen sich nicht als Leistung und Gegenleistung gegenüber. Die wichtigsten Konsequenzen dieser Auffassung des Gehalts als einer Rente sind:

a) ähnlich wie der Alimentationsberechtigte erwirbt der Beamte, sobald er den Beginn der Besoldungsperiode, d. h. also den Quartalsersten erlebt, den Anspruch auf die ganze fällige Besoldungsrate, gleichviel wann später der Tod eintritt. Das Gehalt gilt als für das ganze Quartal verdient, ist daher ein Teil des Nachlasses des Beamten und gebührt für das ganze Sterbequartal den Erben des Beamten, gleichviel ob diese mit den im § 4 KBG. aufgeführten Hinterbliebenen identisch sind oder nicht (s. Anm. 13 zu § 65 StO.);

b) die Kosten für die Vertretung eines erkrankten oder sonst gegen seinen Willen an der Ausübung des Dienstes behinderten, z. B. eines in Strafhaft befindlichen Gemeindebeamten (RGZ. 38 S. 320) fallen der Gemeinde zur Last, nicht dem Beamten (MR. v. 9. 4. 1837 und v. 4. 7. 1837 Ann. S. 436, 687); der ME. v. 16. 12. 1846, MBl. 1847 S. 2 ist also nicht mehr in Geltung und es kann sich nur fragen, ob der Tatbestand der §§ 48, 49 DiszG. — s. zu § 80 StO. — gegeben ist. Auch die KabO. v. 17. 5. 1820, nach der eine Entziehung des Gehalts außer dem Falle der Suspension bei längerer als vierwöchiger Freiheitsstrafe eintritt, gilt nicht mehr (RGZ. 38 S. 320, vgl. auch MBl. 04 S. 141 u. 05 S. 72).

c) Bei Beurlaubungen zur Wiederherstellung der Gesundheit bezieht der Beamte auf die ganze Dauer des notwendigen Urlaubs sein ganzes Gehalt weiter (in Analogie der Königl. Ordre v. 15. 6. 1863 [MBl. 137, s. auch JMBl. 191]; bei anderweitem Urlaub steht nach derselben Ordre dem Beamten für $1^1/_2$ Monate der Gehaltsanspruch unverkürzt, für weitere $4^1/_2$ Monate zur Hälfte, für die darüber hinausgehende Zeit kein Gehaltsanspruch mehr zu). — Wegen Fortzahlung und eventl. Kürzung des Gehalts während der Dauer militärischer Dienstleistung s. §§ 66 RMilG. v. 2. 5. 1874 (RGBl. 45) und AusfVorschrift dazu v. 17. 7. 1888 (MBl. 121). Kürzungen sind danach nur bei Offizieren des Beurlaubtenstandes und in Höhe der Offiziersbesoldung zulässig, bei Offizieren, die eigenen Hausstand mit Frau und Kind haben und ihren Wohnort verlassen müssen, auch nur insoweit, als das Diensteinkommen und die Offiziersbesoldung zusammen 3600 Mk. übersteigen; doch ist nach einem Urteil des KG. in Sachen Ziebarth gegen Berlin v. 17. 5. 07 der § 66 RMilG. nur auf den Mobilmachungsfall, nicht dagegen auch auf Friedensübungen anwendbar. Kommunalbeamten, die in den Reichstag oder Landtag eintreten (s. VU. Art. 78, RVerf. Art. 21 Abs. 1, wonach sie hierzu keines Urlaubs bedürfen; ob die Bedingung der Nichtannahme eines Mandats bei der Anstellung gestellt werden darf, ist streitig; s. Anm. 17 zu § 30 StO.), könnte an sich ein Abzug vom Gehalte in Höhe der Vertretungskosten gemacht werden (OTr. 52 S. 320). Im allgemeinen wird indessen hiervon in Analogie des StaatsMBeschl. v. 24. 10. 1869 (s. MBl. 189, 276) Abstand genommen. — Wegen Entziehung des Gehalts im Falle unerlaubter Entfernung aus dem Amte s. § 8 des DisziplinarG. v. 21. 7. 1852, wegen Einbehaltung der Hälfte des Diensteinkommens auf Grund der Amtssuspension s. §§ 48ff., insbesondere § 51 ebenda (abgedruckt zu § 80 StO.) und das vorstehend zu b Gesagte. — Abgesehen von den Fällen des Todes und der Pensionierung erlischt der Gehaltsanspruch regelmäßig mit dem Ende des Beamtenverhältnisses. Im Falle freiwilligen Ausscheidens oder unfreiwilliger Entfernung aus dem Amte muß daher das bereits empfangene Gehalt, soweit es für die Zeit nach dem Ausscheiden im voraus gezahlt war, zurückgezahlt werden (RGZ. im MBl. 1888 S. 148).

12. Pfändbarkeit des Gehalts: Vgl. § 850[8] und Abs. 2 ZPO., der sich übrigens nicht nur auf das Gehalt, sondern auf das ganze Diensteinkommen bezieht. Nur der dritte Teil des 1500 Mk. übersteigenden Diensteinkommens ist der Pfändung unterworfen. Vgl. außerdem § 811 ZPO.

13. Übertragbarkeit des Gehaltsanspruchs. Anhangsparagraph 163 (zu § 108) ALR. I 24 — der nach RGSt. 7 S. 95 und RGZ. 44 S. 190 durch die veränderten Bestimmungen über die Beschlagnahme (ZPO.) nicht obsolet geworden ist — ist nach Art. 81 EG. z. BGB. auch weiterhin in Geltung geblieben. Jede Abtretung, Verpfändung, oder Anweisung von Gehaltsforderungen ist daher im Geltungsgebiete der ALR. ungültig. § 411 BGB. kann demnach, da es einen übertragbaren Teil des Diensteinkommens bei preußischen Kommunalbeamten im Geltungsbereiche der ALR. nicht gibt, auf solche auch nicht Anwendung finden. (PVBl. 21 S. 184, 198, ebenso auch Kautz-Appelius S. 288 und Oertel S. 532). Bezüglich der Pensionen findet sich das ausdrückliche Verbot der Zession in § 26 des PensionsG. v. 27. 3. 1872.

14. Aufrechnung. Die Aufrechnung ist gemäß § 394 BGB. nur insoweit zulässig, als die Gehaltsforderung pfändbar ist. (Kautz-Appelius S. 289; Oertel S. 532; Kappelmann im PVBl. 21 S. 198 und RGZ. 55 S. 1).

15. Verjährung erfolgt in vier Jahren: §§ 197, 198, 201 BGB. Der Anspruch auf die Gehaltsrate pro 1. 1. bis 31. 3. 12 verjährt mit Ablauf des 31. 12. 16. Wegen Unterbrechung der Verjährung s. §§ 208, 209 BGB.

16. Besteuerung: Auf dem Gebiete der staatlichen Besteuerung bestehen keine Privilegien. Wohl aber auf dem Gebiete der Gemeindebesteuerung nach dem Gesetz betr. die Heranziehung der Beamten zur Gemeindeeinkommensteuer v. 16. 6. 09 (GS. 489) nebst ME. v. 6. 7. 09 (MBl. 163). Danach werden die mittelbaren Staatsbeamten in den Gemeinden zur Einkommensteuer gleich den übrigen dieser Steuer unterworfenen Personen herangezogen, sofern nicht mehr als 125 % Zuschläge erhoben werden. Bei höheren Zuschlägen trifft der Mehrbetrag nur den auf das

außerdienstliche Einkommen entfallenden Teil des Steuersatzes. Das Gesetz bezieht sich jedoch nur auf die nach dem 31. 3. 09 in das Amtsverhältnis eingetretenen Beamten. Hinsichtlich des Diensteinkommens der schon vor dem 1. 4. 09 angestellten Beamten, sowie hinsichtlich der Naturaldienste und der steuerlichen Behandlung der Ruhegehälter, der laufenden Unterstützungen, der Wartegelder, der Witwen- und Waisen-, Sterbe- und Gnadenbezüge kommen § 41 KAG. v. 14. 7. 1893 (GS. 152) und die V. v. 23. 9. 1867 (GS. 1648) in Betracht. Danach darf das Diensteinkommen nur mit der Hälfte seines Betrages angerechnet und veranlagt werden; die Gemeindeabgaben davon dürfen insgesamt den Betrag von 1—2 % (je nach der Höhe des Diensteinkommens) des Gesamtbetrages des Diensteinkommens nicht überschreiten. Die Witwen- und Waisenpensionen sowie geringe Pensionen der Beamten selbst, die Gnaden- und Sterbemonate usw. sind ganz befreit (§ 1 der V.). Besteuerungsgemeinde ist die des Wohnsitzes, nicht die des Sitzes der Behörde (§ 41 KAG.). Wegen der Berechnung des „Diensteinkommens" behufs Versteuerung s. § 4 und § 1 Nr. 7 V. v. 23. 9. 1867. Wegen weiterer Einzelheiten wird auf Kautz-Appelius S. 270 ff. sowie auf Noell-Freund, 7. Aufl. S. 413 ff. verwiesen. Wegen des Bürgerrechtsgeldes s. Anm. 12, 13 zu § 52 StO.; wegen der Befreiung von Naturaldiensten s. § 68 Abs. 6 KAG.

17. Der § 6 KBG. handelt von der Reisekostenentschädigung. Er verdankt seine Entstehung dem Umstande, daß die einfache Anwendung der bezüglichen, die unmittelbaren Staatsbeamten betreffenden Vorschriften (vgl. jetzt das G. betr. die Reisekosten der Staatsbeamten v. 26. 7. 10 [GS. 150] nebst AusfBest. v. 24. 9. 10 [GS. 269], sowie PVBl. 31 S. 797; 32 S. 59; 33 S. 435 u. 523) auf die Kommunalbeamten untunlich war, weil die Bestimmungen jener Gesetze auf der staatlichen Rangordnung beruhen, die auf die Kommunalbeamten unanwendbar ist. Zudem wäre eine einheitliche Regelung für die Kommunalbeamten der ganzen Monarchie nicht der Verschiedenheit sowohl der örtlichen Verhältnisse wie auch der Leistungsfähigkeit der Kommunen gerecht geworden. Es ist deshalb nur der Anspruch als solcher (die herrschende Meinung nimmt auch das nicht einmal an) gewährleistet, die Art und Höhe der Entschädigung aber der Bestimmung der einzelnen Kommunen überlassen. Im übrigen knüpft sich an den § 6 die schon angedeutete Kontroverse, ob darin den Gemeindebeamten ein obligatorischer Anspruch auf Reisekostenentschädigung gegeben ist oder nicht. Die herrschende Meinung (Freytag, Kommentar S. 47; Jebens PVBl. 21 S. 67; Oertel S. 528; Kautz-Appelius S. 165) hat sich für die Verneinung eines obligatorischen Anspruchs entchieden. Der Verfasser, der in seinem Kommentar z. KBG. S. 56 für die Annahme eines obligatorischen Anspruchs aus § 6 eingetreten ist, hat zur Begründung seiner Ansicht außer der dort ausführlich herangezogenen Entstehungsgeschichte des Gesetzes noch folgendes geltend zu machen: Es wird behauptet, daß, wenn selbst die Entstehungsgeschichte des § 6 Raum lasse für die Annahme des obligatorischen Anspruchs, doch der Wortlaut des Gesetzes: „zugebilligt werden soll(en)" entscheidend gegen die obligatorische Natur des Anspruchs ins Gewicht falle (so z. B. Jebens a. a. O.). Dabei ist aber wohl zunächst der Sprach-

gebrauch des KBG., ferner die Stellung des § 6 im System und schließlich auch sein Wortlaut nicht genügend gewürdigt worden. Nach dem Sprachgebrauch des KBG. sind diejenigen Vorschriften, die nicht obligatorischer, sondern fakultativer Natur sein sollten, stets mit den Worten eingeleitet oder bezeichnet „sofern nichts anderes festgesetzt ist" oder „in Ermangelung anderweiter Festsetzungen" (§§ 3, 5 [9, 10], 12, 15 KBG.). Die Bestimmung über die Reisekostenentschädigung ist ferner in den allgemeinen Teil des KBG. verwiesen, d. h. unter diejenigen Bestimmungen, die der Gesetzgeber für so fundamental hielt, daß er sie nicht, wie die Normen der §§ 8—15, nur den Städten auferlegen, sondern für sämtliche vom Gesetze betroffenen Kommunalbeamten maßgebend sein lassen wollte (s. hinsichtlich der Provinzialbeamten den Wortlaut des § 22 KBG.). Könnte es hiernach vielleicht noch zweifelhaft erscheinen, ob der Gesetzgeber die Bestimmung des § 6 wirklich als eine so fundamentale angesehen habe, so wird dies vollends bewiesen durch den Wortlaut des § 6 selbst, wenn man diesen mit § 2 KBG. zusammenhält. Im § 2 ist gesagt, daß auf die zur Probe usw. angestellten Personen nur diejenigen Bestimmungen des Gesetzes Anwendung finden sollen, in welchen diese Anwendbarkeit ausdrücklich ausgesprochen ist. Augenscheinlich ging das Gesetz davon aus, daß die noch nicht definitiv an die Gemeinden gefesselten Beamten nur in gewissen Fundamentalrechten den definitiv angestellten Kommunalbeamten gleich behandelt werden sollten. In § 6 — und zwar nicht bloß im Entwurf, sondern auch im jetzt geltenden Wortlaut — findet sich nun dieser Hinweis auf die probeweise usw. Beschäftigten. (Außerdem nur noch in § 2 Satz 2 hinsichtlich § 1, und im § 7.) Offenbar wurde neben der Regelung der Anstellung und des Rechtsweges bei vermögensrechtlichen Streitigkeiten nur die Regelung der Reisekostenentschädigung für wichtig genug erachtet, diesen Bestimmungen auch die probeweise usw. beschäftigten Personen zu unterwerfen. Der Hinweis in § 6 auf diese Personen wäre völlig unverständlich und zwecklos, wenn es in der Tat den Gemeinden und der Aufsichtsbehörde nach § 6 freistände, zu bestimmen, ob überhaupt Reisekostenentschädigungen gewährt werden sollen oder nicht. Denn wenn die rechtliche Möglichkeit vorhanden ist, keinem Beamten Reisekostenentschädigung zu gewähren, so schließt diese gesetzliche Ermächtigung als plus doch zweifellos das minus ein, nur gewissen Klassen der Gemeindebeamten Reisekostenentschädigung zu gewähren, womit dann den Gemeinden die tatsächliche und rechtliche Möglichkeit gegeben wäre, die auf Probe usw. Beschäftigten entgegen dem Wortlaute des § 6 von dem Rechte auf Reisekostenentschädigung auszuschließen. § 6 KBG. ist nichts anderes, als der öffentlich-rechtliche Ausdruck des aus allgemeinen Rechtsgrundsätzen sich ergebenden Anspruchs jedes Beamten, für solchen notwendigen Dienstaufwand, der nach den Bestimmungen des Anstellungsvertrages nicht schon durch die fixierten Besoldungen oder Remunerationen gedeckt sein soll, aus Mitteln seines Dienstherrn, d. i. hier der Gemeinde, entschädigt zu werden. In diesem Sinne ist schon vor Erlaß des KBG. und von je her nicht daran gezweifelt worden, daß jeder städtische Beamte Anspruch auf Ersatz der notwendigen Auslagen für eine Dienstreise hat. Daß dieser Rechtssatz vom KBG. absichtlich hätte reprobiert werden und statt des obligatorischen Anspruchs ein fakultativer geschaffen werden sollte, ist von vornherein nicht anzunehmen und läßt sich auch aus der Entstehungsgeschichte keineswegs entnehmen. Freigegeben ist den Gemeinden und der Aufsichtsbehörde nur die Bestimmung darüber, wie sie den Anspruch erfüllen wollen, nicht aber, ob sie ihn erfüllen wollen. Daraus, daß den Kommunen zweifellos freie Entscheidung darüber gegeben ist, ob sie Reglements über die Reisekostenentschädigung erlassen wollen oder nicht (Anm. 21), folgt keineswegs, daß die Anerkennung des Anspruchs auf Reisekostenentschädigung in ihr Belieben gestellt ist.

18. Die Reisekostenentschädigung kann sowohl in Pauschalsätzen, wie in Tagegeldern und davon getrennt zu berechnenden Reisegebühren, wie endlich im Ersatz der aufgewendeten angemessenen Kosten bestehen. Nach dem ME. v. 27. 8. 03 (MBl. 192) ist es gesetzwidrig, wenn Kommunen die Dienstreiseentschädigungen verschieden festsetzen, je nachdem es sich um Gerichtsgebühren oder um Dienstreisen in kommunalen Angelegenheiten handelt.

19. D. s. die auf Probe, zu vorübergehenden Dienstleistungen und zur Vorbereitung angestellten Kommunalbeamten; vgl. hierzu Anm. 17.

20. Ob eine „Dienstreise" vorliegt, wird ev. nach vorgängigem Beschlußverfahren im ordentlichen Rechtswege zu entscheiden sein (§ 7).

21. Den Erlaß solcher reglementärer Vorschriften durch die Kommune direkt zu erzwingen, ist demnach die Aufsichtsbehörde nicht in der Lage; weigert sich die betreffende Kommune, solche Vorschriften zu erlassen, so kann die Aufsichtsbehörde nur den im Satz 2 bezeichneten Weg wählen und die zur Ausführung der von ihr erlassenen Vorschriften erforderlichen Geldbeträge nach Feststellung derselben ev. zwangsweise in den Etat einstellen; erläßt dagegen die Kommune zwar Vorschriften, die indessen der Aufsichtsbehörde nicht ausreichend erscheinen, so hat die Staatsaufsichtsbehörde, da ihr in diesem Falle der Weg vorherigen Erlasses eigener Vorschriften nach dem Wortlaute des Gesetzes nicht gegeben ist (Anm. 24), keine Möglichkeit zwangsweiser Einwirkung, weil in diesem Falle die betreffende Gemeinde es nicht unterlassen hat, die ihr gesetzlich obliegenden, von der Behörde innerhalb der Grenzen ihrer Zuständigkeit festgestellten Leistungen auf den Etat zu bringen, die gesetzlichen Voraussetzungen einer Zwangsetatisierung also nicht gegeben sind.

22. Und zwar in Form des einfachen Gemeindebeschlusses; ortsstatutarische Form oder Genehmigung der Aufsichtsbehörde ist nicht erforderlich. An die Bestimmungen für die Staatsbeamten sind die Kommunen inhaltlich nicht gebunden.

23. Ob ein solches Bedürfnis besteht, entscheidet die Aufsichtsbehörde, gegen deren Entschließung die Beschwerde und, falls Zwangsvollstreckungsmaßregeln (Zwangsetatisierung) vorliegen, die Klage bei dem OVG. gegeben ist. Die letztere dürfte übrigens, da nur die Prüfung der Zulässigkeit und Gesetzmäßigkeit der Zwangsetatisierung Sache des Verwaltungsgerichts ist (s. das zu § 78 StO. Gesagte), sich mit der Frage, ob ein

Bedürfnis zum Erlasse aufsichtsbehördlicher Bestimmungen über Reisekosten und Tagegelder vorlag, nicht zu befassen haben, und daher dann regelmäßig aussichtslos sein, wenn eine Weigerung der Kommune, selbst die erforderlichen Vorschriften zu erlassen, vorgelegen, die Aufsichtsbehörde demnächst diese Vorschriften erlassen und die erforderlichen Beträge festgestellt hat.

24. Nur in diesem Falle, nicht in dem anderen, daß Vorschriften zwar erlassen werden, dieselben inhaltlich aber nach Ansicht der Aufsichtsbehörde nicht ausreichen, ist die Aufsichtsbehörde befugt, selbst den Erlaß der bezüglichen Vorschriften vorzunehmen. (So anscheinend auch Jebens im PVBl. 21 S. 68). Wenn im Gegensatz zu dem Gesagten Kautz-Appelius S. 166 der Aufsichtsbehörde das Recht zum Erlasse eigener Vorschriften auch dann zuweisen, wenn sie die von der Kommune erlassenen Vorschriften für unzureichend erachtet, so erscheint diese Auffassung als im inneren Widerspruch stehend mit der in der Ausführungsanweisung ganz deutlich zum Ausdruck gekommenen Ansicht, daß die „Festsetzungen" der Kommunen nach § 6 Satz 1 an sich nicht staatlicher Mitwirkung (Genehmigung) bedürfen, wenn sie nicht ausnahmsweise in der Form des Ortsstatuts abgefaßt werden (AusfAnw. Art. II unter 1 u. 3). Denn weist man der Aufsichtsbehörde das Recht zu, auch die schon erlassenen Gemeindevorschriften sachlich nachzuprüfen und eventuell von Satz 2 des § 6 Gebrauch zu machen, so heißt das de facto nichts anderes, als ein Genehmigungsrecht der Behörde einzuführen. Der Aufsichtsbehörde kommt allerdings ein Einfluß auf die Gestaltung der Vorschriften gesetzlich zu, indessen nur vor dem Erlasse der Vorschriften, insbesondere — gemäß Satz 2 des § 6 — wenn die Kommune den Erlaß solcher Vorschriften ganz verweigert. Erweisen sich die schon erlassenen Vorschriften der Kommune als so willkürlich gewählt und unzureichend, daß die Beamten einen einigermaßen ausreichenden Ersatz ihrer Auslagen dabei nicht finden, so ist jeder einzelne Beamte gemäß § 7 in der Lage, den ihm vermeintlich zustehenden höheren Anspruch (s. Anm. 17) gegen die Kommune geltend zu machen. Zwar haben im allgemeinen die Gerichte die Angemessenheit behördlich erlassener Reglements nicht zu prüfen. Da aber, wo bei Erlaß solcher Reglements Willkür an Stelle von normalen Verwaltungsgrundsätzen getreten ist, wird man den Gerichten auf dem Gebiete des Beamtenvermögensrechts ähnliche Kontrollbefugnisse zugestehen müssen, wie sie für ähnliche Fälle das OVG. sich hinsichtlich der Prüfung der Angemessenheit von Polizeiverordnungen und Polizeiverfügungen ausnahmsweise beigelegt hat (vgl. Schluß der Vorbem. zu § 63). Mit der hier vertretenen Auffassung steht auch im Einklang der ME. v. 27. 8. 03 (MBl. 192), nach dem unangemessene Reglements, soweit ortsstatutarische Festsetzungen erfolgen, durch Versagung der Genehmigung, im übrigen aber durch entsprechende Einwirkung auf die Kommunalverbände zu verhindern sind (vgl. auch Oertel S. 530 und Freytag S. 49).

25. Daß die von der Aufsichtsbehörde erlassenen Vorschriften formell von dieser wieder aufgehoben werden müssen, damit die später erlassenen Kommunalbeschlüsse in Wirksamkeit treten können, ist nach dem Wortlaut („bleiben in Geltung, bis") nicht anzunehmen. Gegen diese Ansicht spricht keineswegs die Bestimmung der AusfAnw. unter Art. II Nr. 3 (am Schluß):

„Die Aufsichtsbehörde hat, nachdem sie gegebenenfalls die Vorschriften erlassen hat, dieselben wieder aufzuheben, sobald anderweite Bestimmungen seitens der Kommunalverbände getroffen sind“ (anders u. a. Freytag S. 51, 52; Kautz-Appelius S. 170; Oertel S. 530). Denn die Aufhebung solcher Vorschriften der Aufsichtsbehörde ist auch dann noch — schon um der nötigen Klarheit willen — wünschenswert, wenn die Vorschriften der Aufsichtsbehörde ipso jure ihre Geltung verloren haben. Nicht das ist fraglich, ob die Aufhebung der Vorschriften der Aufsichtsbehörde gegebenenfalls ausgesprochen werden soll — das ist sicher zweckmäßig —, sondern ob diesem Ausspruche konstitutive oder deklaratorische Bedeutung zukommt. Darüber aber schweigt die AusfAnw. und konnte auch nur schweigen, da der Wortlaut des Gesetzes, wie eingangs bemerkt, Zweifel nicht zuläßt.

26. Diese subsidiäre Regelung durch Eingreifen der Aufsichtsbehörde ist unter anderem auch deshalb für erforderlich erachtet worden, weil nach der Praxis des Reichsgerichts bei Zeugen- und Sachverständigenvernehmungen von Kommunalbeamten in den Fällen des § 14 der Gebührenordnung für Zeugen und Sachverständige v. 20. 5. 1898 (RGBl. 369, 691) die auf Grund gesetzlicher Bestimmung erlassenen Reglements der Kommunalverbände der Berechnung der gerichtsseitig diesen Beamten zu gewährenden Vergütungen zugrunde zu legen sind.

27. Der persönliche Geltungsbereich des § 7 reicht soweit, wie der persönliche Geltungsbereich des KBG. überhaupt (s. Anm. 1 u. 11 zu § 56[0]). Insbesondere findet § 7 auf die auf Probe, zu vorübergehender Beschäftigung und zur Vorbereitung angenommenen Personen und auch auf die besoldeten Magistratsmitglieder Anwendung.

Nach RG. (vgl. PVBl. 30 S. 294) erstreckt sich § 7 auch auf die Beamten der Landesversicherungsanstalten (anders KG. im Recht 08 S. 717; vgl. Anm. 1 zu § 56[0]).

Auf die Lehrer an den städtischen Lehrerseminaren findet § 7 keine Anwendung (RGZ. 70 S. 417; vgl. Anm. 12 zu § 56[0]).

28. D. h. über alle vermögensrechtlichen Ansprüche der Kommunalbeamten, die durch den Dienstvertrag und die Anstellung des Beamten begründet werden, oder aus Anlaß derselben entstehen (s. auch RGZ. 14 S. 367). Die Bestimmung ist eine Erweiterung der Bestimmungen der §§ 20 Abs. 4, 36 Abs. 3 ZustGes. v. 1. 8. 1883. Sehr wohl möglich ist, daß gelegentlich der Erhebung von vermögensrechtlichen Ansprüchen auf dem Wege des § 7 incidenter die Frage streitig wird, ob der Antragsteller und eventuell wann er als Beamter angestellt worden ist und welches Diensteinkommen ihm bewilligt ist. Alsdann ist der Bezirksausschuß und der ordentliche Richter incidenter über diese Frage zu entscheiden allerdings berufen. Immer aber muß daran festgehalten werden, daß weder der Anspruch als Kommunalbeamter angestellt oder als lebenslänglich angestellter Kommunalbeamter anerkannt zu werden, noch der Anspruch die erhaltene Anstellung um deswillen zurückdatiert zu erhalten, weil der Betreffende nach den bestehenden Bestimmungen früher, als geschehen, zur Anstellung hätte gebracht werden sollen, noch endlich der Anspruch auf nicht bewilligte

Alterszulagen ein vermögensrechtlicher Anspruch ist, daß vielmehr alle diese Ansprüche die Vornahme eines Hoheitsaktes zum Gegenstande haben, demnach an und für sich auch nicht auf dem Wege des § 7 ausgetragen werden können (OVG. 44 S. 48). Auf die rechtzeitige Anstellung sowie auf die Bewilligung eines höheren Gehalts kann immer nur im Aufsichtswege hingewirkt werden (RGZ. 49 S. 1, s. auch oben Anm. 2 und PVBl. 23 S. 73, 506; 24 S. 145; 32 S. 47). Deshalb können auch Militäranwärter mit der Behauptung, sie hätten nach § 15 Abs. 3 der Grundsätze v. 20. 6. 07 früher als geschehen angestellt werden müssen, im ordentlichen Rechtswege weder das etatsmäßige Stellengehalt für diejenige Zeit einklagen, in welcher sie tatsächlich noch nicht als Gemeindebeamte angestellt waren, noch Schadensersatzansprüche aus der verspäteten Anstellung geltend machen (so RGZ. 43 S. 423; 48 S. 86 und III 345/01 in Sachen Rogge und Gen. c/a Berlin, sowie PVBl. 24 S. 145). — Ebensowenig findet § 7 Anwendung hinsichtlich des Anspruchs auf Ausstellung einer Anstellungsurkunde (s. Anm. 15 zu § 56[6]) und bezüglich der Frage, ob ein Beamter unter das KBG. fällt (z. B. ob er als im Gemeindedienst nur nebenberuflich tätig anzusehen ist), soweit nicht etwa auch diese Fragen nur incidenter bei Prüfung vermögensrechtlicher Ansprüche mitentschieden werden müssen.

Die Anwendung des § 7 auf streitige **Pensionsansprüche** setzt folgerichtig voraus, daß vorher die Pensionierung bereits ausgesprochen ist; bloße Feststellungsklagen, etwa darüber, ob gewisse Teile des Diensteinkommens pensionsfähig sind, können im Wege des § 7 nicht geltend gemacht werden (OVG. 45 S. 452; PVBl. 23 S. 610; 24 S. 548; 25 S. 63 u. 329; anders anscheinend RGZ. 59 S. 162). — Bezüglich des Verfahrens bei zwangsweiser Pensionierung s. Anm. 4 zu § 65. — Zu den vermögensrechtlichen Ansprüchen aus dem Dienstverhältnisse gehört auch der Anspruch auf ein Zeugnis, da es dazu bestimmt ist, das wirtschaftliche Fortkommen desjenigen zu sichern, auf dessen Leistungen es sich bezieht (KG. in der Rechtsprechung der Oberlandesgerichte 13 S. 423; dagegen PVBl. 27 S. 937 und 31 S. 267).

29. Besoldung, weitergehend als der Begriff „Gehalt", umfaßt das gesamte Diensteinkommen (s. Anm. 1); darüber, daß die eingeklagte Besoldung bewilligt sein muß, s. Anm. 2 u. 28.

30. § 6 KBG., oben abgedruckt.

31. §§ 12, 24 KBG., hinter § 65 abgedruckt.

32. §§ 4, 5, 15, 24 KBG., hinter § 65 abgedruckt.

33. Zum pensionsfähigen Gehalt gehört bei den eigentlichen Kommunalbeamten (nicht auch bei den besoldeten Magistratsmitgliedern, s. Anm. 7 zu § 65 StO.) das ganze zuletzt bezogene Diensteinkommen einschließlich der Naturalbezüge und solcher persönlichen Zulagen, die nicht ausdrücklich als nichtpensionsfähig bezeichnet und die für die ganze Amtsdauer des Inhabers als fortlaufende Vergütung für die gesamte Tätigkeit bewilligt sind, dagegen ausschließlich zufälliger und vorübergehender Remunerationen, sog. Funktionszulagen, und der Repräsentations- und Dienstaufwandsgelder (MR. v. 30. 9. 1866 im MBl. S. 212; MR. v. 21. 10. 1867 [MBl. 1868 S. 63]; OVG. 13 S. 175, 180 und OVG im PVBl. 29 S. 126 und 31 S. 273).

Nach der letzteren Entscheidung sind die Stadtgemeinden nicht berechtigt, die einem Beamten bewilligte Gehaltszulage einseitig oder auch mit seiner Zustimmung von der Ruhegehaltsberechtigung auszuschließen; zu einer derartigen Festsetzung bedarf es nach § 12 KBG. der Genehmigung des Bezirksausschusses. Eine ohne diese Genehmigung einem nach Inkrafttreten des KBG. angestellten Beamten unwiderruflich bewilligte, als nicht pensionsfähig bezeichnete Zulage, die im Besoldungsetat ausgebracht ist und weder für besondere amtliche Verrichtungen vorübergehend noch für Repräsentations- oder Dienstaufwandszwecke gewährt wird, bildet deshalb einen festen Teil des Gehalts und ist als solcher pensionsberechtigt. — Vgl. endlich § 10 des PensionsG. v. 27. 3. 1872 in Anm. 37 zu § 65 StO.

Über den rechtlichen Charakter der sog. Funktionszulagen vgl. PVBl. 23 S. 233; 27 S. 101 und 32 S. 806. Besonders gewährte Kleidergelder sind Dienstaufwandskosten und nicht anzurechnen (OVG. im PVBl. 28 S. 294).

Die Zuständigkeit des Verwaltungsstreitverfahrens hinsichtlich der Entscheidung der Frage, welcher Teil des Diensteinkommens als Gehalt anzusehen ist, tritt auch ein, wenn es sich um Feststellung der von der Höhe der Pension abhängigen Hinterbliebenenversorgungsansprüche handelt (PVBl. 24 S. 322; 28 S. 294). Dagegen ist nicht im Verwaltungsstreitverfahren, sondern im ordentlichen Rechtswege darüber zu entscheiden, welches Diensteinkommen dem Beamten zur Zeit seiner Pensionierung rechtlich zustand (OVG. im PVBl. 33 S. 616).

Daß der Bezirksausschuß einen besonderen Beschluß darüber fasse, welcher Teil des Diensteinkommens bei Festsetzung der Pension als Gehalt anzusehen sei, ist nicht erforderlich; dem Bezirksausschuß ist vielmehr durch § 7 schlechthin die Zuständigkeit gegeben, die Pensionen in streitigen Fällen festzusetzen (OVG. v. 9. 10. 03 II 1696; PVBl. 25 S. 329; OVG. 43 S. 106; 45 S. 452).

34. D. s. die Kommune einerseits, der Beamte andererseits.

35. Gegen die in erster Instanz erlassenen Beschlüsse des Bezirksausschusses ist, soweit der Rechtsweg offen steht, die an die 14tägige Frist gebundene Beschwerde an den Provinzialrat gegeben (§ 121 LVG.). Eine Erschöpfung der Beschwerdeinstanz braucht indessen — im Gegensatze zu dem Rechte der Reichs- und Staatsbeamten (RBeamtenG. v. 31. 3. 1873 § 150 [RGBl. 61]; G. v. 24. 5. 1861 § 2 [GS. 242]; Ges. v. 30. 4. 1884 Art. I § 23 [GS. 126]) — der Klage im Rechtswege nicht vorauszugehen. Soweit das Verwaltungsstreitverfahren eintritt, ist die Beschwerde gegen den Beschluß des Bezirksausschusses nicht gegeben (§ 50 Abs. 2 LVG.; vgl. auch Brauchitsch I Anm. 216 zu § 121 LVG.). Wegen der Zuständigkeit für Berlin s. Anm. 37.

Die Anrufung und Entscheidung des Bezirksausschusses ist Voraussetzung für die Erhebung der Klage im ordentlichen Rechtswege und im Verwaltungsstreitverfahren. Der Mangel einer solchen Vorentscheidung begründet die Einrede der Unzulässigkeit des Rechtsweges. Indessen genügt es, wenn die Vorentscheidung vor Erlaß des Urteils erster Instanz ergeht (RGZ. 57 S. 78).

Ist gegen den Beschluß des Bezirksausschusses aus § 7 verspätet Beschwerde eingelegt, so rechnet die sechsmonatige Frist zur Klageerhebung von der Zustellung des Beschlusses erster Instanz (DtschJurZtg. 09 S. 1389).

36. Zuständig ist je nach der Höhe des Anspruchs das Land- oder Amtsgericht, sofern es sich nicht etwa um einen unmittelbaren Staatsbeamten handelt, der kommissarisch ein Gemeindeamt verwaltet und dieserhalb Ansprüche an den Fiskus erhebt, in welchem letzteren Falle gemäß § 39 Nr. 1 AG. z. GVG. und § 70 Abs. 3 GVG. stets die Landgerichte zuständig sind.

37. Für Berlin ist, da das Gesetz eine anderweitige ausdrückliche Bestimmung nicht enthält, im Beschlußverfahren an Stelle des Bezirksausschusses der Oberpräsident zuständig (§ 43 Abs. 3 LVG.). Gegen den Beschluß des Oberpräsidenten ist, soweit der Rechtsweg offen steht, Beschwerde an den Minister des Innern gegeben (§ 43 Abs. 1 LVG.).

38. Der Instanzenzug bei Streitigkeiten über vermögensrechtliche Ansprüche der städtischen Kommunalbeamten ist folgender:

I. Beschluß des Bezirksausschusses (für Berlin des Oberpräsidenten); hiergegen

A. falls es sich um die Frage handelt, welcher Teil des Diensteinkommens bei Feststellung der Pension als Gehalt anzusehen sei, binnen zwei Wochen:

II. Klage bei dem Bezirksausschusse (auch für Berlin, § 43 Abs. 3 LVG.), gegen dessen Entscheidung,

III. Berufung an das OVG. (§ 83 LVG.);

B. in allen anderen Fällen, ev. nach Erschöpfung der Beschwerdeinstanz (Provinzialrat, in Berlin Minister des Innern):

II. der binnen sechs Monaten nach Zustellung des anzugreifenden Beschlusses zu beschreitende ordentliche Rechtsweg (Anm. 36).

Die Rechtsmittelfrist im Verwaltungsstreit- und Beschwerdeverfahren ist durchweg (§§ 51, 85, 95 LVG.) eine zweiwöchige.

39. § 11 bezieht sich auf alle besoldeten Kommunalbeamten mit Ausnahme der besoldeten Magistratsmitglieder (vgl. § 14 KBG., hinter § 65 StO. abgedruckt) und mit Ausnahme der auf Probe, zu vorübergehender Beschäftigung und zur Ausbildung angestellten Beamten. — Die Bestimmungen des § 11 haben bei der Beratung des KBG. den heißesten Kampf hervorgerufen. Seine jetzige Fassung hat § 11 erst durch die Kommission des Herrenhauses erhalten. Im Entwurfe lautete der erste Absatz: „Die Besoldungen der städtischen Beamten müssen auskömmliche sein. Die Aufsichtsbehörde kann, in der Regel aber nur vor der Besetzung einer Stelle, verlangen, daß die zu einer zweckmäßigen Verwaltung angemessenen Besoldungsbeträge bewilligt werden." Diese Fassung enthielt gegenüber dem Stande der früheren Gesetzgebung einen schweren Eingriff in die Freiheit der Kommunen, insbesondere auch der Städte. Nach der Bestimmung des § 64 StO. stand der Aufsichtsbehörde ein Mitwirkungsrecht nur bei Festsetzung der Gehälter der Magistratsmitglieder und auch bei diesen nur vor Besetzung der Stellen zu; bei allen anderen Beamten — mit Ausnahme der Polizeibeamten und zum Teil auch der Gemeindeforstbeamten, für die besondere Vorschriften galten (s. Abs. 2 des § 11 KBG., sowie Anm. 11 zu § 55, Anm. 2 zu § 56⁶, Anm. 3 zu § 62 [zu § 4 PolizeiGes. v. 11. 3. 1850] und Anm. 4, 5 zu § 64) — waren die Kommunen bei Festsetzung der Besoldungen frei (OVG. 27 S. 77). Der Eingriff erschien um so schwerer, als in dem sich an eine Zwangsetatisierung anschließenden Streitverfahren seitens des OVG. nur die Recht- und Gesetzmäßigkeit der Zwangsetatisierung, nicht die Zweckmäßigkeit derselben nachgeprüft werden kann (OVG. 20 S. 65 und die dort zitierten Vorentscheidungen, s. auch zu § 78 StO.), also die materielle Frage der Auskömmlichkeit des Gehalts nicht Gegenstand der Nachprüfung des OVG. ist und sonach hierüber die Aufsichtsbehörde in allen Fällen souverän entschieden haben würde. Durch die von den Kammern gewählte Fassung ist die Schwere dieses Eingriffs nach drei Richtungen abgemildert worden:

a) Die Aufsichtsbehörde darf nur einschreiten, wenn ein auffallendes Mißverhältnis zwischen der Besoldung und den amtlichen Aufgaben der Stelle bei höherer Leistungsfähigkeit der Gemeinde besteht.

b) Die Aufsichtsbehörde darf **nicht** einschreiten, wenn die Besoldung der Stelle durch Ortsstatut — also durch Gemeindebeschluß, dessen Genehmigung einer **anderen Stelle**, dem Bezirksausschuß, übertragen ist — festgesetzt ist.

c) Im Streitfalle greift nicht die Zwangsetatisierung auf Grund der Feststellung der Aufsichtsbehörde Platz, sondern zunächst das **Beschluß**verfahren, in welchem in erster Instanz der Bezirksausschuß entscheidet (in zweiter Instanz der Provinzialrat).

Im allgemeinen mögen diese drei Änderungen zur Sicherung der Kommunen gegen eine allzuweite diskretionäre Gewalt der Aufsichtsbehörde ausreichen; für Berlin versagen die Sicherungen zu b und c, weil sowohl für die Genehmigung der Ortsstatuten als auch im formellen Beschlußverfahren für Berlin der Oberpräsident an die Stelle des Bezirksausschusses tritt (§ 43³ LVG.), so daß im Streitfalle der Oberpräsident selbst über seine eigene Verfügung zu „beschließen" hat, wogegen der Stadt Berlin nur die Beschwerde an den Minister des Innern zusteht (§ 43 Abs. I l. c.).

40. D. i. der Regierungspräsident, in Berlin der Oberpräsident (§ 7 ZustGes.; § 43 LVG.).

41. Die Prüfung der Frage, ob ein Mißverhältnis besteht und ob die Gemeinde „leistungsfähig" ist, erfolgt im Streitfalle im Wege des Beschlußverfahrens (Anm. 45). Ist die Gemeinde zur Leistung einer höheren Besoldung unfähig oder ist die Besoldung durch Ortsstatut festgesetzt, so kann auch bei einem auffallenden Mißverhältnisse eine Erhöhung der Besoldung seitens der Aufsichtsbehörde nicht verlangt werden.

§ 11 findet, seine sonstigen Vorbedingungen vorausgesetzt, **vor** und **nach** Besetzung der Beamtenstellen Anwendung (OVG. 41 S. 154).

42. Wegen des von § 11 betroffenen Personenkreises s. den Eingang der Anm. 39.

43. Ob die Besoldungsbeträge angemessen sind und der Leistungsfähigkeit der Gemeinde entsprechen, ist im Streitfalle im Beschlußverfahren zu erörtern.

44. Ein auf die betreffende Beamtenstelle bezügliches Ortsstatut macht demnach die Gemeinde von jeder Einwirkung der Aufsichtsbehörde frei, und zwar auch in dem Falle, daß durch inzwischen eingetretene tatsächliche Umstände das Arbeitspensum der Stelle erheblich erhöht ist; ein nach dem Erlaß des Ortsstatuts eintretendes „Mißverhältnis" der Besoldung zu den Aufgaben des Amts gibt der Aufsichtsbehörde kein Recht zum Einschreiten (PVBl. 24 S. 76). Auf der anderen Seite ist aber nicht zu verkennen, daß der Vorteil, durch das vorhandene Ortsstatut vor etwaigem Drängen der Aufsichtsbehörde auf Erhöhung der Gehälter geschützt zu sein, für die Kommunen durch den Nachteil einer Bindung durch das Ortsstatut teilweise wieder aufgewogen wird. Hat erst einmal eine ortsstatutarische Festlegung der Besoldungsordnung stattgefunden, so sind die Kommunen ohne Einwilligung des Bezirksausschusses nicht mehr in der Lage, die Gehälter zu erhöhen, Alterszulagenskalen, die sich vielleicht nicht bewährt haben, zu ändern oder anderweitige Organisationsveränderungen im Beamtenkörper selbständig einzuführen (s. Anm. 5 zu § 11 StO.). Sehr große Kommunen, oder solche Kommunen, deren Aufgaben sich infolge raschen Wachstums der Einwohnerzahl stark vermehren, und die infolge dessen eine gewisse Beweglichkeit in der Organisation ihres Beamtenapparates sich erhalten müssen, werden demnach eingehend zu prüfen haben, ob für sie ortsstatutarische Regelung zweckmäßig ist (s. auch Jebens im PVBl. 21 S. 72 oben).

45. Gegen welchen die Beschwerde an den Provinzialrat gegeben ist (§ 121 LVG.). Für Berlin ist der Oberpräsident, in der Beschwerdeinstanz der Minister des Innern zuständig (§ 43 Abs. 3 u. 1 LVG.), s. auch Anm. 39 am Ende. — Nach OVG. 41 S. 151 (vgl. auch MBl. 02 S. 48, 71) ist die Zuständigkeit des Bezirksausschusses zur „Feststellung" der Beamtengehälter nicht nur dann gegeben, wenn es sich um Veränderung des Gehalts einer schon bestehenden Stelle vor oder nach der Besetzung handelt, sondern auch dann, wenn die mittels Zwangsetatisierung zu erzwingende Schaffung einer *neuen* Beamtenstelle in Frage steht; vgl. hierzu Vorbem. I zu § 56⁰ am Ende. — Rückwirkende Kraft darf sich der Feststellungsbeschluß nicht beilegen; die Erhöhung ist erst vom Tage des Feststellungsbeschlusses ab in den Haushalt einzustellen (OVG. 43 S. 111). Sollen im Wege des Feststellungsverfahrens auch Dienstalterszulagen in den Etat eingestellt werden, so setzt das Feststellungsverfahren voraus, daß vorher das Dienstalter des Beamten unstreitig festgesetzt ist und die Gemeinde die hiernach sich ergebenden jährlichen Besoldungsbeträge zu zahlen sich weigert (OVG. ebenda).

46. D. h. nur der *eigentlichen* exekutivisch tätigen *Polizeibeamten*, wie Polizeiinspektoren, Polizeikommissaren, Polizeisergeanten, Polizeidienern und ähnlichen. Nicht hierher gehören Verwaltungsbeamte, wie Sekretäre, Registratoren, Kanzlisten (vgl. übrigens Anm. 2 zu § 56⁰ und Anm. 3 zu § 62 StO. [zu § 4 PolizeiGes. v. 11. 3. 50]).

47. Die zitierten Gesetze stimmen miteinander überein. § 4 Abs. 1 des G. v. 11. 3. 1850 lautet:

„Über die Einrichtungen, welche die örtliche Polizeiverwaltung erfordert, kann die Bezirksregierung besondere Vorschriften erlassen. Die Ernennung aller Polizeibeamten, deren Anstellung den Gemeindebehörden zusteht, bedarf der Bestätigung der Staatsregierung."

Die Befugnis der Bestätigung übt jetzt nach § 7 ZustGes. der Regierungspräsident aus (in Berlin der Oberpräsident); wegen Festsetzung der Besoldungen von Polizeibeamten vgl. MBl. 1856 S. 122 und OVG. in PVBl. 25 S. 679; danach enthält das Recht des Regierungspräsidenten, die Gehälter der Polizeibeamten festzusetzen, zugleich das Recht, die festgesetzten Gehälter im Laufe der Dienstzeit zu erhöhen und Wohnungsgeld zu bewilligen. Siehe auch Anm. 3 zu § 62 StO.

§ 65.

Den Bürgermeistern und den besoldeten Mitgliedern des Magistrats[1] sind, sofern nicht mit Genehmigung der Regierung[2] eine Vereinbarung wegen der Pension getroffen ist,[3] bei eintretender Dienstunfähigkeit,[4] oder wenn sie nach abgelaufener Wahlperiode nicht wieder gewählt werden,[5] folgende Pensionen zu gewähren:

1/4	des Gehalts	nach	6jähriger	Dienstzeit,[6]	
1/2	„	„	12 „	„	
2/3	„	„	24 „	„	[7]

Die auf Lebenszeit angestellten besoldeten Gemeindebeamten erhalten, insofern nicht mit dem Beamten ein anderes verabredet worden ist, bei eintretender Dienstunfähigkeit Pension nach denselben Grundsätzen, welche bei den unmittelbaren Staatsbeamten zur Anwendung kommen.[8]

Über die Pensionsansprüche der Bürgermeister, der besoldeten Magistratsmitglieder und übrigen besoldeten Gemeindebeamten entscheidet in streitigen Fällen die Regierung. Gegen den Beschluß der Regierung, soweit derselbe sich nicht auf die Tatsache der Dienstunfähigkeit oder darauf bezieht, welcher Teil des Diensteinkommens als Gehalt anzusehen sei, findet die Berufung auf richterliche Entscheidung statt. Ungeachtet der Berufung sind die festgesetzten Beträge vorläufig zu zahlen.[9]

Die Pension fällt fort oder ruht insoweit, als der Pensionierte durch anderweitige Anstellung im Staats- oder Gemeindedienste

ein Einkommen oder eine neue Pension erwirbt, welche mit Zurechnung der ersten Pension sein früheres Einkommen übersteigen.[10,11]

Hierzu: KBG. §§ 4, 5, 12, 13, 14, 15, 24.

§ 4.[12] *Die Hinterbliebenen*[13] *eines Kommunalbeamten*[14] *erhalten für das auf den Sterbemonat folgende Vierteljahr noch die volle Besoldung*[15] *des Verstorbenen (Gnadenquartal);*[16] *war der Verstorbene pensioniert,*[17] *so gebührt ihnen die Pension noch für den auf den Sterbemonat folgenden Monat (Gnadenmonat).*[18] *Dabei finden die für die unmittelbaren Staatsbeamten geltenden Bestimmungen*[19] *mit der Maßgabe Anwendung, daß an Stelle der Genehmigung des Verwaltungschefs und der Provinzialbehörde, auf deren Etat die Pension übernommen war, die Genehmigung der Kommunalverwaltungsbehörde*[20] *tritt.*

§ 5.[21] *In dem Genusse der von dem verstorbenen Beamten bewohnten Dienstwohnung ist die hinterbliebene Familie*[22] *in Ermangelung anderweiter Festsetzungen*[23] *nach Ablauf des Sterbemonats noch drei fernere Monate zu belassen. Hinterläßt der Beamte keine Familie, so ist denjenigen, auf welche sein Nachlaß übergeht,*[24] *unter der gleichen Voraussetzung eine vom Todestage an zu rechnende einmonatliche Frist*[25] *zur Räumung der Dienstwohnung zu gewähren.*

In jedem Falle müssen Arbeits- und Sitzungszimmer sowie sonstige für den amtlichen Gebrauch bestimmte Räumlichkeiten sofort geräumt werden.[26]

§ 12. Die städtischen Beamten[27] *erhalten bei eintretender Dienstunfähigkeit*[28] *— sofern nicht mit Genehmigung des Bezirksausschusses*[29] *ein anderes*[30] *festgesetzt ist*[31] *— Pension nach den für die Pensionierung der unmittelbaren Staatsbeamten geltenden Grundsätzen,*[37] *wobei Artikel III des Gesetzes vom 31. März 1882, betreffend die Abänderung des Pensionsgesetzes vom 27. März 1872 (GS. 1882 S. 133), insoweit er nicht durch das Gesetz vom 1. März 1891 (GS. S. 19) abgeändert ist, unberührt bleibt.*[32]

Als pensionsfähige Dienstzeit wird, unbeschadet der über die Anrechnung der Militärdienstzeit bei Militäranwärtern und forstversorgungsberechtigten Personen des Jägerkorps geltenden Bestimmungen[33] *und in Ermangelung anderweiter Festsetzungen*[34] *nur die Zeit gerechnet, welche der Beamte in dem Dienste der betreffenden Gemeinde zugebracht hat.*[35]

Die Bestimmungen des Gesetzes vom 31. März 1882, betreffend die Abänderung des Pensionsgesetzes vom 27. März 1872 (GS. 1882 S. 133), in betreff der Beamten, welche das 65. Lebensjahr vollendet haben, können durch Ortsstatut auch für Kommunalbeamte in Kraft gesetzt werden.[36–40]

§ 13. Das Recht auf den Bezug der Pension (§ 12) ruht, wenn und solange ein Pensionär im Staats- oder Kommunaldienst ein Diensteinkommen oder eine neue Pension bezieht, insoweit als der Betrag des neuen Einkommens unter Hinzurechnung der zuvor erdienten Pension den Betrag des von dem Beamten vor der Pensionierung bezogenen Diensteinkommens übersteigt.[41]

§ 14. Betreffs der Anstellung, Besoldung und Pensionierung der Mitglieder des kollegialischen Gemeindevorstandes (Magistrats), sowie in Städten ohne kollegialischen Gemeindevorstand der Bürgermeister und deren Stellvertreter (zweite Bürgermeister, Beigeordnete), bewendet es bei den bestehenden Bestimmungen[42] *mit der Änderung, daß die Pension vom vollendeten zwölften Dienstjahre ab bis zum vierundzwanzigsten Dienstjahre alljährlich um* $^1/_{60}$ *steigt.*[43, 44]

§ 15.[45] *Die Witwen und Waisen der pensionsberechtigten*[46] *Beamten der Stadtgemeinden, einschließlich der im § 14 aufgeführten Beamten,*[47] *erhalten — sofern nicht mit Genehmigung des Bezirksausschusses*[48] *ein anderes*[49] *festgesetzt ist*[50] *— Witwen- und Waisengeld nach den für die Witwen und Waisen der unmittelbaren Staatsbeamten geltenden Vorschriften*[51] *unter Zugrundelegung des von dem Beamten im Augenblick des Todes erdienten Pensionsbetrages;*[52] *dabei tritt an die Stelle der für das Witwengeld bei unmittelbaren Staatsbeamten vorgeschriebenen Höchstsätze der Höchstsatz von 2000 Mark.*[53]

Auf das Witwen- und Waisengeld kommen die Bezüge, welche von öffentlichen Witwen- und Waisenanstalten oder von Privatgesellschaften gezahlt werden, in demselben Verhältnisse in Anrechnung, in welchem die Stadtgemeinde sich an den vertraglichen Gegenleistungen beteiligt hat.[54] *Als Beteiligung der Stadtgemeinde wird es auch, soweit die Zeit vor dem Inkrafttreten des Gesetzes in Betracht kommt, angesehen, wenn die Gegenleistung seitens des Beamten auf Grund ausdrücklicher, bei der Anstellung übernommener Verpflichtung oder anderweiter Festsetzungen erfolgt ist.*[55]

§ 24.[56] Ist die nach Maßgabe dieses Gesetzes[57] zu bemessende Pension eines Beamten geringer als die Pension, welche ihm hätte gewährt werden müssen, wenn er am 31. März 1900 nach den bis dahin für ihn geltenden Bestimmungen pensioniert worden wäre, so wird diese letztere Pension an Stelle der ersteren bewilligt,[58] jedoch unbeschadet der Feststellung des Witwen- und Waisengeldes nach Maßgabe dieses Gesetzes,[57] soweit nicht auch in dieser Beziehung bereits erworbene Rechte bestehen.[59, 60]

Hierzu ferner: ZG. § 20.[61]

§ 20. Bezüglich der Dienstvergehen der Bürgermeister, Beigeordneten, Magistratsmitglieder und sonstigen Gemeindebeamten kommen die Bestimmungen des Gesetzes vom 21. Juli 1852 mit folgenden Maßgaben zur Anwendung:

1. 2. . . . . . .

3. In dem Verfahren auf Entfernung aus dem Amte wird die Einleitung des Verfahrens von dem Regierungspräsidenten beziehungsweise dem Minister des Innern verfügt und von demselben der Untersuchungskommissar ernannt; an die Stelle der Bezirksregierung beziehungsweise des Disziplinarhofes tritt als entscheidende Disziplinarbehörde erster Instanz der Bezirksausschuß; an die Stelle des Staatsministeriums tritt das Oberverwaltungsgericht; den Vertreter der Staatsanwaltschaft ernennt bei dem Bezirksausschusse der Regierungspräsident, bei dem Oberverwaltungsgerichte der Minister des Innern.

In dem vorstehend bezüglich der Entfernung aus dem Amte vorgesehenen Verfahren ist entstehenden Falles auch über die Tatsache der Dienstunfähigkeit der Bürgermeister, Beigeordneten, Magistratsmitglieder und sonstigen Gemeindebeamten Entscheidung zu treffen.

Vorbemerkung:

Vgl. zunächst die Vorbemerkungen zu § 56[c], zu Titel VI und zu § 64 StO. § 65 ist wesentlich abgeändert und ergänzt durch die Bestimmungen des KBG. und soweit das Pensionierungsverfahren in Betracht kommt, auch durch ZustGes. § 20 Abs. 1 Nr. 3 und Abs. 2. Nur noch von historischer Bedeutung ist die Abänderung, die Abs. 3 des § 65 (Rechtsweg bei Pensionsansprüchen) seinerzeit durch ZustGes. § 20 letzter Absatz erfahren hatte, da diese Bestimmung nunmehr durch die allgemein gehaltenen des § 7 KBG. (s. diesen, hinter § 64 abgedruckt) abgelöst worden ist. Aus dem KBG kommen als Ergänzungen des § 65 in Betracht: hinsichtlich der

Pensionsansprüche der Beamten §§ 12, 13, der Magistratsmitglieder § 14; hinsichtlich der Hinterbliebenenversorgung § 15, hinsichtlich der sog. Gnadenkompetenzen (Gnadenquartal, Gnadenmonat, Belassung der Dienstwohnung) §§ 4, 5, als Übergangsbestimmung § 24. Der Form des Kommentars entsprechend sind diese Bestimmungen nach der Legalordnung dem § 65 angeschlossen. Zur Erleichterung der Übersicht über diejenigen wichtigsten Rechtssätze, die durch die Neuordnung abgeändert oder neugeschaffen worden sind, diene die nachfolgende kurze systematische Übersicht:

I. **Pensionen.** A. Materielles Recht:

a) nach der StO. waren nur die besoldeten Magistratsmitglieder sowie Bürgermeister und Beigeordnete (in Städten ohne kollegialischen Gemeindevorstand) und außerdem die lebenslänglich angestellten Kommunalbeamten pensionsberechtigt. Nach KBG. § 12 sind alle Kommunalbeamten (mit alleiniger Ausnahme der auf Probe, zu vorübergehender Beschäftigung oder zur Ausbildung angestellten sowie der nebenamtlich tätigen Personen) und zwar nach den Bestimmungen des Staatspensionsgesetzes pensionsberechtigt (vgl. Anm. 27);

b) vom Gesetz abweichende Vereinbarungen hinsichtlich der Pensionen waren nach der StO. bei den Magistratsmitgliedern usw. mit Genehmigung der Aufsichtsbehörde, bei den übrigen pensionsberechtigten Gemeindebeamten unbeschränkt zulässig. Nach dem KBG. § 12 unterliegen derartige Abmachungen genereller Natur bei eigentlichen Kommunalbeamten der Genehmigung des BzAusſch., bezüglich der Magistratsmitglieder ist es bei der Bestimmung des § 65 verblieben (§ 14 KBG.), die nur durch § 16 Abs. 3 ZustGes. dahin abgeändert ist, daß an Stelle der Regierung jetzt der BzAusſch. auch hier für Erteilung der Genehmigung zuständig ist (vgl. Anm. 29—31);

c) die StO. enthielt keine Bestimmungen über die Anrechnung solcher Dienstzeit, die nicht im Dienst der pensionierenden Kommune zugebracht war. Das KBG. bestimmt im § 12, daß, abgesehen von der den Militäranwärtern anzurechnenden Militärdienstzeit, nur die im Dienste der pensionierenden Kommune zugebrachte Zeit anrechnungsfähig ist, läßt aber günstigere Festsetzungen (ohne Erfordernis der Genehmigung) zu;

d) für die Magistratsmitglieder usw. ist eine steigende Pension für die Fälle der Pensionierung in der Zeit vom 12. bis zum 24. Dienstjahr eingeführt (§ 14 KBG. in Ergänzung von § 65 Abs. 1 StO.).

B. Formelles Recht:

a) im allgemeinen ist das Pensionierungsverfahren dasselbe geblieben wie vor Erlaß des KBG. (maßgebend sind § 20 G. v. 27. 3. 1872, § 20 Abs. 2 und Abs. 1 Nr. 3 ZustGes., §§ 93, 95 G. v. 21. 7. 1852). Nur hinsichtlich der über 65 Jahre alten Beamten ist den Kommunen die Möglichkeit gegeben, ortsstatutarisch das vereinfachte Verfahren des G. v. 31. 3. 1882 einzuführen. (Darüber, daß es sich hierbei um eine Verfahrensvorschrift handelt, der deshalb auch rückwirkende Kraft zukommt, vgl. Anm. 36.) Damit ist das bisher geltende Prinzip, daß städtische Beamte wider Willen nur im Wege des Disziplinarverfahrens aus dem Amte entfernt werden können, durchbrochen;

b) hinsichtlich des Rechtsweges bei Pensionsansprüchen kommt jetzt nicht mehr ZustGes. § 20 letzter Absatz, sondern KBG. § 7 in Betracht.

II. **Hinterbliebenenversorgung** (Witwen- und Waisengelder): Die StO. kennt eine gesetzliche (obligatorische) Hinterbliebenenversorgung nicht. Ersatz boten entweder öffentlich-rechtliche Kassenveranstaltungen der größeren Städte oder der Kommunalverbände oder aber privater Einkauf bei Versicherungsgesellschaften, häufig auf Grund einer dem Beamten dienstlich auferlegten Verpflichtung zum Einkauf. Nach KBG. § 15 sind alle pensionsberechtigten Kommunalbeamten gleichzeitig hinterbliebenenversorgungsberechtigt und zwar nach Maßgabe der für unmittelbare Staatsbeamte geltenden Gesetze. Abweichende, den Beamten ungünstigere Vereinbarungen sind auch hier nur mit Genehmigung des BzAussch. zugelassen.

III. **Gnadenkompetenzen.** Es besteht der Anspruch auf das Gnadenquartal, den Gnadenmonat und die Belassung der Dienstwohnung nach Maßgabe der §§ 4, 5 des KBG. Abweichende Festsetzungen sind nur hinsichtlich der Belassung der Dienstwohnung zugelassen.

Schließlich bleibt noch zu erwähnen, daß die Bestimmungen über die Versorgung der Kommunalbeamten auch durch die sozialpolitische Gesetzgebung eine nicht unwesentliche Erweiterung erfahren haben (Anm. 60).

1. Hinsichtlich dieser Personen ist der § 65 Abs. 1 (mit einer Ausnahme, s. Anm. 7) ausdrücklich aufrecht erhalten durch § 14 KBG.

2. Jetzt des BzAussch., in Berlin des Oberpräsidenten (§ 16 Abs. 3 ZustGes., § 43 LVG.).

3. Die Vereinbarung kann dem Beamten ein plus oder ein minus garantieren, auch einen völligen Verzicht auf die Pension enthalten. Letzterer dürfte indessen nur dann die Genehmigung des BzAussch. finden, wenn die finanzielle Lage des Magistratsmitgliedes im Falle des Ausscheidens aus dem Amte ohnehin eine gesicherte ist.

4. Pensionierungsverfahren. Ob Dienstunfähigkeit vorliegt, prüft zunächst der Magistrat (in Städten ohne kollegialischen Gemeindevorstand der Bürgermeister) als vorgesetzte Dienstbehörde (§ 20 PensionsG. v. 27. 3. 1872; diese Zuständigkeit gilt auch bei den Magistratsmitgliedern; die Erklärung liegt darin, daß der Magistrat die Anstellungsbehörde auch für die Magistratsmitglieder ist. Die Aufsichtsbehörde ist Aufsichtsbehörde der Stadt, aber nicht „vorgesetzte" Behörde der einzelnen Magistratsmitglieder). Die Stadtverordnetenversammlung hat hierbei nicht mitzuwirken — wohl aber bei Feststellung der Pension; s. unten Anm. 7 —, da die Dienstaufsicht nur dem Magistrat zusteht. (OVG. 23 S. 60; nach Oertel im PVBl. 26 S. 605 haben dagegen die Stadtverordneten bei besoldeten Magistratsmitgliedern auch hinsichtlich der Frage der Dienstunfähigkeit mitzuwirken; vgl. auch PVBl. 31 S. 418.)

Widerspricht der Beamte, so muß der Magistrat die Einleitung des Disziplinarverfahrens mit dem Zwecke der Feststellung der Dienstunfähigkeit bei dem Regierungspräsidenten beantragen (gegen dessen Verfügung die Beschwerde an den Minister des Innern zulässig ist, § 20 Abs. 1 Nr. 3 und Abs. 2 ZustGes.). Der Regierungspräsident und der Minister sind aber nur zuständig, die Einleitung des Verfahrens anzuordnen, nicht zuständig, die Versetzung in den Ruhestand auszusprechen, weil die Anwendung der §§ 88 bis 92 G. v. 21. 7. 1852 auf Kommunalbeamte gemäß § 94 ibid. ausgeschlossen ist (vgl. zu § 80 StO.). Beharrt der Beamte bei dem Widerspruch, so entscheidet über die Frage der eingetretenen Dienstunfähigkeit, da Gemeindebeamte (soweit sie nicht das 65. Jahr überschritten haben; hierüber unten Anm. 36) wider ihren Willen nur in den Formen des für die Entfernung aus dem Amte vorgeschriebenen Verfahrens pensioniert werden dürfen (§ 20 Abs. 2 ZustGes.), in erster Instanz der BzAussch., in zweiter Instanz das OVG. (§ 20 Abs. 1 Nr. 3 l. c.). Der ordentliche Rechtsweg ist bezüglich der Frage der Dienstunfähigkeit nicht gewährt (cf. RG. im PVBl. 33 S. 62). Diese Zuständigkeit ist gegeben sowohl in denjenigen Fällen, in denen ein Beamter vor dem Zeitpunkte des Eintritts der Pensionsberechtigung dienstunfähig geworden ist, als auch in denjenigen Fällen, in denen die Versetzung in den Ruhestand wider den Willen des Beamten herbeigeführt werden soll, nachdem er die Pensionsberechtigung erlangt hat (§§ 93, 95 G. v. 21. 7. 1852, von denen die Bestimmung des § 95 durch § 20 Abs. 2 ZustGes. eine Erweiterung erfahren hat; OVG. 23 S. 64).

Das förmliche Verfahren zum Zwecke der Feststellung der Dienstunfähigkeit findet nicht statt gegenüber den auf Kündigung angestellten Gemeindebeamten (OVG. 54 S. 485).

Wenn die Anstellungsbehörde einem für seine ursprünglichen Dienstverrichtungen untauglich gewordenen Beamten eine andere Beschäftigung übertragen oder eine andere Dienststelle zugewiesen hat, so ist in dem Verfahren auf Feststellung der Dienstunfähigkeit die Frage der letzteren nach den Anforderungen desjenigen Dienstes zu beurteilen, die der ihm übertragene anderweitige Pflichtenkreis bedingt (OVG. 55 S. 478).

5. Wenn man unter Pension grundsätzlich das Ruhegehalt versteht, das ein dienstunfähig gewordener Beamter erhält, so wird in den hier in Frage kommenden Fällen nicht eigentlich eine „Pension", als vielmehr eine Abfindung in Form einer Rente gewährt. Die unterschiedslose Zusammenfassung dieser beiden Arten von „Pensionen" durch das Gesetz hat zur Folge, daß der letzte Absatz des § 65 auch auf derartige „Abfindungen" anzuwenden ist. Im übrigen ist die Abfindung auch zu gewähren, wenn das Magistratsmitglied zwar wieder gewählt, aber nicht bestätigt worden ist (PVBl. 32 S. 795). Der Anspruch auf die Abfindung fällt nur dann weg, wenn das Magistratsmitglied die Wiederwahl nicht anzunehmen erklärt hat oder durch ein disziplinares Verschulden zu der Nichtwiederwahl Anlaß gegeben hat (PVBl. 27 S. 243 und 29 S. 959). Liegen diese beiden Ausnahmefälle nicht vor, sondern liegt die Sache etwa so, daß der zur Wiederwahl Stehende die Wahl deshalb ausschlägt, weil ihm die Stelle unter ungünstigeren Bedingungen, als er sie vorher hatte, angeboten wurde, oder daß der Betreffende nur deshalb nicht wiedergewählt wird weil er sich um die Stelle nicht besonders beworben hat, so ist das Recht auf die Abfindung gegeben (Ann. 1837 S. 437 und PVBl. 29 S. 252).

6. D. h. als Magistratsmitglied; frühere Dienstzeit bei derselben Kommune in einer anderen Stellung kommt nach dem Gesetze nicht in Anrechnung, sondern nur dann, wenn besondere Vereinbarungen oder generelle Festsetzungen diese Anrechnung vorschreiben. Die Bestimmung des § 12 KBG. gilt hinsichtlich der Magistratsmitglieder nicht. Zur Vermeidung von Härten wird aber wohl gegebenenfalls eine solche Anrechnung überall stattfinden.

7. Die Normierung der Pensionen ist für die zwischen dem 12. und 24. Dienstjahre liegenden Jahre abgeändert durch § 14 KBG.; über Inhalt und Grund der Änderung s. § 14 KBG. und Anm. dazu. — Im übrigen ist damit, daß gesagt ist, die Pension betrage einen bestimmten Bruchteil des Gehalts, hier zum Ausdrucke gebracht, daß bei den Magistratsmitgliedern nur das bare Gehalt der Pensionsberechnung zugrunde gelegt werden solle. (MBl. 1868 S. 63 und Kappelmann im PVBl. 29 S. 126, abweichend, aber nicht klar Simonis im PVBl. 27 S. 243; anders bei den Gemeindebeamten, vgl. Anm. 33 zu § 64 StO. und § 10 Nr. 1—3 StaatspensionsG. v. 27. 3. 1872, unten Anm. 37.) Der Berechnung der Pension wird stets das Diensteinkommen in derjenigen Höhe zugrunde gelegt, in der es der zu Pensionierende zuletzt bezieht. — Über die Bewilligung der Pension hat die Stadtverordnetenversammlung mitzubeschließen. Verweigern die Stadtverordneten die Fassung eines solchen Beschlusses oder berechnen sie oder der Magistrat die Pension anders, als der Beamte es beansprucht, so steht dem Beamten der Weg des § 7 KBG. (s. hinter § 64 StO.) offen. Ohne Beschreitung dieses Weges ist auf etwaige Beschwerde die Aufsichtsbehörde — der Regierungspräsident — zu einem zwangsweisen Einschreiten gegen die Stadt auf Bewilligung der beanspruchten Pension nicht befugt. Erst nach Ergehen eines BzAusschBeschlusses (§ 7 KBG., hinter § 64 StO. abgedruckt) kann gegen die Stadt — sei es im Wege der Zwangsetatisierung (§ 78), sei es im Wege sonstiger Zwangsvollstreckungshandlungen (vgl. Anm. 3 zu § 56[1]) — zwangsweise vorgegangen werden. — Je nachdem, ob es sich um die Frage handelt, welcher Teil des Diensteinkommens als (pensionsfähiges) Gehalt anzusehen ist oder ob die Höhe der Pension aus sonstigen Gründen unrichtig berechnet ist, ist der dem Beamten offen stehende Klageweg ein anderer (§ 7 KBG.).

8. Abs. 2 ist abgeändert durch § 12 KBG. Über die Tragweite der Abänderung s. Vorbem. unter I.

9. Abs. 3 war früher schon durch § 20 (letzter Absatz) des ZustGes. abgeändert und ist jetzt ersetzt durch § 7 KBG. (abgedruckt und erläutert hinter § 64 StO., vgl. insbesondere Anm. 28 daselbst).

10. Der letzte Absatz des § 65 StO. kommt nur für die besoldeten Magistratsmitglieder, Bürgermeister und Beigeordneten in Betracht. Bezüglich der übrigen Kommunalbeamten vgl. § 13 KBG. und Anm. dazu. In beiden Bestimmungen fehlt — in § 65 StO. nach der historischen Lage naturgemäß — die Erwähnung einer nachmaligen Anstellung im Reichsdienste, im Dienste eines anderen deutschen Staates oder einer nichtpreußischen, deutschen Gemeinde. Dennoch hat das RG. in zwei Entscheidungen (RGZ. 44 S. 203 u. 45 S. 306) angenommen, daß die Be-

stimmung des § 65 letzter Absatz auch dann anzuwenden sei, wenn der Pensionär später wieder im deutschen (nicht-preußischen) Reichsdienst oder im Dienste einer außerpreußischen deutschen Gemeinde angestellt wird. Wie die AusfAnw. z. KBG. (Art. IV unter 2) mit Recht hervorhebt, werden diese Grundsätze des RG. konsequenterweise auch bei Auslegung des § 13 KBG. anzuwenden sein (s. auch Anm. 41). Zu beachten ist, daß § 65 Abs. 4 von der Wiederanstellung im Staats- oder Gemeindedienste, dagegen § 13 KBG. von der Wiederanstellung im Staats- oder Kommunaldienst spricht; zu letzterem, nicht dagegen zum Gemeindedienst rechnen der Kreiskommunal- und Provinzialdienst, sowie der Dienst als Beamter eines Amts. Danach sind die Magistratsmitglieder hinsichtlich ihrer Wiederanstellung nach erfolgter Pensionierung gesetzlich etwas anders gestellt wie die Kommunalbeamten im engeren Sinne (PVBl. 24 S. 313). Beabsichtigt war diese Differenzierung bei Erlaß des KBG. wohl kaum.

11. Es fragt sich, wann eine neue „Anstellung“ im Sinne des § 65 Abs. 4 vorliegt. Maßgebend ist das für das jeweilige neue Amt in Betracht kommende deutsche Staatsrecht (oder Reichsrecht). Jedenfalls ist eine vorübergehende Beschäftigung gegen Diäten kein Anstellungsverhältnis im Sinne dieser Bestimmung. Ebensowenig ein dauerndes, aber lediglich privatvertragliches Dienstverhältnis zum Reiche, einem Bundesstaat oder einer Gemeinde (über den Unterschied s. Vorbem. zu § 56[6]). Besteht aber ein neues Beamtenverhältnis, so ist § 65 Abs. 4 anwendbar, gleichviel ob es sich um Anstellung auf Lebenszeit, auf Zeit oder Kündigung, auf Probe oder auf Widerruf handelt (RGZ. 56 S. 1). Für die Wiederanstellung im preußischen Gemeindedienst ist die Tatsache der Aushändigung einer neuen Anstellungsurkunde an den Pensionär gemäß § 1 KBG. entscheidend (RGZ. im PVBl. 29 S. 480).

Die Frage, in welcher Höhe das neue Diensteinkommen bei Anwendung des § 65 Abs. 4 anzusetzen ist, erledigt sich mit dem Satze, daß das reine Einkommen aus der neuen Stelle zu berücksichtigen ist, d. h. also das gesamte Diensteinkommen abzüglich einer etwaigen Entschädigung für Dienstausgaben (Repräsentationsgelder, Reisekosten, Dienstaufwandsgelder). Darauf, ob und wie die neue Anstellungsbehörde das neue Diensteinkommen auf dessen einzelne Arten (bares Gehalt, Naturalien, Dienstaufwandsgelder) verteilt, kommt es nicht endgültig an, vielmehr ist im Streitfalle unabhängig von dieser (unter Umständen willkürlichen) Festsetzung der neuen Anstellungsbehörde die Frage der Anwendbarkeit des § 65 Abs. 4 und die Höhe des Rechnungsergebnisses aus dieser Anwendung im Wege des § 7 KBG. und zwar ev. im ordentlichen Rechtswege zur Entscheidung zu bringen. Die Bestimmung des § 7 KBG. allerdings, daß über die Spezialfrage, „welcher Teil des Diensteinkommens als Pension anzusehen ist“, unter Ausschluß des Rechtsweges nur im Verwaltungsstreitverfahren entschieden werden dürfe, kann hier nicht Anwendung finden, da diese Bestimmung sich auf die erstmalige Festsetzung der Pension, nicht auf die spätere Kürzung auf Grund des § 65 Abs. 4 bezieht.

Früheres Einkommen ist nur das, was der Beamte in derjenigen Dienststellung bezogen hat, aus der er seine Pension erhält, nicht aber auch andere zufällige Nebeneinkünfte, mögen diese auch vom Staate oder einer Gemeinde gewährt werden. So wenig private Einkünfte, die der Beamte zufälligerweise infolge seiner Vertrauensstellung als Magistratsmitglied bezogen hat (z. B. Einkünfte von Privatfeuerversicherungs- und ähnlichen Gesellschaften) unter das frühere Einkommen fallen, gehören dazu „Nebeneinkünfte" vom Staat oder von einer anderen Gemeinde (RGZ. 56 S. 3).

12. Wegen der Gnadenkompetenzen im allgemeinen s. Vorbem. unter III. Die Bestimmung soll nur den Mindestbetrag der Leistungen gesetzlich festlegen. Günstigere Bestimmungen zu erlassen, steht den Gemeinden frei.

13. Darüber, welche Personen als Hinterbliebene anzusehen sind, vgl. Anm. 19. Die geschiedene Ehefrau ist nicht als Witwe anzusehen und gehört daher nicht zu den Hinterbliebenen.

14. § 4 KBG. bezieht sich sowohl auf besoldete Magistratsmitglieder als auch auf die eigentlichen Kommunalbeamten. Nicht darunter fallen nur die nebenamtlich im Kommunalamt tätigen sowie die auf Probe, zu vorübergehenden Dienstleistungen und zur Vorbereitung beschäftigten Personen (PVBl. 27 S. 100).

15. Das heißt nicht bloß das „Gehalt"; Wohnungsentschädigung und Wohnungsgeldzuschuß sowie Zulagen werden ebenfalls weiter gewährt, dagegen fallen Entschädigungen für baren Dienstaufwand, wie Fuhrkosten, nicht unter die Besoldung (PVBl. 27 S. 100). Wegen der Dienstwohnung s. § 5 KBG.

16. Dieser Ausdruck besagt keineswegs, daß die eigentliche Gnadenbewilligung immer die volle Dauer eines Vierteljahrs umfaßt; er dient vielmehr lediglich der Berechnung, indem er grundsätzlich das Ende der Gnadenbewilligung auf den Ablauf des auf den Sterbemonat folgenden Vierteljahrs festlegt. Da das gesamte Gehalt für das Sterbequartal als verdient gilt, demnach der Anspruch darauf dem Beamten auch ohne die Bestimmungen über die Gnadenbewilligung gewährleistet ist (Anm. 11 zu § 64), so ergibt sich, daß eine eigentliche Gnadenbewilligung für einen ein-, zwei- oder dreimonatigen Zeitraum gewährt wird, je nachdem der Beamte im ersten, zweiten oder dritten Monat des Kalenderquartals gestorben ist. Der über das Sterbequartal hinaus gezahlte Betrag gehört **nicht zum Nachlasse** des Beamten, gebührt daher den Gnadenberechtigten (Anm. 19) ohne Rücksicht darauf, ob sie die Erben des Beamten sind oder nicht und kann von Gläubigern des Beamten nicht mit Beschlag belegt werden. Bezüglich der Pfändbarkeit der Gnadenkompetenzen für die Gläubiger der empfangsberechtigten Hinterbliebenen ist jetzt § 850[8] und Abs. 2 ZPO. maßgebend. Bezüglich der Besteuerung s. Anm. 16 zu § 64.

17. War die Pensionierung zwar ausgesprochen, aber noch nicht eingetreten, so sollte schon nach der KabO. v. 30. 3. 1842 (MBl. 245) den Hinterbliebenen Anspruch auf die dreimonatige Gehaltszahlung zustehen. Nach dem Wortlaut des § 4 „war der Verstorbene pensioniert" kann es jetzt keinem Zweifel mehr unterliegen, daß in diesen Fällen das Gnadenquartal in vollem Umfange geschuldet wird.

Als Pensionierung im Sinne des § 4 gilt auch die Belassung der Pension oder eines Teiles derselben als Unterstützung bei Entfernung aus dem Amt durch Disziplinarerkenntnis (§ 16 Abs. 3 des G. v. 21. 7. 1852, hinter § 80 StO. abgedruckt). Voraussetzung des Anspruchs auf den Gnadenmonat ist aber in diesem Falle, daß der Beamte, dem die Pension teilweise auf Zeit belassen war, noch innerhalb dieser Zeit stirbt (Anm. 24 zu § 80 StO.). Anspruch auf Witwen- und Waisengeld haben indessen die Hinterbliebenen eines derart entlassenen Beamten nicht (Anm. 45 zu § 65 und Anm. 24 zu § 80 StO.).

18. Die Bestimmung über das Recht der Hinterbliebenen eines pensionierten Beamten auf den Gnaden**monat** hat in diesem Paragraphen anscheinend nur wegen des äußeren Zusammenhanges mit den Bestimmungen über das Gnaden**quartal** Platz gefunden. Doch hat die Bestimmung an dieser Stelle — im allgemeinen Teil des KBG. — erhebliche Bedeutung. Denn im Gegensatz zu den Bestimmungen des § 12, der „anderweitige", wenn auch aufsichtsbehördlich zu genehmigende Abmachungen zuläßt, schafft § 4 einen unbedingten, durch Vereinbarungen nicht zu beseitigenden Anspruch auf den Gnadenmonat für alle Kommunalbeamten, die unter § 4 fallen (Anm. 14).

Den Hinterbliebenen eines pensionierten unmittelbaren Staatsbeamten wird jetzt (vgl. G. v. 27. 5. 07, GS. 95) nicht nur ein Gnadenmonat, sondern ein Gnadenvierteljahr gewährt. Bei den Kommunalbeamten verbleibt es aber mit Rücksicht auf die positive Bestimmung in § 4 KBG. bei dem Gnadenmonat, soweit nicht anderweitige, günstigere Vereinbarungen oder allgemeine Festsetzungen getroffen sind.

19. Die geltenden Bestimmungen über die Gnadenkompetenzen der **unmittelbaren** Staatsbeamten lauten:

a) **Gesetz betr. die Zahlung der Beamtenbesoldung und des Gnadenvierteljahrs** v. 7. 3. 08 (GS. 35).

„§ 2. Hinterläßt ein unmittelbarer Staatsbeamter, welcher eine etatsmäßige Stelle bekleidete, eine Witwe oder eheliche oder legitimierte Nachkommen, so wird die volle Besoldung des Verstorbenen noch für die auf den Sterbemonat folgenden drei Monate (Gnadenvierteljahr) unter Anrechnung der vor dem Tode fällig gewordenen Besoldungsteile gewährt. An wen das Gnadenvierteljahr zu gewähren ist, bestimmt der Verwaltungschef oder die von ihm bezeichnete Behörde. — In gleicher Weise kann den Hinterbliebenen eines unmittelbaren Staatsbeamten, welcher eine etatsmäßige Stelle nicht bekleidete, aber zur Befriedigung eines dauernden Bedürfnisses und nicht nur aushilfsweise beschäftigt war, das Gnadenvierteljahr von den ihm in festen monatlichen oder vierteljährlichen Beträgen zustehenden Diensteinkünften gewährt werden.

§ 3. Das Gnadenvierteljahr kann von dem Verwaltungschef oder der von ihm bezeichneten Behörde auch dann gewährt werden, wenn der Verstorbene Verwandte der aufsteigenden Linie, Geschwister, Geschwisterkinder oder Pflegekinder, deren Ernährer er ganz oder überwiegend gewesen ist, in Bedürftigkeit hinterläßt, oder wenn und soweit der

Nachlaß nicht ausreicht, um die Kosten der letzten Krankheit und der Beerdigung zu decken."

Vgl. auch die AusfBest. v. 11. 4. 08 (MBl. 92 u. 131).

b) § 31 des PensionsG. v. 27. 3. 1872 (GS. 268, s. auch die AbänderungsG. v. 31. 3. 1882 [GS. 132], v. 30. 4. 1884 [GS. 126], v. 20. 3. 1890 [GS. 43], sowie v. 25. 4. 1896 [GS. 87] und v. 27. 5. 07 [GS. 95]):

„Hinterläßt ein Pensionär eine Witwe oder eheliche oder legitimierte Nachkommen, so wird die Pension noch für die auf den Sterbemonat folgenden drei Monate (Gnadenvierteljahr) unter Anrechnung des vor dem Tode des Pensionärs fällig gewordenen Betrages gezahlt. Die Zahlung erfolgt im voraus in einer Summe.

An wen die Zahlung erfolgt, bestimmt die Provinzialbehörde, auf deren Etat die Zahlung übernommen war.

Die Zahlung kann auf Verfügung dieser Behörde auch dann stattfinden, wenn der Verstorbene Verwandte der aufsteigenden Linie, Geschwister, Geschwisterkinder oder Pflegekinder, deren Ernährer er ganz oder überwiegend gewesen ist, in Bedürftigkeit hinterläßt, oder wenn und soweit der Nachlaß nicht ausreicht, um die Kosten der letzten Krankheit und der Beerdigung zu decken."

Vgl. hierzu oben Anm. 18.

20. D. i. der Magistrat bzw. Bürgermeister (in Städten ohne kollegialischen Vorstand). Die Zustimmung der Stadtverordnetenversammlung ist nicht erforderlich. Sind mehrere Hinterbliebene vorhanden, so hat der Magistrat zu bestimmen, in welchen Anteilen die Gnadenbezüge auf die einzelnen zu verteilen sind.

21. Der § 5 KBG. entspricht bis auf die Worte „in Ermangelung anderweiter Festsetzungen" im allgemeinen der Vorschrift des § 9 des ReichsbeamtenG. v. 31. 3. 1873 (RGBl. 61); vgl. auch § 33 des LehrerbesoldungsG. v. 26. 5. 09 (GS. 93). Der betroffene Beamtenkreis ist derselbe wie bei § 4 KBG. (s. Anm. 14).

22. „Familie" umfaßt alle die Personen, die mit dem Beamten verwandt oder verschwägert sind und auf Grund dieser Verwandtschaft oder Schwägerschaft seinen Hausstand teilten. Auf die Alimentationspflicht gegenüber dem Verwandten kommt es nicht an.

23. Die Bestimmung ist also dispositiver Natur. Im einzelnen Falle durch Abrede, generell sowohl in der Form eines einfachen Reglements, wie auch in der (nicht erforderlichen) Form des Ortsstatuts, kann Abweichendes festgesetzt werden.

24. Die Berechtigten aus Satz 2 sind nur Universalsukzessoren (Erben, Erbschaftskäufer), nicht Legatare oder Erwerber einzelner Nachlaßstücke.

25. Die einmonatige Frist rechnet nach § 188 BGB. von Monatsdatum zu Monatsdatum.

26. Der § 5 KBG. trat an die Stelle der früher für Kommunalbeamten geltenden Vorschrift der Nr. 3 der KabO. v. 27. 4. 1816 (GS. 134).

27. D. h. alle angestellten städtischen Beamten, ob sie nun vor oder nach dem Inkrafttreten des KBG. (vgl. RGZ. 59 S. 162, s. auch Anm. 29 am Ende), ob sie lebenslänglich, auf Zeit oder Kündigung angestellt, ob sie eigentliche Verwaltungsbeamte oder Beamte städtischer Betriebsverwaltungen sind, sofern nicht der Pensionsanspruch auf Grund genehmigter „Festsetzungen" (zu welchen auch Vereinbarungen zu rechnen) wegfällt; ausgeschlossen sind nur die zur Probe, zu vorübergehenden Dienstleistungen und zur Vorbereitung angestellten, sowie die nebenberuflich im Kommunalamt tätigen Beamten. Zweifellos pensionsberechtigt sind nunmehr die städtischen Standesbeamten (Gemeindebeamte auf Grund des § 4 Abs. 4 RG. v. 6. 2. 1875; RGBl. 23), welchen bisher durch die Judikatur ein obligatorischer Anspruch auf Pension nicht zuerkannt war mit Rücksicht darauf, daß einerseits nach den Städteordnungen nur die lebenslänglich angestellten Beamten Pensionsansprüche hatten und daß andererseits die Standesbeamten wegen der Widerruflichkeit der zu ihrer Bestallung erforderlichen Genehmigung als lebenslänglich angestellte Beamte nicht anzusehen waren (RGZ. 39 S. 261; s. oben Anm. 11 zu § 62). Auf Lehrer an städtischen Schulen bezieht sich die Bestimmung nicht. Ebenso nicht auf die besoldeten Magistratsmitglieder (s. § 14 KBG. und § 65 StO.).

28. Wegen des Verfahrens bezüglich Feststellung der Dienstunfähigkeit im Streitfalle s. Anm. 4 oben.

29. In Berlin des Oberpräsidenten, LBG. § 43. Hinsichtlich der Magistratsmitglieder schreibt schon § 65 StO. ebenfalls die Genehmigung vor. Dagegen ist dieses Erfordernis für die eigentlichen Kommunalbeamten neu. — Sind mit einem Beamten vor Inkrafttreten des KBG. (1. 4. 00) Abmachungen dieser Art getroffen worden, so waren diese ohne Genehmigung gültig und haben ihre Gültigkeit auch durch das KBG. nicht verloren. Eine Rückwirkung des Gesetzes in diesem Umfange würde ein jus quaesitum der Stadtgemeinde verletzen. Ebenso OVG. 49 S. 136; entgegengesetzter Ansicht RGZ. 59 S. 163, wonach es auch in den Fällen, in denen der Ausschluß oder die Zahlung einer geringeren Pension, als sie dem Beamten nach § 12 KBG. zustehen würde, vor Erlaß des KBG. vereinbart oder festgesetzt ist, und in denen dies vor dem 1. 4. 00 formlos zulässig war, seit dem Erlasse des KBG. dennoch der Zustimmung des Bezirksausschusses gemäß § 12 KBG. bedarf, um den Ausschluß oder die Verringerung des Pensionsanspruchs rechtsgültig zu machen (vgl. auch PVBl. 28 S. 299; 29 S. 413 und 32 S. 603).

30. Auch der Ausschluß des Pensionsanspruchs kann festgesetzt werden und zwar sowohl in dem Sinne, daß ein Pensionsanspruch überhaupt nicht gegeben ist, als auch dahin gehend, daß bei Eintritt der Dienstunfähigkeit innerhalb einer gewissen Zeit ein Pensionsanspruch nicht gegeben sein soll. Gerade, weil der gänzliche Ausschluß des Pensionsanspruchs festgesetzt werden kann, hat man, um einen Mißbrauch seitens der Städte bei reichlich angebotenem Beamtenmaterial vorzubeugen, die Genehmigung für erforderlich erachtet.

Über die Frage des Verzichts städtischer Beamter auf Pension vgl. PVBl. 30 S. 381.

31. Entweder im Wege des einzelnen Abkommens oder durch generelle Festlegung der Pensionsbedingungen in genehmigten Reglements oder Ortsstatuten.

32. Das Verhältnis der im Gesetzestext zitierten Gesetze zu einander ist folgendes: Das G. v. 31. 3. 1882 brachte in seinem Art. I einige Abänderungen des PensionsG. v. 27. 3. 1872, unter anderem auch solche der §§ 8 u. 16 des letzteren und zwar in dem Sinne, daß an Stelle der Einteilung des Gehalts (behufs Pensionsberechnung) in Achtzigstel die in Sechzigstel trat, daß die Höchstpension auf $^{45}/_{60}$ festgestellt wurde und daß die vor dem Beginn des 21. Lebensjahres liegende Dienstzeit außer Ansatz bleiben sollte. Der oben zitierte Art. III, der auch nach dem Inkrafttreten des KBG. noch teilweise aufrecht erhalten bleibt, bestimmte, daß alle durch das G. v. 31. 3. 1882 eingeführten Abänderungen des Pensionsgesetzes nur auf unmittelbare Staatsbeamte und die im § 6 des Pensionsgesetzes bezeichneten Lehrer und Beamten (nicht aber auf Kommunalbeamte) Anwendung finden sollten; teilweise, nämlich soweit die erwähnten Änderungen der §§ 8 u. 16 des Pensionsgesetzes in Frage kommen, ist der Art. III G. v. 31. 3. 1882 durch das G. v. 1. 3. 1891 aufgehoben worden, indem durch letzteres diese Abänderungen auch auf städtische Beamte als auf solche mittelbaren Staatsbeamten, die auch im übrigen nach den Bestimmungen über die Pensionen der unmittelbaren Staatsbeamten pensioniert werden, übertragen wurden. Die anderweitigen Bestimmungen des G. v. 31. 3. 1882, die Änderungen der §§ 1 u. 30 des Pensionsgesetzes betrafen und die unfreiwillige Versetzung in den Ruhestand der über 65 Jahre alten Beamten zum Gegenstande hatten, sind dagegen bisher ohne Geltung für städtische Beamte geblieben und erhielten auch durch KBG. nicht obligatorische Geltung für dieselben (vgl. Abs. 3 des § 12 KBG. und Anm. 36). Insoweit bleibt also Art. III G. v. 31. 3. 1882 teilweise auch fernerhin gültig.

33. In Betracht kam früher § 107 des RG. v. 27. 6. 1871 (RGBl. 275) in der Fassung des G. v. 22. 5. 1893 (RGBl. 171). Jetzt ist maßgebend § 23 des MannschaftsversorgungsG. v. 31. 5. 06 (RGBl. 593); derselbe lautet:

„Den im Zivilstaatsdienste sowie im Kommunal- und Institutendienst usw. angestellten Militäranwärtern und forstversorgungsberechtigten Personen des Jägerkorps wird die Militärdienstzeit bei Ermittelung der Pension als pensionsfähige Dienstzeit nach Maßgabe des Reichsbeamtengesetzes oder doch mindestens soweit angerechnet, als die Zivildienstzeit nach den Vorschriften des Landesrechts angerechnet wird.

Landesrechtliche Vorschriften, welche hinsichtlich der Anrechnung der Militärdienstzeit günstiger sind, bleiben unberührt."

Danach hat bei diesen Personen, soweit ihre Pensionierung nach den für die Staatsbeamten maßgebenden Grundsätzen erfolgt (§ 12 Abs. 1 KBG.), die Militärzeit bei Berechnung des pensionsfähigen Dienstalters in Anrechnung zu kommen (vgl. RGZ. 37 S. 235). Vertragliche Abmachungen, welche die Anrechnung eines Teils oder der ganzen Militärdienstzeit ausschließen, bedürfen der Genehmigung des Bezirksausschusses (in Berlin des Oberpräsidenten) gemäß Abs. 1 des § 12 KBG. Wegen der gesetzlichen

Zulässigkeit derartiger Abmachungen s. MR. v. 14. 1. 1898 (MBl. 23); ferner die AusfAnw. zum KBG. unter Art. IV Nr. 2 Abs. 2 (MBl. 1899 S. 194) und PVBl. 20 S. 103. Gegen den Willen der betroffenen Militäranwärter kann jedenfalls seitens der Kommunen die ganze oder teilweise Nichtanrechnung der Militärdienstzeit nicht festgesetzt werden; auch sind Ortsstatute, welche die Anrechnung eines Teils oder der ganzen Militärdienstzeit ausschließen, als im Widerspruch mit § 23 Mannschaftsversorgungsgesetz stehend (Reichsrecht geht vor Landesrecht) ungültig. (RGZ. 51 S. 46). Finden sich keine Militäranwärter, die sich freiwillig der Bedingung der Nichtanrechnung der Militärdienstzeit unterwerfen, so sind die Gemeinden dennoch verpflichtet, die Stelle mit einem Militäranwärter zu besetzen, sofern es sich um eine nach gesetzlicher Bestimmung mit einem Militäranwärter zu besetzende Stelle handelt.

Darüber, wer Militäranwärter ist, war früher bis zum 31. 3. 00 § 1 des G. v. 21. 7. 1892 (GS. 214) maßgebend; jetzt ist § 1 der Bundesratsgrundsätze v. 20. 6. 07 (vgl. Vorbem. II zu § 56[6]) entscheidend. Diejenigen Militäranwärter, die aus nichtpreußischen Kontingenten hervorgegangen, in der Zeit v. 1. 10. 1892 bis zum 31. 3. 00 in preußischen Kommunen angestellt worden sind, gelten daher nicht als Militäranwärter im gesetzlichen Sinne und haben deshalb mangels anderweiter Vereinbarung keinen Anspruch auf Anrechnung ihrer Militärdienstzeit bei der Pensionierung (PVBl. 24 S. 699; 25 S. 151). Im übrigen sind bezüglich der Anrechnung der Militärdienstzeit bei Militäranwärtern noch folgende zwei Punkte zu erörtern:

a) Weder § 12 Abs. 2 KBG. noch § 23 des Mannschaftsversorgungsgesetzes machen einen Unterschied zwischen den Fällen, in denen es sich um Berechnung einer Pension handelt und den anderen Fällen, in denen die Berechtigung zum Pensionsbezuge überhaupt (wegen Berechnung der 10jährigen Dienstzeit) fraglich ist. Daraus ergibt sich, daß den Militäranwärtern die Militärdienstzeit anzurechnen ist sowohl bei Berechnung der zum Erwerbe der Pensionsberechtigung erforderlichen Dienstzeit als auch bei Berechnung der Höhe der Pension (vgl. PVBl. 30 S. 566 und RGZ. 51 S. 46).

b) Für den Fall, daß ein Militäranwärter, der eine Militärpension bezieht, in städtische Dienste tritt und hier — unter Anrechnung seiner Militärjahre — abermals Pensionsansprüche erwirbt, war behufs Verhütung der hierdurch erfolgenden Doppelanrechnung der Militärdienstzeit durch § 108 Militärpensionsgesetzes (in der Gestalt des G. v. 22. 5. 1893 (RGBl. 171) eine Kürzung der städtischen Pension vorgesehen. Jetzt bestimmt § 36 des Mannschaftsversorgungsgesetzes:

„Das Recht auf den Bezug der Rente (§§ 9—11) und der Gebührnisse aus den §§ 24, 25 ruht:

. . . . . .

3. während einer Anstellung oder Beschäftigung im Zivildienste nach Maßgabe folgender Vorschriften:

a) es ruhen alle unter $^{21}/_{100}$ der Vollrente zuerkannten Rententeile;

b) von höheren Renten ruhen außerdem alle $^{60}/_{100}$ der Vollrente übersteigenden Rententeile; . . . . . .

c) . . . . . .

4. neben dem Bezug einer im Zivildienst erdienten Pension, soweit als Zivilpension und zuerkannte Rente zusammen den in der zuletzt bekleideten Stelle erreichbaren Höchstpensionsbetrag oder, wenn es für den Pensionär günstiger ist, soweit als die tatsächlich erdiente Zivilpension und die nach Nr. 3 b nicht ruhenden Rententeile zusammen den Betrag von 2000 Mark übersteigen. Der an den Pensionär nicht zu zahlende Rentenbetrag wird dem Zivilpensionsfonds erstattet.

Als Zivildienst gilt jede Anstellung oder Beschäftigung als Beamter oder in der Eigenschaft eines Beamten im Reichs-, Staats- oder Kommunaldienste, bei den Versicherungsanstalten für die Invalidenversicherung, bei ständischen oder solchen Instituten, welche ganz oder zum Teil aus Mitteln des Reichs, Staates oder der Gemeinden unterhalten werden, oder in solchen zu den vorbezeichneten nicht gehörenden Zivilstellen, welche ganz oder zum Teil den Militäranwärtern und den Inhabern des Anstellungsscheins vorbehalten sind, wenn und solange der Angestellte oder Beschäftigte durch diesen Dienst ein Einkommen bezieht.

Bei Berechnung des Zivildiensteinkommens sind diejenigen Beträge, welche für die Bestreitung eines Dienstaufwandes sowie zur Entschädigung für außergewöhnliche Teuerungsverhältnisse gewährt werden, nicht in Ansatz zu bringen; die Dienstwohnung ist mit dem pensionsfähigen oder sonst hierfür festgesetzten Werte, der Wohnungsgeldzuschuß oder eine dementsprechende Zulage mit dem pensionsfähigen Betrag oder, sofern er nicht pensionsfähig ist, mit dem Durchschnittssatz anzurechnen. Ist der wirkliche Betrag des Wohnungsgeldzuschusses oder der Zulage jedoch geringer, so ist nur dieser anzurechnen."

Es ist aber zu beachten, daß § 36 für den andern Fall, daß ein Militäranwärter zunächst in einen Zivildienst eintritt, hier unter Anrechnung seiner Militärdienstjahre Pension erdient, demnächst in einen andern Zivildienst, z. B. nun in städtischen Dienst eintritt und hier nach § 12 Abs. 2 KBG. und § 23 Mannschaftsversorgungsgesetz abermals Anspruch auf Anrechnung der Militärdienstzeit hat, keinerlei Bestimmung trifft. Will die Stadt in solchen Fällen die gesetzliche doppelte Anrechnungspflicht ausschließen, so muß sie eine entsprechende ortsstatutarische oder — behördlich genehmigte — vertragliche Bestimmung treffen (nach Abs. 1 des § 12 KBG., cf. jedoch PVBl. 33 S. 772).

Wegen Anrechnung der erdienten Militärpension auf die Zivilpension bei Offizieren vgl. §§ 24, 26 des OffizierpensionsG. v. 31. 5. 06 (RGBl. 565).

Wegen Anrechnung der Militärdienstzeit bei Nichtmilitäranwärtern s. Anm. 35.

Über die Frage der Anrechnung der Militärdienstzeit auf das Besoldungsdienstalter der Zivilbeamten vgl. die Allerhöchste Ordre v.

22. 4. 07 und die Verf. v. 31. 5. 07 (MBl. 168), sowie die Verf. v. 13. 5. 09 (MBl. 118); diese Bestimmungen beziehen sich nur auf unmittelbare Staatsbeamte.

34. Die anderweitigen Festsetzungen, die in Einzelabmachungen oder genereller Regelung (Reglement, Statut) bestehen dürfen, dürfen hier (im Gegensatz zu Abs. 1) nur den Beamten günstigere Bestimmungen enthalten; deshalb ist auch von dem Erfordernis einer Genehmigung dieser Festsetzungen Abstand genommen.

35. Einschließlich der im Dienste derselben Kommune abgeleisteten Vorbereitungs- und Probedienstzeit sowie etwaiger Urlaubszeiten (RGZ. 37 S. 239; 41 S. 110), insofern Urlaub als fingierte Dienstzeit gilt. Daher muß auch solchen städtischen Beamten, die nicht Militäranwärter sind, diejenige militärische Dienstzeit — gleichviel ob dies aktive Dienstzeit oder Reservedienstzeit ist — auf ihr pensionsfähiges Dienstalter in Anrechnung gebracht werden, die sie nach ihrer Anstellung im städtischen Dienste abgeleistet haben. Soll die Anrechnung der aktiven Dienstzeit vermieden werden, so bleibt entweder nur übrig, die Beamten grundsätzlich erst anzustellen, wenn sie die Dienstzeit abgeleistet haben oder feststeht, daß sie sie nicht abzuleisten brauchen, oder aber sie bis zur Ableistung der Dienstzeit nur kündbar anzustellen und ihnen rechtzeitig vor Ableistung der aktiven Dienstzeit zu kündigen (alsdann ist Aufnahme der betreffenden Beamtenkategorien in das Ortsstatut, § 9 KBG., nötig); als letztes Aushilfsmittel bliebe eine ortsstatutarische oder im Einzelfalle mit Genehmigung der Aufsichtsbehörde vor der Anstellung erfolgende Festsetzung, daß die aktive Dienstzeit nicht auf das pensionsfähige Dienstalter in Anrechnung kommen solle. — Die Zeit, während welcher der Angestellte zwar im Dienste der pensionierenden Kommune beschäftigt, aber noch nicht Beamter war, braucht nicht angerechnet zu werden.

36. Vgl. hierzu Anm. 32. In Betracht kommen hier die Abänderungen zu § 1 und § 30 des Pensionsgesetzes, die das G. v. 31. 3. 1882 einführte. Durch diese wurde den über 65 Jahre alten Beamten das Recht eingeräumt, auch ohne nachgewiesene Dienstunfähigkeit die Pensionierung zu fordern, gleichzeitig aber auch die Möglichkeit geschaffen, diese Beamten selbst gegen ihren Willen jederzeit ohne weiteres in den Ruhestand zu versetzen, sobald sie nur nach Ansicht ihrer unmittelbar vorgesetzten Dienstbehörde dienstunfähig sind. Durch die jetzt ermöglichte fakultative Übertragung dieser Grundsätze auf Kommunalbeamte mittels Ortsstatuts ist nunmehr das allgemeine Prinzip, daß Kommunalbeamte wider ihren Willen nur im Wege des Disziplinarverfahrens aus dem Amte entfernt werden können (Anm. 4), durchbrochen. Es ist fraglich geworden, ob ein Ortsstatut, das die Pensionierung der über 65 Jahre alten Beamten nach den Bestimmungen der Staatsgesetze zuläßt, auch Anwendung zu finden hat auf solche Beamte, die vor dem Inkrafttreten des KBG., also vor dem 1. 4. 00, in den städtischen Dienst getreten sind. Die Antwort kann nur bejahend lauten. Die Verletzung eines jus quaesitum liegt nicht vor. Wenn im PVBl. 21 S. 120 zur Begründung dieser auch dort vertretenen Ansicht angeführt wird, daß ein jus quaesitum deshalb nicht vorliege, weil auf dem Gebiete des öffentlichen Rechts jura quaesita überhaupt keine dem Zivilrecht entsprechende Rolle spielten, so ist dieser Grund nicht stichhaltig. Schon der Wortlaut des § 24 KBG. beweist, daß sogar das Gesetz sich gescheut hat, in wohlerworbene Rechte publizistischen Charakters einzugreifen. Der wahre Grund der rückwirkenden Kraft jener Bestimmung ist vielmehr, daß es sich bei jener Vorschrift um eine — wenn auch materielle Wirkungen äußernde — Verfahrensvorschrift handelt. Denn die Bestimmung des G. v. 31. 3. 1882, welche die Pensionierung der über 65 Jahre alten Personen regelt, besagt keineswegs, daß etwa materiell die Voraussetzung der Pensionierung — dauernde Dienstunfähigkeit — modifiziert würde; auch bei den über 65 Jahre alten Beamten hat die die Pensionierung beantragende Stelle gewissenhaft zu prüfen, ob Dienstunfähigkeit vorhanden ist (s. auch PVBl. a. a. O., Oertel S. 544). Nur die Art der Feststellung der Dienstunfähigkeit ist erleichtert, indem statt des umständlichen Verfahrens einer ärztlichen Untersuchung und ev. des Streitverfahrens (s. Anm. 4) der einfache Antrag des Beamten oder der vorgesetzten Dienstbehörde auf Pensionierung als Feststellung der Dienstunfähigkeit angesehen wird. Verfahrensvorschriften gegenüber aber werden grundsätzlich jura quaesita nicht anerkannt (vgl. z. B. EG. zur ZPO. § 18, RGBl. 1877 S. 244ff.).

37. § 12 Abs. 1 stellt das Prinzip auf, daß die Kommunalbeamten ihre Pension ständig nach den für die Pensionierung der unmittelbaren Staatsbeamten geltenden Grundsätzen, also nach den jeweiligen Grundsätzen erhalten (RGZ. 76 S. 390). Die für die unmittelbaren Staatsbeamten geltenden Grundsätze sind gegenwärtig enthalten im PensionsG. v. 27. 3. 1872 (GS. 268), jetzt in der Fassung der Novellen v. 31. 3. 1882, 30. 4. 1884, 20. 3. 1890, 25. 4. 1896, 31. 3. 05 (GS. 177) und 27. 5. 07 (GS. 95) geltend. Anwendbar auf Kommunalbeamte sind nur die §§ 1, 8—13, 16, 17, 24, 25, 26, 29 (in Verbindung mit § 13 KBG., nicht mit §§ 27, 28 Pensionsgesetzes), 29a, 30 Abs. 1. Keine Geltung hat insbesondere § 27, da dieser ganz (nicht bloß in Nr. 2) ersetzt ist durch § 65 Abs. 4 StO. und § 13 KBG., und ebenso hat keine unmittelbare Geltung § 31 Pensionsgesetzes, da dieser nur nach Maßgabe des § 4 KBG. Anwendung zu finden hat.

Die in Betracht kommenden Bestimmungen lauten in jetzt geltendem Wortlaut:

Gesetz, betreffend die Pensionierung der unmittelbaren Staatsbeamten v. 27. 3. 1872:

„§ 1. Jeder unmittelbare Staatsbeamte, welcher sein Diensteinkommen aus der Staatskasse bezieht, erhält aus derselben eine lebenslängliche Pension, wenn er nach einer Dienstzeit von wenigstens zehn Jahren infolge eines körperlichen Gebrechens oder wegen Schwäche seiner körperlichen oder geistigen Kräfte zu der Erfüllung seiner Amtspflichten dauernd unfähig ist und deshalb in den Ruhestand versetzt wird.

Ist die Dienstunfähigkeit die Folge einer Krankheit, Verwundung oder sonstigen Beschädigung, welche der Beamte bei Ausübung des Dienstes oder aus Veranlassung desselben ohne eigene Verschuldung sich zugezogen hat, so tritt die Pensionsberechtigung auch bei kürzerer als zehnjähriger Dienstzeit ein.

Bei Staatsministern, welche aus dem Staatsdienste ausscheiden, ist eingetretene Dienstunfähigkeit nicht Vorbedingung des Anspruchs auf Pension. Diese Bestimmung findet gleichfalls Anwendung auf diejenigen Beamten, welche das fünfundsechzigste Lebensjahr vollendet haben.

§ 8. Die Pension beträgt, wenn die Versetzung in den Ruhestand nach vollendetem zehnten, jedoch vor vollendetem elften Dienstjahre eintritt, $^{20}/_{60}$ und steigt mit jedem weiter zurückgelegten Dienstjahre bis zum vollendeten dreißigsten Dienstjahre um $^{1}/_{60}$ und von da ab um $^{1}/_{120}$ des in den §§ 10—12 bestimmten Diensteinkommens.

Über den Betrag von $^{45}/_{60}$ dieses Einkommens hinaus findet eine Steigerung nicht statt.

In dem im § 1 Abs. 2 erwähnten Falle beträgt die Pension $^{20}/_{60}$, ... des vorbezeichneten Diensteinkommens.

§ 9. Bei jeder Pension werden überschießende Talerbrüche auf volle Taler abgerundet.

§ 10. Der Berechnung der Pension wird das von dem Beamten zuletzt bezogene gesamte Diensteinkommen, soweit es nicht zur Bestreitung von Repräsentations- oder Dienstaufwandskosten gewährt wird, nach Maßgabe der folgenden näheren Bestimmungen zugrunde gelegt:

1. Feststehende Dienstemolumente, namentlich freie Dienstwohnung, sowie die anstatt derselben gewährte Mietsentschädigung, Feuerungs- und Erleuchtungsmaterial, Naturalbezüge an Getreide, Winterfutter usw., sowie der Ertrag von Dienstgrundstücken kommen nur insoweit zur Anrechnung, als deren Wert in den Besoldungsetats auf die Geldbesoldung des Beamten in Rechnung gestellt oder zu einem bestimmten Geldbetrage als anrechnungsfähig bezeichnet ist.
2. Dienstemolumente, welche ihrer Natur nach steigend und fallend sind, werden nach den in den Besoldungsetats oder sonst bei Verleihung des Rechts auf diese Emolumente deshalb getroffenen Festsetzungen und in Ermangelung solcher Festsetzungen nach ihrem durchschnittlichen Betrage während der drei letzten Etatsjahre vor dem Etatsjahre, in welchem die Pension festgesetzt wird, zur Anrechnung gebracht.*)
3. Bloß zufällige Diensteinkünfte, wie widerrufliche Tantieme, Kommissionsgebühren, außerordentliche Remunerationen, Gratifikationen und dergleichen kommen nicht zur Berechnung.
4. Das gesamte zur Berechnung zu ziehende Diensteinkommen einer Stelle darf den Betrag des höchsten Normalgehaltes derjenigen Dienstkategorie, zu welcher die Stelle gehört, nicht übersteigen.

   Ohne diese Beschränkung kommen jedoch solche Gehaltsteile oder Besoldungszulagen, welche zur Ausgleichung eines von dem betreffenden Beamten in früherer Stellung bezogenen Diensteín-

*) Vgl. OVG. im PVBl. 25 S. 329.

kommens demselben mit Pensionsberechtigung gewährt wird, zur vollen Anrechnung.

§ 11. Ein Beamter, welcher früher ein mit einem höheren Diensteinkommen verbundenes Amt bekleidet und dieses Einkommen wenigstens ein Jahr lang bezogen hat, erhält, sofern der Eintritt oder die Versetzung in ein Amt von geringerem Diensteinkommen nicht lediglich auf seinen im eigenen Interesse gestellten Antrag erfolgt oder als Strafe auf Grund des § 16 des Gesetzes, betreffend die Dienstvergehen der nicht richterlichen Beamten usw. vom 21. Juli 1852 (GS. 465), oder des § 1 des Gesetzes, betreffend einige Abänderungen des Gesetzes über die Dienstvergehen der Richter vom 7. 5. 1851 usw. vom 22. 3. 1856 (GS. 201) gegen ihn verhängt ist, bei seiner Versetzung in den Ruhestand eine nach Maßgabe des früheren höheren Diensteinkommens unter Berücksichtigung der gesamten Dienstzeit berechnete Pension; jedoch soll die gesamte Pension das letzte pensionsberechtigte Diensteinkommen nicht übersteigen.

§ 12. Das mit Nebenämtern oder Nebengeschäften verbundene Einkommen begründet nur dann einen Anspruch auf Pension, wenn eine etatsmäßige Stelle als Nebenamt bleibend verliehen ist.

§ 13. Die Dienstzeit wird vom Tage der Ableistung des Diensteides gerechnet. Kann jedoch ein Beamter nachweisen, daß seine Vereidigung erst nach dem Zeitpunkte seines Eintritts in den Staatsdienst stattgefunden hat, so wird die Dienstzeit von diesem Zeitpunkt an gerechnet.*)

§ 16. Die Dienstzeit, welche vor den Beginn des achtzehnten Lebensjahres fällt, bleibt außer Berechnung.

Nur im Kriegsfalle wird die Militärdienstzeit vom Beginne des Krieges, beim Eintritt in den Militärdienst während des Krieges vom Tage des Eintritts ab gerechnet.

Als Kriegszeit gilt in dieser Beziehung die Zeit vom Tage einer angeordneten Mobilmachung, auf welche ein Krieg folgt, bis zum Tage der Demobilmachung.

§ 17. Für jeden Krieg, an welchem ein Beamter im Preußischen oder im Reichsheer oder in der Preußischen oder Kaiserlichen Marine oder bei den Kaiserlichen Schutztruppen teilgenommen hat, wird demselben zu der wirklichen Dauer der Dienstzeit ein Jahr zugerechnet; jedoch ist für mehrere in ein Kalenderjahr fallende Kriege die Anrechnung nur eines Kriegsjahres zulässig.

Wer als Teilnehmer an einem Kriege anzusehen ist, unter welchen Voraussetzungen bei Kriegen von längerer Dauer mehrere Kriegsjahre anzurechnen sind, welche militärische Unternehmung als ein Krieg im Sinne dieses Gesetzes anzusehen und welche Zeit als Kriegszeit zu rechnen ist, wenn keine Mobilmachung oder Demobilmachung stattgefunden

*) Wegen der Bedeutung der Vereidigung bei Berechnung der Dienstzeit behufs Pensionsberechnung vgl. PVBl. 25 S. 535.

hat, dafür ist die nach § 17 und § 7 der Reichsgesetze vom 31. Mai 1906 (RGBl. S. 565 und 593) in jedem Fall ergehende Bestimmung des Kaisers maßgebend.

Für die Vergangenheit bewendet es bei den hierüber durch Königliche oder Kaiserliche Erlasse gegebenen Bestimmungen.

§ 24. Die Versetzung in den Ruhestand tritt, sofern nicht auf den Antrag oder mit ausdrücklicher Zustimmung des Beamten ein früherer Zeitpunkt festgesetzt wird, mit dem Ablauf des Vierteljahres ein, welches auf den Monat folgt, in welchem dem Beamten die Entscheidung über seine Versetzung in den Ruhestand und die Höhe der ihm etwa zustehenden Pension (§ 22) bekanntgemacht worden ist.

§ 25. Die Pensionen werden für jedes Kalendervierteljahr im voraus in einer Summe gezahlt.

§ 26. Das Recht auf den Bezug der Pension kann weder abgetreten noch verpfändet werden.

In Ansehung der Beschlagnahme der Pensionen bleiben die bestehenden Bestimmungen in Kraft.

§ 29. Die Einziehung, Kürzung oder Wiedergewährung der Pension auf Grund der Bestimmungen in den §§ 27 und 28*) tritt mit dem Beginn desjenigen Monats ein, welcher auf das, eine solche Veränderung nach sich ziehende Ereignis folgt.

Im Falle vorübergehender Beschäftigung im Reichs- oder im Staatsdienste gegen Tagegelder oder eine anderweite Entschädigung wird die Pension für die ersten sechs Monate dieser Beschäftigung unverkürzt, dagegen vom siebenten Monate ab nur zu dem nach den vorstehenden Bestimmungen zulässigen Betrage gewährt.

§ 29a. Die in dem § 27 Nr. 2 sowie in den §§ 28 und 29 für den Fall des Wiedereintritts eines Pensionärs in den Reichs- oder Staatsdienst getroffenen Vorschriften finden auf diejenigen unter die Vorschriften des § 6 fallenden pensionierten Lehrer und Beamten, deren Pension nicht aus der Staatskasse zu zahlen ist, nur dann sinngemäße Anwendung, wenn sie im Dienste der zur Aufbringung ihrer Pension ganz oder teilweise verpflichteten Gemeinde oder Stiftung oder des betreffenden Kommunalverbandes wieder angestellt oder beschäftigt werden.

Ist ein unter die Vorschriften des § 6 fallender Pensionär, dessen Pension nicht aus der Staatskasse zu zahlen ist, in ein zur Pension berechtigendes Amt des unmittelbaren Staatsdienstes oder an einer der im § 6 Abs. 2 bezeichneten Unterrichtsanstalten, deren Unterhaltung anderen als den zur Aufbringung seiner Pension Verpflichteten obliegt, wieder eingetreten, so bleibt für den Fall des Zurücktretens in den Ruhestand bei der Entscheidung über eine ihm zu gewährende neue Pension die Dienstzeit vor seiner früheren Versetzung in den Ruhestand außer Anrechnung.

Diese Bestimmung findet auf diejenigen Pensionäre, deren Pension aus der Staatskasse zu zahlen ist, alsdann gleichfalls Anwendung, wenn

---

*) Dafür tritt bei Kommunalbeamten § 13 KBG. ein.

sie in ein zu Pension berechtigendes Amt an einer der im § 6 Abs. 2 bezeichneten Unterrichtsanstalten, welche nicht vom Staate allein zu unterhalten sind, wieder eingetreten sind.

§ 30. Sucht ein nicht richterlicher Beamter, welcher das fünfundsechzigste Lebensjahr vollendet hat, seine Versetzung in den Ruhestand nicht nach, so kann diese nach Anhörung des Beamten unter Beobachtung der Vorschriften der §§ 20ff. dieses Gesetzes in der nämlichen Weise verfügt werden, wie wenn der Beamte seine Pensionierung selbst beantragt hätte."

38. Der Pensionsanspruch fällt fort, wenn der Beamte durch Disziplinar- oder gerichtliches Urteil aus dem Dienste entlassen oder ihm der Pensionsanspruch nach anderweiter Beendigung des Dienstverhältnisses durch das Disziplinargericht ausdrücklich aberkannt wird (s. § 16 Nr. 2 G. v. 21. 7. 1852, zu § 80 StO.). Ein gerichtliches Strafurteil, das einen bereits pensionierten Beamten zu Zuchthausstrafe oder zum Verlust der bürgerlichen Ehrenrechte verurteilt, macht den Beamten nicht seines Pensionsanspruchs verlustig, und zwar auch dann nicht, wenn die dem Strafurteil zugrunde liegende Handlung schon vor der Pensionierung begangen war (RGZ. 2 S. 66; PVBl. 9 S. 157), oder wenn das Strafurteil rechtskräftig geworden ist, nachdem zwar die Pensionierung schon ausgesprochen, der Zeitpunkt des Übertritts in den Ruhestand aber noch nicht eingetreten war (RGZ. 17 S. 240; 38 S. 321).

39. Erworbene Rechte eines Beamten auf Pension werden geschützt nach § 24 KBG. Siehe denselben und Anm. dazu.

40. Unter keinen Umständen ist es zulässig, die Pensionsansprüche eines kündbaren Beamten dadurch illusorisch zu machen, daß ihm nach eingetretener Dienstunfähigkeit unter irgend einer anderen Begründung gekündigt wird. Eine formelle Möglichkeit in einem solchen Falle zugunsten des Beamten gegen die Stadtgemeinde vorzugehen und etwa zwangsweise eine Pension festzusetzen, hat zwar nach dem in Anm. 32 zu § 56⁶ Gesagten die Aufsichtsbehörde nicht; und ebensowenig würde voraussichtlich ein Vorgehen des Beamten auf Grund des § 7 KBG. Aussicht auf Erfolg bieten, weil ein klagbarer Anspruch auf Pension nur auf Grund der Versetzung in den Ruhestand besteht und letztere ein Hoheitsakt ist, auf dessen Vornahme nicht geklagt werden kann; einem Anspruch auf Weiterzahlung des Gehalts aber würde das in materieller Beziehung nicht der auffichtsbehördlichen und richterlichen Kontrolle unterliegende Kündigungsrecht des Magistrats entgegenstehen. Das einzige, aber voraussichtlich auch sicher wirkende Korrektiv liegt in der Bestimmung des § 9 KBG. (hinter § 56⁶ StO. abgedruckt), wonach in jedem Falle ein ganzes Kollegium über die Kündigung zu beschließen hat.

41. Die Bestimmung entspricht (bis auf das Wort „Kommunaldienst" statt „Gemeindedienst", vgl. Anm. 10) dem Wortlaute des § 72 StO. H.-N. und vertritt bei den städtischen Beamten die Stelle des für die Staatsbeamten geltenden § 27 des PensionsG. v. 27. 3. 1672. Absichtlich ist der Reichsdienst nicht erwähnt, um die Bestimmung konform zu halten mit der bezüglich der Magistratsmitglieder geltenden Vorschrift des § 65 Abs. 4 StO. Aus dieser vom Gesetzgeber geäußerten Absicht geht auch hervor, daß die Auslegung, die das RG. der Bestimmung des § 65 Abs. 4 gegeben hat, ohne weiteres anzuwenden ist auf den § 13, daß demnach der Tatbestand des § 13 auch vorliegt, wenn der pensionierte Beamte im Reichsdienst, im außerpreußischen deutschen Staats- oder im außerpreußischen deutschen Gemeindedienst angestellt ist (oben Anm. 10).

§ 27 Nr. 1 des PensionsG. gilt, da § 13 und § 65 Abs. 4 StO. die Fälle des Ruhens der Pension offenbar erschöpfend regeln wollen, für Kommunalbeamte nicht, es sei denn, daß ortsstatutarisch eine entsprechende Bestimmung getroffen ist.

42. Das sind StO. §§ 29—34, 64, 65. Von den Bestimmungen des KBG. kommen für Magistratsmitglieder außer § 14 nur die Bestimmungen der §§ 4—7 (Gnadenkompetenzen, Reisekostenentschädigung, Rechtsweg) und § 15 (Hinterbliebenenversorgung) in Betracht. (Siehe den Kommentar von Ledermann z. KBG. Vorbem. zu § 14.)

43. Die Bestimmung „mit der Änderung usw." soll die in den bisherigen Grundsätzen liegende Härte beseitigen, daß die Pension der Bürgermeister, Beigeordneten und Magistratsmitglieder vom 13. bis 24. Dienstjahre nicht steigt. Da nach vollendetem 12. Dienstjahre die Hälfte, also $^{30}/_{60}$, gezahlt werden, bemißt sich nunmehr die Pension nach vollendetem 24. Dienstjahre auf $^{42}/_{60}$, nicht mehr auf $^{2}/_{3} = {}^{40}/_{60}$ des Gehalts wie bisher. Die früher vorhandene Härte wäre nach Inkrafttreten des KBG. um so fühlbarer geworden, als die nach § 15 KBG. eintretende Hinterbliebenenversorgung sich nach der Höhe der Pension richtet, und demnach bei den Bürgermeistern, Beigeordneten und Magistratsmitgliedern in den letzten der zwischen dem 13. und 24. liegenden Dienstjahre unverhältnismäßig niedrig gewesen wäre. Die in § 14 KBG. vorgeschriebene Berechnung der Pension gilt auch für die vor dem Inkrafttreten des KBG. angestellten Magistratsmitglieder. Bewilligt eine Stadt (wie z. B. Berlin) Reliktenversorgung ortsstatutarisch von einem früheren Zeitpunkte als vom Beginn der Pensionsberechtigung an, so ist es zweckdienlich, behufs Berechnung der Reliktenversorgung für die Kommunalbeamten für die vor dem 10. Dienstjahre, für die Magistratsmitglieder für die vor dem 12. Dienstjahre liegende Zeit eine fingierte Pensionsskala festzusetzen.

44. Abs. 2 des § 14 KBG. konnte, da er nur auf die Provinz Hannover Bezug hat, wegbleiben.

45. Erst das KBG. § 15 hat die gesetzliche Einführung einer obligatorischen Reliktenversorgung für die pensionsfähig angestellten städtischen Beamten für das ganze Gebiet der Monarchie gebracht. Vorher bestand eine solche nur in Hessen-Nassau (§ 73 StO. f. H.-N.). — Auf die Hinterbliebenen der bereits vor dem 1. 4. 00 pensionierten oder sonst ausgeschiedenen Beamten findet die Bestimmung keine Anwendung (PVBl. 23 S. 617 u. 635; 24 S. 506; RGZ. 55 S. 4). Ebenso haben die Hinterbliebenen solcher Beamten, die im Wege des Disziplinarverfahrens unter Belassung eines Teils der Pension auf Lebenszeit oder auf bestimmte Zeit entlassen sind, mit Rücksicht auf die Fassung der §§ 7, 5 Nr. 2 G. v. 20. 5. 1882,

Art. I G. v. 28. 3. 1888 (vgl. Anm. 51) keinen Anspruch auf Witwen- oder Waisengeld, und zwar auch dann nicht, wenn der Beamte noch während des Bezuges der belassenen Pension verstorben ist (vgl. Anm. 24 zu § 80 und Anm. 17 oben).

46. Siehe Anm. 27.

47. Bürgermeister, Beigeordnete, Magistratsmitglieder.

48. In Berlin des Oberpräsidenten (LVG. § 43 Abs. 3).

49. Auch der Ausschluß des Reliktenanspruches kann generell festgesetzt oder im Einzelfall vereinbart werden und zwar auch dann, wenn über den Ausschluß des Pensionsanspruchs nichts vereinbart ist (Anm. 30).

50. Siehe Anm. 31.

51. Diese Vorschriften sind enthalten im G. v. 20. 5. 1882 (GS. 298) betr. die Fürsorge für die Witwen und Waisen der unmittelbaren Staatsbeamten (AusfVorschr. hierzu v. 5. 6., 7. 7., 27. 9. 1882 [MBl. 100, 171, 248; JMBl. 159 u. 1883 S. 139 u. 1886 S. 123], sowie v. 30. 12. 1884 [MBl. 1885 S. 7; JMBl. 1885 S. 32] und v. 1. 9. 1898 [MBl. 224]); ferner im G. v. 28. 3. 1888 (GS. 48) betr. den Erlaß der Witwen- und Waisengeldbeiträge und den Novellen zum erstgenannten G. v. 1. 6. 1897 (GS. 193), v. 27. 5. 07 (GS. 99) und v. 26. 5. 09 (GS. 85). Die wichtigsten Grundsätze sind folgende: Das Witwengeld besteht in 40% der Pension, zu welcher der Beamte berechtigt war oder gewesen wäre, wenn er am Todestage pensioniert worden wäre, und beträgt mindestens 300, höchstens 3000 Mk. (bei Kommunalbeamten). Das Waisengeld beträgt $^1/_5$ des Witwengeldes für jedes Kind, wenn die Mutter noch lebt, andernfalls, oder wenn die Mutter einen Anspruch nicht hat, $^1/_3$. Witwen- und Waisengelder dürfen weder einzeln noch zusammen den (wirklichen oder fiktiven) Pensionsanspruch des Verstorbenen am Todestage übersteigen. War die Witwe mehr als 15 Jahre jünger als der Beamte, so verringert sich das Witwengeld für jedes weitere angefangene Jahr des Altersunterschiedes bis zu 25 Jahren Unterschied um $^1/_{20}$ seines Betrages, vermehrt sich aber bei einer mehr als fünfjährigen Dauer der Ehe für jedes angefangene weitere Jahr der Ehe um $^1/_{20}$, bis wiederum der volle Betrag erreicht ist. Hat der Beamte die Ehe erst in den letzten drei Monaten vor seinem Tode und zu dem Zwecke geschlossen, der Witwe den Bezug des Witwengeldes zu beschaffen oder hat er erst nach der Pensionierung geheiratet, so besteht kein Anspruch auf Witwengeld. Abtretungen und Verpfändungen der Witwen- und Waisengelder sind ungültig (s. EG. z. BGB. Art. 81, wegen Pfändbarkeit s. § 850[8] und Abs. 2 ZPO.). Witwen- und Waisengeldbeiträge werden nicht erhoben (G. v. 28. 3. 1888). Das Witwen- und Waisengeld wird monatlich im voraus vom Ablaufe des Gnadenquartals ab gezahlt. Das Recht auf den Bezug endet: Beim Witwengelde mit dem Tode oder der Wiederverheiratung, beim Waisengeld bei Tod, Heirat und mit dem Ablauf des Monats, in welchem das 18. Lebensjahr vollendet wird; es ruht beim Verluste des deutschen Indigenats bis zur Wiedererlangung. Wegen Fortfalls infolge Disziplinar- oder Strafurteils gegen den im Dienste befindlichen Beamten (der Anspruch fällt nicht schon infolge der strafbaren oder disziplinwidrigen Handlung fort) s. RGZ. 38 S. 321

und Anm. 38. Wegen des Rechtsweges s. § 7 KBG. (abgedruckt hinter § 64 StO.).

52. D. h. derjenigen Pension, die der Beamte entweder zur Zeit des Todes bezog oder bezogen hätte, wenn er in diesem Momente pensioniert worden wäre.

53. Vgl. Anm. 51. Wie überall, gilt auch hier die gesetzliche Norm nur als Minimalgrenze. Höhere Witwen- und Waisengelder dürfen die Kommunen ohne weiteres bewilligen.

54. Die Bestimmung des Abs. 2 ist eine sachgemäße Erweiterung der Bestimmung des § 73 Abs. 2 StO. s. H.-R. Die Bedeutung des ersten Satzes ist die, daß die Bezüge, die aus den von den Stadtgemeinden behufs Versorgung der Hinterbliebenen ihrer Beamten mit öffentlichen oder privaten Kassen geschlossenen Verträgen fließen, insoweit sie durch Beitragsleistungen der Gemeinden erkauft sind, auf die Witwen- und Waisengelder dieses Gesetzes in Anrechnung gebracht werden sollen. Dabei wird aber Abs. 2 grundsätzlich nur dann anzuwenden sein, wenn es sich um Einkauf der Beamten bei Veranstaltungen handelt, die eine selbständig rechtliche Persönlichkeit darstellen. Waren die Beamten, wie dies in Berlin z. B. teilweise der Fall war, nur verpflichtet, gewisse Beiträge an die Stadthauptkasse zu zahlen und leistete die Stadtgemeinde zu dem so entstehenden Versicherungskonto je nach Bedarf beliebig hohe Zuschüsse, um daraus die Witwengelder an die Mitglieder der Veranstaltung zu zahlen, so kommt einer solchen „Veranstaltung" der Charakter einer öffentlichen Witwen- und Waisen*anstalt* oder einer Privatgesellschaft nicht zu, so daß der § 15 Abs. 2 hierauf nicht Anwendung finden kann. Soll in solchen Fällen zugunsten der Kommune ein deren Aufwendungen entsprechender Ausgleich getroffen werden, so muß in Gemäßheit des § 15 Abs. 1 eine Minderung der gesetzlichen oder ortsstatutarischen Ansprüche gegenüber den betroffenen Beamten eintreten, die der Genehmigung des Bezirksausschusses (in Berlin des Oberpräsidenten) bedarf. Daneben bleiben dann die Ansprüche aus der „Veranstaltung" unverändert bestehen.

55. Die Hinzufügung des zweiten Satzes erschien deshalb erforderlich, weil viele Kommunen *bisher* die Beiträge zu den Kassen zwar nicht selbst gezahlt, wohl aber das Gehalt der Beamten unter Berücksichtigung der von diesen pflichtgemäß zu zahlenden Beiträge entsprechend höher bemessen hatten, und es billig erschien, auch zugunsten dieser Kommunen eine Anrechnung der derartig auf ihre Kosten erlangten Kassenbezüge eintreten zu lassen. — Die Worte „oder anderweitiger Festsetzungen" sind erst im Plenum des Herrenhauses zugefügt worden. Ohne sie würde die Bestimmung des letzten Satzes weder anwendbar gewesen sein auf Abmachungen, die erst nach der Anstellung erfolgen (z. B. bei späteren Gehaltserhöhungen), noch auf Festsetzungen, die nicht auf einer einzelnen vertragsmäßigen Abmachung beruhen, sondern generell (reglementär oder ortsstatutarisch) getroffen sind.

56. Die in § 24 KBG. enthaltene Übergangsbestimmung bezieht sich nur auf die Pensionen und die Reliktenversorgung. Weitere Übergangsbestimmungen in das KBG. aufzunehmen, hat man absichtlich vermieden (vgl. Kommentar von Ledermann Vorbem. zu § 24).

57. D. h. sowohl nach Maßgabe der Vorschriften, die unmittelbar im Gesetz oder den in bezug genommenen Gesetzen enthalten sind, als auch nach Maßgabe des Inhalts der vom Gesetz (und zwar bezüglich der Pensionen in § 12, bezüglich der Reliktenansprüche in § 15) zugelassenen Festsetzungen (Reglements, Ortsstatuten, Einzelabmachungen).

58. Voraussetzung der Anwendung dieser Bestimmung ist, daß es sich um einen Beamten handelt, der

a) schon nach älterem Rechte (d. i. nach StO. § 65) mit Pensionsberechtigung angestellt war und

b) bezüglich dessen alle sonstigen Voraussetzungen des Pensionsanspruchs — abgesehen von der noch nicht konstatierten Dienstunfähigkeit — insbesondere das erforderliche Dienstalter, am 31. 3. 00 gegeben waren.

Die Bedeutung dieser Bestimmung, die dem Art. II G. v. 31. 3. 1882 nachgebildet ist, ist die, daß bezüglich der Pensionen auf die bei Inkrafttreten des Gesetzes angestellten Beamten (nicht auch auf die vor dem 1. April 1900 pensionierten oder sonst ausgeschiedenen Beamten; auf diese findet das Gesetz keine Anwendung) das neue Recht dann nicht Anwendung findet, wenn das alte Recht für die Beamten günstiger ist; daß aber die alten Vorschriften mit der Maßgabe zur Anwendung kommen, daß nur diejenige Pension gezahlt werden muß, die am 31. 3. 00 hätte gewährt werden müssen, daß sonach bei der Pensionierung nach altem Rechte die Dienstjahre, die auf den 1. 4. 00 folgen, außer Ansatz bleiben. — Die hiernach berechnete Pension stellt nur das Mindestmaß dessen dar, was die Gemeinden gewähren müssen. Darüber hinauszugehen steht den Gemeinden frei, ohne daß ihre bezügliche Beschlußfassung der aufsichtsbehördlichen Genehmigung bedarf.

59. Danach soll die Anwendung des alten Rechts bei Berechnung der Pension nicht präjudiziell sein für die Bemessung des Witwen- und Waisengeldes, für letztere vielmehr prinzipiell das neue Recht maßgebend sein, soweit nicht erworbene Rechte auf höhere Bezüge bestehen. Auch die hiernach berechneten Witwen- und Waisengelder stellen nur einen Minimalbetrag dar, den die Gemeinden überschreiten dürfen. — Da wo etwa Schwierigkeiten dadurch entstehen, daß die Gemeinden behufs Versorgung der Relikten ihrer Beamten Verträge mit Kassen geschlossen haben, an welche sie gebunden sind, und auf Grund deren den Hinterbliebenen von Beamten Ansprüche zustehen, die von den durch dieses Gesetz eingeführten, den Ansprüchen der Hinterbliebenen von Staatsbeamten entsprechenden Ansprüchen abweichen, haben es die Gemeinden in der Hand, durch die im § 15 Abs. 1 KBG. vorbehaltenen „anderweitigen Festsetzungen“ eine geeignete sich an die bisherige Regelung anschließende Neuregelung eintreten zu lassen; sie sind hierbei aber, soweit es sich um Beschränkung erworbener Rechte handelt, an die Zustimmung der Beteiligten, soweit eine Minderung der neuen gesetzlichen Ansprüche in Frage kommt, an die Genehmigung des Bezirksausschusses gebunden (s. Anm. 54).

60. Außer auf Grund der Pensions- und Hinterbliebenenversorgungsgesetze stehen den städtischen Beamten in bestimmten Fällen noch Ver-

sorgungsansprüche auf Grund der sozialpolitischen Versicherungsgesetze zu. In Betracht kommen:

a) Die Krankenversicherung.

Für den Fall der Krankheit werden versichert die gegen Entgelt in den Betrieben der Gemeinden beschäftigten, in § 165 RVO. aufgeführten Personen. Betriebsbeamte, Werkmeister und andere Angestellte in ähnlich gehobener Stellung, deren Beschäftigung ihren Hauptberuf bildet, sowie Lehrer und Erzieher sind nur dann versicherungspflichtig, wenn ihr regelmäßiger Jahresarbeitsverdienst 2500 Mark nicht übersteigt. Nach § 169 RVO. sind jedoch versicherungsfrei die in Betrieben einer Gemeinde Beschäftigten, wenn ihnen gegen ihren Arbeitgeber ein Anspruch mindestens entweder auf Krankenhilfe in Höhe und Dauer der Regelleistungen der Krankenkassen (§ 179 RVO.) oder für die gleiche Zeit auf Gehalt, Ruhegeld, Wartegeld oder ähnliche Bezüge im $1^1/_2$fachen Betrage des Krankengeldes (§ 182 RVO.) gewährleistet ist; das gleiche gilt für Lehrer und Erzieher an öffentlichen Schulen oder Anstalten. Endlich sind auch noch gemäß § 172 RVO. versicherungsfrei Beamte der Gemeinden, sowie Lehrer und Erzieher an öffentlichen Schulen oder Anstalten, solange sie lediglich für ihren Beruf ausgebildet werden, ferner Personen des Soldatenstandes, die eine der im § 165 RVO. bezeichneten Tätigkeiten im Dienste oder während der Vorbereitung zu einer bürgerlichen Tätigkeit ausüben, auf die der vorerwähnte § 169 RVO. anzuwenden ist.

b) Die Unfallversicherung.

An sich unterliegen alle städtischen Arbeiter sowie alle Beamten (einschließlich Werkmeister, Techniker und Betriebsbeamte, deren Jahresarbeitsverdienst nicht 5000 Mark an Entgelt übersteigt), der gesetzlichen Unfallfürsorge, wenn sie in einem städtischen Betriebe oder bei einem städtischen Bau beschäftigt sind, der unter §§ 537, 915 RVO. fällt.

Nach den §§ 554 Nr. 4 u. 5; 929 Nr. 3 RVO. sind jedoch von der Unfallfürsorge frei, solche Beamte eines Kommunalverbandes, die

α) entweder mit festem Gehalt und Anspruch auf Ruhegeld angestellt sind oder für die

β) die im § 14 des Unfallfürsorgegesetzes für Beamte v. 18. 6. 01 (RGBl. 211) vorgesehene Fürsorge getroffen ist.

Hierzu ist zu bemerken:

Zu α) Die Unfallversicherungspflicht wird nach den Entscheidungen des RVA. nicht schon ausgeschlossen durch die Anstellung mit Pensionsanwartschaft, sondern nur durch die Anstellung und damit verbundene Pensionsberechtigung (also erst mit Ablauf des zehnten Dienstjahres, vorher besteht Versicherungspflicht, wenn nicht etwa der Ausschließungsgrund unter β vorliegt). Ob im übrigen aber die Anstellung eine lebenslängliche oder kündbare ist, ist gleichgültig. Immer muß ein Anspruch auf Pension unmittelbar gegen die Kommune vorhanden sein (nicht gegen eine dritte selbständige juristische Person, deren Vermögensverwaltung nur unter städtischer Aufsicht oder Verwaltung steht); so RGZ. 27 S. 32.

Zu β) In Ausführung des oben genannten RG. v. 18. 6. 01 ist das Preuß. G. v. 2. 6. 02 (GS. 153) betr. die Fürsorge für Beamte infolge von Betriebsunfällen ergangen. Danach findet ein Ausschluß der städtischen Beamten und Bediensteten von der reichsgesetzlichen Unfallfürsorge nur statt, wenn und insoweit gemäß § 14 des RG. v. 18. 6. 01 für diese eine (landesgesetzliche oder) ortsstatutarische Unfallfürsorge in Kraft getreten ist, die mindestens den Vorschriften der §§ 1—7 des Gesetzes entspricht. (Wegen des Inhalts der §§ 1—7 muß auf das Gesetz selbst verwiesen werden.)

Erläßt die Kommune über die Unfallfürsorge für ihre Beamten ein Ortsstatut, das die Erfordernisse der §§ 1—7 des G. v. 18. 6. 01 mindestens deckt, so hat das außer der schon erwähnten Bedeutung, daß die von dem Statut betroffenen Beamten von der reichsgesetzlichen Unfallfürsorge befreit sind, noch die weitere Folge, daß die von dem Statut betroffenen Beamten und ihre Hinterbliebenen Ansprüche auf Ersatz des durch den Unfall erlittenen Schadens gegen die Stadt oder die Leiter der städtischen Verwaltung bezw. des betreffenden Verwaltungszweiges nur in den engeren Grenzen der §§ 10—12 G. v. 18. 6. 01 geltend machen können. Ist ein Statut nicht vorhanden, so richten sich diese Ansprüche — bei den unfallversicherungspflichtigen Beamten ebenso wie bei den nichtversicherungspflichtigen — nach den §§ 823, 842, 843, 844—846 (254), 847, 852, 853 BGB. oder aber gegebenenfalls nach dem ReichshaftpflichtG. v. 7. 6. 1871 (RGBl. 207) in der Gestalt des Art. 42 EG. z. BGB.

Die auf Grund der Unfallfürsorge nach der RVO. geltend zu machenden Ansprüche werden gegen die Träger der Versicherung (in der Regel die Unfallberufsgenossenschaften) in dem in der RVO. vorgesehenen Verfahren geltend gemacht. Ansprüche dagegen, die auf die in Gemäßheit des Beamtenfürsorgegesetzes erlassenen Vorschriften gestützt werden, gelten nur als Erweiterung der landesgesetzlichen Pensions- und Hinterbliebenenversorgungsansprüche und sind deshalb gemäß § 7 KBG. geltend zu machen (RGZ. 39 S. 354, welches Erkenntnis freilich auf die Zeit vor Erlaß des KBG. Bezug hat).

c) Die Invaliden- und Hinterbliebenenversicherung.

An sich unterliegen nach § 1226 RVO. der Versicherungspflicht alle diejenigen Personen, die von einer Gemeinde als Arbeiter oder Gehilfen gegen Entgelt beschäftigt werden, ebenso Betriebsbeamte, Werkmeister und andere Angestellte in ähnlich gehobener Stellung, deren Beschäftigung ihren Hauptberuf bildet und deren regelmäßiger Jahresarbeitsverdienst 2000 Mark nicht übersteigt.

Versicherungsfrei sind nach § 1234 RVO. die in Betrieben oder im Dienste einer Gemeinde Beschäftigten (also auch Nichtbeamte!), wenn ihnen Anwartschaft auf Ruhegeld im Mindestbetrage der Invalidenrente nach den Sätzen der ersten Lohnklasse (116 Mark jährlich), sowie auf Witwenrente nach den Sätzen der gleichen Lohnklasse (69,80 Mark jährlich) und auf Waisenrente gewährleistet ist; das gleiche gilt für Lehrer und Erzieher an öffentlichen Schulen oder Anstalten.

Versicherungsfrei sind ferner nach § 1235 RVO. Beamte der Gemeinden, Lehrer und Erzieher an öffentlichen Schulen oder Anstalten, solange sie lediglich für ihren Beruf ausgebildet werden, sowie Personen des Soldatenstandes, die eine der im § 1226 RVO. bezeichneten Tätigkeiten im Dienste oder während der Vorbereitung zu einer bürgerlichen Beschäftigung ausüben, auf die der oben erwähnte § 1234 RVO. anzuwenden ist.

Endlich wird nach § 1237 RVO. auf seinen Antrag von der Versicherungspflicht befreit, wem von dem Reiche, einem Bundesstaat, einem Gemeindeverband, einer Gemeinde oder einem Versicherungsträger Ruhegeld, Wartegeld oder ähnliche Bezüge im Mindestbetrage der Invalidenrente nach den Sätzen der ersten Lohnklasse bewilligt sind und daneben Anwartschaft auf Hinterbliebenenfürsorge gewährleistet ist.

d) Die Versicherung nach dem Versicherungsgesetz für Angestellte v. 20. 10. 11 (RGBl. 989).

Der Versicherungspflicht unterliegen nach § 1 des Gesetzes:

α) Angestellte in leitender Stellung, wenn diese Beschäftigung ihren Hauptberuf bildet;

β) Betriebsbeamte, Werkmeister und andere Angestellte in einer ähnlich gehobenen oder höheren Stellung ohne Rücksicht auf ihre Vorbildung, Bureauangestellte, soweit sie nicht mit niederen oder lediglich mechanischen Dienstleistungen beschäftigt werden, sämtlich, wenn diese Beschäftigung ihren Hauptberuf bildet;

γ) Lehrer und Erzieher.

Voraussetzung der Versicherung ist für alle diese Personen, daß sie nicht berufsunfähig sind, daß sie gegen Entgelt als Angestellte beschäftigt werden, daß ihr Jahresarbeitsverdienst 5000 Mark nicht übersteigt und daß sie beim Eintritt in die versicherungspflichtige Beschäftigung das Alter von 60 Jahren noch nicht vollendet haben.

Nach § 9 des Gesetzes sind versicherungsfrei die in Betrieben oder im Dienste einer Gemeinde Beschäftigten, wenn ihnen Anwartschaft auf Ruhegeld und Hinterbliebenenrenten im Mindestbetrage nach den Sätzen einer vom Bundesrate festzusetzenden Gehaltsklasse gewährleistet ist.

Nach § 10 sind ferner versicherungsfrei Beamte der Gemeinden, sowie Lehrer und Erzieher an öffentlichen Anstalten, solange sie lediglich für ihren Beruf ausgebildet werden, sowie Personen des Soldatenstandes, die eine der im § 1 des Gesetzes bezeichneten Tätigkeiten im Dienste oder während der Vorbereitung zu einer bürgerlichen Beschäftigung ausüben, auf die § 9 anzuwenden ist.

Nach § 11 wird endlich von der Versicherungspflicht befreit, wem von dem Reiche, einem Bundesstaate, einem Gemeindeverband, einer Gemeinde oder einem Versicherungsträger der reichsgesetzlichen Arbeiterversicherung Ruhegeld, Wartegeld oder ähnliche Bezüge im Mindestbetrage nach den Sätzen der Gehaltsklasse A bewilligt sind und daneben Anwartschaft auf Hinterbliebenenfürsorge gewährleistet ist.

61. § 20 ZustGes. kommt hier nur insoweit in Betracht, als er vermöge seines Abs. 2 für das Verfahren betreffend die Feststellung der Dienstunfähigkeit der Gemeindebeamten Bestimmungen trifft. Zur Erläuterung wird auf Anm. 4 verwiesen. — Abs. 2 bezieht sich auf alle Magistratsmitglieder, also auch auf die unbesoldeten Magistratsmitglieder, dagegen nicht auf unbesoldete (ehrenamtliche) Gemeindebeamte; wegen Enthebung der letzteren von ihren Funktionen s. § 75 Abs. 2 StO.

Titel VII.

Von dem Gemeindehaushalte.

§ 66.

Über alle Ausgaben, Einnahmen und Dienste, welche sich im Voraus bestimmen lassen, entwirft der Magistrat jährlich, spätestens im Oktober, einen Haushaltsetat.[1,2] Mit Zustimmung der Stadtverordneten kann die Etatsperiode bis auf drei Jahre verlängert werden.[3]

Der Entwurf wird acht Tage lang, nach vorheriger Verkündigung, in einem oder mehreren von dem Magistrat zu bestimmenden Lokalen zur Einsicht aller Einwohner der Stadt offengelegt[4] und alsdann von den Stadtverordneten festgestellt.[5] Eine Abschrift des Etats wird sofort der Aufsichtsbehörde eingereicht.[6]

1. Der städtische Haushaltsetat ist demnach ein Voranschlag für eine bestimmte Zeit, der einerseits alle nach der Wahrscheinlichkeitsrechnung für diese Zeit zu erwartenden notwendigen Ausgaben aufführt, andererseits eine Aufzählung der zur Deckung dieser Ausgaben nötigen mutmaßlichen Einnahmen enthält. Zweck des Haushaltsetats ist einmal, der Bürgerschaft und jedem sonstigen Interessenten die wirtschaftliche Lage der Stadt und die periodische Fortentwickelung dieser wirtschaftlichen Lage klar zu legen (zu welchem Ende die Offenlegung des Etats angeordnet ist), zum anderen dem Magistrat Vollmacht und Grenzen anzuweisen für seine Befugnis, das Gemeindevermögen und die Gemeindeeinkünfte zur Bestreitung von Ausgaben zu verwenden. Nur soweit der Etat ihm Mittel zur Verfügung stellt, ist der Magistrat befugt, über die wirtschaftlichen Hilfsmittel der Stadtgemeinde zu laufenden Zwecken zu verfügen und von seinem Anweisungsrecht an die städtischen Kassen (§ 56[4]) Gebrauch zu machen. (Für die Fälle der Unzulänglichkeit der Etatsmittel s. die Vorschrift des § 67.)

Soll der Haushaltsetat diese beiden Zwecke voll erfüllen, so muß er vollständig sein, d. h. alle Einnahmen und Ausgaben der Stadtgemeinde enthalten. Unterhält die Stadt besondere (wirtschaftliche) Veranstaltungen, die als selbständige, von der eigentlichen Stadtverwaltung losgelöste Wirtschaftseinheiten verwaltet werden, z. B. ein Gaswerk, ein Wasserwerk, eine Straßenbahn, ein Elektrizitätswerk u. a. m., so steht nichts im Wege, für diese besonderen wirtschaftlichen Unternehmungen Spezialetats aufzustellen, die geeignet sind, die spezielle wirtschaftliche Lage und Fortentwickelung dieses Sonderunternehmens klarzustellen; immer aber muß das ökonomische Endergebnis dieser Unternehmungen in der Rechnungsperiode — sei es nun ein Defizit, das zur Deckung eines Zuschusses aus städtischen Mitteln bedarf, sei es ein Überschuß, der als Einnahme der Stadthauptkasse zufließt — in den Gesamtetat aufgenommen und aus diesem ersichtlich sein.

Über die innere Einrichtung des Etats sind gesetzliche Vorschriften nicht erlassen. Abgesehen von der erwähnten, in größeren Städten unentbehrlichen, zur Erhöhung der Übersicht beitragenden Einteilung in Spezialetats, die auch auf die eigentlich gemeindlichen Aufgaben der Stadt — wie Kämmerei-, Schul-, Armenverwaltung usw. — angewendet werden kann, erscheint zweckmäßig und kaum entbehrlich die Unterscheidung von ordentlichen und außerordentlichen Einnahmen und Ausgaben, je nachdem es sich um laufende, periodisch wiederkehrende oder um einmalige oder vorübergehende Einnahmen oder Ausgaben handelt. Als ordentliche Einnahmen werden insbesondere die laufenden Einnahmen aus dem Gemeindevermögen, laufende Zuwendungen des Staates, der Provinzen und Kreise, Steuern und Abgaben, Gebühren und Beiträge, als außerordentliche Einnahmen dagegen solche aus Schenkungen und Vermächtnissen, Verkäufen von Grundeigentum und Begebung von Anleihen zu figurieren haben. In der Regel wird hiernach jeder Etat — eventuell auch die Spezialetats — in Einnahme und Ausgabe in ein Ordinarium und ein Extraordinarium zerfallen. Die Darstellung der einzelnen Arten der wichtigsten ordentlichen Einnahmequellen der Städte, der Steuern und Abgaben, Gebühren und Beiträge, liegt außerhalb des Rahmens der dem Verfasser gesteckten Aufgabe (s. Vorrede), bezüglich der wichtigsten außerordentlichen Einnahmen — der Anleihen — s. das zu § 50 (Anm. 5 - 9) Gesagte. — Wegen der steuerlichen Dienste s. Anm. 1 zu § 54 und § 56[9] nebst Erläuterungen.

2. Die als obsolet gedruckten Worte sind dadurch ungültig geworden, daß das früher auf das Kalenderjahr fallende städtische Geschäftsjahr gemäß § 95 KAG. auf die Zeitperiode vom 1. April jeden Jahres bis zum 31. März des nächsten Jahres gelegt ist und nunmehr also mit dem Etatsjahr für den preußischen Staat (G. v. 29. 6. 1876 GS. 177) zusammenfällt. Die Folge ist, daß gegenwärtig die Vorlegung des Haushaltsetats durch den Magistrat nicht schon am 1. Oktober, sondern erst am 1. Januar jeden Jahres bewirkt zu sein braucht.

3. Bei dieser Bestimmung ist es auch nach § 95 KAG. verblieben.

4. Über den Zweck der Offenlegung s. Anm. 1. Der gesetzlichen Bestimmung der Offenlegung kommt nur instruktionelle Bedeutung zu (vgl. OVG. im PVBl. 26 S. 715).

5. Die hier gebrauchte Wendung, daß der Etatsentwurf des Magistrats von der Stadtverordnetenversammlung „festgestellt“ wird, bedeutet keineswegs, daß der Stadtverordnetenversammlung bei der Aufstellung des Etats ein die Mitwirkung des Magistrats überwiegender Einfluß in dem Sinne eingeräumt ist, daß etwa die Stadtverordneten — ohne daß es der Zustimmung des Magistrats bedürfte — einseitig einen von dem Etatsentwurf des Magistrats abweichenden Etat „feststellen“ dürften. Ähnliche ungenaue Wendungen, in denen nur dem äußeren Anscheine nach den Stadtverordneten eine überwiegende Mitwirkung zugesprochen wird, finden sich auch an anderen Stellen der StO., so im § 49, in § 53, in § 64 StO. Wie in allen Fällen, so wird die Kompetenzverteilung zwischen den beiden Kollegien auch im städtischen Etatsrecht beherrscht von dem prinzipalen, aus § 35 und § 36 StO. hergeleiteten Grundsatze, daß in bezug auf die Verwaltung der städtischen

Angelegenheiten die Beschlußfassung regelmäßig beiden städtischen Kollegien zusteht und kein Kollegium dem anderen übergeordnet ist. Das Recht des Magistrats, bei der Feststellung des Etats gleichberechtigt neben der Stadtverordnetenversammlung Beschluß zu fassen, ergibt sich schon aus dem ersten Satze des § 36; denn da der Magistrat berufen ist, die den städtischen Etat betreffenden Stadtverordnetenbeschlüsse durch die ihm obliegende Verwaltung der städtischen Geschäfte zur Ausführung zu bringen, so muß ihm auch nach § 36 (erster Satz) ein den Stadtverordnetenbeschlüssen gleichwertiges Mitbeschlußfassungsrecht zugestanden werden. Ändern demnach die Stadtverordneten den Etatsentwurf, so wird diese Änderung erst dadurch zu einer rechtlich wirksamen, daß der Magistrat ihr zustimmt. Indessen erleidet diese Regel insofern eine Ausnahme, als, wenn es sich um eine vom Magistrat mittels des Etatsentwurfs beantragte Ausgabe handelt, die bisher nicht gemacht worden ist, und die Änderung der Stadtverordneten in der Streichung dieser Ausgabe besteht, es naturgemäß bei diesem Beschlusse der Stadtverordnetenversammlung sein Bewenden behalten muß, da in diesem Falle dem Magistrat ein Mittel nicht gegeben ist, die zwischen ihm und der Stadtverordnetenversammlung entstehende Meinungsverschiedenheit zu lösen, insbesondere ihm der Weg des § 36 StO. in Verbindung mit § 17 ZustGes. deshalb nicht offen steht, weil es sich um einen rein negativen Beschluß der Stadtverordnetenversammlung handelt (s. hierzu das in Anm. 2 zu § 36 Gesagte). Anders liegt dagegen die Sache, wenn es sich um sonstige Änderungen des Etats durch die Stadtverordnetenversammlung handelt, sei es nun, daß letztere Ausgabeposten, die früher in der beantragten Höhe ausgegeben wurden, herabsetzt oder streicht — also den bestehenden Zustand in diesem Sinne verändern will — sei es, daß die Stadtverordnetenversammlung neue Ausgabeposten oder erhöhte Ausgabeposten in den Etat einsetzt, oder sei es schließlich, daß sie die zur Deckung der in Übereinstimmung mit dem Magistrat festgesetzten Ausgaben notwendigen Einnahmen abweichend vom Magistrat veranschlagt und deshalb anderweit festsetzen will. In allen diesen Fällen bedarf es aus Satz 1 des § 36 unbedingt der Zustimmung des Magistrats zum abgeänderten Etat; erteilt diese der Magistrat nicht, so liegt zweifellos ein rechtlich erheblicher Dissens zwischen beiden Kollegien in Zweckmäßigkeitsfragen vor, und da der Stadtverordnetenbeschluß betreffend die Abänderung des Etats in diesen Fällen auch keineswegs rein negativer Natur ist, vielmehr für die Verwaltung durch den Magistrat positive Folgen nach sich zieht, so bleibt nichts anderes übrig, als erforderlichenfalls den Weg des § 36 in Verbindung mit § 17 ZustGes. zu beschreiten. Der abweichenden Meinung Oertels, der anscheinend für alle Fälle der Meinungsverschiedenheiten auf dem Gebiete der Etatsfeststellung die Anwendung der §§ 36 StO., 17 ZustGes. ausschließen will (Oertel S. 577), kann deshalb nicht beigestimmt werden. (Brauchitsch, der hinsichtlich der Richtanwendbarkeit der § 36 StO., § 17 ZustGes. zu demselben Resultat wie Oertel kommt, geht von der auch durch Oertel bekämpften Ansicht aus, daß der § 66 der Stadtverordnetenversammlung ein Recht zur selbständigen Festsetzung des Etats gebe und daß deshalb — weil es sich bei Änderung des Etats nicht um rechtlich bedeutsame

Meinungsverschiedenheiten zwischen Magistrat und Stadtverordneten handele, da der Magistrat gegenüber Änderungen des Etats kein Mitbeschlußfassungsrecht habe — eine Meinungsverschiedenheit bei Feststellung des Etats nicht unter die Meinungsverschiedenheiten des § 36 StO., § 17 ZustGes. falle; vgl. Bd. I Anm. 59 zu § 17 ZustGes.). Aus diesem Grunde kann auch darin Oertel (S. 578) nicht beigetreten werden, daß der Magistrat Einwendungen nicht erheben könne, wenn die Stadtverordneten, um die Bemessung der Einkommensteuern in geringerer Höhe zu ermöglichen, die Veranschlagung der sonstigen Einnahmen entgegen dem Entwurfe des Magistrats erhöht. Zweifellos ist die Behauptung Oertels richtig, daß in dem Recht der Stadtverordneten, Einkommensteuern zu bewilligen oder nicht zu bewilligen, als minus auch das Recht der Stadtverordneten enthalten ist, den vom Magistrat vorgeschlagenen Einkommensteuerzuschlag herabzusetzen. Diese Herabsetzung selbst würde als rein negativer Beschluß niemals Anlaß geben können, den Weg des § 36 in Verbindung mit § 17 ZustGes. zu betreten. Anders aber derjenige Beschluß, der die Höherveranschlagung der anderweiten laufenden Einnahmen betrifft. Dieser Beschluß ist kein rein negativer, er äußert positive Rechtsfolgen, zum Mindesten schon in bezug auf die Verpflichtung der Stadtbehörden zur Erhebung von Steuern, deren Höhe sich je nach der Höhe der sonst vorhandenen Einnahmen und deren Veranschlagung richtet; es liegt also keinerlei Grund vor, die Anwendbarkeit des § 36 StO. in Verbindung mit § 17 ZustGes. auch in diesem Spezialfall für ausgeschlossen zu halten.

Es fragt sich ferner, welcher Weg einzuschlagen ist, wenn Magistrat und Stadtverordnete in bezug auf die weitere Frage differieren, welche und wie hohe Steuern zur Deckung der erforderlichen Ausgaben erhoben werden sollen. Haben die Stadtverordneten die vom Magistrat beantragten Steuern überhaupt nicht, oder nur in geringer Höhe bewilligt, so liegt ein rein negativer Beschluß vor; der Weg des § 36 StO. in Verbindung mit § 17 Zust.-Ges. ist also nicht gegeben. Das notwendige Korrektiv besteht in diesem Falle in dem einseitigen Rechte des Magistrats, gemäß § 59 KAG. alsdann die Realsteuern und die Einkommensteuern nach den in dieser Bestimmung genannten Verhältnissätzen zu erheben. Sind dagegen die Stadtverordneten über die Steuerbewilligungsanträge des Magistrats hinausgegangen, so liegt kein rein negativer Beschluß der Stadtverordneten vor. Denn wollte und müßte der Magistrat diesen Beschluß ausführen, so wäre er gezwungen, mehr Steuern von den Steuerpflichtigen zu erheben, als er für zweckmäßig und angemessen hält. An sich ist die Meinungsverschiedenheit auch eine rechtlich bedeutsame, da nach dem KAG. Steuern nur auf Grund von Gemeindebeschlüssen erhoben werden können; es liegt demnach auch in diesem Falle kein Grund vor, die Anwendung des § 36 und § 17 ZustGes. für unzulässig zu erklären.

6. Die Aufsichtsbehörde ist gemäß § 7 ZustGes. der Regierungspräsident, in Berlin (LVG. § 43) der Oberpräsident. Eine Genehmigung des Etats durch die Aufsichtsbehörde ist nicht vorgesehen (vgl. auch Abs. 3 des § 19 ZustGes.). Indessen erlangt die Aufsichtsbehörde eine Befugnis zur Einwirkung auf die Gestaltung des Etats in gewissen Fällen, nämlich dann,

wenn die Stadtgemeinde es unterläßt oder verweigert, die ihr gesetzlich obliegenden, von der zuständigen Behörde innerhalb der Grenzen ihrer Zuständigkeit festgestellten Leistungen auf den Haushaltsetat zu bringen oder außerordentlich zu genehmigen. In diesem Falle ist der Aufsichtsbehörde das Mittel der Zwangsetatisierung gegeben (§ 78 StO., § 19 ZustGes., s. das Nähere zu § 78 StO.). — Ob und inwieweit der Bezirksausschuß auf Grund des § 17 ZustGes. in die Lage kommen kann, bei Gestaltung des Etats entscheidend einzugreifen, ist bereits in Anm. 5 ausgeführt. Wegen des Verfahrens gemäß § 17 ZustGes. s. Anm. 8—14 zu § 36 StO. — Über die Grenzen des § 19 ZustGes. hinaus steht der Aufsichtsbehörde ein formales Änderungsrecht bezüglich der städtischen Etats nicht zu. Indirekt können allerdings die Aufsichtsbehörden gelegentlich der Genehmigung der Steuerordnungen (§§ 18, 77, 78 KAG.) einen sehr wesentlichen Einfluß auf die Gestaltung des Etats ausüben.

§ 67.

Der Magistrat hat dafür zu sorgen, daß der Haushalt nach dem Etat geführt werde.[1, 2]

Ausgaben, welche außer dem Etat geleistet werden sollen, bedürfen der Genehmigung der Stadtverordneten.[3, 4]

1. D. h. für Einziehung der Einnahmen in der im Etat angegebenen Höhe nach Möglichkeit bedacht zu sein und die Ausgaben in den von dem Etat vorgesehenen Grenzen zu halten. Läßt sich letzteres nicht durchführen, weil die Stadt fällige Verbindlichkeiten zu erfüllen hat, die ohne Überschreitung des Etats zu erfüllen nicht möglich ist, oder weil zur Vermeidung größerer Nachteile unvorhergesehene Aufwendungen nötig sind, so darf und muß der Magistrat den Etat überschreiten, hat hierzu aber — in der Regel vor der Verausgabung — gemäß Abs. 2 die Genehmigung der Stadtverordneten einzuholen. Wird diese verweigert und handelt es sich um gesetzliche Verpflichtungen der Stadtgemeinde, so bleibt nur die Zwangsetatisierung (gemäß § 19 ZustGes., s. zu § 78 StO.) übrig. Soweit letztere nicht Platz greift und soweit ferner es dem Magistrat nicht gelingt, die Genehmigung zu einer gemachten Ausgabe von der Stadtverordnetenversammlung nachträglich zu erlangen, ist der Magistrat für jede Etatsüberschreitung verantwortlich. Als Etatsüberschreitung kommt jede Verausgabung städtischer Gelder in Betracht, die hinsichtlich einer einzelnen Etatsposition über die Höhe der Etatssumme hinausgeht, ferner jede Verwendung vorgesehener städtischer Einnahmen zu anderen als den etatsmäßigen Zwecken und schließlich jede Verausgabung der im Etat nicht vorgesehenen Einnahmen. (Vgl. hierzu § 19 des G. v. 27. 3. 1872 betr. die Einrichtung der Oberrechnungskammer [GS. 278].) Ein Recht, die auf den einzelnen Positionen zur Verfügung stehenden Summen im Bedarfsfalle auf die anderen Positionen und Titel des Etats zu übertragen, hat der Magistrat nur insoweit, als dieses Recht ihm durch den Etat selbst oder durch Stadtverordnetenbeschluß ausdrücklich beigelegt ist. Ob und inwieweit sich eine

zivilrechtliche Vertretungspflicht gegen die Magistratsmitglieder aus ihrer Verantwortlichkeit wegen der Etatsüberschreitung herleiten läßt, ist nach den Bestimmungen über die zivilrechtliche Haftung der Beamten überhaupt zu beurteilen (vgl. Anm. 3 zu § 56 [6]). Selbst wenn eine zivilrechtliche Haftung gegeben ist, besteht sie keineswegs ohne weiteres in der Höhe der Etatsüberschreitung, sondern nur in Höhe des der Stadt durch die Handlung des Beamten verursachten Schadens (OTr. bei Striethorst 77 S. 295).

2. Nach einem Etat kann der Magistrat nur wirtschaften, wenn ein solcher vorhanden ist. Ist dies (rechtzeitig beim Beginn des Geschäftsjahres) nicht der Fall, so kann der Magistrat nur so verfahren, daß er die laufenden Forderungen an Abgaben, Steuern, aus privaten laufenden Verträgen usw., soweit diese infolge Gesetzes oder Vertrages weiter laufen, einzieht oder die von ihm nach dem Gesetze selbständig zu eröffnenden Einnahmequellen erschließt (§ 59 KAG.) und die notwendigen Ausgaben damit bestreitet; von bloß zweckmäßigen Aufwendungen aber wird der Magistrat in diesem Falle, zumal wenn die zur Verfügung stehenden Mittel knapp sind, Abstand nehmen müssen in dem Bewußtsein, zivilrechtlichen Regreßansprüchen ausgesetzt zu sein, wenn die Stadtverordneten oder die etwa angerufenen Gerichte über die Zweckmäßigkeit der Ausgaben anderer Ansicht sein sollten.

3. Soweit tunlich, muß die Genehmigung vor der Verausgabung nachgesucht werden. Siehe im übrigen Anm. 1.

4. Nicht immer ist es möglich, bei der Vereinnahmung und insbesondere bei der Verausgabung etatsmäßiger Beträge die formale zeitliche Grenze der Rechtswirksamkeit der einzelnen Etats — das Etatsjahr — innezuhalten. Zweierlei kann bei der Verspätung der Verausgabung die Ursache sein. Entweder ist der wirtschaftliche Grund für die betreffende Ausgabe im verflossenen Etatsjahr fortgefallen. Alsdann bedarf es einer Neubewilligung der Ausgabe für das neue Etatsjahr, sofern feststeht, daß der wirtschaftliche Grund für die Ausgabe im neuen Etatsjahr eintreten wird. Liegt dagegen der Fall so, daß wirtschaftlich zwar die Ausgabe durch die Verhältnisse des alten Jahres bedingt wurde, nur die tatsächliche Verausgabung sich im alten Jahre nicht vornehmen ließ (z. B. wegen unvollendeter Ablieferung bestellten Baumaterials), so darf die Ausgabe als Restausgabe ohne Neubewilligung in das neue Jahr hinübergenommen, der für die Deckung erforderliche Betrag aus dem Überschusse des alten Jahres in das neue Rechnungsjahr übertragen werden. Dem Zeitpunkt der Fälligkeit der städtischen Zahlungsverbindlichkeit kommt hierbei keine entscheidende Bedeutung zu (MBl. 1888 S. 100). Es empfiehlt sich, besondere generelle Bestimmungen über die Restverwaltung zu treffen.

§ 68.

Die Gemeindeabgaben und die Geldbeträge der Dienste (§ 54)[1] sowie die Abgaben für die Teilnahme an den Nutzungen (§ 52)[2] und die sonstigen Gemeindegefälle[3] werden von den Säumigen im Steuerexekutionswege beigetrieben.[4]

Hierzu: KAG. § 90:

§ 90. Gebühren,[5] Beiträge, Steuern und Kosten, sowie die nach einem von der Aufsichtsbehörde festgestellten Tarife erhobenen Vergütungen (Kurtaxen usw.)[6] unterliegen der Beitreibung im Verwaltungszwangsverfahren nach Maßgabe der Verordnung vom 7. September 1879 (Gesetz-Samml. S. 591).[7]

Sind Naturaldienste zu leisten, so ist der Gemeindevorstand bei Säumnis der Pflichtigen befugt, die Dienste durch Dritte leisten und die entstehenden Kosten von den ersteren im Verwaltungszwangsverfahren beitreiben zu lassen.[8, 9]

Vorbemerkung:

Die Bestimmung des § 68 ist ergänzt und nicht unwesentlich erweitert durch § 90 KAG. (oben abgedruckt).

§ 90 KAG. hat einerseits ein engeres Anwendungsgebiet als § 68 StO., insofern er sich nicht bezieht auf die Abgaben für Teilnahme an den Gemeindenutzungen (§ 52 StO., § 96 KAG. letzter Absatz; s. Vorbem. und Anm. 21 zu § 52 StO.) und insofern er, soweit nicht eigentliche Steuern, Gebühren, Beiträge und Kosten in Frage stehen, sich nur auf aufsichtsbehördlich genehmigte tarifierte Gemeindegefälle bezieht. Andererseits läßt er das Verwaltungszwangsverfahren im weiteren Umfange als § 68 StO. zu; denn es kommt, falls eine aufsichtsbehördlich genehmigte Tarifierung der Vergütungen stattgefunden hat, auf die privatrechtliche oder publizistische Natur der Vergütungen nicht an, während nach § 68 StO. ausschließlich publizistische Ansprüche der Stadtgemeinde der Eintreibung im Verwaltungszwangsverfahren unterliegen.

Inzwischen ist der Inhalt des § 90 KAG. insofern wiederum geändert worden, als an Stelle der V. v. 7. 9. 1879 (GS. 591) die neue Verordnung betr. das Verwaltungszwangsverfahren wegen Beitreibung von Geldbeiträgen v. 15. 11. 1899 (GS. 545) mit ErgänzungsV. v. 18. 3. 04 (GS. 36) nebst den dazu erlassenen AusfAnw. v. 28. 11. 1899 und v. 4. 7. 04 (MBl. 257) getreten ist (ausführlicher Kommentar dazu von Kautz, 4. Aufl., Berlin, Heymann, 1911; vgl. ferner PVBl. 21 S. 122; 34 S. 324, 491). Nach Art. 8 des preuß. AG. v. 22. 9. 1899 (GS. 284) z. ReichsG. betr. die Änderung der ZPO. v. 17. 5. 1898 (RGBl. 286) tritt in allen Gesetzen da, wo auf die frühere V. v. 7. 9. 1879 verwiesen ist (also auch im § 90 KAG.), an deren Stelle die neue Verordnung. Die im Anschluß an die ältere Verordnung erlassene Geschäftsanweisung für die Vollziehungsbeamten v. 11. 10. 1879 ist zwar formell nach Erlaß der neuen Verordnung nicht abgeändert worden, hat aber materiell durch die AusfAnw. zur neuen Verordnung, die auch von den Vollziehungsbeamten zu beachten ist, wesentliche Abänderungen erfahren. Nach Abs. 2 des § 2 der V. v. 15. 11. 1899 ist wegen vermeintlicher Mängel des Zwangsverfahrens unter Ausschluß des Rechtsweges und des Verwaltungsstreitverfahrens nur die Beschwerde bei der vorgesetzten Dienstbehörde desjenigen Beamten zulässig, dessen Verfahren angefochten wird, wozu zu bemerken ist, daß diese Bestimmung in Einklang steht mit der schon vor Erlaß der Verordnung ergangenen Judikatur des Kompetenzgerichtshofes, des Reichsgerichts und des Oberverwaltungsgerichts (s. JMBl. 1851 S. 36; 1864 S. 266; 1865 S. 118; 1890 S. 12, 325; OVG. 19 S. 198; RGZ. 23 S. 35, 38). Im übrigen hat die V. v. 15. 11. 1899 materiell in bezug auf die Frage, wann das Verwaltungszwangsverfahren zulässig ist, nichts geändert (s. § 1 der Verordnung, Kautz a. a. O. S. 32 und S. 11ff.).

1. Wegen der Gemeindeabgaben (Steuern, Gebühren, Beiträge) sowie der Geldbeträge der Dienste vgl. jetzt § 90 KAG. (s. Vorbem.).

2. Auf diese Abgaben bezieht sich nach § 96 KAG. der § 90 l. c. nicht, vielmehr ist bei diesen Abgaben die materielle Grundlage der Anwendung des Verwaltungszwangsverfahrens immer noch § 68 StO. (s. wegen des Verfahrens bei Reklamationen Vorbem. und Anm. 21 zu § 52).

3. Das sind nach der StO. ausschließlich Gefälle rein publizistischen Charakters; d. h. also keine solche Gefälle, die aus privatrechtlichen Titeln herrühren, wie Pacht- und Mietsgelder, vertragliche Anerkennungsgebühren und ähnliches. Dagegen unterliegen dem Verwaltungszwangsverfahren, abgesehen von den steuerlichen oder quasisteuerlichen Ansprüchen aus § 90 KAG., zweifellos gemäß § 68 StO. auch alle zugunsten der Gemeinde bestehenden dinglichen öffentlichen (gemeinen) Lasten. Als solche sind diejenigen Lasten anzusehen, auf deren Hebung die Gemeinde als solche Anspruch hat, die auf der Verfassung der Gemeinde beruhen und auf allen gleichartigen Grundstücken der Gemeinde haften. Insbesondere sind auch die auf dem Grundbesitz ruhenden Wegebaulasten und die auf Grund § 15 des FluchtlinienG. v. 2. 7. 1875 die Adjazenten treffenden Lasten (Straßenanliegerbeiträge) keine privatrechtlichen Lasten, sondern gehören zu den gemeinen dinglichen Lasten, die der Beitreibung im Verwaltungszwangsverfahren unterliegen.

4. Jetzt im Wege des Zwangsverwaltungsverfahrens nach der V. v. 15. 11. 1899 (s. Vorbem.).

5. Es handelt sich bei diesem Wort zunächst nur um diejenigen Gebühren, die man als „eigentliche Gebühren" bezeichnet und die nach KAG. §§ 4—8 erhoben werden (worunter auch gemäß § 8 Abs. 2 begrifflich das Schulgeld fällt). Das entscheidende Moment für die Qualifikation einer Gebühr in diesem Sinne ist die Öffentlichkeit — Publizität — des Anspruchs. Daher fallen nicht unter diese „Gebühren" — die auch ohne Tarifierung durch die Aufsichtsbehörde im Verwaltungszwangsverfahren eingezogen werden können — Vergütungen für die Benutzung solcher Gemeindeveranstaltungen, die sich nicht als öffentliche im Sinne des § 4 KAG. qualifizieren. Maßgebend hierfür ist (das Nähere s. bei Noell-Freund, KAG. zu § 4) das Vorhandensein eines tatsächlichen oder rechtlichen Benutzungszwanges. Liegt ein solcher nicht vor, und wird die Veranstaltung, wenngleich ihre Schaffung und Unterhaltung auch im öffentlichen Interesse erfolgt sein mag, im wesentlichen zu gewerblichen Zwecken von der Gemeinde unterhalten (§ 3 Abs. 2 KAG.; z. B. städtische Wasserwerke, Kur-

anstalten), so muß die Gemeinde, wenn sie sich das Verwaltungszwangsverfahren für ihre Ansprüche (z. B. die Beitreibung des Wassergeldes, der Kurtaxe) sichern will, die Höhe der Vergütung (Tarif) behördlich genehmigen lassen. Anderenfalls ist ihr zur Einziehung nur der ordentliche Rechtsweg gegeben.

6. Die Gemeinde kann nicht etwa für alle beliebigen vertragsmäßigen Vergütungen dadurch, daß sie sie tarifiert und den Tarif genehmigen läßt, sich das Verwaltungszwangsverfahren sichern. Besteht auch gemäß § 90 KAG. die Möglichkeit, Ansprüche nicht rein öffentlich-rechtlichen Charakters auf diesem Wege zur Durchführung zu bringen (s. Ende von Anm. 5), so muß es sich bei Anwendung des § 90 doch immer um solche Ansprüche handeln, die aus der normalen, bestimmungsgemäßen Benutzung von Veranstaltungen erwachsen, die zwar gewerbliche Unternehmungen sind, aber doch auch im öffentlich-rechtlichen Interesse (§ 3 Abs. 2 KAG.) erhalten werden. Anderenfalls wäre nicht abzusehen, weshalb die Gemeinden nicht auch Miete für die Benutzung von Kämmereigrundstücken, ferner vertragsmäßiges Entgelt für die Benutzung städtischer Straßen durch private Straßenbahnen, Elektrizitäts- und Gaswerke, wenn sie diese Vergütungen nach einem genehmigten Tarife berechnen, im Wege des Verwaltungszwangsverfahrens sollten beitreiben können. Derartige, aus rein privatvertraglichen Bestimmungen herrührende Ansprüche können auch auf dem Wege des § 90 KAG. niemals zur Durchführung im Verwaltungszwangsverfahren gelangen.

Die Genehmigung der Tarife steht jetzt gemäß § 16 ZustGes. in Städten dem Bezirksausschuß, in Berlin dem Oberpräsidenten zu.

7. Jetzt auf Grund der V. v. 15. 11. 1899 (GS. 545), s. Vorbem.

8. Die im Verwaltungszwangsverfahren beizutreibenden Steuern und öffentlichen Abgaben genießen gemäß § 61 Nr. 2 und 3 der KO. Vorrechte im Konkurse. Diese Vorrechte sind indessen vom RGZ. 21 S. 48 und 28 S. 87, soweit die steuerlichen Abgaben in Betracht kommen, nur den eigentlichen Steuern und den diesen gleichgestellten Abgaben, nicht den Gebühren für Amtshandlungen (Verwaltungsgebühren) zugebilligt worden. — Weitere Vorrechte genießen die Ansprüche auf Entrichtung öffentlicher Lasten eines Grundstücks, soweit die laufenden sowie die aus den letzten zwei Jahren rückständigen Beträge in Betracht kommen, im Verfahren betr. die Zwangsverwaltung und Zwangsversteigerung von Grundstücken. In Betracht kommen die §§ 10[3], 13, 155, 156 des G. über die Zwangsversteigerung v. 24. 3. 1897 (RGBl. 97) sowie hinsichtlich des Begriffs der „öffentlichen Lasten" Artikel 1 und 2 des preuß. AG. zu diesem G. v. 23. 9. 1899 (GS. 291).

9. Gegenüber der Einziehung von Steuern und öffentlichen Abgaben ist der Rechtsweg grundsätzlich ausgeschlossen. Der zur Zahlung Herangezogene kann nur in dem durch die besonderen Gesetze geordneten Verwaltungsstreitverfahren (in Betracht kommen insbesondere §§ 18, 160 ZustGes.; §§ 69 ff. KAG.) die Veranlagung und Einziehung bekämpfen. Insbesondere sind, soweit § 160 ZustGes. reicht, §§ 9 und 10 des G. betr. die Erweiterung des Rechtsweges v. 24. 5. 1861 (GS. 241) abgeändert, so daß auch insoweit, als ein auf besonderem Titel beruhender Befreiungsgrund

geltend gemacht wird (Vertrag, Privilegium), der Rechtsweg unzulässig ist. Dagegen ist die Bestimmung des § 15 l. c., daß der Rechtsweg wegen Abgaben und Leistungen, die für öffentliche Schulen und Kirchen und deren Beamte auf Grund der Orts- oder Bezirksverfassung erhoben werden, und wegen des Schul- und Pensionsgeldes öffentlicher Schul- und Erziehungsanstalten zulässig ist (KabO. v 19. 6. 1836, GS. 198), durch die spätere Gesetzgebung unberührt geblieben, soweit nicht etwa gesetzlich geordnete öffentliche Abgaben in Betracht kommen. — Die im Verwaltungsstreitverfahren gefällten Erkenntnisse ergehen gemäß § 160 ZustGes. unter Vorbehalt der privatrechtlichen Verhältnisse (§ 7 LVG.).

§ 69.

Die Jahresrechnung[1] ist von dem Einnehmer[2] vor dem 1. Mai[3] des folgenden Jahres zu legen und dem Magistrat einzureichen. Dieser hat die Rechnung zu revidieren und solche mit seinen Erinnerungen und Bemerkungen den Stadtverordneten zur Prüfung, Feststellung und Entlastung vorzulegen.[4, 5]

1. Der Zweck der Jahresrechnung ist, die Feststellung zu ermöglichen, ob die Kassenführung des Gemeindeeinnehmers sich in Übereinstimmung mit dem von beiden Behörden aufgestellten Etat befindet, und ob insbesondere die Anweisungen des Magistrats an die Kasse sich innerhalb der Etatsfestsetzungen gehalten haben (s. Anm. 5 zu § 56[4]). Um dem Magistrat und den Stadtverordneten diese Prüfung zu ermöglichen, muß die gelegte Jahresrechnung vollständig sein. Sie muß daher im Anschluß an die etatsmäßigen Soll-Einnahmen und -Ausgaben die wirklichen (Ist-)Einnahmen und Ausgaben bei allen einzelnen Positionen des Etats angeben, ferner ergeben, wieviel Einnahme-Ausfälle oder Ausgabe-Ersparnisse bei jeder Position vorhanden, und welche Beträge demnach als Bestand einzeln und im ganzen verblieben sind (vgl. PVBl. 22 S. 403).

2. D. h. vom Verwalter der städtischen Kasse (Rendanten), über den der Magistrat gemäß § 56[4] die Aufsicht führt, und der in kleineren Städten mit dem Kämmerer identisch sein kann (§§ 30 Nr. 2, 56[6] StO.).

3. Schon nach § 70 StO. ist der Termin ortsstatutarischer Verlegung fähig. Inzwischen ist infolge der Verlegung des Geschäftsjahres (s. Anm. 2 zu § 66) der Termin auch ohne solche statutarische Bestimmung verschoben, fällt also jetzt auf den 1. August.

4. Der Feststellungs- und Entlastungsbeschluß der Stadtverordneten bedarf wie alle auszuführenden Beschlüsse zu seiner Wirksamkeit der Zustimmung des Magistrats. Seine Bedeutung liegt lediglich in dem Anerkenntnis der Stadtbehörden, daß die Rechnungslegung ergeben habe, daß gegen den Rechnungsleger Ansprüche aus der Verwaltung der Kasse nicht hergeleitet werden können; bestehen bleiben allerdings solche Ansprüche an den Rechnungsleger, die auf Betrug, rechnerischem Irrtum und Unvollständigkeit der gelegten Rechnung beruhen.

Was die Prüfung der Rechnung anbelangt, so wird sich diese keineswegs auf die rein rechnerische Seite beschränken dürfen, sondern in das wirtschaftliche Gebiet eindringen und klarstellen müssen, ob die Verwaltung nach anerkannten ökonomischen Grundsätzen geführt, d. h. mit den aufgewendeten Mitteln das denkbar beste Resultat erreicht, und in diesem Sinne sparsam verwaltet worden ist (vgl. Ann. 1835 S. 750). Die Heranziehung berufsmäßig vorgebildeter Beamten zur Vorbereitung und Erleichterung der Prüfung der Jahresrechnung ist nicht bloß zulässig, sondern in einigermaßen größeren Städten unentbehrlich (MR. v. 15. 3. 1833, Ann. S. 112, und v. 4. 3. 1840, MBl. 80).

Ergeben sich bei Prüfung der Rechnung Monita, so müssen diese vor Feststellung der Rechnung und Erteilung der Entlastung erledigt werden, oder aber die Feststellung und Entlastung kann nur vorbehaltlich der Erledigung dieser Anstände erfolgen.

5. Wegen der Feststellung und des Ersatzes der Defekte vgl. das zu § 56[4] in Anm. 7 Gesagte. Dabei ist zu beachten, daß das dort geschilderte Verfahren sich nur bezieht auf solche Kassenmankos, die durch die Kassenhandhabung entstanden sind, d. h. also auf die Fälle, in denen der Sollbestand der Kasse mit dem Istbestande nicht übereinstimmt, nicht aber auf Fehler, die dadurch entstanden sind, daß die vom Magistrat erlassenen Kassenanweisungen auf falsche Etatstitel gelautet oder sonst den Etat überschritten haben. Wegen derartiger Fehler kann der schuldige Beamte nur nach den allgemeinen Rechtsgrundsätzen zivilrechtlich haftbar gemacht werden (s. Anm. 3 zu § 56[6]).

§ 70.

Die Feststellung der Rechnung muß vor dem 1. Oktober bewirkt sein.[1]

Der Magistrat hat der Aufsichtsbehörde[2] sofort eine Abschrift des Feststellungsbeschlusses vorzulegen.[3]

Durch statutarische Anordnungen können auch andere Fristen, als vorstehend für die Legung und Feststellung der Rechnung bestimmt sind, festgesetzt werden.[4]

1. Siehe Abs. 3. Außerdem ist der Termin durch die Verlegung des Geschäftsjahres auf den 1. Januar hinausgerückt (Anm. 2 zu § 66).

2. D. i. in diesem Falle (da eine Genehmigung des Feststellungsbeschlusses nicht erforderlich ist, in welchem Falle gemäß § 16 ZustGes. der Bezirksausschuß zuständig wäre) gemäß § 7 ZustGes. der Regierungspräsident, in Berlin (§ 43 LVG.) der Oberpräsident.

3. Zur Kenntnisnahme, nicht zur Genehmigung. Sollte der Magistrat die Vorlegung der Jahresrechnung verweigern oder verzögern, so würde auf Beschwerde die Aufsichtsbehörde einzuschreiten haben, erforderlichenfalls unter Anwendung der Zwangsmittel aus § 132 LVG.

4. Wegen Bedeutung der ortsstatutarischen Form s. zu § 11 StO.

§ 71.

Über alle Teile des Vermögens der Stadtgemeinde[1] hat der Magistrat ein Lagerbuch zu führen. Die darin vorkommenden Veränderungen werden den Stadtverordneten bei der Rechnungsabnahme zur Erklärung vorgelegt.[2]

1. Siehe hierzu Vorbem. zu § 49, ferner § 50 sowie § 56[5] StO. — Durch MR. v. 5. 11. 1854 (MBl. 1855 S. 2) ist besonders angeordnet, daß auch die Gegenstände von wissenschaftlichem, historischem oder Kunstwert im Lagerbuche aufgeführt werden.

2. Hieraus ergibt sich, daß der Zweck des Lagerbuchs im wesentlichen der ist, den Stadtverordneten ihre Kontrolle über die Verwaltung und die Vermögenslage zu erleichtern. Auch bilden die Lagerbücher eine wertvolle Unterlage für die Beurteilung des Vermögensstandes und mithin der Kreditwürdigkeit einer Stadt bei der Aufnahme von Anleihen. An gesetzlichen Bestimmungen über den Inhalt des Lagerbuches fehlt es. Nur daß das Lagerbuch das städtische Vermögen vollständig nachweise, ist im Gesetze vorgeschrieben. Hinsichtlich der Einrichtung des städtischen Lagerbuchs und insbesondere des städtischen Grundstückslagerbuchs vgl. PVBl. 24 S. 499, sowie Semmer, Das Lagerbuch der Gemeinde, Berlin 1908.

Titel VIII.

Von der Einrichtung der städtischen Verfassung ohne kollegialischen Gemeindevorstand für Städte, welche nicht mehr als 2500 Einwohner haben.

§ 72.

In Städten von nicht mehr als 2500 Einwohnern[1] kann auf Antrag der Gemeindevertretung[2] unter Genehmigung der Regierung[3] die Einrichtung getroffen werden, daß

1. die Zahl der Stadtverordneten bis auf sechs vermindert,[4] und
2. statt des Magistrats nur ein Bürgermeister, welcher den Vorsitz in der Stadtverordnetenversammlung mit Stimmrecht zu führen hat, und zwei oder drei Schöffen, welche den Bürgermeister zu unterstützen und in Verhinderungsfällen zu vertreten haben, gewählt werden.[5,6,7]

1. Maßgebend für die Einwohnerzahl ist das Ergebnis der letzten Volkszählung, vgl. Anm. 14 zu § 5.

2. D. h. hier auf Antrag der beiden, nach § 10 zur Vertretung der Stadtgemeinde berufenen Kollegien, also Magistrat und Stadtverordnetenversammlung.

3. Jetzt des Bezirksausschusses (ZustGes. § 16 Abs. 3).

4. Nach § 12 StO. müßten es sonst mindestens 12 sein.

5. Vgl. hierzu Art. VI der MinInstruktion z. Ausführ. d. StO. v. 20. 6. 1853 (Anhang). Im allgemeinen soll danach kleineren Städten behufs Verbilligung und Vereinfachung ihrer Verwaltung der Übergang zu dieser Verwaltungsform erleichtert werden. Wollen die Städte, die gemäß § 72 das Bürgermeistereisystem angenommen haben, zu dem Kollegialsystem zurückkehren, so bedarf es dazu wiederum eines (vom Bezirksausschuß genehmigten) Gemeindebeschlusses (MR. v. 6. 10. 1869, MBl. 266).

6. Bürgermeister und Schöffen bilden in diesem Falle zwar keinen „Magistrat" im gesetzlichen Sinne, dürfen sich aber im Geschäftsverkehr der Bezeichnung „Magistrat" bedienen (MBl. 1856 S. 91). Zu einem rechtlich bedeutsamen Kollegium treten Bürgermeister und Schöffen in den Fällen des § 9 KBG. (Kündigung gegenüber einem Gemeindebeamten) zusammen; ebenso nach § 4 LBG.

7. Nur der Bürgermeister, in Vertretungsfällen die Schöffen, können den Stadtverordnetensitzungen vorsitzen. Einen anderen Vorsteher der Stadtverordnetenversammlung gibt es nicht, so daß, wenn der Bürgermeister und sämtliche Schöffen behindert sind, die Stadtverordnetenversammlung nicht tagen kann (OVG. 21 S. 3). In diesem Falle muß die Aufsichtsbehörde für den Bürgermeister einen Vertreter bestellen, damit die städtischen Geschäfte weiter geführt werden können.

§ 73.

Wird eine Einrichtung nach Maßgabe der Bestimmung unter 2 in § 72 getroffen, so gehen alle Rechte und Pflichten, welche in den Vorschriften der Titel I bis VII dem Magistrat beigelegt sind, auf den Bürgermeister mit denjenigen Modifikationen über, welche sich als notwendig daraus ergeben, daß der Bürgermeister zugleich stimmberechtigter Vorsitzender der Stadtverordnetenversammlung ist. Demselben steht insonderheit ein Recht der Zustimmung zu den Beschlüssen der Stadtverordneten nicht zu; er ist aber in den im zweiten Satze unter 2 des § 56 bezeichneten Fällen[1] die Ausführung der Beschlüsse der Stadtverordnetenversammlung zu beanstanden, und, wenn diese bei nochmaliger Beratung bei ihrem Beschlusse beharrt, die Entscheidung der Regierung[2] einzuholen verpflichtet. — Im übrigen finden bei den Städten, welche die gedachte Einrichtung angenommen haben, die Vorschriften der Titel I bis VII gleichfalls, jedoch mit der Maßgabe Anwendung, daß die Schöffen zugleich Stadtverordnete sein können,[3] und daß es genügt, wenn die Beschlüsse der Stadtverordnetenversammlung (§ 47) nur von dem Vorsitzenden und einem Mitgliede unterzeichnet werden.[4]

1. D. s. nicht bloß die Fälle des § 15 ZustGes. (eigentliche Beanstandungsfälle wegen Ungesetzlichkeit des Beschlusses), sondern auch die Fälle des § 17 ZustGes. (Meinungsverschiedenheiten über die Zweckmäßigkeit). Der Wortlaut des § 73 steht der Auffassung, als sollte dem Bürgermeister nur das Beanstandungsrecht des § 15 ZustGes. zustehen, nicht das Recht, gemäß § 17 die Entscheidung des Bezirksausschusses herbeizuführen, unbedingt entgegen (so auch Jebens, Die Stadtverordneten, S. 303; anders Oertel S. 591). Der Satz, daß dem Bürgermeister kein Recht der Zustimmung zu den Stadtverordnetenbeschlüssen zustehe, beweist nichts gegen die hier vorgetragene Auffassung; damit soll nur zum Ausdrucke gebracht werden, daß es nicht — wie bei der Magistratsverfassung — in allen normalen Fällen der Übereinstimmung zweier beschlußfassenden Organe der Stadt zur Schaffung eines Gemeindebeschlusses bedarf, der Bürgermeister vielmehr nur als gesetzliches Mitglied der Stadtverordnetenversammlung zur Beschlußfassung berufen, abgesehen davon aber nicht wie der Magistrat beschlußfassendes, sondern nur ausführendes Organ der Stadtgemeinde ist. Wegen des Beanstandungsrechts vgl. das zu § 56[3] und das in Anm. 7 zu § 57 Gesagte, hinsichtlich des Verfahrens aus § 17 ZustGes. s. Anm. 8—14 zu § 36 StO.

2. Je nach der Lage der Sache kommt jetzt das Verwaltungsstreitverfahren vor dem Bezirksausschuß (§ 15 ZustGes.) oder der Beschluß des Bezirksausschusses (auf Grund des § 17 ZustGes.) in Frage.

3. Die Bestimmung hat den Zweck, die Schöffen, die dadurch erst Stimmrecht in der Stadtverordnetenversammlung bekommen (falls nicht einer von ihnen in Vertretung des Bürgermeisters vorsitzt und hierdurch schon Stimmrecht hat), dem Bürgermeister gegenüber selbständiger zu machen.

4. Sonst ist außer der Unterschrift des Vorsitzenden noch die Unterzeichnung durch drei Mitglieder erforderlich (§ 47).

Titel IX.

Von der Verpflichtung zur Annahme von Stellen und von dem Ausscheiden aus denselben wegen Verlustes des Bürgerrechts.

§ 74.

Ein jeder stimmfähiger Bürger[1] ist verpflichtet, eine unbesoldete Stelle in der Gemeindeverwaltung oder Vertretung[2] anzunehmen, sowie eine angenommene Stelle mindestens drei Jahre lang zu versehen.[3]

Zur Ablehnung oder zur früheren Niederlegung einer solchen Stelle berechtigen nur[4] folgende Entschuldigungsgründe:

1. anhaltende Krankheit;
2. Geschäfte, die eine häufige oder lange dauernde Abwesenheit mit sich bringen;
3. ein Alter über sechzig Jahre;

4. die früher stattgehabte Verwaltung einer unbesoldeten Stelle[6] für die nächsten drei Jahre;
5. die Verwaltung eines anderen öffentlichen Amtes;[7]
6. ärztliche oder wundärztliche Praxis;[8]
7. sonstige besondere Verhältnisse, welche nach dem Ermessen der Stadtverordnetenversammlung eine gültige Entschuldigung begründen.[9]

Wer sich ohne einen dieser Entschuldigungsgründe[10] weigert, eine unbesoldete Stelle in der Gemeindeverwaltung oder Vertretung anzunehmen oder die noch nicht drei Jahre lang versehene Stelle ferner zu versehen, sowie derjenige, welcher sich der Verwaltung solcher Stellen tatsächlich entzieht,[11, 12] kann durch Beschluß der Stadtverordneten[13] auf drei bis sechs Jahre der Ausübung des Bürgerrechts verlustig erklärt und um ein Achtel bis ein Viertel stärker zu den direkten Gemeindeabgaben herangezogen werden.[14] Dieser Beschluß bedarf der Bestätigung der Aufsichtsbehörde (§ 76).[15]

Hierzu: ZG. § 10 No. 3, § 11:

§ 10. Die Gemeindevertretung[16] beschließt:

3. über die Berechtigung zur Ablehnung oder Niederlegung von Ämtern und Stellen in der Gemeindeverwaltung oder Vertretung, über die Nachteile, welche gegen Mitglieder der Stadtgemeinde wegen Nichterfüllung der ihnen nach den Gemeindeverfassungsgesetzen obliegenden Pflichten, ... zu verhängen sind.[17]

§ 11. Der Beschluß der Gemeindevertretung (§ 10) bedarf keiner Genehmigung oder Bestätigung von seiten des Gemeindevorstandes oder der Aufsichtsbehörde. Gegen den Beschluß der Gemeindevertretung findet die Klage im Verwaltungsstreitverfahren statt.[18] Die Klage steht in den Fällen des § 10 auch dem Gemeindevorstande zu.[19, 20]

Vorbemerkung:

Der letzte Satz des § 74 ist aufgehoben durch § 11 Abs. 1 ZustGes. Im übrigen ist § 74 wesentlich ergänzt durch die §§ 10 Nr. 3 und 11 ZustGes. (oben abgedruckt). Vgl. auch Jebens im PVBl. 25 S. 499.

1. Wer stimmfähiger Bürger ist, sagt § 5 StO. (vgl. dazu auch §§ 6 bis 8 StO.). Wegen der Ehrenbürger, welche die Verpflichtung zur Übernahme unbesoldeter Ämter nur haben, insoweit sie schon außerdem städtische Bürger sind, vgl. § 6 letzten Satz.

2. Unter Abs. 1 fallen demnach die Stellen der unbesoldeten Magistratsmitglieder, die Stadtverordnetenmandate, die Mitgliedschaft bei den städtischen Deputationen des § 59, das Amt der Bezirksvorsteher sowie die Mitgliedschaft bei solchen örtlichen Kommissionen, die sich an die Bezirkseinteilung angliedern (Armenkommissionen, Schulkommissionen usw.). Wegen der Verpflichtung zur Annahme von Ämtern in der Armenverwaltung vgl. insbesondere §§ 2—5 AusfG. (zum UWG.) v. 8. 3. 1871 (GS. 130). Kraft besonderer gesetzlicher Bestimmung fällt auch das Amt eines Waisenrats unter die unbesoldeten Gemeindeämter (s. oben Anm. 13 zu § 59; BGB. §§ 1849—1851). Wegen der Verpflichtung zur Annahme des Schiedsmannsamtes vgl. §§ 10, 11 SchiedsmannsO. v. 29. 3. 1879 (GS. 321). Obwohl dort die Bestimmung des Abs. 3 § 74 im wesentlichen wiederholt ist, ist doch das Schiedsmannsamt ein Staatsamt. Daher kommen im Falle der Ablehnung die §§ 10, 11 ZustGes. nicht in Betracht (OVG. 23 S. 5). Vgl. dazu auch Anm. 10 e β zu § 62. — Nicht unter die unbesoldeten Gemeindeämter fällt, wie kaum hervorgehoben zu werden braucht, das Amt eines Vormundes (§§ 1785 ff. BGB.), eines Schöffen oder Geschworenen (GVG. §§ 35, 56, 85). Ebenso nicht das Amt als Mitglied einer nach dem EStG. v. 19. 6. 06 gebildeten Voreinschätzungs- und Veranlagungskommission, da es sich bei diesem Amte um staatliche Funktionen handelt (OVG. 23 S. 1; PVBl. 19 S. 100. Wegen der Verpflichtung, ein Amt bei der Voreinschätzung und Veranlagung zu übernehmen, vgl. § 55 Abs. 2 EStG. v. 19. 6. 06 (GS. 241) und §§ 8, 25 KrO., sowie OVG. im PVBl. 28 S. 315.

Nicht nur zur Übernahme dauernder Ämter in der Gemeindeverwaltung sind die Bürger auf Grund des § 74 StO. verpflichtet, sondern auch zur Übernahme vorübergehender, einzelner Aufträge. Indessen darf es sich nicht um Ämter oder Aufträge handeln, deren Erledigung eine bestimmte technische oder wissenschaftliche Vorbildung oder materielle Leistungen wie eine Kautionsbestellung erheischt; daher können z. B. die Bürger zur Führung einer Kasse nicht gezwungen werden. Eine Verpflichtung zur Übernahme mehrerer Gemeindeämter ist nicht vorhanden (vgl. Nr. 5 des Abs. 2 und Anm. 7, sowie OVG. 40 S. 159).

3. Wegen der Rechtsfolgen bei Weigerung oder sonstiger Verletzung des Abs. 1 s. Abs. 3.

4. Die unter Nr. 7 angefügte Generalklausel hebt die Ausschließlichkeit der aufgeführten Entschuldigungsgründe wieder auf.

5. Hatte ein über sechzig Jahre alter Bürger ein Amt übernommen, so kann er dennoch auf Grund dieser Bestimmung jederzeit das Amt niederlegen.

6. Welche Stellen hierunter fallen, darüber s. Anm. 2.

7. Gleichviel ob unmittelbares Staatsamt oder Kommunalamt oder sonst ein mittelbares Staatsamt (z. B. Handelskammervorsitzender, Handelsrichter, gewähltes Mitglied des Bezirksausschusses u. a. m.). Den Ablehnungsgrund der Nr. 5 geltend zu machen, steht im Belieben des betroffenen Beamten. Einer Genehmigung zur Übernahme unbesoldeter Ehrenämter in der Kommunalverwaltung, wie dies der Staatsministerialbeschluß v. 2. 3. 1851

(MBl. 38) für unmittelbare Staatsbeamte vorschreibt, bedürfen besoldete Kommunalbeamte nicht; es sei denn, was kaum vorkommen wird, daß ihnen bei der Anstellung die Pflicht zur Ablehnung unbesoldeter Ämter in der Kommunalverwaltung ausdrücklich auferlegt wird. An sich würde die Auferlegung einer solchen Verpflichtung, da der Beamte gemäß § 74 Nr. 5 die Annahme des Amtes ablehnen darf, nicht gegen das Gesetz verstoßen. (Hinsichtlich des Schiedsmannsamts und der Vormundschaft ist durch die Schiedsmannsordnung § 2 und das AG. z. BGB. Art. 72 das Erfordernis der Genehmigung ausdrücklich statuiert.) — Da auch jedes unbesoldete Amt in der Gemeindeverwaltung als öffentliches Amt im Sinne dieser Bestimmung anzusehen ist und auch die Mitgliedschaft bei städtischen Deputationen ein „Amt" darstellt (s. Vorbem. zu § 59 StO. unter b), so folgt hieraus, daß Mitglieder städtischer Deputationen, so lange sie dies Amt bekleiden, wider ihren Willen nicht gezwungen werden können, ein zweites unbesoldetes Kommunalamt, z. B. das Amt eines unbesoldeten Magistratsmitgliedes anzunehmen (vgl. MBl. 1885 S. 180 und PVBl. 27 S. 870). In diesem Falle müssen Magistrat und Stadtverordnete, wenn sie den Gewählten zur Übernahme des Amtes als Magistratsmitglied zwingen wollen, ihn zunächst von dem Amte als Deputationsmitglied gemäß § 75 StO. entbinden.

8. Dieser Entschuldigungsgrund befreit aber Ärzte nicht von der Verpflichtung, das Amt als Mitglied der Gesundheitskommission zu übernehmen (§ 10 G. v. 16. 9. 1899, oben in Anm. 10 zu § 59 abgedruckt).

9. Diese Verhältnisse lassen sich natürlich auch nicht annähernd durch Beispiele erschöpfen: zahlreiche Familie, unglückliche häusliche Verhältnisse, Besitz eines großen oder besonders verantwortlichen Geschäfts (z. B. einer Apotheke) können unter Umständen ausreichende Gründe darstellen. Es entscheidet das freie Ermessen der Stadtverordnetenversammlung, ev. das des Verwaltungsrichters gemäß § 11 ZustGes. Vgl. auch OVG. im PVBl. 28 S. 315.

10. D. h. ohne daß ihm in Wirklichkeit nach dem Ermessen der zuständigen Instanz der Entschuldigungsgrund zur Seite steht. Das einfache Vorschützen eines — in Wirklichkeit nicht vorhandenen — Entschuldigungsgrundes hebt nicht die Strafbarkeit auf.

11. Gemeint ist der Fall, daß ein übernommenes Amt tatsächlich nicht oder so gut wie nicht wahrgenommen wird. Ob eine mangelhafte Wahrnehmung als „Entziehung" aufzufassen ist, ist quaestio facti. Indessen wird eine „Entziehung" nur dann anzunehmen sein, wenn aus dem Verhalten auf eine absichtliche dauernde Nichterfüllung der Amtspflichten geschlossen werden kann (OVG. im PVBl. 16 S. 438); a. A. Stier-Somlo im PVBl. 24 S. 276, wonach bona fides den Tatbestand der „Entziehung" nicht ausschließt. Vorübergehende Fahrlässigkeit oder mangelndes Verständnis für die Amtspflichten reichen nicht aus; ebensowenig ist der unregelmäßige Besuch der Sitzungen der Stadtverordnetenversammlung der tatsächlichen Entziehung gleichzuachten (OVG. 45 S. 138). Ein „Entziehen" im Sinne des Abs. 3 liegt jedenfalls dann vor, wenn ein Bürger, dem nach seiner Ansicht ein Entschuldigungsgrund zur Seite steht, ein übernommenes

Amt, ohne es ausdrücklich niederzulegen, tatsächlich nicht versieht; mit anderen Worten, der Entschuldigungsgrund muß nicht nur vorhanden sein, sondern auch, wenn das Amt einmal übernommen ist, unter Niederlegung des Amtes geltend gemacht werden, damit die Straffälligkeit ausgeschlossen ist (vgl. auch OVG. im PVBl. 10 S. 562). Erklärt ein Bürger unter Angabe eines gesetzlichen Grundes, seine unbesoldete Stelle niederzulegen, so bewirkt diese Erklärung ipso jure die Beendigung seiner Amtsführung. Unmittelbarer Zwang auf Fortsetzung der Tätigkeit kann nicht ausgeübt werden, nur die Strafverhängung kann in Frage kommen (OVG. 40 S. 36; 53 S. 60 u. 62). Eine Weigerung vor der Wahl ist noch keine Verletzung des § 74 StO. (OVG. 12 S. 9). Nachträgliche Übernahme des Amts, nachdem die Weigerung die Straffälligkeit bereits herbeigeführt hat, hebt die Straffälligkeit nicht mehr auf (OVG. 13 S. 209).

12. Der Zwischensatz, „sowie . . . . tatsächlich entzieht" kann nicht angewendet werden auf unbesoldete Magistratsmitglieder, die das übernommene Amt nicht oder so unregelmäßig versehen, daß hierin ein „Sich-dem-Amte-Entziehen" liegt. Diese Personen können nie nach § 74 mit dem Verlust des Bürgerrechts bestraft und damit gleichzeitig ihres Amtes entsetzt, vielmehr lediglich im Disziplinarverfahren aus dem Amte entfernt werden (s. zu § 75 Abs. 2).

13. Welcher der Zustimmung des Magistrats nicht bedarf; s. § 11 ZustGes. Eine vorherige Warnung braucht die Stadtverordnetenversammlung nicht zu erlassen. Auch ist eine Teilung des Verfahrens in ein solches, das zunächst den Tatbestand der Weigerung feststellt, und in ein zweites, das die Strafe als Folge der ungerechtfertigten Weigerung verhängt, nicht erforderlich (PVBl. 25 S. 557, OVG. 13 S. 209, 212).

14. Die beiden Strafarten — Verlust des Bürgerrechts, Erhöhung der Steuern — brauchen nicht verbunden zu werden; jede für sich allein ist auch zulässig. Ebensowenig ist die Bestrafung überhaupt notwendiges gesetzliches Erfordernis, die Bestrafung kann vielmehr nur erfolgen, ist also ins Ermessen der Stadtverordnetenversammlung gelegt. Die Dauer der Strafe steht in keinem Zusammenhange mit der Dauer derjenigen Zeit, während welcher der Bestrafte noch zur Führung des Amtes verpflichtet war (OVG. 13 S. 214). Wohl aber muß der Stadtverordnetenbeschluß zur Vermeidung seiner Ungültigkeit das Maß der Strafe — also die Dauer und ev. den erhöhten Steuersatz — genau angeben (Selbstverwaltung 1896 S. 210).

15. Ist abgeändert durch § 11 ZustGes.

16. D. h. die Stadtverordnetenversammlung.

17. Die materiellen Fälle für die Verhängung dieser Strafen hat § 10³ ZustGes. nicht vermehren wollen. Hierfür ist § 74 StO. weiterhin maßgebend. Nur da, wo es sich um Gemeindeämter handelt, ist § 10³ ZustGes. anwendbar (nicht also beim Schiedsmannsamt; wohl aber auf das Amt des Waisenrats, oben Anm. 2). Die Anregung zu den Beschlüssen der Stadtverordnetenversammlung wird regelmäßig der Magistrat geben, welcher dadurch, daß er die Wahlen auszuführen, also dem Gewählten das Amt zu übertragen hat, zuerst in die Lage kommt, die Zuwiderhandlung

gegen § 74 festzustellen. Auch die Strafverhängungsbeschlüsse hat der Magistrat (gemäß § 36) durch Entfernung des Betreffenden aus seinem unbesoldeten Posten, Streichung in der Wählerliste und ev. durch Beitreibung der Straffsteuern auszuführen.

18. Beklagte ist die Stadtverordnetenversammlung. Wegen der Vertretung derselben im Streitverfahren und wegen der Zuständigkeit s. Anm. 26 zu § 5.

19. Neben dem Magistrat ist lediglich der von der Strafe Betroffene zur Klage berechtigt.

20. Gegenstand der Verhandlung und Entscheidung im Verwaltungsstreitverfahren ist lediglich die gesetzliche Zulässigkeit und die Angemessenheit der Strafe. Bei Anwendung der Nr. 7 hat der Verwaltungsrichter frei zu ermessen, ob ein Entschuldigungsgrund vorliegt. In allen Fällen hat der Verwaltungsrichter aber den Tatbestand zugrunde zu legen, der zur Zeit des Stadtverordnetenbeschlusses vorlag. Daher muß die nachträgliche Bereitwilligkeit des Bestraften zur Annahme des Amtes außer Betracht bleiben (OVG. 13 S. 209). An derselben Stelle (S. 212) ist auch gesagt, daß in ein und demselben Streitverfahren über das Vorhandensein des Entschuldigungsgrundes (Recht zur Ablehnung) und die verhängte Strafe zu entscheiden ist.

§ 75.

Wer eine das Bürgerrecht voraussetzende Stelle in der Verwaltung oder Vertretung der Stadtgemeinde[1] bekleidet, scheidet aus derselben aus, wenn er des Bürgerrechts verlustig geht; im Falle des ruhenden Bürgerrechts tritt die Suspension ein (§ 7).[2]

Die zu den bleibenden Verwaltungsdeputationen gewählten stimmfähigen Bürger (§ 59) und andern von der Stadtverordnetenversammlung auf eine bestimmte Zeit gewählten unbesoldeten Gemeindebeamten,[1] zu denen jedoch die Schöffen nicht zu rechnen sind, können durch einen übereinstimmenden Beschluß des Magistrats und der Stadtverordneten auch vor Ablauf ihrer Wahlperiode von ihrem Amte entbunden werden.[3]

1. Siehe wegen der Abgrenzung dieses Kreises Anm. 2 zu § 74. — Unter die Bestimmung des zweiten Absatzes fallen auch die Stadtverordneten, die Mitglieder der Deputationen sind (OVG. 25 S. 415).

2. Abs. 1 ist eine allgemeine Wiederholung des Grundsatzes, der für das Stadtverordnetenamt im § 18 StO. bereits ausgesprochen ist. Wegen der Anwendung der §§ 10, 11 ZustGes. auf diese Fälle (wenn nämlich über die Frage des Besitzes oder des Verlustes sowie des Ruhens des Bürgerrechts und seine Folgen Streit entsteht) s. Anm. 5 zu § 18.

3. Zweck der Bestimmung ist, ungeeignete Bürger ohne eine disziplinare Maßnahme rasch aus dem unbesoldeten Gemeindeamte entfernen zu

können (Drucks. der I. Kammer 1852/53 Nr. 62 S. 46). Indessen ist der Zweck im Gesetze selbst nicht zum Ausdruck gelangt. Die Gemeindebehörden sind deshalb in bezug auf die Motive, aus denen heraus sie zu einer Anwendung des § 75 Abs. 2 schreiten, völlig frei (s. Schluß der Anm. 7 zu § 74). Da mit der Maßnahme nicht der Verlust des Bürgerrechts ausgesprochen ist, finden die §§ 10, 11 ZustGes. nicht Platz, der Betroffene kann sich nur gemäß § 7 Abs. 3 ZustGes. bei der Aufsichtsbehörde beschweren (OVG. 26 S. 23). OVG. 25 S. 415 hat ausgeführt, daß mit Rücksicht auf die Bestimmung des § 75 jedes Disziplinarverfahren auf Grund des G. v. 21. 7. 1852 gegen Deputationsmitglieder (die nicht etwa zugleich Magistratsmitglieder oder besoldete Beamte sind) unzulässig sei, und daß deshalb auch Ordnungsstrafen gegen diese Mitglieder nicht verhängt werden können. Da andererseits den sämtlichen Deputationsmitgliedern Beamteneigenschaft beigelegt wird, ist diese Ansicht nicht recht konsequent (s. Vorbem. zu § 59 unter b; Schön S. 140, 161; Jebens S. 219 und im PVBl. 27 S. 871) Die Schöffen sind ausgenommen: Sämtliche Magistratsmitglieder können nur im Wege des ordentlichen Disziplinarverfahrens ihres Amtes entsetzt werden (s. § 80 StO.).

Titel X.

Von der Oberaufsicht über die Stadtverwaltung.

§ 76.

Die Aufsicht des Staates über die städtischen Gemeindeangelegenheiten wird, soweit nicht durch die Vorschriften dieses Gesetzes ein anderes ausdrücklich bestimmt ist, von der Regierung, in den höheren Instanzen von dem Oberpräsidenten und dem Minister des Innern ausgeübt. Beschwerden über Entscheidungen in Gemeindeangelegenheiten müssen in allen Instanzen innerhalb einer Präklusivfrist von vier Wochen nach der Zustellung oder Bekanntmachung der Entscheidung eingelegt werden, insofern nicht die Einlegung des Rekurses durch dieses Gesetz an eine andere Frist geknüpft ist (§ 20).[1,2]

Hierzu: ZG. § 7:

Die Aufsicht des Staates über die Verwaltung der städtischen Gemeindeangelegenheiten[3,4] wird in erster Instanz von dem Regierungspräsidenten, in höherer und letzter Instanz von dem Oberpräsidenten[5] geübt, unbeschadet der in den Gesetzen geordneten Mitwirkung des Bezirksausschusses[6] und des Provinzialrats.[7]

Für die Stadt Berlin tritt an die Stelle des Regierungspräsidenten der Oberpräsident, an die Stelle des Oberpräsidenten der

Minister des Innern, für die Hohenzollernschen Lande tritt an die Stelle des Oberpräsidenten der Minister des Innern.[8]

Beschwerden bei den Aufsichtsbehörden in städtischen Gemeindeangelegenheiten sind in allen Instanzen innerhalb zwei Wochen anzubringen.[9]

1. § 76 ist ersetzt durch § 7 ZustGes. sowie durch das LVG. und ZustGes. überhaupt. Während früher die Gestaltung der Aufsichtsbehörde eine einheitliche war, insofern stets die Bezirksregierung, in zweiter Instanz der Minister des Innern als Aufsichtsbehörde fungierte, ist jetzt eine Teilung der aufsichtsbehördlichen Funktionen eingetreten. Alle diejenigen Angelegenheiten, die sich zu einer Erledigung in den Formen des Streitverfahrens eignen, ferner alle diejenigen Sachen, in denen es sich um die Genehmigung von Beschlüssen der Gemeinden handelt, sind regelmäßig dem Bezirksausschuß teils in seiner Eigenschaft als Verwaltungsgericht, teils in seiner Eigenschaft als Selbstverwaltungsbeschlußbehörde übertragen. Zweite Instanz ist in ersteren Fällen das Oberverwaltungsgericht, in den letzteren der Provinzialrat. [Im Beschlußverfahren tritt in Berlin regelmäßig an die Stelle des Bezirksausschusses der Oberpräsident, im Verwaltungsstreitverfahren in den Fällen des § 8 Abs. 2, §§ 9 und 15 ZustGes. das Oberverwaltungsgericht (§ 43 LVG.; § 21 ZustGes.).] Wegen der allgemeinen Zuständigkeit des Bezirksausschusses in Gemeindeangelegenheiten vgl. §§ 7, 8, 9, 12—14, 16, 17 ZustGes. — Alle anderen Gemeindeaufsichtsangelegenheiten, insbesondere die eigentliche technische Gemeindeaufsicht ist gemäß § 7 ZustGes. den Regierungspräsidenten übertragen; als zweite Instanz fungiert der Oberpräsident, und nur in Berlin, wo an Stelle des Regierungspräsidenten der Oberpräsident Aufsichtsbehörde erster Instanz ist, ist der Minister des Innern zuständig. Nichtsdestoweniger ergibt sich aber aus der Begründung zum ZustGes. sowie aus §§ 3 Abs. 1 und 50 LVG., daß auch in den übrigen Fällen der Minister befugt ist, im Aufsichtswege die ihm untergeordneten Aufsichtsbehörden zu einer anderen Handhabung des Aufsichtsrechts anzuhalten, so daß also, obwohl das ZustGes. den Minister als Aufsichtsbehörde zweiter Instanz nur für Berlin kennt, doch tatsächlich dem Minister des Innern die Befugnisse der höchsten Kommunalaufsicht geblieben sind.

Der Landrat kann zwar von dem Regierungspräsidenten für die nichtkreisfreien Städte zur Handhabung der Kommunalaufsicht als Hilfsorgan herangezogen werden, ist aber in keinem Falle Kommunalaufsichtsbehörde und kann daher auch mit der selbständigen Führung dieser Aufsicht nicht betraut werden (so im Gegensatz zu der MinInstr. v. 20. 6. 1853 Art. XVI ME. v. 26. 1. 1860 [MBl. 17]; OVG. 13 S. 78 u. 56 S. 9). Wohl aber kann den Städten unter 10000 Einwohnern aufgegeben werden, alle Berichte an den Regierungspräsidenten durch Vermittelung des Landrats einzureichen (MBl. 1860 S. 17 und OVG. 54 S. 467). Darüber, daß die Landräte die Aufsichtsbehörde in Polizeiangelegenheiten auch für die zum Landkreise gehörigen Städte sind, vgl. KrO. § 77; LVG. §§ 127 und 142; OVG. 20 S. 68 und Anm. 2 zu § 62.

2. Was den Inhalt des Aufsichtsrechts anbelangt, so enthält kein gegenwärtig geltendes Gesetz eine zutreffende und erschöpfende Begriffsbestimmung. Noch jetzt von der Praxis verwendet wird die Bestimmung in § 139a—d der StO. von 1831, die besagte, daß die Aufsichtsbehörden so berechtigt wie verpflichtet wären:

a) sich Überzeugung zu verschaffen, ob in jeder Stadt die Verwaltung nach den Gesetzen überhaupt und nach gegenwärtiger Ordnung insbesondere eingerichtet sei;

b) dafür zu sorgen, daß die Verwaltung fortwährend in dem vorgeschriebenen Gange bleibe und angezeigte Störungen beseitigt werden;

c) die Beschwerden einzelner über die Verletzung der ihnen als Mitglieder der Gemeinde zustehenden Rechte zu untersuchen und zu entscheiden;

d) die Stadtgemeinden zur Erfüllung ihrer Pflichten anzuhalten.

(Vgl. hierzu OVG. 25 S. 46; 28 S. 95; 35 S. 118; 54 S. 467; Jebens S. 271 sowie Schmieder im PVBl. 25 S. 483.) Indessen läßt sich auch aus diesen Bestimmungen ein völlig klar umgrenztes Bild des Aufsichtsrechts nicht gewinnen. Auf der einen Seite wird immer zu beachten sein, daß die Aufsichtsbehörde ihre Befugnisse überschreiten und den Charakter der Selbstverwaltung zerstören würde, wollte sie über die Beaufsichtigung der Verwaltung hinaus in eine eigene Verwaltung der Kommune dadurch eintreten, daß sie ihre eigenen Ansichten und Absichten bis in jede Einzelheit den Magistraten und Gemeindevertretungen aufzudrängen versuchte. Andererseits ist nicht zu verkennen, daß die Pflichten und Rechte der Aufsichtsbehörde sich nicht erschöpfen in der Aufsicht darüber, ob die Gesetze nicht verletzt werden. Auch Fragen der wirtschaftlichen Zweckmäßigkeit sowie die Angemessenheit der städtischen Verwaltungshandlungen unterliegen der Prüfung der Aufsichtsbehörde. Freilich hat gegenüber gefaßten Beschlüssen der städtischen Behörden die Aufsichtsbehörde — soweit sie nicht zur Bestätigung der Beschlüsse berufen ist — nur die Eingriffsmittel der Beanstandung (§ 77 StO.) und der Zwangsetatisierung (§ 78). Vor Fassung der bezüglichen Beschlüsse wird aber der Aufsichtsbehörde eine Befugnis, ratend, fördernd und erforderlichenfalls warnend einzugreifen, nicht versagt werden können. Die Fassung von Beschlüssen — nicht dem Inhalte nach, wohl aber der Form nach (s. Anm. 11 zu § 57) — sowie die Vornahme einzelner Handlungen kann die Aufsichtsbehörde notfalls dem Magistrat gegenüber mit den Zwangsmitteln des § 132 LVG. sowie den Disziplinarmitteln der §§ 18—20 des G. v. 21. 7. 1852 (s. zu § 80 StO.) erzwingen. Es ist aber zu beachten, daß nur die Erfüllung derjenigen Pflichten von der Aufsichtsbehörde erzwungen werden kann, die öffentlichen Rechts sind und nicht bloß vermögensrechtliche Bedeutung haben. Ansprüche vermögensrechtlichen Inhalts und rein privatrechtlichen Charakters können nur nach rechtskräftiger Entscheidung im ordentlichen Rechtswege (oder, falls das Gesetz dies vorschreibt, im Wege des Verwaltungsstreitverfahrens) erzwungen werden, auf welche Wege die Aufsichtsbehörde den angeblich Berechtigten bei Weigerung der Stadtgemeinde verweisen muß.

Bezüglich der Zwangsvollstreckung gegen Stadtgemeinden wegen fälliger und vollstreckbarer Forderungen s. Anm. 3 zu § 56[4].

3. Vgl. dazu das in Anm. 4 zu § 9 und Anm. 4 zu § 35 Gesagte. Nur von der Kommunalaufsicht ist hier die Rede. Die Aufsicht in anderen Angelegenheiten, z. B. in Polizeiangelegenheiten, in Forstangelegenheiten usw., richtet sich nicht nach § 7 ZustGes. (OVG. 20 S. 68; 27 S. 80). Bezüglich des Landrats als Polizei- (aber nicht als Kommunal-) Aufsichtsbehörde s. Anm. 1. — Wegen der Befugnisse der Aufsichtsbehörde im Gebiete des Beamtenrechts s. das zu §§ 56[6], 64, 65 Gesagte, namentlich den zu § 64 abgedruckten § 11 KBG.

4. Wegen des Inhalts des Aufsichtsrechts vgl. Anm. 2.

5. Wegen der Zuständigkeit des Ministers des Innern s. § 3 Abs. 1, § 50 LVG. und Anm. 1. Der formelle gesetzliche Instanzenzug schließt (abgesehen von Berlin) mit dem Oberpräsidenten ab.

6. Siehe hierzu ZustGes. §§ 8, 9, 12, 13, 14, 16, 17. Außerdem kommen vielfach auch neuere Gesetze, z. B. KBG. in Betracht.

7. In seiner Eigenschaft als Beschwerdeinstanz gegenüber Beschlüssen des Bezirksausschusses (§ 121 LVG.).

8. Diese treten gleichzeitig für das Beschlußverfahren an Stelle des Bezirksausschusses und des Provinzialrats, wenn nicht vom Gesetze ausdrücklich etwas anderes bestimmt ist (§ 43 Abs. 1 u. 3 LVG.). Für Berlin besteht also die in Anm. 1 geschilderte Zweiteilung der Kommunalaufsicht nur in viel geringerem Maße, indem regelmäßig nur im Verwaltungsstreitverfahren Bezirksausschuß und Oberverwaltungsgericht zuständig sind (§ 43 Abs. 3).

9. Indessen ist auch bei verspäteter Anbringung der Beschwerde die angegangene höhere Aufsichtsinstanz verpflichtet, dem Inhalte der Beschwerde näher zu treten, ihn sachlich zu prüfen und etwa dabei entdeckte Übelstände im Wege des aufsichtsbehördlichen Einschreitens von Amts wegen zu beseitigen. Andernfalls würde die höhere städtische Aufsichtsbehörde ihre Pflicht, für den ruhigen und ungestörten Gang der Verwaltung fortgesetzt zu sorgen, nicht erfüllen. Die verspätete Anbringung der Beschwerde hat nur die rechtliche Bedeutung, daß der Beschwerdeführer formell einen Anspruch auf materielle Bescheidung nicht mehr erheben kann.

Anders liegt die Sache bezüglich des förmlichen Rechtsmittels der Beschwerde, die gegen Beschlüsse des Bezirksausschusses (in Berlin gegen die an deren Stelle tretenden Beschlüsse des Oberpräsidenten) eingelegt wird. Für diese förmliche Beschwerde ist die Präklusivfrist des § 121 LVG. gegeben.

Nach OVG. im PVBl. 25 S. 64 muß die Beschwerde außer dem Ausdruck der Unzufriedenheit mit der angefochtenen Verfügung den bestimmten Willen erkennbar machen, die höhere Instanz zur Entscheidung anzurufen.

§ 77.

Wenn die Stadtverordneten einen Beschluß gefaßt haben, welcher deren Befugnisse überschreitet, gesetz- oder rechtswidrig

ist, oder das Staatswohl verletzt, so ist die Aufsichtsbehörde ebenso befugt als verpflichtet, den Vorstand der Stadtgemeinde zur vorläufigen Beanstandung der Ausführung zu veranlassen. Dieser hat hiervon die Stadtverordneten zu benachrichtigen und über den Gegenstand des Beschlusses sofort an die Regierung zu berichten. Die Regierung hat sodann ihre Entscheidung unter Anführung der Gründe zu geben.[1]

Hierzu: ZG. §§ 15, 21.

§ 15. Beschlüsse der Gemeindevertretung oder des kollegialischen Gemeindevorstandes, welche deren Befugnisse überschreiten oder die Gesetze verletzen, hat der Gemeindevorstand, beziehungsweise der Bürgermeister, entstehenden Falles auf Anweisung der Aufsichtsbehörde, mit aufschiebender Wirkung, unter Angabe der Gründe, zu beanstanden. Gegen die Verfügung des Gemeindevorstandes (Bürgermeisters) steht der Gemeindevertretung, beziehungsweise dem kollegialischen Gemeindevorstande, die Klage im Verwaltungsstreitverfahren zu.

Die in den Gemeindeverfassungsgesetzen begründete Befugnis der Aufsichtsbehörden, aus anderen als den vorstehend angegebenen Gründen eine Beanstandung der Beschlüsse der Gemeindevertretung oder des kollegialischen Gemeindevorstandes herbeizuführen, wird aufgehoben.

§ 21. Zuständig in erster Instanz ist im Verwaltungsstreitverfahren für die in diesem Titel vorgesehenen Fälle, sofern nicht im einzelnen anders bestimmt ist, der Bezirksausschuß, für den Stadtkreis Berlin in den Fällen des § 8 Abs. 2, § 9 und § 15 das Oberverwaltungsgericht. Die Frist zur Anstellung der Klage beträgt in allen Fällen zwei Wochen.

Die Gemeindevertretung, beziehungsweise der kollegialische Gemeindevorstand können zur Wahrnehmung ihrer Rechte im Verwaltungsstreitverfahren einen besonderen Vertreter bestellen.

Gegen die Entscheidung des Bezirksausschusses in den Fällen des § 18 unter 2 ist nur das Rechtsmittel der Revision zulässig.

1. § 77 ist aufgehoben durch §§ 15, 21 ZustGes., oben abgedruckt.

Vgl. wegen der Beanstandung von Stadtverordnetenbeschlüssen die ausführlichen Darlegungen zu § 56[2] und wegen der Beanstandung von Magistratsbeschlüssen Anm. 7 zu § 57 StO., woselbst die §§ 15 und 21 ZustGes., ersterer auch in seinem Gegensatz zu § 17 ZustGes. (§ 36 StO.)

erläutert sind. Zu bemerken ist nur noch, daß die Aufsichtsbehörde eine Beanstandung von Beschlüssen der Gemeindebehörden jetzt ebensowenig wie früher selbst vornehmen kann, vielmehr sich hierzu stets des Magistrats oder des Bürgermeisters bedienen muß. Daß der letztere in seiner Eigenschaft als Staatsverwaltungsbehörde dem Ersuchen nachkommen muß und erforderlichenfalls durch Zwangsmittel (§ 132 LVG.) dazu angehalten werden kann, Magistratsbeschlüsse zu beanstanden, bedarf keiner Erörterung. Desgleichen wird man aber auch in den Fällen, in denen Stadtverordnetenbeschlüsse auf Anweisung der Aufsichtsbehörde vom Magistrat beanstandet werden, den Magistrat für verpflichtet halten müssen, auf die Anweisung der Aufsichtsbehörde nicht bloß über die Frage der Beanstandung überhaupt Beschluß zu fassen, sondern die Beanstandung auszusprechen. Denn hier handelt der Magistrat nicht als frei beschließende kollegialische Gemeindebehörde, sondern als Staatsbehörde, die noch dazu in diesem Falle kraft Gesetzes ausdrücklich verpflichtet ist, der Aufsichtsbehörde Folge zu leisten. Der Magistrat „hat" entstehendenfalls auf Anweisung der Aufsichtsbehörde zu beanstanden. Wie freilich gegen die etwa in der Mehrheit befindlichen, dissentierenden Magistratsmitglieder, die der Aufsichtsbehörde nicht bekannt gegeben zu werden brauchen, mit Zwangsmitteln vorgegangen werden könnte, ist nicht ersichtlich. Eine Beanstandung des die Beanstandung ablehnenden Magistratsbeschlusses durch den Bürgermeister führt nicht zum Ziele, da hierdurch nur der Magistratsbeschluß selbst, nicht der zu beanstandende Stadtverordnetenbeschluß in seiner Wirkung berührt wird.

Ist die Beanstandung auf Anweisung der Aufsichtsbehörde erfolgt, so ist diese nicht gemäß § 70 LVG. im etwa folgenden Verwaltungsstreitverfahren beizuladen. Die Vertretung der Staatsbehörde erfolgt vielmehr erforderlichenfalls gemäß § 74 LVG. durch Bestellung eines Kommissars. Im Streitverfahren kann in diesen Fällen nicht etwa eingewendet werden, daß die vom Magistrat oder Bürgermeister ausgesprochene Beanstandung nicht ernstlich gemeint und deshalb nicht rechtlich bedeutsam sei (OVG. 9 S. 45). Über die Kosten des Streitverfahrens vgl. Anm. 3 zu § 56[2].

Wegen der besonderen Gestaltung des Beanstandungsrechts gegenüber Steuerordnungen vgl. § 78 KAG.

§ 78.

Wenn die Stadtverordneten es unterlassen oder verweigern, die der Gemeinde gesetzlich obliegenden Leistungen auf den Haushaltsetat zu bringen oder außerordentlich zu genehmigen, so läßt die Regierung, unter Anführung des Gesetzes, die Eintragung in den Etat von Amts wegen bewirken oder stellt beziehungsweise die außerordentliche Ausgabe fest.

Hierzu: ZG. § 19.

§ 19. Unterläßt oder verweigert[1] eine Stadtgemeinde, die ihr gesetzlich obliegenden,[2] von der Behörde innerhalb der Grenzen

ihrer Zuständigkeit[3] *festgestellten Leistungen*[4] *auf den Haushaltsetat zu bringen oder außerordentlich zu genehmigen, so verfügt der Regierungspräsident*[5] *unter Anführung der Gründe*[6] *die Eintragung in den Etat, beziehungsweise die Feststellung*[7] *der außerordentlichen Ausgabe.*

Gegen die Verfügung des Regierungspräsidenten steht der Gemeinde die Klage bei dem Oberverwaltungsgerichte zu.[8]

. . . .

Vorbemerkung:

Der von der Zwangsetatisierung handelnde § 78 ist ersetzt durch ZustGes. § 19. Ganz übereinstimmende Bestimmungen hinsichtlich der Zwangsetatisierung bestehen auch für die übrigen Kommunalverbände, und zwar für die Kreise in § 180 KrO., für die Landgemeinden in § 141 LGO. und § 35 ZustGes. und für die Provinzen in § 121 PrO.

Behufs Erleichterung des Verständnisses sei die Lehre von der Zwangsetatisierung hier im Zusammenhange kurz dargestellt. Die zu dem § 19 ZustGes. gemachten Anmerkungen verweisen auf die einzelnen Teile dieser Darstellung, so daß der zu jeder einzelnen Gesetzesstelle gehörige Abschnitt der Vorbemerkung leicht mit Hilfe der Anmerkungen gefunden werden kann. — Vgl. Jebens, Aufsätze S. 28ff.

A. Begriff, Inhalt, Allgemeine Voraussetzungen des Zwangsetatisierungsverfahrens:

Versteht man unter „Zwangsetatisierung" nur diejenige Anordnung des Regierungspräsidenten, mittels welcher die Eintragung einer bestimmten Summe in den Etat einer Stadt (oder die Feststellung einer außerordentlichen Ausgabe außerhalb des Etats) verfügt wird (s. den Hauptsatz des Abs. 1 des § 19 ZustGes.), so qualifiziert sich die Zwangsetatisierung als ein Akt der Zwangsvollstreckung gegen Stadtgemeinden (OVG. 40 S. 132), wenn auch als kein rein formaler Zwangsvollstreckungsakt, insofern dabei „Gründe" angegeben werden müssen und dagegen auch eine Rechtskontrolle stattfindet (OVG. 16 S. 24). Im allgemeinen wird indessen unter „Zwangsetatisierungsverfahren" auch derjenige Verwaltungsakt mitverstanden, welcher der eigentlichen Zwangsetatisierungsverfügung vorhergeht — die Feststellung einer der Kommune gesetzlich obliegenden Leistung durch die zuständige Behörde (s. den Vordersatz des Abs. 1 des § 19 ZustGes.) —, und es wird ferner auch noch als Teil des Verfahrens betrachtet das Streitverfahren, das gemäß Abs. 2 des § 19 ZustGes. der Stadtgemeinde behufs der Rechtskontrolle hinsichtlich der Zwangsetatisierung zusteht. Der gesamte Inhalt des Zwangsetatisierungsverfahrens besteht demnach aus drei Akten, dem Feststellungsverfahren bezüglich der (städtischen) Leistung, der Anordnung betr. die Einfügung der festgesetzten Leistung in den Etat und dem Streitverfahren zur Rechtskontrolle der beiden Akte oder nur der letzten Anordnung. Dabei ist zum Verständnis des § 19 zu beachten, daß der Begriff „Feststellung" am Schlusse des ersten Absatzes einen ganz anderen Sinn hat als das

Wort „festgestellten" im Eingang des Paragraphen. Am Schlusse des Abs. 1 ist die „Feststellung" nicht der die eigentliche Zwangsetatisierung vorbereitende Akt der Feststellung der Leistung, sondern nur dieser eigentliche Zwangsetatisierungsakt selbst, indem, falls der Etat schon definitiv fertiggestellt sein sollte oder kein Etat vorhanden ist, nicht die zwangsweise Einfügung in den Etat, sondern die (außerhalb des Etats erfolgende) „Feststellung einer außerordentlichen Ausgabe" möglich ist.

Allgemeine Voraussetzungen des Zwangsetatisierungsverfahrens sind:

a) daß es sich um eine im öffentlich-rechtlichen Boden wurzelnde Verpflichtung der Kommune handelt. Wegen rein privatrechtlicher Ansprüche ist niemals das Zwangsetatisierungsverfahren gegeben (OVG. 9 S. 118; 13 S. 61; 16 S. 220; 17 S. 36; 18 S. 142; 28 S. 95; 45 S. 144; 46 S. 9; PVBl. 16 S. 217);

b) daß die fragliche Leistung in einer Zahlung besteht; denn der eigentliche Zwangsetatisierungsakt besteht darin, daß die Einstellung einer bestimmten Geldsumme in den Etat verfügt wird. Auf Leistungen, die in einem facere oder praestare bestehen, z. B. auf Aufbringung der erforderlichen Mittel durch eine Anleihe (s. unten Bbγ) kann daher das Verfahren des § 19 niemals angewendet werden (OVG. 7 S. 212, 213; 27 S. 134; 39 S. 257; 46 S. 9);

c) daß über die fragliche Leistung nicht bereits ein in einem anderweitigen Verfahren erlangter vollstreckbarer und rechtskräftiger Titel vorliegt, der die exekutivische Einziehung der Leistung im Wege einfacher Zwangsvollstreckung oder in einem gesetzlich besonders geregelten Verfahren ermöglicht (OVG. 18 S. 142; 36 S. 208; 39 S. 253). In diesem Sinne — aber auch nur in diesem, nicht in dem anderen Sinne, daß die Zwangsetatisierung erst nach vergeblicher Erschöpfung anderer Zwangsmittel Platz griffe — ist die Zwangsetatisierung eine subsidiäre Maßregel. Dabei sollte es richtiger Ansicht nach keinen Unterschied machen, ob der etwa vorhandene anderweit vollstreckbare Titel in einem Erkenntnis der ordentlichen Gerichte, in einer unanfechtbar gewordenen Verwaltungsexekutivverfügung oder in einem Verwaltungsgerichtserkenntnis besteht (Jebens a. a. O. S. 36, 37). Indessen hat das OVG. bei verwaltungsgerichtlichen Erkenntnissen und bei rechtskräftigen Exekutivverfügungen angenommen, daß ungeachtet ihres Vorhandenseins die Zwangsetatisierung dann zulässig sei, wenn in der nach einem Haushaltsplane wirtschaftenden Gemeinde dem Gemeindevorstande Mittel zur Bestreitung der festgestellten Leistung durch den Etat nicht zur Verfügung gestellt sind, und wenn deren etats- oder außeretatsmäßige Bewilligung durch die Gemeinde verweigert wird (OVG. 18 S. 139, 142; 26 S. 145; 27 S. 131, 136; 28 S. 89; 43 S. 137). Dadurch allein, daß der geltend gemachte Anspruch im ordentlichen Rechtswege oder im Verwaltungsstreitverfahren verfolgt werden kann, wird die Zwangsetatisierung nicht ausgeschlossen (OVG. 7 S. 19).

Nicht richtig ist es, über diese drei allgemeinen Erfordernisse hinausgehend ein besonderes konkretes öffentliches Interesse im Einzelfalle als erforderliche Voraussetzung der Zwangsetatisierung anzusehen (Jebens a. a. O.

S. 34, anders anscheinend OVG. 45 S. 144); ein allgemeines öffentliches Interesse wird ohnehin bezüglich der Erfüllung jeder im öffentlichen Recht wurzelnden Verpflichtung der Stadtgemeinden vorhanden sein (s. wegen der Gemeindebeamtengehälter OVG. 17 S. 34 und vgl. ferner 13 S. 61; 23 S. 106; 28 S. 185, sowie wegen der Erhaltung historischer Bauwerke PVBl. 28 S. 746).

B. Die einzelnen Teile des Zwangsetatisierungsverfahrens.

a) Das Feststellungsverfahren (Vorverfahren). Der Regierungspräsident kann die Eintragung in den Etat erst verfügen, wenn vorher:

die der Stadt gesetzlich obliegenden Leistungen von der Behörde innerhalb der Grenzen ihrer Zuständigkeit festgestellt sind, und die Stadt sich weigert oder es unterläßt, die Leistungen auf den Etat zu bringen oder sie außerordentlich zu genehmigen.

Hieraus folgt zunächst, daß ohne Feststellungsverfahren niemals eine Zwangsetatisierung vorgenommen werden kann. Bezüglich des Feststellungsverfahrens selbst aber ergibt sich:

α) Es muß sich um (öffentlich-rechtliche, s. Vorbem. Aa) gesetzlich der Stadt obliegende Leistungen (d. h. Zahlungen, Vorbem. Ab) handeln. Als gesetzliche Leistungen gelten aber auch diejenigen, die nicht unmittelbar auf Grund des Gesetzes, sondern nach Maßgabe der Gesetze von einer dazu berufenen Behörde der Stadtgemeinde — sei es in ihrer Eigenschaft als öffentliche Kommune (z. B. als Armenverband), sei es in ihrer Eigenschaft als Rechtssubjekt schlechthin (z. B. als Grundbesitzerin, Straßenanliegerin, Flußanliegerin) — auferlegt sind (s. OVG. 6 S. 172; 13 S. 60; 16 S. 221, 222; 19 S. 167; PVBl. 20 S. 170; vgl. auch OVG. 43 S. 420 und 47 S. 53 über die Verpflichtung der Städte zur Erhaltung historischer Bauwerke). Keineswegs fallen unter die „gesetzlichen" Leistungen solche Leistungen, die auf privatrechtlichem Vertrag oder auf sonstigen zivilrechtlichen Verhältnissen beruhen (OVG. 14 S. 9; 16 S. 221; 28 S. 95). Dagegen ist es sehr wohl möglich, daß auch an sich „freiwillige" Leistungen der Stadtgemeinde dadurch zu den ihr „gesetzlich" obliegenden geworden sind, daß die Kommune diese freiwilligen Leistungen unter Genehmigung der Staatsbehörden in einer solchen Weise übernommen hat, daß aus dieser Übernahme eine nunmehr unter das Gesetz fallende Verpflichtung sich ergibt (z. B. die ortsstatutarische Übernahme einer über das Gesetz hinausgehenden Hinterbliebenenfürsorge für die Beamten; ferner in den Provinzen Posen und Ostpreußen (vgl. Anm. 11 C d zu § 59 StO.) die Übernahme der vorher der Schulsozietät obliegenden Schulunterhaltungspflicht auf den Gemeindeetat; z. B. OVG. 11 S. 53; 19 S. 176; ferner 6 S. 170; 16 S. 221; 17 S. 36; 19 S. 168; 26 S. 151; 37 S. 179). Im übrigen kann es sich um einmalige und um wiederkehrende Leistungen handeln. Stehen letztere im voraus auch für die künftigen Etatsjahre der Höhe nach fest, so kann die Feststellung im voraus für mehrere Etatsjahre (auf einmal) erfolgen (OVG. 30 S. 142); sind dagegen wiederkehrende Leistungen ihrer Höhe nach unbestimmt und wechselnd, so kann die Feststellung nur immer für ein Etatsjahr geschehen (PrVBl. 23 S. 262 und OVG. 46 S. 9, 16; wegen Festsetzung von Gehältern, die nach dem System der Dienstalterszulagen steigen, vgl. OVG. 43 S. 111 und Anm. 45 zu § 64 am Ende). Ebenso dürfen die auf die mehreren Etatsjahre entfallenden jährlichen Leistungen nicht in eine Summe zusammengerechnet und für ein Etatsjahr (etwa das nächstfolgende) festgestellt werden.

β) Die Feststellung muß durch die Behörde innerhalb der Grenzen ihrer Zuständigkeit erfolgt sein, d. h. die festsetzende Behörde muß zur Feststellung gerade dieser Leistung befugt sein.

Möglich ist, daß die zur Feststellung der Leistung zuständige Behörde gleichzeitig der Regierungspräsident ist, der immer auch zum Erlasse der eigentlichen Zwangsetatisierungsverfügung (s. unter B b) zuständig ist, möglich ist aber auch, daß eine andere Behörde zur „Feststellung" berufen ist. Der Regierungspräsident (als Kommunalaufsichtsbehörde, § 7 ZustGes.) ist z. B. zuständig, diejenigen polizeilichen Leistungen festzustellen, die der Stadtgemeinde auf Grund ihrer Eigenschaft als Trägerin der Polizeikostenlast obliegen, d. h. dazu dienen, die Tätigkeit des Polizeiverwaltungsorganismus und den inneren Dienstbetrieb der Polizei zu ermöglichen, z. B. Aufwendungen für Personal, Diensträume, Bureauinventar, Waffen usw. (OVG. 20 S. 65, 71; 26 S. 137); ebenso ist der Regierungspräsident als Kommunalaufsichtsbehörde zuständig zur Feststellung sog. mittelbarer Polizeikosten (OVG. 28 S. 89; 45 S. 103; 46 S. 139; 56 S. 10). Dagegen ist nicht der Regierungspräsident, sondern die Polizeibehörde (Bürgermeister, Polizeidirektor, Polizeipräsident, Landrat) zuständig zur Feststellung solcher Leistungen, die behufs Unterhaltung, Erweiterung oder Herstellung sog. polizeilicher Kommunalanstalten erforderlich sind (vgl. hierzu Anm. 3 zu § 62; OVG. 15 S. 418; 18 S. 139; 28 S. 96; 44 S. 58; 45 S. 103; 47 S. 133; PrVBl. 21 S. 148; 24 S. 663 und Jebens im PrVBl. 22 S. 332). — Bezüglich der Unterrichtsanstalten ist ebenfalls nicht der Regierungspräsident, sondern die Schulaufsichtsbehörde zur Feststellung berufen, indessen nur insoweit, als es sich um Anforderungen handelt, welche die Fortsetzung des Unterrichts in den bisherigen Grenzen und mit den bisherigen Mitteln zum Gegenstande haben (OVG. 37 S. 179). Ebenso ist die Schulaufsichtsbehörde zuständig für die Feststellung der Gehälter, die nach der bestehenden Besoldungsordnung den Lehrern an städtischen höheren Schulen zu zahlen sind (OVG. im PrVBl. 25 S. 249; vgl. aber auch OVG. 45 S. 209). Handelt es sich um neue oder erhöhte Schulleistungen für Volksschulen, so erfolgt die Feststellung in dem in § 2 des G. v. 26. 5. 1887 (GS. 175) vorgeschriebenen Verfahren durch den Bezirksausschuß. Desgleichen sind die Bezirksausschüsse zur Feststellung zuständig in dem Verfahren betreffend die zwangsweise Erhöhung der Gehälter der Kommunalbeamten (§ 11 KBG., hinter § 64 StO. abgedruckt).

Wegen der Zuständigkeit bei Feststellung von armenrechtlichen Leistungen vgl. OVG. 45 S. 108, 144.

γ) Die Leistungen müssen von der zuständigen Behörde festgestellt werden. Daß in dem bezüglichen Bescheide oder Beschlusse gerade das

Wort „Feststellung“ oder „feststellen“ gebraucht sei, ist nicht erforderlich; wohl aber muß der Inhalt unzweifelhaft erkennen lassen, daß es sich um den Vorbereitungsakt zu der eigentlichen Zwangsetatisierungsverfügung handeln solle. Maßgebend ist der ME. v. 30. 12. 1890 (MBl. 1891 S. 6); s. auch OVG. 6 S. 27. — Die Feststellung muß stets eine bestimmte Summe als erforderliche Leistung benennen, und zwar auch dann, wenn zwischen der zuständigen Behörde und der Stadt nur über die Leistung überhaupt, nicht aber über die Höhe der Summe Streit herrscht (OVG. 25 S. 11); eine Zwangsetatisierung, bei der die in den Etat einzustellende Leistung ihrem Geldbetrage nach unbestimmt gelassen wird, ist ungültig (PVBl. 27 S. 26; OVG. 46 S. 9, 16). Notwendig wird der Inhalt der Feststellungserklärung dahin gehen müssen, daß ausgesprochen wird, eine Leistung in bestimmter Höhe sei eine der Kommune gesetzlich obliegende Leistung (vgl. PVBl. 12 S. 541 und 22 S. 120).

δ) Ob die Feststellung durch die zuständige Behörde seitens der Stadt im Wege der Beschwerde oder mittels sonstigen Rechtsmittels angegriffen werden kann, richtet sich danach, ob gegenüber Verfügungen und Beschlüssen der betreffenden Behörde ein Rechtsmittel gegeben ist (z. B. die Beschwerde gegen Bezirksausschußbeschlüsse beim Provinzialrat, gegen Anordnungen des Regierungspräsidenten beim Oberpräsidenten). Eine Beschreitung der Rechtsmittel ist stets zulässig. Indessen hat sie nicht notwendig aufschiebende Wirkung. Die Anordnung der Eintragung in den Etat (die eigentliche Zwangsetatisierungsverfügung) kann also vorbehaltlich des Ergebnisses des gegen die „Feststellung“ eingelegten Rechtsmittels erfolgen (OVG. 11 S. 53, 54; 19 S. 119). Voraussetzung ihrer Zulässigkeit ist nur, daß die Feststellungsverfügung (Beschluß) vollstreckbar ist (PVBl. 22 S. 120). Darüber, welche Folgen die Erschöpfung eines die Feststellung kontrollierenden Instanzenzuges für den Inhalt des späteren, die Zwangsetatisierung angreifenden Verwaltungsstreitverfahrens hat, vgl. unter B c, ϑ.

ε) Zwischen der Feststellung und der später ergehenden Anordnung betreffend die Eintragung in den Etat muß stets eine gewisse Frist liegen. In einem Akte können beide Maßnahmen nicht verbunden werden, auch nicht, wenn für beide Akte eine Behörde zuständig ist. Die Stadtgemeinde muß Gelegenheit gehabt haben, zur „Feststellung“ Stellung zu nehmen und demnächst die Leistung entweder „verweigert“ oder die Einstellung in den Etat oder die außeretatsmäßige Bewilligung „unterlassen“ haben, bevor die Anordnung der Eintragung in den Etat oder die außeretatsmäßige Feststellung durch den Regierungspräsidenten erfolgen kann. Sollte die zur Feststellung zuständige Behörde über den Rahmen der Feststellung hinausgehen und gleichzeitig die Anordnung der Eintragung in den Etat vornehmen, so macht dies, vorausgesetzt daß demnächst — nach Weigerung der Kommune — der Regierungspräsident diese Anordnung nochmals ordnungsgemäß vornimmt, noch nicht die Zwangsetatisierung ungültig (OVG. 37 S. 179).

b) Die Anordnung der Eintragung in den Etat oder die Feststellung der außerordentlichen Ausgabe durch den Regierungspräsidenten (eigentliche Zwangsetatisierungsverfügung).

α) Voraussetzungen.

Es müssen die allgemeinen Voraussetzungen vorliegen (s. unter A a—c); es muß ferner die „Feststellung" der Leistung durch die zuständige Behörde erfolgt sein (B a), und es muß schließlich eine Weigerung oder Unterlassung seitens der Stadtgemeinde vorliegen hinsichtlich Aufnahme der festgestellten Leistung in den Etat oder ihrer Bewilligung als außerordentlicher Ausgabe. Während früher die StO. § 78 eine Verweigerung oder Unterlassung speziell der „Stadtverordneten" voraussetzte, ist jetzt dafür die Weigerung der „Stadtgemeinde" getreten, wobei es keinen Unterschied macht, ob die Stadtverordnetenversammlung oder der Magistrat durch seine Beschlußfassung an der Weigerung oder Unterlassung die Schuld trägt.

β) Zuständigkeit.

Zuständig ist nach § 19 zur Anordnung der Einstellung in den Etat stets der Regierungspräsident. Da dieser ausdrücklich bezeichnet, nicht etwa die „Aufsichtsbehörde" als solche benannt ist, könnte mit Rücksicht auf § 7 ZustGes. und § 42 LVG. zweifelhaft sein, ob für Berlin der Oberpräsident zuständig ist (Jebens a. a. O. S. 49). Indessen wird allgemein angenommen, daß hier nur ein ungenauer Ausdruck des Gesetzgebers vorliege und dieser mit der Bezeichnung „Regierungspräsident" ganz allgemein die zuständige Kommunalaufsichtsbehörde habe treffen wollen. Ist der Regierungspräsident nicht gleichzeitig die zur „Feststellung" (B a) zuständige Behörde, so ist er dieser Behörde gegenüber bei der Anordnung der Eintragung in den Etat gewissermaßen requirierte Behörde. Er hat dabei einerseits als Kommunalaufsichtsbehörde selbständig zu prüfen, ob die Zwangsetatisierung der festgestellten Leistung aus allgemeinen Rücksichten angängig und zulässig ist; hält er sie für nicht angängig, und ist auch eine Beschwerde der Feststellungsbehörde fruchtlos, so unterbleibt die Zwangsetatisierung. Andererseits darf der Regierungspräsident bei seinen Anordnungen als requirierte Behörde nicht über den Antrag der feststellenden Behörde hinausgehen, weil es anderenfalls in Höhe der Überschreitung an der notwendigen Voraussetzung der vorherigen „Feststellung" fehlen würde (s. OVG. im PVBl. 23 S. 6 in Übereinstimmung mit Jebens a. a. O. S. 41).

γ) Form und Inhalt der Verfügung. Zustellung.

Auch für die Verfügung des Regierungspräsidenten ist eine bestimmte Form und ein bestimmter Inhalt, abgesehen davon, daß Gründe angegeben sein müssen, nicht gesetzlich vorgeschrieben. Indessen gilt auch hier der Grundsatz, daß klar zum Ausdrucke gebracht werden muß, welche Summe in den Etat eingestellt werden oder als außerordentliche Ausgabe (beim Fehlen des Etats oder seiner vorherigen definitiven Feststellung) festgestellt werden soll. (Wegen der Bedeutung des Wortes „feststellen" in diesem Sinne s. unter A.; keinesfalls wird durch eine vorherige Feststellung des Etats durch die Gemeindebehörden die Zwangsetatisierung unmöglich; sie enthält in diesem Falle nur den Ersatz der außerordentlichen — freiwilligen — Bewilligung einer Ausgabe durch die Gemeindebehörden; OVG. im PVBl. 22 S. 120). Ist eine bestimmte Summe in der Anordnung nicht genannt, so ist die Zwangsetatisierung mangels Bestimmtheit des vom Regierungspräsidenten Gewollten ungültig (PVBl. 12 S. 541;

22 S. 120). Wegen der Zwangsetatisierung jährlich wiederkehrender Leistungen s. unter B a α am Schluß.

Die Zwangsetatisierungsverfügung darf nicht etwa dahin lauten, daß die festgestellte Summe in den Etat einzustellen und durch Aufnahme einer Anleihe aufzubringen sei. Gegenstand der Zwangsetatisierung ist immer nur die Feststellung einer Leistung der Stadtgemeinde, nicht aber der Art der Einnahmen, insbesondere nicht der Ersatz solcher Beschlüsse, durch welche die Möglichkeit, Einnahmen zu erzielen, z. B. Geldmittel im Wege des Kredits zu beschaffen, erst herbeigeführt werden soll (OVG. 46 S. 9).

Die Verfügung muß an den Magistrat als an das Dritten gegenüber zur Vertretung der Stadt berufene Organ erfolgen, und zwar gleichviel, ob dieser oder ob die Stadtverordnetenversammlung durch ihr Verhalten zu der Zwangsetatisierung Anlaß geboten hat. Nur die Zustellung an den Magistrat bringt die zweiwöchige Frist zur Erhebung der Klage ins Laufen (OVG. 14 S. 94; 19 S. 118). Über jede wichtige Zwangsetatisierung haben die Regierungspräsidenten schon vor Erlaß der Anordnung Bericht zu erstatten (MBl. 1887 S. 11).

c) Streitverfahren (Rechtskontrolle).

α) Frist, Wirkung der Klageerhebung, Zuständigkeit, Parteirollen. Inhalt der Klage.

Die Frist zur Erhebung der Klage beträgt zwei Wochen von der Zustellung an den Magistrat ab gerechnet (§ 21 Abs. 1 ZustGes.). Aufschiebende Wirkung hat die Klage nicht unbedingt; es ist gemäß § 53 LVG. in das Ermessen des Regierungspräsidenten gelegt, ob er der Zwangsetatisierung Fortgang gibt trotz Erhebung der Klage. Zuständig ist stets das Oberverwaltungsgericht. Beklagter ist stets der Regierungspräsident. Kläger ist die Stadtgemeinde, als deren Vertreter jedenfalls der Magistrat legitimiert ist, der grundsätzlich und unbeschränkt zur Vertretung der Stadtgemeinde befugt ist; wenn und insoweit die Stadtverordnetenversammlung zu der Zwangsetatisierung allein Anlaß gegeben hat, ist auch ihr vom OVG. das Recht zugebilligt, sich (im Sinne des § 21 ZustGes.) im Verfahren vertreten zu lassen. Indessen bedarf es hierzu eines besonderen Beschlusses der Stadtverordnetenversammlung. Tritt der Magistrat nicht mit auf, so kann die Stadtverordnetenversammlung allein in Vertretung der Stadt die Klage erheben und einen Vertreter bestellen (OVG. 14 S. 89; 19 S. 118; PVBl. 25 S. 679). Die Klage muß auf Aufhebung der Zwangsetatisierung gerichtet sein.

β) Umfang der Rechtskontrolle. Grenzen des richterlichen Prüfungsrechts. Inhalt des Urteils. Kosten.

Grundsätzlich ist dem die Zwangsetatisierung nachprüfenden Verwaltungsrichter versagt, die Zweckmäßigkeit, Angemessenheit und Notwendigkeit der festgesetzten Leistung nachzuprüfen; insbesondere ist daher auch nicht nachzuprüfen, ob die Gemeinde zur Aufbringung der Leistung imstande ist (OVG. im PVBl. 28 S. 746 und 33 S. 246). Die Prüfung des Verwaltungsrichters darf sich vielmehr ausschließlich auf die Zulässigkeit der Zwangsetatisierung und auf die Gesetzmäßigkeit ihrer Vornahme ausdehnen, umfaßt insbesondere also auch das Vorhandensein der gesetzlichen Verpflichtung zur festgestellten Leistung (OVG. 5 S. 79; 13 S. 68; 14 S. 107; 19 S. 119; 20 S. 67; 26 S. 144; 29 S. 108; 35 S. 115; 45 S. 103; 53 S. 65; PVBl. 20 S. 110, 422; 21 S. 348; 22 S. 46, 118, 226, 567; 23 S. 488; 24 S. 663). Im allgemeinen erstreckt sich die Prüfung der Gesetzmäßigkeit sowohl auf die vorbereitende Feststellung der Leistung als auch auf die Anordnung der Eintragung in den Etat. In denjenigen Fällen indessen, wo die vorbereitende „Feststellung" der Leistung mittels eines besonderen, gesetzlich geordneten Verfahrens angegriffen werden konnte und in einem solchen Verfahren von der zuständigen Behörde geprüft worden ist (vgl. das oben unter B a δ Gesagte), erstreckt sich die Rechtskontrolle nicht auf die Zulässigkeit und Gesetzmäßigkeit des Feststellungsverfahrens, sondern — abgesehen von der auch in diesem Falle erforderlichen Prüfung der Gesetzmäßigkeit und Zulässigkeit der eigentlichen Zwangsetatisierungsverfügung — lediglich darauf, ob die „Feststellung" von der zuständigen Behörde ausgegangen, und ob sie tatsächlich erfolgt ist (OVG. 7 S. 212; 8 S. 52; 9 S. 98; 12 S. 190; 13 S. 61; 23 S. 123; 27 S. 80; 35 S. 102; 36 S. 208; 43 S. 118; 44 S. 58; 45 S. 103).

Der Tenor des Urteils kann immer nur aussprechen, daß entweder die Klage abgewiesen oder auf die Klage die Zwangsetatisierungsverfügung ganz oder teilweise aufgehoben wird. Muß auch incidenter die Prüfung des Feststellungsverfahrens miterfolgen, und richtet sich die Klage im wesentlichen gerade gegen die die Grundlage der Zwangsetatisierung bildende Feststellung, so kann doch in dem Tenor des Urteils über die „Feststellung" selbst nicht Entscheidung getroffen werden (OVG. 11 S. 46; 14 S. 31; 19 S. 121; 28 S. 173; PVBl. 22 S. 46, 118; 24 S. 664).

Die Kosten des Verfahrens regeln die §§ 103 ff. LVG. Wegen Berechnung des Objekts in Fällen, in welchen ein nach dem Alterszulagensystem steigendes Gehalt zwangsweise in den Etat eingesetzt werden soll, vgl. OVG. 39 S. 41.

1. Siehe Vorbemerkung unter B a ε.
2. Siehe Vorbemerkung A a u. b, sowie unter B a α.
3. Siehe Vorbemerkung unter B a β.
4. Siehe Vorbemerkung B a α, γ u. δ.
5. Siehe Vorbemerkung unter B b β.
6. Siehe Vorbemerkung unter B b γ.
7. Siehe Vorbemerkung unter A.
8. Vgl. hierzu Vorbemerkung unter B c α u. β.

§ 79.

Durch Königliche Verordnung auf den Antrag des Staatsministeriums kann eine Stadtverordnetenversammlung aufgelöst werden.[1,2]

Es ist sodann eine Neuwahl derselben anzuordnen, und muß diese binnen sechs Monaten vom Tage der Auflösungsverordnung an erfolgen.[3] Bis zur Einführung der neugewählten Stadtver-

ordneten sind deren Verrichtungen durch besondere von dem Minister des Innern zu bestellende Kommissarien[4] zu besorgen.

Hierzu: ZG. § 17.

§ 17. Der Bezirksausschuß beschließt, soweit die Beschlußfassung nach den Gemeindeverfassungsgesetzen der Aufsichtsbehörde zusteht,

1. 2. . . . . . .

3. an Stelle der nach Maßgabe der Gemeindeverfassungsgesetze aufgelösten Gemeindevertretung.[5]

1. Die Auflösung erfolgt durch die Königliche Verordnung, also von selbst mit Erlaß der Verordnung; eines besonderen Auflösungsaktes bedarf es außerdem nicht. Das Mandat der Stadtverordneten und die Legitimation der Versammlung zur Weiterführung der Geschäfte erlischt von selbst. Immerhin wird selbstredend eine Mitteilung der Aufsichtsbehörde an den Magistrat erforderlich sein, die dieser dem bisherigen Versammlungsvorstande zur Kenntnisnahme zugehen lassen wird.

2. Welche Motive zur Auflösung Veranlassung gegeben haben, ist unerheblich, da das gegenwärtige Gesetz im Gegensatz zu § 83 StO. von 1831, welche die Auflösung nur gestattete, wenn die Stadtverordneten ihre Pflichten fortwährend vernachlässigten oder in Unordnung oder Parteiungen verfielen, bestimmte Gründe nicht erheischt. Daß nur aus wichtigen Gründen ein derartig schwerer Eingriff in das Gemeindeleben erfolgen wird, bedarf kaum der Hervorhebung.

3. Die Neuwahl ist eine völlige Neukonstituierung der Versammlung. Die Bestimmungen des § 21 StO. finden daher auf diese Neuwahlen nicht Anwendung. Bei Gelegenheit der Neuwahl kann eine Vermehrung oder Verminderung der Sitze gemäß § 12 vorgenommen werden. Eine Veränderung der Wahlbezirke vor den Neuwahlen war schon bisher für den Fall der Auflösung der Versammlung zulässig, weil als Hindernis für eine Änderung der Wahlbezirke lediglich der § 21 StO. angesehen wurde, der nur von Ergänzungs- und Ersatzwahlen handelt. Nachdem inzwischen dem § 14 der Abs. 2 angefügt und der § 21 entsprechend verändert ist, sind solche Änderungen nunmehr in allen Fällen mit Genehmigung der Aufsichtsbehörde ohne weiteres zulässig (s. § 14 Abs. 2 und Anm. 1c u. 7 zu § 14). Wegen Einberufung und Leitung der neukonstituierten Versammlung s. Anm. 1 zu § 39 StO.

4. Die durch den Druck als obsolet bezeichneten Worte sind ersetzt durch § 17 Nr. 3 ZustGes., der oben abgedruckt ist. Eine Bestimmung darüber, wer die Funktionen der aufgelösten Versammlung zu übernehmen habe, war erforderlich, da die Auflösung durch die Verordnung unmittelbar erfolgt und bis zur Neukonstituierung der Versammlung jedesfalls einige Zeit vergehen muß.

5. Es geht also die gesamte Zuständigkeit der Stadtverordnetenversammlung auf den Bezirksausschuß über. Freilich wird dieser indessen von seiner

Ermächtigung nur insoweit Gebrauch machen, als unaufschiebbare Geschäfte vorliegen. Einschneidende Beschlüsse, insbesondere auch solche über die Veränderung des Gemeindevermögens in seiner Substanz oder Nutzungsart, wird der Bezirksausschuß wohl ohne zwingende Gründe nicht fassen.

In Berlin tritt an die Stelle des Bezirksausschusses der Oberpräsident (§ 43 LVG.).

§ 80.

In betreff der Dienstvergehen der Bürgermeister, der Mitglieder des Vorstandes und der sonstigen Gemeindebeamten[1] kommen die darauf bezüglichen Gesetze zur Anwendung.

Hierzu:

1. ZG. § 20.

§ 20. Bezüglich der Dienstvergehen der Bürgermeister, Beigeordneten, Magistratsmitglieder und sonstigen Gemeindebeamten[2] kommen die Bestimmungen des Gesetzes vom 21. Juli 1852 mit folgenden Maßgaben zur Anwendung:

1. *Gegen die Bürgermeister, Beigeordneten und Magistratsmitglieder, sowie gegen die sonstigen Gemeindebeamten kann an Stelle der Bezirksregierung und innerhalb des derselben bisher zustehenden Ordnungsstrafrechts der Regierungspräsident Ordnungsstrafen festsetzen. Gegen die Strafverfügungen des Regierungspräsidenten findet innerhalb zwei Wochen die Beschwerde an den Oberpräsidenten, gegen den auf die Beschwerde ergehenden Beschluß des Oberpräsidenten findet innerhalb zwei Wochen die Klage bei dem Oberverwaltungsgerichte statt.[3] In Berlin findet gegen die Strafverfügung des Oberpräsidenten, in den Hohenzollernschen Landen findet gegen die Strafverfügungen des Regierungspräsidenten innerhalb zwei Wochen unmittelbar die Klage bei dem Oberverwaltungsgerichte statt.*
2. *Gegen die Strafverfügungen des Bürgermeisters[4] findet innerhalb zwei Wochen die Beschwerde an den Regierungspräsidenten, und gegen den auf die Beschwerde ergehenden Beschluß des Regierungspräsidenten innerhalb zwei Wochen die Klage bei dem Oberverwaltungsgerichte statt.[3]*
3. *In dem Verfahren auf Entfernung aus dem Amte[5] wird die Einleitung des Verfahrens von dem Regierungspräsidenten[6] beziehungsweise dem Minister des Innern verfügt und von demselben der Untersuchungskommissar ernannt; an die Stelle der*

Bezirksregierung beziehungsweise des Disziplinarhofes tritt als entscheidende Disziplinarbehörde erster Instanz der Bezirksausschuß; an die Stelle des Staatsministeriums tritt das Oberverwaltungsgericht;[7] *den Vertreter der Staatsanwaltschaft ernennt bei dem Bezirksausschusse der Regierungspräsident, bei dem Oberverwaltungsgerichte der Minister des Innern.*

In dem vorstehend bezüglich der Entfernung aus dem Amte vorgesehenen Verfahren ist entstehenden Falles auch über die Tatsache der Dienstunfähigkeit der Bürgermeister, Beigeordneten, Magistratsmitglieder und sonstigen Gemeindebeamten Entscheidung zu treffen.[8]

Gegen Mitglieder der Gemeindevertretung findet ein Disziplinarverfahren nicht statt.[9]

2. LVG. § 157.

§ 157. Durch das gegenwärtige Gesetz werden nicht berührt:

1. . . . .

2. die Bestimmungen des Gesetzes vom 21. Juli 1852, betreffend die Dienstvergehen der nicht richterlichen Beamten usw. (Gesetz-Samml. S. 465); dieselben finden jedoch für das Verwaltungsstreitverfahren[10] *mit folgenden Maßgaben Anwendung: die Entscheidung erfolgt auf Grund mündlicher Verhandlung; das Gutachten des Disziplinarhofs ist nicht einzuholen; das Disziplinarverfahren kann mit Rücksicht auf den Ausfall der Voruntersuchung durch Beschluß der in erster Instanz zuständigen Behörde eingestellt werden; die Erhebung eines Kostenpauschquantums findet nicht statt;*[11]

3. . . . .

3. Gesetz betreffend die Dienstvergehen der nicht richterlichen Beamten, die Versetzung derselben auf eine andere Stelle oder in den Ruhestand, vom 21. Juli 1852 (Auszug):

§ 1. Das gegenwärtige Gesetz findet unter den darin ausdrücklich gemachten Beschränkungen auf alle in unmittelbarem oder mittelbarem Staatsdienste[12] *stehenden Beamten Anwendung.*

§ 2. Ein Beamter, welcher

1. die Pflichten verletzt, die ihm sein Amt auferlegt, oder

2. sich durch sein Verhalten in oder außer dem Amte der Achtung, des Ansehens oder des Vertrauens, die sein Beruf erfordert, unwürdig zeigt, unterliegt den Vorschriften dieses Gesetzes.[13]

§ 3. Ist eine der unter § 2 fallenden Handlungen (Dienstvergehen) zugleich in den gemeinen Strafgesetzen[14] vorgesehen, so können die durch dieselben angedrohten Strafen nur auf Grund des gewöhnlichen Strafverfahrens von denjenigen Gerichten ausgesprochen werden, welche für die gewöhnlichen Strafsachen zuständig sind.

§ 4. Im Laufe einer gerichtlichen Untersuchung darf gegen den Angeschuldigten ein Disziplinarverfahren wegen der nämlichen Tatsachen nicht eingeleitet werden.

Wenn im Laufe eines Disziplinarverfahrens wegen der nämlichen Tatsachen eine gerichtliche Untersuchung gegen den Angeschuldigten eröffnet wird, so muß das Disziplinarverfahren bis zur rechtskräftigen Erledigung des gerichtlichen Verfahrens ausgesetzt werden.

§ 5. Wenn von den gewöhnlichen Strafgerichten auf Freisprechung erkannt ist, so findet wegen derjenigen Tatsachen, welche in der gerichtlichen Untersuchung zur Erörterung gekommen sind, ein Disziplinarverfahren nur noch insofern statt, als dieselben an sich und ohne ihre Beziehung zu dem gesetzlichen Tatbestande der Übertretung, des Vergehens oder des Verbrechens, welche den Gegenstand der Untersuchung bildeten, ein Dienstvergehen enthalten.[15]

Ist in einer gerichtlichen Untersuchung eine Verurteilung ergangen, welche den Verlust des Amtes nicht zur Folge gehabt hat, so bleibt derjenigen Behörde, welche über die Einleitung des Disziplinarverfahrens zu verfügen hat, die Entscheidung darüber vorbehalten, ob außerdem ein Disziplinarverfahren einzuleiten oder fortzusetzen sei.

§ 6. Spricht das Gesetz bei Dienstvergehen, welche Gegenstand eines Disziplinarverfahrens werden, die Verpflichtung zur Wiedererstattung oder zum Schadensersatze, oder eine sonstige zivilrechtliche Verpflichtung aus, so gehört die Klage der Beteiligten vor das Zivilgericht, jedoch vorbehaltlich der Bestimmung des § 100.

§ 7. Ist von dem gewöhnlichen Strafrichter auf eine Freiheitsstrafe von längerer als einjähriger Dauer, auf eine schwerere Strafe, auf Verlust der bürgerlichen Ehre, auf zeitige Untersagung der Ausübung der bürgerlichen Ehrenrechte, auf immerwährende oder zeitige Unfähigkeit zu öffentlichen Ämtern oder auf Stellung unter Polizeiaufsicht erkannt, so zieht das Straferkenntnis den Verlust

des Amtes von selbst nach sich, ohne daß darauf besonders erkannt wird.

§ 8. Ein Beamter, welcher sich ohne den vorschriftsmäßigen Urlaub von seinem Amte entfernt hält, oder den erteilten Urlaub überschreitet,[16] ist, wenn ihm nicht besondere Entschuldigungsgründe zur Seite stehen, für die Zeit der unerlaubten Entfernung seines Diensteinkommens verlustig.

§ 9. Dauert die unerlaubte Entfernung länger als acht Wochen, so hat der Beamte die Dienstentlassung verwirkt.

Ist der Beamte dienstlich aufgefordert worden, sein Amt anzutreten oder zu demselben zurückzukehren, so tritt die Strafe der Dienstentlassung schon nach fruchtlosem Ablauf von vier Wochen seit der ergangenen Aufforderung ein.[17]

§ 10. Die Entziehung des Diensteinkommens (§ 8) wird von derjenigen Behörde verfügt, welche den Urlaub zu erteilen hat. Im Falle des Widerspruchs findet das förmliche Disziplinarverfahren statt.[18]

§ 11. Die Dienstentlassung kann nur im Wege des förmlichen Disziplinarverfahrens ausgesprochen werden. Sie wird nicht verhängt, wenn sich ergibt, daß der Beamte ohne seine Schuld von seinem Amte fern gewesen ist.

§ 12. Die Einleitung eines Disziplinarverfahrens wegen unerlaubter Entfernung vom Amte und die Dienstentlassung vor Ablauf der Fristen (§ 9) ist nicht ausgeschlossen, wenn sie durch besonders erschwerende Umstände als gerechtfertigt erscheint.

§ 13. Die in dem § 9 erwähnte Aufforderung, sowie alle anderen Aufforderungen, Mitteilungen, Zustellungen und Vorladungen, welche nach den Bestimmungen dieses Gesetzes erfolgen, sind gültig und bewirken den Lauf der Fristen, wenn sie demjenigen, an den sie ergehen, unter Beobachtung der für gerichtliche Insinuationen vorgeschriebenen Formen in Person zugestellt oder wenn sie in seiner letzten Wohnung an dem Orte insinuiert werden, wo er seinen letzten Wohnsitz im Inlande hatte. Die vereideten Verwaltungsbeamten haben dabei den Glauben der Gerichtsboten.[19]

§ 14. Die Disziplinarstrafen bestehen in
Ordnungsstrafen,
Entfernung aus dem Amte.

§ 15. Ordnungsstrafen[20] *sind:*

1. *Warnung,*
2. *Verweis,*
3. *Geldbuße,*
4. *gegen untere Beamte auch Arreststrafe auf die Dauer von höchstens acht Tagen, welche jedoch nur in solchen Räumen zu vollstrecken ist, die den Verhältnissen der zu bestrafenden Beamten angemessen sind.*

Zu dieser Beamtenklasse werden im allgemeinen nur gerechnet: Exekutoren, Boten, Kastellane, Diener und die zu ähnlichen, sowie die zu bloß mechanischen Funktionen bestimmten Beamten. Außerdem ist das Staatsministerium ermächtigt, in der .... Polizeiverwaltung diejenigen Beamtenkategorien speziell zu bezeichnen, gegen welche Arreststrafen verhängt werden können.[21]

§ 16. Die Entfernung aus dem Amte kann bestehen:

1. *in Versetzung in ein anderes Amt von gleichem Range, jedoch mit Verminderung des Diensteinkommens und Verlust des Anspruches auf Umzugskosten, oder mit einem von beiden Nachteilen.*

   Diese Strafe findet nur auf Beamte im unmittelbaren Staatsdienste Anwendung.[22]

2. *in Dienstentlassung.*

Diese Strafe zieht den Verlust des Titels und Pensionsanspruches von selbst nach sich; es wird darauf nicht besonders erkannt, es sei denn, daß vor Beendigung des Disziplinarverfahrens aus irgendeinem von dessen Ergebnis unabhängigen Grunde das Amtsverhältnis bereits aufgehört hat[23] *und daher auf Dienstentlassung nicht mehr zu erkennen ist.*

Gehört der Angeschuldigte zu den Beamten, welche einen Anspruch auf Pension haben,[24] *und lassen besondere Umstände eine mildere Beurteilung zu, so ist die Disziplinarbehörde ermächtigt, in ihrer Entscheidung zugleich festzusetzen, daß dem Angeschuldigten ein Teil des reglementsmäßigen Pensionsbetrages auf Lebenszeit oder auf gewisse Jahre als Unterstützung zu verabreichen sei.*

§ 17. Welche der in den §§ 14 bis 16 bestimmten Strafen anzuwenden sei, ist nach der größeren oder geringeren Erheblichkeit des Dienstvergehens mit Rücksicht auf die sonstige Führung des Angeschuldigten zu ermessen, unbeschadet der besonderen Bestimmungen der §§ 8 und 9.

§ 18. Jeder Dienstvorgesetzte ist zu Warnungen und Verweisen gegen seine Untergebenen befugt.[25]

§ 19. In Beziehung auf die Verhängung von Geldbußen ist die Befugnis der Dienstvorgesetzten begrenzt, wie folgt:

Die Vorsteher derjenigen Behörden, welche unter den Provinzialbehörden stehen, können gegen die ihnen selbst untergebenen Beamten, sowie gegen die Beamten der ihnen untergeordneten Behörden Geldbußen bis zu 3 Talern verfügen.

Andere Vorgesetzte der unteren Beamten dürfen solche Geldbußen nur insofern verfügen, als ihnen die Befugnis zur Verhängung von Geldbußen durch besondere Gesetze oder auf Grund solcher Gesetze erlassenen Instruktionen beigelegt ist.[26]

Die Provinzialbehörden sind ermächtigt, die ihnen untergeordneten Beamten mit Geldbußen bis zu 30 Talern zu belegen, besoldete Beamte jedoch nicht über den Betrag des einmonatlichen Diensteinkommens[27] *hinaus.*

Gleiche Befugnisse haben die Vorsteher der Provinzialbehörden in Ansehung der bei letzteren angestellten unteren Beamten.

Die Minister haben die Befugnis, allen ihnen unmittelbar oder mittelbar untergebenen Beamten Geldbußen bis zum Betrage des monatlichen Diensteinkommens, unbesoldeten Beamten aber bis zur Summe von 30 Talern aufzuerlegen.

Welche Beamten im Sinne dieses Paragraphen zu den unteren zu rechnen sind, wird durch das Staatsministerium bestimmt.

§ 20. Nur diejenigen Dienstvorgesetzten,[28] *welche gegen die in § 15 No. 4 bezeichneten Beamten Geldbuße verhängen können, sind ermächtigt, gegen dieselben Arreststrafen zu verfügen. Diejenigen Vorgesetzten, deren Strafgewalt auf Geldbuße bis zu 3 Talern beschränkt ist, dürfen bei den Arreststrafen das Maß von drei Tagen nicht überschreiten.*[29]

§ 21. Gegen die Verfügung von Ordnungsstrafen findet nur Beschwerde im vorgeschriebenen Instanzenzuge statt.[30]

§ 22. Der Entfernung aus dem Amte muß ein förmliches Disziplinarverfahren vorhergehen. Dasselbe besteht in der von einem Kommissar zu führenden schriftlichen Voruntersuchung und in einer mündlichen Verhandlung nach den folgenden näheren Bestimmungen.[31]

§ 32.[32] *In der Voruntersuchung wird der Angeschuldigte unter Mitteilung der Anschuldigungspunkte vorgeladen und, wenn er er-*

scheint, gehört; es werden die Zeugen eidlich vernommen und die zur Aufklärung der Sache dienenden sonstigen Beweise herbeigeschafft.

Die Verrichtungen der Staatsanwaltschaft werden durch einen Beamten wahrgenommen, welchen die Behörde ernennt, von der die Einleitung des Disziplinarverfahrens verfügt wird.[33]

Bei der Vernehmung des Angeschuldigten und dem Verhöre der Zeugen ist ein vereideter Protokollführer zuzuziehen.

§ 34.[34] *Wird das Verfahren nicht eingestellt, so wird nach Eingang einer von dem Beamten der Staatsanwaltschaft anzufertigenden Anschuldigungsschrift der Angeschuldigte unter abschriftlicher Mitteilung dieser Anschuldigungsschrift zu einer, von dem Vorsitzenden der Disziplinarbehörde zu bestimmenden Sitzung zur mündlichen Verhandlung vorgeladen.*

§ 35. Bei der mündlichen Verhandlung, welche in nichtöffentlicher Sitzung stattfindet, gibt zuerst ein von dem Vorsitzenden der Behörde aus der Zahl ihrer Mitglieder ernannter Referent eine Darstellung der Sache, wie sie aus den bisherigen Verhandlungen hervorgeht.

Der Angeschuldigte wird vernommen.

Es wird darauf der Beamte der Staatsanwaltschaft mit seinem Vor- und Antrage und der Angeschuldigte in seiner Verteidigung gehört.

Dem Angeschuldigten steht das letzte Wort zu.

§ 36. Wenn die Behörde auf den Antrag des Angeschuldigten oder des Beamten der Staatsanwaltschaft oder auch von Amts wegen die Vernehmung eines oder mehrerer Zeugen, sei es durch einen Kommissar, oder mündlich vor der Behörde selbst, oder die Herbeischaffung anderer Mittel zur Aufklärung der Sache für angemessen erachtet, so erläßt sie die erforderliche Verfügung und verlegt nötigenfalls die Fortsetzung der Sache auf einen anderen Tag, welcher dem Angeschuldigten bekanntzumachen ist.

§ 37. Der Angeschuldigte, welcher erscheint, kann sich des Beistandes eines Rechtsanwaltes als Verteidigers bedienen. Der nicht erscheinende Angeschuldigte kann sich durch einen Rechtsanwalt vertreten lassen. Der Disziplinarbehörde steht es jedoch jederzeit zu, das persönliche Erscheinen des Angeschuldigten unter der Warnung zu verordnen, daß bei seinem Ausbleiben ein Verteidiger zu seiner Vertretung nicht werde zugelassen werden.

§ 38. Bei der Entscheidung hat die Disziplinarbehörde, ohne an positive Beweisregeln gebunden zu sein, nach ihrer freien, aus dem ganzen Inbegriffe der Verhandlungen und Beweise geschöpften Überzeugung zu beurteilen, inwieweit die Anschuldigung für begründet zu erachten.

Die Entscheidung kann auch auf eine bloße Ordnungsstrafe lauten.

Die Entscheidung, welche mit Gründen versehen sein muß, wird in der Sitzung, in welcher die mündliche Verhandlung beendigt worden ist, oder in einer der nächsten Sitzungen verkündigt und eine Ausfertigung derselben dem Angeschuldigten auf sein Verlangen erteilt.

§ 39. Über die mündliche Verhandlung wird ein Protokoll aufgenommen, welches die Namen der Anwesenden und die wesentlichen Momente der Verhandlung enthalten muß. Das Protokoll wird von dem Vorsitzenden und dem Protokollführer unterzeichnet.

§ 41.[35] *Gegen die Entscheidung steht die Berufung sowohl dem Beamten der Staatsanwaltschaft, als dem Angeschuldigten offen.*[36]

§ 42. Die Anmeldung der Berufung geschieht zu Protokoll oder schriftlich bei der Behörde, welche die anzugreifende Entscheidung erlassen hat. Von seiten des Angeschuldigten kann sie auch durch einen Bevollmächtigten geschehen.

Die Frist zu dieser Anmeldung ist eine vierwöchentliche, welche mit dem Ablaufe des Tages, an welchem die Entscheidung verkündigt worden ist, und für den Angeschuldigten, welcher hierbei nicht zugegen war, mit dem Ablaufe des Tages beginnt, an welchem ihm die Entscheidung zugestellt worden ist.[37]

§ 43. Zur schriftlichen Rechtfertigung der Berufung steht demjenigen, der dieselbe rechtzeitig angemeldet hat, eine fernere vierzehntägige Frist offen. Diese Frist kann auf den Antrag des Appellanten angemessen verlängert werden. Neue Tatsachen, welche die Grundlagen einer andern Beschuldigung bilden, dürfen in zweiter Instanz nicht vorgebracht werden.

§ 44. Die Anmeldung der Berufung und die etwa eingegangene Appellationsschrift wird dem Appellaten in Abschrift zugestellt, oder dem Beamten der Staatsanwaltschaft, falls er Appellat ist, in Urschrift vorgelegt. Innerhalb vierzehn Tagen nach erfolgter Zustellung oder Vorlegung kann der Appellat eine Gegenschrift einreichen.

Diese Frist kann auf den Antrag des Appellaten angemessen verlängert werden.

§ 45. Nach Ablauf der in dem § 44 bestimmten Frist werden die Akten der Berufungsinstanz eingesandt.[38]

§ 47.[39] *Eine jede Entscheidung der Disziplinarbehörde, gegen die kein Rechtsmittel mehr stattfindet,*[40] *und durch welche die Dienstentlassung ausgesprochen ist, bedarf der Bestätigung des Königs, wenn der Beamte vom Könige ernannt oder bestätigt worden ist.*[41]

§ 48. Die Suspension eines Beamten vom Amte tritt kraft des Gesetzes ein:

1. *wenn in dem gerichtlichen Strafverfahren seine Verhaftung beschlossen, oder gegen ihn ein noch nicht rechtskräftig gewordenes Urteil erlassen ist, welches auf den Verlust des Amtes lautet, oder diesen kraft des Gesetzes nach sich zieht;*
2. *wenn im Disziplinarverfahren eine noch nicht rechtskräftige Entscheidung ergangen ist, welche auf Dienstentlassung lautet.*

§ 49. In dem im vorhergehenden Paragraphen unter No. 1 vorgesehenen Falle dauert die Suspension bis zum Ablauf des zehnten Tages nach Wiederaufhebung des Verhaftungsbeschlusses oder nach eingetretener Rechtskraft desjenigen Urteils höherer Instanz, durch welches der angeschuldigte Beamte zu einer anderen Strafe als der bezeichneten verurteilt wird.

Lautet das rechtskräftige Urteil auf Freiheitsstrafe, so dauert die Suspension, bis das Urteil vollstreckt ist. Wird die Vollstreckung des Urteils, ohne Schuld des Verurteilten, aufgehalten oder unterbrochen, so tritt für die Zeit des Aufenthaltes oder der Unterbrechung eine Gehaltsverkürzung (§ 51) nicht ein. Dasselbe gilt für die im ersten Absatze dieses Paragraphen erwähnte Zeit von zehn Tagen, wenn nicht vor Ablauf derselben die Suspension vom Amte im Wege des Disziplinarverfahrens beschlossen wird.

In dem § 48 unter No. 2 erwähnten Falle dauert die Suspension bis zur Rechtskraft der in der Disziplinarsache ergehenden Entscheidung.

§ 50. Die zur Einleitung der Disziplinaruntersuchung ermächtigte Behörde kann die Suspension, sobald gegen den Beamten ein gerichtliches Strafverfahren eingeleitet, oder die Einleitung einer Disziplinaruntersuchung verfügt wird, oder auch demnächst im ganzen Laufe des Verfahrens bis zur rechtskräftigen Entscheidung verfügen.

§ 51. Der suspendierte Beamte behält während der Suspension die Hälfte seines Diensteinkommens. Auf die für Dienstunkosten besonders angesetzten Beträge ist bei Berechnung der Hälfte des Diensteinkommens keine Rücksicht zu nehmen.

Der innebehaltene Teil des Diensteinkommens ist zu den Kosten, welche durch die Stellvertretung des Angeschuldigten verursacht werden, der etwaige Rest zu den Untersuchungskosten zu verwenden. Einen weiteren Beitrag zu den Stellvertretungskosten zu leisten, ist der Beamte nicht verpflichtet.

§ 52. Der zu den Kosten (§ 51) nicht verwendete Teil des Einkommens wird dem Beamten nicht nachgezahlt, wenn das Verfahren die Entfernung aus dem Amte zur Folge gehabt hat.

Erinnerungen über die Verwendung des Einkommens stehen dem Beamten nicht zu; wohl aber ist ihm auf Verlangen eine Nachweisung über diese Verwendung zu erteilen.

§ 53. Wird der Beamte freigesprochen, so muß ihm der innebehaltene Teil des Diensteinkommens vollständig nachgezahlt werden.

Wird er nur mit einer Ordnungsstrafe belegt, so ist ihm der innebehaltene Teil, ohne Abzug der Stellvertretungskosten, nachzuzahlen, soweit derselbe nicht zur Deckung der Untersuchungskosten und der Ordnungsstrafe erforderlich ist.

§ 54. Wenn Gefahr im Verzuge ist, kann einem Beamten auch von solchen Vorgesetzten, die seine Suspension zu verfügen nicht ermächtigt sind, die Ausübung der Amtsverrichtungen vorläufig untersagt werden; es ist aber darüber sofort an die höhere Behörde zu berichten.

§ 83.[42] *Beamte, welche auf Probe, auf Kündigung oder sonst auf Widerruf angestellt sind, können von der Behörde, welche ihre Anstellung verfügt hat, entlassen werden.*

Dem auf Grund der Kündigung entlassenen Beamten ist in allen Fällen bis zum Ablaufe der Kündigung sein volles Diensteinkommen zu gewähren.[43]

§ 85.[44] *In Ansehung der Entlassung der Supernumerarien und der sonst zur Erlernung des Dienstes bei den Behörden beschäftigten Personen kommen die darauf bezüglichen besonderen Bestimmungen zur Anwendung.*

§ 87.[45] *Die nachbenannten Verfügungen, welche im Interesse des Dienstes getroffen werden können, sind nicht Gegenstand des Disziplinarverfahrens:*

1. Versetzung in ein anderes Amt von nicht geringerem Range und etatsmäßigem Diensteinkommen, mit Vergütung der reglementsmäßigen Umzugskosten.

Als eine Verkürzung im Einkommen ist es nicht anzusehen, wenn die Gelegenheit zur Verwaltung von Nebenämtern entzogen wird, oder die Beziehung der für die Dienstunkosten besonders ausgesetzten Einnahmen mit diesen Unkosten selbst fortfällt.

§ 88. Ein Beamter, welcher durch Blindheit, Taubheit oder ein sonstiges körperliches Gebrechen oder wegen Schwäche seiner körperlichen oder geistigen Kräfte zu der Erfüllung seiner Amtspflichten dauernd unfähig ist, soll in den Ruhestand versetzt werden.

§ 93.[46] *Ist ein Beamter vor dem Zeitpunkte, mit welchem die Pensionsberechtigung für ihn eingetreten sein würde, dienstunfähig geworden, so kann er gegen seinen Willen nur unter Beobachtung derjenigen Formen, welche für die Disziplinaruntersuchung vorgeschrieben sind, in den Ruhestand versetzt werden.*[47]

§ 94. Die vorstehenden Bestimmungen über einstweilige und gänzliche Versetzung in den Ruhestand finden nur auf Beamte im unmittelbaren Staatsdienste Anwendung.

§ 95. In bezug auf die mittelbaren Staatsdiener bleiben die wegen Pensionierung derselben bestehenden Vorschriften in Kraft.

Wenn jedoch mittelbare Staatsdiener vor dem Zeitpunkte, mit welchem eine Pensionsberechtigung für sie eingetreten sein würde, dienstunfähig geworden, so können auch sie gegen ihren Willen nur unter den für Beamte im unmittelbaren Staatsdienste vorgeschriebenen Formen (§ 93) in den Ruhestand versetzt werden.[47]

§ 100.[48] *Alle diesem Gesetze entgegenstehenden Bestimmungen sind aufgehoben. Dagegen wird durch dasselbe in der Befugnis der Aufsichtsbehörden, im Aufsichtswege Beschwerden Abhilfe zu verschaffen, oder Beamte zur Erfüllung ihrer Pflichten in einzelnen Sachen anzuhalten, und dabei alles zu tun, wozu sie nach den bestehenden Gesetzen ermächtigt sind, nichts geändert.*[49,50]

Vorbemerkung:

Eine ausführliche Darstellung des materiellen Disziplinarrechts und des Disziplinarverfahrens auch nur in der Form des Kommentars zu geben, lag außerhalb des Rahmens der hier gestellten Aufgabe. Von einer Erläuterung der disziplinarrechtlichen Vorschriften konnte um so mehr Abstand genommen werden, als die einschlägigen Gesetze eine **ausführliche** Kommentierung bereits anderweit erfahren haben, eine unvollständige Erläuterung aber auch auf diesem Gebiete für die Praxis nutzlos ist. Es sei auf Seydel, das G. v. 21. 7. 1852, 2. Aufl., Berlin 1894; Rheinbaben, Die preußischen Disziplinargesetze, Berlin 1911; Brauchitsch, Bd. I, 20. Aufl. (Berlin 1906), S. 749ff. und auf Kautz-Appelius S. 355ff. verwiesen. Die nachfolgenden Anmerkungen verfolgen wesentlich den Zweck, den Zusammenhang darzulegen, in dem die hinter § 80 abgedruckten Gesetze untereinander und mit den Bestimmungen der StO. stehen. Das Disziplinargesetz v. 21. 7. 1852 ist nur insoweit zum Abdruck gelangt, als es für das Anwendungsgebiet des § 80 StO. in Betracht kommt.

1. Unter die Disziplinargesetze fallen außer den eigentlichen besoldeten Gemeindebeamten die besoldeten und **unbesoldeten** Magistratsmitglieder, da das Gesetz zwischen diesen keinen Unterschied macht. Auf sonstige ehrenamtliche (unbesoldete) Organe findet das Disziplinargesetz dagegen keine Anwendung (OVG. 25 S. 415; Vorbem. b zu § 59 und Anm. 3 zu § 75), wohl aber auf die in geringem Umfang und nur nebenamtlich im Kommunaldienst tätigen besoldeten Beamten. Der Kreis der unter die Disziplinargesetze fallenden Gemeindebeamten reicht also weiter als der der Kommunalbeamten im Sinne des KBG. (s. Anm. 11, 21 zu § 56⁶ StO.); doch ist auch im Sinne des Disziplinargesetzes v. 21. 7. 1852 eine im Dienste einer Stadtgemeinde gegen Besoldung im Hauptamt beschäftigte Person, sofern sie sich nicht etwa schon vor dem Inkrafttreten des KBG., dem 1. 4. 00, im Dienste der Gemeinde befindet und daher ihre Rechtsstellung nach dem früheren Rechte zu beurteilen ist, nur dann als Beamter anzusehen, wenn ihr eine Anstellungsurkunde ausgehändigt ist (OVG. 53 S. 428). Immer aber muß es sich in dem Disziplinarverfahren um einen angestellten **Beamten** handeln (nicht um eine durch Privatdienstvertrag angenommene Person; s. Vorbem. zu § 56⁶ StO.).

2. Siehe Anm. 1.

3. Auf das Verwaltungsstreitverfahren, das sich an diese Strafverfügungen knüpft, findet **nicht** die Bestimmung des § 157 LVG. (oben abgedruckt) statt; vielmehr richtet sich dieses Verwaltungsstreitverfahren vollständig nach den Bestimmungen des LVG. §§ 61ff. (OVG. 16 S. 398ff.).

4. Wegen des Strafverfügungsrechts des Bürgermeisters vgl. StO. § 58 Anm. 3—8.

5. Siehe hierzu § 22 G. v. 21. 7. 1852 sowie § 157 LVG. (oben abgedruckt).

6. Für Berlin Oberpräsident (§ 42 LVG.).

7. Nach dem G. v. 8. 5. 1889 (GS. 107) jetzt nicht das Plenum, sondern der Disziplinarsenat des OVG.

8. Vgl. wegen des Zwangspensionierungsverfahrens Anm. 4 zu § 65 StO. — Da hier ein Unterschied zwischen den Fällen, in denen ein Beamter vor Erwerb seiner Pensionsberechtigung und nach Erwerb derselben

pensioniert werden soll, nicht gemacht ist, sind sonach durch § 20 ZustGes. die Bestimmungen der §§ 93, 95 G. v. 21. 7. 1852, wonach Kommunalbeamte wider ihren Willen nur in der Form des Disziplinarverfahrens ihres Amtes entsetzt werden können, erweitert worden.

9. Ebensowenig gegen Mitglieder städtischer Deputationen (soweit diese nicht Magistratsmitglieder oder besoldete Kommunalbeamte sind) oder sonstige ehrenamtliche städtische Organe. Diese werden gemäß § 75 StO. von ihren Ämtern entbunden (OVG. 25 S. 415) — § 20 ZustGes. tritt für Kommunalbeamte an Stelle der §§ 23, 24 G. v. 21. 7. 1852.

10. D. h. für dasjenige förmliche Disziplinarverfahren, in dem auf Entfernung vom Amte erkannt oder über die Tatsache der Dienstunfähigkeit Entscheidung getroffen werden soll. Auf diejenigen Fälle des Verwaltungsstreitverfahrens, die sich an erlassene Strafverfügungen anknüpfen (§ 20 ZustGes. Nr. 1 und 2) kommt der Abschnitt des LVG. vom Verwaltungsstreitverfahren unverändert zur Anwendung (OVG. 16 S. 398 ff.), s. Anm. 3.

11. Durch § 157² LVG. ist § 33 G. v. 21. 7. 1852 aufgehoben.

12. Bezüglich des Begriffs der mittelbaren Staatsbeamten s. Anm. 13 zu § 52. Mittelbare Staatsbeamte sind alle Mitglieder des Vorstandes der Städte (Magistratsmitglieder, Bürgermeister, Beigeordnete) und alle städtischen Beamten. Darüber, inwieweit auf diese das Disziplinargesetz Anwendung findet, s. Anm. 1. Auch die Lehrer an städtischen Schulen (niederen und höheren), die nach der herrschenden Lehre keine Gemeindebeamten sind, fallen unter das Disziplinargesetz v. 21. 7. 1852.

13. Hinzutritt noch der Fall der unerlaubten Entfernung aus dem Amte, der vom Gesetz in besonderer Tatbestandsnormierung getroffen wird (§ 8). Darüber, was im übrigen als Dienstvergehen anzusehen ist, und inwieweit insbesondere politische Tätigkeit als unvereinbar mit dem Amte von den obersten Staatsbehörden und vom OVG. angesehen wird, vgl. Kautz-Appelius S. 361 ff.

14. Es kann sich dabei immer nur um Verletzung der §§ 331—359 (Abschnitt 28; Verbrechen und Vergehen im Amte) StGB. handeln.

15. Nach der konstanten Judikatur des OVG. (s. 22 S. 429) bedeutet diese Bestimmung, daß der Disziplinarrichter an den im strafgerichtlichen Verfahren festgestellten Tatbestand unbedingt gebunden ist, gleichviel ob im Strafverfahren die Verurteilung oder die Freisprechung erfolgt ist. (Anders der vom OVG. reprobierte Ministerialbeschluß v. 22. 4. 1891; MBl. 134). Immer aber muß es sich um ein Urteil des ordentlichen Strafgerichts handeln (nicht um einen Einstellungsbeschluß oder einen Beschluß, den Angeklagten außer Verfolgung zu setzen oder nur ein Urteil eines außerordentlichen Gerichts, z. B. eines Ehrengerichts), wenn § 5 Anwendung finden soll.

16. Dazu gehört auch schuldhafte Verzögerung des Amtsantritts, sei es bei der ersten Übertragung eines Amts, sei es bei der Versetzung in ein neues Amt.

Als besonderer Entschuldigungsgrund für die Fernhaltung vom Dienste im Sinne des § 8 kann es gelten, wenn der aus einem Amt in ein anderes versetzte Beamte berechtigten Grund zu der Annahme zu haben glaubt, das neue Amt sei von geringerem Range als das früher von ihm bekleidete (OVG. 53 S. 438).

17. Die Bestimmung ist keine Verfahrensvorschrift, sondern materiellen Rechts. Daher muß auch in den Fällen des § 9 die verwirkte Dienstentlassung immer in den Formen des förmlichen Disziplinarverfahrens auf Grund eines Disziplinarurteils erfolgen (§§ 11, 12, 22 G. v. 21. 7. 1852 und § 20 ZustGes.; § 157 LVG.).

18. Auch hier ist in allen für die StO. in Betracht kommenden Fällen auf Grund des G. v. 8. 5. 1889 (GS. 107) der Disziplinarsenat des OVG. (nicht der I. Senat) in zweiter Instanz zuständig (OVG. 28 S. 410). Ebenda ist auch ausgesprochen, daß das förmliche Disziplinarverfahren auch dann stattzufinden habe, wenn der Fall des § 10 bei einem kündbaren Gemeindebeamten vorliegt; dagegen soll nach OVG. 47 S. 418 die Anwendung der §§ 8 und 9 bei einem suspendierten Beamten nicht zulässig sein.

19. Die Zustellung durch vereidete Verwaltungsbeamte ist noch jetzt zulässig; es genügt, wenn durch einen vereideten Verwaltungsbeamten diejenigen Handlungen vorgenommen werden, die das Wesen einer gerichtlichen Zustellung ausmachen (RGZ. 69 S. 117).

Gibt der Beamte die Wohnung auf und ist die Zustellung an ihn selbst nicht ausführbar, so genügt Ersatzzustellung in der alten Wohnung (OVG. 47 S. 414).

20. Damit sind nicht die Zwangsmittel aus § 132 LVG. gemeint, die von der vorgesetzten Behörde angewendet werden können, um untergebene Beamte zu bestimmten Amtshandlungen zu zwingen (s. auch § 100 des Disziplinargesetzes), sondern nur eigentliche Strafen für Dienstvergehen. Ebenso fallen nicht unter den Begriff der disziplinaren Ordnungsstrafen (und demnach nicht unter die Zuständigkeitsvorschrift des § 20 ZustGes.) solche Geldstrafen, die auf Grund eines Spezialgesetzes, z. B. der KabO. v. 28. 10. 1836 (GS. 308) bei Nichtanwendung des tarifmäßigen Stempels gegen Untergebene von Dienstvorgesetzten verhängt werden. Der Vorgesetzte ist in diesen Fällen an die vorgeschriebene Strafart (z. B. Geldstrafe) durch das Spezialgesetz gebunden, an Stelle der uneintreibbaren Geldstrafe tritt nicht eine Haftstrafe (OVG. 14 S. 409).

21. Wegen der Ordnungsstrafgewalt des Bürgermeisters vgl. § 58 StO.

22. Jetzt auch auf Provinzialbeamte (§ 98 Nr. 6 PrO.).

23. Z. B. wegen Ablaufs der Zeit, für welche der Beamte angestellt war. Während des Verfahrens ist das Ausscheiden aus dem Amte unter Verzicht auf Gehalt, Pension und Titel zulässig (OVG. 10 S. 370). Gegen ausgeschiedene Beamte kann, abgesehen von der Ausnahmevorschrift des § 16 Abs. 2, auf Disziplinarstrafen nicht mehr erkannt werden (Urteil des Bezirksausschusses Berlin II A 9. 10; vgl. auch OVG. 54 S. 464).

24. D. h. nicht nur mit Pensionsberechtigung angestellt sind, sondern den Anspruch auf Pension auch bereits hätten, wenn sie wegen Dienstunfähigkeit aus dem Amte scheiden würden (MR. v. 10. 8. 1854; MBl. 161). Die Belassung der Pension oder eines Teils derselben durch den Disziplinarrichter ist nicht präjudizierend für die Frage, ob der Beamte einen Pensionsanspruch wirklich hat. Hierüber zu entscheiden, bleibt in Streitfällen die zuständige Stelle — bei Gemeindebeamten gemäß § 7 KBG. der ordentliche Richter — berufen.

Die als Unterstützung belassene teilweise Pension stellt rechtlich eine „Pension" dar (JMBl. 1859 S. 309; Seydel S. 106; von Rheinbaben S. 130). Die Hinterbliebenen eines unter teilweiser Belassung der Pension aus dem Amt entfernten Beamten haben daher, wenn der Beamte noch innerhalb der Zeit, für die ihm die Pension teilweise belassen war, stirbt, Anspruch auf den Gnadenmonat (§ 4 KBG., abgedruckt hinter § 65 StO.). Dagegen haben sie keinen Anspruch auf Witwen- und Waisengeld (vgl. Anm. 17 u. 45 zu § 65 StO.; MBl. 1891 S. 95 und 1901 S. 206).

25. Wegen des Strafrechts des Bürgermeisters s. § 58 StO. und insbesondere den Magistratsmitgliedern gegenüber OVG. 17 S. 443. — Außer dem Bürgermeister ist als „Dienstvorgesetzter" auch der Magistrat befugt, den städtischen Beamten Warnungen und Verweise zu erteilen (OVG. 24 S. 413).

26. Bei den städtischen Unterbeamten gemäß § 58 StO., § 20 ZustGes. der Bürgermeister.

27. Über die Zuständigkeit bei Festsetzung von Geldbußen gegen Magistratsmitglieder und Gemeindebeamte vgl. § 20 ZustGes. Zur Verhängung zuständig ist der Oberpräsident und der Regierungspräsident; bei den eigentlichen Gemeindebeamten (Nichtmagistratsmitgliedern) auch der Bürgermeister (§ 58 StO.).

28. D. s. Minister, Oberpräsident, Regierungspräsident, Bürgermeister.

29. Z. B. der Bürgermeister nach StO. § 58.

30. Vgl. § 20 ZustGes. (oben abgedruckt). Danach finden gegen ministerielle Strafverfügungen Rechtsmittel überhaupt nicht statt. Die Beschwerdefrist ist bei städtischen Beamten stets eine zweiwöchige (§ 20 ZustGes.; s. auch § 7 ZustGes.). Wegen des nachfolgenden Streitverfahrens s. Anm. 3.

31. Die Voruntersuchung ist also obligatorisch. Sie muß auch dann stattfinden, wenn der Tatbestand des Dienstvergehens feststeht, z. B. in den Fällen der §§ 8, 9 des Disziplinargesetzes (OVG. 12 S. 429; 16 S. 395). Der Voruntersuchung muß ebenso die Einleitung des Disziplinarverfahrens vorhergehen.

32. §§ 23, 24 sind für den Bereich der StO. ersetzt durch § 20 Nr. 3 ZustGes. Zuständig ist danach zur Verfügung über Einleitung des Disziplinarverfahrens der Regierungspräsident und der Minister des Innern (nicht der Bürgermeister; OVG. 18 S. 432), zur Entscheidung in erster Instanz der Bezirksausschuß. — §§ 25—27 sind für Gemeindebeamte unanwendbar. § 28 ist für den Bereich der StO. durch § 157 LVG. aufgehoben, § 29 ebenso durch § 20 Nr. 3 ZustGes. §§ 30, 31 sind ebenfalls unanwendbar auf Gemeindebeamte.

33. Jetzt ernennt nach ZustGes. § 20 Nr. 3 den Staatsanwalt beim Bezirksausschuß der Regierungspräsident, beim OVG. der Minister des Innern.

34. § 33 ist durch § 157² LVG. für den Bereich der StO. geändert. Eine Einstellung des Verfahrens findet danach nur durch den Beschluß des Bezirksausschusses statt. Vgl. hierzu OVG. 26 S. 417 u. 425.

35. § 40 kommt hier nicht in Betracht.

36. An das OVG. (ZustGes. § 20 Nr. 3), und zwar den Disziplinarsenat (G. v. 8. 5. 1889, GS. 107); bei Klagen aus § 20 Nr. 1 u. 2 ZustGes. ist der I. Senat zuständig, dagegen bei solchen wegen Feststellung der Dienstunfähigkeit der Disziplinarsenat (OVG. 28 S. 410, Anm. 18).

37. Die Fristen der §§ 42—44 sind nach § 157 LVG. für dasjenige Verfahren vor den Verwaltungsgerichten gegeben, bei welchen diese entscheidende Disziplinarbehörden 1. u. 2. Instanz sind (also bei dem förmlichen Verfahren auf Entfernung aus dem Amte und wegen Feststellung der Dienstunfähigkeit). Nicht dagegen sind sie gegeben bei dem Streitverfahren auf Grund der Nr. 1 u. 2 des § 20 ZustGes. Wegen der Berechnung s. OVG. 12 S. 431, 432.

38. Der Rest des § 45 ist unanwendbar auf das Verfahren gegen Gemeindebeamte. Vgl. auch § 157 LVG.

39. § 46 ist unanwendbar.

40. Sei es, daß ein Rechtsmittel nicht gegeben ist, oder daß dasselbe — gegen Erkenntnisse des Bezirksausschusses — einzulegen versäumt ist (s. Schön S. 159; Oertel S. 623; anders Leidig S. 163).

41. Siehe StO. § 33 Abs. 1.

42. Die §§ 55—77 kommen nicht in Betracht. § 78 ist aufgehoben durch ZustGes. § 20 Nr. 3 (OVG. 18 S. 432). §§ 79—82 sind ohne Bedeutung für städtische Beamte.

43. Bei Beamten, die gegen Kündigung angestellt sind, wird es regelmäßig eines besonderen Verfahrens zur Entfernung nicht bedürfen, vielmehr die Kündigung genügen. Des formellen Verfahrens (aus § 22 G.) bedarf es aber dann, wenn dem Beamten das Gehalt für die Zeit bis zum Ablauf der Kündigung vorenthalten oder gekürzt werden soll oder der Beamte sofort — ohne Einhaltung der Kündigungsfrist — entlassen werden soll.

44. § 84 kommt nicht in Betracht.

45. § 86 kommt nicht in Betracht. — Ein gleichartiges Amt im Sinne des § 87 Nr. 1 liegt nur dann vor, wenn für das neue Amt als solches im Etat ein nicht geringeres Diensteinkommen als für das von dem Beamten bisher bekleidete vorgesehen ist. § 87 Nr. 1 ist öffentlich-rechtlicher Natur und kann durch die Anstellungsbehörde nicht abgeändert werden (OVG. 52 S. 436).

46. §§ 89—92 sind gemäß § 94 auf städtische Beamte unanwendbar. Wird daher gegen einen städtischen Beamten das Verfahren auf Entfernung aus dem Amt wegen Dienstunfähigkeit eingeleitet, so ist die Bestellung eines Pflegers für ihn auf Grund des § 89 unzulässig; es kommen die allgemeinen Vorschriften des BGB. über die Vormundschaft und Pflegschaft zur Anwendung (Johow 37 S. 70).

47. Vgl. zu den §§ 93 u. 95 den § 20 Abs. 2 ZustGes. sowie die Anm. 4, 36 zu § 65 und Anm. 8 zu § 80 StO.

48. §§ 96—99 sind teils auf Gemeindebeamte unanwendbar, teils aufgehoben.

49. In Betracht kommen LVG. § 50 Abs. 3 und § 132 (letzterer abgedruckt in Anm. 4 zu § 62 StO.).

50. § 101 ist veraltet; § 102 hebt die voraufgegangene V. v. 11. 7. 1849 auf.

Titel XI.

Ausführungs- und Übergangsbestimmungen.

§ 81.

Die zur Ausführung dieses Gesetzes erforderlichen Bestimmungen werden von dem Minister des Innern getroffen.[1]

1. Diese sind unter dem 20. 6. 1853 erlassen worden (MBl. 138, die Ministerialinstruktion ist im Anhange des Buches abgedruckt).

§ 82.

In Städten, wo die Einführung der Gemeindeordnung vom 11. März 1850 bereits beendigt ist, tritt die gegenwärtige Städteordnung sogleich nach ihrer Verkündigung in Kraft und an die Stelle jener Gemeindeordnung; die auf Grund der letzteren gewählten Bürgermeister, Beigeordneten, Schöffen und alle anderen besoldeten und unbesoldeten Gemeindebeamten sowie die Mitglieder des Gemeinderats, diese als Stadtverordnete, verbleiben jedoch in ihren Stellen bis zum Ablaufe der Periode, für welche sie gewählt worden sind, und behalten, soweit sie eine besoldete Stelle bekleiden, ihre bisherigen Besoldungen und Pensionsansprüche.

§ 83.

In Städten, wo die Einführung der Gemeindeordnung vom 11. März 1850 bis zur Einsetzung des Gemeinderats gediehen ist, bleiben die Mitglieder desselben in ihren Stellen als Stadtverordnete bis zum Ablaufe der Periode, für welche sie gewählt worden sind; im übrigen ist sowohl dort, als in allen anderen Städten, für welche diese Städteordnung noch gegeben ist (§ 1), nach den Vorschriften derselben mit der Einführung der städtischen Verfassung und Verwaltung zu verfahren.

§ 84.

Die seitherigen nicht gewählten und nicht ausdrücklich auf Kündigung angestellten Oberbürgermeister und Bürgermeister, welche bei Einführung der gegenwärtigen Städteordnung weder in ihren Ämtern und Einkünften belassen, noch anderweitig mit gleichem Einkommen angestellt werden, haben, sofern nicht für diesen Fall bereits früher eine andere verbindliche Bestimmung getroffen worden ist, einen Anspruch auf Pension.

Diejenigen dieser Beamten, welche auf Kündigung angestellt sind, von welcher jedoch observanzmäßig niemals oder doch nur aus besonderen Gründen Gebrauch gemacht worden ist, sind den lebenslänglich angestellten Beamten gleichzusetzen, wenn nicht einer der Gründe eintritt, aus welchen die Kündigung vorbehalten ist. Bloß vorläufig und kommissarisch ohne Zeitbestimmung angestellten Beamten steht dieser Anspruch erst nach sechsjähriger Dienstzeit zu. Wenn ein solcher Beamter demnächst von der Stadt für dieselbe Stelle auf Zeit gewählt worden ist, so wird seine Dienstzeit, behufs der Feststellung seiner Pensionsberechtigung, von der Zeit des Eintritts in die kommissarische Dienstleistung gerechnet.

Die Pension beträgt nach kürzerer als zwölfjähriger Dienstzeit $^1/_4$, nach zwölf- oder mehr als zwölfjähriger Dienstzeit $^1/_2$, nach vierundzwanzigjähriger Dienstzeit $^2/_3$ des seitherigen reinen Diensteinkommens. Was als solches anzusehen, wird im Verwaltungswege endgültig festgesetzt. Die Pension fällt insoweit fort oder ruht, als der Pensionierte durch anderweitige Anstellung im Staats- oder Gemeindedienst ein Einkommen oder eine neue Pension erwirbt, welche mit Zurechnung der ersten Pension sein früheres Einkommen übersteigen. Die Pensionen werden von den Stadtgemeinden, in welchen die Beamten gegenwärtig angestellt sind, geleistet.

Alle vorstehend nicht bezeichneten Gemeindebeamten sind in ihren Ämtern und Einkünften zu belassen und behalten ihre bisherigen Pensionsansprüche.

§ 85.

Der Zeitpunkt, mit welchem in den einzelnen im § 83 erwähnten Städten die Einführung gegenwärtiger Städteordnung beendigt sein wird, ist durch das Amtsblatt des Regierungsbezirks zur öffentlichen Kenntnis zu bringen. Von diesem Zeitpunkte an treten für die betreffenden Städte die bisherigen Gesetze und Verordnungen über die Verfassung der Stadtgemeinden außer Kraft.

Urkundlich unter Unserer Höchsteigenhändigen Unterschrift und beigedrucktem Königlichen Insiegel.

Gegeben Charlottenburg, den 30. Mai 1853.

(L. S.) **Friedrich Wilhelm.**

v. Manteuffel. v. d. Heydt. Simons. v. Raumer.
v. Westphalen. v. Bodelschwingh. v. Bonin.

Anhang.

A. Instruktion zur Ausführung der Städteordnung für die sechs östlichen Provinzen der Preußischen Monarchie vom 30. Mai 1853.

Vom 20. Juni 1853 (MBl. 1853 S. 138).

Auf den Grund des § 81 der Städteordnung für die sechs östlichen Provinzen der Preußischen Monarchie vom 30. Mai 1853 wird zur Ausführung dieses Gesetzes die nachstehende Instruktion erteilt.[1])

I.—VI. enthalten lediglich Übergangsbestimmungen und sind daher ohne praktische Bedeutung.

VII.[2]) Mit Rücksicht auf die eigentümlichen Verhältnisse der Städte ist, bevor die Wahl der neuen Vertretung in einer Stadt vorgenommen wird, die Erwägung der Frage zu empfehlen, ob in Gemäßheit des § 11 Nr. 2 des Gesetzes statutarische Anordnungen hinsichtlich der den gewerblichen Genossenschaften bei Einteilung der stimmfähigen Bürger und bei Bildung der Wahlversammlungen und der städtischen Vertretung zu gewährenden angemessenen Berücksichtigung getroffen werden sollen. Die statutarischen Anordnungen über diesen Gegenstand können vermöge der im § 11 Nr. 2 enthaltenen besonderen gesetzlichen Ermächtigung abweichend von den allgemeinen Wahlnormen des Gesetzes getroffen werden.

Sollten indes die Verhandlungen über solche statutarischen Bestimmungen unter der Wirksamkeit der gegenwärtigen Gemeindevertretungen und Vorstände bezüglich der Einführung des Gesetzes (vgl. Nr. III) auf erhebliche Schwierigkeiten stoßen, oder überhaupt keine Aussicht auf einen befriedigenden Erfolg gewähren, so sind dieselben der weiteren Erwägung und Feststellung mit den zunächst nach den allgemeinen Normen des Gesetzes zu wählenden Stadtbehörden vorzubehalten.

Wie überhaupt die Bestimmungen des § 11 der gegenwärtigen Städteordnung über das Recht statutarischer Anordnungen (vgl. §§ 5, 12, 21, 29,

---

[1]) Die Instruktion ist ihrem ganzen Inhalt nach aufgenommen. Da, wo einzelne Teile durch die neuere Gesetzgebung oder Judikatur aufgehoben oder für ungültig erklärt worden sind, ist hierauf durch den Druck und durch Anmerkungen aufmerksam gemacht.

[2]) Die Nr. VII ist ebenso wie § 11 Nr. 2 StO. aufrecht erhalten durch § 5 G. v. 30. 6. 00 (abgedruckt zu § 13 StO.).

59, 70) für die ersprießliche organische Entwicklung der Stadtverfassungen, mit Rücksicht auf bewährte ältere Einrichtungen und wirklich städtische Elemente und Eigentümlichkeiten, von großer Wichtigkeit, daher bei Anwendung des Gesetzes der sorgfältigsten Benutzung zu widmen sind, so gilt dies vorzugsweise von der gedachten Vorschrift in § 11 sub Nr. 2, welche bei umsichtiger und glücklicher Ausführung dem städtischen Gemeindeleben die kräftigsten Stützpunkte darbieten kann, namentlich wenn die schon bestehenden, sowie die sich weiter ausbildenden Genossenschaften in den gewerbetreibenden Einwohnern (Innungen, Zünfte, kaufmännische Verbindungen usw.) mit der Organisation der städtischen Kommunalverhältnisse zur gegenseitigen Stärkung und Entfaltung wahrhaft städtischen Wesens in innigere Verbindungen gebracht werden.

Nach dem Vorbilde alter, auf solchen Grundlagen beruhender bewährter Städteverfassungen könnten beispielsweise im Sinne des § 11 Nr. 2 bei Einteilung der stimmfähigen Bürger und Bildung der Wahlversammlungen die Kaufmannschaft und der Handwerksstand, als die vorwiegenden städtischen Elemente, unterschieden und in Hauptabteilungen nebeneinander gestellt werden. Innerhalb dieser Hauptabteilungen könnten alsdann die Kaufleute und die Mitglieder des Handwerksstandes in den durch die vorhandenen gewerblichen Genossenschaften an die Hand gegebenen Verbindungen wählen; namentlich in dem Gewerksstande etwa dergestalt, daß die Genossen einer Innung oder mehrerer verwandter Innungen zusammentreten. Die übrigen stimmfähigen Bürger könnten behufs der Wahlen entweder den Kaufmannschaften und den Gewerkschaften, je nachdem sie in ihren gesamten Berufsverhältnissen der einen oder anderen dieser Hauptabteilungen am nächsten stehen, beigesellt werden, oder nach Anleitung der allgemeinen Regel des § 13 abgesondert in drei Abteilungen wählen.

Bei Bildung der städtischen Vertretung selbst könnten die gewerblichen Genossenschaften in der Art eine angemessene Berücksichtigung erfahren, daß eine gewisse Anzahl Stellen in der Stadtverordnetenversammlung jedenfalls durch Vorsteher oder Mitglieder von Genossenschaften der Kaufmannschaft oder des Handwerksstandes nach ihrer besonderen Bedeutung besetzt sein müßte, und danach bei den Wahleinrichtungen das Erforderliche festgesetzt würde.

Bei allen Modalitäten, welche hiernach in der Zusammensetzung der Stadtverordnetenversammlung überhaupt eintreten können, ist aber stets im Sinne des § 16 an dem Grundsatze festzuhalten, daß mindestens die Hälfte derselben aus Grundbesitzern bestehen muß.

Auch ist sonst bei den statutarischen Anordnungen darauf zu sehen, daß nach den eigentümlichen Verhältnissen einer Stadt jedenfalls die darin bewährt gefundenen konservativen Elemente geschont und in voller Kraft erhalten werden. Zu diesem Zweck wird ins Auge zu fassen sein, daß den andern wohlhabenden und gebildeten Einwohnerklassen neben dem Handwerkerstande ein ausreichender Einfluß gesichert werden muß, um in Gemeinschaft mit demselben begründete und wahrhaft konservative Interessen gehörig zur Geltung zu bringen und Verirrungen auf dem Gebiete des öffentlichen Lebens und sozialen Übeln angemessen entgegenwirken zu können.

Bei der besonderen Bedeutung, welche die Bestimmung des § 11 Nr. 2 für die Entwicklung des städtischen Gemeindewesens hat, veranlasse ich die Königliche Regierung, in den ersten Fällen, wo es sich um desfallsige statutarische Anordnungen handelt, vor Erteilung der Bestätigung darüber unter Vermittelung des Königlichen Oberpräsidenten an mich Bericht zu erstatten.

Im allgemeinen aber werden die Bestimmungen des § 11 fürsorglich zu benutzen sein, um die in den bisherigen Stadtverfassungen beruhenden, gewohnten und bewährten Einrichtungen und Anordnungen, insoweit dadurch den Vorschriften des gegenwärtigen Gesetzes nicht widersprochen wird, zu erhalten und nach Bedürfnis und Zweckmäßigkeit weiter zu entwickeln. In diesem Sinne werden auch diejenigen Ortsstatuten, welche unter der Herrschaft der Städteordnungen von 1808 und 1831 zustande gekommen sind, beizubehalten oder den notwendigen Modifikationen mit Schonung und Vorsicht zu unterwerfen sein.

Da den statutarischen Anordnungen die Bestimmung vorbehalten ist, „inwiefern über die Erlangung des Bürgerrechts von dem Magistrate eine Urkunde (Bürgerbrief) zu erteilen sei“ (§§ 5 und 11 Nr. 1), so kann mit Berücksichtigung der bisherigen Einrichtungen näher festgesetzt werden, in welcher angemessenen feierlichen Weise der Bürgerbrief auszuhändigen, und inwiefern dessen Erteilung auf gewisse Voraussetzungen und Fälle, um vornehmlich dauernde und nähere Beziehungen zu den städtischen Gemeindeangelegenheiten zur besonderen Anerkennung zu bringen, zu beschränken ist, z. B. mit besonderer Berücksichtigung derjenigen Personen, welche durch Hausbesitz oder selbständigen Gewerbebetrieb (nach § 5 Nr. 4a und b) der Stadt angehören, oder als Auszeichnung derjenigen, welche durch regelmäßige oder verdienstliche Teilnahme an den öffentlichen Geschäften der Gemeinde (Wahlen, Tätigkeit in Deputationen, Kommissionen, Stadtverordnetenversammlungen, Stadtämtern) ihr lebendiges Interesse für die Stadt an den Tag gelegt haben.

Übrigens wird das Zustandekommen zweckmäßiger statutarischer Anordnungen dadurch überhaupt wesentlich erleichtert und gefördert werden, daß dieselben nach der Fassung des gegenwärtigen Gesetzes nicht als ein vollständiger Kodex über alle den statutarischen Anordnungen zugewiesenen Gegenstände ergehen, sondern je nachdem sich gerade bei dem einen oder dem andern im Laufe der Zeit die Veranlassung und das Bedürfnis bietet, durch nacheinander folgende Festsetzungen getroffen werden dürfen, deren Zusammentragung nach Zeit und Gelegenheit vorbehalten bleiben kann.

VIII. enthält Übergangsbestimmungen und ist deshalb veraltet.

IX. Von Aufsichts wegen ist darauf zu halten, daß die Wahlen der neuen Magistratspersonen (§§ 31—33 und 72 und 73) bei Erledigungen durch Ablauf der Dienstzeit in der Regel nicht früher als ein Jahr und nicht später als sechs Monate vor dem Ablaufe, in außerordentlichen Erledigungsfällen aber in Ansehung der Stellen der Bürgermeister, Beigeordneten und übrigen besoldeten Magistratsmitglieder sofort vorgenommen werden.

Wegen der außergewöhnlichen Ersatzwahlen bei den Schöffen ist die besondere Vorschrift am Schluß des § 31 maßgebend.

Die der Regierung zustehende Bestätigung der gewählten Magistratspersonen (§ 33 No. 2) ist in Ansehung der Bürgermeister und Beigeordneten der Regel nach in der Plenarversammlung des Kollegii zur Entscheidung zu bringen.[3]) Überhaupt aber ist bei der Bestätigung der Magistratspersonen mit der strengsten Gewissenhaftigkeit zu verfahren. Das Recht der Versagung und eventuellen Anordnung einer kommissarischen Verwaltung ist in allen Fällen, wo es das Interesse der Kommunen oder des Staates erheischt, ohne Rücksicht, ob dadurch eine augenblickliche Unzufriedenheit hervorgerufen werden möchte, pflichtmäßig in Ausübung zu bringen.

Eine Behörde, welche ohne die begründete Überzeugung, daß der Gewählte den Erfordernissen seiner Stellung als Gemeinde- und Staatsbeamter genügen werde, die Bestätigung erteilen oder deren Erteilung befürworten wollte, würde sich dadurch einer schweren Verantwortlichkeit aussetzen.

Nach Bewandtnis der Umstände hat die Regierung zu ermessen, auf welche Weise die Überzeugung von der Befähigung des Gewählten zu erlangen ist. Es kann zu diesem Zwecke nötigenfalls eine Prüfung von ihr angeordnet werden.

Die Herren Regierungspräsidenten haben den Angelegenheiten wegen Bestätigung der Magistratspersonen ihre besondere Aufmerksamkeit zu widmen und nötigenfalls von der ihnen instruktionsmäßig zustehenden Befugnis, Beschlüsse des Kollegii zu beanstanden, Gebrauch zu machen.[3])

Die Angabe der Versagungsgründe bei Verweigerung der Bestätigung ist im Gesetze nicht vorgeschrieben und deshalb darüber nur der vorgesetzten Behörde auf Erfordern Auskunft zu geben.

X. Bei den Vorschriften des § 64 über die Normaletats, worin ausgesprochen ist, daß hinsichtlich der Bürgermeister und der besoldeten Magistratsmitglieder die Festsetzung der Besoldungen in allen Fällen der Genehmigung der Regierung unterliegt, darf nicht außer acht gelassen werden, daß die Befugnis der Regierung, auch die Gehälter anderer städtischer Beamten zu prüfen und nötigenfalls auf einen angemessenen Betrag bringen zu lassen, durch die allgemeine Bestimmung in § 78 gesichert ist.[4])

XI. Da die Wahl einer Magistratsperson erst durch die nach § 33 erforderliche Bestätigung von seiten des Staats perfekt wird, so ist auch, wenn letztere bei einer, nach abgelaufener Wahlperiode vorgenommenen Wiederwahl nicht erfolgt, diese als nicht geschehen zu erachten, und daher

---

[3]) Dieser Satz ist durch § 13 ZustGes. (abgedruckt zu § 33 StO.) abgeändert.

[4]) Nr. X war für ungültig erklärt durch OVG. 27 S. 77. Jetzt ist das Recht der Aufsichtsbehörde, auf die Höhe der Gehälter der besoldeten Gemeindebeamten einzuwirken, durch § 11 KBG. (abgedruckt zu § 64 StO.) geregelt. Der Zwangsetatisierung hat in diesen Fällen die Feststellung des Gehalts durch den Bezirksausschuß vorherzugehen.

die für den Fall der Nichtwiederwahl nach abgelaufener Dienstzeit für die Bürgermeister und besoldeten Mitglieder des Magistrats in § 65 festgesetzte Pension zu gewähren.

XII. betrifft die gesetzlichen Vorschriften über die Anstellung der Invaliden als Gemeindebeamte. Vgl. jetzt Vorbem. II zu § 56[6].

XIII. Insoweit das gegenwärtige Gesetz keine entgegenstehenden ausdrücklichen Bestimmungen enthält, sind

1. bei den Geschäftsordnungen, welche die Stadtverordnetenversammlungen unter Zustimmung des Magistrats nach § 48 abfassen dürfen, die als Anlage zur Städteordnung vom 19. November 1808 (vgl. § 128 derselben), oder die als Anhang zur revidierten Städteordnung vom 17. März 1831 (vgl. § 78 derselben) ergangene Instruktion zur Geschäftsführung der Stadtverordneten als Grundlage zu benutzen;

2. für den Geschäftsgang bei der städtischen Verwaltung (§§ 56 und folgende des gegenwärtigen Gesetzes) die Vorschriften der auf Allerhöchste Anordnung unter der Herrschaft der Städteordnungen von 1808 und 1831 ergangene Instruktion für die Stadtmagistråte in den Provinzen Brandenburg, Pommern, Preußen, Schlesien, Posen und Sachsen vom 25. Mai 1835 (Annalen XIX S. 733) beizubehalten.[5]) Diese Instruktion enthält in den §§ 4, 20 Nr. 5, 26—31 auch nähere Anordnungen hinsichtlich der Geschäftsverhältnisse der Deputationen und Kommissionen.

Für die Kirchen- und Schuldeputationen, welche sich ihrem Ressortverhältnisse gemäß nicht bloß auf dem Gebiete der eigentlichen Gemeindeverwaltung bewegen, bilden die neben den älteren Städteordnungen ergangenen besonderen Bestimmungen[6]) fernerhin die leitenden Normen, die auch bei den im § 59 am Schlusse der statutarischen Anordnung vorbehaltenen besonderen Festsetzungen über die Zusammensetzung der bleibenden Verwaltungsdeputationen zu beachten sind. Es versteht sich jedoch, daß überhaupt die Zuziehung von Geistlichen und Schulmännern in ihrer Eigenschaft als stimmfähige Bürger (§ 5) bei der Bildung von Deputationen zulässig ist, wenngleich sie nach §§ 17 u. 30 nicht Mitglieder der Stadtverordnetenversammlung und des Magistrats sein können.

Zu der Bestimmung in § 59 des gegenwärtigen Gesetzes, daß auch bloß aus Mitgliedern des Magistrats Deputationen zusammengesetzt werden können, hat das Bedürfnis großer Städte Veranlassung gegeben, behufs der Geschäftsverteilung ähnliche Einrichtungen zu treffen, wie bei den Regierungskollegien durch die Bildung besonderer Abteilungen bestehen. Es wird daher von jener Vorschrift auch nur in sehr begrenztem Umfange bei hierzu entschieden hervortretendem Bedürfnisse Gebrauch zu machen und dabei ein sorgfältiges Augenmerk darauf zu richten sein, daß kein unsicherer und schleppender Geschäftsgang entsteht, und die Einwirkung des

[5]) Die Instruktion für die Stadtmagistrate v. 25. 5. 1835 ist unter B des Anhangs abgedruckt. Siehe dazu Vorbem. zu §§ 58, 59 StO.

[6]) Vgl. hierzu Anm. 11a zu § 59.

Bürgermeisters mit voller Verantwortlichkeit auf die gesamte städtische Verwaltung nicht geschwächt werde.

XIV. An die gegenwärtige Städteordnung schließen sich die Vorschriften des Gesetzes über die Polizeiverwaltung vom 11. März 1850. Diesem Zusammenhange entsprechen die Bestimmungen des § 62 über die Geschäfte des Bürgermeisters außerhalb der eigentlichen Kommunalverwaltung und des § 63 hinsichtlich der ortspolizeilichen Verordnungen. Im Eingange des § 62 ist unter I der Vorschrift, daß der Bürgermeister die Handhabung der Ortspolizei, die Verrichtungen eines Hilfsbeamten der gerichtlichen Polizei und die Verrichtungen eines Polizeianwalts usw. zu besorgen habe, die Maßgabe vorangestellt:

„wenn die Handhabung der Ortspolizei nicht Königlichen Behörden übertragen ist".

Es darf nicht unbeachtet bleiben, daß auch für diesen Fall der ausgesonderten Handhabung der Ortspolizei durch Übertragung an Königliche Behörden (vgl. § 2 des Gesetzes über die Polizeiverwaltung vom 11. März 1850) die allgemeine Vorschrift im letzten Alinea des § 62 der gegenwärtigen Städteordnung, wonach

„einzelne der unter I u. II erwähnten Geschäfte mit Genehmigung der Regierung einem anderen Magistratsmitgliede übertragen werden können",

Mittel an die Hand gibt, geeignete andere Magistratspersonen außer dem Bürgermeister mit den erwähnten Verrichtungen eines Hilfsbeamten der gerichtlichen Polizei oder eines Polizeianwalts, wenn dies sonst durch das Bedürfnis bedingt und angemessen erscheint, zu betrauen.

XV.[7] Durch die Vorschriften des § 52 über die Erhebung des Einzugs-, des Eintritts- und Hausstandsgeldes sowie des Einkaufsgeldes, sind den Städten Mittel geboten, leichtsinnigen Niederlassungen und dem Andrange des Proletariats, welches sich erfahrungsgemäß vorzüglich den Städten mit guten öffentlichen Anstalten und beträchtlichen Gemeindenutzungen zuwendet, entgegenzuwirken, Vergütigungen für die durch letztere gewährten Vorteile sich zu sichern, insbesondere auch die Verluste, welche durch den Wegfall der nach den älteren Städteverfassungen üblichen Bürgerrechtsgelder entstehen, zu decken. Andererseits soll jedoch dafür, daß die bezeichneten Abgaben in einer den Lokalverhältnissen entsprechenden Weise festgestellt werden, und die Freizügigkeit keine in jenen nicht motivierte, für die allgemeinen Interessen nachteiligen Beschränkungen erleidet, durch die Bestimmung, daß alle derartigen Gemeindebeschlüsse der Bestätigung der Regierung bedürfen, die erforderliche Bürgschaft gewährt werden.

Wenn hiernach dem eigenen Ermessen der Regierung bei Würdigung der allgemeineren und lokalen Bestimmungsgründe für die Normierung der Höhe der Beträge dieser städtischen Abgaben vertraut wird, so werden doch folgende leitende Momente zur Beachtung empfohlen: . . . .

---

[7]) Die Absätze 3—7, die sich auf das Einzugs-, Eintritts- und Hausstandsgeld beziehen, sind mit der Aufhebung dieser Abgaben (s. § 52 StO.) ungültig geworden.

Die Entrichtung einer jährlichen Abgabe oder eines Einkaufsgeldes für die Teilnahme an den Gemeindenutzungen kann nur nach den vorhandenen einzelnen Arten der im § 50 Nr. 4 bezeichneten Nutzungen denjenigen, welche daran wirklich teilnehmen, als ein entsprechendes Äquivalent auferlegt werden.

XVI.[8]) Die Aufsicht des Staats über die städtischen Gemeindeangelegenheiten, welche nach § 76 der Regierung und in höherer Instanz dem Oberpräsidenten zusteht, ist in Gemäßheit der Instruktionen vom 23. Oktober 1817 und 31. Dezember 1825 (Ges.-Samml. 1817, S. 248 und 1826, S. 1 u. 5) auszuüben.

Die Regierung kann, insoweit ihr nicht ausdrücklich die Entscheidung oder Genehmigung in einzelnen Paragraphen der gegenwärtigen Städteordnung, namentlich §§ 2, 11, 15, 20, 21, 27, 33, 36, 44, 50, 51, 52, 53, 54, 57, 62, 64, 65, 72, 73, 77, 78, vorbehalten ist, den Landräten, als ihren beständigen Kommissarien, nach Bedürfnis eine Mitwirkung bei Ausübung der Aufsicht über die Kommunalangelegenheiten derjenigen Städte, welche keine eigenen Kreise bilden, auftragen.

Zu dauernden Einrichtungen, welche in letzterer Beziehung die Regierung zu treffen beabsichtigt, ist zuvor, durch Vermittelung des Oberpräsidenten, meine Genehmigung einzuholen.

Im allgemeinen bestimme ich jedoch, daß die Berichte, welche von den Gemeindebehörden in Städten von nicht mehr als 10000 Einwohnern an die Regierung zu erstatten sind, auch dann, wenn dem Landrate sonst eine regelmäßige Mitwirkung bei der Aufsicht über die städtischen Gemeindeangelegenheiten nicht besonders übertragen ist, durch Vermittelung des Landrats und mit seinen etwaigen Bemerkungen begleitet, an die Regierung befördert werden.

Übrigens versteht es sich von selbst, daß alle Städte, welche keine eigenen Kreise bilden, auf Grund der Verordnung vom 30. April 1815 (GS. 85) der Polizeiaufsicht des Landrats unterworfen bleiben.

Es wird den Regierungen überlassen, in einzelnen Fällen besondere Kommissarien zum Zweck der Ausführung der gegenwärtigen Städteordnung zu ernennen.

Die Oberpräsidenten haben die Geschäfte wegen Ausführung der gegenwärtigen Städteordnung zu leiten und alle zwei Monate über den Stand der Angelegenheit zu berichten.

Schließlich bleibt eine besondere Instruktion der Regierungen über Ausführung des § 53 des Gesetzes, die Gemeindeauflagen betreffend, vorbehalten.

Berlin, den 20. Juni 1853.

Der Minister des Innern. v. Westphalen.

---

[8]) Vgl. zu Nr. XVI den zu § 76 StO. abgedruckten § 7 ZustGes. sowie die Erläuterungen zu § 76 StO.

B. Instruktion für die Stadtmagisträte in den Provinzen Brandenburg, Pommern, Preußen, Schlesien, Posen und Sachsen vom 25. Mai 1835.

(v. Kamptz Annalen Jahrg. 1835 S. 733.)[1])

Nachdem Allerhöchster Anordnung zufolge über die Bearbeitung der Geschäfte im Innern der Magistrate ein besonderes Regulativ abgefaßt worden, so wird dasselbe zur weiteren Befolgung hiermit bekanntgemacht.

§ 1. Der Geschäftskreis der Magistrate umfaßt die Verwaltung

a) der eigentlichen Kommunalangelegenheiten, und

b) derjenigen Angelegenheiten, welche die Staatsbehörde den Magistraten fortlaufend oder vorübergehend überträgt.

Nur auf die Verwaltung der zuerst gedachten Angelegenheiten bezieht sich die vorliegende Geschäftsanweisung. Für die sub b bezeichneten Angelegenheiten gelten zunächst die besonderen Vorschriften der Staatsbehörde über den dabei zu beobachtenden Geschäftsgang. Soweit aber dieselben den Bestimmungen des vorliegenden Regulativs nicht entgegenstehen, kann nach den letzteren ebenfalls verfahren werden.

§ 2. Die Geschäfte werden entweder

a) von dem Magistratskollegium in der Gesamtheit, oder

b) von den entweder dauernd oder auch nur zeitweise für einzelne Geschäftszweige gebildeten besonderen Deputationen

besorgt.

§ 3. Vor das Plenum des Magistrats gehören:

a) diejenigen Gegenstände, welche demselben nach den näheren Bestimmungen der Städteordnung besonders überwiesen sind, ferner diejenigen Vermögensangelegenheiten, über welche die Stadtverordneten Gutachten, Erklärung oder Genehmigung abzugeben haben. Diejenigen Angelegenheiten hingegen, mit welchen eine fortdauernde Administration verbunden ist, oder die eine anhaltende Aufsicht und Kontrolle oder Mitwirkung an Ort und Stelle erfordern, müssen, wo die Städteordnung vom 19. November 1808 gilt, und können, wo die revidierte Städteordnung eingeführt ist, durch besondere Deputationen und Kommissionen besorgt werden, welche unter Leitung und Aufsicht des Magistrats stehen und seinen Verfügungen Folge zu leisten haben.[2])

---

[1]) Vgl. bezügl. der Frage der formellen und materiellen Gültigkeit der Instruktion die Vorbem. zu § 58 StO. Die Instruktion ist ihrem ganzen Inhalte nach abgedruckt; von einer Erläuterung ist mit Rücksicht auf die ausführliche Schrift von Jebens (Berlin, Heymann 1901) Abstand genommen. Die obsoleten Bestimmungen sind durch den Druck hervorgehoben; dabei ist auch angegeben, welche gesetzliche Bestimmung die Aufhebung oder Abänderung bewirkt hat.

[2]) Siehe jetzt § 59 StO.

b) Die Anstellung aller zur Kommunalverwaltung erforderlichen besoldeten und unbesoldeten Unterbeamten unter Beobachtung der über diesen Gegenstand ergangenen besonderen Verordnungen sowie die Annahme zeitweiser Hilfsarbeiter gegen diätarische Remuneration.

c) Die Ausübung der der Stadtkommune in kirchlichen Angelegenheiten zustehenden Patronats- und Ehrenrechte, insbesondere die damit verbundenen Anstellungen der Geistlichen und sonstigen Kirchenbedienten, imgleichen die Besetzung der Lehrerstellen an den Schulanstalten.

d) Die Disziplin über die besoldeten Unterbeamten des Magistratskollegii und der Verwaltungsdeputationen und Kommissionen in denjenigen Fällen, wo die Dirigenten das ihnen § 20 No. 8 und § 27 No. 1 verliehene Strafrecht nicht für zureichend erachten. Der Magistrat ist befugt, alle diese Beamten bis auf Höhe von zehn Talern oder verhältnismäßigem, höchstens achttägigem Arrest in Strafe zu nehmen. Der Rekurs hiergegen geht an die Regierung. Ferner die Disziplin über die unbesoldeten Beamten des Magistrats und der Verwaltungsdeputationen sowie über die in den letzteren befindlichen Bürgermitglieder, wenn die Rügen der Dirigenten nicht fruchten oder Beschwerden darüber geführt werden (§ 27 No. 2)[3]).

e) Die Erteilung von Dienstinstruktionen für die Mitglieder des Kollegii, dessen Unterbehörden und Unterbeamten, desgleichen für die städtischen Verwaltungsdeputationen und Kommissionen und deren Unterbehörden und Beamten.

Alle diese Instruktionen dürfen jedoch den in dieser Verordnung enthaltenen Vorschriften nicht entgegen sein; auch müssen sie, soweit sie den formellen Geschäftsgang betreffen, die Zustimmung des Magistats-dirigenten erhalten.

§ 4. Der Magistrat bildet ein Kollegium; der Dirigent desselben ist der Bürgermeister, in großen Städten der Oberbürgermeister. Die erforderlichen Beschlüsse müssen im versammelten Kollegio durch Stimmenmehrheit gefaßt werden. Nur unter dem Dirigenten oder unter dessen Stellvertreter, dies letztere jedoch nur in den § 20 Nr. 12 bestimmten Fällen, ist das Kollegium zusammen zu treten und zu beschließen berechtigt.

§ 5. Sämtliche an den Magistrat eingehende Sachen werden vom Dirigenten eröffnet und präsentiert. Die vor das Kollegium gehörenden Gegenstände muß der Dirigent an dasselbe, die vor die Deputationen gehörigen an diese letzteren gelangen lassen. Was die ersteren betrifft, so ernennt der Dirigent, vermöge der ihm zustehenden Geschäftsverteilung (s. § 20 Nr. 2), die Dezernenten, in wichtigeren Fällen auch Kodezernenten, und schreibt

---

[3]) Dem Magistrat gebührt nur noch ein Aufsichtsrecht über die Gemeindebeamten, auf Grund dessen er Warnungen und Verweise erteilen kann; eigentliche Disziplinarstrafbehörde ist er nicht mehr. Vgl. § 58 StO., §§ 15, 19, 20 DisziplinarG. (abgedruckt zu § 80 StO.) und insbesondere Anm. 25 zu § 80 StO.

ihnen die Sachen zu. Für Sachen, die einen bestimmten Geschäftsgang haben, kann der Dirigent ein für allemal einen Dezernenten ernennen.

Der Dirigent hat auch die Befugnis, in den zu den Deputationen gehörigen Angelegenheiten die Dezernenten zu ernennen, darf jedoch die Ausübung dieser Befugnis auch dem speziellen Dirigenten der Deputation übertragen. In kleineren Orten, wo es ohne Geschäftsüberhäufung möglich und zu besserer Übersicht des ganzen Geschäftsganges ratsam ist, darf die Regierung dem Bürgermeister auch die Verteilung der Sachen an die einzelnen Mitglieder der Deputationen als Pflicht auflegen.

§ 6. Der gesamte Geschäftsbetrieb beim Magistratskollegio wird durch ein Hauptjournal kontrolliert, in welches jede eingehende Sache, sowie solche präsentiert und zugeschrieben worden, eingetragen und darin so lange fortgeführt wird, bis sie erledigt ist.

§ 7. Die eingetragenen Sachen gelangen zur Registratur und werden von dort mit den vollständigen Akten, wenn ein Kodezernent ernannt ist, zunächst diesem zur Einsicht und etwaigen Beifügung seiner Bemerkungen, hierauf aber dem Dezernenten vorgelegt.

§ 8. Alle bloß einleitende und vorbereitende Verfügungen, alle Sachen, die ihren gewiesenen Gang haben, alle unerheblichen Gegenstände, oder bei denen die Entscheidung auf unzweifelhaften und ausdrücklichen Bestimmungen beruht, werden, wenn die Regierung nicht eine andere Bestimmung trifft, ohne Vortrag abgemacht. Nur diejenigen kommen zum Vortrage, die entweder vom Dirigenten zum Vortrage geschrieben worden, oder bei denen die Dezernenten erhebliche Bedenken haben, oder die sie wegen ihrer besonderen Wichtigkeit zur Kenntnis des Kollegii zu bringen wünschen. Von den Sachen, welche vorgetragen worden, wird dies von dem Dirigenten im Journale vermerkt. Nur vom ernannten Dezernenten können die Sachen zum Vortrag gebracht werden. Glaubt ein Mitglied, daß eine nicht zu seinem Ressort gehörige Sache einer Beratung im Kollegio bedürfe, so muß dasselbe den Dirigenten hierauf aufmerksam machen, dem es überlassen bleibt, eine schriftliche Anzeige zu erfordern. Sehr schleunige zum Vortrage geschriebene Sachen muß der Dezernent nötigenfalls mit dem Dirigenten sofort beraten; auch kann letzterer die dringendsten Verfügungen sofort erlassen; dem Magistratskollegio aber muß dann in nächster Sitzung von dem Verfügten Nachricht gegeben und zu den bereits erlassenen Verfügungen das etwa noch Nötige ergänzt werden.

§ 9. Die gewöhnlichen Vorträge werden ein für allemal durch den Dirigenten an bestimmten Tagen und Stunden angeordnet.

Er beruft, wenn es die Umstände erheischen, außerordentliche Sitzungen, zu welchen die Mitglieder des Kollegii unter Andeutung des Zweckes der Zusammenkunft, wenn dieser keine besondere Geheimhaltung erfordert, vorgeladen werden.

Die Mitglieder müssen sich zur bestimmten Stunde zu den Sitzungen einfinden. Behinderungen, dem Vortrage beizuwohnen, müssen dem Vorsitzenden unter Anführung der Gründe schriftlich oder in Person angezeigt werden.

§ 10. Der Dirigent leitet den Vortrag im Kollegio. Letzterer beginnt mit den eiligen Sachen; sodann folgt der der übrigen, in der Regel nach dem Dienstalter der Mitglieder. Sehr eilige und besonders wichtige Gegenstände müssen nach dem Ermessen des Dirigenten vorzugsweise zum Vortrage kommen. Der Dezernent gibt zuerst und hierauf der etwa ernannte Kodezernent seine Stimme ab; das Kollegium wird für beistimmend erachtet, wenn keine widersprechende Meinung sich äußert. Im entgegengesetzten Falle müssen die Widersprechenden mit ihren Meinungen gehört werden. Der Dirigent bestimmt erforderlichenfalls die Reihenfolge der Sprecher, sorgt dafür, daß einerseits der Sprechende in vollständiger Auseinandersetzung seiner Ansicht nicht unterbrochen, andererseits aber unnütze und ermüdende Abschweifungen vermieden und fremdartige Gegenstände nicht eingemischt werden. Nach Anhörung der verschiedenen Meinungen stellt er die Streitfrage zur Abstimmung fest; er berücksichtigt hierbei die ihm etwa hierüber gemachten Bemerkungen und verfügt sodann die Abstimmung. Er sammelt die Stimmen von unten herauf nach dem Dienstalter der Mitglieder; er zählt die Stimmen und spricht nach der Mehrheit derselben den Beschluß des Kollegii aus. Bei Gleichheit der Stimmen entscheidet die des Dirigenten. Dieser muß überhaupt darauf sehen, daß die Debatten mit Gründlichkeit, Ordnung, Ruhe und Leidenschaftslosigkeit geführt werden, und die Mitglieder müssen seinen diesfälligen Anordnungen Folge leisten. Sollten seine Ermahnungen ohne Erfolg bleiben, so hat er die Befugnis, die Diskussion des betreffenden Gegenstandes gänzlich abzubrechen und dessen weitere Erörterung zur nächsten Sitzung zu verlegen; auch kann er, nach Bewandtnis der Umstände, die ganze Sitzung auf einige Zeit sistieren oder dieselbe gänzlich schließen. In solchen Fällen hat der Dirigent eine den Hergang der Sache darstellende Verhandlung aufzunehmen, dieselbe von wenigstens zwei Mitgliedern, welche sich der diesfälligen Aufforderung des Dirigenten unterziehen müssen, unterzeichnen zu lassen und sie sodann der vorgesetzten Behörde einzusenden.

Beim Vortrage solcher Sachen, welche das besondere Privatinteresse eines Mitgliedes oder seiner näheren Angehörigen berühren, muß letzteres auf Verlangen des Dirigenten sich aus der Sitzung entfernen. Auch der Dirigent darf dem Vortrage solcher Sachen, die sein oder seiner näheren Angehörigen Privatinteresse angehen, nicht beiwohnen.

§ 11. Auf Verlangen der Majorität oder nach dem besonderen Ermessen des Dirigenten, müssen Beschlüsse von Wichtigkeit, oder bei denen es auf eine besondere Verantwortlichkeit der einzelnen Mitglieder ankommt, niedergeschrieben und in der aufzunehmenden Verhandlung, für welche der Dirigent den Konzipienten ernennt, die Zahl der Anwesenden sowie in Verantwortlichkeitsfällen die Stimmen dafür und dawider, namentlich verzeichnet, auch muß die Verhandlung dem Kollegio zur Genehmigung der Richtigkeit des Befundes vorgelesen und zur Beglaubigung vom Dirigenten, dem Dezernenten und noch einem andern vom Dirigenten zu bezeichnenden Mitgliede unterschrieben werden. Dergleichen Verhandlungen werden zu den betreffenden Akten genommen.

Sollte das Kollegium nur in geringer Zahl versammelt sein, so hat der Dirigent bei wichtigen Angelegenheiten, wenn es die Umstände gestatten, die Beratung bis zur nächsten Versammlung auszusetzen und darauf zu halten, daß dieselbe durch die möglichst vollständige Zahl der Mitglieder erfolge.

§ 12. Sachen, in welchen von Unterbehörden oder Personen bloß Auskunft erfordert wird, werden, soweit es tunlich ist, diesen durch einen bloßen Vermerk auf die betreffende Journalnummer (br. m.) vorgelegt.

Die übrigen Verfügungen des Kollegii, welche an die Bittsteller oder an die Unterbehörden gelangen, werden in der Regel durch Abschriften der Dekrete erlassen, welche nach der von dem Dirigenten zu treffenden Einrichtung entweder gleich den Ausfertigungen zu vollziehen oder von einem dazu zu bestimmenden Beamten zu beglaubigen sind.

Diejenigen Verfügungen, die sich nicht dazu eignen, insbesondere Berichte an die vorgesetzten und Schreiben an andere Behörden usw. müssen im Konzept entworfen und sodann förmlich ausgefertigt werden. Von der Beschaffenheit des Gegenstandes oder sonstiger Umstände ist es abhängig, ob die Sachen vollständig von dem Dezernenten ausgearbeitet werden oder dazu die Hilfe der Expedienten, wo dergleichen vorhanden, in Anspruch zu nehmen ist, worüber nötigenfalls der Dirigent entscheidet.

§ 13. Alle bloß einleitende und vorbereitende Dekrete an die Bureaus und Beamten des Kollegii und die zur Expedition bestimmten Dekrete gehen in der Regel unter der alleinigen Zeichnung des Dezernenten; doch kann sich auch der Dirigent deren Revision und Mitzeichnung vorbehalten und ist, wenn dazu wegen besonderer persönlicher Verhältnisse Veranlassung vorhanden ist, dazu verpflichtet.

Dagegen gelangen alle anderen Verfügungen, insbesondere alle Konzepte, nachdem sie von dem Dezernenten vollzogen worden, falls ein Kodezernent ernannt ist, zunächst an diesen zur Mitzeichnung, sodann aber zur Revision des Dirigenten. Die Kodezernenten müssen bei eintretenden Zweifeln (s. § 19) diese durch mündliche Rücksprache mit dem Dezernenten oder durch Einwirkung des Dirigenten zu erledigen suchen.

Letzterer entscheidet bei Bedenken über die Form der Verfügungen. Ist der Kodezernent mit dem Materiellen der Verfügung nicht einverstanden, so kann er die Sache zum nochmaligen Vortrage im Kollegio befördern.

§ 14. Die Befugnis des Dirigenten bei der Revision der Dekrete und Konzepte beschränkt sich auf die Änderung in Form und Fassung (daß diese passend und schicklich erfolge, darauf hat er besonders zu sehen). Hält er die Fassung materiell für unrichtig, so muß er die Verfügung dem Dezernenten mit seinen Bemerkungen zurückgeben, kann auch zur weiteren Prüfung der Sache einen oder mehrere Kodezernenten ernennen; die Sache muß sodann, wenn keine Einigung stattfindet, im Kollegio vorgetragen werden. Bei dem hierauf gefaßten Entschlusse muß es, die § 20 Nr. 7 bezeichneten Fälle ausgenommen, verbleiben, und ist der Dirigent das diesem gemäß gefaßte Konzept zu vollziehen verpflichtet.

Ohne diese Vollziehung darf kein Beschluß oder keine Verfügung des Kollegii in Reinschrift und zur Ausführung gebracht werden.

§ 15. Auf Verlangen des Kollegii oder des Dezernenten oder nach Befinden des Dirigenten, müssen Eingaben an des Königs Majestät, an die

Königlichen Prinzen und an die vorgesetzten Behörden, oder Schreiben an die Stadtverordnetenversammlung sowie wichtige Ausarbeitungen überhaupt, nachdem sie vorher zur Revision gekommen sind, dem Kollegio vollständig vorgelesen, und die etwa bei der Revision entstandenen noch nicht erledigten Bedenken hierbei erörtert werden. Diese Vorlesung ändert jedoch nichts in der Verpflichtung und Befugnis des Dezernenten und Revisors, für eine vollständige, passende und schickliche Fassung zu sorgen.

§ 16. Die Magistratskanzlei fertigt die Reinschriften der vollzogenen Dekrete und Konzepte, insofern nicht etwa bestallungsmäßig dem Bürgermeister aufgelegt ist, für Fertigung der Ab- und Reinschriften zu sorgen. Sie werden mit der bisher üblichen Firma des Magistrats versehen.

§ 17. Die Reinschriften der Konzepte, insbesondere auch die Bürgerbriefe, werden in der Regel von drei Mitgliedern des Kollegii, einschließlich des Dirigenten, in ganz eiligen Fällen aber, wenn es zur Förderung dient, vom Dirigenten allein unterschrieben[4]).

§ 18. Jedem Mitgliede des Kollegii soll ein möglichst bestimmter, abgegrenzter Wirkungskreis zugeteilt werden; bei den besoldeten mit vorzüglichster Beobachtung der Gleichheit unter den einzelnen Mitgliedern und mit Berücksichtigung der Arbeiten, die sie überhaupt, insbesondere auch bei den Deputationen zu besorgen haben; bei den unbesoldeten aber auch mit billiger Berücksichtigung ihrer bürgerlichen und sonstigen Verhältnisse.

Jedes Mitglied ist in dem ihm angewiesenen Geschäftskreise möglichst frei und selbständig zu wirken befugt. Es muß denselben mit Wärme und innerer Teilnahme auffassen, mit Umsicht behandeln, fern von Leidenschaft und persönlichen Rücksichten. Es muß sich nicht bloß auf die zugeschriebenen Sachen beschränken, sondern aus eigenem Antriebe sich in fortwährender Kenntnis der ihm überwiesenen Verwaltungsgegenstände halten und die angegebenen Verfügungen in ihrer Ausführung verfolgen, da, wo diese stockt, forthelfen und die Säumigen erinnern. Die Mitglieder sind daher auch verpflichtet, die Geschäftsführung der unter ihnen arbeitenden Beamten zu beobachten, sie zurechtzuweisen und sie nötigenfalls dem Dirigenten zur Bestrafung anzuzeigen.

Auch die unbesoldeten Mitglieder müssen den Vorträgen des Kollegii regelmäßig beiwohnen und nach und nach, besonders wenn sie es wünschen, bei den verschiedenen Deputationen beschäftigt werden, damit sie Gelegenheit erhalten, sich mit den verschiedenen Zweigen der Kommunalverwaltung bekanntzumachen.

Auch müssen sie bei außerordentlichen Geschäften, z. B. Stadtverordnetenwahlen, zutreten. Endlich sind sie auch verpflichtet, Assessorate bei den Gewerken und Innungen zu übernehmen. Sollte letzteres mit ihren gewerblichen Verhältnissen nicht vereinbar oder für dieselben zu störend sein, so müssen sie von dieser Übernahme entbunden werden.

Der Dezernent ist nicht allein für einen schnellen und ununterbrochenen Betrieb, sondern auch für eine gründliche und vorschriftsmäßige Bearbeitung

---

4) Vgl. jetzt StO. § 56[8].

der ihm überwiesenen Gegenstände sowie für eine anständige und schickliche Fassung der von ihm angegebenen Verfügungen, zunächst und vollständig verantwortlich. Von dieser prinzipalen Verantwortlichkeit wird er auch durch den Beitritt des Kollegii bei dem gehaltenen Vortrage nicht befreit. Er haftet für eine vollständige, richtige und aktenmäßige Darstellung des Sachverhältnisses, für den weiteren Betrieb der Sache und für eine zweck- und ordnungsmäßige Ausführung des Beschlusses.

Die Kodezernenten können, wenn sie es für notwendig erachten, und müssen, wenn es vom Dirigenten verlangt wird, ihr schriftliches Votum über den Gegenstand abgeben; sie haben darauf zu sehen, daß kein faktischer Irrtum bei der Sache obwalte, daß die Verfügungen den bestehenden Gesetzen und Vorschriften nicht entgegen seien, daß die Expedition auf die zum Vortrage gelangten Sachen dem Beschlusse des Kollegii gemäß, ferner an sich schicklich, klar und bestimmt abgefaßt, mit den nötigen Gründen unterstützt, und daß keine Sache ohne Vortrag abgemacht werde, welche dazu hätte gelangen sollen. Wird ein Mitglied vom Kollegio überstimmt, so darf es diesen Beschluß nicht vertreten, wenn es sein Votum schriftlich, unter Anführung der Gründe, zu den Akten gegeben oder sich bei der über den Beschluß aufgenommenen Verhandlung (§ 11) für dissentierend erklärt hat. Der Dezernent und jeder, der die Sache zur Mitzeichnung und Revision erhält, kann sein abweichendes Votum der angegebenen Verfügung gleich beilegen; jedes andere Mitglied reicht dasselbe dem Dirigenten ein.

§ 19. Den Reinschriften der nach den Beschlüssen des Kollegii auszufertigenden Verfügungen dürfen zwar keine Vota der einzelnen Mitglieder, selbst nicht das des Dirigenten, beigelegt werden; bei Eingaben und Berichten an die vorgesetzten Behörden kann jedoch die Minorität, selbst wenn sie aus wenigen oder aus einem einzelnen Mitgliede besteht, nach ihrer Wahl verlangen, entweder, daß ihre bei der Beratung aufgestellten Gründe in derjenigen Fassung, welche das von der Minorität dazu ausersehene Mitglied derselben vorlegt, vorausgesetzt, daß rücksichtlich der Schicklichkeit nichts dagegen zu erinnern, in den Bericht aufgenommen werden, welchenfalls denn auch das Konzept des letzteren eben diesem Mitgliede der Minorität zur Mitzeichnung vorgelegt werden muß, oder daß, wenn die Minorität oder einzelne Dissentienten es vorziehen, die Darstellung ihrer Ansichten bloß vollständig zu den Akten zu geben, dieses Umstandes im Bericht erwähnt und dabei der Oberbehörde die eventuelle Einforderung anheimgegeben werde.

§ 20. Der Dirigent (Bürgermeister oder Oberbürgermeister) ist der unmittelbare Vorgesetzte der Mitglieder des Kollegii und seiner Unterbeamten sowie der mittelbare Vorgesetzte sämtlicher übrigen Kommunalbeamten. Alle diese Beamten sind ebenso, wie die Mitglieder des Magistratskollegii, verpflichtet, ihm in den zu seinem Ressort gehörigen Angelegenheiten Folge zu leisten und ihm auf Verlangen jede amtliche Auskunft über die zu ihrem Geschäftskreise gehörigen Gegenstände mündlich oder schriftlich zu erteilen.

Zu seinem Ressort gehören insbesondere folgende Gegenstände:

1. Er leitet den formellen Geschäftsgang beim Magistratskollegio: er trifft, soweit es nicht schon in der gegenwärtigen Verordnung geschehen, die

zu dieser Leitung sowie zur Regelmäßigkeit, zum ununterbrochenen Fortgange und zur Kontrolle des Geschäftsganges nötigen Anordnungen und gibt die hierzu erforderlichen Instruktionen.

2. Er verteilt die Geschäfte unter die Mitglieder des Kollegii, so daß jede Sache in der Regel von dem gewöhnlichen Dezernenten bearbeitet wird. Auch sich selbst darf er, soweit es ihm die Direktion des Ganzen und die ihm etwa aufgetragenen besonderen Geschäfte gestatten, hierbei nicht übergehen. Diejenigen Gegenstände, welche die Ansetzung sowie die Entlassung der Mitglieder des Kollegii und dessen Unterbeamten betreffen, gehören, insoweit sie von dem Kollegio ressortieren, zur speziellen Bearbeitung des Dirigenten.

Er ernennt ferner, sowohl der Zahl als der Person nach, die Mitglieder aus dem Kollegio zu den bestehenden Verwaltungsdeputationen, imgleichen zu vorübergehenden Deputationen und Kommissionen, ebenso auch zu den ihm nötig scheinenden vorbereitenden Beratungen sowie zur Besorgung einzelner Geschäfte, desgleichen zur Übernahme von Assessoraten bei Gewerken usw. Dieses Ernennungsrecht schließt auch das Abberufungsrecht in sich.

3. Er sorgt für äußere Ordnung, Anstand und Würde in den Versammlungen des Kollegii, in dessen Verfügungen und im Geschäftsverkehr überhaupt.

4. Er muß auch auf das Innere der Sachen eingehen, auf vollständige Erörterung der Gegenstände halten, hinhaltende Verfügungen verhüten, für baldige Bescheide sorgen und überhaupt darauf sehen, daß ein reges Leben in der Verwaltung herrsche, daß die dem Magistrate obliegende materielle Leitung derselben die nötige Einheit und den erforderlichen Zusammenhang erhalte, daß dieselbe dem Besten der Kommune gemäß geführt, alles, was die Kenntnis der Stadtverordneten und deren Mitwirkung nach der Städteordnung erheischt, vor die Stadtverordnetenversammlung gebracht, und ihr nichts davon entzogen werde.

Er muß die städtischen Kommunalanstalten von Zeit zu Zeit revidieren und darauf halten, daß sie ihrem Zweck entsprechend verwaltet werden. Eingeschlichenen Mißbräuchen und kundgewordenen Mängeln hat er, soweit sie im bloßen Geschäftsgange liegen, unter Zuziehung der betreffenden Beamten, selbst abzuhelfen, soweit sie aber das Materielle der Gegenstände betreffen, bei den betreffenden Deputationen und erforderlichenfalls beim Kollegio selbst zur Sprache zu bringen.

5. Er muß sich um die Geschäftsführung sämtlicher Deputationen und Kommissionen genau bekümmern und diese Geschäftsführung revidieren. Er hat in dieser Beziehung gleiche Befugnisse und Verpflichtungen, wie sie ihm vorstehend für die Revision der Kommunalangelegenheiten bezeichnet worden. Zu diesem Behufe muß er auch den Sitzungen derjenigen Deputationen, denen er nicht unmittelbar selbst vorsteht, von Zeit zu Zeit und erforderlichenfalls auf längere Zeit beiwohnen. Bei seiner Anwesenheit in denselben ist er befugt, den

Vorsitz zu übernehmen, mitzustimmen und anzuordnen, welche Sachen in seiner Gegenwart vorgetragen werden sollen.

Die vorstehenden Bestimmungen gelten auch von vorübergehenden Deputationen und Beratungen.

6. Er führt die Oberaufsicht über die gesamten städtischen Kassen und das Rechnungswesen sowie über das Kämmereidepositorium und die Kassen der unter dem Magistrate stehenden Institute. Er ist befugt, extraordinäre Kassenrevisionen für seine Person zu veranlassen und muß dafür sorgen, daß jede unter der Aufsicht des Magistrats stehende Kasse sowohl monatlich ordinär, als jährlich einmal extraordinär revidiert wird.

7. Er hat darauf zu sehen, daß der Magistrat und die Kommune ihren Verpflichtungen gegen den Staat und dessen Behörden gebührend nachkomme. Ist er insbesondere mit dem Materiellen eines Magistratsbeschlusses deshalb nicht einverstanden, weil er ihn dem Staat, dessen Gesetzen und Verordnungen oder den von den Staatsbehörden erlassenen Verfügungen entgegen erachtet, so ist er berechtigt und verpflichtet, das Kollegium hierauf aufmerksam zu machen, nach nochmaligem fruchtlosen Vortrage der Sache aber der vorgesetzten Behörde solches schleunigst anzuzeigen und den Beschluß selbst so lange zu suspendieren, bis hierüber nähere Entscheidung ergangen ist.[5])

8. Er ist verpflichtet, dafür zu sorgen, daß die Mitglieder und Unterbeamten des Kollegii ihren amtlichen Verpflichtungen genügen. Beschwerden über ihre Amtsführung gehören zunächst vor ihn, nicht vor das Kollegium.

Wenn Erinnerungen, Ermahnungen und ernstliche Zurechtweisungen nicht fruchten, so muß er, wenn es Mitglieder des Kollegii betrifft, der Regierung Anzeige machen, welche die nötigen Strafverfügungen und in den dazu geeigneten Fällen die Amtssuspension und Einleitung der Untersuchung zu veranlassen hat.

In Fällen, wo Gefahr im Verzuge oder die Verdunkelung eines Vergehens zu befürchten ist, kann er noch vor der Suspension eines Kommunalbeamten die vorläufige Entbindung von den Geschäften ganz oder teilweise sofort verfügen; er muß aber dem Magistrat hiervon schleunigst Anzeige und gleichzeitig die nötigen Anträge wegen Einleitung der Suspension machen.

Er ist befugt, die besoldeten Unterbeamten des Kollegii und der Verwaltungsdeputationen in Geldstrafen bis auf Höhe von fünf Talern oder in Arreststrafe bis zu vier Tagen zu nehmen. Höhere Strafen gegen diese Beamten kann nur das Kollegium festsetzen (§ 3 litt. d), die Rekurse gegen die Strafverfügungen des Dirigenten gehören vor die Regierung.[6])

---

[5]) Siehe jetzt § 57 StO. sowie die dazu abgedruckten §§ 15 und 17 ZustGes.

[6]) Vgl. § 58 StO. sowie Anm. 3 zu dieser Instruktion.

9. Er ist befugt, den besoldeten Mitgliedern auf vierzehn Tage, den Unterbeamten des Kollegii bis auf vier Wochen und den unbesoldeten Mitgliedern bis auf sechs Wochen Urlaub zu erteilen. Längerer Urlaub muß für Mitglieder des Kollegii bei der Regierung, für die Unterbeamten aber beim Magistratskollegio nachgesucht werden. Wenn unbesoldete Magistratsmitglieder schleunige Reisen zu machen haben, so müssen sie dem Dirigenten wenigstens die vermutliche Zeit ihrer Abwesenheit und den Ort, wohin sie reisen, anzeigen. Der Dirigent selbst muß bei mehr als dreitägiger Abwesenheit den Urlaub, soweit die Stadt unter Polizeiaufsicht des Landrats steht, bis auf acht Tage bei diesem, auf längere Zeit durch denselben bei der Regierung nachsuchen.[7]) Er hat dafür zu sorgen, daß die Magistratsmitglieder sowie die Unterbeamten, ihren Verpflichtungen gemäß, bei vorkommenden Reisen sämtliche in die magistratualischen und in die Deputationsgeschäfte einschlagenden, in ihrem Gewahrsam befindlichen Akten in die Registratur abliefern; wenn letzteres nicht geschieht, so hat er anzuordnen, daß dieselben durch einen mit den nötigen Instruktionen zu versehenden Beamten, nötigenfalls auf exekutivischem Wege, herbeigeschafft werden.

10. Über alles, was die ihm zustehende Disziplin über die Mitglieder und Beamten des Kollegii betrifft, führt er besondere Akten, und hat diese sowie diejenigen Akten, welche sich auf die höheren Orts ihm persönlich gemachten Aufträge oder auf solche Angelegenheiten beziehen, die eine besondere Geheimhaltung erfordern, im Rathause unter seinem besonderen Verschlusse aufzubewahren.

11. Beschwerden über ihn wegen Überschreitung seiner Amtsbefugnisse und Dienstführung gehören nie zum Ressort des Magistratskollegii, sondern zu dem der vorgesetzten Behörde, und zwar zunächst zu demjenigen der Regierung.

12. In Krankheits-, Abwesenheits- und sonstigen Behinderungsfällen muß er seine Stellvertretung in den größeren Städten, in welchen neben dem Oberbürgermeister ein Bürgermeister angestellt ist, diesem letzteren, in den anderen aber in der Regel dem der Dienstzeit nach ältesten Magistratsmitglied übertragen, insofern nicht von der Regierung einmal oder für immer ein anderer Stellvertreter ernannt ist.[8]) Wo besoldete Magistratsmitglieder vorhanden sind, sind diese nach obigen Vorschriften die Stellvertretung zu übernehmen verpflichtet, die unbesoldeten aber in solchem Falle sie abzulehnen befugt.

Die Übertragung der Geschäfte muß von dem Dirigenten schriftlich geschehen und zugleich schriftlich dem Magistratskollegium sowohl, als der Regierung angezeigt werden.

---

[7]) Vgl. die ME. v. 5. 12. 1867 und 10. 12. 1898 (MBl. 99 S. 4 u. 5) abgedr. in Anm. 1 zu § 58 StO.

[8]) Das Recht der Aufsichtsbehörde, den Stellvertreter zu bestimmen, besteht nach der jetzigen StO. nicht mehr; so auch Jebens a. a. O. S. 38, 39.

Sollte der Dirigent durch plötzliche Krankheit an der schriftlichen Anzeige behindert werden oder vor Einrichtung der Stellvertretung dessen Tod eintreten, so hat das nach obigen Vorschriften zur Übernahme der Stellvertretung verpflichtete Mitglied sich den Dirigentengeschäften zu unterziehen, das Kollegium aber der Regierung Anzeige zu erstatten.

Es wird von dem Dirigenten erwartet, daß derselbe bei Ausübung der ihm in dieser Instruktion verliehenen Rechte und Pflichten, Billigkeit und Schonung mit Kraft und Energie vereinige, und ebensowenig den Vorwurf übertriebener Strenge als unzeitiger Nachsicht auf sich laden werde.

Wenn dem Dirigenten außer obigen Angelegenheiten noch besondere Verpflichtungen wegen der Expeditionen, der Registraturgeschäfte, der Reinschriften usw. aufgelegt werden sollen, so muß das Nähere hierüber unter Bestätigung der Regierung in der Bestallung festgesetzt werden.

§ 21. In Städten, wo außer dem Oberbürgermeister noch ein Bürgermeister besteht, ist letzterer das erste Magistratsmitglied nach dem Oberbürgermeister. Er hat mit den übrigen Magistratsmitgliedern gleiche Rechte und Pflichten, insofern durch diese Ordnung nichts Näheres bestimmt ist. Er ist der Stellvertreter des Oberbürgermeisters, in Gemäßheit im vorigen § Nr. 12 enthaltenen Bestimmungen und tritt als solcher in dessen Rechte und Pflichten. Doch darf er in der bisher beobachteten Ordnung und in den vom Oberbürgermeister getroffenen Einrichtungen sowie in der Geschäftsverteilung nichts ändern. In eiligen Fällen, welche eine Änderung erheischen, müssen die Gründe davon zu den Akten vermerkt werden. Auch außer den Stellvertretungsfällen ist der Bürgermeister den Oberbürgermeister in seinen Funktionen bei dringenden Umständen nach dessen Aufforderung zu unterstützen verpflichtet.

§ 22. Der Kämmerer, insofern er, wie in der Städteordnung vom 19. November 1808 vorgeschrieben ist, und nach der revidierten Städteordnung stattfinden kann, als Magistratsmitglied fungiert, führt außer seinen Geschäften als Rendant, falls ihm die Rendantur städtischer Kassen übertragen worden, die Aufsicht über das ganze Rechnungswesen der Kommune und bearbeitet in der Regel die Etats und die Generalien in Kassen- und Rechnungssachen. Er muß sich in fortdauernder Übersicht von der gesamten Geldverwaltung des Kommunalvermögens erhalten und dem Kollegio die Übersichten über die Lage des Stadthaushaltes und der städtischen Finanzen auf Erfordern geben sowie auch beizeiten die nötigen Anträge zur Beschaffung der Gelder machen. Inwieweit derselbe noch sonstige Geschäfte zu bearbeiten hat, hängt von dem Umfange der Kassengeschäfte, von der bei seinem Eintritte ihm erteilten Bestallung und nötigenfalls von der Entscheidung der Regierung ab.

§ 23. Wo ein Syndikus als Magistratsmitglied angestellt ist, liegt demselben außer den allgemeinen Pflichten eines solchen und neben den ihm besonders zugeteilten Arbeiten ob, als Rechtskonsulent des Magistrats denselben mit seinem Rate zu unterstützen, damit nichts Gesetzwidriges beschlossen werde. Er ist zur Bearbeitung der Prozeßsachen als Sachverständiger verpflichtet, hat die für die Mandatarien erforderliche Information anzufertigen und überhaupt dahin zu sehen, daß die Prozesse der Kommune mit Gründlichkeit geführt werden.

Er hat für die gehörigen Formen aller rechtlichen Verhandlungen des Magistrats zu sorgen und die Konzepte oder andere Ausfertigungen, wodurch das Kollegium Rechte erwirbt oder Verbindlichkeiten eingeht, mitzuzeichnen; dabei ist er nicht für das Materielle, welches der Dezernent zunächst zu vertreten hat, wohl aber für die deutliche und richtige Fassung und dafür verantwortlich, daß aus der Verletzung rechtlicher Formen keine Rechtsstreite oder andere Nachteile entstehen.

Er führt in der Regel die vorkommenden Disziplinaruntersuchungen gegen die Unterbeamten des Magistrats und der Verwaltungsdeputationen.[9]) In Gewerksstreitigkeiten, welche nicht durch die Gewerksassessoren abgemacht oder beseitigt werden, ist er verpflichtet, die Resolute abzufassen.

§ 24. In den Städten, wo ein Stadtbaurat vorhanden, führt dieser die Aufsicht über das gesamte städtische Bauwesen und ist Mitglied der Baudeputation.

Er sorgt für die Unterhaltung der Kommunalgebäude; er gibt dem Kollegio über die zu unternehmenden Neubauten und Reparaturen sowie über die zu erwerbenden Grundstücke sein Gutachten, fertigt die verlangten Pläne und Anschläge und leitet nach dem Beschluß des Kollegii die Ausführung; er muß diese fleißig besichtigen und hierbei auch den Requisitionen der unteren Kommunalbehörde, zu deren Ressort die betreffenden Bauten gehören, genügen.

Ihm liegt die Revision aller Anschläge, die Aufnahme der Revisionsprotokolle über gefertigte Bauarbeiten und die Revision der Berechnungen nicht allein hinsichtlich der Preise, sondern auch hinsichtlich der richtigen und untadelhaften Ausführung der Arbeit, ob.

In Feuersozietäts-Angelegenheiten hat er bei stattgefundenen Brandschäden nach den, in dem für den Ort geltenden Reglements enthaltenen Bestimmungen zu verfahren.

§ 25. Die Unterbeamten des Magistrats sind diesem und dessen Mitgliedern, sowie insbesondere dem Dirigenten, Achtung und Folgsamkeit schuldig. Sie müssen nach den oben angegebenen Bestimmungen (§ 3 litt. c, § 20 Nr. 1) mit Dienstanweisung versehen werden.

§ 26. Die Deputationen und Kommissionen des Magistrats, wie solche nach Vorschrift der Städteordnung vom 19. November 1808 eingerichtet werden müssen, nach der revidierten Städteordnung aber eingeführt werden können,[10]) führen unter Aufsicht und Leitung des Magistrats und in Gemäßheit der von diesem erlassenen Bestimmungen

---

[9]) Zur Führung der Untersuchung kann jetzt auch (§ 22 Diszipl.-Ges.) ein anderer Beamter als Kommissar bestellt werden.

[10]) Siehe jetzt § 59 StO.

und Instruktionen die ihnen übertragenen Verwaltungen; sie stehen weder mit den Stadtverordneten noch mit anderen Behörden in direkter Geschäftsverbindung, und können in letzterer Hinsicht nur örtliche Verhältnisse mit Zustimmung der Ortsbehörde eine Ausnahme begründen. Sie sind berechtigt, die Besorgung spezieller Geschäfte wieder einzelnen Kommissarien zu übertragen und sich nach dem Gegenstande in die Spezialaufsicht zu teilen; doch kann dies nur mit Zustimmung des Vorsitzenden geschehen. Sie können zur Beratung einzelner ihre Verwaltung betreffenden Gegenstände andere Kommunalbeamte, Sachverständige oder sachkundige Personen hinzuziehen. Dergleichen Personen haben aber kein Stimmrecht. Sie dürfen die Zahl ihrer Mitglieder nicht eigenmächtig verstärken oder vermindern.

Die Deputationen und Kommissionen sind in folgenden Fällen verbunden, beim Pleno des Magistrats anzufragen:

a) in allen Sachen, bei denen nach den Vorschriften der Städteordnung die Erklärung oder Zustimmung der Stadtverordneten erforderlich ist;

b) bei Abweichungen von den angenommenen Verwaltungsgrundsätzen oder bestehenden Einrichtungen;

c) in allen Fällen, wo es auf Berichterstattung an die höheren Behörden ankommt.

In solchen Fällen müssen sie den Bericht, mit allen erforderlichen Materialien versehen, gleich im Namen des Magistrats im Konzept entwerfen und ihn dem letzteren zur weiteren Veranlassung einreichen;

d) in Fällen, wo bei einer Sache mehrere Deputationen beteiligt sind, und keine Einigung stattfindet;

e) bei Anstellung der zu ihrer Verwaltung gehörigen Subalternen, deren Besoldung, deren Verbesserung im Gehalte, ihrer Suspension und Entlassung, imgleichen bei Annahme von Diätarien zu dauernder Beschäftigung;

f) in Disziplinarangelegenheiten ihrer unbesoldeten Unterbeamten, wenn Verweise und Rügen des Vorsitzenden nicht ausreichen (s. § 3 litt. d).

§ 27. Den Vorsitz in den Deputationen führt das älteste oder alleinige Magistratsmitglied. Gehört der Magistratsdirigent zu einer Deputation, so führt dieser den Vorsitz. Bei Behinderungen des Vorsitzenden tritt das dem Dienstalter nach folgende Magistratsmitglied, sei es besoldet oder unbesoldet, hiernächst aber das im Dienste älteste Deputationsmitglied an seine Stelle, insofern nicht der Magistratsdirigent diesen Vorsitz einstweilen selbst übernimmt. Bei längerer Abwesenheit oder Krankheit sorgt der Magistratsdirigent, falls er die Direktion der Deputation nicht selbst besorgen will, für die Stellvertretung dadurch, daß er ein anderes Magistratsmitglied deputiert.

Die Rechte und Pflichten des Vorsitzenden sind dieselben wie die des Dirigenten beim Magistrat, jedoch mit den aus dem speziellen Geschäftskreise der Deputation, aus dem zwischen ihr und dem Magistrat stattfindenden Geschäftsgange und den nach § 20 sich von selbst ergebenden Modifikationen, so daß er in allem, was den formellen Geschäftsbetrieb zum Gegenstande hat, der Aufsicht des Magistratsdirigenten unterworfen bleibt und dessen Anordnung befolgen muß.

Was insbesondere die ihm zustehende Disziplin betrifft, so darf derselbe:

1. Ordnungsstrafen gegen die besoldeten Unterbeamten der Deputation nur bis auf Höhe von zwei und einem halben Taler oder zwei Tagen Arrest verfügen. Der Rekurs gegen diese Strafverfügungen geht an den Magistratsdirigenten. Höhere Strafen kann nur dieser oder das Magistratskollegium nach Maßgabe der ihnen oben beigelegten Strafbefugnis verfügen. Auch ist die Regierung berechtigt, in den kleinen Städten das Strafrecht dem Magistratsdirigenten allein zu übertragen.[11])
2. An die Bürgermitglieder der Deputation und die unbesoldeten Unterbeamten hat er die nötigen Erinnerungen und Zurechtweisungen zu erlassen. Beschwerden hierüber gehören vor das Magistratskollegium.
3. Der Vorsitzende darf sich nicht von der Bearbeitung und dem Vortrage der vor die Deputation gehörigen Sachen ausschließen. Falls aber der Magistratsdirigent den Vorsitz führt, kann er zur Erleichterung in seinen übrigen Geschäften ein anderes Mitglied der Deputation mit jener Bearbeitung beauftragen.

§ 28. Die Rechte und Pflichten der einzelnen Deputationsmitglieder sind in dem der Deputation anvertrauten Verwaltungskreise dieselben, wie sie oben für die Magistratsmitglieder bestimmt sind.

§ 29. Bei den Deputationen findet derselbe Geschäftsgang statt wie bei dem Pleno des Magistrats. Diejenigen Sachen, welche an letzteres gelangen, müssen gehörig vorbereitet, zur Beschlußnahme reif und mit ihrem motivierten Gutachten über die zu erlassende Verfügung versehen sein. Sie werden dann in der Regel brevi manu beim Pleno vorgelegt und nur in besonderen Fällen, wo es die Umstände erheischen, mit besonderen Schreiben begleitet.

Es können jedoch zur Abkürzung des Geschäftsganges, besonders in den kleineren Städten, die beim Magistrat erforderlichen Anfragen, soweit sie sich dazu eignen, durch mündlichen Vortrag der in den Deputationen vorsitzenden Magistratsmitglieder im Magistratskollegio erfolgen. Doch ist der Vortragende in Übereinstimmung mit dem in der Deputation gefaßten Beschlusse seinen Vortrag zu halten und seine Anträge zu machen verpflichtet. Auch haben diese Mitglieder in gleicher Art dem Magistratskollegio von allem Erheblichen, was in den Verwaltungsdeputationen vorkommt, Mitteilung zu machen, um jenes in fortdauernder Kenntnis von der Verwaltung der Deputation zu erhalten. Bei eintretenden Zweifeln hat die Regierung hierüber das Nötige festzusetzen.

Alle Verfügungen der Deputationen gehen unter deren besonderer Firma. Ein Schriftwechsel zwischen den verschiedenen Deputationen ist nicht zulässig.

---

[11]) Nr. 1 ist ungültig; die Deputationsvorsitzenden haben kein Disziplinarstrafrecht mehr, sondern nur der Bürgermeister; § 58 StO. und Disziplinargesetz v. 21. 7. 1852.

Sie teilen sich ihre Beschlüsse br. m. mit, erörtern dieselben bei Verschiedenheit der Meinungen gemeinschaftlich und berichten nötigenfalls an das Plenum des Magistrats.

§ 30. Gehen Beschwerden über die Geschäftsverwaltung der Deputationen beim Magistrat ein, oder gelangt derselbe sonst zur Kenntnis von Unregelmäßigkeiten und Mängeln in deren Geschäftsführung, so ist er dieselben zu untersuchen und abzustellen verpflichtet.

Der Dirigent ernennt hierzu nötigenfalls besondere Kommissarien, welche sich der Revision jener Mängel unterziehen und dem Magistrat zur weiteren Beschlußnahme Bericht erstatten müssen.

Beschwerden über einzelne Verfügungen der Deputationen muß der Magistrat in der Art zu erledigen suchen, daß er sie auf dem kürzesten Wege untersucht, prüft, ob die Verfügung den bestehenden Gesetzen und Verordnungen sowie seinen daraus hergeleiteten Verwaltungsgrundsätzen gemäß ist, und falls die Beschwerde gegründet ist, der Deputation die erforderliche Weisung zu deren Abhilfe erteilt, auch den Beschwerdeführer hiervon benachrichtigt, falls aber die Beschwerde unbegründet befunden wird, den Beschwerdeführer selbst zurechtweiset. Die Deputation muß also in Fällen, wo sie gefehlt hat, unter Leitung des Magistrats die Sache selbst wieder in das richtige Geleis bringen und ein förmlicher Instanzenzug möglichst vermieden werden.

§ 31. Nach vorstehenden Bestimmungen haben sich die Mitglieder der Magistrate und der Deputationen und Kommissionen sowie sämtliche Unterbeamten und Unterbehörden derselben genau zu achten.

Berlin, den 25. Mai 1835.

Der Minister des Innern und der Polizei.

v. Rochow.

C. Geschäftsordnung für die Stadtverordnetenversammlung zu Charlottenburg vom 6./7. Februar 1901.

I. Vorstand und Beamte der Stadtverordnetenversammlung.

§ 1. Den Vorstand der Versammlung bilden der Vorsteher, dessen Stellvertreter und vier Beisitzer, welche in der ersten Sitzung nach Neujahr nach dem im § 32 der Städteordnung vorgeschriebenen Verfahren auf Jahresfrist gewählt werden.

Die Wahl des Vorstehers leitet das an Jahren älteste Mitglied der Versammlung.

Die Gewählten bleiben bis zum Amtsantritt ihrer Nachfolger im Amt und sind nach Ablauf der Wahlzeit wieder wählbar.

§ 2. Scheidet ein Vorstandsmitglied vor Ablauf der Wahlperiode aus, so findet für die noch übrige Zeit eine Ersatzwahl für den Ausgeschiedenen statt.

§ 3. Bei gleichzeitiger Verhinderung oder gleichzeitigem Ausscheiden des Vorstehers und des Stellvertreters übernimmt das an Jahren älteste Mitglied der Versammlung die Geschäfte. Dasselbe veranlaßt in einer binnen einer Woche anzuberaumenden außerordentlichen Sitzung die Wahl eines zeitweiligen Vertreters. Letzterer tritt, wenn die Wahl wegen gleichzeitiger Behinderung beider Vorsteher stattgefunden hat, vom Amte zurück, sobald der Vorsteher oder sein Stellvertreter die Amtsgeschäfte wieder aufgenommen hat.

§ 4. Der Vorsteher stellt die Tagesordnung auf, beruft zu den Sitzungen und leitet die Verhandlungen. Ihm liegt die Vertretung der Versammlung nach außen ob. Der Stellvertreter vertritt den Vorsteher in Behinderungsfällen.

§ 5. Der Vorsteher eröffnet alle eingehenden Sachen, prüft die Vollständigkeit der für die Versammlung bestimmten Vorlagen und läßt das etwa Fehlende ergänzen. Er überwacht die schwebenden, dem Magistrat zur Erledigung vorliegenden Sachen und erläßt die etwa notwendigen Erinnerungsschreiben. Mit Ausnahme der letzteren und der darauf eingehenden vorläufigen Antworten des Magistrats sowie des zur Vervollständigung der Vorlagen erforderlichen Schriftwechsels, mit Ausnahme endlich etwaiger die Vertretung der Versammlung nach außen und den Geschäftsgang betreffenden Fälle von äußerster Dringlichkeit darf der Vorsteher eine für die Versammlung bestimmte Angelegenheit nicht ohne Beschluß derselben erledigen. Demselben ist das Beamten- und Dienstpersonal, welches der Versammlung vom Magistrat zur Verfügung gestellt ist, untergeordnet.

Über die zur Bestreitung der Bedürfnisse der Stadtverordnetenversammlung in dem Etat bereitgestellten Mittel darf der Vorsteher ohne Beschluß der Versammlung Bestimmung treffen.

§ 6. Von den Beisitzern sind in jeder Sitzung abwechselnd zwei in Tätigkeit, welchen die Führung der Liste der Anwesenden, das Verlesen der Schriftstücke, die Führung der Rednerliste, der Namensaufruf und die Unterstützung des Vorstehers in der Handhabung der Geschäfte, nach näherer Bestimmung des Vorstehers obliegt.

§ 7. Die Geschäfte des Schriftführers werden von dem aus der Zahl der Gemeindebeamten auf jederzeitigen Widerruf von der Stadtverordnetenversammlung zu wählenden Bureauvorsteher und bei dessen Behinderung von einem anderen Gemeindebeamten versehen. Für die in der nicht öffentlichen Sitzung zu verhandelnden Angelegenheiten kann der Vorsteher die Schriftführung einem der Beisitzer übertragen; die Versammlung kann beschließen, daß letzteres geschehen muß.

II. Vollsitzungen.

§ 8. Die ordentlichen Sitzungen werden am Mittwoch abgehalten und beginnen nachmittags 5 Uhr. Die Sitzungstage werden in der ersten Sitzung nach Neujahr für das erste Halbjahr und in der letzten Sitzung des Juni für das zweite Halbjahr festgesetzt. Der erste Sitzungstag nach Neujahr wird in der letzten Dezembersitzung bestimmt. In der ersten ordentlichen Sitzung des Monats Juni wird über die Dauer der Sommerferien, welche in die Zeit von Anfang Juli bis Anfang September zu legen sind, Beschluß gefaßt.

§ 9. Außerordentliche Sitzungen finden statt, sobald es von einem Viertel der Mitglieder, von dem Vorsteher oder von dem Magistrat verlangt wird.

Wenn der Vorsteher während der Ferien eine außerordentliche Sitzung anberaumt, so muß gleichwohl die Beschlußfassung über diejenigen Gegenstände unterbleiben, bei deren Beratung 10 Mitglieder Einspruch erheben. Auf Antrag des Magistrats oder auf Beschluß der Versammlung sind jedoch die betreffenden Gegenstände auf die Tagesordnung einer nach zwei Wochen anzuberaumenden Sitzung zu setzen, auf welche die Bestimmungen des ersten Teiles dieses Absatzes nicht anwendbar sind.

§ 10. Für einzelne Gegenstände kann die Verhandlung unter Ausschluß der Öffentlichkeit stattfinden. Auf Antrag des Vorstehers, des Magistrats oder von fünf Mitgliedern tritt die Versammlung zu einer geheimen Sitzung zusammen, in welcher dann zunächst über den Antrag auf Ausschluß der Öffentlichkeit zu beschließen ist.

In geheimer Sitzung sind stets zu erledigen die Verhandlungen über:
1. alle persönlichen Angelegenheiten der Beamten und Lehrer, namentlich alle Anträge auf Bewilligung von Gehaltszulagen, Gratifikationen und Unterstützungen für die Gemeindebeamten und Lehrer;
2. die Präsentation zu Anstellungen;
3. die Wahlen der städtischen Ehrenbeamten einschließlich der Mitglieder der Verwaltungsdeputationen (Kuratorien usw.), jedoch ausschließlich der unbesoldeten Stadträte;
4. Naturalisationsgesuche;
5. An- und Verkäufe von Grundstücken, sofern die Versammlung in der betreffenden Sitzung nichts anderes beschließt. Anträge auf Beratung in öffentlicher Sitzung sind vor Schluß der öffentlichen Sitzung zu stellen und nach Absatz 1 zu behandeln.

§ 11. Das Protokoll jeder Sitzung wird unmittelbar nach derselben vom Vorsteher und mindestens von drei Stadtverordneten durch Unterschrift vollzogen. Es gilt als genehmigt, wenn nicht bis zum Schluß der nächstfolgenden Sitzung Widerspruch dagegen erhoben ist.

Das Protokoll muß enthalten:
1. sämtliche geschäftsordnungsmäßig eingebrachten Anträge und die Beschlüsse in wörtlicher Fassung;
2. die Anfragen in wörtlicher Fassung nebst der Bemerkung, ob sie beantwortet sind;
3. die amtlichen Anzeigen des Vorstehers und diejenigen Mitteilungen, bei denen es darauf ankommt, die Kenntnisnahme der Versammlung festzustellen;
4. Ordnungsrufe.

Wird gegen die Fassung des Protokolls Einspruch erhoben, so entscheidet die Versammlung.

Die Beschlüsse der Versammlung sind den Mitgliedern unmittelbar nach jeder Sitzung gedruckt mitzuteilen.

§ 12. Die Zusammenberufung der Stadtverordneten und die Einladung des Magistrats erfolgen durch den Vorsteher unter Übersendung eines Druckexemplars der Tagesordnung an jedes Mitglied sowie durch mindestens einmalige Bekanntmachung der Tagesordnung in einem in Charlottenburg wenigstens sechsmal wöchentlich erscheinenden Anzeigeblatt. Zum Nachweise der ordnungsmäßigen Zusammenberufung beziehungsweise Einladung im Sinne der §§ 38 bis 40 der Städteordnung genügt die rechtzeitige Bekanntmachung des Sitzungstages und der Tagesordnung im Anzeigeblatt.

Liegen nicht wenigstens zwei freie Tage zwischen der Einberufung und dem Sitzungstage, so muß die Beschlußfassung über diejenigen Gegenstände, bei deren Verhandlung von 10 Mitgliedern Widerspruch erhoben wird, unterbleiben.

III. Anträge und Magistratsvorlagen.

§ 13. Alle von Mitgliedern der Versammlung ausgehenden selbständigen, d. h. nicht im Laufe der Beratung gestellten Anträge müssen schriftlich eingereicht und von mindestens 5 Mitgliedern unterstützt werden.

Jeder Antrag kann zurückgezogen, jedoch von einem anderen Mitgliede wieder aufgenommen werden. Er bedarf alsdann keiner weiteren Unterstützung. Selbständige Anträge von Mitgliedern, welche eine Geldbewilligung in sich schließen oder in Zukunft herbeizuführen bestimmt sind, müssen nach Begründung durch den Antragsteller, sofern sie nicht abgelehnt oder ohne Widerspruch angenommen werden, einem Ausschusse zur Vorberatung überwiesen werden.

§ 14. Die Vorlagen des Magistrats sowie alle vor Aufstellung der Tagesordnung schriftlich eingegangenen selbständigen Anträge von Mitgliedern (§ 13) sind auf die Tagesordnung zu setzen und von dem Vorsteher zum Druck und zur Verteilung an die Mitglieder zu befördern.

In besonderen Ausnahmefällen kann der Vorsteher von dem Drucke absehen.

§ 15. Die auf Gegenstände der Tagesordnung bezüglichen Aktenstücke müssen zur Einsicht der Stadtverordneten am Tage vor der Sitzung vormittags von 9 Uhr bis nachmittags 3 Uhr und am Sitzungstage vormittags von 9 Uhr bis mittags 12 Uhr auf dem Rathause ausliegen. In dringenden Fällen kann von der Auslegung der Aktenstücke am Tage vor der Sitzung abgesehen werden.

§ 16. Der Vorsteher ist berechtigt, zur Einleitung der Beratung für alle ihm geeignet erscheinenden Beratungsgegenstände Berichterstatter zu ernennen. Auf Beschluß der Versammlung muß dies geschehen.

§ 17. Die Beratung über Vorlagen des Magistrats oder selbständige Anträge von Mitgliedern erfolgt frühestens, nachdem die Tagesordnung zwei freie Tage hindurch in den Händen der Mitglieder gewesen ist. Ist diese Frist nicht innegehalten, so kann die Verhandlung nur dann stattfinden, wenn deren Dringlichkeit vom Magistrat oder von 10 Mitgliedern beantragt und von der Versammlung beschlossen ist. Selbständige Anträge von Mitgliedern oder Vorlagen des Magistrats, welche nicht vor der Sitzung zur Kenntnis der Versammlung gebracht sind, dürfen in der Sitzung, in welcher sie eingebracht sind, nur dann zur Beratung gelangen, wenn hiergegen von keinem Mitgliede oder dem Magistrat Einspruch erhoben wird. Nach dem Schluß der Beratung kann die Versammlung auf Antrag einen Ausschuß mit der Vorberatung der Vorlage betrauen. Abgesehen von der durch die Einsetzung eines Ausschusses notwendig werdenden zweiten Beratung findet eine solche nur dann statt, wenn dies von einem Mitgliede oder dem Magistrat vor Beginn der Abstimmung verlangt wird. Letztere darf jedoch in derselben Sitzung nicht vorgenommen werden, sobald bei Beginn der zweiten Beratung 10 Mitglieder Widerspruch dagegen erheben. Erfolgt dieser Widerspruch, so findet die zweite Beratung in der nächsten Sitzung statt.

§ 18. Die Beratung und Abstimmung über die einzelnen Teile der Vorlage (Paragraphen, Artikel, Etatspositionen) ist nur dann erforderlich, wenn die getrennte Beratung von 10 Mitgliedern oder dem Magistrat und die getrennte Abstimmung von einem Mitgliede oder dem Magistrat verlangt wird.

Eine Schlußabstimmung muß stattfinden, wenn ein Abänderungsantrag angenommen ist, oder wenn eine solche von einem Mitgliede verlangt wird.

Sind Abänderungsanträge zu einer Vorlage angenommen worden, so kann die Versammlung eine zweite bzw. eine dritte Beratung beschließen, welche alsdann in derselben oder auf Beschluß der Versammlung in der nächsten Sitzung stattzufinden hat.

§ 19. Abänderungsanträge können zu jeder Zeit vor dem Schluß der Beratung gestellt werden. Dieselben müssen mit der Hauptfrage in wesentlicher Verbindung stehen und werden dem Vorsteher auf Verlangen schriftlich übergeben. Sie bedürfen keiner Unterstützung, und ihre Begründung kann nur in der Reihenfolge der Redner stattfinden. Alle Abänderungsanträge, die nicht bereits gedruckt verteilt sind, sind unmittelbar nach ihrer Einreichung zu verlesen.

§ 20. Alle Wahlen müssen durch Stimmzettel erfolgen, sobald 10 Mitglieder es verlangen.

§ 21. Nach geschlossener Beratung stellt der Vorsteher die Fragen so, daß sie einfach durch ja oder nein beantwortet werden können. Über die Fragestellung und Reihenfolge der Fragen ist Beratung zulässig. Auf Antrag entscheidet die Versammlung.

§ 22. Die Abstimmung geschieht durch Handaufheben oder Erheben von den Plätzen. Die absolute Mehrheit der Abstimmenden entscheidet. Ist das Ergebnis nach der Ansicht auch nur eines der fungierenden Beisitzer zweifelhaft, so wird die Gegenprobe gemacht. Liefert auch diese noch kein sicheres Ergebnis, so erfolgt namentliche Abstimmung.

Auf namentliche Abstimmung kann stets bis zur Aufforderung zur Abstimmung angetragen werden; sie muß erfolgen, wenn mindestens 10 Mitglieder schriftlich darauf antragen. Der Vorsteher erklärt die namentliche Abstimmung für geschlossen, sobald der Aufruf sämtlicher Mitglieder erfolgt und nach Beendigung desselben durch nochmalige Aufforderung Gelegenheit zur Stimmabgabe gegeben ist.

§ 23. Bei allen Abstimmungen hat jedes einzelne Mitglied das Recht, seine abweichende Abstimmung kurz begründet schriftlich dem Vorsteher zu übergeben und deren Aufnahme in das Protokoll ohne vorherige Verlesung in der Versammlung zu verlangen.

§ 24. Bei Stimmengleichheit entscheidet die Stimme des Vorstehers. Enthält sich derselbe der Abstimmung, so gilt die Frage für verneint.

§ 25. Selbständige Anfragen an den Magistrat (Interpellationen) müssen bestimmt formuliert und von 5 Mitgliedern unterzeichnet dem Vorsteher überreicht werden, welcher sie zur Kenntnis der Stadtverordneten bringt, dem Magistrat mitteilt und denselben zur Erklärung darüber auffordert, ob und wann er die Anfrage beantworten werde. Vor der Beantwortung wird dem Fragesteller zur näheren Begründung das Wort erteilt.

§ 26. An die Beantwortung der Anfragen oder deren Ablehnung schließt sich eine sofortige Besprechung des Gegenstandes derselben, wenn mindestens 5 Mitglieder darauf antragen. Die Stellung eines Antrages bei dieser Besprechung ist unzulässig.

§ 27. Zuschriften von Privatpersonen und Vereinen usw. sind wie folgt zu behandeln:

a) Zuschriften, welche Bittgesuche oder Beschwerden enthalten (Petitionen), gelangen an den Petitionsausschuß (vgl. § 28 Nr. 2 und § 31);

b) Zuschriften, welche lediglich Kenntnisnahme der Versammlung bezwecken, sind durch Mitteilung und Offenlegung in der nächsten Sitzung zu erledigen;

c) alle Zuschriften jedoch, welche sich auf Gegenstände beziehen, mit denen Ausschüsse befaßt sind, werden vom Vorsteher diesen überwiesen und gelangen mit dem betreffenden Gegenstand zur Erledigung. Beziehen sich die Zuschriften auf Gegenstände, welche bereits auf der Tagesordnung der nächsten Sitzung stehen, so hat der Vorsteher bei Beginn der Sitzung auf dieselben unter Bezeichnung des Absenders und ihres Gegenstandes aufmerksam zu machen mit dem Bemerken, daß sie in dieser Sitzung zur Einsicht offengelegt sind. Sofern die Versammlung nicht anders beschließt, gelten solche Zuschriften als durch die stattgehabte Beschlußfassung über die betreffenden Gegenstände miterledigt.

IV. Ausschüsse der Versammlung.

A. Ständige Ausschüsse.

§ 28. Für jedes Kalenderjahr sind folgende ständige Ausschüsse zu bilden:

1. Wahlausschuß,
2. Petitionsausschuß,
3. Rechnungsprüfungsausschuß,
4. Ausschuß zur Prüfung von Stadtverordnetenwahlen.

Der Wahlausschuß besteht aus 13 oder 15, der Rechnungsprüfungsausschuß aus 11 oder 13, der Petitionsausschuß und der Ausschuß zur Prüfung der Stadtverordnetenwahlen aus je 9 Mitgliedern.

§ 29. Die für die ständigen Ausschüsse bestimmten Gegenstände werden diesen ohne vorherige Mitteilung an die Versammlung vom Vorsteher direkt überwiesen und erst nach erfolgter Berichterstattung auf die Tagesordnung gesetzt.

§ 30. Dem Wahlausschuß sind diejenigen Vorlagen zur Vorberatung und Begutachtung zu überweisen, welche betreffen:

a) die Anstellung bzw. Pensionierung von besoldeten Gemeindebeamten und pensionsberechtigten Angestellten;
b) die Wahl von Mitgliedern der ständigen Verwaltungsdeputationen (§ 59 StO.);
c) Gesuche von Ausländern um Aufnahme in den preußischen Staatsverband mit Begründung eines Wohnsitzes in Charlottenburg (Naturalisationen);
d) die Wahl oder Entlassung der unbesoldeten Gemeindebeamten (Bezirksvorsteher, Waisenräte, Schiedsmänner usw.);
e) die Gewährung von einmaligen oder laufenden Unterstützungen an Gemeindebeamte, Lehrpersonen oder sonstige städtische Bedienstete oder deren Hinterbliebene.

Sämtliche Vorlagen, gegen welche der Ausschuß nichts zu erinnern findet sowie die Vorschläge des Ausschusses in bezug auf die Wahlen gelangen zur Erledigung durch Ankündigung in der Tagesordnung, daß solche Vorlagen nebst den Beschlüssen des Wahlausschusses in derselben Sitzung ausliegen werden. Wenn bis zum Schlusse der öffentlichen Sitzung kein Widerspruch gegen die Vorlagen bzw. die Vorschläge des Wahlausschusses beim Vorsteher angemeldet ist, so gelten die Vorschläge als genehmigt. Wird Widerspruch angemeldet, so ist derselbe in der nicht öffentlichen Sitzung zu begründen. Wenn der Wahlausschuß die Annahme der Magistratsvorlagen nicht befürwortet, dann muß hierüber ebenfalls in der nicht öffentlichen Sitzung Berichterstattung erfolgen.

§ 31. Dem Petitionsausschuß sind alle Zuschriften, welche Bittgesuche oder Beschwerden enthalten (Petitionen) — § 27 a — zur Vorberatung zu überweisen. Nach Beendigung derselben sind die Petitionen mit Bezeichnung ihres Absenders und des Gegenstandes sowie die Anträge des Ausschusses auf die Tagesordnung der nächsten Sitzung zu setzen.

Erachtet der Ausschuß Zuschriften als zur Erörterung im Plenum ungeeignet, so gelten dieselben im Sinne des Petitionsausschusses für erledigt, sofern nicht bis zum Schluß der betreffenden Sitzung mindestens 5 Mitglieder eine Berichterstattung des Petitionsausschusses an die Versammlung schriftlich beanspruchen. In letzterem Falle gehen die Petitionen unter Ausschluß jeder Erörterung an den Petitionsausschuß zurück.

§ 32. Der Rechnungsprüfungsausschuß hat alle Vorlagen betr. die Feststellung und Entlastung von Rechnungen vorzuprüfen und der Versammlung darüber Bericht zu erstatten.

§ 33. Der Ausschuß zur Prüfung von Stadtverordnetenwahlen hat die Vorlagen über die Gültigkeit der im Laufe des Kalenderjahres vollzogenen Stadtverordnetenergänzungs- und ersatzwahlen sowie die hiergegen erhobenen Einsprüche vorzuprüfen. Ist gegen die Gültigkeit einer Wahl Einspruch erhoben, so hat der Ausschuß alle ihm erforderlich erscheinenden Erhebungen zu veranlassen.

B. Nichtständige Ausschüsse.

§ 34. Zur Vorberatung einzelner Vorlagen und sonstiger Angelegenheiten kann die Versammlung besondere Ausschüsse nach Maßgabe des sich herausstellenden Bedürfnisses bestellen.

Der Auftrag der Ausschüsse erlischt mit seiner Erfüllung, spätestens mit Ablauf des Kalenderjahres. Die Ausschüsse bestehen aus 7, 9, 11, 13 oder 15 Mitgliedern.

C. Gemeinsame Bestimmungen für die Ausschüsse.

§ 35. Die Ausschüsse werden in der Sitzung gewählt, und die Namen der für dieselben in Vorschlag zu bringenden Mitglieder sind dem Vorsteher schriftlich zu überreichen.

§ 36. Die Ausschüsse wählen aus ihrer Mitte einen Vorsitzenden, einen Schriftführer und Stellvertreter für beide. Die Wahl des Schriftführers kann mit Zustimmung des Vorstehers auch auf den Bureauvorsteher der Versammlung oder einen anderen Gemeindebeamten fallen. Die Einberufung der Ausschüsse erfolgt, falls es noch der Wahl eines Vorsitzenden bedarf, durch das am längsten der Versammlung angehörende, in der Vollsitzung anwesende Ausschußmitglied. Unter mehreren gleichaltrigen Mitgliedern entscheidet die alphabetische Namensfolge. Die Ausschüsse sind beschlußfähig, sobald mindestens die Hälfte der Mitglieder anwesend ist. Der Vorsitzende des Ausschusses führt den zur Aufklärung der Sache etwa notwendigen Briefwechsel mit dem Magistrat. Die Ausschüsse regeln ihre Tagesordnung selbst.

§ 37. Der Vorsteher führt in den Sitzungen derjenigen Ausschüsse, deren Mitglied er ist, den Vorsitz. Sein Stellvertreter ist ohne Wahl nur dann Vorsitzender der Ausschüsse, wenn der Vorsteher behindert und der Stellvertreter selbst Mitglied des Ausschusses ist. In allen übrigen Fällen wird nach § 36 verfahren.

Der Vorsteher hat das Recht, auch den Sitzungen solcher Ausschüsse, deren Mitglied er nicht ist, mit beratender Stimme beizuwohnen. In Behinderungsfällen vertritt ihn hierbei sein Stellvertreter.

§ 38. Den Verhandlungen der Ausschüsse können, wenn in der Vollsitzung nicht anders beschlossen wird, alle Stadtverordneten als Zuhörer beiwohnen. Der Magistrat kann, wenn in der Vollsitzung nicht ausdrücklich das Gegenteil beschlossen ist, sich in den Ausschüssen vertreten lassen. Von dem Zusammentreten der Ausschüsse sowie von dem Gegenstande der Verhandlungen muß dem Magistrat Kenntnis gegeben werden.

§ 39. Wird einem Ausschusse die Vorberatung eines von Mitgliedern der Versammlung gestellten Antrages überwiesen, so hat der Antragsteller und, falls der Antrag von mehreren Mitgliedern unterzeichnet ist, das zuerst unterzeichnete Mitglied, auch wenn es nicht Mitglied des Ausschusses ist, das Recht, an den Verhandlungen desselben mit beratender Stimme teilzunehmen.

§ 40. Nach geschlossener Beratung wählt der Ausschuß aus seiner Mitte einen Berichterstatter für die Vollsitzung. Die Beschlüsse des Ausschusses sind der Regel nach schriftlich abzufassen und mit der Tagesordnung der Vollsitzung, in welcher dieselben zur Verhandlung stehen, zum Abdruck zu bringen.

Im übrigen finden die Vorschriften der Geschäftsordnung für die Vollsitzungen auf die Ausschußsitzungen sinngemäße Anwendung.

V. Redeordnung.

§ 41. Kein Mitglied der Versammlung und des Magistrats darf sprechen, ohne vorher das Wort verlangt und vom Vorsteher erhalten zu haben.

Will der Vorsteher sich an der Beratung beteiligen, so muß er den Vorsitz abtreten. Die Zulassung zum Wort geschieht nach der Reihenfolge der Meldungen.

§ 42. Sofortige Zulassung zum Wort können nur verlangen:

1. die Vertreter des Magistrats,
2. diejenigen Mitglieder, welche zur Geschäftsordnung reden wollen.

Persönliche Bemerkungen sind erst nach dem Schluß der Beratung oder im Falle der Vertagung derselben nach Annahme der Vertagung gestattet.

§ 43. Die Redner sprechen stehend. Das Ablesen schriftlich abgefaßter Reden ist unzulässig.

§ 44. Der Schluß der Verhandlung erfolgt durch den Vorsteher, wenn sich kein Redner meldet oder auf Beschluß der Versammlung.

Anträge auf Vertagung oder Schluß einer Beratung bedürfen der Unterstützung von 10 Mitgliedern. Über dieselben wird sofort ohne weitere Begründung oder Besprechung abgestimmt.

Mit dem Antrag auf Vertagung kann der Antrag, die Beratung in einer bestimmten Sitzung wieder aufzunehmen und die Anwesenheit von Magistratskommissarien zu fordern, verbunden werden.

§ 45. Nimmt ein Vertreter des Magistrats nach dem Schlusse der Beratung das Wort, so gilt diese aufs neue für eröffnet.

Antragsteller oder Berichterstatter erhalten, wenn sie es verlangen, das Wort sowohl am Beginn der Beratung sowie nach Schluß derselben vor jeder Abstimmung.

VI. Ordnungsbestimmungen.

§ 46. Der Vorsteher handhabt die Ordnung in der Versammlung.

Wenn ein Mitglied die Ordnung verletzt, so wird es von dem Vorsteher mit Nennung des Namens darauf zurückgewiesen. Das Mitglied ist berechtigt, dagegen schriftlich Einspruch zu erheben, worauf die Versammlung, jedoch erst in der nächstfolgenden Sitzung, ohne Verhandlung entscheidet, ob der Ordnungsruf gerechtfertigt ist.

Der Vorsteher ist berechtigt, die Mitglieder auf den Gegenstand der Verhandlung zurückzuweisen und zur Ordnung zu rufen. Ist das eine oder das andere in der nämlichen Rede zweimal ohne Erfolg geschehen, und fährt das Mitglied fort, sich vom Gegenstande oder von der Ordnung zu entfernen, so kann die Versammlung auf die Anfrage des Vorstehers ohne Verhandlung beschließen, daß ihm das Wort über den vorliegenden Gegenstand genommen werden solle, wenn er zuvor auf diese Folge vom Vorsteher aufmerksam gemacht ist.

§ 47. Wenn in der Versammlung störende Unruhe entsteht, so kann der Vorsteher die Sitzung auf unbestimmte Zeit aussetzen oder ganz aufheben. Kann sich der Vorsteher kein Gehör verschaffen, so verläßt er den Sitz. Hierdurch ist die Sitzung auf eine halbe Stunde unterbrochen.

§ 48. Der Vorsteher handhabt die Ordnung im Sitzungssaal, in den Zuhörerräumen und in den für die Versammlung bestimmten Nebenräumen.

Wer aus dem Zuhörerraum Zeichen des Beifalles oder Mißfallens gibt oder sonst die Ordnung verletzt, kann auf der Stelle entfernt werden. Entsteht eine störende Unruhe im Zuhörerraum, so kann der Vorsteher anordnen, daß alle, die sich zurzeit dort befinden, denselben räumen.

§ 49. Ist ein Mitglied verhindert, an den Sitzungen teilzunehmen, so ist dasselbe verpflichtet, dies dem Vorsteher sogleich, möglichst mit Angabe der Dauer der Behinderung, anzuzeigen.

Über die Beurlaubungen wird ein Verzeichnis geführt.

§ 50. Die Geschäftsordnung vom 13./15. November 1889 tritt mit dem 1. März 1901 außer Kraft.

Charlottenburg, den 6. Februar 1901.

Die Stadtverordnetenversammlung.

Dr. Jaffé, Vorsteher. Ströhler, Stellvertreter des Vorstehers.
Heise, Beisitzer. Otto, Beisitzer.

Die vorstehende Geschäftsordnung ist unter Zustimmung des Magistrats abgefaßt.

Charlottenburg, den 7. Februar 1901.

Der Magistrat.

Schustehrus.

D. Grundsätze des Bundesrats für die Besetzung der mittleren, Kanzlei- und Unterbeamtenstellen bei den Kommunalbehörden usw. mit Militäranwärtern und Inhabern des Anstellungsscheins vom 20. Juni 1907,

in der Fassung der Bekanntmachung des Ministers des Innern vom 3. September 1907 (MBl. 1907 S. 308ff.).

§ 1.*) (1.) Die mittleren, Kanzlei- und Unterbeamtenstellen bei den Kommunen und Kommunalverbänden, bei den Versicherungsanstalten für die Invalidenversicherung sowie bei ständischen oder solchen Instituten, die ganz oder zum Teil aus Mitteln des Reichs, des Staates oder der Gemeinden unterhalten werden — ausschließlich des Forstdienstes —, sind unbeschadet der in den einzelnen Bundesstaaten bezüglich der Versorgung der Militäranwärter usw. im Zivildienst erlassenen weitergehenden Vorschriften gemäß den nachstehenden Grundsätzen vorzugsweise mit Militäranwärtern und Inhabern des Anstellungsscheins zu besetzen.

(2.) Militäranwärter im Sinne dieser Grundsätze ist jeder Inhaber des Zivilversorgungsscheins nach Anlage A der Grundsätze für die Besetzung der mittleren, Kanzlei- und Unterbeamtenstellen bei den Reichs- und Staatsbehörden mit Militäranwärtern und Inhabern des Anstellungsscheins.

(3.) Soweit es an geeigneten Bewerbern aus der Klasse der Militäranwärter fehlt, sind die Unterbeamtenstellen vorzugsweise mit Inhabern des Anstellungsscheins (Anlage B zu den Grundsätzen für die Besetzung der mittleren usw. Beamtenstellen bei den Reichs- und Staatsbehörden usw.) zu besetzen.

(4.) Die Anstellungsberechtigung eines Militäranwärters usw. beschränkt sich auf den Bundesstaat, dessen Staatsangehörigkeit er seit zwei Jahren besitzt. Versicherungsanstalten für die Invalidenversicherung sowie ständische Institute usw., deren Wirksamkeit sich auf mehrere Bundesstaaten erstreckt, sind zur Anstellung nur solcher Militäranwärter usw. verpflichtet, die in einem dieser Staaten die Staatsangehörigkeit besitzen.

(5.) Die Rechte der Inhaber des Anstellungsscheins beschränken sich auf die Stellen des Unterbeamtendienstes.

A. Erläuterungen des Bundesrats.

I. Zu § 1. Der Zivilversorgungsschein und der Anstellungsschein geben ihren Inhabern kein Recht auf eine bestimmte Dienststelle.

---

*) Die für die Kommunalverbände usw. in Preußen gültigen weitergehenden Bestimmungen des Gesetzes v. 21. 7. 1892 sind unter den einzelnen Paragraphen der Grundsätze in den Ausführungsbestimmungen abgedruckt.

B. Ausführungs- und Zusatzbestimmungen.

1. Bei der Ausführung der Grundsätze und des preußischen G. v. 21. 7. 1892 ist im allgemeinen in gleicher Weise zu verfahren, wie bei der Ausführung der Grundsätze für die Besetzung der Subaltern- und Unterbeamtenstellen bei den Reichs- und Staatsbehörden mit Militäranwärtern vom Jahre 1892 (jetzt A. G. I) bisher verfahren worden ist und weiter verfahren werden wird (vgl. M. d. J. v. 30. 9. 1892 — MBl. 1892 S. 285).

2. In den Berichten, welche bei der Vorbereitung des Entwurfs des Gesetzes v. 21. 7. 1892 erfordert worden sind, ist mehrfach die Auffassung zum Ausdruck gebracht worden, daß Personen, welche in den gewerblichen Unternehmungen der Kommunalverbände beschäftigt werden, überhaupt nicht Beamte seien, und daß folglich die Stellen dieser Personen bei der Besetzung der mittleren, Kanzlei- und Unterbeamtenstellen der Kommunalverbände von vornherein ausscheiden. Diese Auffassung ist irrig. Wie das Königl. Oberverwaltungsgericht in seiner Entscheidung v. 20. 11. 1891 (Entsch. Bd. 22 S. 67) zutreffend ausgeführt hat, „kann die Eigenschaft von Gemeindebeamten und mittleren Staatsbeamten auch solchen im Dienste der Stadt stehenden Personen zukommen, die keinerlei obrigkeitliche Befugnisse ausüben, sondern lediglich in industriellen oder sonstigen rein wirtschaftlichen Betrieben der Stadtgemeinde tätig sind". Hieraus folgt, wie das Oberverwaltungsgericht weiterhin dargelegt hat, nicht, daß alle diejenigen, die eine Gemeindebehörde zu Diensten innerhalb eines abgegrenzten Geschäftsbereichs beruft, allein schon aus diesem Grunde Gemeindebeamte sind. Die Besorgung der Geschäfte kann auch lediglich als eine privatrechtliche Verpflichtung durch Vertrag übertragen werden, und dies ist bei der Übertragung von Geschäften in den gewerblichen Unternehmungen der kommunalen und weiteren Verbände nicht selten der Fall. Ob in Fällen dieser Art ein Beamten- oder ein privatrechtliches Dienstverhältnis besteht, ist in jedem einzelnen Falle eine wesentlich tatsächliche Frage, deren Beantwortung vornehmlich von der Würdigung derjenigen Umstände abhängt, in denen der Wille der Beteiligten einen erkennbaren Ausdruck gefunden hat*) (M. d. J. v. 30. 9. 1892 Nr. 1).

---

*) Vgl. § 1 des Gesetzes, betreffend die Anstellung und Versorgung der Kommunalbeamten, v. 30. 7. 1899. Dieser lautet:

„Als Kommunalbeamter im Sinne dieses Gesetzes gilt, wer als Beamter für den Dienst eines Kommunalverbandes (§ 8—22) gegen Besoldung angestellt ist. Die Anstellung erfolgt durch Aushändigung einer Anstellungsurkunde."

Im Geltungsbereiche des angezogenen Gesetzes, nämlich bei den Stadt- und Landgemeinden, den rheinischen Landbürgermeistereien, den westfälischen Ämtern, den Zweckverbänden, den Amtsbezirken, den Kreisen und Provinzen sowie bei den Bezirksverbänden Kassel und Wiesbaden und bei dem Lauenburgischen Landeskommunalverbande, ist also die Aushändigung der Anstellungsurkunde der die Beamteneigenschaft begründende formale Akt, so daß es ausgeschlossen sein soll, diese Eigenschaft aus irgendwelchen anderen Momenten, etwa aus der Art oder der Dauer der Beschäftigung, aus der Vereidigung usw. zu folgern.

3. Welche Beamtenstellen als mittlere, Kanzlei- und Unterbeamtenstellen zu erachten sind, ist, sofern Zweifel in dieser Beziehung bestehen, im allgemeinen aus der Analogie der Festsetzungen über die den Militäranwärtern im preußischen Staatsdienste vorbehaltenen Stellen zu beantworten, insbesondere im Hinblick auf das durch den Allerhöchsten Erlaß v. 30. 6. 1885 (MBl. S. 165 und Anlage J zu den Anstellungsgrundsätzen vom Jahre 1882) genehmigte Stellenverzeichnis und dessen Nachträge (jetzt Anlage M der A. G. I). Aus dem Umstande, daß nur im § 5 des Gesetzes v. 21. 7. 1892 — abweichend von dem demselben entsprechenden § 4 der Regierungsvorlage, und nur an dieser Stelle — auf die sinngemäße Zugrundelegung der für die Reichs- und Staatsbehörden jeweilig geltenden Stellenverzeichnisse für den Fall dieses Paragraphen ausdrücklich hingewiesen worden ist, darf nicht gefolgert werden, daß die Stellenverzeichnisse bei der Ausführung der §§ 3, 4 und 6 des Gesetzes nicht gleichfalls sinngemäß zu verwerten seien. Insoweit auch auf diesem Wege zu einem Ergebnis nicht zu gelangen ist, wird grundsätzlich davon auszugehen sein, daß diejenigen Stellen, deren Inhabern eine selbständige Verwaltung übertragen ist, zu den mittleren, Kanzlei- und Unterbeamtenstellen nicht zu rechnen sind. Es gilt dies beispielsweise von den Stellen der Vorsteher der Irren-, Heil- und Pflegeanstalten, der Blinden-, Taubstummen-, Besserungs- und Erziehungsanstalten, der kommunalen Kur- und Badeetablissements, ferner der Branddirektoren, Standesbeamten, Polizeiinspektoren und -kommissare.

Soweit hiernach das Gesetz auf Beamtenstellen überhaupt Anwendung findet, ist es unerheblich, ob die Stellen etatsmäßige oder nicht etatsmäßige sind (M. d. J. v. 30. 9. 1892 Nr. 1).

4. Zu den Kommunalverbänden gehören nicht nur die Land- und Stadtgemeinden, die Kreise und Provinzen, sondern namentlich auch die in den alten Provinzen noch bestehenden kommunalständischen Verbände und die landschaftlichen Verbände in der Provinz Hannover, die hohenzollernschen Amtsverbände, die Bezirksverbände der Regierungsbezirke Kassel und Wiesbaden, der Hohenzollernsche und der Lauenburgische Landeskommunalverband, ferner die aus Gemeinden bzw. aus Gemeinden und Gutsbezirken für bestimmte kommunale Zwecke gebildeten Verbände, die Gesamtarmenverbände und Wegeverbände, die Bürgermeistereien in der Rheinprovinz, die Ämter in Westfalen, die auf Grund der Kreisordnung v. 13. 12. 1872 bestehenden Amtsverbände (M. d. J. v. 23. 5. 1893. — MBl. S. 129), die Zweckverbände im Sinne der §§ 128ff. der LGO. v. 3. 7. 1891 —, nicht dagegen die landschaftlichen Kreditverbände (M. d. J. v. 30. 9. 1892 Nr. 2).

Zu den Beamtenstellen „in der Verwaltung der Kommunalverbände" (§ 1 G. v. 21. 7. 1892) gehören auch die Stellen in „ständischen und solchen Instituten, die ganz oder zum Teil aus Mitteln .... der Gemeinden unterhalten werden". Die Vorschriften in Nr. 2 der AusfAnw. v. 30. 9. 1892 werden hierdurch ergänzt (M. d. J. v. 1. 12. 1899 — ABBl. 1899 S. 515).

Im übrigen muß daran festgehalten werden, daß das G. v. 21. 7. 1892 nur von Beamten in der Verwaltung der Kommunalverbände spricht. Das Gesetz findet somit keine Anwendung auf die Stellen solcher Personen, welche, wie dies z. B. in der Rheinprovinz und in Westfalen nicht selten der Fall ist, lediglich in einem persönlichen Dienstverhältnis zu dem an der Spitze des Kommunalverbandes stehenden Beamten sich befinden und für die Besorgung von Geschäften in der diesem Beamten übertragenen kommunalen Verwaltung aus dem demselben bewilligten Kostenaversum besoldet werden (M. d. J. v. 30. 9. 1892 Nr. 2).

5. Während nach dem G. v. 21. 7. 1892 (§ 1 al. 2) der Stellenanspruch eines Inhabers des Zivilversorgungsscheins von der doppelten Bedingung abhängig war, daß derselbe die Eigenschaft eines preußischen Staatsangehörigen besaß und aus dem preußischen Reichsmilitärkontingente hervorgegangen war, ist durch die „Grundsätze" des Bundesrats die letztere Bedingung fortgefallen und die erstere dahin abgeändert worden, daß der Inhaber des Zivilversorgungsscheins usw., um in preußischen Kommunen usf. den Anspruch auf Berücksichtigung bei der Stellenbesetzung zu haben, zwei Jahre lang im Besitze der preußischen Staatsangehörigkeit sein muß. Ist hiernach im einzelnen Falle diese letztere Bedingung erfüllt, so ist es für den Anspruch des Betreffenden gleichgültig, ob er den Zivilversorgungsschein usw. in einem preußischen oder unter preußischer Verwaltung stehenden Militärkontingente bzw. in der Kaiserlichen Marine oder in dem bayerischen, sächsischen oder württembergischen Militärkontingente erdient hat. Hierdurch wird Nr. 3 der Anweisung v. 30. 9. 1892 abgeändert. Nur hinsichtlich derjenigen Militäranwärter, welche den Zivilversorgungsschein in einer militärisch organisierten preußischen Schutzmannschaft oder in der preußischen Gendarmerie erworben haben, verbleibt es bei der Bestimmung des § 1 al. 2 des G. v. 21. 7. 1892 (M. d. J. v. 1. 12. 1899 — ABBl. 1899 S. 515; MBl. 1899 S. 235 und 1900 S. 47).

Der § 1 al. 2 des angezogenen Gesetzes lautet:

„Militäranwärter im Sinne dieses Gesetzes ist jeder dem preußischen Staate angehörige und aus dem preußischen Reichsmilitärkontingente hervorgegangene Inhaber des Zivilversorgungsscheins. Die unter preußischer Verwaltung stehenden außerpreußischen Kontingente und die Kaiserliche Marine sind in dieser Beziehung dem preußischen Kontingente gleichgestellt."

6. Nach der Begründung des § 1 des G. v. 21. 7. 1892 sind in der Verwaltung der preußischen Kommunalverbände auch diejenigen Militäranwärter anstellungsberechtigt, die den Zivilversorgungsschein in der preußischen Gendarmerie oder in einer militärisch organisierten preußischen Schutzmannschaft erworben haben. Hierbei behält es innerhalb des Geltungsbereiches dieses Gesetzes auch ferner sein Bewenden. Voraussetzung für die Anstellungsberechtigung der bezeichneten Personen ist aber, daß sie nicht allein die preußische Staatsangehörigkeit besitzen, sondern auch aus dem preußischen Reichsmilitärkontingente oder aus einem unter preußischer Verwaltung stehenden außerpreußischen Kontingente oder aus der Kaiserlichen Marine hervorgegangen sind, d. h. vor ihrem Übertritt zur Gendarmerie usw. zuletzt einem dieser Kontingente usw. angehört haben.

Die Zivilversorgungsscheine (jetzt Anlagen C und D) sind gegebenenfalls mit einem Vermerk im Sinne der Ziff. 1 der kriegsministeriellen Ausführungsbestimmungen v. 28. 10. 1892 zu versehen*) (KM. v. 17. 12. 1899 — AVBl. 1899 S. 516). Zu vgl. auch vorstehend Nr. 5.

7. Für verloren gegangene Zivilversorgungsscheine werden neue Scheine nicht ausgefertigt; auf Ansuchen erteilt das Generalkommando, in dessen Bezirk der Militäranwärter wohnt, eine Bescheinigung darüber, unter welchem Tage und von welcher Behörde der Zivilversorgungsschein erteilt worden war. Etwa seit Erteilung des Zivilversorgungsscheins erfolgte gerichtliche Bestrafungen sind auf der Bescheinigung zu vermerken. Falls der Antragsteller im Zivildienst angestellt oder beschäftigt war, so ist dies — unter Angabe der Gründe des Wiederausscheidens — ebenfalls zu vermerken. Sollte der Zivilversorgungsschein eingezogen oder verwirkt sein, so ist die Ausfertigung einer Bescheinigung zu versagen (vgl. KM. v. 28. 10. 1892 und v. 16. 11. 1899 Nr. 10 — AVBl. 1899 S. 474).

§ 2. Die mittleren, Kanzlei- und Unterbeamtenstellen bei Kommunen und Kommunalverbänden, die weniger als 3000 Einwohner haben, unterliegen den nachstehenden Grundsätzen nicht. Den Landesregierungen bleibt vorbehalten, diese Bestimmung auf Landgemeinden und ländliche Gemeindeverbände mit weniger als 3000 Einwohnern zu beschränken.

A. —

B. Ausführungs- und Zusatzbestimmungen.

Aus dem G. v. 21. 7. 1892 bleibt in Kraft:

§ 2. Die Subaltern- und Unterbeamtenstellen in denjenigen Landgemeinden und ländlichen Kommunalverbänden, welche weniger als **2000** Einwohner haben, unterliegen den Vorschriften dieses Gesetzes nicht. Es können jedoch bezüglich der Kriegsinvaliden durch Königliche Verordnung, von welcher dem Landtage bei seinem nächsten Zusammentritt Mitteilung zu machen ist, die Subaltern- und Unterbeamtenstellen in diesen Landgemeinden und Kommunalverbänden der Vorschrift des § 1 unterworfen werden.

§ 3. (1.) Ausschließlich mit Militäranwärtern und — soweit es sich um Unterbeamtenstellen handelt — mit Inhabern des Anstellungsscheins sind zu besetzen, wenn die Besoldung der Stellen einschließlich der Nebenbezüge mindestens 600 Mark beträgt:

1. die Stellen im Kanzleidienst, einschließlich derjenigen der Lohnschreiber, soweit deren Inhabern die Besorgung des Schreibwerkes (Abschreiben, Reinschriften anfertigen, Vergleichen usw.) und der damit zusammenhängenden Dienstverrichtungen obliegt;

---

*) Diese Bestimmung lautet: Die Berechtigung des betreffenden Militäranwärters zur Anstellung auf Grund des Gesetzes ist seitens der den Zivilversorgungsschein ausfertigenden Militärbehörde am unteren Rande der ersten Seite des Zivilversorgungsscheins ausdrücklich zu vermerken.

2. sämtliche Stellen, deren Obliegenheiten im wesentlichen in mechanischen Dienstleistungen bestehen und keine technischen Kenntnisse erfordern.

(2.) Die Landesregierungen sind befugt, den Anteil der Militäranwärter usw. an den Stellen unter Abs. 1 Nr. 1 auf die Hälfte, an den Stellen unter Abs. 1 Nr. 2 auf zwei Drittel zu begrenzen, falls die Eigenart der Landesverhältnisse oder der dienstlichen Anforderungen oder die Organisation der einzelnen Verwaltungen den ausschließlichen Vorbehalt untunlich macht.

A. —

B. Ausführungs- und Zusatzbestimmungen.

1. Aus dem G. v. 21. 7. 1892 bleibt in Kraft:

§ 3. Ausschließlich mit Militäranwärtern sind zu besetzen:

1. die Stellen im Kanzleidienst, einschließlich derjenigen der Lohnschreiber, soweit deren Inhabern die Besorgung des Schreibwerks und der damit zusammenhängenden Dienstverrichtungen obliegt;
2. sämtliche Stellen, deren Obliegenheiten im wesentlichen in mechanischen Dienstleistungen bestehen.

2. Nach § 3 der Anstellungsgrundsätze vom Jahre 1882 (jetzt § 3 A. G. I) sind die ausschließlich mit Militäranwärtern zu besetzenden Stellen im Kanzleidienste diejenigen, deren Inhabern **lediglich** die Besorgung des Schreibwerks obliegt. Das Wort „lediglich" fehlt in § 3 d. G. v. 21. 7. 1892. Im Sinne des letzteren gehören zu den Stellen im Kanzleidienste auch diejenigen, deren Inhaber außer dem Schreibwerk nebenbei und in geringem Umfange auch sonstige Dienste zu besorgen haben, wogegen zu diesen Stellen diejenigen nicht gehören, deren Inhaber nur nebenbei auch zur Besorgung des Schreibwerks und der damit zusammenhängenden Dienstverrichtungen herangezogen werden. Das Gesetz hat dem Umstande Rechnung getragen, daß namentlich in den Verwaltungen der kleinen Kommunalverbände Kanzlei- und sonstiger Bureaudienst nicht immer scharf geschieden sind (M. d. J. v. 30. 9. 1892 Nr. 4).

3. Die Vorschrift im § 3 des Gesetzes wegen der Lohnschreiber findet auf junge Leute keine Anwendung, die, was namentlich bei den Verwaltungen der Kommunalverbände vielfach zutrifft, zwar beim Schreibwerk etwa auch gegen eine mäßige Vergütung beschäftigt werden, indessen der Hauptsache nach doch nur, um für den späteren Dienst als mittlere Beamte vorbereitet zu werden. Es bedarf im übrigen keines Hinweises darauf, daß eine derartige Beschäftigung nicht dazu dienen darf, um Stellen, welche den Militäranwärtern vorbehalten sind, denselben tatsächlich zu entziehen (M. d. J. v. 30. 9. 1892 Nr. 5).

4. Nach § 3 der Anstellungsgrundsätze vom Jahre 1882 (jetzt § 3 A. G. I) sind ausschließlich mit Militäranwärtern zu besetzen: sämtliche Stellen, deren Obliegenheiten im wesentlichen in mechanischen Dienstleistungen bestehen und keine technischen Kenntnisse erfordern. Das Nichterfordernis der technischen Kenntnisse fehlt im § 3 d. G. v. 21. 7. 1892. Es hat hierdurch jedoch keine Abweichung von den „Grundsätzen" herbeigeführt werden

sollen, sondern es ist bei der Aufstellung des Entwurfs des Gesetzes davon ausgegangen worden, daß Obliegenheiten, die im wesentlichen in mechanischen Dienstleistungen bestehen, überhaupt nicht technische Kenntnisse erfordern werden, daß somit die Voraussetzung des Nichterforderniſſes von technischen Kenntnissen einer besonderen Hervorhebung im Gesetze nicht bedarf (M. d. J. v. 30. 9. 1892 Nr. 6).

5. Bei der Beratung der Regierungsvorlage in der Sitzung des Herrenhauses v. 15. 6. 1892 ist eine Entscheidung darüber in Anregung gebracht worden, ob die Stellen der Polizeisergeanten als solche anzusehen sind, deren Obliegenheiten im wesentlichen in mechanischen Dienstleistungen bestehen, und die daher gemäß § 3 d. G. v. 21. 7. 1892 ausschließlich mit Militäranwärtern zu besetzen sind, oder ob die Besetzung dieser Stellen sich nach den Bestimmungen im § 5 des Gesetzes regelt. Bisher ist, soviel bekannt, bei den Verwaltungsbehörden im allgemeinen davon ausgegangen worden, daß die Stellen der Polizeisergeanten zu denjenigen zu rechnen seien, deren Obliegenheiten im wesentlichen in mechanischen Dienstleistungen bestehen. Auch ist ein Unterschied für die Ausführung des Gesetzes, je nachdem auf die Besetzung dieser Stellen der § 3 oder der § 5 des Gesetzes Anwendung findet, kaum erkennbar, weil nach dem durch den Allerhöchsten Erlaß v. 30. 6. 1885 genehmigten, im § 5 bezogenen Stellenverzeichnisse unter VII 3 die Stellen der Polizeiwachtmeister und Schutzmänner im Königlichen Dienst, denen die Stellen der Polizeiwachtmeister und Polizeisergeanten in den Stadtgemeinden insoweit gleichzustellen sind, in der Regel sämtlich mit Militäranwärtern besetzt werden sollen. Gleichwohl kann im Hinblick auf die bei der Beratung der Regierungsvorlage im Herrenhause von dem Vertreter der Staatsregierung gegebene Zusage der in Anregung gebrachte Zweifel geprüft und namentlich erwogen werden, ob in den dazu geeigneten Fällen einzelne Stellen der Polizeiwachtmeister und Polizeisergeanten in den Kommunalverbänden, analog der im Stellenverzeichnis vorgesehenen Ausnahme wegen des im Kriminaldienste verwendeten Personals, von der ausschließlichen Besetzung mit Militäranwärtern auszunehmen sind (M. d. J. v. 30. 9. 1892 Nr. 7).

§ 4. Mindestens zur Hälfte mit Militäranwärtern sind zu besetzen die Stellen der mittleren Beamten im Bureaudienste (Journal-, Registratur-, Expeditions-, Kalkulatur-, Kassendienst und dergleichen), jedoch mit Ausnahme

1. der Stellen, für die eine besondere wissenschaftliche oder technische Vorbildung erfordert wird,
2. der Stellen von Kassenvorstehern, die eigene Rechnung zu legen haben, sowie von Kassenbeamten, die Kassengelder einzunehmen, zu verwahren oder auszugeben haben, und ferner von Beamten, denen die selbständige Kontrolle des Kassen- und Rechnungswesens obliegt,
3. der Stellen der Bureauvorsteher bei den Versicherungsanstalten für die Invalidenversicherung und bei der Verwaltung von Städten mit mehr als 40 000 Einwohnern,

4. der Stellen der mittleren Beamten, die bei Behörden, denen nach landesgesetzlicher Vorschrift Verrichtungen des Vormundschaftsgerichts, des Nachlaßgerichts oder des Grundbuchamts obliegen, in diesen Dienstzweigen als Bureaubeamte beschäftigt werden, oder die nach landesgesetzlicher Vorschrift als kommunale Hilfsbeamte staatlicher Grundbuchämter bestellt sind.

A. Erläuterungen des Bundesrats.

II. Zu § 4.

1. Unter „Bureauvorstehern" werden mittlere Beamte verstanden, die an die Spitze eines Bureauorganismus gestellt sind. Die Vorsteher einzelner Bureauabteilungen fallen nicht unter den Begriff. Ebensowenig ist die einem Beamten zustehende Amtsbezeichnung maßgebend; vielmehr sind hier sowohl wie überhaupt für die Stellenklassifikation nach den §§ 3 und 4 die dienstlichen Obliegenheiten der Stelleninhaber allein entscheidend.
2. Bei Berechnung der Zahl der den Militäranwärtern usw. vorzubehaltenden Stellen sind die Stellen nicht in Betracht zu ziehen, bezüglich deren den Anstellungsbehörden freie Hand gelassen ist.

B. Ausführungs- und Zusatzbestimmungen.

1. Aus dem Gesetze v. 21. 7. 1892 bleibt in Kraft:

§ 4. Mindestens zur Hälfte mit Militäranwärtern sind zu besetzen die Stellen der Subalternbeamten im Bureaudienst, jedoch mit Ausnahme

1. derjenigen Stellen, für welche eine besondere wissenschaftliche oder technische Vorbildung erfordert wird;
2. der Stellen derjenigen Kassenvorsteher, welche eigene Rechnung zu legen haben, sowie derjenigen Kassenbeamten, welche Kassengelder einzunehmen, zu verwahren oder auszugeben haben.

2. Der § 4 d. G. v. 21. 7. 1892 spricht — im Gegensatz zu § 5 desselben — nur von den Stellen der Subalternbeamten im Bureaudienste. Es gehören hierhin namentlich die Stellen im Journal-, Registratur-, Expeditions-, Kalkulatur- und Kassendienste.

Von der Regel, wonach diese Stellen mindestens zur Hälfte mit Militäranwärtern zu besetzen sind, ist unter Ziff. 1 eine Ausnahme bezüglich derjenigen Stellen nachgelassen, für welche eine besondere wissenschaftliche oder technische Vorbildung erfordert wird. Zu diesen letzteren Stellen sind diejenigen der Sekretäre in größeren Kommunalverwaltungen, insbesondere auch der Kreisausschußsekretäre ebensowenig zu rechnen wie nach den Anstellungsgrundsätzen vom Jahre 1882 (jetzt A. G. I) die Stellen der Sekretäre bei den Oberpräsidien und Regierungen. Dagegen werden die beregten Stellen, gleich den Stellen der Sekretäre bei den Oberpräsidien usw., den Militäranwärtern nur im Wege des Aufrückens zugänglich zu machen sein. Ist die Möglichkeit des Aufrückens ausgeschlossen, weil — was bei den Kreisausschußverwaltungen in der Regel der Fall sein wird — es an einer Klasse von

Beamten fehlt, aus welcher aufgerückt werden kann, so muß nach § 6 Abs. 3 des Gesetzes eine Stelle der erwähnten Art den Militäranwärtern vorbehalten oder versagt bleiben, je nachdem sie, unter Berücksichtigung der Anforderungen des Dienstes, zur Besetzung mit einem Militäranwärter geeignet oder nicht geeignet ist.

Im übrigen ist, was insbesondere die Stadtsekretäre betrifft, darauf aufmerksam zu machen, daß dem Titel, der einem Beamten gegeben wird, eine entscheidende Bedeutung für die Frage, in welcher Weise die Bestimmungen des Gesetzes auf den Stelleninhaber in Anwendung zu bringen sind, nicht beizulegen ist; entscheidend sind die Funktionen, welche der Stelleninhaber zu erfüllen hat. Es ergibt sich hieraus, daß die Stellen solcher Stadtsekretäre, die, wie es vielfach in kleineren Kommunalverbänden der Fall ist, vornehmlich mit den untergeordneten Geschäften im Bureaudienst beauftragt sind, nicht zu denjenigen gerechnet werden dürfen, die nur im Wege des Aufrückens zu erlangen sind, daß dieselben den Militäranwärtern vielmehr ohne eine solche Einschränkung zugänglich gehalten werden müssen.

Bezüglich der eigenartigen Stellen der Stadtsekretäre in der Provinz Hannover (§§ 41, 46, 56 der dortigen StO. v. 24. 6. 1858) verbleibt es auch weiterhin dabei, daß dieselben den Militäranwärtern nicht vorzubehalten sind (M. d. J. v. 30. 9. 1892 Nr. 8).

3. Was die im § 4 unter Ziff. 2 erwähnten Kassenbeamten betrifft, so sind bei der Beratung der Regierungsvorlage in den Sitzungen des Hauses der Abgeordneten v. 30. u. 31. 5. 1892 die Verhältnisse der Gegenbuchführer und Kassenrevisoren in einigen größeren städtischen Verwaltungen der Provinz Westfalen eingehend erörtert worden. Wie schon bemerkt, ist der Titel eines Beamten für die Anwendung des Gesetzes auf die Besetzung der Stelle des Beamten nicht von entscheidender Bedeutung. Insofern daher insbesondere die Gegenbuchführer berufen sind, Kassengelder einzunehmen, zu verwahren oder auszugeben, fallen sie unter die Ausnahmebestimmung des § 4 Ziff. 2. Im übrigen wird, was insbesondere die Revisoren betrifft, zu prüfen sein, ob deren Stellen denjenigen beizuzählen sind, die den Militäranwärtern nur im Wege des Aufrückens mindestens zur Hälfte vorbehalten bleiben können (M. d. J. v. 30. 9. 1892 Nr. 9).

4. Die Stellen der Chausseegelderheber sind **nicht** zu den den Militäranwärtern vorbehaltenen Stellen zu rechnen, weil die Chausseegelderheber zu den in § 4 Abs. 2 bezeichneten Kassenbeamten gehören (M. d. J. v. 30. 7. 1895; MBl. 1895 S. 225).

5. Die Vorschrift im § 4 des G. v. 21. 7. 1892, wonach den Kommunalverbänden bei der Besetzung der Stellen derjenigen Kassenvorsteher, welche eigene Rechnung zu legen haben, sowie derjenigen Kassenbeamten, welche Kassengelder einzunehmen, zu verwahren oder auszugeben haben, freie Hand gelassen ist, findet keine Anwendung auf solche Stellen, deren Inhaber die im § 4 bezeichneten Kassenvorsteher und Kassenbeamten nur im Fall der Behinderung zu vertreten haben (M. d. J. v. 23. 2. 1897; I B 806/7).

§ 5. In welchem Umfange die nicht unter die §§ 3 und 4 fallenden mittleren, Kanzlei- und Unterbeamtenstellen mit Militäranwärtern usw. zu besetzen sind, ist unter Berücksichtigung der Anforderungen des Dienstes zu bestimmen. In Zweifelsfällen ist unter sinngemäßer Zugrundelegung der für die Reichs- und Staatsbehörden jeweilig geltenden Verzeichnisse der den Militäranwärtern usw. vorbehaltenen Stellen Entscheidung zu treffen.

A. —

B. Ausführungs- und Zusatzbestimmungen.

1. Aus dem G. v. 21. 7. 1892 bleibt in Kraft:

§ 5. In welchem Umfange die nicht unter die §§ 3 und 4 fallenden Subaltern- und Unterbeamtenstellen mit Militäranwärtern zu besetzen sind, ist unter Berücksichtigung der Anforderungen des Dienstes und unter sinngemäßer Zugrundelegung der für die Reichs- und Staatsbehörden jeweilig geltenden Verzeichnisse über die den Militäranwärtern vorbehaltenen Stellen zu bestimmen.

2. Während die im § 3 des G. v. 21. 7. 1892 bezeichneten Unterbeamtenstellen ausschließlich und die im § 4 bezeichneten Stellen der Subalternbeamten im Bureaudienst mindestens zur Hälfte mit Militäranwärtern zu besetzen sind, sollen alle übrigen Unterbeamten- und Subalternbeamtenstellen gemäß § 5 nur unter Berücksichtigung der Anforderungen des Dienstes und unter sinngemäßer Zugrundelegung der für die Reichs- und Staatsbehörden jeweilig geltenden Verzeichnisse über die den Militäranwärtern vorbehaltenen Stellen mit Militäranwärtern besetzt werden. Es ist schon darauf hingewiesen worden, daß der Zusatz „und unter sinngemäßer Zugrundelegung usw." auf einem Beschlusse des Abgeordnetenhauses beruht. Im § 5 der Anstellungsgrundsätze vom Jahre 1882 (jetzt § 5 A. G. I) ist die Berücksichtigung der Anforderung des Dienstes als ausschließlich maßgebend hingestellt, und dasselbe war auch im § 4 der Regierungsvorlage geschehen. Bei der Ausführung des Gesetzes wird darauf zu halten sein, daß, wo wegen der Verschiedenheit der Verwaltungen und deren Aufgaben die Anforderungen des Dienstes und die sinngemäße Zugrundelegung jener Verzeichnisse sich nicht ohne weiteres decken, die Anforderungen des Dienstes in erster Linie zu berücksichtigen sind (M. d. J. v. 30. 9. 1892 Nr. 10).

§ 6. (1.) Insoweit in Ausführung der §§ 4 und 5 einzelne Klassen von mittleren, Kanzlei- und Unterbeamtenstellen den Militäranwärtern usw. nicht mindestens zur Hälfte vorbehalten werden können, hat nach Möglichkeit ein Ausgleich in der Weise stattzufinden, daß andere derartige Stellen innerhalb derselben Verwaltung in entsprechender Zahl und Besoldung vorbehalten werden.

(2.) Enthält eine Klasse nur eine Stelle, und ist diese unter Berücksichtigung der Anforderungen des Dienstes zur Besetzung mit einem Militäranwärter usw. geeignet, so braucht sie nur abwechselnd mit Militäranwärtern usw. besetzt zu werden.

A. Erläuterungen des Bundesrats.

III. Zu § 6. Unter einer „Klasse" ist die Gesamtheit der in einer Verwaltung beschäftigten Beamten zu verstehen, deren dienstliche Obliegenheiten ihrer Natur nach im wesentlichen dieselben sind.

B. Ausführungs- und Zusatzbestimmungen.

1. Aus dem G. v. 21. 7. 1892 bleibt in Kraft:

§ 6 Abs. 3. Enthält eine Klasse nur eine Stelle, so bleibt dieselbe den Militäranwärtern vorbehalten oder versagt, je nachdem sie unter Berücksichtigung der Anforderungen des Dienstes zur Besetzung mit einem Militäranwärter geeignet oder nicht geeignet ist.

2. Der (mit dem Abs. 1 des § 6 der vorliegenden Grundsätze übereinstimmende) Abs. 1 des § 6 des G. v. 21. 7. 1892 hat während der Beratung des Entwurfs dieses Gesetzes im Landtage zu vielfachen Erörterungen Anlaß gegeben. Zur Erläuterung der Anordnung wird auf das während der kommissarischen Beratung des Entwurfs im Hause der Abgeordneten von dem Vertreter der Regierung konstruierte Beispiel Bezug genommen. — Haus der Abgeordneten, Drucks. Nr. 205 S. 13 (M. d. J. v. 30. 9. 1892 Nr. 11).

Die hier erwähnten Ausführungen des Regierungsvertreters lauten folgendermaßen:

„Hätte eine Kommune z. B. in einer Klasse 10 Stellen zu vergeben, von denen 6 unter § 4 (1 u. 2) oder ev. unter § 5 fielen, dann verblieben noch 4 Stellen, auf welche nach § 4 Militäranwärter und Zivilpersonen gleiches Recht hätten. Von den sämtlichen 10 Stellen erhielten die Militäranwärter danach nur zwei. Diese Härte zu mildern, solle durch § 6 die Möglichkeit eines Ausgleichs geschaffen werden, so zwar, daß den Militäranwärtern von den verbleibenden vier Stellen möglichst drei oder auch sonstige geeignete Stellen in anderen Klassen überlassen würden."

§ 7. (1.) Über die gegenwärtig vorhandenen, den Militäranwärtern usw. vorbehaltenen Stellen werden nach Beamtenklassen (§ 6) geordnete Verzeichnisse angelegt.

(2.) Gleichartige Stellen, die in Zukunft errichtet werden, sind in die Verzeichnisse aufzunehmen.

A. Erläuterungen des Bundesrats.

IV. Zu § 7. In die anzulegenden Verzeichnisse sind auch die nur im Wege des Aufrückens erreichbaren Stellen aufzunehmen; dagegen brauchen Stellen, deren Inhaber — wenn sie auch in Pflicht genommen sein sollten — ihr Einkommen nicht unmittelbar aus der Kommunal- usw. Kasse beziehen (Privatgehilfen), nicht aufgenommen zu werden.

Die Verzeichnisse werden den Militärbehörden auf Wunsch mitzuteilen sein.

B. Ausführungs- und Zusatzbestimmungen.

Siehe bei § 16.

§ 8. Die den Militäranwärtern usw. vorbehaltenen Stellen können auch verliehen werden:

1. Inhabern des Zivilversorgungsscheins nach Anlage C, D und E der Grundsätze für die Besetzung der mittleren, Kanzlei- und Unterbeamtenstellen bei den Reichs- und Staatsbehörden mit Militäranwärtern und Inhabern des Anstellungsscheins;
2. Offizieren und Deckoffizieren, denen beim Ausscheiden aus dem aktiven Dienste die Aussicht auf Anstellung im Zivildienste verliehen worden ist;
3. ehemaligen Militäranwärtern, die sich in einer auf Grund ihrer Versorgungsansprüche erworbenen etatsmäßigen Anstellung befinden oder infolge eingetretener Dienstunfähigkeit in den Ruhestand versetzt worden sind;
4. ehemaligen Militärpersonen, denen der Zivilversorgungsschein lediglich um deswillen versagt worden ist, weil sie sich nicht fortgesetzt gut geführt haben, und denen gemäß einer von der zuständigen Militärbehörde ihnen später erteilten Bescheinigung eine den Militäranwärtern im Reichs- oder Staatsdienste vorbehaltene Stelle übertragen werden darf. Eine solche Bescheinigung können nur noch Personen erhalten, die vor dem 1. April 1905 aus dem aktiven Militärdienst entlassen worden sind und mit Versorgungsgebührnissen nach den bisherigen Gesetzesvorschriften abgefunden werden. Im übrigen wird die Bescheinigung nicht mehr erteilt;
5. solchen Beamten und Bediensteten der betreffenden Verwaltung, die für ihren Dienst unbrauchbar oder entbehrlich geworden sind und einstweilig oder dauernd in den Ruhestand versetzt oder entlassen werden müßten, wenn ihnen nicht eine den Militäranwärtern usw. vorbehaltene Stelle verliehen würde; desgleichen solchen Beamten, die in den Ruhestand versetzt worden sind, aber dienstlich wieder verwendet werden können;
6. sonstigen Personen, denen die Berechtigung zu einer Anstellung auf dem im § 10 Nr. 7 der Grundsätze für die Besetzung der mittleren, Kanzlei- und Unterbeamtenstellen bei den Reichs- und Staatsbehörden mit Militäranwärtern usw. vorgesehenen Wege ausnahmsweise verliehen worden ist.

A. Erläuterungen des Bundesrats.

V. Zu § 8. Die Bestimmung unter Nr. 5 soll den Kommunalbehörden usw. die Möglichkeit gewähren, solche Personen, die zur ferneren

Verrichtung eines vielleicht anstrengenden Dienstes unfähig, oder die entbehrlich geworden sind, desgleichen solche Beamte, die bereits in den Ruhestand versetzt sind, in anderen Stellen noch zu verwenden, die an sich mit Militäranwärtern usw. zu besetzen sein würden. Diese Befugnis erstreckt sich in ihrem ersten Teile, wie der Ausdruck „Bedienstete" andeutet, auch auf die vermöge Privatvertrags zu dauernder Beschäftigung im Kommunal- usw. Dienst angenommenen Personen.

B. Ausführungs- und Zusatzbestimmungen.

1. Statt des § 8, 5 der vorliegenden Grundsätze bleibt der § 7, 5 des G. v. 21. 7. 1892 in Kraft, welcher lautet:

5. solchen Beamten und Bediensteten des betreffenden Kommunalverbandes, welche für ihren Dienst unbrauchbar oder entbehrlich geworden sind und einstweilig oder dauernd in den Ruhestand versetzt werden müßten, wenn ihnen nicht eine den Militäranwärtern vorbehaltene Stelle verliehen würde.

2. Hinsichtlich der unter Nr. 1 des § 8 der vorliegenden Grundsätze genannten Inhaber des Zivilversorgungsscheins nach den Anlagen B und C der Anstellungsgrundsätze vom Jahre 1882 (jetzt Anlage C und D) wird auf die Ziff. 5 u. 6 der Ausführungsbestimmungen zu § 1 Bezug genommen.

3. Unter den Bediensteten im Sinne des § 7 Nr. 5 des G. v. 21. 7. 1892, deren im § 10 Nr. 3 der Anstellungsgrundsätze vom Jahre 1882 (jetzt § 10 Nr. 3 A. G. I) keine Erwähnung geschieht, sind solche Personen zu verstehen, die durch Privatvertrag in den Kommunaldienst aufgenommen worden sind. Es soll den Kommunalverbänden die Möglichkeit gewährt werden, solche Personen, die zur ferneren Verrichtung eines vielleicht anstrengenden, besondere körperliche Tüchtigkeit erfordernden Dienstes untauglich geworden sind, in leichteren Stellen noch zu verwenden, die an sich mit Militäranwärtern zu besetzen sein würden. Macht ein Kommunalverband von dem ihm hiernach gewährten Rechte Gebrauch, so hat jedoch gemäß § 8 Abs. 2 des Gesetzes (s. nachstehend bei § 9 der Grundsätze) die dort angeordnete Ausgleichung zu erfolgen (M. d. J. v. 30. 9. 1892 Nr. 12).

§ 9. (1.) Stellen, die den Militäranwärtern usw. nur teilweise (zur Hälfte, zu einem Drittel usw.) vorbehalten sind, werden bei eintretender Erledigung in einer dem Anteilsverhältnis entsprechenden Reihenfolge mit Militäranwärtern usw. oder Zivilpersonen besetzt, und zwar ohne Rücksicht auf die Zahl der zur Zeit der Besetzung tatsächlich mit Militäranwärtern usw. und Zivilpersonen besetzten Stellen.

(2.) Wird die Reihenfolge auf Grund des § 8 unterbrochen, oder wird infolge des § 8 Nr. 5 eine ausschließlich mit Militäranwärtern usw. zu besetzende Stelle mit einem Bediensteten der Verwaltung besetzt, so ist bei sich bietender Gelegenheit eine Ausgleichung herbeizuführen. Dabei sind Personen, deren Anstellung auf Grund des § 8 Nr. 5 und 6 erfolgt, als

Zivilpersonen, Personen, deren Anstellung auf Grund des § 8 Nr. 1 bis 4 erfolgt, als Militäranwärter usw. in Anrechnung zu bringen.

A. —

B. Ausführungs- und Zusatzbestimmungen.

1. Aus dem G. v. 21. 7. 1892 bleibt in Kraft:

§ 8 Abs. 2. Wird die Reihenfolge auf Grund des § 7 unterbrochen oder wird infolge des § 7 Nr. 5 eine ausschließlich mit Militäranwärtern zu besetzende Stelle mit einen Bediensteten des Kommunalverbandes besetzt, so ist eine Ausgleichung herbeizuführen. Dabei sind Personen, deren Anstellung auf Grund des § 7 Nr. 4 u. 5 erfolgt, als Zivilpersonen, Personen, deren Anstellung auf Grund des § 7 Nr. 1 bis 3 erfolgt, als Militäranwärter in Anrechnung zu bringen.*)

2. Gemäß dem (mit § 9 Abs. 1 der vorliegenden Grundsätze übereinstimmenden) § 8 Abs. 1 des G. v. 21. 7. 1892 sind Stellen, welche den Militäranwärtern nur teilweise (zur Hälfte usw.) vorbehalten sind, bei eintretenden Vakanzen in einer dem Anteilsverhältnisse entsprechenden Reihenfolge mit Militäranwärtern oder Zivilpersonen zu besetzen, also in denjenigen Fällen, in welchen die Hälfte der Stellen den Militäranwärtern vorbehalten ist, abwechselnd mit Militäranwärtern und Zivilpersonen.

Die Bedeutung dieser, dem § 11 der Anstellungsgrundsätze vom Jahre 1882 (jetzt § 11 A. G. I) entsprechenden Vorschrift tritt klar zutage, sobald beispielsweise der Fall berücksichtigt wird, daß die Zahl der Stellen, welche den Militäranwärtern vorbehalten ist, eine ungrade ist (M. d. J. v. 30. 9. 1892 Nr. 13).

3. Im übrigen kann es nicht zweifelhaft sein, daß, wenn Stellen den Militäranwärtern beispielsweise zur Hälfte vorbehalten sind und eine vakant gewordene Stelle, welche nach der bestehenden Reihenfolge mit einem Militäranwärter zu besetzen sein würde, mit einer Zivilperson besetzt wird, weil die Besetzung mit einem Militäranwärter mangels einer Bewerbung nicht ausführbar ist, die nächste frei werdende Stelle wiederum mit einer Zivilperson besetzt werden darf (M. d. J. v. 30. 9. 1892 Nr. 13).

§ 10. (1.) Die Militäranwärter usw. haben sich um die von ihnen begehrten Stellen bei den Anstellungsbehörden zu bewerben. Die Bewerbungen haben zu erfolgen:

1. seitens der noch im aktiven Militärdienste befindlichen Militäranwärter durch Vermittelung der vorgesetzten Militärbehörde;
2. seitens der übrigen Militäranwärter usw. entweder unmittelbar oder durch Vermittelung des heimatlichen Bezirkskommandos, das jede eingehende Bewerbung sofort der zuständigen Anstellungsbehörde mitteilt.

---

*) Der § 7 des G. v. 21. 7. 1892 deckt sich in den Nr. 1 bis 4 mit mit den Nr. 2 bis 4 u. 6 des § 8 der vorliegenden Grundsätze. Wegen der Nr. 5 des § 7 des Gesetzes vgl. Nr. 1 der AusfBest. zu § 8.

(2.) Militäranwärter usw. sind zu Bewerbungen vor oder nach dem Eintritt der Stellenerledigung so lange berechtigt, bis sie eine etatsmäßige Stelle erlangt und angetreten haben, mit der Anspruch oder Aussicht auf Ruhegehalt oder dauernde Unterstützung verbunden ist. Bewerbungen um Stellen, die nur im Wege des Aufrückens zu erlangen sind, werden jedoch hierdurch nicht ausgeschlossen.

A. Erläuterungen des Bundesrats.

VI. Zu § 10. Die Anstellungsbehörden werden durch die Landesregierungen bezeichnet. Diesen soll unbenommen sein, Zentralstellen einzurichten, an die sämtliche Bewerbungen ausschließlich zu richten sind, denen die Anstellungsbehörden die zu besetzenden Stellen mitzuteilen haben, und die dem Anstellungsbehörden die in Betracht zu ziehenden Bewerbungen mitteilen.

Unter „etatsmäßigen Stellen", mit deren Erlangung die Befugnis zu weiteren Bewerbungen gemäß dem letzten Absatz erlöschen soll, sind auch Stellen im Reichs- oder im Staatsdienste, sowie im Dienste von Privat-Eisenbahngesellschaften, denen die Verpflichtung zur Anstellung von Militäranwärtern usw. auferlegt worden ist, zu verstehen. Umgekehrt erlischt die Berechtigung zur Bewerbung um eine Stelle im Reichs- oder im Staatsdienst im Sinne des § 13 der Grundsätze für die Besetzung der mittleren, Kanzlei- und Unterbeamtenstellen bei den Reichs- und Staatsbehörden mit Militäranwärtern und Inhabern des Anstellungsscheins auch durch die Erlangung einer etatsmäßigen Stelle im Kommunal- usw. Dienste. Sowohl hinsichtlich des Reichs- und Staatsdienstes als auch hinsichtlich des Kommunal- usw. Dienstes handelt es sich hier um solche etatsmäßige Stellen, die „Anspruch oder Aussicht auf Ruhegehalt oder dauernde Unterstützung" gewähren. Auch ist vorausgesetzt, daß die etatsmäßige Anstellung endgültig erfolgt ist. Während der Probedienstleistung oder der Anstellung auf Probe besteht die Berechtigung zu Bewerbungen fort.

B. Ausführungs- und Zusatzbestimmungen.

1. Statt des Abs. 2 des § 10 der Grundsätze bleibt aus dem G. v. 21. 7. 1892 in Kraft:

§ 9 Abs. 2. Sie sind zu Bewerbungen vor oder nach der Stellenerledigung so lange berechtigt, als sie noch nicht eine etatsmäßige Stelle erlangt und angetreten haben, mit welcher ein pensionsfähiges Diensteinkommen von mindestens 900 Mark verbunden ist. Bewerbungen um Stellen, welche nur im Wege des Aufrückens zu erlangen sind, werden jedoch hierdurch nicht ausgeschlossen.

2. Die nach den Nummern 5 u. 6 der Ausführungs- und Zusatzbestimmungen zu § 1 der Grundsätze in der Verwaltung der preußischen Kommunalverbände anstellungsberechtigten Angehörigen der Gendarmerie oder einer militärisch organisierten Schutzmannschaft haben ihre Bewerbungen durch Vermittelung ihrer vorgesetzten Dienstbehörden vorzulegen. Diese

34*

sowie die im § 10a und b der Grundsätze (jetzt § 10 Abs. 1 Nr. 1 u. 2, A. G. II) bezeichneten Behörden haben die Bewerbungen sofort den Anstellungsbehörden zu übersenden (vgl. KM. v. 28. 10. 1892 Nr. 2).

3. Darüber, ob die Stelle eine etatsmäßige mit pensionsberechtigtem Einkommen verbundene ist oder nicht, werden im allgemeinen Zweifel nicht bestehen, nötigenfalls sind den Anwärtern behufs Vermeidung zeitraubender Beschwerden und dienstlicher Unzuträglichkeiten vor der Anstellung entsprechende Eröffnungen zu machen. Eine etwaige vorläufige und freiwillige Verzichtleistung eines Anwärters auf Pension kann an der Eigenschaft der Stelle selbst nichts ändern (vgl. M. d. J. v. 19. 11. 1894; MBl. 1894 S. 215).

§ 11. (1.) Über die Bewerbungen um noch nicht erledigte Stellen haben die Kommunal- usw. Behörden Verzeichnisse nach Anlage G der Grundsätze für die Besetzung der mittleren, Kanzlei- und Unterbeamtenstellen bei den Reichs- und Staatsbehörden mit Militäranwärtern und Inhabern des Anstellungsscheins anzulegen, in welche die Stellenanwärter nach dem Tage des Einganges der ersten Meldung eingetragen werden. War die Befähigung noch durch eine Prüfung (Vorprüfung) nachzuweisen, so kann die Eintragung auch nach dem Tage des Bestehens der Prüfung erfolgen.

(2.) Bei der Besetzung erledigter Stellen sind unter sonst gleichen Verhältnissen Unteroffiziere, die mindestens acht Jahre im Heere oder in der Marine aktiv gedient haben, in erster Linie zu berücksichtigen.

(3.) Bewerbungen um noch nicht freigewordene Stellen sind alljährlich zum 1. Dezember zu erneuern, widrigenfalls sie als erloschen gelten.

(4.) Die als Stellenanwärter für den Unterbeamtendienst vorgemerkten Inhaber des Anstellungsscheins bilden eine besondere Anwärterklasse. Sie dürfen nur dann einberufen werden, wenn keine Militäranwärter vorgemerkt sind, oder wenn sich keiner der vorgemerkten zivilversorgungsberechtigten Stellenanwärter zur Annahme der zu besetzenden Stelle (Unterbeamtenstelle) bereit findet.

(5.) Stellenanwärter, die an Stelle des Zivilversorgungsscheins nachträglich die Zivilversorgungsentschädigung oder die einmalige Geldabfindung wählen, haben hiervon die Anstellungsbehörden, bei denen sie vorgemerkt sind, in Kenntnis zu setzen und sind in den Bewerberverzeichnissen zu streichen. Im Falle der Wiederwahl des Zivilversorgungsscheins oder der Wiedererstattung der einmaligen Geldabfindung werden sie auf Antrag mit dem Tage des Einganges der neuen Meldung wieder in das Bewerberverzeichnis eingetragen, vorausgesetzt, daß sie dann noch die nötige Befähigung besitzen.

A. Erläuterungen des Bundesrats.

VII. Zu § 11 Abs. 2. Innerhalb jeder Stellenanwärterklasse (vgl. Anmerkung auf der Anlage G zu den Grundsätzen für die Besetzung der mittleren, Kanzlei- und Unterbeamtenstellen bei den Reichs- und Staatsbehörden mit Militäranwärtern und Inhabern des Anstellungsscheins) ist bei der Einberufung die Reihenfolge in der Bewerberliste in Betracht zu ziehen. Die Anstellungsbehörden sind jedoch nicht unbedingt an die Innehaltung der Reihenfolge gebunden, sondern zu Abweichungen innerhalb jeder Anwärterklasse berechtigt, sofern diese Abweichungen nach ihrem pflichtmäßigen Ermessen durch dienstliche Rücksichten bedingt werden.

B. Ausführungs- und Zusatzbestimmungen.

1. Bei der Benachrichtigung über die erfolgte Notierung sind die Militäranwärter darauf aufmerksam zu machen, daß sie ihre Bewerbungen um noch nicht freigewordene Stellen alljährlich bis zum 1. Dezember, das erste Mal bis zum 1. Dezember des auf die Notierung folgenden Kalenderjahres, zu erneuern haben, und daß jede Erneuerung zu diesem Zeitpunkte bei der Anstellungsbehörde eingegangen sein muß (vgl. M. d. J. v. 30. 9. 1892 Nr. 14).

2. Die Erneuerung der Bewerbungen der im § 10 unter a (jetzt § 10 Abs. 1 Nr. 1) und der in der AusfBest. 2 zu diesem Paragraphen bezeichneten Militäranwärter erfolgt durch Vermittelung der dort bezeichneten Behörden bei der Dienststelle, die den Anwärter in der Bewerberliste führt (vgl. KM. v. 28. 10. 1892 Nr. 4).

§ 12. (1.) Wenn für Stellen, die mit Militäranwärtern usw. zu besetzen sind, keine Bewerbungen von Militäranwärtern usw. vorliegen, so müssen sie im Falle der Erledigung von der Anstellungsbehörde der zuständigen Vermittelungsbehörde (Anlage H zu den Grundsätzen für die Besetzung der mittleren, Kanzlei- und Unterbeamtenstellen bei den Reichs- und Staatsbehörden mit Militäranwärtern und Inhabern des Anstellungsscheins) durch eine Nachweisung (Anlage J daselbst) behufs der Bekanntmachung bezeichnet werden.

(2.) Erledigte Unterbeamtenstellen, für die zwar keine Bewerbungen von Militäranwärtern, wohl aber von Inhabern des Anstellungsscheins vorliegen, brauchen der Vermittelungsbehörde nicht mitgeteilt und nicht bekanntgemacht zu werden; es steht den Anstellungsbehörden vielmehr frei, sie ohne weiteres einem Inhaber des Anstellungsscheins zu übertragen.

(3.) Ist innerhalb vier Wochen nach der Bekanntmachung eine Bewerbung bei der Anstellungsbehörde nicht eingegangen, so hat diese in der Stellenbesetzung freie Hand.

A. Erläuterungen des Bundesrats.

VIII. Zu § 12. Gemäß Abs. 1 und 2 bedarf es der Einreichung einer Nachweisung nicht, wenn die Wiederbesetzung der Stelle durch einen Militäranwärter usw. erfolgt, dessen Bewerbung schon vorlag. Jedoch ist die

Einreichung nachzuholen, wenn die Stelle einem solchen Bewerber wegen ungenügender Befähigung (§ 15) oder aus sonstigen Gründen nicht übertragen wird.

B. Ausführungs- und Zusatzbestimmungen.

1. Aus dem G. v. 21. 7. 1892 bleibt in Kraft:

§ 11 Abs. 2. Ist innerhalb sechs Wochen nach der Bekanntmachung eine Bewerbung bei der Anstellungsbehörde nicht eingegangen, so hat dieselbe in der Stellenbesetzung freie Hand.

2. Stellen, welche mit Militäranwärtern zu besetzen sind, müssen im Falle der Erledigung und wenn keine Bewerbungen von Militäranwärtern usw. für dieselben vorliegen, seitens der Anstellungsbehörde der zuständigen Militärbehörde behufs der Bekanntmachung mittelst Einreichung einer Nachweisung bezeichnet werden. Die Bezeichnung hat nachträglich zu erfolgen, wenn eine vorliegende Bewerbung nicht zur Besetzung der Stelle mit einem Militäranwärter usw. geführt hat, etwa aus dem Grunde, weil der Bewerber zurückgetreten ist oder bei der Anstellung auf Probe sich nicht als befähigt erwiesen hat (M. d. J. v. 30. 9. 1892 Nr. 16 und KM. v. 28. 10. 1892 Nr. 5).

3. Die Nachweisungen (Anlage J) sind den Vermittelungsbehörden in der durch die Zusatzbestimmung 1 zu § 16 der Anstellungsgrundsätze vom Jahre 1882 (jetzt ZusatzBest. 1 zu § 16 A. G. I) festgesetzten Frist, nämlich so zeitig zuzustellen, daß sie von den Vermittelungsbehörden jeden Sonnabend abgeschlossen und der Redaktion des Deutschen Reichs- und Königlich Preußischen Staatsanzeigers übersandt werden können. Die Veröffentlichung erfolgt in der jeden Mittwoch erscheinenden Vakanzenliste (vgl. KM. v. 28. 10. 1892 Nr. 5 und M. d. J. v. 30. 9. 1892 Nr. 16).

4. In der Spalte „Bemerkungen" der Nachweisung ist anzugeben, ob die erledigte Stelle pensionsberechtigt ist, und ob bei einer Pensionierung die zurückgelegte Militärdienstzeit als pensionsfähige Dienstzeit angerechnet wird oder nicht (KM. v. 28. 10. 1892, Anlage A und M. d. J. v. 30. 9. 1892, Anlage zu Nr. 16).

§ 13. (1.) Die den Militäranwärtern usw. vorbehaltenen Stellen dürfen, außer in dem Falle des § 8, mit anderen Personen nicht besetzt werden, sofern sich Militäranwärter usw. finden, die zur Übernahme der Stellen befähigt und bereit sind. Es macht dabei keinen Unterschied, ob die Stellen dauernd oder nur zeitweise bestehen, ob ein etatsmäßiges Gehalt oder nur eine diätarische oder andere Remuneration damit verbunden ist, ob die Anstellung auf Lebenszeit, auf Kündigung oder auf Widerruf geschieht.

(2.) Zu vorübergehender Beschäftigung können jedoch auch Nichtversorgungsberechtigte angenommen werden.

(3.) In Ansehung dienstlicher Verrichtungen, für die wegen ihres geringen, die volle Zeit und Tätigkeit eines Beamten nicht in Anspruch nehmenden Umfanges und der Geringfügigkeit der damit verbundenen Remuneration besondere Beamte nicht angenommen, die vielmehr Privatpersonen, anderen Beamten als Nebenbeschäftigung oder verabschiedeten Beamten übertragen zu werden pflegen, behält es hierbei sein Bewenden.

A. —

B. Ausführungs- und Zusatzbestimmungen.

1. Aus dem G. v. 21. 7. 1892 bleibt in Kraft:

§ 12 Abs. 2 u. 3. Zu vorübergehender Beschäftigung als Hilfsarbeiter oder Vertreter können jedoch auch Nichtversorgungsberechtigte angenommen werden.

In Ansehung derjenigen dienstlichen Verrichtungen, für welche wegen ihres geringen, die volle Zeit und Tätigkeit eines Beamten nicht in Anspruch nehmenden Umfanges und der Geringfügigkeit der damit verbundenen Remuneration besondere Beamte nicht angenommen, welche vielmehr an Privatpersonen, an andere Beamte als Nebenbeschäftigung oder an verabschiedete Beamte übertragen zu werden pflegen, behält es hierbei sein Bewenden. Wenn sich jedoch Militäranwärter ohne Aufforderung zu solchen dienstlichen Verrichtungen melden, so sind dieselben vorzugsweise zu berücksichtigen.

2. Gemäß § 12 Abs. 2 des G. v. 21. 7. 1892 können zu vorübergehender Beschäftigung als Hilfsarbeiter oder Vertreter auch Nichtversorgungsberechtigte angenommen werden. Der Vorbehalt im § 9 Abs. 3 der Anstellungsgrundsätze vom Jahre 1882 (jetzt § 9 Abs. 3 A. G. I) „falls qualifizierte Militäranwärter nicht vorhanden sind usw." hat in dem Gesetze Aufnahme nicht gefunden. Die vorübergehende Beschäftigung Nichtversorgungsberechtigter darf sich aber nicht zu einer Umgehung der Vorschriften des Gesetzes gestalten, nach welchen Versorgungsberechtigte anzustellen sind (M. d. J. v. 30. 9. 1892 Nr. 18).

§ 14. (1.) Die Anstellungsbehörden haben darin freie Hand, welche ihrer mittleren, Kanzlei- und Unterbeamten sie in höhere oder besser besoldete Stellen aufrücken lassen wollen.

(2.) Ebenso sind die Behörden in der Versetzung eines besoldeten mittleren, Kanzlei- oder Unterbeamten auf eine andere mit Militäranwärtern usw. zu besetzende besoldete mittlere, Kanzlei- oder Unterbeamtenstelle nicht beschränkt. Wäre die auf solche Weise mit einer Zivilperson besetzte Stelle mit einem Militäranwärter usw. zu besetzen gewesen, so ist bei sich bietender Gelegenheit eine Ausgleichung herbeizuführen.

(3.) Es ist darauf Bedacht zu nehmen, daß den aus den Militäranwärtern usw. hervorgegangenen Beamten, soweit es mit den Interessen des Dienstes vereinbar ist, Gelegenheit gegeben werde, die für das Aufrücken in höhere Dienststellen erforderliche Befähigung zu erwerben.

(4.) In Beziehung auf die Beförderung und Versetzung in Stellen des mittleren Dienstes oder des Kanzleidienstes sind Inhaber des Anstellungsscheins oder etatsmäßig angestellte ehemalige Inhaber dieses Scheines lediglich als nicht versorgungsberechtigte Zivilpersonen anzusehen.

A. Erläuterungen des Bundesrats.

IX. Zu § 14 Abs. 1. Bei Besetzung der den Militäranwärtern usw. ausschließlich oder zum Teil vorbehaltenen Stellen, die nur im Wege des Aufrückens erreicht werden können, dürfen bei sonst gleichen Voraussetzungen hinsichtlich der Qualifikation ehemalige Militäranwärter usw. hinter andere Angestellten nicht zurückgesetzt werden.

B. Ausführungs- und Zusatzbestimmungen.

1. Aus dem G. v. 21. 7. 1892 bleibt in Kraft:

§ 8 Abs. 3. In der Versetzung oder Beförderung eines besoldeten Subaltern- oder Unterbeamten auf eine andere nicht ausschließlich mit Militäranwärtern zu besetzende besoldete Subaltern- oder Unterbeamtenstelle desselben Kommunalverbandes sind die Kommunalverbände nicht beschränkt. Wäre die auf solche Weise mit einer Zivilperson besetzte Stelle der bestehenden Reihenfolge nach mit einem Militäranwärter zu besetzen gewesen, so ist eine Ausgleichung herbeizuführen.

2. Der Umstand, daß die Vorschriften im § 22 Abs. 3 u. 4 der Anstellungsgrundsätze vom Jahre 1882 (jetzt § 22 Abs. 3 u. 4 A. G. I) in das G. v. 21. 7. 1892 nicht aufgenommen worden sind, darf nicht zu der Annahme führen, das Gesetz setze etwa voraus, daß die aus Militäranwärtern hervorgegangenen Subaltern- und Unterbeamten im Kommunaldienst besonderen Beschränkungen hinsichtlich des Aufrückens in höhere Stellen unterworfen seien. Es wird vielmehr von den zuständigen Behörden bei passender Gelegenheit und in geeigneter Weise darauf hingewirkt werden, daß diesen Beamten Gelegenheit zur Erwerbung der Befähigung für das Aufrücken in höhere Dienststellen geboten wird. Im übrigen erscheint es nicht zweifelhaft, daß das Gesetz auch in Ansehung der ehemaligen Militäranwärter den Kommunalverbänden freie Hand darin gelassen hat, welche ihrer Subaltern- und Unterbeamten sie in höhere oder besser dotierte Stellen aufrücken lassen wollen (KM. v. 28. 10. 1892 Nr. 10, und M. d. J. v. 30. 9. 1892 Nr. 20).

3. Abs. 3 des § 8 des G. v. 21. 7. 1892, für welchen sich ein Vorgang in den Anstellungsgrundsätzen vom Jahre 1882 nicht findet, soll, wie sich aus dem Berichte der mit der Beratung des Entwurfs im Herrenhause beauftragt gewesenen Kommission ergibt, den besonderen Interessen der Kommunalverbände Rechnung tragen, die es für diese Verbände mitunter wünschenswert machen, an die Innehaltung der Regel bei Besetzung einer Stelle nicht unter allen Umständen gebunden zu sein (M. d. J. v. 30. 9. 1892 Nr. 13).

§ 15. (1.) Die Anstellungsbehörden sind zur Berücksichtigung von Bewerbungen nur dann verpflichtet, wenn die Bewerber eine genügende Befähigung für die fragliche Stelle oder den fraglichen Dienstzweig nachweisen und in körperlicher sowie sittlicher Beziehung dafür geeignet sind.

(2.) Sind für gewisse Dienststellen oder für gewisse Gattungen von Dienststellen besondere Prüfungen (Vorprüfungen) vorgeschrieben, so haben die Militäranwärter usw. auch diese Prüfungen abzulegen. Auch kann, wenn es die Eigentümlichkeit des Dienstzweigs erheischt, die Zulassung zu dieser Prüfung oder die Annahme der Bewerbung überhaupt von einer vorgängigen informatorischen Beschäftigung in dem betreffenden Dienstzweig abhängig gemacht werden, die in der Regel nicht über drei Monate auszudehnen ist. Über die Zulässigkeit einer informatorischen Beschäftigung entscheidet in Zweifelsfällen die staatliche Aufsichtsbehörde.

(3.) Die Anstellung eines einberufenen Militäranwärters usw. kann zunächst auf Probe erfolgen oder von einer Probedienstleistung abhängig gemacht werden. Die Probezeit darf vorbehaltlich der Abkürzung bei früher nachgewiesener Befähigung in der Regel höchstens sechs Monate, für den Dienst der Straßen- und Wasserbauverwaltung, mit Ausnahme der im § 3 bezeichneten Stellen, ein Jahr betragen. Handelt es sich um Anstellungen im Bureau- insbesondere Kassendienste, so kann die Probezeit mit Genehmigung der staatlichen Aufsichtsbehörde unter Zustimmung der zuständigen Militärbehörde ausnahmsweise bis auf die Dauer eines Jahres verlängert werden. Während der Anstellung auf Probe ist dem Anwärter das volle Stelleneinkommen, während der Probedienstleistung eine fortlaufende Remuneration von nicht weniger als drei Vierteln des Stelleneinkommens zu gewähren.

(4.) Einberufungen zur Probedienstleistung dürfen nur erfolgen, insoweit Stellen (§ 13 Abs. 1) offen sind; eine Entlassung Einberufener wegen mangelnder Vakanz kann daher nicht stattfinden.

(5.) Vor der Einberufung eines Militäranwärters usw. haben sich die Anstellungsbehörden die Urschrift des Zivilversorgungsscheins oder des Anstellungsscheins vorlegen zu lassen.

(6.) Spätestens bei Beendigung der Probezeit hat die Anstellungsbehörde darüber Beschluß zu fassen, ob der Stellenanwärter in seiner Stelle zu bestätigen beziehungsweise in den Zivildienst zu übernehmen oder wieder zu entlassen ist.

(7.) Die Art der Anstellung, namentlich auf Probezeit, Kündigung, Widerruf usw. regelt sich nach den landesrechtlichen Bestimmungen.

(8.) Nach erfolgter etatsmäßiger Anstellung wird der Zivilversorgungsschein oder der Anstellungsschein zu den Akten genommen.

B. Ausführungs- und Zusatzbestimmungen.

1. Aus dem G. v. 21. 7. 1892 bleibt in Kraft der Schlußsatz im zweiten Absatze des § 13:

Über die Zulässigkeit einer informatorischen Beschäftigung entscheidet die staatliche Aufsichtsbehörde.

2. Darüber, ob der Bewerber genügende Befähigung besitzt, entscheidet (nach § 13 Abs. 1 des G. v. 21. 7. 1892) auf Beschwerde die staatliche Aufsichtsbehörde (vgl. § 18 der vorliegenden Grundsätze). Hat zur Beurteilung der Befähigung eine Prüfung stattgefunden, deren Ergebnis für den Bewerber ungünstig ausgefallen ist, so wird — wenn keine besonderen Bedenken entgegenstehen — die Entscheidung der Aufsichtsbehörde nur auf der Grundlage des pflichtmäßigen Ermessens der Prüfungsbehörde erfolgen können. Bei allen von Militäranwärtern abzulegenden Prüfungen dürfen an dieselben keine höheren Anforderungen gestellt werden als an andere Anwärter (KM. v. 28. 10. 1892 Nr. 6 und M. d. J. v. 30. 9. 1892 Nr. 19).

3. Die genügende Befähigung erfordert nicht schon ein bestimmtes Maß positiver Kenntnisse, sondern nur die Befähigung, sich die zur Verwaltung einer Stelle notwendigen Kenntnisse während einer angemessenen Probedienstzeit anzueignen. Ist die Aneignung wegen des Umfanges oder der Schwierigkeit der Geschäfte, zumal nach den gemachten Erfahrungen, innerhalb einer angemessenen Probedienstzeit nicht tunlich, so erübrigt nur, um die Verwaltung der Gemeinden in deren Bureaus nicht in Verwirrung geraten zu lassen, die betreffenden Stellen den Militäranwärtern lediglich im Wege des Aufrückens vorzubehalten und im Falle des § 6 Abs. 3 des G. v. 21. 7. 1892 (s. bei § 6) zu versagen, oder auch die Besetzung der Stellen von der Ablegung einer Prüfung abhängig zu machen (vgl. M. d. J. v. 14. 7. 1897 — MBl. S. 217 — betreffend die Befähigung zur Ausfüllung von Verwaltungssekretärstellen).

4. Die Annahme einer Bewerbung darf nur dann von einer informatorischen Beschäftigung abhängig gemacht werden, wenn die Eigentümlichkeit des Dienstzweiges dieses erheischt, nicht aber, wenn andere Rücksichten, beispielsweise finanzielle Interessen der Kommunalverwaltungen, eine solche Beschäftigung wünschenswert erscheinen lassen.

Für die unteren Stellen des Polizeidienstes ist eine informatorische Beschäftigung im allgemeinen nicht erforderlich, ebensowenig wie sie von den Königlichen Polizeiverwaltungen für die Anstellung in der Schutzmannschaft verlangt wird (M. d. J. v. 31. 12. 1894, MBl. 1895 S. 3).

5. Stellenanwärter, welche sich noch im aktiven Militärdienst befinden, werden auf Veranlassung der Anstellungsbehörde durch die vorgesetzte Militärbehörde für die Dauer der Probezeit oder informatorischen Beschäftigung abkommandiert.

Die für die Militärbehörden bezüglich der Kommandierung der im aktiven Dienst befindlichen Militäranwärter im Interesse ihrer Zivilversorgung gegebenen Bestimmungen sind in der Anlage L enthalten.*)

---

*) Die den zivilversorgungsberechtigten Staatsangehörigen eines Bundesstaates (§ 1 Abs. 3 der Grundsätze) bei den Kommunalbehörden usw.

Die Zahlung des Stelleneinkommens während der Anstellung auf Probe geschieht nach den für die Stelle bestehenden besonderen Bestimmungen (KM. v. 28. 10. 1892 Nr. 7).

6. Die Militäranwärter sind verpflichtet, den Anstellungsbehörden diejenigen Behörden namhaft zu machen, bei denen sie notiert sind (KM. v. 28. 10. 1892 Nr. 8).

§ 16. Welche mittleren, Kanzlei- und Unterbeamtenstellen und gegebenenfalls in welcher Anzahl sie gemäß den vorstehenden Grundsätzen den Militäranwärtern vorzubehalten sind sowie welche Stellen zu den Unterbeamtenstellen zählen, also auch den Inhabern des Anstellungsscheins zugänglich sind, haben die Anstellungsbehörden festzustellen. Die aufgestellten Verzeichnisse, in denen die Unterbeamtenstellen besonders ersichtlich gemacht werden müssen, sind der staatlichen Aufsichtsbehörde zur Genehmigung vorzulegen. Stellen, wegen deren eine solche Feststellung noch nicht stattgefunden hat, dürfen, insofern nicht Militäranwärter usw. zur Anstellung gelangen oder das in diesen Grundsätzen bezüglich der Besetzung der Stellen mit Militäranwärtern usw. vorgeschriebene Verfahren erledigt ist, nur widerruflich besetzt werden. Die Anstellungsverhältnisse der Inhaber von Stellen, die gemäß den vorstehenden Grundsätzen den Militäranwärtern usw. vorzubehalten, dagegen ohne Verletzung der bisherigen Bestimmungen an nicht Versorgungsberechtigte übertragen worden sind, bleiben hierdurch unberührt. Gleichfalls unberührt bleiben bereits erworbene Ansprüche von Militäranwärtern.

A. —

B. Ausführungs- und Zusatzbestimmungen.

1. Aus dem G. v. 21. 7. 1892 bleibt in Kraft:

§ 14. Welche Subaltern- und Unterbeamtenstellen und, gegebenenfalls, in welcher Anzahl dieselben gemäß den vorstehenden Bestimmungen den Militäranwärtern vorzubehalten sind, hat die Kommunalaufsichtsbehörde festzustellen. Gegen diese Feststellung ist die Beschwerde zulässig. Stellen, wegen deren eine solche Feststellung noch nicht stattgefunden hat, dürfen, insofern nicht Militäranwärter zur Anstellung gelangen, oder

---

dieses Staates vorbehaltenen Stellen sind in Ansehung anderer Militäranwärter als vorbehaltene Stellen nicht zu betrachten und zu behandeln. Eine Kommandierung solcher Militäranwärter zur Anstellung auf Probe oder zur Probedienstleistung in diesen Stellen darf also nicht stattfinden (Nr. 18 Abs. 2 der Anlage L), und zum Zweck der informatorischen Beschäftigung ist sie nur dann zulässig, wenn ein Militäranwärter nach gegenseitigem Übereinkommen der beteiligten Dienststellen durch diese Beschäftigung seine Befähigung für eine den Militäranwärtern bei den Kommunalbehörden des Bundesstaates, wo er anstellungsberechtigt ist, vorbehaltene Stelle dartun soll.

das in diesem Gesetze bezüglich der Besetzung der Stellen mit Militäranwärtern vorgeschriebene Verfahren erledigt ist, bis zu der erfolgten Feststellung nur widerruflich besetzt werden. Die Anstellungsverhältnisse der Inhaber von solchen Stellen, welche gemäß den vorstehenden Bestimmungen den Militäranwärtern vorzubehalten, dagegen ohne Verletzung der bisherigen Bestimmungen an nicht Versorgungsberechtigte übertragen worden sind, bleiben hierdurch unberührt. Gleichfalls unberührt bleiben bereits erworbene Ansprüche von Militäranwärtern.

Die AusfBest. hierzu lauten:

Zum Zwecke der gemäß § 14 des Gesetzes von der Kommunalaufsichtsbehörde zu treffenden Feststellung, welche Subaltern- und Unterbeamtenstellen und in welcher Anzahl dieselben den Militäranwärtern vorzubehalten sind, hat die Aufsichtsbehörde erster Instanz von den ihr unterstellten Kommunalbehörden ein nach Klassen (§ 6 Abs. 2 des G.)*) zu ordnendes Verzeichnis der sämtlichen Subaltern- und Unterbeamtenstellen zu erfordern, welche am 1. 10. 1892, als am Tage des Inkrafttretens des Gesetzes, im Dienste des Kommunalverbandes vorhanden sind. Bei der Einreichung des Verzeichnisses hat die Kommunalbehörde sich darüber zu äußern, ob und bejahendenfalls welche Stellen in ihrer Verwaltung noch außerdem bestehen, jedoch, weil lediglich auf Grund eines Dienstvertrages zu besetzen (vgl. Nr. 2 zu § 1 der vorliegenden Grundsätze), in das Verzeichnis der Subaltern- und Unterbeamtenstellen nicht aufgenommen worden sind. Entstehendenfalls ist bezüglich dieser letzteren Stellen ein zweites Verzeichnis einzureichen.

Nach stattgehabter Prüfung der Vorlagen sind sodann die weiteren Anordnungen im Sinne des Gesetzes zu treffen.

Die Kommunalbehörden haben die Verzeichnisse fortzuführen und die eingetretenen Veränderungen den Kommunalaufsichtsbehörden anzuzeigen. Die Fortführung muß in der Art erfolgen, daß aus den Verzeichnissen ersichtlich ist, ob bei Besetzung der Subaltern- und Unterbeamtenstellen des Kommunalverbandes nach den Bestimmungen des Gesetzes verfahren, insbesondere, ob in den geeigneten Fällen eine Ausgleichung herbeigeführt worden ist.

Die Kommunalaufsichtsbehörden sind verpflichtet, die in ihrem Verwaltungsbezirk für Militäranwärter ermittelten Stellen den zuständigen Militärbehörden auf Erfordern mitzuteilen (M. d. J. v. 30. 9. 1892 Nr. 21 und 22).

2. Hinsichtlich der Versicherungsanstalten ist die Wahrnehmung der den staatlichen Aufsichtsbehörden zustehenden Befugnisse den Königl. Oberpräsidenten, in deren Verwaltungsbezirke die Landesversicherungsanstalten liegen, übertragen worden.

§ 17. (1.) Von der Besetzung der den Militäranwärtern usw. vorbehaltenen Stellen haben die Anstellungsbehörden am Schlusse des Vierteljahrs den Vermittelungsbehörden ihres Bezirkes durch Zusendung einer

*) Stimmt sinngemäß mit der Erläuterung des Bundesrats zu § 6 der vorliegenden Grundsätze überein.

Nachweisung nach dem Muster der Anlage K zu den Grundsätzen für die Besetzung der mittleren, Kanzlei- und Unterbeamtenstellen bei den Reichs- und Staatsbehörden mit Militäranwärtern und Inhabern des Anstellungsscheins Mitteilung zu machen.

(2.) Die Vermittelungsbehörden veranlassen eine entsprechende Bekanntmachung in der Vakanzenliste.

§ 18. (1.) Die Landeszentralbehörden haben darüber zu wachen, daß bei der Besetzung der den Militäranwärtern usw. bei den Kommunalbehörden usw. vorbehaltenen Stellen nach den vorstehenden Grundsätzen verfahren wird.

(2.) Auf Beschwerden der Militäranwärter usw. entscheiden die staatlichen Aufsichtsbehörden.

§ 19. Die §§ 25 bis 29 der Grundsätze für die Besetzung der mittleren, Kanzlei- und Unterbeamtenstellen bei den Reichs- und Staatsbehörden mit Militäranwärtern und Inhabern des Anstellungsscheins finden sinngemäß Anwendung.

§ 20. Ansprüche, die schon bei dem Inkrafttreten dieser Grundsätze erworben waren, werden durch sie nicht berührt.

A. Erläuterungen des Bundesrats.

X. Zu § 20. Es handelt sich hier nicht um erworbene Rechtsansprüche, sondern um Anwartschaften; so soll insbesondere ein erworbener Anspruch dann als vorhanden angenommen werden, wenn für gewisse Dienstzweige die Prüfung bestanden oder der Vorbereitungsdienst zum größeren Teile zurückgelegt ist.

B. Ausführungs- und Zusatzbestimmungen.

1. Aus dem G. v. 21. 7. 1892 bleibt in Kraft:

§ 15. Sind bei dem Inkrafttreten dieses Gesetzes Zivilpersonen seit mindestens drei Jahren in Stellen, welche denselben nach dem bisherigen Rechte ohne landesherrliche Verleihung der Berechtigung zu einer Anstellung nicht hätten übertragen werden dürfen, so können die Zivilpersonen in diesen Stellen belassen werden. Gehören diese Stellen zu denjenigen, welche gemäß den Vorschriften des gegenwärtigen Gesetzes den Militäranwärtern teilweise vorbehalten sind, so müssen freiwerdende Stellen den Militäranwärtern so lange und in ununterbrochener Reihenfolge übertragen werden, bis der den Militäranwärtern vorbehaltene Teil erfüllt ist.

§ 21. Die vorstehenden Grundsätze treten am 1. Oktober 1907 in Kraft.

Anlage A.*)

Zivilversorgungsschein.

Dem (Vor- und Familienname, Dienstgrad und Truppenteil usw.) ist gegenwärtiger Zivilversorgungsschein nach einer aktiven Militärdienstzeit von

.... Jahren .... Monaten

erteilt worden.

Er ist auf Grund dieses Scheines zur Versorgung im Zivildienste bei den

Reichsbehörden, den Staatsbehörden aller Bundesstaaten und den Kommunalbehörden usw. des Bundesstaats, dessen Staatsangehörigkeit er seit 2 Jahren besitzt,

nach Maßgabe der darüber bestehenden Bestimmungen berechtigt.

Der Inhaber bezieht eine Militärrente von .... Mk. .... Pf. monatlich.

N. N., den ....ten .... 19......

(Stempel.) (Behörde, die über den Anspruch auf den Zivilversorgungsschein entschieden hat.)

Alter: .... Jahre.
(Nr. des Zivilversorgungsscheins.)
(Nr. der Rentenliste.)

(Unterschrift.)
des Militärvorgesetzten.)

*) Die Zivilversorgungsscheine und der Anstellungsschein — Anlagen A bis E — sind in Form eines Buches, wie die Militärpässe anzulegen. Die Vorderseite des Umschlages ist bei den Zivilversorgungsscheinen nach den Anlagen A und E und bei dem Anstellungsscheine (Anlage B) mit einem großen, bei den Zivilversorgungsscheinen nach Anlage C mit einem kleinen Reichsadler zu versehen. Von den Zivilversorgungsscheinen sämtlicher Gattungen erhalten die, welche für Unteroffiziere bestimmt sind, die nach mindestens achtjähriger aktiver Dienstzeit aus dem Heere oder der Marine ausscheiden, einen Umschlag von roter, alle übrigen Zivilversorgungsscheine aber einen solchen von blauer Farbe. Die Anstellungsscheine erhalten einen gelben Umschlag. Den Zivilversorgungsscheinen usw. werden Nachrichten über den Bezug der Militärrenten und der Invalidenpension sowie über die Versorgung der Militäranwärter usw. vorgedruckt.

Anlage B.*)

Anstellungsschein für den Unterbeamtendienst.

Dem (Vor- und Familienname, Dienstgrad und Truppenteil usw.) ist gegenwärtiger Anstellungsschein nach einer aktiven Militärdienstzeit von

.... Jahren .... Monaten

erteilt worden.

Die Reichsbehörden, die Staatsbehörden aller Bundesstaaten und die Kommunalbehörden usw. des Bundesstaates, dessen Staatsangehörigkeit er seit 2 Jahren besitzt,

sind verpflichtet, seine Bewerbungen um Anstellung in einer der den Militäranwärtern und den Inhabern des Anstellungsscheins vorbehaltenen Unterbeamtenstellen nach Maßgabe der darüber bestehenden Bestimmungen zu berücksichtigen.

Der Inhaber bezieht eine Militärrente von .... Mk. .... Pf. monatlich.

N. N., den ....ten .... 19......

(Stempel.) (Behörde, die über die Gewährung des Anstellungsscheins entschieden hat.)

Alter: .... Jahre.
(Nr. des Anstellungsscheins.)
(Nr. der Rentenliste.)

(Unterschrift des Militärvorgesetzten.)

*) Siehe die Fußnote auf Anlage A.

Anlage C.*)

Zivilversorgungsschein.

Dem (Vor- und Familienname, Dienstgrad in der Gendarmerie, im Landjägerkorps oder in der Schutzmannschaft) ist gegenwärtiger Zivilversorgungsschein nach

einer aktiven Militärdienstzeit von . . . .Jahren ....Monaten

einer weiteren Dienstzeit in der Gendarmerie (oder im Landjägerkorps oder in der Schutzmannschaft) von . ... " .... "

mithin nach einer Gesamtdienstzeit von . . . . " .... "

erteilt worden.

Er ist auf Grund dieses Scheines zur Versorgung im Zivildienste bei den

Reichsbehörden sowie den Staatsbehörden
(Name des Bundesstaats)

nach Maßgabe der darüber bestehenden Bestimmungen berechtigt.

Der Inhaber bezieht eine Pension von .... Mk. .... Pf. monatlich.

N. N., den ....ten .... 19.......

(Stempel.) (Behörde, die über den Anspruch auf den Zivilversorgungsschein entschieden hat.)

Alter: .... Jahre. (Unterschrift
(Nr. des Zivilversorgungsscheins.) des Militärvorgesetzten.)

*) Siehe die Fußnote auf Anlage A.

Anlage D.*)

Zivilversorgungsschein.

Dem (Vor- und Familienname, Dienstgrad in der Gendarmerie im Landjägerkorps oder in der Schutzmannschaft) ist gegenwärtiger Zivilversorgungsschein nach

einer aktiven Militärdienstzeit von . . . . Jahren .... Monaten

einer weiteren Dienstzeit in der Gendarmerie oder im Landjägerkorps oder in der Schutzmannschaft von . ... " "

mithin nach einer Gesamtdienstzeit von . . . . " "

erteilt worden.

Er ist auf Grund dieses Scheines zur Versorgung im Zivildienste bei den

Staatsbehörden des (Name des Bundesstaats)

nach Maßgabe der darüber bestehenden Bestimmungen berechtigt.

Der Inhaber bezieht eine Pension von .... Mk. ...... Pf. monatlich.

N. N., den ....ten .... 19......

(Stempel.) (Behörde, die über den Anspruch auf den Zivilversorgungsschein entschieden hat.)

Alter: .... Jahre. (Unterschrift
(Nr. des Zivilversorgungsscheins.) des Militärvorgesetzten.)

---

*) Siehe die Fußnote auf Anlage A.

Anlage E.*)

Zivilversorgungsschein.

Dem (Vor- und Familienname, letzte Stellung in einem der Schutzgebiete) ist gegenwärtiger Zivilversorgungsschein nach

einer aktiven Militärdienstzeit von . . . . Jahren .... Monaten

einer weiteren Dienstzeit in der Polizeitruppe (Schutztruppe, im Grenz- oder Zollaufsichtsdienste) von . ... " .... "

mithin nach einer Gesamtdienstzeit von . . . . " .... "

erteilt worden.

Er ist auf Grund dieses Scheines zur Versorgung im Zivildienste bei den

Reichsbehörden sowie den Staatsbehörden aller Bundesstaaten

nach Maßgabe der darüber bestehenden Bestimmungen berechtigt.

Der Inhaber bezieht eine Pension von .... Mk. ...... Pf. monatlich.

N. N., den ....ten.......................... 19.....

(Stempel.) (Behörde, die über den Anspruch auf den Zivilversorgungsschein entschieden hat.)

Alter: .... Jahre.
(Nr. des Zivilversorgungsscheins.)

---

*) Siehe die Fußnote auf Anlage A.

Anlage L.

Bestimmungen über die Kommandierung und Beurlaubung der im aktiven Militärdienste befindlichen Militäranwärter*) im Interesse ihrer Zivilversorgung.**)

A. Zivildienstliche Beschäftigung in Stellen, die den Militäranwärtern vorbehalten sind.

I. Allgemeines.

1. Die Militäranwärter sind bei der Aushändigung des Zivilversorgungsscheins anzuweisen, ihre Stellenbewerbungen nur auf dem militärischen Dienstwege anzubringen (§ 12 A. G. I und § 10 A. G. II).

   Der Truppenteil usw.***) hat die Bewerbungen sofort den Anstellungsbehörden zu übersenden.

2. Die Anstellungsbehörden sind zur Annahme von Bewerbungen nur dann verpflichtet, wenn die Bewerber eine genügende körperliche wie sonstige Qualifikation für die fragliche Stelle oder den fraglichen Dienstzweig nachweisen (§ 14 A. G. I und § 15 A. G. II).

   Die Beibringung dieses Nachweises oder die Zulassung zu etwa vorgeschriebenen Prüfungen kann von einer vorgängigen „informatorischen Beschäftigung" in dem betreffenden Dienstzweige abhängig gemacht werden (§ 14 A. G. I und § 15 A. G. II).

3. Ist die Qualifikation vorhanden oder nachgewiesen, so kann die Übernahme in eine bestimmte Stelle von einer vorgängigen Anstellung auf Probe oder von einer Probedienstleistung abhängig gemacht werden (§ 19 A. G. I und § 15 A. G. II).

4. Zu diesen zivildienstlichen Beschäftigungen (vgl. Nr. 2 u. 3) werden die Militäranwärter kommandiert.

5. Die Einberufung soll von den Anstellungsbehörden stets durch Vermittelung des zuständigen Truppenteils usw. erfolgen; an diesen sind auch etwaige an eine andere Militärbehörde oder an den Militäranwärter selbst gelangende Einberufungsschreiben usw. unverzüglich auf dem Dienstwege abzugeben (§ 20 A. G. I).

6. Zur Vermeidung von Überhebungen an Militärgebührnissen müssen die Truppenteile usw. genau ermitteln, ob es sich im gegebenen Falle um eine informatorische Beschäftigung oder um eine Anstellung auf Probe, eine Probedienstleistung oder eine vorübergehende Beschäftigung als Hilfsarbeiter oder Vertreter (vgl. nachstehend Nr. 21 u. 25) handelt.

---

*) Einschließlich der im Besitz von Anstellungsbescheinigungen befindlichen Militärpersonen (vgl. § 10 Nr. 6 A. G. I).

**) Für Gehaltsempfänger des Unteroffizierstandes (Unterzahlmeister, Zeugfeldwebel, Oberfeuerwerker usw.) bestehen besondere Bestimmungen.

***) Unter Truppenteil usw. sind in diesen Bestimmungen das Regiment, das selbständige Bataillon, die Behörde oder Anstalt zu verstehen.

Falls die Einberufungsschreiben usw. in dieser Beziehung Zweifel zulassen, so sind die Truppenteile usw. verpflichtet, sich mit der Anstellungsbehörde in Verbindung zu setzen und sie zu einer ganz bestimmten Erklärung über die Art der Beschäftigung des Anwärters zu veranlassen.

Die Anstellungsbehörden sind verpflichtet, jede zur Sache gehörende Auskunft zu geben.

II. Probedienstleistung und Anstellung auf Probe.

7. Die Kommandierung von Militäranwärtern zur Probedienstleistung oder zur Anstellung auf Probe kann nur in Stellen stattfinden, **die den Militäranwärtern vorbehalten sind**, und zwar unter der Voraussetzung, daß das im § 21 der Grundsätze vorgesehene Einkommen gewährt wird.

Die nur **zum Teil** (zur Hälfte usw.) mit Militäranwärtern zu besetzenden Stellen sind in diesem Sinne **stets als vorbehaltene** Stellen anzusehen, also auch dann, wenn ein Militäranwärter in eine Stelle einberufen wird, die nach der Reihenfolge zwischen Militär- und Zivilanwärtern, wie sie sich aus dem Anteilsverhältnis ergibt, einem Zivilanwärter hätte übertragen werden können.

8. Ein solches Kommando hat ferner zur Voraussetzung, daß der Militäranwärter, wenn er sich während der Probezeit bewährt oder die etwa vorgeschriebene Prüfung besteht, seine endgültige Anstellung oder dauernde Beschäftigung gegen Entgelt von der Anstellungsbehörde zu erwarten hat.

Es macht dabei keinen Unterschied, ob die Stellen dauernd oder nur zeitweise bestehen, ob ein etatsmäßiges Gehalt oder nur eine diätarische oder andere Remuneration damit verbunden ist, und ob die Anstellung auf Lebenszeit, auf Kündigung oder sonst auf Widerruf geschieht.

Unfreiwillig wird ein kommandierter Militäranwärter nur entlassen werden, wenn er sich nicht bewährt, niemals aber wegen mangelnder Vakanz.

Der freiwillige Rücktritt zum Truppenteil usw. kann dem Militäranwärter von der Anstellungsbehörde — vorbehaltlich der Einhaltung einer etwa vorher festgestellten Kündigungsfrist — nicht verweigert werden.

9. Die Kommandierung des Militäranwärters findet auf die Dauer der Probezeit (§ 19 A. G. I und § 15 A. G. II) statt;*) eine Verlängerung des Kommandos über die gestatteten Fristen hinaus ist unzulässig (§ 20 A. G. I und § 15 A. G. II).

Wenn nicht nach Nr. 11 eine wiederholte Kommandierung erfolgt, so muß der Kommandierte nach Ablauf des Kommandos entweder in den Dienst zurücktreten oder aus dem Etat des Truppenteils usw.

---

*) Diese Bestimmungen finden auch sinngemäße Anwendung auf alle hier nicht aufgeführten, aber den Militäranwärtern vorbehaltenen Stellen.

ausscheiden. In diesem Falle hört mit dem Tage des Ausscheidens jede Gewährung von Militärgebührnissen auf,*) wobei es ohne Einfluß ist, ob der Ausscheidende dann ein Zivileinkommen bezieht oder nicht.

10. Zur Vermeidung von Überhebungen muß der Truppenteil usw. des kommandierten Militäranwärters die Anstellungsbehörde ersuchen, ihm unmittelbar nach der Beschlußfassung mitzuteilen, ob der Militäranwärter von ihr übernommen oder entlassen werden wird (§ 19 A. G. I und § 15 A. G. II).

11. Ein wiederholtes Kommando zur Probedienstleistung oder Anstellung auf Probe in demselben Dienstzweige ist nur dann zulässig, wenn der Militäranwärter von einer früheren derartigen Beschäftigung vor deren Beendigung zurückgetreten oder entlassen ist oder nach Beendigung der Beschäftigung die Qualifikation für die Stelle nicht erworben hat.

Eine wiederholte Kommandierung zu verschiedenen Ressorts oder in verschiedene Dienstzweige ist nicht ausgeschlossen, jedoch lediglich von dem Ermessen des Truppenteils usw. abhängig, der bei der Entscheidung die dienstlichen Interessen zu wahren hat.

III. Informatorische Beschäftigung.

12. Wenn die Eigentümlichkeit eines Dienstzweiges es erheischt, kann die Zulassung des Militäranwärters zu der für gewisse Dienststellen oder für gewisse Gattungen von Dienststellen vorgeschriebenen und deshalb von dem Militäranwärter abzulegenden besonderen Prüfung — Vorprüfung — oder auch die Annahme der Bewerbung überhaupt von einer vorgängigen informatorischen Beschäftigung in dem Dienstzweige abhängig gemacht werden (§ 14 A. G. I und § 15 A. G. II).

Ein Recht, eine informatorische Beschäftigung für sich in Anspruch zu nehmen, hat der Militäranwärter nicht.

Eine informatorische Beschäftigung in Stellen, für die der Militäranwärter bereits als „qualifiziert" befunden und dementsprechend als Stellenanwärter anerkannt ist, ist unzulässig.

13. Während der informatorischen Beschäftigung kann der Militäranwärter von der Anstellungsbehörde jederzeit entlassen werden oder seinerseits zurücktreten.

14. Die informatorische Beschäftigung ist nicht über 3 Monate auszudehnen; eine Ausdehnung darüber hinaus ist nur für den Gerichts-Wegebau-Aufsichtsdienst, für den Dienst als Strommeister sowie innerhalb der Militärverwaltung gestattet.

Inwieweit bei den anderen Verwaltungszweigen auf Grund besonderer Vereinbarungen ein über die Dauer von 3 Monaten hinausgehendes Kommando zur informatorischen Beschäftigung eintreten darf, wird auf Antrag durch das Kriegsministerium bestimmt (§ 14 A. G. I und § 15 A. G. II).

---

*) Hinsichtlich der unter Umständen gestatteten Beurlaubungen s. Nr. 25.

Handelt es sich hierbei um eine informatorische Beschäftigung im Kommunaldienst, so muß vor der Einreichung des Antrags die Notwendigkeit der Verlängerung des Vorbereitungsdienstes von der staatlichen Aufsichtsbehörde anerkannt worden sein.

15. In vielen Fällen wird die informatorische Beschäftigung der Anstellung auf Probe oder der Probedienstleistung unmittelbar vorangehen; Bedingung ist dies aber keineswegs, sondern es kann zwischen beiden ein längerer, selbst mehrere Jahre umfassender Zeitraum liegen.

Ausnahmsweise wird der Militäranwärter auch, wenn die Anstellungsbehörde eine Probezeit nicht für notwendig erachtet, schon infolge einer informatorischen Beschäftigung endgültig in den Zivildienst übernommen werden können.

16. Damit in jedem Falle rechtzeitig die erforderlichen Anordnungen getroffen werden können, muß der Truppenteil usw. die Anstellungsbehörden ersuchen, ihm noch vor der Beendigung der informatorischen Beschäftigung eines Militäranwärters mitzuteilen, ob dieser nach Ableistung der Beschäftigung zum Truppenteil zurücktritt, oder ob sich an das Kommando eine Probedienstleistung oder eine Anstellung auf Probe anschließt, oder ob seine endgültige Anstellung erfolgt.

17. Die wiederholte Kommandierung eines Militäranwärters zur informatorischen Beschäftigung in demselben Dienstzweige ist unzulässig, doch kann sie auf Antrag der Anstellungsbehörde dann eintreten, wenn die informatorische Beschäftigung behufs Zulassung des Militäranwärters zu einer Prüfung — Vorprüfung — gefordert worden war, dieser die Prüfung nicht bestanden hat, nach den allgemeinen Vorschriften für den Dienstzweig aber eine Wiederholung der Vorprüfung gestattet ist und die Anstellungsbehörde sich dahin ausspricht, daß sich unter Berücksichtigung aller Verhältnisse erwarten lasse, der Anwärter werde die wiederholte Prüfung bestehen und in dem Dienstzweige sein Fortkommen finden.

Ob eine wiederholte Kommandierung zur informatorischen Beschäftigung bei verschiedenen Behörden oder in verschiedenen Ressorts erfolgen kann, unterliegt der Beurteilung des Truppenteils usw.

B. Zivildienstliche Beschäftigung in Stellen, die den Militäranwärtern nicht vorbehalten sind, und Beurlaubung zur Erlangung von Stellen.

18. Zur Erlangung von Stellen im öffentlichen Dienst, die den Militäranwärtern nicht vorbehalten sind, sowie von Stellen im Privatdienst, können Militäranwärter von der zuständigen Militärbehörde nach den allgemeinen Bestimmungen über die Befugnis zur Urlaubserteilung für den bestimmten Fall bis zu drei Monat beurlaubt werden.

Eine Kommandierung findet dagegen zu diesem Zwecke niemals statt.

Die Beurlaubung ist von der Voraussetzung abhängig, daß eine Behörde usw. tatsächlich gewillt ist, den Militäranwärter, wenn er sich bewährt, entweder anzustellen oder für die spätere Anstellung vorzumerken. Trifft diese Voraussetzung nicht zu, so ist die Beurlaubung unzulässig.

Wegen der Verlängerung des Urlaubs in Ausnahmefällen wird auf die Nr. 7 des § 58 der Friedensbesoldungsvorschrift Bezug genommen.

19. Ob die Beurlaubung in solche den Militäranwärtern nicht vorbehaltene Stellen nur einmal oder mehrfach erfolgen kann, ist lediglich von der zuständigen Militärbehörde unter Wahrung der dienstlichen Interessen zu entscheiden.

Unstatthaft ist es jedoch, einen Militäranwärter wiederholt zur informatorischen Beschäftigung oder wiederholt zum Probedienst in dieselbe Art von Stellen bei der nämlichen oder bei einer anderen gleichartigen Behörde zu beurlauben. Sinngemäß gilt dies auch für Beschäftigungen im Privatdienst.

20. Den Militäranwärtern darf ferner durch einen Urlaub bis zu drei Monaten Gelegenheit gegeben werden, sich eine Stelle oder eine Beschäftigung zur demnächstigen Erlangung einer Stelle zu suchen und zu diesem Zweck an Ort und Stelle Erkundigungen einzuziehen oder sich persönlich vorzustellen. Gleichgültig ist es hierbei, ob die in Aussicht genommene Stelle den Militäranwärtern vorbehalten ist oder nicht.

Eine wiederholte Beurlaubung von Militäranwärtern zum Suchen einer Zivilstelle ist insoweit zulässig, als die Gesamtdauer der Beurlaubungen den Zeitraum von drei Monaten nicht übersteigt.

21. Findet der Militäranwärter während seiner Beurlaubung eine Beschäftigung oder eine Stelle, so soll er seinem Truppenteil hiervon unverzüglich Meldung erstatten und gleichzeitig berichten, ob es sich

1. um eine sofortige Anstellung oder
2. um eine Anstellung auf Probe, eine Probedienstleistung oder eine informatorische Beschäftigung, und zwar entweder
   a) in einer den Militäranwärtern vorbehaltenen oder
   b) in einer den Militäranwärtern nicht vorbehaltenen Stelle, oder ob es sich
3. um eine nur vorübergehende Beschäftigung als Aushilfe, Hilfsarbeiter oder zur Vertretung von Beamten, gleichviel ob in einer vorbehaltenen oder einer nicht vorbehaltenen Stelle, ob im öffentlichen oder privatrechtlichen Dienstverhältnis, handelt.

Der Truppenteil veranlaßt alsdann, daß der Anwärter entweder (zu 1) mit dem Tage der Anstellung ausscheidet oder (zu 2a) unter Aufhebung des Urlaubs auf die zulässige Dauer kommandiert wird, oder daß (zu 2b und 3) der Urlaub in einen solchen nach § 58 Nr. 7a oder c der FrBesV. umgewandelt wird.

Sache des Truppenteils usw. ist es auch, dafür zu sorgen, daß er dauernd über die Art der Beschäftigung eines beurlaubten Militäranwärters unterrichtet bleibt. Er hat sich zu diesem Zweck nötigenfalls mit den Zivilbehörden usw. in Verbindung zu setzen.

C. Schlußbestimmungen.

22. Vor Antritt ihres Kommandos oder Urlaubs (Abschnitt A u. B) ist den Militäranwärtern zur Pflicht zu machen, dem Truppenteil usw. jede Änderung in ihrer Beschäftigung oder in ihren Einkommensverhältnissen zu melden.

Auch sind sie darauf hinzuweisen, daß sie für Überhebungen an Militärgebührnissen auch nach dem Ausscheiden haftbar bleiben, sich aber durch Versäumnis der Anzeigepflicht, insbesondere durch etwaige Forterhebung ihnen nicht zustehender Militärgebührnisse, auch strafbar machen. Die Belehrung ist schriftlich, in Form einer Verhandlung vorzunehmen.

23. Erkrankt der Militäranwärter während der Probezeit (vgl. A II), der informatorischen Beschäftigung (vgl. A III), oder der Beurlaubung zur Erlangung anderweiter Stellen usw. (vgl. B), so kann er entsprechend längere Zeit kommandiert oder beurlaubt bleiben.

Erkrankte, zur Anstellung auf Probe, zur Probedienstleistung oder zur informatorischen Beschäftigung kommandierte Militäranwärter haben die Kosten einer etwaigen Behandlung und Verpflegung in einem Militärlazarett oder einer anderen Heilanstalt gemäß § 58 Nr. 5 der FrBesV. aus ihren Gebührnissen zu bestreiten.

24. Beim Eintritt einer Mobilmachung muß der Militäranwärter, sofern nicht seine sofortige Anstellung, verbunden mit dem aktiven Militärdienst, erfolgt, unverzüglich zu seinem Truppenteile zurückkehren.

25. Die Befugnis der Militärvorgesetzten zu Beurlaubungen gemäß § 56 Nr. 1 der FrBesV. wird durch die vorstehenden Bestimmungen nicht eingeschränkt.

Ist ein Militäranwärter zu einer vorübergehenden Beschäftigung bei einer Zivilbehörde beurlaubt worden, so muß es dem Ermessen der Anstellungsbehörde überlassen bleiben, ob und inwieweit diese vorübergehende Beschäftigung auf eine etwa späterhin eintretende Probezeit oder informatorische Beschäftigung anzurechnen ist.

Für den Bereich der Militärverwaltung ist diese Anrechnung der vorübergehenden Beschäftigung grundsätzlich gestattet.

Im Interesse des Militäranwärters liegt es, sich von der Zivilbehörde über die vorübergehende Beschäftigung eine Bescheinigung ausstellen zu lassen, um diese unter Umständen bei späterer Beschäftigung im Zivildienst — bei derselben oder einer anderen Behörde — vorlegen zu können.

Berlin, den 19. August 1907.

Kriegsministerium.

v. Einem.

Nachträge.

Seite 55 (zu Anm. 3). Einer Gemeinde kann durch polizeiliche Anordnung nicht aufgegeben werden, daß sie in eine die Benutzung einer Gemeindeanstalt regelnde Ordnung eine Vorschrift bestimmten Inhalts aufnehme (OVG. 61 S. 130).

Seite 73 (zu Anm. 1b). Über die Haftung der Gemeinden für Verschulden des ärztlichen und Pflegepersonals vgl. PVBl. 34 S. 264.

Seite 111 (zu Anm. 1). Über den Erwerb des Bürgerrechts während der Zeit der Offenlegung der Wählerliste vgl. PVBl. 33 S. 806 und 34 S. 283.

Seite 128 (zu Anm. 10). Eine Wahlzeit von fünf Stunden für eine Wählerzahl von 3000 Wählern muß als unzureichend angesehen werden (OVG. in PVBl. 34 S. 348).

Seite 142 (zu Anm. 12). Steht zur Zeit der Entscheidung über die Gültigkeit von Wahlen rechtskräftig fest, daß die ihnen zugrunde gelegte Wählerliste ungültig, nicht bloß berichtigungsbedürftig gewesen ist, so sind die Wahlen ebenfalls ungültig (OVG. 61 S. 6).

Seite 281 (zu IV). Über die Voraussetzungen für die Zulässigkeit eines polizeilichen Zwanges zur Benutzung einer städtischen Straßenreinigungsanstalt vgl. OVG. 61 S. 187.

Seite 296 (zu Anm. 3). Der Konflikt zugunsten einer Stadtgemeinde, die nach § 1 des G. v. 1. 8. 09 für die Handlung eines für ihren Dienst angestellten Polizeibeamten haftbar gemacht wird, ist auch zulässig, wenn die Persönlichkeit des Beamten, durch den der Schaden zugefügt sein soll, nicht ermittelt ist (OVG. 61 S. 415).

Seite 359. § 4 des G. v. 3. 6. 08 hat nur instruktionelle Bedeutung; die Gemeinden haben keinen Anspruch auf Einsicht in die Rechnungsbelege (OVG. 61 S. 20).

Seite 410 (zu Anm. 4). Im Verfahren auf Feststellung der Dienstunfähigkeit eines Beamten ist der Beamte nicht als Angeschuldigter anzusehen; er darf nicht mit Kosten belastet werden (OVG. 61 S. 432).

Seite 432 (zu Anm. 60). Über die städtischen Angestellten und das Versicherungsgesetz für Angestellte vgl. PVBl. 34 S. 326, 352.

Sachregister.

(Die Zahlen bedeuten die Seiten.)

A.

E.

F.

G.

H.

J.

L.

M.

P.

Q.

V.

W.

Z.

Herrosé & Ziemsen, G. m. b. H., Wittenberg.

Kolibri 360 GmbH
Ferdinand-Jühlke-Straße 7
99095 Erfurt, Deutschland
produktsicherheit@kolibri360.de